经世济世
继往开来

贺教务处
重大改向项目
成书出版

季羡林
二〇〇六年八

教育部哲学社会科学研究重大课题攻关项目
"十三五"国家重点出版物出版规划项目

建立城乡统一的建设用地市场研究

RESEARCH ON ESTABLISHING A UNIFIED URBAN AND RURAL LAND MARKET FOR CONSTRUCTION

张安录 等著

中国财经出版传媒集团
经济科学出版社
Economic Science Press

图书在版编目（CIP）数据

建立城乡统一的建设用地市场研究/张安录等著 . —北京：经济科学出版社，2020.7

教育部哲学社会科学研究重大课题攻关项目 "十三五"国家重点出版物出版规划项目

ISBN 978-7-5218-1748-5

Ⅰ.①建… Ⅱ.①张… Ⅲ.①城乡建设 - 土地利用 - 土地市场 - 研究 - 中国 Ⅳ.①F299.232

中国版本图书馆 CIP 数据核字（2020）第 137117 号

责任编辑：孙丽丽　胡蔚婷
责任校对：王肖楠
责任印制：范　艳

建立城乡统一的建设用地市场研究

张安录　等著

经济科学出版社出版、发行　新华书店经销
社址：北京市海淀区阜成路甲 28 号　邮编：100142
总编部电话：010 - 88191217　发行部电话：010 - 88191522
网址：www.esp.com.cn
电子邮箱：esp@ esp.com.cn
天猫网店：经济科学出版社旗舰店
网址：http://jjkxcbs.tmall.com
北京季蜂印刷有限公司印装
787×1092　16 开　38.5 印张　740000 字
2022 年 10 月第 1 版　2022 年 10 月第 1 次印刷
ISBN 978-7-5218-1748-5　定价：154.00 元
（图书出现印装问题，本社负责调换。电话：010 - 88191545）
（版权所有　侵权必究　打击盗版　举报热线：010 - 88191661
QQ：2242791300　营销中心电话：010 - 88191537
电子邮箱：dbts@esp.com.cn）

课题组主要成员

首席专家 张安录

课题组成员
钱忠好　文兰娇　董　捷　张　婷
蔡银莺　胡伟艳　彭开丽　黄　珂
陈　竹　杨　欣　马爱慧　高　欣
曾　晨　赵　可　谢向向　邓梅娥
韩　啸　孙宇腾　夏炜祁　张　蕾
李　欢

总　序

哲学社会科学是人们认识世界、改造世界的重要工具，是推动历史发展和社会进步的重要力量，其发展水平反映了一个民族的思维能力、精神品格、文明素质，体现了一个国家的综合国力和国际竞争力。一个国家的发展水平，既取决于自然科学发展水平，也取决于哲学社会科学发展水平。

党和国家高度重视哲学社会科学。党的十八大提出要建设哲学社会科学创新体系，推进马克思主义中国化、时代化、大众化，坚持不懈用中国特色社会主义理论体系武装全党、教育人民。2016年5月17日，习近平总书记亲自主持召开哲学社会科学工作座谈会并发表重要讲话。讲话从坚持和发展中国特色社会主义事业全局的高度，深刻阐释了哲学社会科学的战略地位，全面分析了哲学社会科学面临的新形势，明确了加快构建中国特色哲学社会科学的新目标，对哲学社会科学工作者提出了新期待，体现了我们党对哲学社会科学发展规律的认识达到了一个新高度，是一篇新形势下繁荣发展我国哲学社会科学事业的纲领性文献，为哲学社会科学事业提供了强大精神动力，指明了前进方向。

高校是我国哲学社会科学事业的主力军。贯彻落实习近平总书记哲学社会科学座谈会重要讲话精神，加快构建中国特色哲学社会科学，高校应发挥重要作用：要坚持和巩固马克思主义的指导地位，用中国化的马克思主义指导哲学社会科学；要实施以育人育才为中心的哲学社会科学整体发展战略，构筑学生、学术、学科一体的综合发展体系；要以人为本，从人抓起，积极实施人才工程，构建种类齐全、梯队衔接的高校哲学社会科学人才体系；要深化科研管理体制改革，发挥高校人才、智力和学科优势，提升学术原创能力，激发创新创造活力，建设中国特色新型高校智库；要加强组织领导、做好统筹规划、营造良好学术生态，形成统筹推进高校哲学社会科学发展新格局。

哲学社会科学研究重大课题攻关项目计划是教育部贯彻落实党中央决策部署的一项重大举措，是实施"高校哲学社会科学繁荣计划"的重要内容。重大攻关项目采取招投标的组织方式，按照"公平竞争，择优立项，严格管理，铸造精品"的要求进行，每年评审立项约40个项目。项目研究实行首席专家负责制，鼓励跨学科、跨学校、跨地区的联合研究，协同创新。重大攻关项目以解决国家现代化建设过程中重大理论和实际问题为主攻方向，以提升为党和政府咨询决策服务能力和推动哲学社会科学发展为战略目标，集合优秀研究团队和顶尖人才联合攻关。自2003年以来，项目开展取得了丰硕成果，形成了特色品牌。一大批标志性成果纷纷涌现，一大批科研名家脱颖而出，高校哲学社会科学整体实力和社会影响力快速提升。国务院副总理刘延东同志做出重要批示，指出重大攻关项目有效调动各方面的积极性，产生了一批重要成果，影响广泛，成效显著；要总结经验，再接再厉，紧密服务国家需求，更好地优化资源，突出重点，多出精品，多出人才，为经济社会发展做出新的贡献。

作为教育部社科研究项目中的拳头产品，我们始终秉持以管理创新服务学术创新的理念，坚持科学管理、民主管理、依法管理，切实增强服务意识，不断创新管理模式，健全管理制度，加强对重大攻关项目的选题遴选、评审立项、组织开题、中期检查到最终成果鉴定的全过程管理，逐渐探索并形成一套成熟有效、符合学术研究规律的管理办法，努力将重大攻关项目打造成学术精品工程。我们将项目最终成果汇编成"教育部哲学社会科学研究重大课题攻关项目成果文库"统一组织出版。经济科学出版社倾全社之力，精心组织编辑力量，努力铸造出版精品。国学大师季羡林先生为本文库题词："经时济世　继往开来——贺教育部重大攻关项目成果出版"；欧阳中石先生题写了"教育部哲学社会科学研究重大课题攻关项目"的书名，充分体现了他们对繁荣发展高校哲学社会科学的深切勉励和由衷期望。

伟大的时代呼唤伟大的理论，伟大的理论推动伟大的实践。高校哲学社会科学将不忘初心，继续前进。深入贯彻落实习近平总书记系列重要讲话精神，坚持道路自信、理论自信、制度自信、文化自信，立足中国、借鉴国外，挖掘历史、把握当代，关怀人类、面向未来，立时代之潮头、发思想之先声，为加快构建中国特色哲学社会科学，实现中华民族伟大复兴的中国梦做出新的更大贡献！

教育部社会科学司

前　言

　　随着工业化、城镇化和农业现代化的快速推进，乡村—城市形态转换加剧，城乡分割、双轨运行二元的土地市场在城乡土地资源优化配置、土地资源高效利用、土地产权人土地权益保护、城乡居民福利改进等方面的问题日益凸显，已经成为经济社会健康、可持续发展的主要瓶颈。通过城乡土地产权制度改革，清晰界定土地产权；推进相关立法进程，建立法律援助机制；适时供给公共政策，消除城乡二元制度壁垒，整合城乡土地要素，建立公平、高效和安全的城乡统一建设用地市场不仅是当今各级政府关注的重大现实问题，也是学术界尚待深入探索的重要课题。

　　改革开放以来，通过要素培育，交易规则制定，市场平台搭建，已逐步建立相对完善的劳动力市场、资本市场和技术市场，唯独土地市场由于土地本身的异质性、空间固定性、利用的外部性和关系到国计民生，虽然我们于20世纪80年代末期开始在沿海的佛山、深圳等地积极探索，90年代初期积极培育，逐步建立起城镇国有土地使用权出让与转让市场，显化了土地价值，盘活了土地资产，形成了土地资本，繁荣了城镇经济。但是，与城镇国有建设用地市场相比，在80年代曾经支撑我国红红火火的乡镇企业发展，并成为中国工业的半壁江山。广大的农村集体建设用地的市场化建设在1998年新修订的《土地管理法》用途管制的制度背景下受到抑制，只能以"灰色""隐形"方式"发育"。城镇国有建设用地的市场化运作，农村集体建设用地的"隐形""灰色"交易，不仅使得两种市场相互分割，而且对城乡土地利用、房地产市场运行、居民收入、福利水平和城乡地域结构优化和景观带来一系列现实困境。据统计，1991~1995年间，征地占13.8%，1996~2000年间占28.81%，2000~2005年间增加到57.37%，1991~2005年间地方政府从农民集体征收土地338.9万公顷，给农民的补偿仅仅按照原来的农业用途给予补偿，仅1979~2000年间政府征收土地从农民那里拿走了2万亿元；与此同时，1986~2009年间城乡收入比从2.12∶1上升到3.33∶1，近年稍有下降，2017年城乡收入比为2.71∶1。地方政府垄断建设用地市场，增加的土地收益大部分成为土地财政，支撑地方政府收入，而失地农民无法分享土地增值收益，农村地区难以分享城市化的红利，这直接导致城市和地方政府、开发商获得"暴利"（windfall），农村和农民集体"暴损"（wipeout），进一步加强了社会的不稳定性。

为了跳出上述"二元"制度和市场陷阱，1999年，国土部开始在浙江湖州、安徽芜湖、广东南海、江苏昆山等地对集体建设用地流转、入市模式进行立法及开设政策试点。2005年6月出台《广东省农村集体建设用地流转办法》后，又陆续在天津滨海新区、成渝城乡统筹综合改革试验区进行农村集体建设用地市场化改革的实践，并探索"以地换房""双放弃""双置换""地票""用减挂"等模式。2008年着眼于深化农村经济改革的党的十七届三中全会，提出"区别公益性与非公益性征地，缩小征地范围"、国有建设用地与农村集体非农建设用地"同地同权同价"。但是，历时多年，如何区分公益性与非公益性？如何缩小征地范围？采取何种措施实现"同地同权同价"？理论上的讨论多于实践探索。

2013年党的十八届三中全会指出："建设统一开放、竞争有序的市场体系，是使市场在资源配置中起决定性作用的基础""发挥市场在资源配置中的决定性作用""农村集体建设用地以同等权利、公平入市""建立城乡统一的建设用地市场"等，为建设城乡建设用地市场作了原则性规定。2015年，中共中央办公厅和国务院办公厅联合下发《关于农村土地征收、集体经营性建设用地入市、宅基地制度改革试点工作的意见》，确定了北京市大兴区等33个试点县（市、区），这标志着我国正式进入集体建设用地市场化全面建设阶段。2016年以后，进一步深入农村"三块地"改革和完善土地供给侧改革。尽管各地陆续展开了试点,但是集体建设用地如何平等地入市?如何与国有相对接、整合?城乡统一建设用地市场如何运行,具体运行规则,市场失灵如何消除,政府如何干预,市场运行需要哪些法律、制度、政策和技术方面的支持?尚未形成统一的理论和实践体系,这不仅值得学术界探讨,而且也值得政府决策部门总结和实施。

针对我国城乡二元土地制度安排,以及城乡建设用地市场分割、双轨运行造成的现实困境和潜在危机,需要土地制度的创新,公共政策供给,法律补充和完善,制定健全的市场运行基本规则,搭建公开、透明、公平的交易平台等,建立统一城乡建设用地的价格制定机制、平衡的供需关系、均衡的土地收益分配机制,为全面建立健全公平、高效和安全的城乡统一建设用地市场,提供科学依据和理论支持。

2014年2月教育部哲学社科司对包括"建立城乡统一建设用地市场研究"在内的52个年度教育部哲学社会科学研究重大课题攻关项目进行公开招标。经过积极筹备、严格论证、组织专家评审和筛选,最终于2014年7月确定由华中农业大学张安录教授课题组获批"建立城乡统一建设用地市场研究"的重大攻关项目。在课题组成员的共同努力下,2014年11月中旬于华中农业大学召开项目开题论证会,2016年6月组织中期汇报会和2018年7月召开结题验收会,课题最终圆满结题,顺利通过评审。本课题围绕如何构建城乡统一的建设用地市场,构建了建立城乡统一建设用地市场的理论分析框架,通过对长三角、珠三角、成渝、湖北等地区实证考察和问卷调查,基于威廉姆森交易成本理论、价值贡献理论、价值捕获理论、收益分配理论等相关理论,对市场运行的交易成本、市场运行效率、收益分配机制等系列问题展开定量分析,并通过城镇国有建设用地市场运行规则、模式支撑技术体系的"复制"与"重组",地方统一市场建设实践经验的"移植"与"嫁接",国际上统一市场建设经验借鉴与"改造",构建城乡建设用地市场的对接机制、整合机制,形成城乡统一的建设用地市场,提出保障城乡统一建设用地市场公平、高效运行的宏观调控策略。本书由十章构成,各部分主要内容如下。

第一章是绪论。该部分从本书的研究背景出发,提出在城乡二元分割下土地市场面临的困境和问题，并从国际和境外城乡土地市场建设研究特点和趋势、国内研究关注的主要领域研究进展，构建城乡统一建设用地市场的理论机制。在此基础之上，进一步分析研究问题的重点、难点和创新之处。最后，构建了本书的总体研究思路和分析框架。

第二章分别从城镇建设用地市场发育过程和农村集体建设用地市场发育过程，梳理城乡二元市场在市场总体情况、市场形态、供需状况、交易成本、制度环境和风险以及市场规模（全国性还是局部性）等方面的市场特点，分析城乡二元结构下我国土地市场的现实困境与制度变迁路径，提出城乡建设用地市场的制度改革方向和未来发展路径。

第三章主要从城乡二元分割下土地市场运行绩效和相关权利主体收益分配非均衡程度揭示城乡二元结构下建设用地市场分割及双轨运行规律与路径。首先运用 DEA 模型、Shapely 值分解法、Probit 二元选择模型等模型，分别分析了城乡二元分割下国有建设用地市场运行绩效，集体建设用地隐形市场对国有市场的冲击以及宅基地退出的运行模式和农户响应情况，以此评估城乡二元建设用地市场运行绩效。其次，通过收集农户微观调研数据，运用阿特金森指数模型等，进一步测算城乡二元分割下相关利益主体的收益分配不公平程度。

第四章以典型试点地区为例，分析城乡建设用地统一市场发育及地方实践经验移植和嫁接基础。首先，选取了珠三角地区、长三角地区、成渝地区、环渤海地区、湖北鄂州以及山西泽州等典型试点地区作为研究对象，分析典型地区城乡土地市场运行方式和规则。其次，分别选取集体建设用地直接入市交易典型地区——广东南海和虚拟指标入市交易典型地区——湖北鄂州，分析直接市场和间接指标交易市场的运行风险、市场运行绩效。最后，通过总结发达地区和中西部地区等地方创新经验，进而对全国统一城乡建设用地市场进行约束性和适宜性分析。

第五章在全国统一城乡建设用地市场适宜性分析的基础上，分析城乡统一建设用地市场对接和整合机理。首先分析城乡建设用地市场对接和整合的研究概况，构建城乡建设用地市场对接和整合的理论框架，在对现有市场治理结构和地方创新考察的基础上，结合东亚部分国家和地区城乡土地市场发展经验与趋势，划分城乡统一建设用地市场运行空间，设计整合机制，并构建城乡建设用地市场对接和整合的政策保障体系。

第六章试图从公平、公正和公开的视角入手，通过分析集体建设用地市场交易规则，当前集体用地市场交易规则的设计特征，构建系列实证分析计量模型，分别测度交易规则的公开性、公平性和公正性对农村集体建设用地市场交易效率的影响，最终通过构建公开、公正和公平的城乡统一建设用地市场交易规则和地价体系，对接城乡统一交易平台，建立城乡统一建设用地使用权交易机制。

第七章主要以集体建设用地直接入市典型地区——广东佛山市南海区为研究区，分析城乡统一建设用地市场运行交易成本和交易效率。首先，在分析南海区集体建设用地市场发展历程、发展现状和发展特点的基础上，基于威廉姆森交易成本理论，构建集体建设用地市场交易费用和市场效率的分析框架；其次，基于南海区实地问卷调查数据，采用主成分分析、Tobit模型等计量分析模型，分别从供给侧和需求侧测算农村集体建设用地市场交易费用，并分析不同交易方式和不同契约期限对交易费用的影响；最后，构建两阶段DEA模型，分别从供给侧和需求侧测度农村集体建设用地市场效率及其对规模报酬的影响。

第八章以长三角、珠三角、成渝等典型试点区为例，分析城乡统一建设用地市场运行的收益分配与福利效应。首先，运用收益分配理论、价值捕获理论等，在建立城乡统一建设用地价值链及其增值机理理论分析框架的基础上，利用分层线性模型（HLM）对集体土地出让市场、出租市场和集体建设用地空间置换增值机理进行实证检验；其次，在城乡统一建设用地市场土地增值机理分析的基础上，进一步测度存量建设用地直接交易市场和集体建设用地空间置换过程土地增值收益，并基于shapely值权利主体收益分配博弈模型，测算权利主体理论收益分配量；最后，分别利用微观调研数据和案例分析，运用C-D生产函数模型、市场均衡法、价值增值法（VAS）、Tobit模型等，对城乡统一建设用地市场参与主体博弈关系与福利效益进行实证研究；最后，分别利用意愿调查法（CVM）和选择实验法（CE）测算集体建设用地空间置换中土地发展权的价值，改进权利主体福利，通过C-D生产函数等模型测算存量交易市场最优税率，并结合权利主体期望税费，改进相关主体福利水平。

第九章在总结城乡统一建设用地市场失灵根源、症结和调控基础之上，比较城乡统一建设用地市场政府调控成本和收益，最终优化设计政府调控政策。首先从农村建设用地增量失控、增值收益内部分配和外部分配不公、交易成本高和交易成本管控等方面阐述城乡统一建设用地市场失灵的根源；其次，建立城乡统一建设用地市场政府调控成本/效益指标体系，核算政府政策调控成本收益，构建城乡土地市场税收调控的收益—成本分析模型测算政府调控效率；最后，优化设计城乡统一建设用地市场政府调控政策。

第十章从法律、制度、政策等方面构建城乡统一建设用地市场运行支撑体系。法律设计方面明确制定了法律制度目标和原则，明确集体建设用地产权主体和内容，严格界定公益性和非公益性征地范围；保障制度方面主要从城乡统一发展规划体系、市场交易规则、价格管理机制、交易平台和信息发布渠道、收益分配、产权登记等方面构建制度体系；政策方面主要从城乡统一建设用地用途管制、社会保障等公共福利配套、集体建设用地市场金融支撑体系和农村土地股份合作等方面加强政策供给体系构建。

本书是张安录教授主持的教育部哲学社会科学研究重大课题攻关项目"建立城乡统一建设用地市场研究"的研究成果。课题组成员在城乡建设用地市场运行效率、交易成本、增值收益分配等方面的研究为本书提供了前期工作基础。课题支撑的研究区（特别是城乡统一建设用地市场试点地区）相关权利主体（村集体、农民、政府、企业等）大量实地问卷调查、试点区第一手交易数据资料、研究区社会经济统计数据以及相关政策制度安排的系列文件、报告资料等为本书提供了较好的实证材料和数据基础。在这些前期研究、理论分析和实证数据基础上，本书针对当前城乡二元分割框架下建设用地市场中城乡不公平的产权制度、城乡分离的登记发展制度、不公平的市场准入/退出制度、税费不均的税费制度、城乡不公的交易制度和残缺的法律与保障制度等制度障碍和壁垒，对城乡统一建设用地框架下土地产权制度变迁路径、市场对接和整合机制、市场交易成本、增值机理和收益分配机制、市场失灵和政府调控机制等进行了探讨。

摘　要

　　改革开放以来，通过制定交易规则和搭建市场平台，我国逐步建立了相对完善的劳动力市场、资本市场和技术市场，唯独土地市场由于土地本身的异质性、空间固定性、利用的外部性以及关系到国计民生，一直处于城镇建设用地市场相对健全而集体建设用地市场始终缺位的非均衡状态。城镇国有建设用地的市场化运作，农村集体建设用地的"隐形""灰色"交易，不仅使得两种市场相互分割，而且对土地市场供需关系、城乡地域结构优化、相关权利人福利效益以及城乡统筹发展等带来一系列现实困境。因此，消除城乡二元制度壁垒，整合城乡土地要素，重构土地增值机理和分配机制，减小交易成本和提高交易效率，建立公平、高效和安全的城乡统一建设用地市场是当今社会关注的重大现实问题，也是学术界尚待深入探索的重要课题，对于全面建立公平、高效的城乡统一建设用地市场具有重大意义。

　　本书在梳理城乡二元结构下我国土地市场所面临的实现困境、制度变迁以及城乡分割双轨运行的路径的基础上，综合考察我国典型集体建设用地改革试点地区关于集体建设用地市场建设的运行规律、制度创新、运行绩效，通过适宜性分析和约束性分析，提炼城乡统一建设用地市场整合机理和市场运行机制。在此基础上，通过对长三角、珠三角、成渝、湖北等地区进行的考察和问卷调查，基于威廉姆森交易成本理论对市场运行的交易成本和交易效率进行了测度；同时基于价值贡献理论、价值捕获理论、收益分配理论等相关理论对城乡建设用地市场中相关权利主体收益和福利效应进行了定量分析，测算了集体建设用地直接交易市场的最优税率和空间置换过程中的土地发展权价值；还考虑了建立城乡统一建设用地后市场失灵情况以及政府的宏观调控策略；最后构建了法律、制度、政策支撑体系及改进意见，以确保城乡统一建设用地市场公平、高效运行。具体研究内容如下：

首先，本书基于广泛的城乡建设市场改革调研，通过系统梳理城乡二元市场在市场运行中的特点，分析城乡二元结构下我国土地市场的现实困境与制度变迁路径的基础上，运用 DEA 模型、Shapely 值分解法、Probit 二元选择模型、阿特金森福利指数等，分别分析了城乡二元分割下国有建设用地市场、集体建设用地隐形市场、宅基地退出的运行绩效，以及相关权利主体的收益分配关系，揭示了城乡二元分割下我国城乡建设用地市场现实困境、制度变迁以及双轨运行路径。

其次，按地域特点对当前城乡建设用地改革试点区域进行划分，提炼不同区域城乡建设用地市场、运行方式，并从直接交易市场和指标交易市场两个方面，分析典型试点地区城乡建设用地市场运行风险和运行绩效，总结地方创新经验和推广可行性。在此基础之上，结合现有市场治理结构和地方创新，借鉴东亚发达国家和地区土地市场发展规律，从理论上设计城乡建设用地统一市场对接和整合机制。

再次，从市场公平、公开、公正三个评价维度，分析当前集体建设用地入市交易规则特征，定量分析交易规则对交易效率的影响，建立城乡统一建设用地市场运行机制；运用威廉姆森交易成本理论，测算当前试点地区集体建设用地交易成本，并分别从供给侧和需求侧测度其对交易效率的影响，建立城乡统一建设用地市场交易机制；结合价值捕获理论等，定量分析直接交易市场和空间置换过程中相关权利主体收益网关系，建立城乡统一建设用地市场收益分配机制。

最后，通过建立城乡统一建设用地市场政府调控成本/效益指标体系，核算政府政策调控成本收益，构建城乡土地市场税收调控的收益—成本分析模型测算政府调控效率，并从法律、制度、政策等方面构建城乡统一建设用地市场运行支撑体系。

Abstract

Since the reform and opening up, a series of relatively perfect markets, such as labor market, capital market and technology market, have been established gradually. Land market, however, has still been segregated by the absence of legally rural construction land transaction because of its own land heterogeneity, fixed location and land use externalities. This kind of segmented land market where urban construction lands can enter the market freely while rural construction lands have to be traded privately has caused a range of realistic dilemmas, namely structural imbalance between the supply and demand, the threat of "middle-income trap", "windfall-wipeout" among stakeholders, and "trickle down effect" between rural and urban areas. Therefore, it is high time to eliminate the institutional barriers of dualistic construction land market, rebuild the mechanisms of land increment and distribution, reduce transaction cost and improve transaction efficiency, and establish a unified rural-urban land market.

On the basis of teasing out the development dilemmas of land market, institutional changes and the growth paths of rural-urban dual-track system under the rural-urban separated structure, this book comprehensively investigates the law of motion, system innovation, operation performance of current rural construction land market in pilot areas around the country. Through suitability and constraint analyses, we extract the integration mechanism and market operation mechanism of a unified rural-urban construction land market. In addition, a series of quantitative analyses are made to measure the transaction cost and transaction efficiency of land market in the framework of Williamson' transaction cost theory by massive field investigations and face-to-face surveys in lots of areas, such as Yangtze river delta, Pearl river delta, Cheng – Yu agglomeration and Hubei province. Furthermore, the benefits and welfare effects of related stakeholders in the rural-urban land market are evaluated based on the value contribution theory, value capture theory, revenue distribution theory and other relevant theories. Particularly, the optimal tax rate in the direct rural construction land market and the value of land development right in the process of spatial displacement are estimated. Besides, the market failure and targeted government stimulus respond to that are all taken into account. At last, to ensure the fairness and high efficiency of the unified rural-urban construction land market, we construct a support system with perspectives ranging from law, institution and policy, and some improvements as well. The details are as follows:

Firstly, based on massive field investigations, the characteristics, dilemma and institutional change path of separated rural-urban land market are analyzed. Besides, by using DEA model, Shapely value decomposition method, the binary choice Probit model and Atkinson benefit index, this book analyzes operational performances of legal urban construction land transaction, illegal rural construction land transaction and homestead withdrawal, and revenue distribution among stakeholders. Therefore, it reveals the realistic dilemma, institutional change and dual-track operation path of China's rural-urban construction land market.

Secondly, according to the regional characteristics, we divided the pilot areas of rural-urban construction land reform into several modes to conclude their operational experience. Moreover, the risks of the performances both for direct land market and indirect land market in these typical areas are evaluated to sum up the promotion of the feasibility. On this basis, combined with the local governance innovation with lessons from developed countries or regions in east Asia, a connecting and the integration mechanism for unified rural-urban construction land market is theoretically designed.

Thirdly, from the three evaluation dimensions, namely market fairness, openness and fairness, this book analyzes the characteristics of transaction rules in current rural construction land market and its impact on transaction efficiency. Meanwhile, referencing transaction cost theory of Williamson, this book also estimates the transaction cost of official rural construction land market and its influence on transaction efficiency from supply and demand sides respectively. At the same time, a series of quantitative analysis about revenue distribution among stakeholders in the benefit network both in the direct and indirect unified land markets are made. As a result, we established an operation mechanism, transaction mechanism and revenue distribution mechanism for a unified rural-urban construction land market.

Finally, through the establishment a cost/benefit index system of government regulation for unified construction land market and income-cost analysis model, the efficiency of government regulation in case of market failure has been measured, which provides the support system for unified construction land market from the perspectives of law, system, and policy.

目 录

第一章 ▶ 绪论　1

第一节　研究背景与意义　1
第二节　问题的提出　2
第三节　建立城乡统一建设用地市场的理论机制　3
第四节　本书重难点和创新点　21
第五节　研究思路和分析框架　23

第二章 ▶ 城乡二元结构下我国土地市场的现实困境与制度变迁　27

第一节　城乡二元土地市场发展的特点　27
第二节　城乡二元结构下分割的建设用地市场面临的现实困境　30
第三节　城乡建设用地市场制度变迁与改革方向　33

第三章 ▶ 城乡二元结构下建设用地市场分割及双轨运行过程与路径　39

第一节　城乡建设用地市场垄断、分割　39
第二节　城乡二元建设用地市场运行绩效评估　42
第三节　城乡二元分割下相关主体收益分配非均衡分析　79

第四章 ▶ 城乡建设用地统一市场发育及地方实践经验移植、嫁接　95

第一节　典型地区土地市场运行方式、规则　96
第二节　典型地区土地市场运行风险分析　147

第三节　典型地区土地市场交易模式、绩效评估——以重庆地票为例　191

第四节　全国统一土地市场的约束性、适宜性分析　205

第五章 ▶ 城乡统一建设用地市场对接与整合机理　222

第一节　城乡建设用地市场对接与整合理论分析　222

第二节　集体建设用地市场交易的主要模式及发展障碍　227

第三节　现有市场治理结构及地方创新的考察分析　232

第四节　东亚部分国家和地区城乡土地市场发展趋势与启示　237

第五节　城乡建设用地市场对接与整合机制设计　244

第六章 ▶ 城乡统一建设用地市场建立与运行机制　249

第一节　集体建设用地市场交易规则现状分析　249

第二节　集体建设用地市场交易规则特征　253

第三节　集体建设用地交易规则对交易效率的影响　256

第四节　城乡统一建设用地使用权交易机制的构建　262

第七章 ▶ 城乡统一建设用地市场中的交易成本及效率　266

第一节　研究思路　266

第二节　广东省佛山市南海区农村集体建设用地市场发展现状　269

第三节　交易费用与市场效率理论分析框架　275

第四节　农村集体建设用地市场供给侧交易费用分析　282

第五节　农村集体建设用地市场需求侧交易费用分析　307

第六节　农村集体建设用地市场效率分析　336

第八章 ▶ 城乡统一建设用地市场运行的收益分配与福利效应　357

第一节　城乡统一建设用地价值链及其增值机理研究　357

第二节　城乡统一建设用地市场土地增值收益分配度量　392

第三节　城乡统一建设用地市场土地价值链相关权利主体博弈关系与福利效益研究　425

第四节　城乡统一市场高效、公平福利体系构建　470

第九章 ▶ 城乡统一建设用地市场失灵与政府调控　508

第一节　城乡统一建设用地市场失灵根源、症结及调控基础　509

第二节　城乡统一建设用地市场政府调控成本约束及效益比较　522

第三节　政府调控政策优化设计　530

第十章　城乡统一建设用地市场法律、制度、政策支撑体系及改进　532

第一节　城乡统一建设用地市场相关法律设计　532

第二节　城乡统一建设用地市场运行保障制度　538

第三节　城乡统一建设用地市场配套政策供给　544

参考文献　549

后记　579

Contents

Chapter 1　Introduction　1

    1.1　Background　1

    1.2　Research Questions　2

    1.3　Theoretical Mechanism　3

    1.4　Difficulties and Innovations　21

    1.5　Mentality Research and Analytical Framework　23

Chapter 2　Dilemmas and Institutional Change of Rural-urban Dual Structure　27

    2.1　Charateristics of Rural-urban Separated Land Market　27

    2.2　Current Dilemmas　30

    2.3　Institutional Changes and Reforms　33

Chapter 3　The Segmentation and Dual-track Operation Process　39

    3.1　Segmentation and Monopoly in the Land Market　39

    3.2　Performance Evaluation of Separated Land Market　42

    3.3　Non-equilibrium Analysis of Revenue Distribution　79

Chapter 4　Growthing of Unified Land Market and Local Innovation Reference　95

    4.1　The Rule and Operation in Pilot Areas　96

4.2　Risk Analysis of Land Market in Pilot Areas　147

4.3　The Pattern of Land Market Transaction and Evaluation in Pilot Areas—Evidence from Chongqing　191

4.4　Constraint and Suitability Analysis for Unified Land Market　205

Chapter 5　Mechanism of Interface and Integration for Unified Land Market　222

5.1　Theoretical Analysis on the Connection and Integration　222

5.2　Main Modes and Obstacles for Rural Land Market　227

5.3　Investigations of Market Governance and Local Innovation　232

5.4　Development Trends of Land Market in East Asia　237

5.5　Mechanism Design for Interface and Integration　244

Chapter 6　Establishment and Operation Mechanism of Unified Land Market　249

6.1　Situation Analysis of Transaction Rule for Rural Land Market　249

6.2　Charateristics of Transaction Rule for Rural Land Market　253

6.3　The Impact of Transaction Rule on Transactiional Efficiency　256

6.4　Eastablishment of Transaction Mechnisam　262

Chapter 7　Transaction Cost and Efficiency in Unified Land Market　266

7.1　Mentality Research　266

7.2　The Development of Rural Land Market in Nanhai　269

7.3　Theoretical Analytical Framework of Transaction cost and Efficiency　275

7.4　Analysis of Transaction Cost on Supply Side of Land Market　282

7.5　Analysis of Transaction Cost on Demand Side of Land Market　307

7.6　Efficiency Analysis of Rural Construction Land Market　336

Chapter 8　Revenue Distribution and Welfare Effects in Unified Land Market　357

8.1　Value Chain and Incremental Mechanism of Unified Land Market　357

8.2　Measuring Revenue Distribution in the Unified Land Market　392

8.3　The Game and Welfare Relationships among Stakeholders　425

8.4　Constructing an Efficient and Fairness Welfare System　470

Chapter 9　Market Failures and Government Regulations of Unified Land Market　508

9.1　The Crux and Root of Land Market Failures　509

9.2　Cost Restriction and Benefit Comparison of Government Regulation　522

9.3　Optimal Design of Government Regulation in Unified Land Market　530

Chapter 10　Supporting System and Improvement of Law, System and Policy　532

10.1　Designing Laws for Rural-urban Unified Land Market　532

10.2　System Base for Rural-urban Unified Land Market　538

10.3　Supporting Policies for Rural-urban Unified Land Market　544

References　549

Postscript　579

第一章

绪　　论

第一节　研究背景与意义

　　土地市场既是市场经济体系的重要组成部分，也是连接城市和乡村土地要素、驱动乡村—城市转型、促进城乡经济互动的纽带和桥梁。世界银行首席经济学家丁宁格（Clause Deininger）认为，功能健全的土地市场可以从多方面促进农村更广阔地发展，因为它可以将土地从生产力低的生产者手中转移到生产力更高的生产者手中，从而提高土地生产力（Deininger，2003）。随着工业化、城镇化和农业现代化的快速推进，乡村—城市形态转换加剧，城乡分割、双轨运行二元的土地市场在城乡土地资源优化配置、土地资源高效利用、土地产权人土地权益保护、城乡居民福利改进等方面的缺陷日益凸显，已经成为经济社会健康、可持续发展的主要瓶颈。

　　1996年，我国城市化水平已经超过30%，按照国际经验已经进入快速城市化阶段。自此以后，城市化每年以1.3%的增长速度发展，如今已经达到58.52%。东部沿海经济发达的环渤海地区、珠三角城市群、长三角城市群城市化水平已经达到66.5%~89.3%，正步入显著过度城市化阶段；西部边陲少数民族地区经济相对落后，城市化水平尚不足30%，为初级城市化，发展程度相对不足，还处于起步阶段（Chen et al.，2014），区域差异巨大。世界银行著名经济学家拉尔（Lall）和城市发展专家拉扎克（Rajack）指出：不管城市化处于哪个阶段，土地市场功能的有效发挥是成功城市化战略的基石（Lall, Rajack, 2009）。通过城乡土地产权制度改革，清晰界定土地产权；推进相关立法进程，建立法律援助机制；适时供给政策，消除城乡二元制度壁垒，整合城乡土地要素，建立公平、高效和安全的城乡统一建设用地市场不仅是当今各级政府关注的重大现实问题，也是学术界尚待深入探索的重要课题。

第二节 问题的提出

改革开放以来，通过制定交易规则和搭建市场平台，我国逐步建立了相对完善的劳动力市场、资本市场和技术市场，唯独土地市场由于土地本身的异质性、空间固定性、利用的外部性和关系到国计民生，一直处于城镇建设用地市场相对健全而集体建设用地市场始终缺位的非均衡状态。20世纪90年代初，沿海的广东佛山、深圳等地通过积极探索，逐步建立起了城镇国有土地使用权出让与转让市场，显化了土地价值，盘活了土地资产，形成了土地资本，繁荣了城镇经济（Xu et al., 2009）。但是，与城镇国有建设用地市场相比，曾经支撑我国红红火火的乡镇企业发展，成就了中国工业半壁江山的农村集体建设用地的市场化建设，不仅没有得到政府的支持，反而在1998年新修订的《土地管理法》用途管制的制度背景下受到抑制，只能以"灰色""隐形"方式发育，始终得不到其应有的地位（高圣平，刘守英，2007）。城镇国有建设用地的市场化运作，农村集体建设用地的"隐形""灰色"交易，不仅使得两种市场相互分割，而且对土地市场供需关系、城乡地域结构优化、相关权利人福利损害以及城乡统筹发展等带来一系列现实困境。

为了跳出上述"二元"制度和市场陷阱，1999年，国土部开始在浙江湖州、安徽芜湖、广东佛山市南海区、江苏昆山等地对集体建设用地流转、入市模式进行立法及开设政策试点。2005年6月出台《广东省农村集体建设用地流转办法》后，又陆续在天津滨海新区、成渝城乡统筹综合改革试验区进行农村集体建设用地市场化改革的实践，并探索"以地换房""双放弃""双置换""地票""用减挂"等模式。2008年着眼于深化农村经济改革的党的十七届三中全会，提出"区别公益性与非公益性征地，缩小征地范围"、国有建设用地与农村集体非农建设用地"同地同权同价"，但是，历时5年多，如何区分公益性与非公益性？如何缩小征地范围？采取何种措施实现"同地同权同价"？理论上的讨论多于实践探索。

2013年党的十八届三中全会指出:"建设统一开放、竞争有序的市场体系,是使市场在资源配置中起决定性作用的基础""发挥市场在资源配置中的决定性作用""农村集体建设用地以同等权利、公平入市""建立城乡统一的建设用地市场"等,为建设城乡建设用地市场作了原则性规定。农村集体建设用地如何平等地入市?如何与国有相对接、整合?城乡统一建设用地市场如何运行,具体运行规则,市场失灵如何消除,政府如何干预,市场运行需要哪些法律、制度、政策和技术方面的支持?不仅值得学术界探讨,而且也值得政府决策部门总结和实施。

针对我国城乡二元土地制度安排,以及城乡建设用地市场分割、双轨运行造成的现实困境和潜在危机,通过土地制度的创新,公共政策供给,法律补充和完善,制定健全的市场运行基本规则,搭建公开、透明、公平的交易平台,建立城乡建设用地统一的价格制定机制,平衡供需关系,均衡土地收益分配,形成高效、公平和安全的统一市场有着重大的现实意义,也是本课题深入开展研究的学术价值所在。

第三节　建立城乡统一建设用地市场的理论机制

一、国际和境外城乡土地市场建设研究特点和趋势

国际及境外城乡土地市场建设与运行是与社会经济发展,特别是与城市化发展水平密切相关的,大约经历了四个阶段:①农村土地租赁、买卖市场发育阶段;②城市化初期,以经济密度(economic density)为中心的城乡土地市场发展阶段;③城市化快速发展时期,经济密度与距离(distance)权衡的城乡土地市场发展阶段;④城市化高度发展阶段,经济密度与距离交织,城市内部人口分层,内部分异和分区(division)的城乡土地市场发展阶段(Lall et al., 2009)。纵观国外国内城乡统一建设用地市场建设与运行,我们可以归纳为如下特点和发展趋势。

(1)土地的公平分配、产权清晰界定及土地产权人土地利益保护的确权登记发证制度是城乡土地市场公平、有效和安全运行的前提。

经济发达国家很早就建立了一套完善的土地登记发证制度,以保护产权人的利益,保障土地交易安全。在澳大利亚尽管其土地分为私有土地(free land),

各州有租赁土地（state own lease land）和公共保护地（public reserve），三者比例相当，交易的土地没有因为所有权不同，而有产权歧视。早在2002年已经建立了可以一周七天全天24小时运转的土地自动登记和查询系统。英国、美国、荷兰等发达国家均建立起覆盖城乡的城乡统一登记发证制度，保障土地交易安全、有序进行。

转型国家，如俄罗斯（Shagaida，2005，2007；Lerman，Shagaida，2005）、乌克兰（Melnychuk et al.，2005）、捷克（Medonos et al.，2011）、罗马尼亚（Lucian，2010）、匈牙利（Biro，2007）、保加利亚（Dirimanova，2004）、波兰（Majewski，2008；Dziemianowicz et al.，2008）等随着20世纪90年代初期纷纷解体，土地制度私有化首先就是将土地归还给原来的土地所有者（restitution of land to the original owners），重新分配土地，培育土地租赁市场和买卖市场，但是其城乡土地登记发证制度相对滞后，其土地市场尚不活跃。

拉丁美洲以庄园制为基础的土地制度，先天分配不公，加之庄园主通过家庭劳动和机器替代雇佣劳动，尽管努力推行土地改革，如巴西、哥伦比亚实行的通过"协商谈判"方式达成的土地改革（Deininger，1999）、巴西通过政府主导和市场主导的公共政策两种方式解决土地分配不公问题（Lambais，2008）；规范非正规区的土地所有制度在法律上的合法性、正当性（Macedo，2008）；哥伦比亚的土地租赁市场和买卖市场化的土地改革，试图将土地转移给贫穷但有生产力的生产者；巴拉圭农村土地租赁市场由于缺少足够的信贷投入而变得很萧条，土地市场情况并未得以改善，对于小农民来说情况变得更糟（Masterson，2007）；墨西哥土地集中在少数人手中，土地分配改革在20世纪60年代陷入危机（Willem，2008）；1992年宪法改革推进农村土地制度改革和要素市场改革（Deininger，Bresciani，2001）。但是由于政府自上而下过快地推动城市化，使得拉丁美洲成为世界上仅次于北美的高度城市化区域，其城市化水平超过89.2%，加上一些国家居民由于就业不稳、搬迁频繁（如哥伦比亚），很少有大块土地转让到小土地所有者或者无地的贫困群体，难以提高土地市场运行效率（Deininger et al.，2004）。

非洲的埃塞俄比亚的不同土地产权安全性和交易模式的数据分析表明安全的土地产权能够提高土地投资的积极性（Deininger，2010）；科特迪瓦南部土地交易不安全的因素主要来源于不正式的土地权利、存在分歧的交易条款、边界和面积纠纷、投机主义等方面（Colin，2013）；南非也曾进行"协商谈判式"土地改革（Deininger，1999），但是由于其种族隔离和殖民土地遗留下地权的不稳定性，使土地交易受到制约（Binswanger and Deininger，1993）。布鲁斯（Bruce，1993）指出当生产力的提高在土地价值上体现得越来越明显时，以及投资和商业环境越来越能影响土地价格时,法律法规将逐步承认土地市场的存在。基伦德(Kironde,2000)认为,在坦桑尼亚主要有五项政策工具影响着土地市场的运行,分别为产权制度、土地确权和登记制度、土地利用法规、直接的公共干预包括土地征收和财政手段。戈顿(Gorton,2001)总结摩尔多瓦的农村土地改革的成效和面临的挑战,发现财产权模糊、正当权益缺失会阻碍土地市场发展。土地市场需要有效的、昂贵的土地所有权登记制度。

南亚的印度是一个等级森严的国家,其土地分配极不平等,并且由于缺乏较完善的土地登记等产权保护制度,使得在土地交易过程中,特别是在城乡接合部农地非农化过程中,土地产权人受欺骗的事件经常发生(Gengaje,1992)。

缺乏安全的土地和财产权利已经被证明是能够解释许多发展中国家资本积累有限的关键因素(Debele,1993;Jimenez,1984;Fridman et al.,1988;de Soto,1989,2000)。土地发证(land titling)越来越受到学者和实务界的关注。土地发证变得复杂,成本高昂,难以快速实施,使得私人投资和获得融资之间缺乏清晰的联系。以土地发证为核心的产权正规化也是政府干预城乡土地市场的中心问题。产权的正规化意味着土地财产升值、土地交易活跃、收益提高、不动产可以成为抵押品(Lall et al.,2009)。

(2)平等的土地进入/退出机制,公开透明的、对称的市场信息和公平的交易规则、土地定价和价格形成机制是城乡土地市场高效运行、土地市场供需均衡、资源优化配置、帕累托效率实现的保证。

市场经济国家或地区经营性土地交易的进入和退出是自由的,而对于公益性则有严格限制和司法程序。对于公益性用地,主体严格限制,即只有政府才能动用管辖权(sovereignty power)进入,并有严格的限定。一般来说,要么是严格列举,像日本《土地征收法》中规定符合公共利益的各种用地有35类,且每一类有3部左右法律支持;要么是原则性列举,如欧洲发达国家;要么原则性列举和司法裁定相结合,如美国原则性列举6类。政府动用管辖权强制征收私人土地,一般是按照霍尔公式,市场价结合修正公正补偿。

市场交易程序的维持是依据完善的土地价格评估和公示制度。日本早在1970年就颁布实施了《地价公示法》,在城市及其周边地区选定标准宗地,公示其正常价格,使其成为一般土地确定交易价格的指标,并为测算公共利益用地的合理补偿金额,形成市场合理的地价提供依据。韩国于1989年制定并公布了《地价公示与土地估价法》,建立了地价公示制度。为确保公示地价的客观性与合理性,公示地价经相关机构与估价专家联合组成的土地评价委员会审议后方可予以公告。韩国公示地价分为标准宗地公示地价和个别公示地价。我国台湾地区的地价体系包括以下地价种类:区段地价、公告地价、公告现值、宗地评估价和交易地价等,其中前三项属于官方估价范畴,宗地评估价一般属于民间估价范畴。对于土地价格的评定,制定了一系列的法律和规章,如《不动产估价师法》《不动产估价师法实施细则》《地价评议委员会及标准地价评议委员会组织规程》等;在技术层面,则有规范官方估价的《地价调查估计规则》《土地建筑改良物估价规则》和规范民间估价的《不动产估价技术规则》等(林英彦,2000)。

社会不能达成有效率、低成本合约是广大第三世界国家历史上发展滞后、现代发展不足最主要的根源(North,1996)。社会和合法的制度安排,并保证合约履行和经济交易达成是功能完善、运行有效市场经济的核心。如果一个国家法律规则很弱,则其经济活动无效率、生产力低下,从而使经济恶化。拉丁美洲、南亚和非洲国家,其土地、房地产交易的社会和法律制度薄弱,最急需的土地政策也许是建立制度和法律规制来提高经济交易效率,降低成本(Lall,Rajack,2009)。

(3)税赋公正的土地税收、规费制度安排,准确界定城乡统一土地市场运行过程中土地"增值链"形成过程中的"贡献"是土地市场相关利益关系人构成的"利益网"博弈的基础,也是土地市场中主体及其利益群体微观福利(含经济福利和非经济福利)均衡和社会福利改进的基础。

城乡土地市场土地增值可以通过不同的途径:农地通过政府的强制征收和城市扩张(蔓延)实现农地城市流转,土地开发强度提高,政府基础设施配套、区位条件改善实现土地价值增值;城市内部由于规划控制或者政府调控市场,而使得功能分区,特别是进入高度城市化阶段,人口分层(population stratification)、内部分区,土地置换和城市更新(urban renewal)等带来土地价值增值,形成了"增值链"。在土地价值增值中牵涉开发商、中间人、土地交易双方等多个利益主体,构成了"利益网"。土地产权人、开发商由个人投资而"贡献"的收益,应该受到保护,其投机性的和由于公共投入带来的增值部分应该利用公正的税赋工具,税去不当的利得。

美国弗伦德(Freund,1904)是最早从法理上区分无补偿的准征收(taking)与警察权(police power)行驶有效性的法学先驱。其后邓纳姆(Dunham,1958)在此基础上区分警察权与征收权(power of eminent domain)界限,提出如果管制(私人土地发展)给社区带来了好处,则应该补偿(Costoni,1973)。对发展受限和产生的净的正外部性土地利用行为给予补偿,对发展过度和产生的净外部性给予课税立法(Goetz,Ziberman,2007)。德国早在1918年的《帝国宪法》(又名《魏玛宪法》)和1949年颁布的《基本法》中有关于财产权保障、制度存续保障和主观公权利存续保障的专门条文,土地、水资源等产权人享有不被剥夺的权利,对合法使用权力撤销,则必须对权利人给予损失补偿。土地发展受限补偿与否及补偿额度取决于受限制是否达到所谓的"特别牺牲",并根据环境因子"绝对"保障原则、使用现状维持原则、使用现状改变原则、生存威胁原则、财产法律地位强化原则、交易价格减少原则和比例原则确定(陈明灿,2001)。英国对土地发展的限制可追溯到1898年霍华德倡导的田园都市,主张降低都市发展密度,消除环境污染,以维持城市田园功能。在田园城市思想下1946年英国通过了《新城法》。早在1932年立法颁布的《城乡规划法》中政府已经注意到土地发展权问题,土地产权人因政府实施土地利用规划而蒙受土地发展权损失的,可以要求政府给予补偿;而土地利用规划受益者则需缴纳75%的发展费(development charge)。1947年废除了1932年的《城乡规划法》,新颁布了《城乡规划法》。《城乡规划法》(Nationalization of Development Right)实现了土地发展权的国有化,按照此法,私人土地开发必须经地方规划当局许可,凡因规划使私人土地价值下降的,由中央专款给予补偿;相反,若因规划土地价值增值,土地所有者在土地发展时须缴纳100%的发展费(development charge),后来由于工党的下台英国土地发展权国有化而废止(林国庆,1992;Phelps,2012)。

法国则是通过"法定密度极限"制度和土地干预区制度设置土地发展的上限,如果土地开发强度在上限之内,则土地增值的收益归土地产权人,否则超出的部分应该归国家(江振江,2008)。我国台湾地区依据孙中山先生所倡导的"涨价归公",依据《平均地权条例》,"规定地价、照价征税、照价收买、涨价归公",土地增值收益不归地方所有,归全民所有,通过这种制度让全体民众都能分享土地增值的好处(程文章,2009)。对于城市内部由于土地使用分区管制带来的土地收益的不公平,通过1998年3月颁布的《都市计划容积移转办法草案》1999年"内政部"的《都市计划容积移转实施办法》来达成公平,但也受到质疑(赖宗裕、胡宏昌,1999;赖宗裕、李家侬,2000;陈明灿,2000)。

(4)准确判断城乡土地市场运行状况及市场扭曲程度,并采取弹性与刚性结合的公共政策工具,适时适度调控土地市场,是市场平稳、安全运行的重要手段。

城乡土地空间的异质性、竞争的不完全性、政府取得土地(征收)的强制性、土地利用的外部性等决定了土地市场不可能像其他要素(商品),如劳动力、资本和技术通过自由市场作用机制,自动地达到帕累托境界。政府通过刚性或者弹性的政策工具实施干预是国际通行的做法。

早期对土地市场调控的目标主要是单一的数量控制(保护历史文化古迹用地、控制农地流失),采取的手段是严格的、刚性的、强制性的土地用途专门分区(compulsory zoning)、征收权土地分区管制(zoning by eminent domain)、绿带(green belt)、城市增长边界(urban growth boundary)(Kootan,1993),被管制区域是通过冻结土地发展权方式实施,管制的结果是限制区和非限制区之间非均衡发展，区域之间在保护的责任和义务、增长和发展的机会上也存在不平等（Gardner，1977）。随着社会经济条件的变化、要素的流动，其调控目标除了单一的数量目标外，还要将数量和质量兼顾，重点是生态管理等多重目标，如开敞空间（Ham and Champ，2012）、湿地（Liu，Lynch，2011）的保护、限制的权利除了对使用权、发展权外，也对土地普通采邑权（地产继承权）（fee simple conservation）与地役权（conservation easements）等他项权利的保护与限制（chamblee et al.，2011）；管理的方式除了行政严厉的刚性管制外，还针对未来发展的不确定性，增加弹性管理，并辅以财政手段配合，如美国、日本、德国在城市局部地区开始推行弹性管理（elastic control），通过无特定区位的浮动分区管制（non-location floating zoning）、特定区位的浮动分区管制（specific location floating zoning）和奖励分区管制（incentive zoning）等形式增加管理弹性，并将弹性赋予地方政府，此外为了解决区域之间保护责任与发展机会的非均衡，还试图通过财政转移、跨区域生态补偿等形式给受限制的保护区以补偿，以实现从非均衡管制，到均衡发展。

然而，如果政府基于城乡土地市场扭曲、失灵的调控措施不当，毫无疑问也会出现干预过度，导致政府失灵。美国在20世纪50~70年代，为了平抑土地市场的波动，曾采用土地储备手段调控土地市场，但是由于把握的调控时间和供应土地的数量调控力度不当，不仅没有消除土地市场的波动，反而使土地市场运行更不平稳（Carr，Smith，1975），调控效率不高。城市增长边界和绿带是韩国政府干预土地市场通常采用的政策工具。1973~1988年，韩国人口增长了100%，住宅用地仅增长了65%（政府实施绿带控制），GDP增长了3.4倍，住房价格在1974~1989年飞涨，涨了10倍（Hannah et al.，1993）。印度班加罗尔实施容积率控制在1.5之内，由于容积率控制，增加了城市中心至边缘区的通勤成本，抬高了城市中心房价，每户居民年平均福利损失达700~2 100卢比，相当于家庭收入的4.5%（Bertaud，Brueckner，2005）。中国政府从2004年将土地政策作为宏观调控的工具。但是对7个城市2001年第一季度至2007年第四季度城市住宅用地及住房价格数据分析发现，政府对住宅用地供应实施直接控制期间，特别是2004年第三季度以来，土地市场的效率是降低的（Peng，Thibodeau，2012）。

因此，根据土地市场的特征和运行状况，采取刚性与弹性相结合的调控政策工具，是政府干预市场的难题，也是未来值得深入探讨的课题。

（5）异质土地市场简约均质分析，并通过均质市场异质特征向量匹配及运行情景模拟相结合，最终实现均质市场异质化真实市场逼近是城乡土地市场动态分析的趋势。

使用一般供需原理分析城乡土地这种异质性强商品面临的困难是每块土地的交易是由单独的市场（separate market）实现的（Kenedy et al.，1997）。肯尼迪等（Kenedy et al.，1997）在美国路易斯安那州土地市场进行的实证研究中，针对土地市场空间异质性问题，通过主成分分析法，将异质的土地市场划分为几个相对一致的均值区；确定影响土地市场价值的社会经济变量、地形、区位和其他关键变量；通过建立土地价值特征模型，估计每个相对均值的土地市场的隐含土地价值；最终分析土地特征跨均值土地市场之间的关系。所采用的二阶段特征价值模型（two stage hedonic pricing model），第一步就是异质土地市场简约均值化区域划定，第二步分两个阶段首先分别估算出每一个相对均值市场中各变量对土地价值的贡献，然后揭示异质土地特征对价格的影响大小和方向。

近年来国际上特征价值模型与其他计量模型联合处理土地市场空间异质性问题的研究越来越多，成为一种趋势。迪顿和维恩（Deaton and Vyn，2010）采用HP法对绿带边界内农地实施禁止城市发展，发现绿带降低了城市周围在短期内最有可能非农发展的农地价值，农地价值降低的大小与大多伦多城市带的距离密切相关。盖林等（Guiling et al.，2009）采用随人口、实际收入和时间等因素变化城市接近度对土地价值的影响计量经济模型，精确地分析了城市接近度对农地价值影响的大小和距离，表明人口和收入能够解释城市接近度对土地价值的时间变异。贝妮特（Burnett，2012）利用商业和住宅用地数据，采用可计算一般均衡模型估计了城市增长（包括部分和增长机制）对城市空间扩张（用人口、就业和商业密度）和城市土地流转的影响，结果表明特定部门和个别增长机制对空间扩张无论是方向还是大小都有独特影响，指出地方政策制定者在实施或模仿其他城市政策前应该慎重考虑城市地理环境的独特性和城市多元增长。布西奇等（Butsic et al.，2011）认为由于土地用途专门分区管制在土地流转模型中可能是内生的，所以估算土地用途专门分区管制对住宅增长管理发展的效果很困难，尝试比较三种解释土地流转模型中的选择偏差的计量经济模型——联合Probit-logit估计模型（jointly estimated probit-logit model）、倾向赋分匹配模型（propensity score matching）和回归间断模型（regression discontinuity），发现不解释选择偏差会产生错误估计，而纠正选择偏差后发现土地用途专门分区管制对威斯康辛县的地主的土地细分决策没有影响。库斯和基尼（Kuethe and Keeney，2012）利用印第安纳州蒂珀卡努县1993~2006年14 785宗交易数据，运用Quantile回归模型估计动物设施对房价的空间外部性，表明随着距离工业、固体和防腐废弃物设施的距离越近，价格影响越显著。居住社区协会（RCAs）被认为是有效限制地方外溢的制度同盟。格罗夫斯和罗杰斯（Groves and Rogers，2011）采用空间特征模型（spatial hedonic pricing model），结合倾向赋分法（propensity score methods）和粗细匹配法（coarsened exact matching）控制选择偏差，估算居住协会的不同状况对直接和外溢的价格有何影响来测度其边际效果，发现封闭的居住社区协会（RCA）比开放的产生的外溢小。钱布利等（Chamblee et al.，2011）利用北卡罗莱纳帮科姆县12年的空地交易数据分析土地保护前后土地价格结构进行经验分析，发现与地役权保护（conservation easements）相比，采邑权保护（fee simple conservations）发生在价格较高的区域，而地役权保护，46%的土地保护有正的价格效果。这种效果随距离保护地块而衰减，但是在地役权保护范围内衰减较慢。

二、国内研究关注的主要领域和进展

我国城乡统一建设用地市场的建立经历了四个阶段：（1）城市开放、培育，乡村封闭、禁止和缺失阶段；（2）城乡建设用地市场分割、双轨运行阶段；（3）城乡建设用地市场地方试验、指标交易阶段；（4）城乡统一建设用地市场"同地同权同价"讨论阶段。国内城乡统一的建设用地市场研究主要集中在：城乡建设用地分割与指标交易、土地征收制度改革与非公益性征地市场（准市场）化运作、农村集体建设用地制度改革与集体非农建设用地入市、城乡统一建设用地市场对接与整合、市场运行与土地收益分配及社会福利效应、土地市场失灵与政府调控和土地市场运行法律援助、制度保障与公共政策体系等方面。

1. 城乡二元建设用地分割市场及地方指标交易探索

城镇建设用地市场从20世纪80年代初期开始出现，历经萌芽期、形成期和成熟期三个阶段，至今已经形成了一个相对成熟的土地市场。城镇建设用地市场的建立导致我国农村集体建设用地隐形市场自行发育。1998年的《土地管理法》规定"农民集体所有的土地的使用权不得出让、转让或者出租用于非农业建设；但是，符合土地利用总体规划并依法取得建设用地的企业，因破产、兼并等情形致使土地使用权依法发生转移的除外"。这条规定给农村集体建设用地隐形市场的开辟提供了变通的路径（高圣平，2007）。随后，广东佛山市南海区，天津滨海新区，安徽芜湖，江苏昆山，宿迁，四川成都，重庆等各地纷纷推出"地票""红票""蓝票""异地换房"等各种试验，探索农村集体建设用地的指标交易。

广东佛山市南海区模式是我国最早成功实施的土地股份合作制度实践创新（王小映，2003；刘愿，2008），南海区土地股份制从有利于地方工业化和让农民分享工业化进程中的土地级差增值收益两个方面极大地提升了农村土地流转的绩效（蒋省三，刘守英等，2003），被认为是国家征地制度改革的第三条路径，有望成为农村土地制度上的改革创新的第二个"小岗村"（蒋省三，刘守英等，2003）。傅晨（1996）对南海区土地股份制的绩效给予了极高评价，认为其极有可能成为这些地区农地制度选择的普遍模式，并昭示着其他地区农地制度创新的前景。但是周其仁（2004）意识到了南海区股份经济分红微不足道的问题，强调南海区实践的重要意义在于正式提出了"集体非农建设用地的转让权"或者集体非农建设用地合法进入土地市场的问题。戴维等（2000）根据实地调查发现，南海区实行土地股份制的真实目的是农地转用而非农地规模经营，其存在股权不可转让、政策不透明、农民参与不足等问题（黄少安，1996）。

天津滨海新区华明镇的"宅基地换房"模式一方面提高了农村集体建设用地的效率，缓解了非农建设用地的供需矛盾，增加了工业化和城市化的发展空间；另一方面化解了围绕土地收益分配产生的矛盾，使中央、地方和农民的利益得到了合理的配置和统一。因此，宅基地换房示范小城镇的建设模式，既最大限度地维护了农民的土地权益，又为经济的发展腾出了空间，同时也坚持了国家在农村的基本经营制度和最严格的耕地保护制度（杨成林，2013）；崔宝敏（2010）认为天津模式既有利于土地资源的有效集约利用，实现规模化经营，又保证耕地占补平衡，还规划出一块可供市场开发出让的土地，并以土地出让获得的收入平衡小城镇建设资金（崔宝敏，2010）。但由于在距离市区较远的农村很难具备宅基地换房的条件，必须采用其他流转方式解决。

温江的"双放弃"模式在尊重农民意愿的基础上，促进了经济发展，有利于农民增收，也缓解了建设用地供求矛盾，综合效益明显（国家土地督察成都局课题组，2008）；吴晓燕（2009）认为"双放弃"的宅基地流转模式有利于新农村建设，但农村经济发展水平、区委、公共财政依赖、社会资本利用不足是该模式的缺陷（刘栋子，2013）。同时若将未经审批的规划建设用地使用权作为流转的客体，实质上是规避建设用地的审批，与现行的规划建设用地要成为现实的建设用地还需经有审批权的人民政府按土地利用年度计划分批次批准形成对立，法律地位有待进一步明确化（李延荣，2006）。

浙江根据经济发展迅速，城市国有建设用地规划刚性控制的限制，创新性地将杭嘉湖等经济发展水平较高的地区与经济发展相对较慢的金华、衢州等地之间建立农地发展权指标空间转移的"浙江模式"（Wang et al.，2009；Chau，Zhang，2011；汪晖，陶然，2009）。"浙江模式"在一定程度上解决了经济发达地区与经济发展相对落后地区之间的建设用地指标约束瓶颈，兼顾经济发展与农地保护之间的效益与公平问题。但是，这种类似于美国发展权空间转移的机制即使是在像美国这样的市场化高度发达的国家也不是"万灵丹"（李世宏，2007）。

重庆"地票"这种建设用地指标的跨地区流转是未来可试验的方向，是有利于统筹城乡和区域发展的举措（周靖祥等，2011）。尹珂等（2011）认为"地票"交易制度是在有效保护耕地、盘活农村闲置建设用地以及促进农村土地制度改革创新等方面卓有成效。

虽然各地政府就农村集体建设用地流转进行了实践探索，但依然没有打破城乡建设用地市场的二元结构。在这种城乡建设用地二元结构的制度下，我国出现了一系列的结构矛盾与问题，其中最为突出的是：收益分配不均而损害了农民的利益；影响政府对土地市场的宏观调控能力；耕地保护政策落实压力变大；资源优化配置效率降低；土地纠纷频繁（郑云峰，2010；邰志勇，2009）。

2. 土地征收制度改革与非公益性征地市场（准市场）化运作探讨

农村集体建设用地进入城镇国有建设用地市场唯一合法的途径就是征地。征地范围过宽、中央政府垄断征地、地方政府滥用征地权、程序欠规范、农民参与不足、补偿过低、分配不公等是诟病较多的地方。针对上述征地问题，2004年《中华人民共和国宪法》修正案将征地界定为"为了公共利益"，区分"使用权的征用和所有权的征收"，并提出"给予补偿"。《中华人民共和国土地管理法》相应的征地条款也作了修正。为了适当进行公平补偿，各地纷纷展开"最低年产值标准""区片综合价"等征地改革相配套的基础工作。2008年党的十七届三中全会提出"逐渐缩小征地范围，区分公益性和非公益性征地"。2013年党的十八届三中全会决定"缩小征地范围，规范征地程序，完善对被征地农民合理、规范、多元的保障机制"。土地征收的范围是刚性的穷尽列举，还是刚性与弹性相结合的原则性列举和司法裁量？非公益性农村集体建设用地是以使用权进入市场，还是以所有权进入市场？如果是以所有权形式进入城镇国有建设用地市场，农村非农建设用地所有权与城镇国有建设用地使用权两种标的不同的产权如何对接、整合？公益性的征地补偿是按照国际通行的做法，参照市场价修正，准市场如何运作？使用权征用时间期限和补偿？

就补偿标准来说土地征收应实行公平补偿，即实行"同地同价"补偿；在规划管制下，只要土地的现状用途相同、区位相当、条件相似，对各类土地财产实行平等对待，其补偿水平应该一致，充分考虑农用地的区位价值和预期增值，稳步提高农用地的补偿标准（王小映，2010）。

就公益性征地具体操作而言，有学者建议将农村集体公益性划拨用地和城镇划拨用地统一起来，并严格界定范围。非公益性征地，则按农村集体非农建设用地使用权与城镇国有建设用地使用权同地同权操作，针对我国农地统征制度，需要按照农业租金价值确定补偿标准的传统思路改革，有序开放集体建设用地流转市场并缩小征地范围，培育和发展城乡一体的建设用地统一市场，显化土地的市场价值；并提出建立城乡统一的建设用地市场监管体系，逐渐对接和整合成城乡统一经营性使用权市场（王小映，2010）。有的学者则从征收案例，从经济学的公平与效率分析公共利益与公平补偿问题（汪晖，黄祖辉，2004）。征地过程中产生的土地增值收益，通过土地税收制度、规费等改革，私人投入部分归私，公共投入"涨价归公"（王小映，2009）。为了让被征地农民维持长久生计，分享由征地带来城市化的红利，还可以采取"股份制"（刘守英，2007）、"富民合作社"（钱忠好，2005）、"留地安置"（张鹏，2008；陈莹，谭术魁，张安录，2010）等创新的市场化机制。

3. 农村集体建设用地制度改革与集体非农建设用地入市

我国《宪法》规定国家和集体所有两种土地所有制是城乡二元土地结构下城乡建设用地市场建设最根本的制度基础。我国法律规定，集体非农建设用地必须首先通过征收或者征用转为国有土地后方能进入土地市场。目前，自下而上发育形成的农村建设用地市场与我国现行的法律是相违背的，法律制度缺失下的农村集体建设用地隐形市场在运行过程中存在很多问题。不仅农民的权益得不到保障，而且造成了我国土地资产的大量流失。深化农村集体建设用地制度改革，构建城乡统一建设用地市场迫在眉睫。

刘守英、王小映、钱忠好等学者就城乡统一建设用地使用权市场的构建与运行进行了较深入探索。刘守英（2005）通过分析政府垄断一级土地市场的运行过程，得出垄断土地一级市场，远远不是一本万利的好事，而是隐藏着让人触目惊心的巨大危机。王小映（2009）提倡"同地同权同价"，就是要在统一规划管制下对经营性用地，无论是国有还是集体所有，不分城乡居民身份和城乡企业身份，只要土地使用性质相同，土地使用权的开放范围就应当一致，在市场开放方面对国有土地使用权和集体土地使用权实行同等待遇，建立城乡一体的土地使用权市场；此外，要区分经营性用地和公益性用地，通过改革集体建设用地使用制度，逐步统一城乡建设用地使用管理制度，统一城乡建设用地市场。钱忠好等（2007）以城乡非农建设用地市场为研究对象，从制度变迁的趋势分析得出，城乡非农建设用地市场制度由分割走向整合能带来效率的改进，提高社会总福利水平，这导致当事人有足够的动力去推动、支持这种政策的调整，最终实现城乡非农建设用地市场由分割向整合的变迁。因此，开放农村集体建设用地市场，增加土地一级市场供应主体，构建城乡统一建设用地使用权市场是我国土地市场健康发展的必然选择。而社会学家却对建立城乡统一的建设用地市场前景担忧（贺雪峰，2013）。

我国实行城乡二元土地制度，加之缺乏覆盖城乡的社会保障制度使得"人动地不动"安全感不足，对地权的过度依赖，是农民进入/退出市场的主要障碍（罗必良，2013）。农村集体建设用地流转被限制，实践经验证明，我国现行限制农村集体非农建设用地入市的相关法律制度已被证明陷入危机之中，农村集体非农建设用地的自发入市已促成城乡分割非农建设用地市场结构的形成，但是，这种分割的土地市场结构潜伏着效率的损失（刘守英，2008）。为此，借鉴国外实践经验，加强相关法律制度建设、建立以土地为基础的城乡统一的不动产产权登记制度（刘俊，2013）和交易价格，以尽快实现土地市场分割状态向整合状态的转变，形成规范化的统一的城乡建设用地使用权市场。

4. 城乡统一建设用地市场对接与整合机制

农村集体建设用地市场的演化研究，是城乡统一建设用地市场对接与整合研究的起始点，利益的驱动是城乡建设用地市场对接的动力。杨继瑞等（2002）认为：利益机制驱动是农地"隐性市场化"的根本原因；城乡结合部的农民存在"厌农"情绪，不愿种地；农地"隐性市场化"是土地管理滞后的一个突出表现。陈利根等（2002）认为，农村集体非农建设用地市场使潜在收入得以增加，又使潜在收入分割成为可能，且使制度安排成本降低。刘永湘等（2003）认为，农民自发流转农村集体非农建设用地是农民对集体土地发展权受到压抑所进行的抗争。刘芳等（2006）认为，对外部利润的追求使各个利益集团能达成农村集体非农建设用地市场形成的一致同意，促成制度创新。邹伟（2011）通过广泛走访和调查发现农民对构建城乡统一建设用地市场持既渴望又担心的矛盾心理，同时也具有一定的区域差异，提出提高农民收入预期和社会保障水平是增强构建城乡统一建设用地市场中农民意愿的重要途径。

地方政府与市场主导是城乡建设用地对接的纽带。王秀兰（2008）认为，农村集体非农建设用地直接入市的驱动因素包括了诱发性制度变迁、政策引导、区位条件、经济利益。谭术魁（2004）认为，根据农村非农建设用地直接入市作用机制的不同，可分为市场主导型流转模式和政府主导型流转模式。罗丹等（2004）的调查发现，在东部发达地区，农民集体经常采用变通方式，绕过法律制度，直接将农地转变为非农业用地。卢吉勇（2003）认为，农村集体非农建设用地直接入市收益分配更注重了农民集体的利益。马凯、钱忠好（2010）的研究表明必须尊重农民土地财产权利，在明晰农村集体非农建设用地产权的基础上，赋予农村集体非农建设用地直接上市的权利，从消除制度障碍、明晰土地产权等角度克服中国集体非农建设用地直接上市的瓶颈。

消除二元制度壁垒可促进土地要素自由流动制度安排和创新，是城乡建设用地市场对接与整合的制度基础。与城乡土地市场整合状态相比，城乡非农建设用地市场分割制度潜伏着效率的损失。城乡非农建设用地市场制度由分割走向整合能提高社会总福利水平，诱致经济当事人进行制度创新，并最终实现城乡非农建设用地市场由分割向整合的变迁（钱忠好、马凯，2007）。刘守英（2009）提出建立城乡统一的建设用地市场的政策创新的基点是："在规划控制和用途管制的前提下，允许集体建设用地进入市场，盘活宅基地市场；探索征地中对失地农民的财产补偿办法，逐步消除城乡二元土地制度，让农民以土地财产权利参与现代化进程。"王小映（2009）认为建立平等开放、城乡一体的土地市场体系，就是要在统一规划管制下对经营性用地，无论是国有还是集体所有，不分城乡居民身份和城乡企业身份，只要土地使用性质相同，土地使用权的市场开放范围就应当一致，在市场开放上对国有土地使用权和集体土地使用权实行同等待遇，发展城乡一体的使用权市场，逐步统一城乡建设用地使用管理制度，统一城乡建设用地市场。刘愿（2011）通过分析我国土地征用制度从协议征地到公告征地的历史变迁，阐明了我国土地征用制度双轨制的特征及其影响，提出了打破政府垄断及双轨制、建设城乡统一的建设用地市场的政策建议。胡传景（2011）认为目前法律未对"公共利益"做出明确界定，自2003年十六届三中全会以来中央数次要求以"控制征地规模，改革征地制度"作为切入点，在深入分析当前征地现状的基础上，阐明了建立城乡统一建设用地市场的必要性与可行性。

尽管目前国内已经开始将农村集体非农建设用地市场与城镇国有土地市场作为土地市场体系中平等的组成部分进行考察和试验，但目前的研究还存在很多不足之处。第一，对城市与农村的统一建设用地市场对接和整合的障碍分析不足，单纯性考察偏多、缺乏整体框架。城市土地市场和农村集体非农建设用地市场都具有供求双方相互作用、共同决定非农建设用地价格和数量的机制。随着中国市场经济的不断完善，农村集体非农建设用地市场已经逐步走向与城市土地市场的整合，但目前对于市场对接与整合的障碍，特别是与对接与整合的制度环境建设、主体、客体一致均等对接机制、对接的基础性技术平台搭建、区域及利益整合机制缺少系统性阐述。第二，静态分析较多，动态研究不足。城乡统一建设用地市场演化过程中，政府、农民和企业之间的作用和影响是相互的。一方行为的变化必然会引起另一方的响应。而现有文献大多从静态角度分析了政府行为对农民的影响或者农民作为反抗行为的隐性流转，割裂了主体之间的互动关系，缺乏对主体行为长期、动态的研究。第三，理论设计较多、实践操作较少。虽然有学者从政策制度方面进行分析，并提出市场对接与整合相关的政策安排和建议，但针对当前我国城乡建设用地市场一体化发展应具体如何建设、运行、推进等问题，需要进行深入的研究。

5. 市场运行与土地收益分配及社会福利效应

我国城乡建设用地市场交易中的经济福利变化主要体现在土地增值过程中增

值收益分配不公、弱势群体（尤其是农户）的土地增值收益被削弱（王克强等，2010）和福利受损上。在二元框架下，我国城乡建设用地市场被分割为城镇建设用地市场、农村集体建设用地市场、"用减挂"市场、跨空间交易的土地发展权市场等，对应土地价值增值链为农地征收价值链，农村集体建设用地流转价值链和城镇建设用地流转价值链。而城镇土地使用权流转是由市场主导，其市场发育较为成熟。因此，当前我国城乡建设用地市场福利效应的研究集中体现在农地城市流转过程，尤其是土地流转过程中土地增值收益分配问题上。蒋省三、刘守英（2003）通过对广东南海模式的调查分析，得出允许农村集体土地进入市场，农民以地作股，有利于农民分享农村集体建设用地在工业化中带来的土地级差收益。诸培新和曲福田（2006）以江苏省为例进行实证分析得出土地市场中农民补偿偏低，严重影响了土地资源配置的公平性和农地保护的积极性。马贤磊、曲福田（2006）研究了经济转型时期我国土地增值收益的形成和分配机理，为建立合理分配机制提供了建议。张鹏、张安录（2008）对城市边界土地增值收益进行了经济学分析，认为农民具有参与增值分割的权利。

在城乡土地市场交易中福利测度、福利变化和福利均衡与非均衡分析上，学者们也进行了一些探索。高进云等（2007）基于阿马蒂亚·森的可能性理论框架，讨论了农地城市流转过程中农民的福利变化，提出了构成农民福利的功能性指标。在此基础上，袁方和蔡银莺（2013）对武汉市近郊农民征地前后福利变化进行了测度。彭开丽等（2009）通过建立农地城市流转福利分配模型，利用阿特金森福利指数、社会福利指数等对土地征收过程中不同权利主体福利和效率损失进行了测算。聂鑫（2010）从横向和纵向两个方面对失地农民福利状态进行分析，认为健康状态、居住状态、社会参与支持、工作状态以及补偿公平是影响失地农民福利状态变化的五个主要因素。社会保障制度的建立是影响农户农地城市流转意愿的主要原因之一，这间接地说明了非经济福利的重要性（李晓云等，2007）。王珊等（2014）利用灰色模糊评价法对农地城市流转中农户的福利效应进行了测算。也有一些学者根据经济均衡与非均衡理论，对我国土地征用制度进行了经济学分析（钱忠好，2004；徐唐奇等，2011）。也有不少学者认为农地作为景观资源，具有外部性价值，在此基础上，近年来不少学者由土地用途管制逐渐衍生出公众福利研究（陈竹、张安录，2013），认为应该在农地征收过程中对农户进行经济补偿（牛海鹏、张安录，2010）、生态补偿（马爱慧等，2012），并基于选择实验法（CE）估算了生态额度（马爱慧等，2012，2013），转移发展权受限补偿（任艳胜等，2010）。

国外研究注重福利效应的福利工具创新，而国内研究方法主要是借鉴国外成熟方法体系；国外注重经济福利与非经济福利的平行研究，而国内关于土地经济效应主要表现在土地增值收益分配上,虽然对农地流转中国家的福利损失、典型地区农地流转过程及国家、集体和农户收益分配进行了研究,但至今鲜有人对城乡建设用地不同市场对应的土地增值过程所涉及的各权利主体经济的、非经济的福利变化进行系统的理论和实证分析。此外,非经济福利测度由于方法不一,尚存在较大改进空间,且福利均衡多集中于定性辨识,对于非公益性土地流转发展权补偿,及有关投入结构、福利贡献、产权定价等多项问题尚未得到有效解释。由于农地公益性征收和非公益性征收存在较大差异(陈莹、张安录,2009)。因此,城乡统一建设用地市场中,明确界定一级市场中土地征收的公益性是关键。

6. 土地市场失灵与政府调控

土地市场失灵是指通过市场价值规律无法实现土地资源配置效率最佳的情况(何格,2008)。目前对土地市场失灵原因的研究众多,钱文荣(2001)从城市土地资源配置效率的角度指出土地供需不平衡、外部性和土地供给垄断等问题将降低土地资源配置效率,导致市场失灵。孟星(2006)则指出城市土地市场的垄断、城市土地市场的外部性、公共用地的提供、信息不对称、城市土地市场分配的不公平是造成土地市场失灵的主要原因。程建华认为土地市场存在失灵主要是由外部性、不完全竞争和不完全信息造成的(程建华,2007)。张安录(2011)指出土地资源的空间异质性,土地市场的局部性、区域性和非完全竞争性和外部性都会使得土地市场失灵,其中外部性在农村土地市场中尤为明显。虽然对于土地市场失灵的原因表述不一,但可概括为三方面的原因:第一,土地市场的局限性,包括市场机制无法解决自然垄断、外部性、信息不对称和公共产品等问题;第二,土地市场的缺陷性,包括土地市场发育和运行的外部制度环境尚不健全;第三,土地市场的负面性,即市场运行的结果不符合社会需要的价值判断标准,从而对社会产生负面影响而导致的市场失灵(王文革,2005;何格,2008)。

土地市场失灵问题的存在为政府干预提供了理由,尽管政府行为也会失灵,但正如市场的基础性作用是不可替代的一样,政府的调控行为也是不可或缺的。中外学者对政府在市场失灵时的职能定位和调控手段与措施的研究成果丰硕。美国经济学家斯蒂格利茨的"非分散化定理"指出在一般情况下,如果没有政府的干预,就不能实现有效的市场资源配置。萨缪尔森则指出世界上任何一个政府,无论多么保守,都不会对经济袖手旁观。他认为政府对于市场经济主要存在三项职能,即提高效率、增进平等以及促进宏观经济的稳定与增长。陈振明(1996)基于公共选择理论,提出政府需要从宪制改革、约束政府的税收和支出以及引进利润机制和机构内部形成竞争机制四个方面做起,克服政府干预行为的局限性,避免政府失败。钱文荣通过对新中国成立后的历史考察,认为中国城市土地资源配置中市场机制与政府机制的消长演变有其内在的必然性,鉴于市场机制和政府机制都是不完善的，为避免政府失灵发生，在城市土地资源配置中，应以市场机制为主，政府可以采用经济手段如税收、补贴或其他手段如计划、法律、行政等加以弥补，同时注意用法律形式规范政府机构的行为、建立有效的公众监督机制并加强对政策执行过程的预先分析，以尽量减少政府失策所带来的损失（钱文荣，2001）。许红兵（2003）认为政府的职能就是弥补市场缺陷，在提供公共产品、矫正外部效应、限制垄断、维护竞争、提供经济信息、公平收入分配以及治理经济滞胀等方面需扮演重要角色。李明月（2004）针对土地市场的不同发育阶段，指出在土地市场完善时期，政府的主要作用是解决土地外部经济效率、提供土地公共产品、增加市场信息供应量、制定公平的交易和竞争规则、调整用地结构以及维护产权；而在土地市场转轨时期政府应缩小直接配置土地资源的范围，消除阻碍市场成长的因素，通过法律、法规界定土地产权，努力塑造市场主体，以适应土地市场的发育。王文革（2005）从法律角度提出政府在市场调控时，应实施总量管制、土地用途管制、土地供给项目管理和价格管制等制度，同时建立和完善国家、社会、实体、程序、救济等控权机制，防止政府管制失灵。孟星（2006）则指出政府应主要从土地产权、土地使用、土地交易等方面对城市土地实施管制如城市土地保有管制、城市土地使用管制、城市土地交易及价格管制。但是他同时指出，政府在实施管制决策时，应充分把握管制需求与管制供给，在市场与政府管制之间合理抉择，以避免政府管制陷入非市场陷阱的危险。张安录（2011）指出政府在矫正市场失灵时，应该在四个方面做好管理市场的工作，即政府在农地转用和土地征收决策时要考虑外部性；提高农用地转用和土地征收成本也许是控制耕地占用失控的一种策略；政府尽量使农地转用控制在适度水平；估算出农地发展权的价格，实现城镇农村无缝对接，为未来的非公益性征地市场化奠定基础。

　　市场失灵是市场经济的常态，土地作为一种特殊的公共物品，同时也是外部性、异质性明显的公共资源，土地市场存在市场机制自身的缺陷。针对土地市场失灵的问题，政府在调控过程中，需要确定和把握政府在市场调控中的职能定位，即以政府调控为主还是以市场机制运行为主。政府调控的手段和途径应充分考虑土地市场外部性、公共物品的供给、社会分配及公平、资源配置效率和市场运行机制，制定相应的土地市场管制措施和法律制度等。但是还存在两方面的不足。一是针对城乡统一市场的研究不多。当前我国土地市场被城乡二元结构所分割，国内众多学者多在城乡二元结构背景下研究土地市场问题，对城乡统一市场的针对性研究还相对缺乏。同时，我国城乡土地权属不同，土地制度和土地市场与国外差异较大，需要根据国情进行有针对性的研究。二是政府调控机制不健全，操作指导性不足。城乡统一土地市场是我国土地市场发展和完善的方向，尤其是城乡统一建设用地市场的建立，对整合农村土地资源，提高土地资源配置效率，保障效率与公平具有重要意义。但是现有政府调控机制不健全，已有研究对政府调控提出的建议可操作性不强。因此，针对城乡统一建设用地市场失灵，政府调控的配套措施和工具与适时、适度的"度"尤为关键。

7. 土地市场运行法律援助、制度保障与公共政策体系

随着经济发展，我国集体非农建设用地的流转已相当普遍，特别是沿海经济发达地区，城乡经济相互融合，市场异常活跃。我国现行限制农村集体非农建设用地入市的相关法律制度已被实践证明陷入制度困境之中，农村集体非农建设用地的自发入市已促成城乡分割非农建设用地市场结构的形成。我国城市国有土地市场规则较为完备，法律规范较为完善，土地市场相对公开、透明；与城市土地市场相比，尽管个别地方已出台了相关规定，但就总体水平而言，农村集体非农建设用地市场仍然大多处于自发、隐形状态，缺乏明确的可以遵循的法律依据和规则（张林合、郝寿义，2007；付光辉等，2011；郑云峰，2012；彭凌，2011；陈燕，2012）。这种分割的土地市场结构潜伏着效率的损失，为此，要加强相关法律制度政策体系的建设，尽快实现土地市场分割状态向整合状态的转变，形成规范化的城乡统一建设用地市场（钱忠好、马凯，2007），因此深化土地市场化改革是历史选择的必然（钱忠好、牟燕，2013）。

农村集体建设用地市场必须在法律上寻求根本突破，才能从根本上改变城乡建设用地市场的二元性。高圣平和刘守英（2007）认为现行立法对集体建设用地进入市场采取了严格限制的态度，地方政策和法规无法从根本上保护农村集体建设用地所有者和使用者的权利，集体建设用地市场亟待规范运行。因此，为了实现农民集体土地与城市国有土地的"同地、同价、同权"，应尽快修改《土地管理法》中禁止集体建设用地出租、转让的条款，制定规范集体建设用地进入市场的条文（王小映，2010）；充分保障农民获得集体建设用地流转的土地级差收益的权利（刘守英，2009）；改革土地制度，确保农民成为土地流转收益的主要获得者。

王小映（2009）针对建立城乡统一的建设用地市场法律方面建议修改《土地管理法》第四十三条、第六十二条等相关法律条款，允许符合流转条件的农村集体建设用地依法流转。加快制定和颁布农村集体建设用地出让转让及流转管理办法，区分经营性用地和公益性用地，建立城乡统一的建设用地使用权法律制度和城乡统一的建设用地市场。马凯、钱忠好（2007）为构建城乡统一的建设用地市场制度改革提供了基本思路，研究认为制度改革应以"尊重农民土地财产权利"，在明晰农村集体非农建设用地产权的基础上，赋予农村集体非农建设用地直接上市的权利，完善农村集体非农建设用地市场制度，最终实现农村集体非农建设用地市场的健康发展。

通过对接和整合建设城乡统一的建设用地市场，应建立城乡统一的建设用地取得和供应制度、公益性用地征收和划拨使用管理制度、土地价税费体系、土地增值收益归公制度、建设用地流转税制、不动产保有税制、以土地为基础的不动产登记制度（刘俊，2013）等制度体系。钱忠好（2013）研究表明中国政府需要加速土地市场化改革的步伐，不断强化市场机制配置土地资源的作用，并努力消除各种非市场因素的限制，充分发挥价格机制、竞争机制和供求机制在土地资源配置中的主导作用。

为了实现城乡二元分割的土地市场，2008年十七届三中全会提出：农村集体非农建设用地与城镇国有建设用地"同地同权同价"；2013年十八届三中全会提出：农民"平等进入市场"、农村集体建设用地与国有土地"同等入市、同权同价"；2014年3月17日国家出台的《国家新型城镇化规划》（2014～2020年）将"建立存量建设用地退出激励机制，规范推进城乡建设用地增减挂钩，在符合规划和用途管制前提下，允许农村集体经营性建设用地出让、租赁、入股，实行与国有土地同等入市、同权同价"作为深化土地管理制度改革的主要任务。这些为建立城乡统一的建设用地市场作了制度性突破，但是还未上升到立法层面。

三、综合性评价

我国城乡统一建设用地市场建设尽管在制度环境、运行模式、监管和调控工具方面与国际上有一定的差异，但是在国际上，特别是市场化程度较高的国家和地区其城乡土地市场建设的经验可以借鉴，市场化程度不高、制度尚不健全的国家和地区的教训可以避免。

相对农村集体建设用地入市，我国城镇国有建设用地市场运行已经有30年的历史，运行模式、规则相对成熟。城乡统一建设用地市场需要农村集体建设用地与城镇国有建设用地市场无缝对接。城镇国有建设用地市场运行和调控可以通过部分复制、重组，以实现二者的有机整合。

自下而上的制度创新，"封闭运行、开环控制"是我国改革的经验。20世纪90年代末期开始的建设用地市场化运作的地方经验可以移植、嫁接和重组，逐步向全国推行。

尽管国际、国内对城乡土地市场制度环境、运行模式、规则、监管和调控作了研究，为今后市场体系建设提供了有价值的参考和借鉴。但目前以下问题未能得到很好解决：其一，尽管目前国内土地市场的研究已经开始将农村集体非农建设用地市场与城镇建设用地市场作为土地市场体系中平等的组成部分进行考察。

各地政府也纷纷探索城乡统一建设用地市场的对接实践。然而，由于对城乡统一建设用地市场的障碍分析不足，单纯性考察偏多，缺乏整体框架；加之地方实践经验千差万别，难以形成统一的对接与整合机制，因此，目前仍未形成一个公认的城乡统一建设用地市场对接和整合机制。其二，城乡统一建设用地市场的建立与运行机制讨论不够全面，特别是涉及土地征收制度改革、农村集体建设用地制度改革和土地发展权制度建立等相关问题，目前的研究很少从构建城乡统一建设用地市场的视角进行探讨。其三，构建城乡统一建设用地市场的收益分配和福利均衡是关注的焦点，在讨论收益分配问题时很少从土地价值链的增值过程、增值机理分析，也很少从"增值链"与"利益网"的互动机理和关系，从产权权能、产权公共域和利益群体对土地价值增值的贡献角度分析。其四，土地市场失灵与政策调控方面，很少探讨城乡统一建设用地市场的市场失灵和政策调控体系。其五，针对城乡统一建设用地市场法律制度和政策体系缺失等问题，法律制度援助和政策支撑体系的制度环境研究有待进一步深入。

第四节　本书重难点和创新点

一、本书拟突破的重点和难点

（1）建立城乡统一建设用地市场及与之相适应的城乡统一的土地管理制度、法律援助和保障机制——城乡一体化的社会经济结构和法律制度，即将市场运行与其运行的制度环境相结合的总体分析框架。

城乡统一建设用地市场的建立不能游离于城乡一体化社会经济发展框架、制度环境之外，它是一个系统工程，需要政府"自上而下"的制度安排改革，也需要地方"自下而上"的制度创新和封闭运行试验配合，需要市场机制与政府调控结合。本书试图将城乡经济发展"二元"结构和土地制度的制度绩效与城乡建设用地市场分割、"双轨"运行效率相结合，分析制度作用与市场机制相互作用所表现出的在城乡关系、土地利用效率、土地市场对房地产市场的效应、土地相关利益者福利等作用机理和反映出的问题、困境和陷阱，从而为跳出"二元"框架困境和陷阱，通过政府"自上而下"的城乡结构转型和制度创新，并结合地方"自下而上"的试验和制度创新结合，改变"二元"，建立"一元"新型的社会经济结构和制度框架，并在用途管制和城乡土地规划控制下，通过市场对接机制和整合机制，建立城乡统一的建设用地市场。

（2）城乡建设用地市场对接、整合和运行机制。

城镇国有建设用地有形市场相对成熟，农村集体非农建设用地直接入市、农村集体建设用地与城镇国有建设用地之间的跨区域空间的"指标"交易还只是"封闭"运行、试验探索阶段，国际上的城乡统一土地市场的制度环境、交易的"标的"与我国的城乡统一的建设用地市场有一定差异。如何将成熟市场的规则、地方经验、技术平台，通过"复制""移植""嫁接""重组"，实现城乡市场有机"对接"与"整合"是关键。整合后的城乡统一建设用地市场如何在用途管制和城乡统一土地规划下，按照"统一"市场规则、制度环境、交易平台、技术支持，而避免出现"失灵"，达到公平、有效和安全，为本书的重点和难点。

（3）城乡统一建设用地市场的市场失灵程度判别标准和政府调控"度"的把握。

未来构建的非公益性的土地征收市场（交易标的可以是农村集体土地的所有权，也可以是使用权）、土地发展市场〔农地和建设用地（农村和城镇）〕、公益性土地征收的"准"市场等，当价格波动、土地供需关系、城乡居民福利变化等到何种程度，就出现市场失灵，政府的土地供应指标管制、增长边界、空间管制、建筑密度、容积率、建筑高度、建筑许可等政策工具进行调控的"度"，而不至于出现政府失灵。这些是本书的难点所在。

二、主要创新之处

（1）总体分析框架的创新。

本书将建设用地市场运行与制度环境—制度和市场运行的效率—制度供需与市场建设—市场运行与调控，纳入统一框架进行分析，在研究思路和技术路线上有创新。

（2）将市场运行效率与制度绩效相结合，市场运行产生的价值增值与土地利益相关者微观福利变化和社会福利效应相结合，将市场运行与政府调控相结合。

城乡关系、土地利用效率、土地与房地产市场、信用市场、土地利益相关者微观福利（经济福利与非经济福利）和社会福利效应是制度与市场相互作用的结果，综合表达了制度绩效和市场效率。本书将城乡建设用地在一级市场、二级市场，甚至是三级市场上土地价值随着各交易环节所产生的增值过程、"增值链"形成和增值机理，与相关利益群体（农民、集体、开发商、地方政府、中央政府等）构成的"利益网"在交易和价值增值中的"贡献"与现行的土地税赋制度、规费等结合，以实现市场交易土地收益分配公平性。将市场运行效率（土地供需关系、配置效率、福利变化）与状态，判断运行是否"失灵"，从而为政府实施宏观调控"适度"。

（3）市场构建上基于交易成本节约，将建设产权的清晰界定、市场信息发布机制、交易基础技术、设施和平台统筹考虑。

基于交易成本理论分析构架，按照我国城乡建设用地市场的制度环境和技术平台，建立集建设用地产权安全、交易信息披露、交易频率等于一体的微观市场培育与建立机制。

第五节 研究思路和分析框架

本书研究思路如图1-1所示。

首先，按照城乡经济社会发展的要求，分析城乡二元经济结构和制度框架下，由于二元的土地制度城乡土地产权不平等，土地登记与发证分离，市场准入/退出机会不均等，土地税赋、土地交易不公，并且缺乏相应的法律援助与保障等的制度环境，城乡建设用地必然形成二元市场结构。在二元的制度环境和二元市场分割和双轨运行下，其制度绩效和市场运行效率表现：城乡割据、供需失衡土地错配、征地失控城镇扩张、土地财政依赖、地方政府、开发商"暴利"、涓流效应抑制、马太效应放大、农民"双栖"、存量闲置增量失控、小产权房、棚户区普遍、农民集体"暴损"等。满足城乡转型和效率改进的制度需求，要跳出二元陷阱，必须通过"自上而下"的制度安排和"自下而上"的制度创新结合，进行制度供给，建立城乡平等的土地产权制度、城乡一体的登记发证制度、城乡平等的市场进入/退出制度、城乡税赋公正的税费制度、城乡平等的土地交易制度和城乡统一的法律援助和保证制度，在新的制度环境下，通过市场对接和整合，建立城乡统一的建设用地市场，从而实现城乡融合和效率改进目标：供需均衡优化配置，公益征地理性增长，税赋改革土地财政替代，土地收益均衡，社会福利改进，存量盘活增量控制，涓流效应放大，马太效应衰减的变化路径、过程、机理和规律。将建设用地市场运行与制度环境——制度和市场运行的效率——制度供需与市场建设，纳入统一框架进行分析。

其次，从政府"自上而下"的制度安排与市场建设和地方"自下而上"的制度安排和市场建设的实践两个方面，分析我国典型实验区：珠三角地区的农村

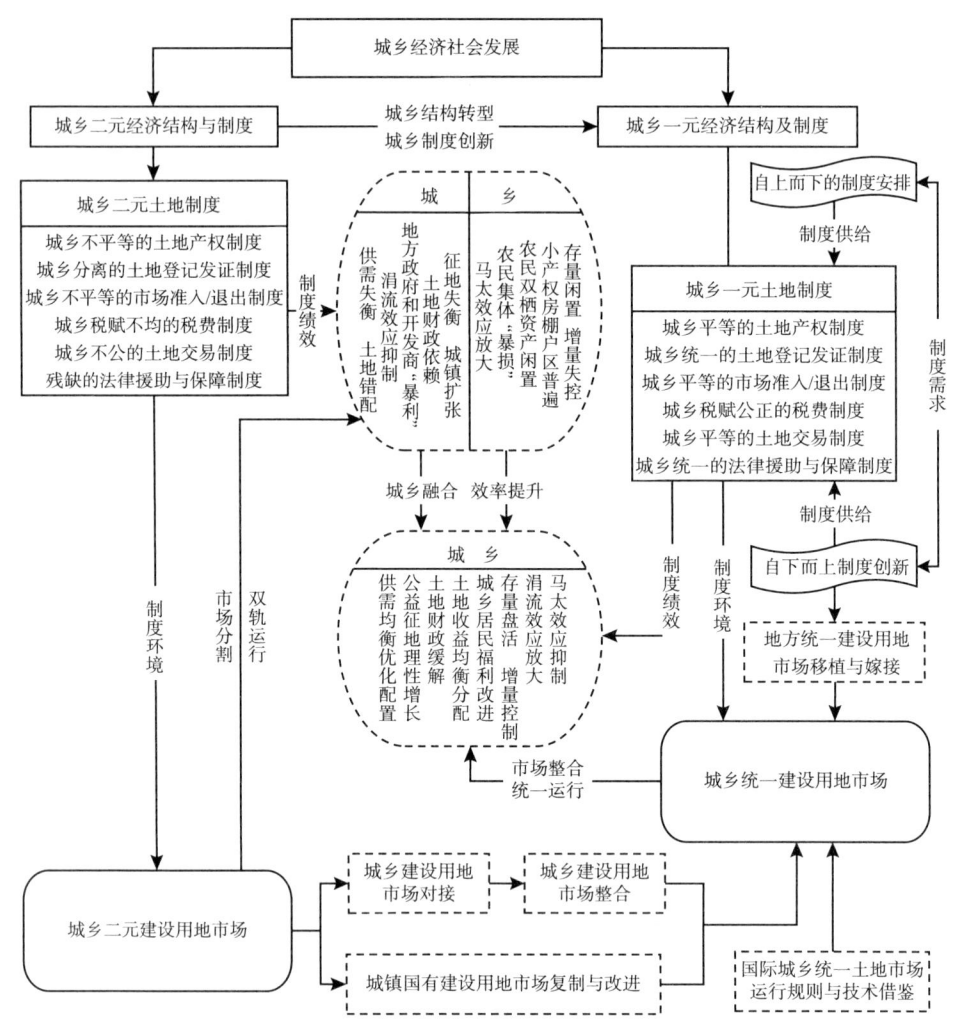

图 1-1 城乡统一建设用地市场研究的总体研究思路

建设直接入市、发展权交易,长三角地区的发展权转移、"蓝票""红票"交易经验,天津滨海新区的"双置换"模式,成渝地区的"地票""用减挂"等的运行模式、规则、效率、风险,将其成功的模式和经验移植、嫁接到其他地区,以推进城乡统一建设用地市场的制度环境和市场规则与技术的建设。

再次,将国有建设用地市场运行的规则、模式、技术支持体系复制、移植与嫁接到农村集体建设用地市场建设中,并将国际、国内典型地区城乡统一市场建设实验的移植与改进,以制度环境为前提、技术为中介,构建城镇国有建设用地市场与农村集体建设用地市场之间的对接机制和整合机制,使分割的市场对接和整合,最终形成城乡统一的建设用地市场。

最后，根据市场运行的效率和社会福利效应，判断市场是否失灵，建立健全政府市场调控体系，实现城乡统一建设用地市场公平、有效和安全运行。

1. 总体目标

本书在对20世纪90年代以来我国城镇建设用地市场建立、运行方式、运行过程、运行规律、运行绩效评估，以及对90年代农村集体非农建设用地市场、隐形（灰色）市场发育，政府对隐形（灰色）土地市场清理、整顿、禁止，农村集体非农建设用地市场试点、规范、培育、建设的历程、运行模式、运行绩效的评估；对2005年以来围绕"用减挂""地票"等新型城乡统一土地市场改革试点绩效评估基础上，结合两种模式存在的制度背景、制度基础、外部环境、模式运行的方式和效率，从而分析得出将土地市场自下而上的经验上升为自上而下的普适模式的兼容性、可移植性、可复制性和可操作性。探讨我国土地产权制度和社会经济制度为发展城乡统一建设用地市场建设的目标、市场运行的高效模式、市场运行的规则、城乡统一建设用地市场运行的规律。分析运行的期望效率、市场运行（安全、有效），政府对市场的适度调控、土地市场运行的社会福利改善，从而构建高效、安全、公平的城乡统一建设用地市场运行模式，以实现城乡建设用地市场整合、城乡建设用地利用高效、城乡土地产权权益保护、利益分配公平、城乡居民福利改进，为保障建设用地有效供给提供科学依据。由此得到的分析框架如图1-2所示。

2. 具体目标

（1）分析20世纪80年代末、90年代初起城镇建设用地和农村集体建设用地市场的制度环境、市场发育、运行模式、运行机理、运行规律，评估运行绩效，为建立高效、公平、安全的城乡统一市场奠定基础。

（2）全面调查2005年以来地方"发展权市场""地票""用减挂"等地方经验，借鉴中国台湾、美国、日本、澳洲、欧洲的成功经验，吸取拉美、南亚、非洲的教训，为地方经验（自下而上）上升为政府土地市场自上而下的制度安排、交易规则制定、有形市场平台搭建提供依据。

（3）构建城镇建设用地市场与农村集体非农建设用地市场对接、整合机制，实现两种市场的对接与整合。

（4）建设城乡统一建设用地市场运行与政府的市场调控［登记、发证、交易监管、信息披露（发布）、土地银行、土地储备、土地法律、产权制度改革］的调控体系，纠正市场失灵，平衡相关权益者土地收益分配及增进社会福利。

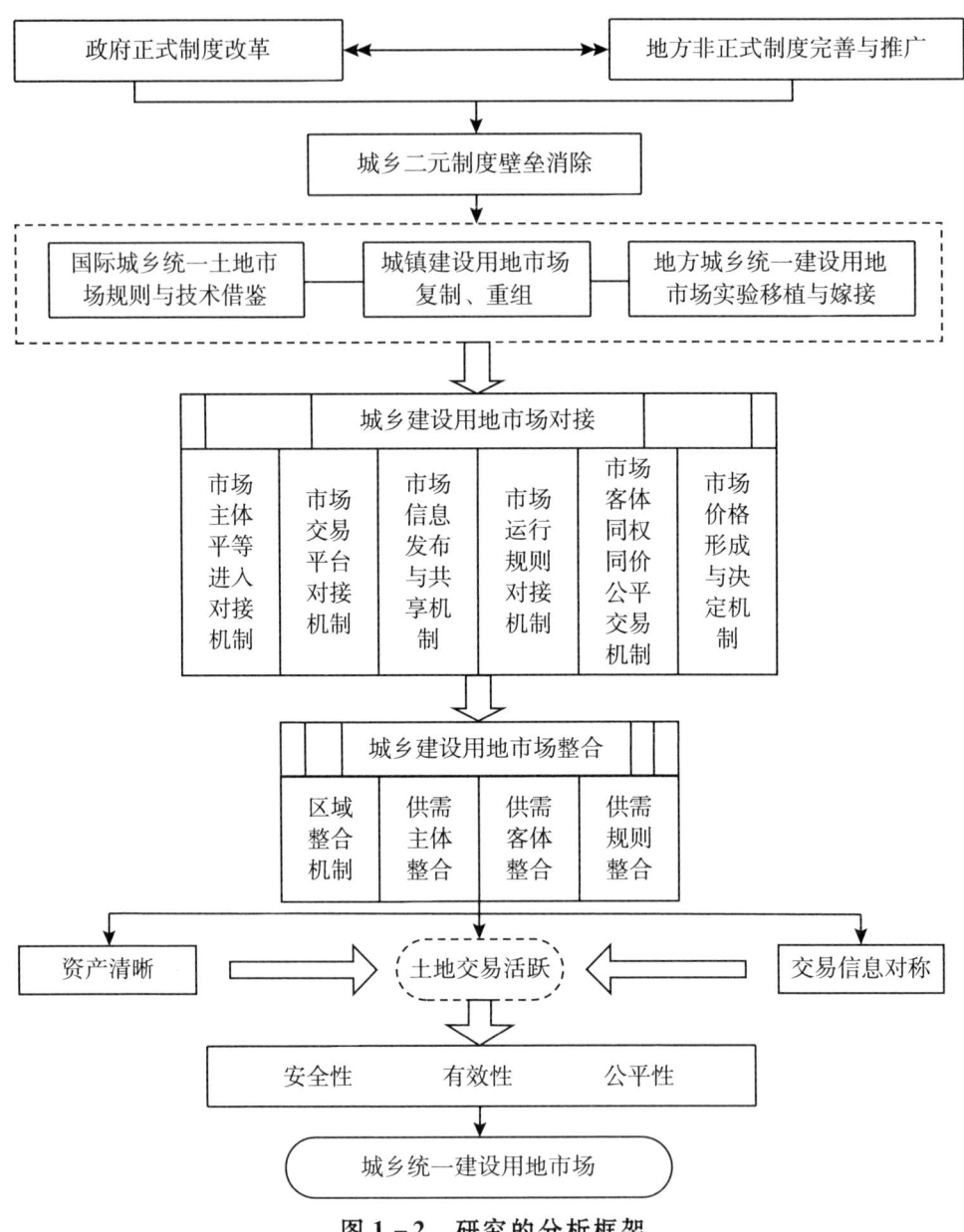

图 1-2 研究的分析框架

第二章

城乡二元结构下我国土地市场的现实困境与制度变迁

第一节 城乡二元土地市场发展的特点

一、市场总体情况：合法公开的有形市场与非法私下的隐形市场

城乡土地市场在发展的过程中整体上呈现显著的二元化特点：城市土地市场是有形、合法、公开的；农村市场是隐形、非法、私下的。城市土地市场发展成熟，且具有法律制度保障。城市土地使用权在一级市场上，通过协议、招标、拍卖等形式实现从国家到使用权人的纵向转移；在二级市场上，通过转让、出租、抵押等形式实现在各使用权人间的横向转移，流转形式多元化，过程公开合法。相较而言，农村集体土地市场由于集体土地产权不明晰，流转在法律上受到限制，只能存在于私下交易，从而形成了隐形市场（灰色市场），流转形式多以协议甚至口头协议为主，因其缺乏法律效力，存在较高的违约风险。在农村土地市场中，也存在着集体与企业公私联营、土地作价入股等方式进行流转，但因缺乏法律制度的保护，衍生出小产权房等非法产物。

二、市场形态：产权明晰的实体市场与产权多元的虚拟市场

我国城市土地市场的法律制度体系相对完善、产权明晰，城镇建设用地交易的主体、客体、流转方式都有完善的界定。相比较而言，农村集体建设用地市场除了实体市场（存量集体建设用地直接入市）外，更多地存在于虚拟市场之中。在虚拟市场之中，交易客体并不是特定的地块，而是通过指标交易来达到空间置换的目的，如集地券、房票、地票等形式。此外与国有建设用地完善的基础设施、整体连片的规划控制不同，农村集体建设用地产权多元化，农村集体建设用地所有权归属农村集体经济组织，但是在农村集体建设用地市场中，其流转主体存在于小组、村、镇、乡镇企业，甚至外资企业等占用的遗留问题，此外，农村集体建设用地的地块更加细碎化，产权也更加细碎化。

三、供需状况：供不应求与有效需求不足

从供需总量上来说，城镇土地扩张需求旺盛，但供给受到抑制，而农村存量建设用地总面积高于城镇建成区总面积的两倍，但有效需求不足。如在农村存量建设用地中存在产权细碎化、地块细碎化等问题。农村土地供给充足但受限于区位条件（农村集体建设用地在地区上是分散的、小规模的）和农村土地基础设施配套落后等因素的限制导致可开发地块不足，而且许多的土地供给条件与开发商集中连片、区位优越的要求相去甚远，这就使得开发商在开发土地时为了规避风险而减少对农村存量建设用地的需求。

从供需结构上来说，农村集体经营性建设用地占农村存量用地总量的一小部分，市场上需求的是大规模的、集中连片的并且很快能带来收益的土地，而能满足这种情况的农村集体经营性建设用地相对来说比较少，农村有效供给不足，因此在土地的供需结构上来说也存在相当大的矛盾。在城市发展中商业用地、住宅用地的需求较大，尤其是在快速的城镇化中人们对住房用地需求的快速增加，但是国家自上而下对国土的规划用途管制特别严格，住房用地的扩张受到限制。

四、交易成本：低廉的交易成本与高昂的交易成本

农村集体建设用地交易成本相对较高，农村集体土地存量建设用地所有权主

体与城镇土地相比较而言，交易主体有小组、村、镇、乡镇企业等，因为小组、村、镇、乡镇企业等的存在而更加复杂，集体建设用地交易过程中地块细碎化和产权细碎化的问题也不可忽视，这两个"细碎化"普遍存在于发展中国家的土地交易中，把细碎化的地块和产权放在交易平台上，交易中存在着很大的风险，势必会导致农村集体建设用地的交易成本增高。

另外在交易过程中存在着对交易方式的认识不足以及市场交易知识的普及不够等问题导致以租代让现象普遍，在广东佛山市南海区的实地调研中，2010~2015 年南海区的 1 872 宗集体建设用地交易中，以出让方式交易的只有 17 宗（张婷等，2017）。在交易的不确定性中交易方式、政府干预显著正向影响集体建设用地市场交易费用。

五、制度环境和风险：完善有序与滞后无序

目前，我国城镇建设用地市场制度相对完善，各种规章制度几乎趋于成熟，市场处于良好有序的运行状态。随着中国经济的快速发展，土地流转是必然趋势。城镇土地流转对流转当事人的权利和义务、具体流转方式、流转合同及内容、流转管理等，都做了详细和具体的规定。此外土地的有效流转离不开完备的契约，城镇土地具有完备的契约是城镇土地顺利流转的一个标志。然而拥有契约的前提条件是明确的产权登记，城镇土地产权登记清晰，从而有效地保护权益人的利益，促进城镇土地顺利流转（李霞，2011）。

但是，相比较而言农村集体建设用地市场制度并不完善。农村土地制度的不规范主要表现在农村产权登记的缺乏或滞后，引发了土地产权主体模糊、产权界线不清晰、权责混乱等问题，进而导致没有契约，因此在农村隐形市场中，只能靠乡规民俗来控制，是以口头协议或者私下交易的形式进行。农村这种乡规民俗的非正式制度是由于历史原因沿袭下来的，虽然非正规制度有很强的道德约束作用，可以解决不同交易中的矛盾冲突。但是受道德约束要求高，一旦道德制约机制失灵，很容发生违约现象。这样极易造成政府管理部门对土地不能准确掌握，土地权属纠纷时常发生。由此可见，农村土地的非正规制度容易产生违约的经济纠纷的根源在于没有明确的土地产权登记，没有产权登记，契约也就不复存在，靠道德约束的机制一旦失效就容易产生高风险的经济纠纷，影响社会的稳定秩序。

六、交易市场：自上而下的全国性市场与自下而上的局部性市场

我国城镇建设用地市场从 20 世纪 80 年代初始，至今已形成了一个相对成熟的土地市场，这种自上而下的经济体制改革使得城镇土地市场迅速发展，至今已成为全国性的市场。而农村建设用地市场仍在试点探索中，这种自下而上的改革，形成了局部市场。曾经的中流砥柱——乡镇企业，在农村集体建设用地的市场化建设背景下，没有得到政府的支持，未能得到应有的发展，最终只能以隐形的方式发展。为了引导农村土地合法流转，1999 年进行了农村集体建设用地流转试点改革，加快集体建设用地市场发展的步伐。1992 年开始进行南海区试点改革，探索以股份制来改造合作。紧接着广东省于 2005 年 6 月出台了《广东省集体建设用地使用权流转管理办法》（以下简称《流转管理办法》），进一步推进了农村集体建设用地流转。直至 2008 年提出国有建设用地与农村集体非农建设用地"同地同权同价"，2013 年提出"农村集体建设用地以同等权利、公平入市，建立城乡统一的建设用地市场"，2015 年国务院提出相关法律法规确定 33 个区（县）作为试点地区，作为进一步探索土地市场的依据（文兰娇、张安录，2016）。

第二节 城乡二元结构下分割的建设用地市场面临的现实困境

城镇国有建设用地的市场化运作，农村集体建设用地的"隐形""灰色"交易，不仅使得两种市场相互分割，而且对城乡土地利用、房地产市场运行、居民收入、福利水平、城乡地域结构优化和景观带来一系列现实困境。

一、城镇国有建设用地增量增加与农村集体建设用地存量增加的供需困境

由于城镇国有建设用地市场"孤立"运行，虽然盘活了城镇国有土地资产，但是却增加了土地的稀缺性，改变了土地供需关系，抬高了土地价格水平，增加了企业的生产成本，压缩了企业利润空间。地方政府和企业缓解土地供需矛盾途

径只有两条：合法地土地征收以及非法地与城乡接合部农村集体串谋"灰色交易"。无论是合法地对农村集体土地征收的冲动，还是非法地进行农村集体土地交易行为，其结果都将导致增量土地不断扩张，优质耕地不断减少，城镇土地粗放利用。而在存量上是城镇2倍的农村建设用地由于缺乏公开的市场，受制于城乡二元的户籍、社会保障制度，不仅存量难以盘活和退出，而且城市扩张和产业升级也诱使大量农村劳动力向城镇转移，"双栖"于城镇和农村之间，造成大量宅基地闲置、"空心村"现象，农村集体建设用地的存量也随之扩张。这样必然出现城镇建设用地发育—扩大征地冲动—诱致农村集体非建设用地"灰色"市场发育—城镇建设用地增量扩张—土地粗放利用—城乡接合部非农优质耕地流失—农村集体建设用地闲置、存量增加的困境。

二、城乡地域结构失衡和"中等收入陷阱"

城镇建设用地"有形"市场与农村集体非农建设用地"隐形"市场双轨分割运行，不仅在总量上加剧了建设用地的供需矛盾，而且造成了结构性失衡。地方政府以GDP为中心，开发商以逐利为主要目标的土地供应和需求动力，决定了工业和住宅等能在短周期内显现经济效益的用地在城镇建设用地的比例偏高，而基础设施、民生用地普遍未满足需求（Lai et al., 2014）。据统计，2004年我国大中城市工业用地平均超过15%，许多城市超过20%，甚至30%，而世界平均水平为10%，美国仅为7%。[①] 城镇建设用地供需结构性问题和不断攀升的土地成本，一方面表现为城市"经济密度"（economic density）提高是以牺牲了"距离"（distance）上的便捷为代价，造成城市交通拥堵普遍；另一方面土地市场通过市场传导机制，波及房地产市场，不断抬高的土地成本催生高房价，以至于中国成为世界少有的畸高房价收入比的国家，农民市民化的门槛使得我国的真实城市化水平虚高了17.3%。在面对极高城市住房成本，集体非农建设用地自发地、隐形地替代国有建设用地供地，开发小产权房，形成"隐形市场"或者"非正式市场"（informal market）（Zhou, 2005; Wu, 2004; Zhou, Cai, 2008），农民工或者加入"蚁族"，住进"棚户区"，选择相对廉价集体非农建设用地上盖起的"小产权房"，或者"双栖"城乡，这便带来了中国城市—城乡接合部—农村的现状，世界独有的城市高档住房闲置，城乡接合部蚁族和小产权房普遍，农村房屋闲置现象，这有可能使我国步入"中等收入陷阱"。

---

① 作者根据网络相关资料整理。

三、"暴利"——"暴损"困境

农村集体非农建设用地"非自愿性入市"（征地）畅通，"自愿性入市"（集体非农建设用地有形市场）受阻，使得农村集体建设用地产权受到侵占，农民财产性收入难以实现。政府垄断建设用地市场，为了"公共"利益，征地低价、出让高价，在20世纪90年代中期财政分权改革后愈演愈烈。1991～1995年间，征地占13.8%，1996～2000年间占28.81%，2000～2005年间增加到57.37%，1991～2005年间地方政府从农民集体征收土地338.9万公顷，给农民的补偿仅仅按照原来的农业用途给予补偿（Lee, Jia, 2006），仅1979～2000年间政府征收土地从农民那里拿走了2万亿元（陈锡文，2004），增加的土地收益大部分成为地方政府预算内和预算外收入，逐渐演变为颇具中国特色的土地财政。失地农民无法分享土地增值收益，也难以分享城市化的红利。农村集体非农建设用地"自愿性入市"受阻，并且由于缺乏信用市场也缺乏产权合约和严密的缔约规则支持，农村巨大的存量建设用地资源难以转化为土地资本，土地资本转化为缺乏市场载体，难以转化为土地资本，最终难以转化为农民和集体的土地财产性收入（周其仁，2004）。这样的结果是城市和地方政府、开发商获得"暴利"（Windfall），农村和农民集体"暴损"（Wipeout）。"暴利"—"暴损"困境更加放大了社会的不稳定性。

四、"涓流效应抑制"——"马太效应放大"困境

城镇国有建设用地市场"单向"运行，农村集体非农建设用地市场无法有效"对接"和互动，城镇对农村的"涓流效应"（trickle-down effect）受抑制，城乡之间"马太效应"被放大（张安录，2000）。随着城市化和工业化的推进，以及劳动力市场、资本市场和技术市场的建立和运行，农村的劳动力、资本、技术等要素逐渐由农村流转城镇，农村集体土地单向运行和在地方政府垄断主导下，不可逆地由农村流转进城市。据统计，1984年我国城镇建成区面积为9 000平方千米，2010年增加为40 058平方千米，26年扩大了4.45倍，农村空间被大大压缩（Lai et al., 2014）。土地、资本、劳动力和技术等要素从农村流出，在城市高度聚集，在城乡地域空间上形成城市拥挤的摩天楼和农村日益凋零的"空心村"并存的独特景观。在工农产品价格和征地出让价差两把"剪刀"的作用下，我国城乡居民收入差从1978年的1∶2.57，上升到2009年的1∶3.33，近年稍有下降，但仍然维持在1∶3.03以上。

第三节 城乡建设用地市场制度变迁与改革方向

诺斯认为：制度是人类设计的一种强制性的规则，用以把人与人之间的相互作用系统化。它由正式规则（如宪法、法律和产权）和非正式规则（如行为规范、社会惯例、施加于己的行为准则）以及它们的实施机制构成。制度的功能主要包括：(1) 降低交易费用。(2) 创造激励机制。(3) 矫正价格。(4) 提供信息。(5) 将外部性内部化，为实现良好的合作与竞争关系创造条件（诺斯，2003）。

所谓制度变迁是指新制度（或新制度结构）产生、替代或改变旧制度的动态过程。作为替代过程，制度变迁是一种效率更高的制度替代原制度；作为转换过程，制度变迁是一种更有效率的制度的生产过程；作为交换过程，制度变迁是制度的交易过程。重大的制度变迁往往是通过无数次具体且微小的非正式约束的变化累积而成的，这些微小的变化在整体上构成了根本性的制度变迁（钱忠好，2013）。从中国土地市场化的改革历史进程中找出政策演进的基因，准确把握中国土地市场化改革的逻辑起点，具有极为重要的意义。

一、城乡建设用地市场的制度变迁

（一）国有建设用地市场的制度变迁

在我国实行计划经济的时期，通过国家无偿划拨来使用国有土地和集体土地，土地资源的配置实行计划制。土地有偿使用的开端是在1979年《中外合资经营企业法》实施以后，然而依照1982年的《宪法》，在1987年的《土地管理法》以及《民法通则》中土地的出租和转让都被明令禁止，"无偿、无期限、无流动"是这个时期土地使用制度的特点。

在我国经济体制深入改革的前提下，计划经济开始向市场经济过渡，制度也开始慢慢认可土地要素的流转性。1987年中国内地开始借鉴中国香港的批租制度，国有建设用地使用制度的改革开始以开放城市土地市场为目标。国务院在1987年4月首次提出土地使用权可以有偿转让的政策，与此同时，在天津、上海、广州、深圳4个城市开始展开土地使用权有偿出让的试点。土地不得出租的规定在1988年《宪法》修正案第十条第四款中被废除，新增加"土地的使用权可以依照法律的规定转让"的内容，土地流转的合法地位首次在立法上被明确。

为了与宪法的修正相符合，1988年12月《土地管理法》第二条的补充又有新规定"国家依法实行土地有偿使用制度""国有土地和集体所有的土地的使用权可以依法转让。土地使用权转让的具体办法，由国务院另行规定"。在这种情况下国务院的改革突破口选择在城镇建设用地有偿出让和转让之上。并且在1990年5月制定《城镇国有土地使用权出让和转让暂行条例》。所有权与使用权分离为基础的制度在城镇开始实行。土地批租制度是以土地使用权有偿出让为特征。到这个时期，国有土地使用制度完成了从"三无"（无偿、无期限、无流动）到"三有"（有偿、有期限、有流动）的改革。土地使用权出让的经验在《城市房地产管理法》中得到了总结，规定出让"采取拍卖、招标或者双方协议的方式。商业、旅游、娱乐和豪华住宅用地，有条件的，必须采取拍卖、招标等方式，没有条件的，不能采取拍卖、招标方式的，可以采取双方协议的方式"。到这时我国的城市建设用地使用权流转制度已经基本上形成了。

（二）集体建设用地市场的制度变迁

在我国改革开放初期，集体建设用地的流转被立法和政策全面禁止。在农村改革开放的深化和土地需求快速增长的背景下，自发的土地流转行为不断增多。国家政策在1984年开始允许集体土地有限流转。《宪法修正案》和《土地管理法》在1988年也作出相应的修改，在法律支持下集体土地与国有土地的使用权转让有了保证，在我国农业支持工业优先发展的战略背景下，土地制度的改革选择以城市国有土地流转为突破口，集体土地使用权的流转一直没有得到规范，使得集体土地因为缺乏流转的制度支持所以无法依法流转。在这种情况下，集体建设用地无序、自发的流转阶段一直从改革开放延续到20世纪90年代中期。

20世纪90年代中期开始，中共中央、国务院、国土资源部下达了一系列文件，使农村集体建设用地使用权流转得到了规范。从1998年修订的《土地管理法》可以看出国有土地出让制度逐步形成以后，在原则上国家还是禁止集体建设用地的流转，只有在一些例外的情形下才允许流转，规定"为集体建设用地隐形入市提供了变通的路径"。伴随着乡镇企业的兴起，集体建设用地有着强烈的内在需求，邻近城市的土地有着较大级差地租的利益驱动，导致很多的集体土地甚至耕地都以各种形式被出租、转让，以致形成庞大的隐形市场，这种行为严重地影响了土地市场的秩序。

国土资源部在1999年11月将安徽芜湖确立为全国首个农民集体建设用地使用权流转的试点，允许在得到批准的前提下集体建设用地使用权可以采用转让、作价入股、租赁、联营联建、抵押等多种形式进行流转。2000年国土资源部在江苏苏州、广东佛山市南海区等共9个市（区）开展了集体建设用地流转试点工作。广东省人民政府还在 2003 年 6 月下达了《关于农村集体建设用地使用权流转的通知》，这成为农村集体建设用地使用权流转的试点，也相当于一场新的"土地革命"（康雄华，2006）。在 2005 年 6 月发布的《广东省集体建设用地使用权流转管理办法》中，第一次以政府规章的立法形式允许省内集体建设用地进行市场交易，可以与国有土地"同地、同权"地进行出让、转让、出租和抵押。

2004 年国务院颁布的《深化改革严格土地管理的决定》提出："在符合规划的前提下，村庄、集镇、建制镇中的农民集体所有建设用地使用权可以依法流转。"虽然在 2007 年的《物权法》中回避了集体建设用地使用权的一些敏感问题，但为修改《土地管理法》进行规范集体建设用地流转做了铺垫。时代的重任成为积极探索集体建设用地入市流转的途径和办法。1996～2014 年间全国一共有 22 个省（区、市）的地方政府先后进行集体建设用地使用权流转的改革，并且制定了一系列集体建设用地流转的暂行试行办法。许多对集体建设用地流转改革探索的地方法规支撑着实践中的创新，打破了《土地管理法》和《物权法》中对集体建设用地流转的一些限制。基于这种情况，需要法律层面对集体建设用地使用权流转改革的支持。

二、城乡建设用地市场的制度改革方向

根据制度变迁理论，在外界环境的变化与自身理性程度提高的前提下，人们会不断对新制度提出一些相应的要求，用以实现预期增加的收益。在制度中，当供给与需求基本均衡时，制度相对来说是稳定的；当现存的制度不能满足人们的需求时，制度就会发生相应的变迁。在促进或推迟制度变迁时，制度变迁的成本与收益之比起着重要作用，只有在预期成本小于预期收益的情况下，行为主体才会去推动制度发展，以致最终实现制度变迁，反之亦然。

就我国土地市场制度变迁来说，客观条件的变化导致了历史的变迁。外部利润产生于客观条件发生变化后，然而在现行土地制度安排下这种利润是获取不到的。因此，经济当事人要想获取这种外部利润，土地制度安排就要进行改变，进行土地制度的变迁与创新，土地制度发生历史变迁的经济学原因就是因此而诱发的。毫无疑问，在土地制度变迁以及创新的要求得到相应的满足之后，土地制度变迁和创新也就基本上完成了，外部利润因此也就能够实现内部化。所以说土地制度变迁是因客观条件变化而起，而后又以外部利润的内部化而结束（张合林、郝寿义，2007）。

改革开放以后，我国城乡二元土地市场制度安排促进了高速工业化，使中国

成为世界制造工厂；利用土地的资本化和以地融资，解决了中国城市发展所需的巨额资本来源，助推快速的城市化，成为推动中国经济高速增长、成为"中国奇迹"的主要"推手"（刘守英，2017）。但是分配土地资源的权力为国家高度集中拥有，城乡土地的用途由国家进行规定以及管制，建设用地有相当大的一部分是国有土地，集体是不能进行国有土地交易的，国家强制进行集体土地征用。在经济发展的新常态下，以上述为核心要素的二元土地供给制度，与将来结构转型以及总经济体制向市场经济模式转变对土地制度的需求，产生的矛盾和冲突是很尖锐的，落入现行土地制度运行的困境，导致了城乡差距进一步扩大、土地管制过度与管制失效并存等一系列问题（周天勇，2003），当前的制度安排下经济当事人无法获取外部利润或获得利润机会，依靠传统土地谋发展的市场模式已经难以为继。

我国的土地市场制度变迁具有显著的路径依赖特征，市场机制在配置土地资源的过程中发挥着越来越重要的作用。党的十八届三中全会于2013年11月召开，全会通过了《中共中央关于全面深化改革若干重大问题的决定》，对我国的农村土地制度改革也作出了安排。在"加快完善现代市场体系"中，明确提出："要建立城乡统一的建设用地市场，在符合规划和用途管制前提下，允许农村集体经营性建设用地出让、租赁、入股，实行与国有土地同等入市、同权同价。"缩小征地范围并对征地程序进行了规范，对被征地农民合理、规范、多元化的保障机制进行了完善。对国有土地有偿使用的范围进行了相应的扩大，对非公益性用地划拨进行了相应的减少。建立了一套兼顾国家、集体、个人的土地增值收益分配机制，对个人收益进行合理提高，对土地租赁、转让、抵押的二级市场进行租赁，发挥市场机制对土地资源配置的决定性作用。

在新制度经济学的理论框架中，制度变迁可以解释为一种效率相对较低的制度被另一种效益相对较高的制度所取代。相对节约交易费用是制度变迁的原因之一，也就是平常说的降低制度成本，提高制度效益，使外部利润内部化，依据《中共中央关于全面深化改革若干重大问题的决定》（以下简称《决定》）中对土地市场建设提出来的要求，并且结合考虑我国土地市场制度变迁的路径特征、制度环境、意识形态，未来我国城乡建设用地市场改革的方向，主要可以概括为以下几个方面。

（一）城乡建设用地权能平等化改革

长久以来，导致集体建设用地流转困难的原因有产权不明晰、主体不明确以及权能不完整，这些是城乡统筹发展的一个严重制约因素。在法律的严格限制下，农村集体建设用地的财产权利很难实现，农民的土地权益也受到影响。《决定》明确提出："农村集体经营性建设用地实行同等入市、同权同价。"这些都可以看出我国未来的农村集体建设用地能在土地市场中进行出让、租赁、抵押和入股等交易活动，价格是由市场来表明的。这也是我们所说的集体土地与国有土地"同权同价"一个重要的改革方向。消除国家有关土地一级市场的行政垄断以及法律制度中有关农村土地产权的歧视，使城乡土地使用权权能在农村土地产权制度改革中趋于一致，使城乡土地产权对等以及城乡土地市场对接（统一）。把完整的土地产权给予农民集体，当然包括占有、使用、收益和自由处置权等。加快对《土地管理法》和《物权法》以及《农村土地承包经营法》等法律条款的调整与完善，赋予城乡建设用地平等的土地权能。

（二）集体建设用地使用权的市场化改革，完善交易的规则体系

我国城市化进程不断加快，对建设用地的需求也在增加，供需矛盾日渐突出（仲涛，2011）。农村集体建设用地的增值空间比较大，集体土地隐形交易市场在各地尤其是城乡接合部中也比较普遍。有效监管措施的缺少带来了巨大的隐患和风险以及土地资产国家收益的大量流失。在这种情况下，农村集体经营性建设用地流转制度建设应该得到加强，站在国家层面来看，研究制定《集体建设用地流转管理办法（指导意见）》《农村集体土地征地补偿办法》等相关条例，加快对城乡统一建设用地的交易代理、信息咨询、地价评估、登记代理、纠纷仲裁等中介服务组织机构的培育，把公平与公正带到集体经营性建设用地市场，引导市场不断走向成熟和完善。

（三）土地征用制度的改革，促进土地增值收益的合理分配

在《宪法》的要求下，应把征地严格界定在公共利益的范围内，通过逐渐降低征地的数量，缩小征地范围以及促进征地程序的规范化来避免征地纠纷。使征地制度改革不断深化，平衡好政府、集体与个人等相关各方的利益。

党的十八届三中全会《决定》强调要让发展成果更多更公平地惠及全体人民，使收入分配格局有理有序，进一步加大税收的调节力度。为实行"公私兼顾"的土地增值收益分配提供了制度基础。一方面，要尊重市场经济规律，对土地等各种生产要素进行平等对待，两种土地公有制产权都要得到相应的保护，使集体土地所有者的权益得到维护；另一方面，促进社会公平正义的要求，对土地增值收益再分配的调节机制进行进一步的完善，对于过高的收入进行调节，使城乡、行业收入分配差距得到减少。对农村"三项制度"改革的土地增值收益如何征收和分配的政策方向应统筹兼顾、综合权衡和分类施策。

（四）加大城市化地区土地市场化配置，城市土地二级市场深化改革

党的十八届三中全会《决定》提出"完善土地租赁、转让、抵押二级市场"的任务。土地二级市场是指"出让土地使用权的转让或再转让，它体现的是土地使用者之间因土地交易而产生的责、权、利的关系"。国有土地的使用权在土地二级市场中是土地使用权的出让。而城市土地一级市场的划拨、作价入股、协议出让、招拍挂等交易流程具有各自的前提条件和约束规则，城市土地二级市场，在土地转让、出租、抵押过程中，由于是市场主体进行自行交易，出现了突破法律法规的用地现象，无法落实政府对土地利用的要求。城市二级土地市场改革需要进一步深化，提高土地的利用及其监管效率。完善交易机制，在现有法律法规的前提下，一是加强平台建设，进一步明确交易条件、交易流程，既要保障市场各方主体的交易自由，又要符合法律法规。二是规范社会中介组织，完善咨询、调解等服务。三是强化政府部门的监测分析、完善市场调控、强化价格监管、加强合同履约监管、责任追究。四是法院、国有资产、国土等相关部门需在涉地司法处置和涉地资产处置等方面加强协作，提高行政效率。

（五）构建统一的城乡土地市场

建立城乡统一建设用地流转的有形市场，实现农村集体土地市场与城市土地市场的平稳对接。制度改革的力度要得到进一步的加强，大力推动制度建设，破解城乡二元的对立与分割的现状。合并城市土地市场和农村土地市场，使城乡建设用地在更大、更广的范围内进行统筹配置与高效利用。在城乡建设用地权能统一的基础上，要统一城乡建设用地出让方式，将城乡建设用地纳入统一的土地供应市场，把城乡建设用地价格体系进行统一化，在市场机制中实现城乡建设用地"同地、同权、同价"的目标。同时，对城乡建设的制度进行统一的规划，使城乡统一土地市场的资源空间得到保障，使区域产业和人口的集聚合理化，也使城乡区域经济得到良性的互动。

第三章

城乡二元结构下建设用地市场分割及双轨运行过程与路径

第一节 城乡建设用地市场垄断、分割

我国非农建设用地按其所有权性质的不同,大致可分为两类:分别是城市国家所有土地和农村集体所有土地。我国法律规定,集体非农建设用地必须首先通过征收或征用、变性为国有土地后方能进入土地市场。任何单位或个人需要使用土地,必须依法申请使用国有土地。我国《宪法》第十条第三款规定,"国家为了公共利益的需要,可以依照法律规定对土地实行征收或者征用并给予补偿"。《土地管理法》进一步规定,"任何单位和个人进行建设,需要使用土地的,必须依法申请使用国有土地","依法申请使用的国有土地包括国家所有的土地和国家征用的原属于农民集体的土地"。因此,我国农村土地非农化的唯一合法途径是土地征用或征收,土地市场结构呈现垄断状态。尽管这一政策规定在国家财力有限的情况下,能迅速集聚国家工业化、城市化发展所需要的资金,有效地解决政府特别是地方政府财力不足的问题(周其仁,2004;钱忠好,2004)。但是,政府垄断非农建设用地市场也产生了一定的负面影响:农民土地供给水平和厂商土地需求水平不足、政府土地征用需求水平旺盛,土地市场失衡,并带来了社会福利的损失(钱忠好,2004;周其仁,2004);城

市土地利用集约化程度偏低，城市用地"摊煎饼"式外延扩张（刘守英，2005）；企业需要一次性支付较大数额的土地出让金，一些中小企业的发展受制于过高的用地成本（钱忠好等，2006a）。

2004年之前法律对农村集体土地使用权流转要求不予支持、将非农建设用地的处分权配置在政府手中，构成了对农民集体土地发展权的真正压抑，但是，土地非农化产生的巨大土地增值收益为集体非农建设用地自发入市提供了强大的利益动力之源。在当时的制度环境下，城乡非农建设用地市场分割制度形成，城乡非农建设用地市场面临的制度环境是：第一，受制于计划经济体制下的经济发展战略的影响，我国城市化发展水平较低，城市土地资源数量极为有限。另外，非农产业较高的报酬率又诱致着农村非农产业的发展，并在农村形成数量巨大的非农建设用地，而且规模庞大的农村农用地资源转变为非农建设用地并不需要花费太高的转换成本，农用地为农村非农建设用地提供了源源不断的后备资源；第二，尽管我国农村集体非农建设用地自发入市面临着可能的政府法律惩罚，但是，现行政策保留的例外"又为经济当事人在制度边际上进行创新提供了可能性"，巨额土地增值收益诱使着农民将集体非农建设用地自发地投放到土地市场中。与此同时，中国不仅有法不责众的传统，而且，与中央政府相比，人数众多的农民处于信息优势的地位，他们能够利用信息的优势对农村非农建设用地入市行为采取隐瞒、藏匿等机会主义行动来逃避中央政府可能的惩罚。加之，农民、非农企业、乡村集体及地方政府对农村集体非农建设用地入市具有共同的利益，能够达成一致意见（钱忠好等，2006a），这使得农村集体非农建设用地进入土地市场具有较低的交易风险和交易成本，从而使土地市场分割状态下城乡非农建设用地的需求曲线、供给曲线与城乡土地市场整合状态下土地需求曲线、供给曲线不至于发生太大的偏离。这样的制度环境使我国分割的城乡非农建设用地市场比政府垄断土地市场具有更高的社会福利水平。

城乡非农建设用地市场涉及的利益集团大致可分为政府、非农企业、农民，而且非农建设用地市场分割制度满足了政府特别是地方政府、非农企业、农民的利益诉求。改革开放以来，我国经济结构逐步突破国有经济一统天下的格局，中小企业得到了长足的发展，政府财政对中小企业的依赖性极大增强。蒋省三等（2003）的调研表明，在广东佛山市南海区，"全市7万多家工商企业，85%是本地人投资兴办。2002年，地方财政收入达27亿元之多，其中税收就占85%以上，民营企业对税收的贡献高达85%"（蒋省三等，2003）。另外，随着我国城市土地利用逐步实现由无偿、无限期、无流动方式向有偿、有限期、可流动方式的转变，土地价值逐渐显现，城市工业用地价格节节攀升，越来越高的土地价格和用地歧视政策已成为制约中小企业发展的瓶颈，并影响到经济的持续增长。如广东南海大沥镇 10 年前工业地价是每亩 7 万元，现在是每亩 35 万～40 万元，翻了近 6 倍（蒋省三等，2003）。不仅如此，1994 年的财政分权改革在调动地方政府积极性的同时，也使地方政府逐步成为相对独立的利益主体，地方政府有着有别于中央政府的政府目标，中国经济由此形成多层次、多地区的 M 型层级制经济（钱颖一，2003）。在 M 型组织中，层级的基层政府与其上级政府之间尽管没有多少讨价还价的权利，但却拥有很大的自主权在体制外发展经济、在制度边际上进行制度创新，地方政府往往容忍对某些规则的破坏。由于土地非农用与农用相比具有更高的报酬率，下级组织要实现财政收入和经济产值的迅速扩张，就必须将土地资源配置给边际报酬率比较高的非农部门和产业（钱忠好，2003）。城乡非农建设用地市场分割制度为中小企业解决了其发展中遭遇的土地瓶颈，最大限度地利用了土地资源，增加了财政收入，促进了经济的增长，因而受到政府特别是地方政府的欢迎、默许甚至支持。

　　对农民而言，尽管与土地市场整合状态相比，城乡非农建设用地市场的分割仍然使农民的土地权益受到一定程度的损害，但是，与政府垄断土地市场状态相比，它不仅可以使农民有机会分享土地非农化增值收益，而且能在一定程度上约束政府的土地征用行为，并有效地缓解因政府土地征用行为不规范所带来的社会矛盾。首先，与征地补偿相比，非农建设用地直接进入市场后，农民能够以较高的价格交易非农建设用地。我国征地制度规定，土地征用补偿以农业生产平均产值为补偿依据，土地征用补偿标准偏低：任浩等（2003）的研究表明，剪刀差修正前的农地收益价格仅为修正后价格的 40% 左右，修正后的土地补偿价格只相当于农地价格的 2/5 用补偿倍数法计算的征地补偿仅仅相当于农地价格的 1/5。而且，土地征用补偿仅仅按土地生产性收益对被征地农民进行经济补偿，忽视了土地之于农民的非生产性收益（钱忠好，2004），是一种不完全补偿。其次，虽然我国《宪法》《土地管理法》明确规定土地征用须以公共利益需要为目的，但相关法律不仅未对公共利益作出明确的界定，而且将征地范围从公共利益需要扩大到包括非公共利益需要的一切用地项目。农村非农建设用地直接进入市场，不仅可以弥补政府垄断土地市场状态下土地供给的不足，而且较高的土地市场价格成为政府征地补偿的参照系，可在一定程度上抑制土地征地需求。最后现行政府土地征用行为不尽规范，存在征地目标泛化、征地补偿标准偏低、征地程序不尽合理、农民参与程度不高等缺陷，并引起农民的强烈不满，引发了诸多社会矛盾。农村非农建设用地直接进入市场，使农民土地产权价值在土地市场上得以体现，在一定程度上满足了农民的土地权利诉求，有助于缓解因政府土地征用行为不规范所带来的社会矛盾。

由于与政府垄断土地市场制度相比，城乡非农建设用地市场分割制度提高了社会福利水平，实现了经济当事人之间的一致同意：满足了政府特别是地方政府的利益诉求，为非农企业的发展创造了良好的条件，使农民有机会分享土地非农化的增值收益，有效地缓解农民、非农企业与政府的对立情绪。因而，尽管非农建设用地直接进入土地市场与国家正式的法律规定相悖，并在个别时期遭受政府的打压，但仍能自发生成，并在个别地方突破了《土地管理法》的相关规定，打破了"非经政府征用，任何农地不得转为非农用途"的传统。如2005年5月17日，广东省人民政府借鉴广东佛山市南海区等地农地股份合作制的实践，出台了《广东省集体建设用地使用权流转管理办法》，规定"农村集体建设用地具有出让、出租、转让、转租和抵押等权利""并可以利用集体建设用地兴办各类工商企业，包括国有、集体、私营企业，个体工商户，外资投资企业（包括中外合资、中外合作、外商独资企业、'三来一补'企业），股份制企业，联营企业等"。

第二节　城乡二元建设用地市场运行绩效评估

一、国有建设用地市场运行绩效分析

随着中国土地制度和市场经济体制的深入改革，土地市场发育迅速，经历了形成期、发展期和规范期，其对土地配置效率和社会经济发展产生了明显的促进作用。目前我国土地公开有偿出让市场主要是国有土地市场，国有土地市场秩序已日趋成熟和规范，但在市场运行过程中也存在一些问题，如价格上涨过快、供求不均衡等。当前，从宏观经济发展到局部行业发展，效率、绩效已成为衡量发展质量的重要指标。对于国有土地市场来说，市场效率的高低直接关系到市场机制能否充分发挥调节作用，土地市场运行质量的最高反映是市场效率（张敬梓，2014）。因此，对国有土地市场绩效进行合理评估，对于进一步完善市场机制，促进社会经济的发展具有重要的作用。

数据包络分析方法是广泛采用的绩效评估方法。王良健（2014）采用土地出让面积、划拨面积、农用地转用面积、土地征收面积、土地违法面积以及固定资产投资作为输入指标，选取土地出让收入、地均GDP、第二产业增加值、第三产业增加值、人均住房面积以及人均绿地面积作为输出指标，在DEA - Tobit

两阶段分析框架下研究了 2002~2011 年我国 30 个省（市、区）的土地供应绩效，并对其影响因素进行了实证研究。顾媛媛（2014）则以划拨面积、协议出让面积、招拍挂出让面积和增量面积为土地投入指标，选取土地出让成交价款、地价稳定度、城市建设固定资产投资额、房价稳定度以及土地集约利用度为产出指标，运用 DEA 模型评价 34 个大中城市 2003 年和 2009 年的土地储备供应决策效率，再借助马奎斯特指数对 34 个大中城市在 2003~2009 年期间土地储备供应决策效率的变化趋势进行分析。本节将采用 DEA 模型，选取更为全面的投入产出指标，分别从时间和区域层面对全国范围内国有建设用地市场运行绩效水平进行评价，并根据各指标投入冗余或产出不足情况，分析各省与达到 DEA 有效的差距。

（一）绩效评估 DEA 模型设计

数据包络模型是测算具有多输入多输出的部门或决策单元之间的相对效率值的分析方法，广泛应用于效率评价领域（张庶，2014）。在构建投入产出指标体系时，土地市场的投入主要体现在土地、劳动、资本三个方面，选取土地出让面积、土地划拨面积作为土地投入指标；土地市场运行的直接劳动力投入、资本投入指标较难获取，因此分别选取城镇单位第二、第三产业就业人员、城镇固定资产投资额代替。产出主要从城市土地市场运行的经济效益、土地配置效应以及土地市场化程度三个角度来考虑，其中经济效益主要包括地均地区生产总值、第二、第三产业增加值、人均直接土地收益、土地出让金对地方财政收入的贡献率；土地配置效应主要包括城市土地利用率、人均居住用地面积、人均城市道路面积和人均绿地面积；土地市场化程度主要包括土地有偿使用率、土地市场公开出让率和一级土地市场活跃程度。具体指标体系见表 3-1。

表 3-1　　　国有建设用地市场运行绩效评估指标体系

指标	分项指标	具体指标	指标含义	单位
投入变量	土地投入	土地出让面积（X_1）		公顷
		土地划拨面积（X_2）		公顷
	劳动力投入	城镇第二、第三产业从业人员（X_3）	城镇单位就业人员 - 城镇单位农林牧渔业就业人员	10^4 人
	资本投入	城市固定资产投资额（X_4）		10^8 元

续表

指标	分项指标	具体指标	指标含义	单位
产出变量	经济效益	地均地区生产总值（Y_1）	城市地区生产总值/城市建成区面积	10^4/公顷
		第二、第三产业增加值（Y_2）	第二产业增加值+第三产业增加值	10^8元
		人均直接土地收益（Y_3）	一级市场各类有偿使用总收益/城市总人口	元/人
		土地出让金对地方财政收入贡献率（Y_4）	土地出让价款/地方财政一般预算收入	%
	土地配置效应	城市土地利用率（Y_5）	城市建设用地面积/城市用地总面积	%
		人均居住用地面积（Y_6）	居住用地/城市总人口	平方米/人
		人均城市道路面积（Y_7）	公用设施用地面积/城市总人口	平方米/人
		人均绿地面积（Y_8）	绿地面积/城市总人口	平方米/人
	土地市场化程度	土地有偿使用率（Y_9）	有偿使用的土地面积/当年土地供给总面积	%
		土地市场公开出让率（Y_{10}）	公开交易的出让土地/土地出让面积	%
		一级土地市场活跃度（Y_{11}）	一级市场交易量/城市建成区面积	%

注：表中土地市场数据来自 2005~2016 年《中国国土资源年鉴》；固定资产投资额、地区生产总值、政府财政一般预算收入、城镇单位就业人员、城市人口等数据来自历年和各省统计年鉴；城市建设用地面积、建成区面积、各类用地面积来自历年《中国城市建设年鉴》和《中国城市统计年鉴》。

（二）国有建设用地市场运行绩效结果分析

1. 2004~2015 年市场运行绩效变化

运用 MAX-DEA 5.0 软件进行测算，将 2004~2015 年全国综合技术效率、纯技术效率和规模效率平均值的变化趋势绘制如图 3-1，可以看出，2004~2015 年全国综合技术效率均值除 2011~2012 年有所上升外，整体上呈逐年下降趋势。纯技术效率均值均在 0.900 以上，且 12 年间不断提高，说明我国国有土地供应结构在不断优化；规模效率均值与综合技术效率均值的变化趋势类似。从效率均值来看，纯技术效率均值最高，规模效率次之，综合技术效率均值最低，可见造成我国国有土地市场综合技术效率值下降的主要原因是规模效率的低下，说明我国需调整国有土地供应规模的大小，以提高市场运行效率（见图 3-1）。

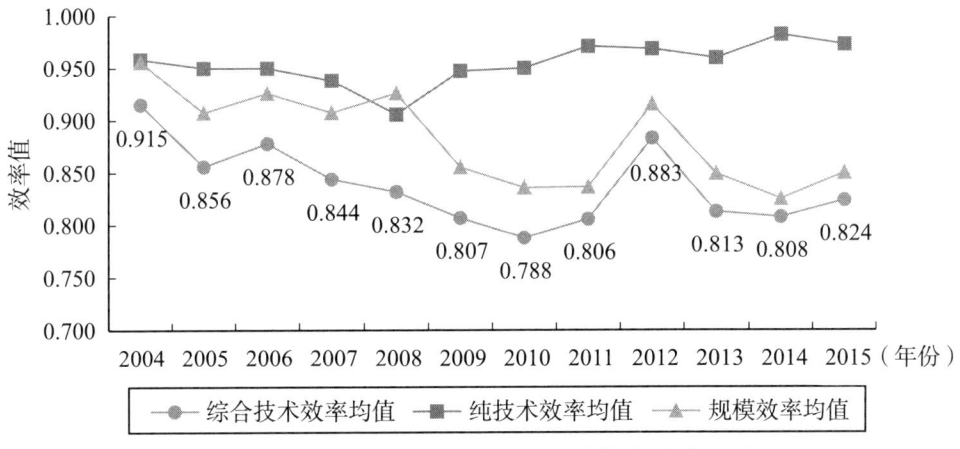

图 3-1 2004~2015 年全国三种效率均值变化

根据 2004~2015 年全国各省国有建设用地综合技术效率值（见表 3-2），历年东部地区始终保持较高的绩效水平，西部地区次之，而中部地区最低。三大地区效率值整体上均呈现下降趋势，2004 年 DEA 有效的省份有 15 个，占样本总数的 50%，2015 年仅有 8 个省份达到 DEA 有效，占样本总数的 26.67%。分省份来看，仅北京、天津、上海、海南、青海 12 年间均保持 DEA 有效，江苏、广东、宁夏三省份除个别年份为非 DEA 有效外，也均为 DEA 有效。内蒙古在 2008 年以前为 DEA 无效，2008 年以来均保持 DEA 有效，黑龙江则在 2008 年前后由有效转为非有效状态。而辽宁、广西、安徽、河南、湖北等省份市场运行效率基本处于较低状态。

表 3-2 2004~2015 年各省份国有建设用地市场运行综合技术效率值

地区		效率值
		2004 年	2005 年	2006 年	2007 年	2008 年	2009 年	2010 年	2011 年	2012 年	2013 年	2014 年	2015 年
东部地区	北京	1.000	1.000	1.000	1.000	1.000	1.000	1.000	1.000	1.000	1.000	1.000	1.000
	天津	1.000	1.000	1.000	1.000	1.000	1.000	1.000	1.000	1.000	1.000	1.000	1.000
	河北	0.961	0.831	0.804	0.841	0.783	0.858	0.793	0.806	1.000	0.795	0.744	0.874
	辽宁	0.740	0.665	0.627	0.724	0.681	0.689	0.722	0.704	0.774	0.758	0.772	0.887
	上海	1.000	1.000	1.000	1.000	1.000	1.000	1.000	1.000	1.000	1.000	1.000	1.000
	江苏	1.000	1.000	1.000	1.000	1.000	1.000	1.000	1.000	1.000	0.861	0.825	0.894

续表

地区		效率值										
		2004年	2005年	2006年	2007年	2008年	2009年	2010年	2011年	2012年	2013年	2014年	2015年
东部地区	浙江	1.000	0.971	0.886	0.902	0.819	0.971	1.000	0.797	0.772	0.852	0.796	0.803
	福建	1.000	1.000	0.875	0.799	0.676	0.672	0.665	0.678	1.000	0.747	0.722	0.780
	山东	1.000	0.781	1.000	0.875	0.899	0.793	0.786	0.789	0.919	0.857	0.848	1.000
	广东	1.000	1.000	1.000	1.000	1.000	0.951	0.998	1.000	0.837	0.850	0.892	
	广西	0.850	0.695	0.689	0.597	0.613	0.663	0.624	0.709	0.723	0.704	0.708	0.723
	海南	1.000	1.000	1.000	1.000	1.000	1.000	1.000	1.000	1.000	1.000	1.000	1.000
	平均值	0.963	0.912	0.907	0.895	0.873	0.887	0.878	0.873	0.932	0.868	0.855	0.904
中部地区	山西	1.000	0.842	0.763	0.712	0.838	0.646	0.546	0.652	0.638	0.619	0.611	0.593
	内蒙古	0.612	0.745	0.825	0.921	0.987	1.000	1.000	1.000	1.000	1.000	1.000	1.000
	吉林	0.817	0.656	0.623	0.694	0.673	0.703	0.712	0.816	1.000	0.820	0.781	0.785
	黑龙江	1.000	1.000	1.000	1.000	1.000	0.637	0.703	0.798	1.000	0.836	0.934	0.927
	安徽	0.829	0.699	0.703	0.644	0.608	0.634	0.657	0.700	0.700	0.730	0.751	0.786
	江西	0.756	1.000	1.000	0.693	0.730	0.751	0.782	0.741	0.791	0.715	0.684	0.685
	河南	0.911	0.858	0.783	0.902	0.598	0.609	0.595	0.640	0.650	0.612	0.588	0.610
	湖北	0.871	0.728	0.854	0.638	0.620	0.674	0.627	0.666	0.723	0.708	0.688	0.749
	湖南	0.919	0.790	0.701	0.640	0.634	0.690	0.626	0.725	0.795	0.782	0.778	0.806
	平均值	0.857	0.813	0.806	0.760	0.743	0.705	0.694	0.749	0.811	0.758	0.757	0.771
西部地区	重庆	0.815	0.724	0.891	0.742	0.945	0.687	0.679	0.706	1.000	0.838	0.809	0.878
	四川	0.831	0.654	0.886	1.000	0.619	0.548	0.581	0.659	0.716	0.644	0.660	0.666
	贵州	1.000	1.000	1.000	1.000	0.872	0.723	0.791	0.610	0.758	0.803	0.759	0.692
	云南	1.000	0.771	0.632	0.545	0.543	0.541	0.559	0.651	0.918	0.632	0.650	0.600
	陕西	0.772	0.770	1.000	1.000	1.000	0.742	0.671	0.787	0.880	0.690	0.723	0.717
	甘肃	0.883	0.893	0.820	0.740	0.850	0.974	0.657	0.712	0.883	0.715	0.723	0.693
	宁夏	1.000	0.925	1.000	1.000	1.000	1.000	1.000	1.000	1.000	1.000	1.000	1.000
	青海	1.000	1.000	1.000	1.000	1.000	1.000	1.000	1.000	1.000	1.000	1.000	1.000
	新疆	0.873	0.688	0.975	0.710	0.963	1.000	0.909	0.845	0.850	0.833	0.842	0.685
	平均值	0.908	0.825	0.912	0.860	0.866	0.802	0.761	0.774	0.889	0.795	0.796	0.770

2. 市场运行绩效区域差异

为了考察市场运行效率的区域差异情况，选取 2004 年和 2015 年各省的综合技术效率、纯技术效率、规模效率和规模报酬状况各效率值进行对比分析，结果见表 3-3。

表 3-3　　中国各省份国有建设用地市场运行效率值

地区		2004 年					2015 年				
		综合技术效率	纯技术效率	规模效率	规模报酬	排名	综合技术效率	纯技术效率	规模效率	规模报酬	排名
东部地区	北京	1.000	1.000	1.000	—	1	1.000	1.000	1.000	—	1
	天津	1.000	1.000	1.000	—	1	1.000	1.000	1.000	—	1
	河北	0.961	1.000	0.961	drs	16	0.874	1.000	0.874	drs	14
	辽宁	0.740	0.740	1.000	irs	29	0.887	0.984	0.902	drs	12
	上海	1.000	1.000	1.000	—	1	1.000	1.000	1.000	—	1
	江苏	1.000	1.000	1.000	—	1	0.894	1.000	0.894	drs	10
	浙江	1.000	1.000	1.000	—	1	0.803	1.000	0.803	drs	16
	福建	1.000	1.000	1.000	—	1	0.780	1.000	0.780	drs	19
	山东	1.000	1.000	1.000	—	1	1.000	1.000	1.000	—	1
	广东	1.000	1.000	1.000	—	1	0.892	1.000	0.892	drs	11
	广西	0.850	0.878	0.968	drs	22	0.723	1.000	0.723	drs	21
	海南	1.000	1.000	1.000	—	1	1.000	1.000	1.000	—	1
	平均值	0.963	0.968	0.994			0.904	0.999	0.906		
中部地区	山西	1.000	1.000	1.000	—	1	0.593	0.632	0.939	drs	30
	内蒙古	0.612	0.661	0.926	drs	30	1.000	1.000	1.000	—	1
	吉林	0.817	0.817	1.000	irs	25	0.785	0.963	0.814	drs	18
	黑龙江	1.000	1.000	1.000	—	1	0.927	1.000	0.927	drs	9
	安徽	0.829	1.000	0.829	drs	24	0.786	1.000	0.786	drs	17
	江西	0.756	1.000	0.756	drs	28	0.685	1.000	0.685	drs	25
	河南	0.911	1.000	0.911	drs	18	0.610	1.000	0.610	drs	28
	湖北	0.871	0.915	0.953	drs	21	0.749	0.882	0.850	drs	20
	湖南	0.919	0.963	0.954	drs	17	0.806	1.000	0.806	drs	15
	平均值	0.857	0.928	0.925			0.771	0.942	0.824		

续表

地区		2004 年					2015 年				
		综合技术效率	纯技术效率	规模效率	规模报酬	排名	综合技术效率	纯技术效率	规模效率	规模报酬	排名
西部地区	重庆	0.815	0.831	0.981	drs	26	0.878	1.000	0.878	drs	13
	四川	0.831	1.000	0.831	drs	23	0.666	1.000	0.666	drs	27
	贵州	1.000	1.000	1.000	—	1	0.692	1.000	0.692	drs	24
	云南	1.000	1.000	1.000	—	1	0.600	0.683	0.878	drs	29
	陕西	0.772	0.944	0.818	drs	27	0.717	1.000	0.717	drs	22
	甘肃	0.883	1.000	0.883	drs	19	0.693	1.000	0.693	drs	23
	宁夏	1.000	1.000	1.000	—	1	1.000	1.000	1.000	—	1
	青海	1.000	1.000	1.000	—	1	1.000	1.000	1.000	—	1
	新疆	0.873	1.000	0.873	drs	20	0.685	1.000	0.685	drs	26
	平均值	0.908	0.975	0.932			0.770	0.965	0.801		

注：irs 表示规模报酬递增；drs 表示规模报酬递减；—表示规模报酬不变。按照综合技术效率值进行排序。

从综合技术效率值来看，2004 年东部地区国有土地市场运行绩效水平最高（0.963），西部地区次之（0.908），中部地区最低（0.857），除辽宁、内蒙古、江西、陕西外，其余省份 DEA 综合技术效率值均在 0.800 以上。DEA 有效的地区有 15 个，占地区总数的 50.00%，其中东部地区有 9 个，即北京、天津、上海、江苏、浙江、福建、山东、广东、海南；中部地区有两个，即山西、黑龙江；4 个则来自于西部地区，即贵州、云南、宁夏、青海。2015 年国有土地市场运行效率为东部地区最高（0.904），中部次之（0.771），西部最低（0.770），其中，14 个省份的效率值在 0.800 以下。DEA 有效的地区仅 8 个，占地区总数的 26.67%，东部地区有北京、天津、上海、山东、海南 5 个省，中部地区仅内蒙古 DEA 有效，西部地区为宁夏、青海 2 个省。根据 2004 年和 2015 年各省份综合技术效率值的排名来看，除北京、天津、上海、山东、宁夏、青海均保持 DEA 有效外，河北、辽宁、广西等 9 个省份的排名均有所改善，但其余 15 个省份排名有所下降。综合来看，与 2004 年相比，2015 年国有建设用地市场运行效率整体上明显降低，但东部地区一直保持较高的绩效水平。

综合技术效率值可分解为纯技术效率和规模效率，2004 年东部地区纯技术效率均值为 0.968，规模效率均值为 0.994；西部地区平均纯技术效率达到 0.975，规模效率平均值为 0.932；而中部地区纯技术效率均值为 0.928，规模效率均值为 0.925。2015 年东、中、西部二者效率平均值分别为 0.999、0.906、0.942、0.824 和 0.965、0.801，相较于 2004 年，纯技术效率平均值除西部地区略有下降外，东、中部地区均有明显提高，说明我国国有建设用地市场的供应结构整体日趋合理，而规模效率平均值在三大地区均表现为明显下降。可见，造成综合技术效率低下的主要原因是规模效率低下，说明土地投入产出未达到合理规模，需进一步提高或减少土地供应规模。而在中部地区的山西，西部地区的云南等地纯技术效率较为低下，这些地区应进一步优化国有土地供应结构，以提高市场运行效率。

从规模报酬情况分析，在所有非 DEA 有效的地区中，2004 年除辽宁、吉林为规模报酬递增，其余省份均为规模报酬递减，2015 年的所有非 DEA 有效地区均处于规模报酬递减阶段，说明这些地区国有土地供应规模过大，即增加投入并没有带来相应产出比例的增长，可见，近年来我国城市土地供应失控，造成土地利用效率低下，导致土地供应与需求不协调，因此应根据实际需求适当控制国有土地供应规模，清理闲置土地，盘活存量土地，提高土地利用率和土地市场运行效率。

3. 国有建设用地市场运行效率差距及改进

根据上述分析，我国各省份国有土地市场运行效率除北京、天津、上海、山东、海南、内蒙古、宁夏、青海 8 个省份为 DEA 有效外，其余省份均为非有效。DEA 无效的 22 个省份，若要达到 DEA 有效则必须减少投入或增加产出，即非 DEA 有效的地区存在不同程度的投入冗余和产出不足。根据 DEA 投影定理，将各决策单元松弛量与相应指标的原始值的比值定义为投入冗余率或产出不足率。2015 年 22 个省份的投入冗余率和产出不足率结果见表 3-4。

表 3-4　　2015 年 DEA 无效省份的投入冗余率与产出不足率　　单位：%

地区	投入冗余率							产出不足率					
	X_1	X_2	X_3	X_4	Y_1	Y_2	Y_3	Y_4	Y_5	Y_6	Y_7	Y_8	Y_9	Y_{10}	Y_{11}
河北	25.51	0.00	0.00	12.77	38.25	45.79	0.00	54.14	45.54	51.32	53.53	11.93	58.58	4.95
辽宁	39.99	1.81	0.00	0.00	142.19	196.65	0.00	204.37	26.90	54.63	12.62	0.00	85.05	77.23
江苏	41.35	0.00	0.00	0.00	240.31	29.70	28.41	272.77	121.65	66.74	33.53	70.95	185.70	125.99
浙江	32.09	8.19	0.00	0.00	168.94	53.26	23.49	277.04	108.47	43.33	31.51	76.55	128.41	81.09
福建	0.00	0.00	0.00	3.53	49.23	14.91	0.00	78.85	46.44	83.38	33.68	64.42	80.49	24.75
广东	41.86	0.00	0.00	16.09	395.50	225.25	162.80	295.23	281.99	2.42	63.54	56.72	198.31	152.72
广西	15.90	0.00	0.00	0.00	61.52	65.33	2.14	112.06	50.37	71.76	0.00	56.71	74.55	38.75
山西	0.22	0.00	0.00	0.00	61.48	194.75	79.07	0.00	35.22	31.13	32.54	48.36	32.64	36.09

续表

地区	投入冗余率							产出不足率						
	X_1	X_2	X_3	X_4	Y_1	Y_3	Y_4	Y_5	Y_6	Y_7	Y_8	Y_9	Y_{10}	Y_{11}
吉林	0.00	0.00	0.00	0.00	83.18	274.95	59.79	4.83	0.00	45.58	37.45	45.90	41.24	99.35
黑龙江	43.30	0.00	0.00	0.00	254.62	748.17	227.36	0.00	109.21	169.63	107.29	90.44	182.20	336.81
安徽	38.96	0.00	0.00	10.84	170.42	38.53	0.00	113.16	105.98	108.37	98.21	82.53	145.12	103.32
江西	42.19	0.00	0.00	0.00	100.32	23.52	6.09	0.00	80.01	80.96	58.06	33.66	82.66	2.28
河南	9.24	0.00	0.00	0.00	89.08	112.02	0.00	5.34	70.51	84.63	74.01	15.42	54.35	11.54
湖北	34.63	0.00	0.00	0.00	116.85	69.21	0.00	130.69	76.81	86.07	83.26	27.27	83.09	30.88
湖南	28.77	0.00	0.00	3.40	62.36	70.02	0.00	74.81	37.69	101.60	65.24	31.29	77.78	34.45
重庆	39.95	0.00	0.00	0.00	137.02	37.51	0.00	316.52	232.14	222.13	170.69	71.51	129.73	46.45
四川	26.29	40.09	0.00	0.00	133.98	61.59	0.00	184.14	55.19	91.49	73.34	146.86	81.66	0.00
贵州	39.32	21.26	0.00	0.00	48.98	0.00	5.59	68.43	63.53	105.95	15.63	51.24	43.71	0.00
云南	0.00	18.54	0.00	0.00	38.09	72.25	48.37	8.90	0.00	7.72	0.00	76.14	8.77	29.51
陕西	23.50	0.00	0.00	15.13	30.31	129.90	110.71	0.00	82.54	27.37	0.00	26.17	39.99	0.00
甘肃	35.56	39.44	0.18	0.00	149.37	179.16	55.34	0.00	112.07	85.32	127.24	156.57	79.82	0.00
新疆	28.38	22.52	0.00	0.00	145.36	85.89	106.44	0.00	22.23	42.67	0.00	50.79	50.83	82.19

总体来看，上述22个DEA无效省份的土地市场运行均存在一定程度的投入冗余而产出不足。从投入指标来看，除福建、吉林、云南外，其余19个省份的土地出让面积（X_1）均存在一定程度的冗余，且大部分冗余率都在20%以上，江苏、广东、黑龙江、江西甚至达到40%以上，其中黑龙江冗余率最高，为43.3%。从划拨用地面积（X_2），四川、甘肃、贵州、云南、新疆、辽宁、浙江7个省存在冗余，其中四川投入冗余率达到40.09%，甘肃次之，为39.44%。说明我国目前存在严重的土地供应过量问题。劳动力投入（X_3）基本不存在过剩现象，城镇固定资产投资（X_4）仅在6个地区存在冗余现象，且冗余率基本都控制在15%以内。

从产出指标来看，第二、第三产业增加值（Y_2）不存在产出不足，表明我国国有土地市场运行加快了产业结构升级，较大地带动了城镇第二、第三产业的发展和经济增长。从人均直接土地收益（Y_4）指标来看，河北、辽宁、福建、安徽、河南、湖北、湖南、重庆和四川不存在产出不足，可见在这些地区国有土地市场交易获得的人均收益较为合理。而除个别地区外，大部分省份的地均地区生产总值（Y_1）、土地出让金对地方财政收入贡献率（Y_4）、城市土地利用率（Y_5）、人均居住用地面积（Y_6）、人均城市道路面积（Y_7）、人均绿地面积（Y_8）、土地有偿使用率（Y_9）、土地市场公开度（Y_{10}）、一级土地市场活跃度（Y_{11}）指标存在着较大的产出不足率，可见在这些产出方面还有非常大的提升空间。

近年来，随着城镇化进程的不断加快，国有土地市场出现了城市土地供应失控、地价飙升、建设用地利用低效甚至闲置与用地需求得不到满足并存，土地总供给与总需求结构不协调等问题，影响了城市土地市场的健康发展。

通过对 2004~2015 年全国 30 个省份的国有建设用地市场运行绩效进行评价，发现：2004~2015 年全国综合技术效率均值整体呈下降趋势（2011~2012 年有所上升除外），造成这种现象的原因主要是规模效率低下；分区域来看，历年东部地区保持较高的绩效水平，西部次之，中部最低；分省份来看，仅北京、天津、上海、海南、青海 12 年间均保持 DEA 有效。2015 年综合技术效率值呈东中西部逐渐降低趋势，且与 2004 年相比，整体上综合技术效率值明显下降，技术效率均值则明显提高，规模效率低下是造成综合技术效率降低的主要原因。从规模报酬情况来看，大部分省份规模报酬处于递减阶段。根据 2015 年各指标的投入冗余与产出不足情况进行分析，结果发现在投入冗余方面，很多地区土地出让面积和划拨面积存在不同程度的投入冗余，说明我国国有土地市场存在明显的过量供应问题；在产出不足方面，除劳动力外，其余大部分均存在较为严重的产出不足现象。

因此，政府应不断加强土地供给侧结构性改革，合理控制土地供应规模，提高闲置土地和存量土地的利用程度，提高城市土地市场运行规模效率水平。同时，不断优化土地供应结构，探索和完善市场化机制，继续加强有偿、公开土地市场的建设。并根据各地城市土地市场运行效率和投入冗余或产出不足情况，采取差别化的区域调控政策。

二、集体建设用地隐形市场对国有市场冲击

在我国，农村集体建设用地在整个建设用地总量中占相当大的比例，统计数据显示，全国集体建设用地总量为 $1\,700 \times 10^4$ 公顷，相当于全部城市建设用地的 2.4 倍（高圣平，2007）。随着城镇化、工业化进程的加快，城市建设用地供求矛盾日益突出，对农村集体建设用地需求增加。但是在城乡二元的土地管理模式下，集体建设用地流转受到严格的限制。由于通过征收方式进入市场程序较为复杂，且在利益的驱使下，农村集体建设用地进行私下或违法交易，形成集体建设用地隐形市场。

农村集体建设用地隐性流转主要是指违反或触犯《土地管理法》《城市房地

产管理法》《物权法》等法规,村集体擅自流转农村集体建设用地或非法将农用地转变为建设用地进行流转,村民将宅基地及住房流转给村外自然人或法人等私下交易行为所构成的市场(常敏,2013)。农村集体建设用地的无序、隐性流转,也是对我国相关法律制度的挑战,导致土地违法行为倍增。由于数据获取的有限性,本书以每年发现的全国各省(西藏和港澳台除外)土地违法案件涉及土地面积指标,仅对2000年以来土地隐形市场规模变化情况进行分析(见图3-2)。

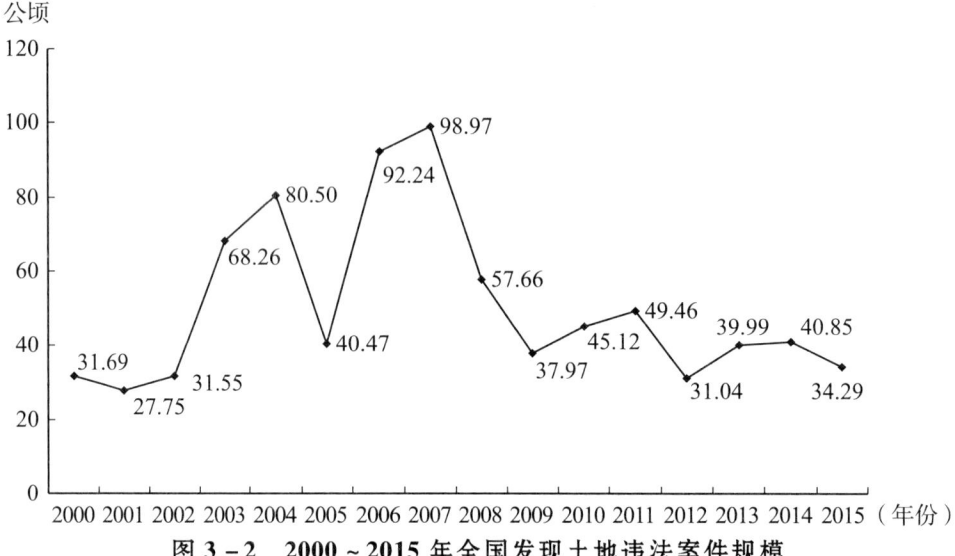

图3-2 2000~2015年全国发现土地违法案件规模

从全国范围来看,土地违法案件涉及土地面积从2000年的31 687公顷增加到2004年的80 501公顷,在经历过2005年的大幅减少后,迅速回升至2007年的98 968公顷。可见,在我国土地市场发展前期,市场交易规则及各项法律制度均不完善,土地市场化程度较低,导致隐形市场壮大,土地违法行为较为严重。2007年以来,土地违法案件规模逐年减少,可见政府已加强了土地市场调控,各地探索及法规制度逐渐完善,土地市场化程度明显提高,土地违法行为得到遏制。[①]

从各省土地违法案件涉及土地面积的分布情况来看,河南、山东、江苏、贵州和新疆等省份土地违法现象最为严重,其中山东省最为严重,土地违法面积达到85 404公顷。整体来看,土地违法规模较大的地区主要分布在东部地区,这些地区经济相对发达,土地价值高,人地矛盾也特别突出,在比较利益的驱动下集体建设用地已经成为推动城市化、工业化发展的重要动力,也是城市土地的重

---

① 作者根据相关资料整理。

要供给来源。但同时也伴随着很多隐性交易、土地违法事件的发生。在广东东部、西部、北部的地区集体建设用地隐形流转进入市场的比例也超过了20%；湖北省发生集体建设用地自发流转的数量占到了集体土地数量的50%，且从湖北襄阳在20世纪90年代初的流转现状来看，自发、无序的隐形流转已占到了80%以上。

集体建设用地隐形入市，是一种合理不合法的行为，对其不能简单地否定。它反映出农民在权利得不到现行法律肯定的情况下，利用土地以发展经济和改善生活的自发性。它虽然违反了现行法律法规关于集体建设用地不得流转的规定，但客观上有利于吸引各方投资，盘活土地资源；有利于农民参与城市化进程，分享城市化带来的收益；有利于繁荣农村经济，实现农民致富，是解决当前我国"三农"问题的有效途径（包双双，2009），流转规模的扩大及流转频率的加快都在一定程度上推进了集体建设用地市场的形成和发展。但是，由于缺乏法律认可及规范，致使隐形市场下的集体建设用地流转出现许多问题。

（1）隐形市场活跃，造成大量的违法用地，且市场经济条件下，违法用地有愈演愈烈之势。未经批准直接将耕地转为建设用地或未经批准将建设用地直接进入市场，交易行为扭曲，工业用地以联营为名行转让、出租之实，住宅用地则是通过房屋出租或私自转让进行交易。

（2）扰乱土地市场竞争秩序降低土地资源使用效率。大量的土地隐性交易市场对合法土地市场具有一定的挤出效应。低价格、低保障的农村集体土地，对企业或开发商都有着巨大的利益诱惑，使得土地需求者铤而走险，放弃高价国有土地竞拍，而选择与农村集体私下交易。隐性土地价格与农用地征用价格形成双轨，破坏城市土地市场公平机制，对城市土地市场造成严重冲击。

（3）在农村集体土地隐性流转的利益诱导下，各地农村尤其城郊接合部和经济相对较发达村（社）通过以租代征、违章搭建、先占后征等方式侵占大量农用地（包括耕地），并将其出让、转让、出租用于非农建设。这部分违法流转的土地已经成为农村建设用地隐性市场的主体（常敏，2013）。

三、宅基地退出的运行模式、农民响应及农户分化

（一）宅基地退出的运行模式

在新型城镇化背景下，2008年以来为了提高宅基地利用效率，解决严重的农村"空心化"问题，我国一直在探索宅基地有偿退出机制。宅基地退出是指让有条件的农户自愿放弃农村宅基地使用权，或者放弃其宅基地使用权的申请资

格，以期改变城市建设用地与农村宅基地双增加的不合理现象，进而实现城乡建设用地增减挂钩的政策目标（李艳，2016）。2008年国务院发布的《关于促进节约集约用地的通知》指出，"对村民自愿腾退宅基地或符合宅基地申请条件购买空闲住宅的，当地政府可给予奖励或补助"。十八届三中全会通过的《中共中央关于全面深化改革若干重大问题的决定》进一步明确，要"保障农户宅基地用益物权，改革完善农村宅基地制度，选择若干试点，慎重稳妥推进农民住房财产权抵押、担保、转让，探索农民增加财产性收入渠道"。

经过全国各地在宅基地退出方面的大量探索，目前已形成宅基地退出的几种典型模式。

1. 宅基地置换

宅基地置换是指农民以宅基地换取小城镇或规划区域内的房屋，主要包括政府主导和农民产业发展主导两种形式，当前主要以政府主导下的宅基地置换模式为主。如成都温江区的"双放弃"退出模式，它是一种零星分散的宅基地退出模式，是以农村宅基地和承包地去换取城镇户口、社保和住房的一种宅基地退出模式，该模式的前提是农户自愿申请，通过政府的筛选和审核后，即可进行宅基地退出。"双放弃"模式下，宅基地退出是绝对的退出，农民放弃了宅基地使用权和耕地承包经营权，同时也失去了集体经济组织成员的身份。"双放弃"的土地则统一流转给政府的农业投资平台公司统筹安排使用（刁其怀，2015）。

2. 宅基地收购储备

基于土地储备的农村宅基地有偿退出机制，就是在农户自愿的前提下，由农户向宅基地储备机构提出申请，主动退出废弃、闲置及面积超标的宅基地，宅基地储备机构根据价格评估，给予退出农户一定的经济补偿后，将退出的宅基地纳入储备库进行开发、整理，使其达到"三通一平""五通一平"或"七通一平"的熟地后，依据城乡居民点体系规划、村镇建设规划，在优先满足村集体公益事业及基础设施用地后，向农户等农村集体建设用地需求者供地（陈梦娇，2015）。

3. 宅基地市场化交易方式退出

目前，宅基地退出机制探索出了以重庆地票交易为代表的指标交易模式，这种模式下闲置宅基地得以有效退出，城乡建设用地增减挂钩得以实现。典型做法有重庆的地票交易模式和浙江义乌市的"集地券"制度。重庆地票交易模式是指农村宅基地及其附属设施用地、乡镇企业用地、农村公共设施以及农村公益事业用地等农村集体建设用地，整理复垦并经过土地管理部门严格验收后所产生的指标。"集地券"制度是基于重庆"地票"制度的实践经验，在农村土地制度改革领域取得的一项最新成果。自愿退出的农村建设用地，规划为城镇建设用地的，由政府统一依法征收后按规划使用；规划为农村宅基地的，由村集体经济组织与宅基地使用权人协商，回购价格参照宅基地基准地价确定；规划为农用地的，由申请人复垦为耕地等农用地，经验收合格折算为"集地券"，"集地券"可以向金融机构申请抵押融资贷款或在义乌市资源要素交易平台采用挂牌、拍卖、竞价等公开方式交易。

（二）宅基地退出的农户响应

1949 年以来，中国在土地政策基础上逐步形成了目前"一户一宅、禁止交易"和"无偿、无期限、无流动"的宅基地使用制度（陈柏峰，2007；诸培新，2009）。1949 年至 1962 年初，农民拥有宅基地和房屋的所有权，这一时期宅基地是农民私有，其可以自由进行买卖、租赁和继承（朱新华，2012）。1962 年初至 20 世纪 90 年代末期，该时期内宅基地一律不允许出租和买卖，属于集体所有，但宅基地上的房屋及其他附着物归农民私有；农民可长期使用和占有宅基地，并得到国家认可，"房地两分"的宅基地管理制度雏形基本形成（盖艺腾，2015）。从 2000 年至今，国家《土地管理法》《物权法》规定，宅基地归农村集体所有，农村村民不能将宅基地卖给城镇居民（朱新华，2012）。

随着我国城市化、工业化进程加速对建设用地需求增加与城镇建设用地供给短缺的矛盾越来越突出（周小平，2015），与此同时，伴随着大量农村劳动力向城镇转移，新房扩建占地与农村空心化现象泛滥，建新不拆旧、新房没人住等农村宅基地资源极大浪费、闲置低效利用的现象越来越多（龙花楼，2012；黄贻芳，2013），导致了农村人口减少与宅基地增多的悖论（韩康，2008）。为了解决城镇建设用地供不应求、农村宅基地闲置低效利用等城乡建设用地利用矛盾，2015 年 10 月十三届五中全会通过的"十三五"规划、2015 年 11 月 2 日公布的《深化农村改革综合性实施方案》等都提出了"宅基地将探索有偿使用制度和自愿有偿退出机制，提高农民在退出过程中的收益分配"。现有国内研究表明农户的宅基地退出意愿整体响应不高（宋伟，2010；袁志刚，2010；卢艳霞，2011；张秀智，2009；陈霄，2012），主要影响因素包括：农户的兼业化水平（李伯华，2015）、家庭非农收入来源及占比（王兆林，2011；胡方芳，2014）、退地补偿和补助措施（杨玉珍，2015）、户籍制度改革的影响（关江华，2013）、农户产权权属认知（彭长生，2013）、土地退出的风险认知（王兆林，2013）等。

1. 宅基地退出农户的期望收益与风险预期

农户做出退出宅基地行为决策，取决于农户对宅基地退出过程中的期望收益和宅基地退出后风险预期的评估（王兆林，2011），农户的宅基地退出行为受到两种力量的影响（关江华，2013）：期望收益对农户的宅基地退出行为具有推动力的作用，而风险预期对于农户的宅基地退出行为具有拉回力（阻碍力）的作用。

在目前全国各地已探索出的多种农村宅基地退出模式，如上海的"宅基地换房"、温江的"双放弃"等，普遍存在着补偿标准过低、利益分配不合理、宅基地退出后农民生活状况不佳等问题（徒芳草，2015；陈丽娜，2013）。首先，补偿标准过低问题主要是在宅基地退出和拆迁过程中，对房屋的评估往往不考虑新旧差别，实行补偿标准的"一刀切"，使得农民退出宅基地后拿到的补偿款不够支付新房的费用（韩俊，2006），农民需要额外支付购买新房的费用，增加农民购房压力。其次，从收益分配不均情况来看，宅基地退出后，结余下来的建设用地指标大部分转移到了城镇新增建设用地，其价格明显高于对农民宅基地退出的补偿款，而且农民分享不到指标"落地"后产生的增值收益。最后，宅基地退出后农民生活状况不佳，农民"被上楼"后农业生产便利性降低；农民安置地点离承包地距离太远不便耕种等原因使其生活成本增加（王兆林，2011），农民的生活压力增大；城镇就业市场竞争力大，面临就业难的问题。宅基地退出实施过程中出现的这些问题成为了阻碍农民宅基地退出行为的拉力。

就农户对宅基地退出过程中的期望收益而言，农户可从宅基地退出过程中获得的收益主要有政府给予的购房补贴、退地补偿金及社会保障等宅基地退出优惠政策，这些补偿和保障措施是推动农民退出宅基地行为的动力。农户在受到推力的作用下，例如预期宅基地退出过程中的收益和权益没有受到损害，能够按时足额地拿到合理的退出补偿金，享受农民本身具有的宅基地永久使用权收益和价值，很愿意做出宅基地退出行为。

对于宅基地退出后农户的风险预期来说，农户退出宅基地后没有了住房以及可建造住房的地，农户要面临住房搬迁的问题。目前我国宅基地退出给予的补偿方式主要是住房安置补偿、现金补偿和社保补偿（卢艳霞，2011），然而在调研过程中发现政府给予的补偿远不够农户建造新住房或者在城市购买住房，这就给农户增加了搬迁成本、新房建造和购置成本。农户在宅基地退出过程中要面临搬迁成本、新房建造和购置成本、生活成本的增加，这会抑制农户做出宅基地退出的行为，阻碍宅基地退出的进行。农户宅基地退出后由于距离承包地远，部分农户放弃耕种，因此就要面临就业问题。然而由于农户的受教育水平有限，农户不能获取就业机会，将阻碍农户退出宅基地。

2. 宅基地退出农户响应的基本特征与模型设计

根据前文阐述的理论和提出的研究假说，本书将影响农户宅基地退出行为的因素分为农户个体特征（被调查者的个体特征）、农户家庭特征、农户成本预期、收益预期和风险预期5组变量，相关变量的含义及赋值见表3-5。选择上海松江区和金山区进行调研。在获取的 168 份有效问卷中,有 85.12%(144 户)的农户已退出宅基地,只有 14.88% 的农户未退出宅基地。被调查农户中松江区农户占比为 42.26%,其余 57.74% 的农户为金山区的。从被访对象及其家庭宅基地退出等的整体特征来看,168 位被访对象中年龄最小的是 25 岁,最大的是 81 岁,平均年龄为 57 岁;兼业时间最短的为 0 个月,即完全没有兼业,兼业时间最长的为 12.0 个月,平均兼业时间为 8.4 个月,说明被调查者中大部分家庭的收入来源是非农收入。农户家庭特征中家庭年收入最低的只有 1.0 万元,最高的达 100.0 万元,平均家庭年收入为 13.5 万元,调查发现家庭年均收入除了工资性收入外还包括一部分的财产性收入(房租等);宅基地块数最少的只有 1.0 块,最多的有 2.0 块,平均值为 1.286 块;宅基地面积最小的为 50 平方米,最大的为 500 平方米,平均值 210 平方米;宅基地退出补偿金最少的是 7.0 万元,最多的是 50.0 万元,平均值为 23.6 万元(见表 3 – 5)。

表 3 – 5　　　　　　变量设定、说明及赋值

变量设定	代码	变量说明及赋值	平均值	标准差	最小值	最大值
因变量 是否退出宅基地	y	1 = 是,0 = 否	0.851	0.357	0	1
农户个体特征						
年龄	X_1	1 = ≤30 岁,2 = 31 ~ 40 岁, 3 = 41 ~ 50 岁,4 = 51 ~ 60 岁, 5 = ≥61 岁	57	0.909	25	81
教育程度	X_2	1 = 小学及以下,2 = 初中, 3 = 高中及以上	1.893	0.782	1.000	3.000
兼业时间	X_3	1 = 0 ~ 3 个月,2 = 4 ~ 6 个月, 3 = 7 ~ 9 个月,4 = 10 ~ 12 个月	8.4	1.422	0	12
农户家庭特征						
家庭年均收入	X_4	1 = ≤14 万元,2 = 15 万 ~ 30 万元, 3 = 31 万 ~ 45 万元,4 = ≥46 万元	13.5	1.086	1.0	100.0
家庭所辖区	X_5	1 = 金山区,0 = 松江区	0.393	0.490	0	1.000
宅基地块数	X_6	实际数据	1.286	0.453	1.000	2.000
宅基地面积	X_7	1 = 0 ~ 100 平方米,2 = 101 ~ 200 平方米, 3 = 201 ~ 300 平方米,4 ≥301 平方米	210	0.833	50	500
农地是否被征收	X_8	1 = 是,0 = 否	0.839	0.368	0	1

续表

变量设定	代码	变量说明及赋值	平均值	标准差	最小值	最大值
期望收益						
宅基地退出补偿金	X_9	1 = ≤10万元，2 = 11万~20万元，3 = 21万~30万元，4 = ≥31万元	23.6	0.953	7.0	50.0
补偿是否兑现	X_{10}	1 = 全部兑现（≥91%），2 = 部分兑现（50%~90%），3 = 没有兑现（≤49%）	2.232	0.579	1.000	3.000
补偿是否合理	X_{11}	1 = 是，0 = 否	0.482	0.501	0	1.000
宅基地收益村分配比（集体:农户）	X_{12}	1 = 0:10，2 = 1:9，3 = 2:8	1.375	0.644	1.000	3.000
风险预期						
住房是否搬迁	X_{13}	1 = 是，0 = 否	0.815	0.389	0	1.000
退出后房屋面积是否增加	X_{14}	1 = 是，0 = 否	0.506	0.501	0	1.000
是否有城市住宅	X_{15}	1 = 是，0 = 否	0.173	0.379	0	1.000
生活开支是否增加	X_{16}	1 = 是，0 = 否	0.762	0.427	0	1.000
工作稳定程度	X_{17}	1 = 变好了很多，2 = 变好了一点，3 = 一样，4 = 变差了一点，5 = 变差了很多	2.798	1.265	1.000	5.000

农户宅基地退出行为及其影响因素的基本特征见表3-6。从农户的个体特征来看，被调查农户的年龄基本都在50岁以上；农户的受教育程度方面，受教育程度是小学及以下的农户有36.30%，初中水平的农户有38.10%。被调查的农户中兼业时间用农户从事非农就业的时间来衡量，在0~3个月的农户占比为38.09%，兼业时间为10~12个月的农户占比多达52.38%。从农户家庭特征来看，家庭年均收入在15.0万~30.0万元的农户占比为22.62%，收入在31.0万~45.0万元的农户有30.95%，收入多于46.0万元的农户占比24.40%，收入少于15.0万的占比较少，数据显示上海农户的家庭年均收入水平较高，调查的过程中发现家庭年均收入除了家庭成员的工资性收入外，还包括房屋出租获得的租金等财产性收入。农户家庭宅基地只有一块的占比为52.38%，农户拥有两块宅基地的占比为47.62%。宅基地面积在0~100平方米的农户有5.35%，在101~200平方米的农户有38.69%，拥有301~300平方米宅基地的农户有14.29%，

宅基地面积大于 301 平方米的农户有 41.67%。被调研的农户中，有 83.93% 的农户家庭承包地已全部被征收，剩下的 16.07% 的家庭还有承包地尚未被征收，这意味着绝大部分农户承包地被征收后不能从事农业劳动，而只能依靠非农劳动获得收入或其他非农（房租等）收入。

表 3-6　宅基地退出行为及其影响因素的基本特征

变量	受访者	占比（%）	变量	受访者	占比（%）
年龄	≤30 岁	1.79	补偿金	≤10.0 万元	11.30
	31~40 岁	3.57		11.0 万~20.0 万元	13.10
	41~50 岁	18.45		21.0 万~30.0 万元	31.55
	51~60 岁	42.86		≥31.0 万元	44.05
	≥61 岁	33.33	补偿是否兑现	全部兑现	3.57
教育程度	小学及以下	36.30		部分兑现	47.62
	初中	38.10		没有兑现	48.81
	高中及以上	25.60	补偿是否合理	否	34.52
兼业时间	0~3 个月	38.09		是	65.48
	4~6 个月	4.17	宅基地收益分配比	0:10	54.76
	7~9 个月	5.36		1:09	10.72
	10~12 个月	52.38		2:08	34.52
家庭年均收入	≤14.0 万元	22.03	住房是否搬迁	否	11.31
	15.0 万~30.0 万元	22.62		是	88.69
	31.0 万~45.0 万元	30.95	退出后房屋面积是否增加	否	49.40
	≥46.0 万元	24.40		是	50.60
所辖区	松江区	42.26	是否有城市住宅	否	82.74
	金山区	57.74		是	17.26
宅基地块数	1 块	52.38	生活开支是否增加	否	23.81
	2 块	47.62		是	76.19
面积	≤100 平方米	5.35	工作稳定程度	变好了很多	18.45
	101~200 平方米	38.69		变好了一点	26.19
	201~300 平方米	14.29		一样	22.62
	≥301 平方米	41.67		变差了一点	22.62
农地是否征收	否	16.07		变差了很多	10.12
	是	83.93			

从农户对宅基地退出的期望收益来看,宅基地退出后补偿金少于10.0万元的农户比重为11.30%,在11.0万~20.0万元的农户占比为13.10%,补偿金在21.0万~30.0万元间的农户占比为31.55%,44.05%农户的补偿金多于31.0万元。补偿全部兑现(≥91%)的农户比例只有3.57%,部分兑现(50%~90%)的有47.62%,没有兑现(≤49%)的占比48.81%。认为补偿合理的农户有65.48%,认为不合理的农户有34.52%。认为宅基地退出后村集体与农户之间的收益分配比在0∶10(即认为宅基地退出后的收益应全部归农户所有,村集体不应该分享宅基地退出后的收益)的农户有54.76%,认为应为1∶9(村集体可以分享10%的收益,剩下的90%归农户所有)的农户有10.72%,认为分配比为2∶8(村集体可以分享20%的收益,剩下的80%归农户所有)的农户有34.52%。

从农户对宅基地退出后的风险预期来看,住房搬迁了的农户有88.69%,只有11.31%的农户住房没有搬迁。宅基地退出后房屋面积增加了的农户有50.60%,49.40%的农户宅基地退出后其住房面积没有增加,其中有20.24%宅基地退出后其住房面积减少了,有29.16%宅基地退出前后住房面积没有变。17.26%的农户已在城镇购房,82.74%的农户尚未在城镇购房。生活开支有增加的农户占比为76.19%,没有增加的农户有23.81%。认为工作稳定程度变好了很多的农户占比为18.45%,认为变好了一点的农户有26.19%,认为工作稳定程度和以前一样的农户占比22.62%,有22.62%的农户认为变差了一点,10.12%的农户认为变差了很多。

农户做出退出宅基地行为是一个二值变量(1=是,0=否),在综合考虑自变量类型的情况下,本书通过建立 Probit 模型对农户宅基地退出行为及其影响因素进行分析。

Probit 二元选择模型的矩阵定义为:

$$y = X\beta + \mu \tag{3.1}$$

式中,农户是否退出宅基地 y 为二元离散变量,将农户退出宅基地赋值为1,没有退出宅基地赋值为0。自变量 X 为农户宅基地退出行为的影响因素,β 为待估系数,μ 是相互独立且服从正态分布的残差项。引入一个与 X 有关的潜在变量 y^*,有 $y^* = X\beta + \mu$。y 与 y^* 的对应关系表达式为:

$$y = \begin{cases} 0, & \text{若 } y^* \leq 0 \\ 1, & \text{若 } y^* > 0 \end{cases} \tag{3.2}$$

进而 y 的概率模型为:

$$P(y=1) = P(y^* > 1) = P(\mu^* > -X\beta) = 1 - F(-X\beta) \tag{3.3}$$

$$P(y=0) = P(y^* \leq 0) = P(\mu^* \leq -X\beta) = F(-X\beta) \tag{3.4}$$

因此,农户宅基地退出行为及其影响因素的模型设定为:Y(农户宅基地是否退出)= F(个体特征因素,家庭特征因素,退出过程中的期望收益,退出后的风险预期),即:

$$Y(0,1) = f(x_1 - x_3, x_4 - x_8, x_9 - x_{12}, x_{13} - x_{17}) \quad (3.5)$$

Probit 回归模型能够成立的重要条件是解释变量(自变量)之间不存在多重共线性问题,并且解释变量与扰动项不相关。因此,为了验证 Probit 模型的适用性,接下来对解释变量进行多重共线性检验和内生性检验。多重共线性(Multicollinearity)是指线性回归模型中的解释变量之间由于存在精确相关关系或高度相关关系而使模型估计失真或难以估计准确。模型的多重共线性检验选择使用方差膨胀因子(Variance Inflation Factor, VIF)检验。该检验的理论含义为:协方差矩阵主对角线上的第 k 个元素为:

$$Var(b_k | X) = \frac{\sigma^2}{(1-R^2)S_{kk}} \quad (3.6)$$

式中,b_k 为回归方程的估计值,$X = \{x_1, \cdots, x_{k-1}, x_{k+1}, \cdots, x_k\}$,$\sigma^2$ 为标准差,R^2 为可决系数,$S_{kk} = \sum_{i=1}^{n}(x_{ik} - \overline{x_k})^2$ 为 x_k 的离差平方和,反映 x_k 的变化幅度。如果 x_k 变动很少,则很难准确地估计 x_k 对 y 的作用。在极端情况下,x_k 完全不变,$S_{kk} = 0$,则完全无法估计 b_k。在方程中,更多地关注 $(1-R^2)$。为此,定义第 k 个解释变量 x_k 的"方差膨胀因子"为:

$$\text{VIF} = \frac{1}{(1-R_k^2)} \quad (3.7)$$

则

$$Var(b_k | X) = \text{VIF}_k \cdot (\sigma^2/S_{kk}) \quad (3.8)$$

VIF 越大说明多重共线性问题越严重。如果最大的 VIF 超过 10,则存在较严重的多重共线性问题(见表 3-7)。

表 3-7　　　　　　　　多重共线性检验结果

Variable	VIF	1/VIF	Variable	VIF	1/VIF
X_6	2.13	0.470	X_{13}	1.36	0.736
X_{16}	2.09	0.478	X_5	1.35	0.738
X_1	2.04	0.491	X_9	1.21	0.825
X_3	1.90	0.526	X_4	1.20	0.835
X_7	1.78	0.562	X_8	1.18	0.846
X_{14}	1.74	0.574	X_{10}	1.16	0.858
X_2	1.40	0.715	X_{15}	1.16	0.864

续表

Variable	VIF	1/VIF	Variable	VIF	1/VIF
X_{12}	1.14	0.874	X_{11}	1.07	0.938
X_{17}	1.14	0.875	MeanVIF	1.47	0.680

对该模型多重共线性进行检验的结果表明，最大的 VIF 为 2.13，远小于 10，故不必担心存在多重共线性。

内生性是模型中的一个或多个解释变量与随机扰动项相关。使用 Stata 中的"estat endogenous"命令对模型进行内生性检验。结果表明，模型的内生性检验不显著，接受原假设，即变量不是内生性变量（见表 3-8）。

表 3-8　　　　　　　　　　内生性检验结果

Tests of endogeneity	
Ho：variables are exogenous	
Robustscorechi2 (1) = 0.819	($p = 0.3655$)
Robust regression F (1, 153) = 0.837	($p = 0.3617$)

3. 农户宅基地退出响应

利用 Stata 12.0 软件对调查的 168 份农户问卷进行 Probit 模型回归分析，结果如表 3-9 所示。从估计结果来看，模型的 LR 统计量符合显著性要求，其他统计量也表明，建立的 Probit 模型整体拟合效果较好。从农户个体特征因素对农户宅基地退出行为的影响来看，年龄在 5% 的水平上对农户宅基地退出行为影响显著且方向为正，这是因为农户年龄较大，从事农业生产劳动的能力下降，且根据调查发现，达到退休年龄的农户在退出宅基地后可以获得城镇保险、农村保险等社会保障补偿，因此年龄大的农户更愿意选择退出宅基地以获得补偿金和其他社会保障补偿。被调查农户的兼业时间在 10% 的水平上正向影响其宅基地退出行为，即农户兼业时间越长越能正向促进农户退出宅基地，宅基地退出了的农户中兼业时间超过 10 个月的农户占比为 50.69%。兼业化程度越高的农户其城镇就业能力越强、就业机会越多，对农村土地的依赖性减弱，因而其更愿意做出退出宅基地行为决策以获得一笔补偿，通过退出宅基地获得换新房、城镇居住的机会。而兼业时间较短的农户主要的从业方式是耕种，如果退出宅基地，安置地块可能离承包地较远，农户从事农业劳动的意愿减弱，而且由于农户的城镇就业能力较差，这些农户就会担忧退出后的就业、生存和生活等问题，会阻碍农户的宅基地退出行为。受教育程度在该模型中对农户宅基地退出行为没有影响，这是因为上海领先的社会经济发展以及上海土地股份制改革，培育了上海居民的商品经济意识，全民知道如何才能得到权利保护和权益不受损害。调研过程中发现无论受教育程度高的农户还是受教育程度低的农户，在做出宅基地退出决策时主要考虑其家庭经济状况以及补偿款对后期房屋重置的影响，他们对宅基地退出的认识都比较全面，受教育程度对其宅基地退出意愿基本没有影响。

从农户家庭特征因素对其宅基地退出行为的影响来看，农户家庭年均收入在5%的水平上正向影响农户宅基地退出行为，宅基地已退出的农户中家庭年均收入较高的农户占多数，年均收入超过30万元的农户占比为56.25%。这是因为家庭年均收入越低的农户城镇购房能力或换房能力较差，应对宅基地退出后换房和购房风险的能力越低，因而其更不愿意做出宅基地退出的行为；而家庭收入状况越好、收入越高的农户有能力获得更多生存和发展的机会，应对换房和购房的能力更强，宅基地的"生存保障"功能较弱，这就推动其宅基地退出行为。家庭所在辖区在10%的水平上负向影响农户的宅基地退出行为，也就是说松江区农户宅基地退出得更多（65.28%）。松江区更靠近上海市中心，其经济发展水平更高，城镇化、工业化进程快于金山区，并且农户获取非农就业的机会更多、能力更强，对农村土地的依赖程度更低，但是其收入还不足以满足城镇购房的能力，因而更愿意通过退出宅基地来换取城镇住房和社会保险等补偿福利政策。宅基地块数在1%的水平上对农户的宅基地退出意愿具有负向显著影响，即宅基地退出了的农户中多数（77.08%）只拥有一块宅基地。这是因为宅基地块数较多的农户，他们退出宅基地的机会成本较高，即使退出宅基地能够获得丰厚的经济补偿收益，但如果退出后的生活水平低于退出前的生活水平，农户就不会选择退出宅基地。农户农地是否征收对农户的宅基地退出行为没有影响，调查中发现上海很多农户即使有农地，他们也基本不耕种，而是将农地流转给外地人进行耕种，85%的农户回答说对农地几乎没有依赖，少部分（15%）的农户对农地有所依赖，但其依赖程度不高，主要是解决日常的生活所需，农地即使被征收也不会对生活产生太大影响。因此对农户做出宅基地退出行为的决策没有显著影响。

从宅基地退出的期望收益对农户宅基地退出行为的影响来看，退出宅基地能获得补偿金的数额对农户的退出行为影响不显著，这是因为补偿方案是由国家制定，农户能获得的补偿金数额取决于其宅基地面积、新旧程度等估价指标。但是补偿金是否兑现在1%的水平上显著负向影响农户的宅基地退出行为，即补偿金能够全部兑现（≥91%）或部分兑现（50%~90%）（72.22%）促进农户的宅基地退出行为，补偿金没有兑现（≤49%）（27.78%）阻碍农户的宅基地退出行为。补偿金能够全部兑现对于农户来说会短期增加其经济收益，农户可以通过宅基地退出获得的补偿、购房补助等经济收益选择重置住房的能力增强，甚至有些农户有通过宅基地退出"一夜暴富"的想法;而且随着农户自我保护、权利捍卫等意识的加强,农户对于补偿金是否全部兑现有着强烈的权利诉求。农户对补偿是否合理的认知在10%的水平上显著正向影响农户的宅基地退出行为,也就是说,农户认为补偿合理的话(50.69%),其更愿意做出退出宅基地的行为,认为不合理就不愿意退出宅基地。这是因为随着现代通信技术的发达、政府信息的公开和透明,农户获取信息的途径增加、农户认知水平提升,农户能够根据目前市场的信号和信息对宅基地价值进行主观判断,在宅基地退出过程中能更多地发挥主观能动性,会尽力为自己争取应有、应得的利益,因此,认为补偿合理的农户更愿意退出宅基地。宅基地退出后指标交易的村集体和农户之间收益分配比在10%的水平上负向影响农户的宅基地退出行为,即村集体获得的收益比重越大、农户获得的比重越小,会越阻碍农户的宅基地退出行为,村集体获得收益的比重越小、农户获得的比重越大(75.00%),会越推动农户的宅基地腾退行为。宅基地对于农户来说除了住的功能、生存的功能之外,在上海等东部发达地区、进城劳动力多的地区来说,更多地表现为获得财产性收入的功能,比如租赁获得的收益,宅基地退出后,这些财产性收入功能就消失了,农户将减少一项收入来源,因此,农户希望能够分享宅基地退出后的收益。从期望收益的特征因素对于农户宅基地退出行为的影响来看,补偿金能够全部兑现、补偿越合理、期望收益越高,能够推动农户的退出宅基地行为。

从农户对宅基地退出后的风险预期来看,住房搬迁在1%的水平上正向影响农户的宅基地退出行为,宅基地退出了的农户中有87.50%住房搬迁了。退出后住房面积的增加在1%的水平上正向影响农户的宅基地退出行为,即退出后住房面积增加了(54.17%)促进农户的宅基地退出行为。根据调研发现,宅基地退出本质上是一个"以房换房"的过程,然而农户对于宅基地的无限预期和永久使用权消失了,政府在农户宅基地退出后会根据宅基地和房屋估价的结果给予农户现金补偿,并为农户提供另一处可新建房的宅基地,但是新的宅基地没有集体宅基地使用证,农户可以选择放弃补偿的宅基地新建住房,而使用退出后的补偿金换取城镇住房;原宅基地面积大的农户通过改造自己的房屋出租以获得收入,如果退出宅基地后房屋面积减少了,那么农户除了自住外没有多余的面积用来出租,宅基地的财产性收入功能消失,这就导致宅基地退出后新建房屋或者城镇购房的全部价值与退出前宅基地及房屋的功能和价值不能全部对应,农户面临着房屋价值降低的风险。生活成本的增加在1%的水平上显著负向影响农户宅基地退出行为,即退出后生活成本增加了(75.69%),农户不愿意进行宅基地退出;生活成本不增加,农户愿意退出宅基地。宅基地退出后宅基地对于农户的农副产品生产性功能消失了,农户不能像以前那样扩大自己的庭院种植面积,而且根据调研发现，宅基地退出后的安置地方普遍离农户的承包地较远，很多农户基本上都不愿意去耕种，这些都是退出后伴随的生产功能的消失、生产性收入的减少，这会给农户带来生活成本的提高，导致农户不愿意退出宅基地。工作稳定程度在5%的水平上负向影响农户退出宅基地行为，即宅基地退出后农户的工作变得更稳定的农户（46.53%）多于变得更不稳定的农户（29.17%）。宅基地退出后农户的农业生产活动减少了，更多的农户通过在城镇工作来获得收入，农户本身就面临就业风险，如果不能有稳定的工作，又将会面临失业风险，这就会使得农户不愿意退出宅基地，而更愿意保持原有宅基地以及原来的农业生产生活方式以降低风险。因此，通过对宅基地退出后风险预期的分析可知，宅基地退出后农户面临的风险越高，会越阻碍农户的宅基地退出行为，农户更愿意保持原有宅基地以及原有的生产生活方式以降低风险（见表3-9）。

表3-9 宅基地退出行为及其影响因素的Probit估计结果

变量	估计系数	标准差	概率值
个体特征			
年龄（X_1）	0.643**	0.286	0.025
教育程度（X_2）	-0.053	0.265	0.840
兼业时间（X_3）	0.311*	0.183	0.090
家庭特征			
家庭年均收入（X_4）	0.380**	0.179	0.034
所辖区（X_5）	-0.812*	0.510	0.110
宅基地块数（X_6）	-2.172***	0.539	0.000
宅基地面积（X_7）	0.208	0.283	0.462
农地是否征收（X_8）	-0.078	0.667	0.907
期望收益			
补偿金（X_9）	0.264	0.230	0.251
补偿是否兑现（X_{10}）	-1.058***	0.413	0.010
补偿合理（X_{11}）	0.613*	0.370	0.098
宅基地收益分配比（X_{12}）	-0.875***	0.301	0.004
风险预期			
住房是否搬迁（X_{13}）	1.519***	0.540	0.005
退出后房屋面积是否增加（X_{14}）	1.599***	0.504	0.001
是否有城市住宅（X_{15}）	-0.054	0.564	0.924

续表

变量	估计系数	标准差	概率值
生活开支是否增加（X_{16}）	-2.203***	0.617	0.000
工作稳定程度（X_{17}）	-0.440**	0.194	0.023
常数项	4.319	2.800	0.123
Waldchi2（17）	60.25		
Prob > chi2	0.000		
PseudoR2	0.5963		
Logpseudo likelihood	-28.525492		

注：*、**、***分别表示10%、5%、1%的显著性水平。

因此，农户在宅基地退出过程中，补偿金能够全部兑现、补偿越合理、期望收益越高，将越推动农户退出宅基地的行为；宅基地退出后农户面临的风险越高，将阻碍农户的宅基地退出行为。据此，政府在制定和完善宅基地退出相关政策时要注意以下几点：第一，在宅基地退出后，政府给予的补偿金应该按时全部发放，保障农户的基本权益，以为农户提供足够的经济支撑，使其在宅基地退出过程中没有经济压力、生活状况不变差，以符合现有国家对于宅基地退出后农户权益的制度保障；第二，宅基地退出后，农户应该成为土地指标交易的股东之一，让农户分享宅基地退出后的收益，以弥补其宅基地永久使用权无限预期的消失以及财产性收入的损失，保障农户对土地发展权收益的权利；第三，政府在确定安置地块或安置房补偿面积时，应尽量做到"退一补一"，实现"退有所居""居有所产"，降低农户在宅基地退出的财产性收入、生产性收入面临的风险；第四，建立宅基地退出后农户的稳定就业长效机制，通过加强农户的就业技能培训、健全就业服务体系等措施缓解农户的就业压力，保障农户的经济收入以降低其生活成本的增加。

（三）宅基地退出的农户分化

城中村作为农村向城市转变的阶段性产物，在快速城镇化进程中，游离于现代化城市管理之外、居民生活质量较低，独特的经济社会空间结构特征，使其成为城市问题最集中的场所（叶裕民，2015）。为推动城镇化向城乡一体、产城互动、生态宜居、和谐发展的新型城镇化转变，城中村逐渐成为城市改造的重点（李润国等，2015）。随着市场经济的快速发展，资本成为重要的生产要素（仇立平，2006）。住房财产的耐久性、保值增值性、代际可转移性等特征，使其成为居民家庭的重要财产。相关研究表明，2002~2012年住房占中国居民家庭财产的比例由 57.9% 上升至 74.7%（Li and Zhao，2007；Xie and Jin，2015）。尤其，城镇住房商品化改革在推动居民居住条件改善的同时，增强了住房财产增值和投资功能，一定程度上加剧了居民住房财产的贫富分化程度（胡蓉，2012；罗楚亮，2013）。2010 年城镇居民住房财产基尼系数高达 0.77（王婷婷，2014），住房财产成为城镇居民社会阶层分化的衡量指标之一（陈钊等，2008）。

本节选择武汉市洪山区西苑小区、光谷青年城小区两个宅基地产权性质（国有和集体）、拆迁类型（联合共建和房屋征收）、补偿方式（设置补偿基线和不设置补偿基线）不同的拆迁安置区为实证，在实地调研拆迁前后居民家庭住房持有及社会经济特征的基础上，测算两种不同拆迁补偿模式下居民住房财产持有的分化程度，运用基于回归的 Sharply 值分解法分析各影响因素对住房财产分化的具体贡献和相对重要程度。

1. 宅基地退出农化分化的模型设定

生计资本是家庭资源禀赋可转化成经济资产，是影响居民生产决策的重要因素，对住房财产持有分化有直接影响。其中，人力资本主要通过教育、就业培训等过程提升个体劳动力质量水平形成差异化，从而影响家庭财产积累；自然资本如农地的经济贡献、食物生产、养老就业、选择馈赠（蔡银莺，2016）等功能的存在，使得家庭获取财富的能力增强；物质资本是居民家庭生计所需要的基础设施和生产手段，其多寡会对财产持有分化程度产生影响；金融资本作为居民家庭实现生计目标的资金资源，一般经济资本越多，越容易持有住房；社会资本具有自我维持性和自我强化特征（Lin，2001），从而导致财产分化；心理资本是居民家庭生产和生活的重要影响因素，反映居民对家庭财产持有及增值的信心。

为此，居民家庭财产持有量决定函数包含的变量有：因变量是拆迁后家庭住房建筑面积，并做了对数处理。自变量如下：（1）人力资本用家庭劳动力比重、家庭人口规模、参加就业技能培训机会、劳动力平均受教育水平；（2）自然资本用家庭菜地种植面积表示；（3）物质资本包括拆迁前住房建筑面积、耐用消费品数量；（4）金融资本包括家庭年收入水平、抵御风险正规途径种类数；（5）社会资本包括社区亲戚朋友户数、参加社会组织个数；（6）心理资本用自信指数表示。建立拆迁居民家庭住房财产影响因素的半对数模型：

$$\ln(area)_i = \alpha_0 + \alpha_1 X_i + \varepsilon_i \qquad (3.9)$$

式中，$\ln(area)_i$ 指拆迁后家庭住房建筑面积自然对数，X_i 指家庭禀赋因素。在得到家庭住房财产决定函数后，便可进行基于回归的夏普利（Shapely）值分解。主要是将因变量的分化程度分解为回归模型中自变量的贡献和残差的贡献。万广华（Wan，2004）认为残差的贡献为 $I(Y) - I(\hat{Y})$，其中 $\hat{Y}$ 是根据回归模型估计得到的财产预测值，I 为任一测量分化程度的指标。为获得各个自变量对 $I(\hat{Y})$

的贡献,可通过剔除该变量后,比较 $I(\hat{Y})$ 的变动进行计算。针对这一问题采用夏洛克斯（Shorrocks, 2013）提出的夏普里值分解法,通过剔除某一变量的所有可能途径,并用其边际效应的均值作为该变量对相应指标的贡献。变量说明及其描述性统计见表 3-10。

表 3-10　　　　　　　　变量说明及其描述性统计

一级指标	二级指标	指标定义及赋值	均值	标准差
人力资本	家庭劳动力比重	劳动力人数占家庭总人数的比重	0.85	0.37
	家庭人口规模/人	家庭实际人口数	2.88	1.40
	劳动力平均受教育水平/年	劳动力平均受教育年限	10.20	4.50
	参加就业技能培训机会	非常少 = 1；比较少 = 2；一般 = 3；比较多 = 4；非常多 = 5	1.95	1.03
自然资本	菜地种植面积/亩	0 = 1；0.1 ~ 0.3 = 2；0.4 ~ 0.6 = 3；0.7 ~ 0.9 = 4；≥1 = 5	1.02	0.22
物质资本	拆迁前住房建筑面积/平方米	取建筑面积对数	5.70	0.72
	耐用消费品数量	家庭拥有汽车、电脑、空调、冰箱、洗衣机、电视机、热水器、组合家具、手机/座机、录像、投影仪、iPad、单反相机等耐用消费品数量	8.80	1.48
金融资本	家庭年收入/万元	≤2 = 1；3 ~ 8 = 2；9 ~ 12 = 3；13 ~ 18 = 4；>18 = 5	3.77	1.03
	抵御风险正规途径种类数	补偿款、投资金融产品、社会保险、商业保险、社会统筹、大病救助、政府救助、失业救助、亲友帮忙、变卖房产、民间借贷中的种类数	2.90	1.04
社会资本	社区亲戚朋友户数/户	≤4 = 1；5 ~ 10 = 2；11 ~ 15 = 3；16 ~ 20 = 4；>20 = 5	2.70	1.40
	参加社会组织个数/个	0 = 1；1 = 2；2 = 3；3 = 4；≥4 = 5	1.37	0.64
心理资本	自信指数	非常低 = 1；较低 = 2；一般 = 3；较好 = 4；非常好 = 5	3.91	0.91

2. 拆迁还建前后居民家庭住房特征

光谷青年城还建户拆迁前户均宅基地面积 146.5 平方米,住房容积率 3.4,

户均房屋建筑面积488.3平方米,人均建筑面积135.7平方米;拆迁后,户均持有住房3.3套,户均建筑面积294.3平方米,人均建筑面积83.3平方米,户均获得补偿金26.2万元。西苑小区还建户在拆迁前户均宅基地面积108.1平方米,住房容积率2,户均建筑面积204.6平方米,人均建筑面积48.6平方米;拆迁后,户均持有住房2.4套,户均建筑面积231.7平方米,人均建筑面积54.1平方米,户均为购买还建住房花费12.1万元。城中村拆迁改造后青年城小区居民家庭及个人住房财产持有量减少,而西苑小区增加。

  为表征拆迁前后不同财产阶层之间的住房持有异质性特征,结合武汉市住房公积金贷款面积上限(144平方米)及两个小区住房建筑面积平均值和标准差,分别将居民家庭住房建筑面积划分为5个规模等级,见图3-3。拆迁前青年城居民住房建筑面积规模结构呈"T"形。其中,建筑面积在500平方米以上的家庭数最多,占调研样本的34%,301~400平方米的家庭数次之,占21%,建筑面积小于等于200平方米、201~300平方米、401~500平方米的家庭数占比分别为15.8%、14.8%、14.8%。拆迁安置后,因设置户均300平方米的补偿基线,户均住房建筑面积减少194平方米,规模结构呈现底大、顶尖的"金字塔形"。其中,建筑面积为401~500平方米及500平方米以上的家庭户数由拆迁前的66户和29户分别减少到13户和5户;而面积在201~300平方米的家庭户数由29户直接增加到93户,占受访样本的47%。西苑小区受访居民拆迁前的住房建筑面积规模分布呈结构相对合理的"金字塔"形状,建筑面积在200平方米及以下的家庭数占全部家庭的63%,201~250平方米、251~300平方米及300平方米以上的家庭户数相近,分别有12户、18户和12户。拆迁后户均住房建筑面积增加27平方米,家庭住房建筑面积在200平方米及以下的家庭户数从原来的71户减少到53户,住房建筑面积在201~250平方米、251~300平方米及300平方米以上的家庭户数较拆迁前有显著增长。整体而言,光谷青年城小区拆迁还建后住房建筑面积在300平方米及以下的家庭户数显著增加,但居民住房建筑面积普遍减少;相反,华中农业大学西苑小区拆迁还建后,未设置还建面积限制,拆迁户住房面积普遍增加,尤其200平方米以上的住房家庭数量显著增长。

  从不同组群及还建模式视角出发,采用配对样本t检验比较拆迁还建前后居民家庭的住房财产的因子综合得分均值的差异性,结果见表3-11。拆迁安置后光谷青年城小区居民家庭住房财产基本呈显著减少的趋势（t值显示为负值），尤其住房建筑面积超过500平方米的群组在拆迁后住房财产减少最为明显；但拆迁前住房建筑面积小于等于200平方米的家庭,在拆迁后住房建筑面积有所增加。而西苑小区还建家庭的住房建筑面积显著增加（t值显示为正值），从分组来看仅251~300平方米面积组的家庭有微弱下降,其余群组均增加,尤其低面积

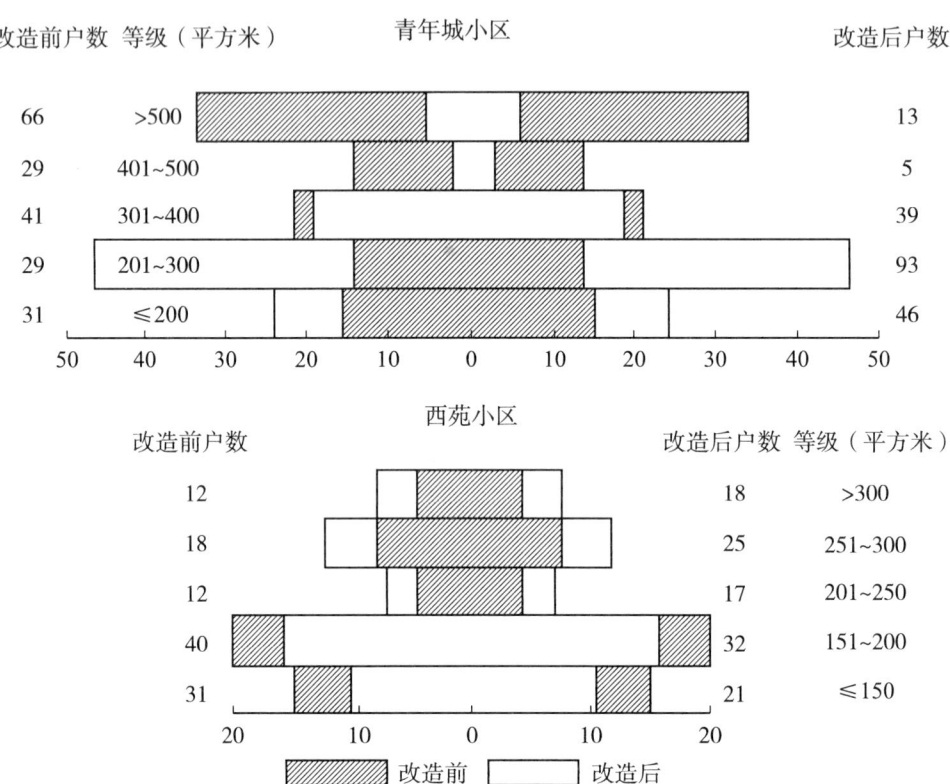

图 3-3　城中村拆迁前后居民住房财产持有规模等级金字塔

租住房建筑面积增加幅度较高面积组大。综上可见，拆迁补偿是否设置还建房屋面积约束对还建户住房财产持有面积会带来显著的分异。设置还建房屋面积限制的光谷青年城小区，被拆迁居民没有选择权，仅能放弃住房实物补偿以获取货币补偿；而不设置还建面积基线的西苑小区，拆迁户普遍偏好获取具有保值增值性的住房实物补偿，甚至购置超出实际拆迁面积的住房面积。此外，拆迁前青年城小区面积低于 200 平方米和西苑小区面积低于 150 平方米的家庭在安置后住房面积均有显著增加和改善，表明两种补偿模式均增强和兼顾了住房财产弱势群体的社会福利公平。

表 3-11　两个安置区拆迁前后居民家庭住房财产配对样本 t 检验

青年城小区（平方米）	t	Sig.（双侧）	西苑小区（平方米）	t	Sig.（双侧）
总样本	-10.065	0.000	总样本	6.376	0.000
≤200	1.145	0.261	≤150	4.813	0.000

续表

青年城小区（平方米）	t	Sig.（双侧）	西苑小区（平方米）	t	Sig.（双侧）
201~300	-0.442	0.662	151~200	5.230	0.000
301~400	-9.717	0.000	201~250	4.333	0.001
401~500	-6.117	0.000	251~300	-0.396	0.697
>500	-11.563	0.000	>300	2.289	0.043

3. 拆迁还建前后居民住房财产持有分化程度测算

（1）基尼系数及其分解。

为反映城中村拆迁前后还建户住房财产分化程度的变动情况，采用广义基尼系数将其分解为两个部分：住房财产增长的累进性和财产再排序的流动性。累进性衡量财产增长是否有利于低财产群体；流动性衡量财产变动中居民相对位置排序的变动（杨穗，2016）。以 S-Gini 系数为例，计算公式为：

$$G(v) = \int_0^1 k(s;v)[s - L(s)]\mathrm{d}s \tag{3.10}$$

式中，$G(v)$ 介于 0~1 之间，当等于 0 时，表示均等；当等于 1 时，表示极度不均等；$k(s;v) = v(v-1)(1-s)v-2$，不平等厌恶系数 v 大于 1，当取值不同时，表示赋予低财产群体不同的社会权重。

两期财产分化程度的变动等于财产再排序的流动性 $R(v)$ 减去财产增长的累进性 $P(v)$：

$$\begin{aligned}
\Delta G(v) &= G_1(v) - G_0(v) \\
&= \int_0^1 k(s;v)[L_0(s) - L_1(s)]\mathrm{d}s \\
&= \int_0^1 k(s;v)[C_1^{(0)}(s) - L_1(s)]\mathrm{d}s - \int_0^1 k(s;v)[C_1^{(0)}(s) - L_0(s)]\mathrm{d}s \\
&= [G_1(v) - G_1^{(0)}(v)] - [G_0(v) - G_1^{(0)}(v)] \\
&= R(v) - P(v)
\end{aligned} \tag{3.11}$$

式中，$G_1^{(0)}(v)$ 代表集中率，计算拆迁后财产的基尼系数时按照拆迁前的财产位置排序得到；当 $R(v) > 0$ 时，表示财产位置发生变动；当 $R(v) = 0$ 时，表示没有发生变动；当 $P(v) > 0$，且其他条件相同时，此时的财产增长对低财产群体更有利，有利于缩小财产分化的增长；当 $P(v) < 0$ 时，此时的财产增长会扩大财产差距。

结果表明，城中村居民家庭的住房财产分化程度较为明显，拆迁还建前后住房财产的基尼系数介于 0.53~0.56 之间。拆迁前青年城小区基尼系数大于西苑小区，然而拆迁后受还建面积限制基尼系数略低于西苑小区。基于动态视角分析，拆迁后居民家庭住房财产分化程度有降低。其中，青年城小区基尼系数下降幅度（-0.0241）大于西苑小区（-0.0012）；面积再排序的流动性部分 R 大于 0，说明房屋征收还建前后居民住房财产发生变动；而面积增长的累进性部分 P 大于 0，说明还建后的住房财产的增长更多地集中在低面积家庭组，累进性的面积增长有利于缩小财产分化。拆迁后居民家庭住房财产持有分化水平下降主要缘于面积增长的累进性部分超过了面积再排序的流动性部分。当代表绝对流动的财产增长是累进性的，且足以抵消相对流动导致的财产差距扩大时，则能降低住房财产分化程度；反之，当增长的累进性部分不足以抵消流动性部分时，就会扩大差距（见表 3-12）。

表 3-12　　　　　　　　住房财产分化的基尼系数

项目	青年城小区	西苑小区
拆迁前基尼系数（G0）	0.5619	0.5426
还建后基尼系数（G1）	0.5379	0.5414
面积分化的变动（R-P）	-0.0241	-0.0012
面积再排序的流动性（R）	0.0225	0.0096
面积增长的累进性（P）	0.0466	0.0109

（2）泰尔指数及其分解。

泰尔指数也被称作泰尔熵指数，根据组内差距和组间差距计算不平等，不仅反映住房财产的整体差异，还考虑家庭数量变动因素的影响，因而使用该指数来做分解分析更为合理。该指数值越大，表示差距越大；该指数越小，表示差距越小。计算公式为：

$$T = \sum_{i=1}^{n} \left[\frac{1}{p} \times \frac{y_i}{u} \times \ln\left(\frac{y_i}{u}\right) \right]$$

$$T_{bg} = \sum_{j=1}^{m} \left[\frac{p_j}{p} \times \frac{u_j}{u} \times \ln\left(\frac{u_j}{u}\right) \right] \quad (3.12)$$

$$T_{wg} = T - T_{bg}$$

式中，p 是全部家庭的数量，y_i 是家庭 i 的住房建筑面积，u 是 y_i 的平均值。T 值介于 $0 \sim \ln(p)$ 之间，指数越大表示分异度越大。将其分解为组间分异度（T_{bg}）和组内分异度（T_{wg}）；p_j 是群体 j 的家庭数量，u_j 是群体 j 的住房建筑面积均值。

根据泰尔指数分解原理，将居民住房财产分化程度分解为组内和组间分异度，并计算各分解差距对总差距的贡献率（见表3-13）。将总差距分解为青年城小区、西苑小区内部差异和组间差异后，两个区域内部分异度对总差距的贡献更大，还建后尤为明显。这表明转型期城中村内部居民家庭住房财产持有差异往往大于城中村之间的差异，部分原因取决于分类群体（青年城小区、西苑小区）内部的异质性高、稳定性低。拆迁安置后青年城居民住房财产的泰尔指数下降0.07，分解差距中拆迁前组间差距占主导地位，还建后组内差距对总差距贡献更大，揭示了还建后居民住房财产变动较大、组内分化严重，但总体住房财产分化有所缓解。西苑小区泰尔指数不变，分解差异中组内分异度小于组间分异度，但还建后组内差距扩大。此外，青年城居民住房财产分化程度较西苑严重，而还建后分异度差距缩小。

表3-13　　城中村拆迁前后住房财产分异的泰尔指数

项目	时段	T	T_{wg}	T_{bg}	T_{wg}贡献率	T_{bg}贡献率
总样本	拆迁前	0.238	0.168	0.070	70.71	29.29
	还建后	0.117	0.110	0.007	94.54	5.46
青年城	拆迁前	0.189	0.035	0.154	18.63	81.37
	还建后	0.123	0.077	0.047	62.27	37.73
西苑	拆迁前	0.082	0.009	0.074	10.46	89.54
	还建后	0.082	0.024	0.059	28.93	71.07

注：T指泰尔指数；T_{wg}指组内分异；T_{bg}指组间分异。

（3）流动性测度。

流动性常用于居民收入分化的测度。在此，运用相对流动强调拆迁前后居民住房财产在两期中位置的变动，而绝对流动强调拆迁前后财产水平的波动。通过拆迁前后两期居民住房持有的动态流动性分析，可反映住房财产持有较少的家庭拆迁后进入到财产持有面积较大组的机会大小，以及财产持有较多的家庭陷入财产持有较少组的风险有多大。

①相对流动性测度指标。

转换矩阵是分析相对流动最有力的基础性工具，即揭示拆迁前后居民家庭在所有家庭中财产位置的变动。在根据居民住房建筑面积分组的基础上，构建时间依赖的双随机转换矩阵，具体公式为：

$$P(x, y) = [P_{ij}(x, j)] \in R_{+}^{m \times m} \quad (3.13)$$

式中，$P_{ij}(x, y)$表示居民从拆迁前的第i类水平转向拆迁后第j类水平的概率P，m是住房财产从低到高排列的等级，该矩阵的所有元素都是概率。而不同时期住房面积位置的流动性可用斯皮尔曼秩相关系数（spearman rank correlation）来衡量，该系数越大表示变动越小，越具稳定性。

②绝对流动性测度指标。

在此采用平均绝对面积变动（average absolute area change，AAAC）测量绝对流动性大小，计算公式为：

$$AAAC = \frac{1}{n}\sum_{i=1}^{n}|x_i - y_i| \qquad (3.14)$$

式中，x_i、y_i 分别是城中村拆迁后、拆迁前居民家庭住房建筑面积，n 为家庭数量。

③King 指数。

福利经济学家认为在一定程度上流动性就是机会平等的代名词。基于福利经济学理论，能够很好地反映拆迁前后财产水平和位置变化引起的社会福利变化的流动性测度指标，典型的是 King 指数，其大小直接反映流动性的大小，进而反映社会福利水平的大小。计算公式为（King，1983）：

$$M_k(x, y) = 1 - \frac{1}{\theta(x, y)} = \begin{cases} 1 - \left[\dfrac{\sum_{i=1}^{n} y_i^k}{\sum_{i=1}^{n}(y_i e^{ys_i})^k}\right], & k \neq 0 \\ 1 - \exp\left[\dfrac{-\gamma}{n}\sum_{i=1}^{n} s_i\right], & k = 0 \end{cases} \qquad (3.15)$$

式中，$\theta(x, y)$ 是根据完全不流动状态定义的，其值越大，则 King 指数越大，从而很好地体现了流动性水平的大小即社会福利的大小的特点。γ 是横向不平等厌恶程度，设定 $e = 1 - k$，则 e 是纵向不平等厌恶程度，x、y 分别为拆迁前后住房建筑面积，s_i 反映的是两期中建筑面积位置不发生变动家庭的两期面积之差，与第二期的总体平均面积的比值，根据已有研究（王朝明、胡棋智，2008；严斌剑等，2014），设定 γ 为 1，k 为 0。

计算不同面积组居民的住房财产流动性，结果见表 3-14。青年城小区由低面积组到高面积组平均绝对面积变动依次增加，尤其面积在 300 平方米以上的组分变动幅度远大于低于 300 平方米的组分；King 指数先下降后上升，第一组和第五组由财产流动带来的社会福利比中间三个组分更高。西苑小区住房财产平均绝对面积变动由第一组到第五组依次增加，但面积变动差距较小；King 指数表明面积在 201~250 平方米的家庭获得的社会福利最低，而大于 300 平方米的家庭社会福利最高。两种模式都揭示了虽然持有住房面积最多的组分流动性最强，但由流动性带来的社会福利水平也最高。此外，住房财产持有最少的家庭还建后社会福利仅次于财产持有最多的家庭，也印证了两种补偿模式均兼顾了住房财产弱势群体的社会福利公平的结论。

表3-14　拆迁前后不同面积组居民家庭的住房财产流动性

青年城小区			西苑小区		
分组（平方米）	平均绝对面积变动	King指数	分组（平方米）	平均绝对面积变动	King指数
≤200	30.42	0.08	≤150	28.87	0.06
201~300	54.28	0.04	151~200	41.20	0.02
301~400	106.24	0.05	201~250	51.00	0.01
401~500	194.24	0.00	251~300	42.11	0.03
>500	453.05	0.16	>300	60.17	0.20

测度并比较两个区域整体居民住房财产流动性（见表3-15）。青年城居民住房财产流动性更大，还建后居民社会福利水平得到更多改善。两个安置小区间的流动性差异值得引起注意，宅基地产权性质、拆迁类型、补偿方式的差异，对居民的补偿和财产流动性造成了不同的影响。青年城小区地理位置优越，有良好的生产条件，从而使得低面积组家庭有更大的向上流动性，而由于设置房屋补偿最高基线，造成拆迁前住房持有量超过补偿上限的居民家庭，在还建后住房财产持有量大幅度减少，因而，高面积组家庭向下流动性更大。西苑小区由于不设补偿上限面积，住房拆迁主要是为改善居民住房条件，整治村容村貌，大多家庭选择多购买住房面积，从而住房财产向上移动概率更大，但整体较为稳定。

表3-15　拆迁前后居民家庭住房财产流动性

流动性	指标	青年城	西苑
相对流动性	斯皮尔曼秩相关系数	0.556**	0.817**
绝对流动性	平均绝对面积变动	215.852	40.575
福利测度指标	King指数	0.084	0.052

注：*、**、*** 分别表示0.1%、1%、5%的水平上显著。

4. 拆迁居民家庭住房财产分化分解分析

（1）拆迁居民家庭住房财产分化的影响因素分析。

拆迁居民家庭住房财产分化程度由多种因素决定，尤其拆迁前家庭住房财产的初始禀赋起决定性作用。首先，使用OLS模型对拆迁后家庭住房财产进行总体分析，考察各决定因素对家庭住房财产的总体影响。其次，使用分位数回归，分别估计不同因素对于各面积组居民家庭财产的边际影响。估计结果见表3-16，从R^2看，该模型对西苑样本的解释力度高于青年城样本，这可能是因为青年城在拆迁安置补偿过程中有更多的非市场因素的干预,如设置补偿最高基线等政府政策的干涉。而西苑小区更少受到非市场因素的影响,从而家庭禀赋对拆迁后住房财产持有解释力度更大。

表3-16　　　居民家庭住房财产持有影响因素分析模型

变量	总样本	分样本 青年城	分样本 西苑	分位点 0.25	分位点 0.50	分位点 0.75
家庭劳动力比重(%)	0.0549 (0.0550)	-0.0147 (0.0780)	0.0953 (0.0786)	0.128* (0.0723)	0.107* (0.0606)	0.0109 (0.0629)
家庭人口规模(人)	-0.0185 (0.0143)	-0.0425** (0.0188)	0.0301 (0.0193)	-0.0235 (0.0207)	-0.0074 (0.0173)	0.0060 (0.0180)
劳动力平均受教育水平(年)	-0.0023 (0.0047)	0.0015 (0.0066)	-0.0047 (0.0044)	-0.0018 (0.0070)	-0.0049 (0.0058)	-0.0046 (0.0060)
参加就业技能培训机会	-0.0010 (0.0193)	-0.0050 (0.0270)	0.105 (0.190)	-0.0203 (0.0267)	0.0075 (0.224)	-0.0231 (0.0232)
菜地种植面积(亩)	-0.0866 (0.110)	0.233*** (0.0393)	-0.149*** (0.0460)	-0.150 (0.118)	-0.208* (0.0991)	0.0712 (0.103)
拆迁前建筑面积(平方米)	0.502*** (0.0359)	0.491*** (0.0455)	0.839*** (0.430)	0.492*** (0.0397)	0.517*** (0.0332)	0.564*** (0.0345)
耐用消费品数量	0.0315* (0.0174)	0.0329 (0.0272)	0.0254** (0.0123)	-0.0010 (0.0213)	0.0382** (0.0179)	0.0420** (0.0185)
家庭年收入(万元)	0.0358 (0.0234)	0.560* (0.0311)	0.0084 (0.0278)	0.0922*** (0.0299)	0.0018 (0.0250)	-0.0071 (0.0260)
抵御风险正规途径种类数	0.0009 (0.0189)	0.229 (0.0254)	-0.0014 (0.0236)	0.130 (0.272)	0.0246 (0.228)	-0.0042 (0.0237)
社区亲戚朋友户数(户)	-0.0481*** (0.140)	-0.0125 (0.0193)	-0.0423** (0.0169)	-0.0341* (0.0195)	0.0414** (0.0163)	-0.0630*** (0.0169)
参加社会组织个数	0.0037 (0.0295)	-0.0185 (0.0401)	0.0192 (0.0246)	-0.0064 (0.0427)	-0.0056 (0.0357)	0.197 (0.0371)
自信指数	-0.0352 (0.0235)	-0.0567* (0.0310)	-0.0609** (0.0236)	-0.0161 (0.0314)	-0.0463* (0.0263)	-0.0452* (0.0273)
_cons	2.593*** (0.273)	2.245*** (0.299)	1.035*** (0.304)	2.467*** (0.308)	2.608*** (0.258)	0.485*** (0.268)

续表

变量	总样本	分样本		分位点		
		青年城	西苑	0.25	0.50	0.75
R^2	0.567	0.5584	0.8186	0.4046	0.3468	0.3012
N	309	196	113	309	309	309

注：1. 括号内为稳健标准误；2. *、**、*** 分别表示 10%、5%、1% 的水平上显著。

对住房财产持有而言，家庭劳动力比重在总样本中不显著，但分位数回归中对低面积组和中等面积组具有正向显著作用，虽然作用力有减小趋势，但证明家庭劳动力比重对不同住房财产阶层影响存在异质性。家庭人口规模仅对青年城样本显示负向显著作用，部分原因还是拆迁前人口规模大的家庭住房财产多，而还建后由于设置补偿基线，人口越多的家庭住房财产越少。劳动力平均受教育水平和参加就业技能培训机会呈现负向不显著影响，王磊等（2016）认为不显著的原因主要是教育对住房财产的影响随着社会阶层变化存在显著的"门限效应"。而就业技能培训的影响具有滞后性，在短时间内无法体现在财产持有中；自然资本中菜地种植面积对青年城样本具有正向显著作用，而西苑小区则是负向显著作用；物质资本中拆迁前建筑面积对拆迁后住房持有呈现显著正向作用，且对西苑小区的作用力度大于青年城小区，对高面积组作用大于低面积组；金融资本中耐用消费品数量在青年城中作用不显著，低面积组中呈现负向作用，但在中等面积组和高面积组中具有正向显著作用。家庭年收入越多住房财产越多，尤其在青年城小区样本中作用显著，低面积组中也较为显著；拆迁后可能导致还建户社会资本变迁和重组，传统的以地缘和血缘为中心的社会关系产生扩散效应或者被逐渐弱化（丁士军等，2017）。因此，对居民住房财产的影响不显著甚至出现负向作用；对未来生活较为自信的家庭，由于对财富积累以应对家庭经济、健康等面临的风险没有过多的担忧，反而越自信的家庭住房财产持有量越少。

（2）基于夏普利值的回归分解。

为进一步辨析居民家庭住房财产分化影响因素的贡献度，采用基于夏普利值的回归分解方法，估计不同决定因素对住房财产分化程度基尼系数、变异系数的贡献率。具体计算过程可通过 Stata 软件兼容的分配研究分析工具包（distributive analysis stata package，DASP）实现①。分解结果如表 3 – 17 所示，不同系数分解结果有所差异，但各变量的贡献率排序基本相似。居民住房财产分化主要缘于家庭禀赋累积，贡献率超过 75%，尤其拆迁前住房禀赋的贡献率大于 58%。基于

---

① 详细说明参见：http://dasp.ecn.ulaval.ca/aboutdasp.htm，使用标注：AraarAbdelkrim&Jean – Yves-Duclos. DASP: Distributive Analysis Stata Package. PEP, World Bank. UNDP and University of Laval, 2007。

回归分析的基尼系数分解表明,根据夏普利值分解的各变量贡献率可加性原则,从残差项对财产分化贡献率看出西苑居民住房财产分化90%取决于家庭禀赋因素,而青年城小区的掺杂了更多不可解释因素;物质资本对居民家庭住房财产分化程度的贡献率最大,对青年城小区的贡献率为66.847%,而西苑小区为73.494%。其中,拆迁前住房初始禀赋对还建后青年城小区、西苑小区住房财产分化贡献率分别为62.596%、72.424%,证实了当控制其他变量后不设置补偿基线的区域,居民住房财产对初始禀赋的依赖性更强。

表 3-17　　　　　居民家庭住房财产分化程度的分解结果

资本禀赋	指标	基尼系数（%）			变异系数（%）		
		总样本	青年城	西苑	总样本	青年城	西苑
人力资本	家庭劳动力比重（%）	0.664	0.129	1.555	0.682	0.089	1.603
	家庭人口规模（人）	0.781	1.781	1.764	0.663	1.683	1.534
	劳动力平均受教育水平（年）	0.282	0.366	1.126	0.170	0.285	0.951
	参加就业技能培训机会	0.006	0.040	0.567	-0.004	0.024	0.521
	总和	1.733	2.314	5.012	1.511	2.082	4.609
自然资本	菜地种植面积（亩）	0.557	0.258	2.121	1.034	1.192	4.390
物质资本	拆迁前建筑面积（平方米）	66.247	62.596	72.424	62.310	58.224	71.915
	耐用消费品数量	3.023	4.251	1.071	2.952	3.599	1.194
	总和	69.270	66.847	73.494	65.262	61.824	73.109
金融资本	家庭年收入（万元）	2.929	5.698	0.278	2.747	5.038	0.272
	抵御风险正规途径种类数	0.053	1.743	0.016	0.039	1.557	-0.003
	总和	2.982	7.441	0.294	2.786	6.595	0.269
社会资本	社区亲戚朋友户数（户）	4.109	0.719	5.387	3.886	0.506	5.305
	参加社会组织个数	0.076	0.241	0.556	0.065	0.221	0.586
	总和	4.185	0.960	5.943	3.951	0.726	5.891
心理资本	自信指数	1.442	2.722	2.594	1.264	2.311	2.062
	残差项	19.829	19.460	10.540	24.106	25.271	9.526
	不平等指数×100	53.360	53.790	54.140	24.303	55.046	41.587

此外,其余五种资本的贡献率较小,总样本中贡献率总和为11%左右,自然资本、心理资本、人力资本、金融资本和社会资本贡献率依次为0.557%、

1.443%、1.733%、2.982%和4.185%。城中村居民由于土地资源较少基本从事非农产业,从而自然资本对住房财产分化贡献度最小,金融资本、社会资本的贡献度相对较高。人力资本中以家庭人口规模贡献最大,而就业培训机会影响较小。

青年城小区自然资本的贡献率最低,而金融资本的贡献率最高。西苑小区金融资本的贡献率最低,而社会资本的贡献率最高。比较两个区域各资本贡献率,青年城小区金融资本和心理资本的贡献率较西苑小区大,其他资本的贡献率较小。其中,家庭人口规模、参加社会组织个数和自信指数对住房财产分化贡献率两个区域相差无几,而其余禀赋贡献率差异较大。

因此,城中村拆迁改造既盘活容积率低下、基础设施落后、居住环境较差的住宅用地,又在改善被拆迁居民的住房条件时增加其住房面积或货币化收入,保障被拆迁居民家庭的住房财产权益。但不同补偿模式各有优缺点,尤其补偿条件限制对居民住房财产的影响存在较大差异。联合共建方式有效地让拆迁居民分享城市发展红利,促进家庭住房财产增值,但也存在加大了住房财产分化的问题;政府征收及设置补偿面积限制了缩小居民住房财产分化水平,但也兼顾到住房面积弱势家庭的公平性,改善了这部分家庭的住房福利。在当前国家鼓励及推动建立多主体供应、多渠道保障租购并举的住房制度时,建议相关学者及政策制定者探索有助于让居民分享城市发展红利又兼顾社会公平的补偿模式及设置条件,适宜引入住房拆迁财产增值收益税,以降低拆迁户对住房还建补偿的偏好,制定规则明晰、政府监管有力和财产权益保障充分的拆迁安置或住房供应制度。

第三节 城乡二元分割下相关主体收益分配非均衡分析

由于在城乡分割下国有建设用地增值变化最大,与农户福利直接相关的是增量建设用地,而增量建设用地主要通过土地征收获得;集体建设用地增值机理是以土地征收、土地复垦和土地隐形交易为依托的交易行为实现收益的过程,对应集体建设用地土地征收、土地复垦和私下交易三种流转活动。为探索城乡二元分割下建设用地市场发展形态,本节以上海农户微观调查为依据,以农地征收作为国有建设用地的增值研究状态,以集体建设用地征收、复垦和私下交易为研究状态,分析城乡分割下国有和集体建设用地流转及收益分配机制。

一、研究区概况与问卷设计

(一) 研究区概况

上海简称"沪"或"申",是我国经济、金融、贸易中心,是我国首批沿海开放城市,经济发达,截至 2014 年上海 GDP 总量居中国城市第一、亚洲第二;人口众多,2015 年末常住人口 2 415.27 万人,辖 15 个市辖区、1 个县,占地面积 6 340 平方千米,人口密度达每平方千米 2 931 人,是我国内地人口密度最高的城市[①];地理位置优越,作为长江三角洲冲积平原的一部分,地处长江和黄浦江入海汇合处,位于亚洲大陆东沿,太平洋西岸,北界长江,东濒东海,南临杭州湾,西接江苏和浙江两省,是中国南北海岸中心点。正是由于上海得天独厚的发展条件,人口大量集聚,使得上海在快速的经济发展过程中,面临超高的建设用地需求。由此可见,上海市是城乡二元分割下我国建设用地供需矛盾最大的城市之一,当地人民对于土地价值显化的认识比内地人民更为深刻,同时为了满足建设和发展需要,中央和上海市政府积极探索土地发展策略,在上海实验先进政策制度改革,使得多年来上海集体土地流转活跃。

因此,本书选取上海为研究区,对上海农户集体建设用地流转活动进行抽样调查,作为全国集体土地流转的缩影,展开对城乡分割下我国建设用地增值和收益分配的分析。

(二) 问卷设计与实施

1. 调查对象

本书的研究客体为城乡分割下建设用地流转,国有建设用地市场主要关注新增建设用地,故主要关注农地城市流转活动,其涉及主体有农户、集体、政府和开发商;而集体建设用地流转有土地征收、土地复垦和土地灰色交易,涉及主体有农户、集体和政府。由于政府在国有建设用地和集体建设用地流转中的行为和收益可以根据相关文件资料获得,开发商主要参与国有建设用地交易及其以后环节,其收益也是有章可循的,集体作为集体土地代理人,其行为和收益与农户在一定程度上是紧密相关的,具有趋同性,为简化研究,暂不考虑二元分割下集体收益,而且农户作为参与主体中的弱势群体,其在流转活动中的行为决策和福利

---
① 作者根据网络相关数据整理。

水平更值得关注，因此本书的调查对象即流转主体为参与集体流转的农户。

2. 调查方法

农户调查采用问卷调查方式，具体询问时以访谈的方式进行面对面调查，由于受访者为农户，教育程度相对较低，故调查员需在问卷调查过程中将涉及的部分专业词汇转化成农户易懂的词语。同时，由于上海市整体发展程度较高，城市高度城市化，部分区（县）已实现完全土地国有化，因此调查时需将典型调查法和抽样调查法相结合。

典型调查法和抽样调查法实施的具体步骤如下：首先，对上海市政府土地相关部分找专人进行座谈，通过初步交流确定集体土地流转的主要方式和上海市集体土地流转最为活跃的地区；其次，根据座谈了解结果，将典型调查地区锁定在金山区和松江区城乡接合部及相关指定安置补偿项目区；最后，主要在以上两个地区展开对农户的抽样调查。

3. 调查内容

农户问卷内容主要包括三个部分，第一个部分是基本情况调查，包括受访者个体基本特征和其所有土地基本特征，具体的个体基本特征包括性别、年龄、户口所在地、受教育程度、是否党员、是否村干部、总人口、被抚养人口、家庭年均收入；土地基本特征包括宗地位置、形状等地块特征，住房基本状态和参与集体土地流转活动的情况。第二个部分是对应的集体土地流转情况调查，根据受访者参与的土地流转活动，进行对应的流转情况询问，比如，若受访农户仅参与宅基地复垦，则对应回答第二部分宅基地复垦情况的问题，而跳过其他流转情况问题。第三个部分是对收益期望、发展意愿和发展权价值的调查，这部分调查结果将在后续章节进行论述。

二、不同集体土地流转形态下农户收益调查结果

（一）基本调查情况

针对上海市金山区和松江区城乡接合部地区集体土地流转农户，共发放了200份问卷，共回收170份问卷，在剔除不完整问卷后，获得有效问卷168份。

1. 受访者基本情况

根据168份农户问卷调查情况，从受访对象个体特征看，受访者年龄普遍偏高，平均年龄57岁；女性居多，所占比例达63.69%，而男性占36.31%；教育水平普遍较低，小学及以下的受访者占36.31%，初中学历占31.55%，高中学历占19.05%，大学及以上学历占7.15%；大多数受访者在参与集体土地流转过

程中，其户籍已随即发生变化，随地流转为城镇户口，故尽管大部分受访对象仍在农村或城乡接合部，但其户籍已变更为城镇户口，这部分人群占受访者比例达77.98%；受访者大多数为群众，非党员的受访者占78.88%，96.43%的受访者也非村干部；受访者平均家庭总人口为4人，最少2人，最多9人，平均抚养人口1人，最多抚养人口达5人；家庭收入和内地农村相比，整体收入较高，平均家庭年收入13.67万元，家庭年收入最高达100万元，具体统计描述见表3－18。

表3－18　　　　　　　　样本农户个体特征统计描述

变量	样本数量	均值	标准差	最小值	最大值	描述
性别（sex）	168	0.36	0.48	0	1	1=男性，0=女性
年龄（age）	168	56.88	9.75	25	81	
户籍（dom）	168	0.78	0.42	0	1	1=城镇，0=农村
教育水平（edu）	168	1.93	1.01	0	5	0=小学以下，1=小学，2=初中，3=高中，4=大专，5=大学及以上
党员（par）	168	0.10	0.30	0	1	1=是，0=否
村干部（sta）	168	0.04	0.19	0	1	1=是，0=否
家庭人口（tot）	168	4.18	1.48	2	9	
抚养人口（dep）	168	1.36	1.10	0	5	
家庭收入（inc）（万元）	168	13.67	13.33	1	100	

2. 地块基本情况

在168份有效问卷中，绝大多数农户在参加集体土地流转后已无农地，仅有27户尚有家庭承包农用地。从地块区位条件看，农用地和宅基地整体区位条件相当，整体较好，农用地中，48.10%离镇中心距离小于1千米，40%离区中心距离小于10千米，85.2%离汽车站距离小于1千米，40.7%离火车站距离小于10千米，92.60%离公路距离小于1千米；宅基地中，宅基地到镇中心的距离两极分化严重，超过40%的宅基地到镇中心距离小于1千米，同时也有超过30%的宅基地离镇中心距离大于10千米，36%离区中心的距离在10~12千米之间，79%离汽车站的距离小于2千米，超过40%离火车站距离小于10千米，80%离公路距离小于2千米。

平均而言，农用地到镇中心的距离（1.98千米）、到汽车站的距离（1.37千米）和到公路的距离（0.9千米）较宅基地而言较短（分别为3.92千米、3.65千米和3.52千米），而宅基地到区中心的距离（12.35千米）和到火车站的距离（14.73千米）较农用地而言更近（分别为18.19千米和19.41千米），具体统计描述见表3-19。

表3-19　　　　　　　样本地块区位条件统计描述　　　　　　单位：千米

地块类型	区位条件	样本数量	最小值	最大值	均值	标准差	方差
农地	镇中心	27	0.00	6.00	1.9815	1.61413	2.605
	区中心	27	10.00	30.00	18.1852	9.10637	82.926
	汽车站	27	0.50	10.00	1.3704	1.76827	3.127
	火车站	27	10.00	35.00	19.4074	10.10811	102.174
	公路	27	0.50	2.00	0.9000	0.37314	0.139
宅基地	镇中心	168	0.00	11.00	3.9244	4.46671	19.952
	区中心	168	1.00	30.00	12.3482	7.62274	58.106
	汽车站	168	0.05	26.00	3.6462	6.96814	48.555
	火车站	168	0.30	33.70	14.7250	12.17775	148.298
	公路	168	0.00	28.00	3.5190	8.13372	66.157

地块面积普遍较小，农户现有农地中，平均面积为0.33亩，农地周围均为农用地，大多数人对农地周围水电通达度和绿化环境满意度较高；宅基地平均面积为209.23平方米，相邻地块中71.40%为宅基地，87.5%的农户表示对宅基地周围水电使用非常方便，37.5%农户对绿化环境比较满意，具体统计描述见表3-20。

表3-20　　　　　　　　　样本地块特征统计描述

农地	样本数量	最小值	最大值	均值	标准差	方差
面积（亩）	27	0.08	0.80	0.33	0.1806	0.033
相邻地块用途	27	1.00	1.00	1.0000	0.00000	0.000
水电通达度	27	1.00	3.00	1.4815	0.70002	0.490
绿化环境满意度	27	1.00	5.00	3.1852	1.11068	1.234
宅基地	样本数量	最小值	最大值	均值	标准差	方差
面积（平方米）	168	50.00	600.00	209.2321	112.1141	12 569.569
相邻地块用途	168	1.00	6.00	2.9286	0.87938	0.773
水电通达度	168	1.00	4.00	1.1845	0.56484	0.319
绿化环境满意度	168	1.00	6.00	3.5417	1.11524	1.244

注：相邻地块用途：1=农用地，2=国有建设用地，3=宅基地，4=集体公共设施用地，5=乡镇企业用地，6=其他；水电通达程度：1=非常方便，2=一般，3=不太方便，4=非常不方便；绿地环境满意情况：1=很不满意，2=不太满意，3=感觉一般，4=比较满意，5=非常满意

宅基地地块人口密度分布大于农用地，故其周围教育设施和生活配套设施等基础设施条件比农用地周围高，教育设施中，大部分农用地附近都有幼儿园和小学（分别占92.6%和96.3%），但有中学的很少，而宅基地附近教育机构分布更多，尤其是初中和高中的比例明显比农用地附近高得多；生活配套设施方面，宅基地几乎所有地块都有超市、医院等生活配套设施，具体地块周围公共设施分布见表3-21。

表3-21　农用地和宅基地地块周围公共服务设施情况统计

农地		数量	百分比（%）	宅基地		数量	百分比（%）
教育设施	幼儿园	25	92.6	教育设施	幼儿园	129	76.8
	小学	26	96.3		小学	143	85.1
	初中	15	55.6		初中	126	75.0
	高中	2	7.4		高中	23	13.7
	其他	0	0.0		其他	36	21.4
生活配套设施	超市	19	70.4	生活配套设施	超市	159	94.6
	市场	19	70.4		市场	147	87.5
	医院	27	100.0		医院	166	98.8
	银行	23	85.2		银行	142	84.5
	邮局	17	63.0		邮局	132	78.6
	三轮车	1	3.7		三轮车	75	44.6
	公交	18	66.7		公交	135	80.4
	其他	0	0.0		其他	14	8.3

（二）农地城市流转

在回收的168份集体土地流转问卷中，共有117位农户参与了土地征收，而在117份集体土地征收问卷中，有113位农户参加了农地征收，56位参加了宅基地征收，其中50位农户农地和宅基地均被征收。农户农地被征收的平均面积为4.87亩，最小面积为0.5亩，最大面积为12亩。而征收补偿方面，农地平均征收补偿金额为7 700元/亩，最小补偿金为1 400元/亩，最高补偿金额为3.3万元/亩。

针对农地被征后用途，58.41%的农用地被征收后将作为工业用地，16.81%将开发成商品房，14.16%将用于建设经济开发区，仅5.31%将用作公共设施用地，由此可见，农地征收中大部分为非公益性征收，见表3-22。

表 3-22　　　　　农地征收后土地开发用途频率分布

项目	频率	百分比（%）	累积百分比（%）
商品房	19	16.81	16.81
商业用地	4	3.53	20.35
工业用地	66	58.41	78.76
公共设施与交通水利用地	7	6.20	84.96
经济开发区	16	14.16	99.12
汇总	113	100.00	

除现金补偿外，在被征的 113 宗农用地中，有 54 宗农地被征收后，农户达到社保发放年纪后将获得每人每月 1 400 元的小城镇社会保险；50% 的农户认为补偿应根据被征收土地的不同用途而有所不同，可以接受公益性征地补偿低于非公益性征地补偿，这部分人群中 52.54% 认为补偿款由多到少的顺序应为：经济开发区＞商业用途＞商品房开发＞工业用途＞公共设施，35.59% 认为被征后用于商品房开发的土地补偿应该最多。67.8% 的农户认为当前征地补偿较合理，在 32.2% 认为不合理的农户中，94.74% 的认为不合理原因在于现金补偿额度较低，应予以提高。

（三）集体建设用地流转

1. 宅基地征收

在被征收的 56 宗宅基地中，平均征收面积为 221.39 平方米，最小征收面积为 80 平方米，最大征收面积为 533 平方米，56 宗被征宅基地中有 48 宗获得现金补偿，一宗宅基地的平均征收补偿总额为 23.67 万元，平均每平方米补偿 2 469 元，另有 8 宗仅获得宅基地还建补偿。而宅基地被征收后，大部分仍将被开发成工业用地，所占比例为 57.14%，19.64% 将被开发成商品房，仅 5.36% 将被用作公共用途，见表 3-23，故可以得出宅基地征收中大多数也属于非公益性征收行为。

表 3-23　　　　　宅基地征收后土地开发用途频率分布

项目	频率	百分比（%）	累积百分比（%）
商品房	11	19.64	19.64
商业用地	3	5.36	25.00
工业用地	32	57.14	82.14

续表

项目	频率	百分比（%）	累积百分比（%）
公共设施与交通水利用地	3	5.36	87.50
经济开发区	7	12.50	100.00
汇总	56	100.00	

对于征收补偿的满意程度，由于有50个农户同时有宅基地和农户共用地被征收，故宅基地征收意愿与农地征收意愿相似。同样有50%的农户认为补偿应根据被征收土地的不同用途而有所不同，可以接受公益性征地补偿低于非公益性征地补偿，这部分人群中52.54%认为补偿款由多到少的顺序应为：经济开发区＞商业用途＞商品房开发＞工业用途＞公共设施，35.59%认为被征后用于商品房开发的土地补偿应该最多。67.8%的农户认为当前征地补偿较合理，在32.2%认为不合理的农户中，94.74%的认为不合理原因在于现金补偿额度较低，应予以提高。

2. 宅基地复垦

在回收的168份集体土地流转问卷中，共有31位农户参与了宅基地复垦，复垦宅基地中，平均复垦地块面积为120.81平方米，平均复垦房屋面积为245.06平方米。从农户参与的途径看，31宗复垦地块中有22宗地由政府组织要求复垦，8宗地为集体组织要求复垦，仅1宗地为农户主动自愿复垦。83.37%农户表示在参与宅基地复垦时有签订复垦合同，同时也没有中介机构参与。宅基地复垦后，83.87%的农户（26户）获得的复垦补偿为房屋置换，即获得一处新的房屋，而剩余的16.17%的农户获得的补偿为现金补偿，平均现金补偿为28万元，即按建筑面积1 143元/平方米进行现金补偿，选择现金补偿的农户一般为有多处住宅，暂无住房需求的农户。而还建的地块中，从面积上看，还建地块面积略小于复垦地块面积，但还建的建筑面积略大于复垦建筑面积，基本上实现了"拆建持平"，平均面积为115.45平方米，平均还建的建筑面积为249.90平方米。还建的住房楼层最高为3层，而原复垦宅基地多为1~2层，因此还建后土地集约度略有提高，但农户由于还建房屋不能直接入住，还建农户平均需花费22.19万元对还建房屋进行装修等住房改造，具体统计见表3-24。

表3-24　　　宅基地复垦和还建情况的基本统计描述

项目	数量	均值	标准差	最小值	最大值
复垦地块面积（平方米）	31	120.8065	33.61787	80	200
复垦建筑面积（平方米）	31	245.0645	69.7629	120	460

续表

项目	数量	均值	标准差	最小值	最大值
现地块面积（平方米）	26	115.4516	40.22092	70	260
现住房屋面积（平方米）	26	249.9032	68.1324	120	460
建造成本（万元）	26	22.19355	13.84779	0	60
现房屋楼层	26	2.451613	0.6238969	1	3

在26宗宅基地还建的房屋使用地块权属中，全部为宅基地，有5宗位于社区居民点，有12个还建农户获得宅基地土地使用权证，有2位获得房屋所有权证，仅1户农户同时获得宅基地土地使用权证和房屋所有权证，剩余的11户还建农户对还建宅基地既不享有土地使用权也不享有房屋所有权。由于获得一笔现金补偿，或住房条件得到一定程度改善，61.29%农户认为补偿较为合理，而对补偿不满意的农户中有91.67%认为应提高货币补偿，或在宅基地置换中给予一定货币补偿，因为复垦还建后，农户仍需要投入一定建造成本完善还建房屋。

3. 市场交易

在回收的168份集体土地流转问卷中，共有103位农户参与了宅基地市场交易活动，平均交易面积为129.41平方米。交易中所有农户为购入方，平均购入费用为17.71万元，这中间，有97宗为宅基地交易，平均交易价格为1 024.16元/平方米，有6宗为农村房地产交易（即宅基地及其地上房屋），平均交易价格为3 526.83元/平方米，具体统计见表3-25。76.70%的交易有签署合同，23.3%则没有合同，仅凭口头交易，99.03%的交易都没有中介介入，由交易双方直接完成。

表3-25　　　　宅基地市场交易情况的基本统计描述

项目	数量	均值	标准差	最小值	最大值
宅基地面积（平方米）	97	131.0612	33.6476	50	220
住宅面积（平方米）	6	256.3333	12.35784	248	280
购置费用（元）	103	17.70769	24.86035	0.9	240

根据实际调研，我们了解到，上海市还建补偿政策实行政府统一规划农村居民点，统一图纸确定相应地块建筑面积，集体和农户自行选择补偿方式，自行购买并修建宅基地的政策。因此，在政府规定的农村居民区居住的居住人群成分构成比较复杂，大致有三种情况：第一种是政府还建宅基地而来的复垦农户，该部分农户不需购买宅基地即可获得现成房屋；第二种是宅基地征收后失地农户到由

集体或政府组织到指定地点购买并修建新宅基地的，这部分农户向政府集体购买宅基地；第三种是与农户私下交易而来的，这部分人群可能是附近农户，也可能是城镇居民，其交易对象为拥有农村居民还建点修建房屋名额的农户。因此，可以根据交易对象不同，对交易行为进行区分。由于103份集体建设用地交易问卷调查中64.42%的交易对象为政府，26.92%的交易对象为农户私下交易，7.69%的交易对象为集体，仅0.96%的交易对象为开发商，有政府和集体介入的交易不是完全意义上的市场交易而是准市场交易，尽管农户需用钱购买相应宅基地，因而可以按交易对象分为公还是非公，划分为准市场交易和隐形交易，由此可以推出隐形交易部分（即交易对象为农户和开发商）所占比例为27.88%。

扣除房屋交易情况，则由隐形交易而得的宅基地平均交易价格为1 101.13元/平方米，与政府和集体交易的宅基地交易价格为1 000.56元/平方米，而6宗房地产交易均为私下交易，平均单价为3 526.83元/平方米，由此可以得出私下交易的单价比对准市场交易单价略高，但由于缺乏有效参照依据，只能按准市场成本价为底价，故价格扭曲较为严重，私下交易成交价仅比准市场交易每平方米多100元。但当投入建造成本后，农村住宅价格将在宅基地基础上翻2倍，单价为3 526.83元/平方米。

三、城乡分割下建设用地收益分配关系

（一）农地城市流转收益分配

根据上海市国有建设用地基准地价更新标准（2013），按土地等级换算，工业用地、商业用地和住宅用地的平均基准地价为2 028元/平方米、13 065元/平方米、10 706元/平方米。根据实践调查，在113户农地被征农户中，农地平均征收补偿金额为7 700元/亩，同时被征农户多数户籍流转为城镇户口，且户主在达到社保年龄后（男/60岁，女/55岁）可享受小城镇养老保险（1 400元/月）。假设平均每户可享受20年小城镇保险，则一宗地可以得到33.6万元，平均流转面积为5.17亩，则将土地补偿现金和养老保险折合成金额贴算分摊到土地面积上，则相当于调查区农地征收后每亩可得7.27万元。由于农地征收补偿原理是根据当前土地用途租金贴算而来，故不考虑农地非市场价值，则可以粗略认为农地价值为7.27万元/亩，即109.03元/平方米。前期开发成本主要包括市政基础设施建设费和公共配套设施建设费，根据上海市土地开发项目管理办法，按最高开发程度，前期开发成本合计为430元/平方米。根据上海市收费项目标准，土地开发环节主要涉及的税费有：耕地占用税（50元/平方米，其中50%上

缴中央政府)、征地管理费(成交价的4%)、新菜地开发基金(15元/平方米)、耕地开垦费(120元/平方米)、新增建设用地有偿使用费(140元/平方米,其中30%上缴中央财政);土地出让环节主要涉及税费有契税(成交价的3%)、印花税(工本费5元/本)、城镇土地使用税(16元/平方米/年),故实际出让价格为基准地价和税费收入的总和。由此,按照工业用地出让年限50年,商业用地出让年限40年和住宅用地出让年限70年,根据农地城市流转增值机理中的计算公式,计算得到农地征收后出让为工业用途、商业用地和住宅用途的收益在农户和政府之间的所得。

从表3-26可以看出,农地征收后政府获取了大量增值收益,以工业用地为例,从农业用地到工业用地,实际开发商购地成本为3 284.96元/平方米,土地增值达2 745.93元/平方米,而农户仅得收益109.03元/平方米,地方政府所得为2 678.93元/平方米,若开发成商业用地和住宅用地的情况,政府获得的收益更多。根据表3-22中实际调查情况,所调查农户土地流转后多为工业用地,农地征收后用作工业用地、商业用地和住宅用地的三类土地用途比例为74.16%、4.49%和21.35%,用该比例修正上海市各类国有建设用地,得到调查区综合基准地价为4 376.52元/平方米,农户所得为109.03元/平方米,地方政府所得为5 143.85元/平方米(见表3-26),二者收益比为1∶47.18。

表3-26　　　　　　　农地城市流转收益分配　　　　　　单位:元/平方米

项目	工业用地	商业用地	住宅用地	综合
基准地价	2 028	13 065	10 706	4 376.52
农地价格	109.03	109.03	109.03	109.03
开发成本	430	430	430	430
税费收入	1 256.96	1 869.55	2 184.42	1 373.36
实际出让价格	3 284.96	14 934.55	12 890.42	5 749.88
农户所得	109.03	109.03	109.03	109.03
地方政府	2 678.93	14 328.52	12 284.39	5 143.85
中央政府	67	67	67	67
增值收益	2 745.93	14 395.52	12 341.39	5 200.85

(二) 集体建设用地退出收益分配

1. 土地征收

根据56宗宅基地征收调查结果,宅基地征收后平均每平方米补偿2 469元,若以此看作农村住宅价格。开发成本仍然按最高开发程度计算,上海市拆迁成本按复垦成本计算,即 50 元/平方米,由于宅基地为建设用地,因此若开发商购买建设用地为非农建设用地,则不需缴纳耕地占用税、新增建设用地有偿使用税和耕地开垦费,故中央政府也不能从税费中提取收益,此时所有税收均归地方政府,土地征收的增值收益全部为地方政府所得,由此可计算得到宅基地征收后用作各类用途的收益情况。由于调查区农村住宅价格高于工业用地基准地价,故若将宅基地征收后用作工业用地出让,政府将付出较大成本,最后收益仅为 25.96 元/平方米。根据表 3-23 中实际调查情况,宅基地征收后用作工业用地、商业用地和住宅用地的三类土地用途比例为 69.57%、6.52% 和 23.91%,用该比例修正上海市各类国有建设用地,得到调查区综合基准地价为 4 822.98 元/平方米,农户所得为农村住宅价格 2 469 元/平方米,地方政府所得为 3 015.67 元/平方米(见表 3-27),二者收益比为 1:1.22。

表 3-27　　　　　　　宅基地征收后收益分配　　　　单位:元/平方米

项目	工业用地	商业用地	住宅用地	综合
基准地价	2 028	13 065	10 706	4 822.98
农村住宅价格	2 469	2 469	2 469	2 469
拆迁成本	50	50	50	50
开发成本	430	430	430	430
税费收入	946.96	1 559.55	1 874.42	1 208.689
实际出让价格	2 974.96	14 624.55	12 580.42	6 031.669
农户所得	2 469	2 469	2 469	2 469
地方政府	25.96	11 608.55	9 564.42	3 015.67
增值收益	25.96	11 608.55	9 564.42	3 015.67

2. 土地复垦

在 31 份宅基地复垦问卷中,83.87% 的农户(26 户)获得的复垦补偿为房屋置换,而剩余的选择现金补偿的农户获得的平均现金补偿为 28 万元,即按建筑面积 1 143 元/平方米得到现金补偿,由于获得该补偿的农户不再享有农村住房,同时复垦地块的所有权并未失去,因此该补偿为房屋补偿,即对原宅基地地块上房屋价值的补偿。假设政府是理性的,则还建成本和现金补偿应一致,由此可以把其按宅基地面积进行换算后的单价看作还建成本,换算得到还建成本为 2 317.69 元/平方米。和农地征收相比,宅基地复垦多了复垦环节,故对于地方政府而言,增加了获地成本,因此应将还建成本考虑到宅基地复垦活动中。农地价格和税费收入与农地城市流转情况一致，将复垦农户和农地征收失地农户看作一个整体，则可以发现农户的收益在增加，政府收益相对农地征收也有所减少。由于宅基地复垦后，结余的指标要转移到拟开发农地，复垦农户并不知晓指标去向，而政府作为经济理性人会将该指标用作适宜地块的最佳开发用途，因此这里将开发成工业用地、商业用地和住宅用地的机会是均等的，则可以得到国有建设用地平均基准地价为 8 599.67 元/平方米，平均而言，农户得到的收益为 2 426.72 元/平方米，地方政府得到的收益为 9 755.41 元/平方米，二者每单位收益比为 1∶4.02，具体各类用途收益见表 3 – 28。

表 3 – 28　　　　　　　宅基地复垦后收益分配　　　　单位：元/平方米

项目	工业用地	商业用地	住宅用地	平均
基准地价	2 028	13 065	10 706	8 599.67
农地价格	109.03	109.03	109.03	109.03
还建成本	2 317.69	2 317.69	2 317.69	2 317.69
开发成本	430	430	430	430
税费收入	1 256.96	1 869.55	2 184.42	1 761.777
实际出让价格	3 284.96	14 934.55	12 890.42	10 361.44
农户所得	2 426.72	2 426.72	2 426.72	2 426.72
地方政府	2 678.93	14 328.52	12 284.39	9 755.41
中央政府	67	67	67	67
增值收益	2 745.93	14 395.52	12 251.39	9 822.41

（三）集体建设用地灰色交易收益

根据 103 份集体建设用地交易问卷结果，由隐形交易而得的宅基地平均交易价格为 1 101.13 元/平方米，与政府和集体交易的宅基地交易价格为 1 000.56 元/平方米，而 6 宗房地产交易均为私下交易，平均单价为 3 526.83 元/平方米，结合宅基地征收中农村房地产补偿为 2 469 元/平方米，可以发现，若农户进行私下交易，农村房地产的价值每平方米将增加 1 057.83 元，宅基地的价值每平方米将增加 100.57 元。而这部分增值收益将全部归农户所有，政府不享有增值收益，尽管宅基地私下交易的价值比同等条件下城镇住宅用地的价格低得多，但非法流转途径中农户获得收益比合法流转多，仍有利可图，故此种情况下，按最高收入算，每单位农户收益为 3 526.83 元/平方米，政府收益为零。

四、基于阿特金森指数城乡分割下建设用地市场非均衡度量

通过城乡分割下建设用地收益分配关系,可以发现大部分土地增值收益都被政府获取,而政府收益中,大部分收益留在地方政府,集体土地中其所有权人为农民,故可以认为建设用地流转活动中参与收益分配的两大主体为农户和地方政府,尽管开发商业在土地流转中扮演重要角色,但其通过追加资本投资而致使土地增值发生在建设用地交易之后,笔者认为,该部分收益与农户收益关系不够紧密,因此,农户和地方政府关于土地增值收益的分配和福利效应的矛盾是最为激烈的。那么,在城乡分割制度框架下,建设用地市场中地方政府和农户的收益分配不公平程度究竟如何?本章节利用微观调查数据,在前文分析的建设用地收益分配基础上,引入阿特福利指数模型,探究城乡二元分割框架下,不同流转形式中农户和政府收益的不公平程度。

(一) 阿特金森指数模型

阿特金森福利指数是目前最为流行的用以测算福利非均衡的方法（Lorenzo, 2006）。阿特金森（Atkinson, 1970）指出,一般而言,没有引入社会评价,不能测算个体福利非均衡程度。因此,对于任何收益分配个体,有一个单调递增的函数来满足均衡收入下的均衡分配额 $\xi(x)$:

$$W[\xi(x)e] = W(x) \tag{3.16}$$

式中,e 为分量全为 1 的向量。当 $W[\xi(x)e] = W(x)$ 时,全社会只需总收入 $n\xi(x)$ 就可以达到 nx 的福利。这样一来,利用福利函数将分配 x 与某种完全平等的收入分配进行比较来构造不平等指数 $I(x)$,$I(x)$ 也是总收入中浪费掉的份额,具体见式 (3.17)。

$$I(x) = \frac{\bar{x} - \xi(x)}{\bar{x}} = \frac{n[\bar{x} - \xi(x)]}{nx} \tag{3.17}$$

式中,$n[\bar{x} - \xi(x)]$ 是不平等导致收入"浪费"的量,故 $I(x)$ 也是总收入中浪费掉的份额。假设社会福利函数如下:

$$W(x) = n^{-1} \sum_{i=1}^{n} U(x) \tag{3.18}$$

根据王祖祥（2001）和彭开丽、张安录（2012）对于社会福利函数的认识,认为当社会福利函数选择适当的严格递增的凹函数作为效用函数 $U(t)$,可使 $W(x)$

是单调递增的凹位似函数，由此可以直接得到阿特金森福利指数 $I(x)$ 表达式为：

$$I(x) = \begin{cases} 1 - \left[\dfrac{1}{n}\sum_{i=1}^{n}\left(\dfrac{x_i}{\bar{x}}\right)^{1-c}\right]^{1/(1-c)}, & 0 < c \neq 1 \\ 1 - \left[\prod_{i=1}^{n}\dfrac{x_i}{\bar{x}}\right]^{1/n}, & c = 1 \end{cases} \quad (3.19)$$

式中，c 是决策者边际效用的弹性，通常弹性取值为 $c=0.5$ 或 $c=2$，在本书中，参考前人工作，由于 c 值越大表示决策者的平等倾向越强，这里取 $c=2$，n 代表本书中的相关收益主体，$\bar{x}$ 为平均土地收益，则 $I(x)$ 可以直接表征福利均衡水平，当 $I(x)$ 值越大，则主体之间非均衡程度越高。

（二）收益分配不公平程度测度

根据不同流转情况下地方政府和农户所得，利用公式（3.19），计算得到不同流转活动下，流转为工业、商业、住宅用途的国有建设用地过程中农户和地方政府阿特金森福利指数，见表 3-29。

表 3-29　　　不同流转活动下收益分配的阿特金森指数　　单位：元/平方米

项目	工业用地	商业用地	住宅用地	综合
农地城市流转	0.8497	0.9700	0.9651	0.9187
宅基地征收	0.9588	0.4215	0.3477	0.0099
宅基地复垦	0.0024	0.5046	0.4490	0.3619

不公平指数越大，表示不公平程度越高，从表 3-29 可以看出，综合基准地价水平下，宅基地征收的阿特金森指数最低，无限接近于 0，其收益分配最为"公平"，其次是宅基地复垦情况，最不公平为农地城市流转情况，阿特金森指数高达 0.92，说明在收益分配中，政府收入过高，导致收益分配严重失衡。从不同类型开发用途来看，开发为工业用地时，宅基地征收的阿特金森指数最高，甚至超过了农地城市流转的阿特金森指数（0.8497），其主要原因是调查区农村住宅价格比工业用地价格高，面对高昂获地成本，政府只能勉强维持收支平衡；开发为商业用地和住宅用地时，宅基地征收的不平等指数最低，分别为 0.4215 和 0.3477，农地城市流转指数最高，而宅基地复垦的阿特金森指数次之。

由此可以看出，正是由于农地城市流转阿特金森指数最高，宅基地征收的阿特金森指数最低，因此对于收益分配中分配权占优势的政府而言，作为经济理性人，其最先考虑的流转方式为农地城市流转，其次是集体建设用地复垦，最后才是集体建设用地征收，故前面两种是最为活跃的集体土地流转活动，而在集体建设用地改革过程中引入市场机制实现的虚拟指标交易，也是从宅基地复垦中演变而来，说明政府宁愿从土地复垦中再让利出来给农户，也不愿进行宅基地征收。

第四章

城乡建设用地统一市场发育及地方实践经验移植、嫁接

城乡建设用地作为我国实现新型城镇化的重要载体，其运行规则和市场建设一直是政府和学者关注的重点。随着城市化进程的加快，城市建设用地存量有限，农村建设用地市场则因产权复杂性和发展受限性（Carter 和姚洋，2004），其所释放的改革效应逐渐殆尽。在此背景下，全国各地纷纷探索出属于自己的地方建设用地市场运行实践（钱忠好，2005），涌现出来一批具有代表性的城乡建设用地市场的地方实践，如何对各典型地区的实践经验进行总结并对其市场运行的效率进行评估，将其由地方自下而上统一市场建设经验上升为全国性自上而下的城乡统一市场推广是本章的研究目标和重点所在。

本书课题组通过广泛调查 2004 年以来我国典型地区如广东的珠三角地区——佛山市南海区、江门、东莞、顺德，长三角地区——上海、义乌、宿迁，成渝地区——成都、郫县、重庆、永川，环渤海地区——北京、天津、辽宁等地，中部地区的湖北鄂州等地在城乡统一建设用地市场培育与建设实践的基础上，系统总结"地票""蓝票""红票""集地券""房票""用减挂""以地换房""土地发展权交易"等模式运行的规则、风险，对其实践效果进行绩效评估，探讨城乡建设用地市场由地方自下而上的建设经验上升为全国性自上而下的建设推广的风险性和适宜性。

因此，本部分主要包括四个内容，其一是典型地区土地市场运行方式、规则，主要在于系统梳理典型地区土地市场交易的具体做法；其二是典型地区土地市场运行的风险分析，主要以湖北鄂州为例展开实证研究，对当前典型地区在城乡建设用地的自下而上市场发育的具体操作模式所面临的风险、实施取得的成效

进行评估；其三是典型地区交易模式和绩效评估，以重庆地票交易为例展开实证分析；其四是典型地区模式上升为全国统一土地市场的约束性和适宜性分析。具体研究思路如图 4-1 所示。

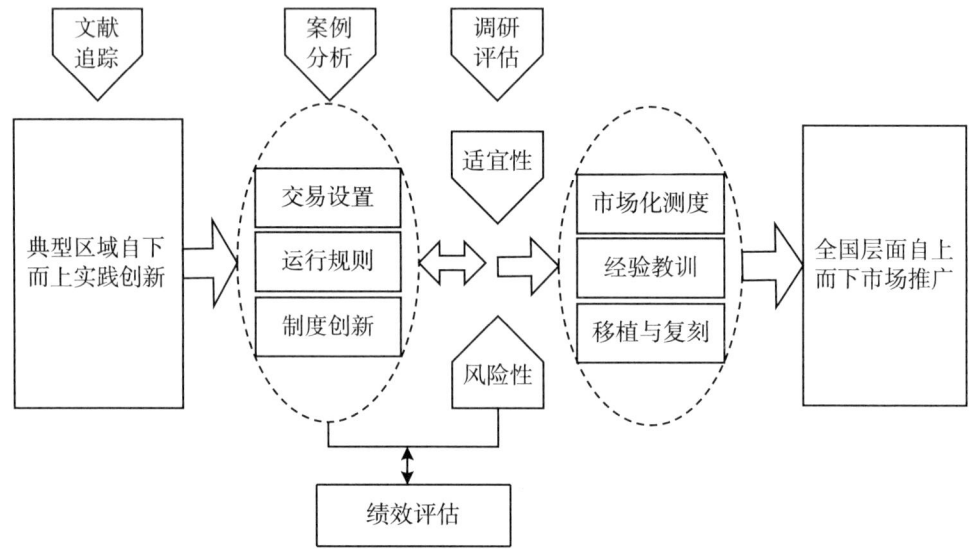

图 4-1　城乡土地市场发育和地方经验嫁接的研究思路

第一节　典型地区土地市场运行方式、规则

我国正处于城镇化发展的快速成长阶段（方创琳、马海涛，2013），城镇化进程不断扩张，使得我国农村土地流转愈发活跃，尤其是在城乡生态交错区，也就是城乡接合部，大量农村土地被迫流转为城市建设用地，是土地城乡矛盾、土地投机行为最为集中的区域（张安录、杨钢桥，1998）。在现有梯度发展战略制度下，东西部、城乡地区的经济非均衡的马太效应进一步扩大，伴随而来的是大量耕地流失，政府以低价征得农地导致农民福利受损，盲目造城运动导致城市土地利用低效等一系列问题。"党的十八大"明确提出以统筹城乡建设为核心的"新型城镇化"运动，新型城镇化将启动农村土地新一轮改革，土地流转乃大势所趋（杨仕省，2013），为此，厘清我国农村建设土地流转机制尤为重要。

在市场机制作用下，各地方政府就集体建设用地流转采取了一系列有效的尝试。比如，成都直接允许集体建设用地使用权通过"招、拍、挂"等市场交易的方式转让给使用者，允许农村集体通过土地综合整治和指标交易，分享建设用地增值收益，这种"授人以渔"的方式赋予了农村和农民权能，完善了财政转移支付，推动了城乡建设用地"同地、同价、同权"，进一步推进了土地收益共享制度（唐健、谭荣，2013）。在落实城乡建设用地增减挂钩中，重庆模式将闲置农村集体建设用地，经过复垦并经土地管理部门严格验收后产生的指标称为"地票"，并建立农村"地票交易所"进行市场交易。各地市场创新模式比较多，无论是天津的"宅基地换房"、嘉兴的"两分两换"，还是成都的"拆院并院"、重庆的"地票交易"，本质上是地方政府通过推动农村宅基地拆迁、复垦和农民集中居住来获得建设用地指标的行动（叶剑平等，2006）。集体土地使用权流转市场愈发完善，逐渐形成了农村土地城市流转，农村土地内部流转的一级市场和二级市场，进一步完善了城乡土地市场配置制度。

那么，本部分将重点介绍在 2004 年后重点改革农村土地，尤其是农村建设用地流转后，各典型地区土地市场的主要运行方式、土地交易制度设计与制度创新、土地市场培育所面临的问题和制度障碍。

一、珠三角地区土地市场运作模式——"南海模式"

（一）城乡土地市场发育情况

珠江三角洲位于广东省中南部，珠江入海口与东南亚地区隔海相望，包括广州、深圳、佛山、中山、惠州、东莞、珠海、江门、肇庆以及深圳特别合作区，共 10 个地区，被称为中国的"南大门"。珠三角地区是我国土地市场培育的摇篮，其土地市场的培育过程是我国土地市场发展历程的缩影，城乡土地市场培育出现了农村和城市建设用地此起彼伏交替发展的四个阶段。

（1）特殊的历史和地理条件推动以集体建设用地为依托的乡镇企业发展，使得集体建设用地的资本价值先于国有建设用地觉醒。改革开放后，市场经济的崛起使得珠三角借助优越的地理区位促进工业化迅猛发展、形成以工业为主的产业结构，非农产业就业人数增加，城镇数目快速增长。随着"三来一补"（来料加工、来样加工、来件装配和补偿贸易）加工厂转型为"三资"企业，珠三角加工贸易形成气候。20 世纪 70～80 年代，由于珠三角地区毗邻中国香港、中国澳门等地，珠三角成为外商投资的热点，中国香港、中国澳门地区产业开始向内地转移，到 20 世纪 90 年代，中国台湾企业也开始大规模地向东莞等珠三角地区转移。

（2）城市土地市场的兴起。无偿、无限期、无流动的城市土地使用制度使我国的城市经济发展出现了"端着金饭碗讨饭吃"的怪圈。一方面，土地这种宝贵资源被无偿使用；另一方面，城市的市政设施建设缺少资金，只好东讨西要。更为严重的是，由于土地的无偿使用，城市基础设施相对完善、区位条件好的中心区域，被低收益甚至没有收益的企业占据，土地的级差收益得不到体现，造成了不可估计的浪费。为了解决城市基础设施建设资金长期短缺的问题，政府开征城镇土地使用费，城镇土地的价值得到了初步体现。与此同时，大量外资进入内地，为了防止外资利用土地开发过程中国有土地资产的流失，引入市场机制配置土地资源，1987年，深圳市人民政府采用协议方式出让一宗国有土地50年的使用权，标志着建设用地有偿有限期市场拉开序幕。

（3）股份制改革下农村土地流转探索。20世纪90年代初，大量外资抢滩广东，建设用地指标日趋紧张，为满足企业用地需求，南海村（经联社）、组（经济社）两级集体经济组织以兴办乡镇企业名义申请用地，办理土地使用权证，然后将土地出租给企业投资建设。1992年，南海区试行土地股份制，将集体土地入股合作组织，分享土地非农化带来的增值收益。这种不改变土地所有权性质、农民集体只靠出租土地（非自用土地创办集体企业）参与工业化的方式，被称为农村工业化的南海模式（蒋省三、刘守英，2003）。"南海模式"带来的巨大利益，使得农地开始以各种方式大量转为工业用地。农村社区工业化现实的要素结构是"技术含量较低的外来资本—外来低素质劳动力—村集体廉价土地"，低附加值的劳动密集型、高污染型、土地利用粗放型企业在各个镇区急速蔓延。

（4）集体建设用地流转的规范与继续探索阶段。随着集体建设用地的无序扩张，国家意识到这一严重的土地问题，并开始思考建立规范农村集体建设用地流转的土地政策，并将广东逐步纳入国家试点。2003年1月1日，广东首个《集体所有建设用地使用权流转管理暂行办法》（以下简称《暂行办法》）在顺德颁布实施。除宅基地，集体土地使用权及地上附属房产所有权允许以转让、出租、抵押形式流转，称为"顺德模式"。2004年4月21日，国务院颁布实施了《国务院关于深化改革严格土地管理的决定》，第十条提出："在符合规划的前提下，村庄、集镇、建制镇中的农民集体所有建设用地使用权可以依法流转。"6月22日，佛山市颁布《关于印发佛山市试行农村集体建设用地使用权流转实施办法的通知》，将"顺德模式"在全佛山范围内试行。2005年广东省人民政府正式颁布《广东省集体建设用地使用权流转管理办法》（以下简称《流转管理办法》），明确提出省内农村集体建设用地可以和国有土地一样纳入土地交易市场，开始在全省范围内推行农村集体建设用地流转。2010年，以广东省佛山市南海区为代表的一些珠三角地区，开始探索公开交易平台，正式走上了集体建设用地流转市场规范化和监督管理之路。

《广东省集体建设用地使用权流转管理办法》实施以来，珠三角地区，无论是宗数、面积或金额均占全省总量的80%以上。截至2013年底，佛山市共办理

"村集体行为"的集体建设用地流转业务约 4 851 宗,面积约 2 393 公顷,涉及金额 44.74 亿元;2006 年以来,中山市共办理集体建设用地流转 291 宗,面积约 609 公顷,涉及金额 12.32 亿元;2005 年以来,东莞市累计办理流转约 750 宗,面积约 1 400 公顷。占全市新增建设用地的 19.3%,其集体建设用地使用权流转以每年 25% 的速度增长,2003 年以来,顺德区共办理流转登记手续建设用地 1 324 宗,流转面积约 609 公顷,农村集体经济组织取得流转收益 10.53 亿元,集体建设用地使用权抵押贷款 28.2 亿元。[①]

(二) 土地主要流转方式

除个别地区近几年对农村集体建设用地使用权流转有所规范外,农村,特别是城乡接合部的农村,集体建设用地使用权流转一直是自发地、无序地进行,主要有以下几种形式。

1. 出让

农村集体建设用地使用权出让,是指农民集体土地所有者将一定年期的农村集体建设用地使用权让与土地使用者,由土地使用者向农民集体土地所有者一次性支付有偿使用费(出让金)的行为。类似国有土地使用权出让,村或乡镇政府作为土地所有者收取出让金。

2. 转让

集体建设用地原使用者(企业或个人)在土地所有者的允许下将一定年期或无限年期的建设用地使用权一次性转让给新的土地使用者,原使用者收取一定转让金。

农村集体建设用地使用权转让的,原受让方的权利、义务、责任随之转移。该农村集体建设用地的使用年限为原土地使用年限减去已使用年限后的剩余年限。

3. 出租和转租

这是集体建设用地使用权流转的主要形式。农村集体建设用地使用权出租,是指农村集体土地所有者将一定年期的农村集体建设用地使用权约定让给土地使用者,由土地使用者分期支付有偿使用费(租金),取得已付租金期内土地使用权的行为。转租,则指集体建设用地使用者将一定年期的农村集体建设用地使用权约定让给新的土地使用者。

4. 抵押

集体建设用地使用者将土地使用权作为融资的担保,包括以地上建筑物抵押连带土地使用权抵押的情形。这主要存在于民营经济较为发达的东南沿海一带,由于开办企业或经商的资金不足,企业或个人大多以所取得的土地使用权进行抵押。

[①] 作者根据各政府网站相关数据整理。

5. 作价出资（入股）

农村集体建设用地使用权作价出资（入股），是农民集体土地所有者将一定年期的建设用地使用权作价出资（入股），使建设用地使用权发生实质性转移的行为。这在20世纪80年代后期和90代前期较常见，由于其经营风险，这种形式逐步为出租所取代。

（三）典型城市农村土地市场运作程序和运作模式

1. 江门市

（1）社会经济环境。

江门市位于珠江三角洲西岸城市中心，东邻中山、珠海，北接广州、佛山，南濒南海海域，毗邻港澳，素有大江门户之称。全市总面积9 505平方千米，辖蓬江、江海、新会3个区，台山、开平、鹤州、恩平4个县级市。2015年末常住人口451.95万人，其中城镇人口293.04万人、农村人口158.91万人，城镇人口占总人口的64.84%，全年国内生产总值为224亿元，仅次于深圳、广州、佛山、东莞、中山。江门市除了是珠江三角洲地区的门户，还是我国著名的侨都，广大爱国华侨，通过投资兴业等方式帮助家乡发展，截至2015年底，海外华侨回乡投资累计达201.2亿美元。正是由于独特的地理位置和广袤的华侨资源，使得江门市在20世纪90年代初外资抢滩广东的时候成为外资入驻的首选之地，国有建设用地的持续稀缺和对建设用地需求的高涨热情，促使江门地区较早发生了以出让、转让等形式自发流转集体建设用地使用权的行为，并且形成了一定数量和规模，隐形市场成为客观的存在。据估算，截至目前，江门市集体建设用地总量约占全部建设用地的40%。①

（2）制度环境。

为了规范集体建设用地市场，2003年6月，广东省人民政府发出了《关于试行农村集体建设用地使用权流转的通知》，作为指导全省集体建设用地流转的规划性文件，预示着全省铺开集体建设用地流转。随后，江门市政府积极响应，于2004年印发了《江门市农村集体建设用地使用权流转管理暂行细则》，明确规定了集体建设用地使用权流转的范围、权属登记、流转方式、管理方式、地价管理、收益管理等相关管理办法。

（3）交易流程与交易规则。

根据《江门市农村集体建设用地使用权流转管理暂行细则》，只有符合土地利用总体规划和城乡规划的农村集体建设用地使用权方可流转，流转的建设用

---

① 作者根据各政府网站相关数据整理。

只能用于工业生产等经营性项目建设,不得进行商品房住宅开发建设。针对流转过程,具有以下交易规则:①确权登记。进入市场之前需登记土地所有权证和土地使用权证,"两证齐全"是集体建设用地公开进入市场的前提。②交易方式和交易平台。集体建设用地流转可以采取协议、招标、挂牌或拍卖方式,经营性建设用地的流转必须通过所在地公共资源交易中心以招、拍、挂的方式进行交易。③使用年限。集体建设用地首次流转的最高使用年限不得超过同类用途国有建设土地使用权的最高使用年限。④基准地价。县级以上国土资源管理部门负责辖区集体建设用地地价管理、组织地价评估、制定基准地价标准,并定期更新。⑤土地收益。集体建设用地首次流转时,土地所有者必须向所在地县级以上土地资源管理部门一次性缴纳土地流转收益金,按土地出让金的10%计算,工业用地免收土地流转收益金;再次流转的,流转方须缴纳土地流转增值费,按增值部分的20%计算,其他税费标准参照国有建设用地出让。

2. 顺德区

(1) 社会经济环境。

顺德区位于珠江三角洲平原中部,是佛山市的一个辖区,东连广州市,北接佛山禅城区和南海区,西邻江门市,南界中山市,邻近深圳、中国香港和中国澳门,是广州和佛山的重要联系核心区域。全市总面积806平方千米,2015年末常住人口253.53万人,其中城镇人口数量超过98.5%,几乎实现全民人口城镇化。顺德区经济发达,2015年地区生产总值为2 587.5亿元,占佛山市生产总值的32.31%,是20世纪80年代起珠三角地区崛起的经济发展迅猛的中小城市,与东莞、南海、中山,并称"广东四小虎"。从20世纪80年代以来,民营企业推动顺德经济社会高速发展,民营企业创造的GDP占整个顺德的60%,而超过50%的民营企业使用的是集体建设用地。但由于当时国家法律法规的局限性,民营企业只能挂靠在集体经济组织名下使用集体建设用地。随着企业的不断发展和用地需求的不断增大,一方面,成长起来的企业迫切需要产权明晰,另一方面,由于权属不明带来的集体建设用地流转纠纷和隐形交易带来的集体资产流失等现象愈发严重。同时,国有建设用地供给潜力不足,顺德区建设用地需求量异常大,用地指标十分紧缺。截至2015年12月31日,新一轮土地利用变更数据显示2015年顺德区农地面积仅为1 097公顷,而建设用地面积41 596公顷,占全区面积的73%,辖区内集体建设用地总量占全部建设用地总量的37%。①

(2) 制度环境。

由于顺德区民间自发流转集体建设用地使用权的数量和规模较大,存在集体

---

① 作者根据相关政府网站数据整理。

资产流失、权属纠纷等诸多问题，引起了中央政府的高度重视。2001年，国土资源部和国务院法制办确定顺德区为全国集体建设用地使用权流转试点城市，随即顺德市于2002年颁布《顺德市集体所有建设用地使用权流转暂行办法》，该办法参照国有建设用地市场流转的相关制度，明确了集体非农建设用地的产权界定、流转范围、流转年限、流转方式、流转程序、流转收益金的收费标准等具体办法。在总结顺德的经验后，广东省于2003年才开始全省推行集体建设用地流转，并在2005年颁布《流转管理办法》，可以说顺德区集体建设用地流转走在广东之前，走在全国前列。然而在早期顺德集体建设用地流转中，其流转活动包括征地留用、集体土地转为国有等，真正涉及土地出让的交易不多。直到2010年，顺德建立区级集体建设用地交易平台，将集体工业用地纳入区统一招商引资范围，制定集体建设用地基准地价，不断调整集体建设用地交易制度管理方案，相继出台了《顺德区农村集体资产公开交易试点管理办法》《顺德区农村集体资产公开交易管理办法》《顺德区集体建设用地使用权流转管理暂行办法》（2016征求意见稿）。

（3）交易流程与交易规则。

《顺德区集体建设用地使用权流转管理暂行办法》（2002，2016）都明确规定了集体建设用地交易规则，只是二者在收益分配、审批程序等方面进行了适当调整，结合二者，具体交易规则如下：①客体范围。规定流转的集体建设用地必须符合3个条件：权属合法、界址清楚、面积准确；符合土地利用总体规划和城镇建设规划；依法办理建设用地手续。②确权登记。集体建设用地在进入市场之前，必须登记领取土地所有权证和土地使用权证或房地产权证，具体由所在地村、镇、区三级共同确认；首次流转后，接受流转方要持建设用地批准文件、所有权单位流转申请、流转合同等文件办理使用权登记，并在颁发的房地产权证上明确土地使用费收取方式。③交易方式。除工业用地以外，其他类型集体建设用地流转土地所有权人必须在相应农村资产交易平台以招标、挂牌或拍卖方式进行交易。④交易平台。顺德农村集体资产公开交易管理平台由区、镇（街道）、村（社区）三级构成，实行分级交易制，各级交易平台明确权责和交易服务范围，集体建设用地首次出让在区级交易平台——顺德区房产交易中心进行。⑤使用年限。集体建设用地首次流转的最高使用年限不得超过同类用途国有建设土地使用权的最高使用年限。⑥确定交易底价和起始价。公开交易出让（租赁）前，集体经济组织须委托中介评估机构对地价进行评估，同时，委托土地行政主管部门参照顺德区制定的最新集体建设用地基准地价综合确定底价和起始价，其中，出让（租赁）起始价不得低于拟交易地块的基准地价评估价的70%，起始价不得低于底价。⑦土地收益与监管。集体建设用地出让、租赁时，土地使用者必须向政府一次性缴纳土地流转收益金（取申报价和基准地价中价高者的7%）；转让、转租的,流转方须向政府一次性缴纳土地增值费,按增值部分的20%计算,其他税费标准参照国有建设用地出让。

3. 东莞市

(1) 社会经济环境。

东莞市位于广东省南部,珠江口东岸,2015年末常住人口825.41万人,其中城镇人口733.13万人,占常住人口的88.82%,国内生产总值6 275.07亿元。全市总面积2 460平方千米,其中国有土地109万亩,占辖区面积的29.5%,集体所有土地260万亩,占总面积的70.5%,而集体所有土地中农用地面积为129万亩,集体建设用地面积为113万亩。东莞市经济发达,位于广东"四小虎"之首,工厂众多,号称"世界工厂"。面对巨大的工业发展需求,1986年《土地管理法》出台后,为了避免城乡二元结构的法制规定冲突,东莞市推进征地制度和农用地流转制度改革,建立了大量园区和厂房,然而随着市场需求不断加大,集体资产价值的不断显现,较低的征收补偿已不能满足农民收入预期,征地陷入困境;另外,集体经济组织开始自发私下流转土地,造成一定数量的集体资产流失。直到2004年东莞市全面铺开农村股份制改革,把集体土地和收益配置下放给农民后,东莞进入有序流转农村土地阶段。因此,集体建设用地是东莞市推动工业化和城镇化发展的原动力,其集体工业用地占全市用地约七成,截至2012年,村组集体总资产占全省总资产的36%,净资产占40%,土地流转对净资产增长的贡献率为62.2%,村民人均分红3 028元,加上间接收益人均4 677元,占人均总收入的19%。①

(2) 制度环境。

在2005年广东省颁布《广东省集体建设用地使用权流转管理办法》以后,为了规范集体建设用地使用权流转市场秩序,东莞市政府随即制定了《东莞市集体建设用地使用权流转管理实施办法》,该办法明确规定了集体建设用地使用权流转的范围、权属登记、流转方式、管理方式、地价管理、收益管理等相关管理办法。

(3) 交易流程与交易规则。

根据《东莞市集体建设用地使用权流转管理实施办法》,针对集体建设用地交易,提出了以下具体交易规则:①客体范围。规定流转的集体建设用地必须符合4个条件:权属无争议,且2/3以上村民同意、未被司法机关等限制权利的、经依法批准的、符合土地利用总体规划和市镇规划的。②交易方式和交易平台。经营性建设用地的流转,参照国有建设用地流转,必须通过所在地农村集体资产交易平台以招、拍、挂的方式进行交易。③使用年限。集体建设用地首次流转的

---

① 作者根据相关政府网站数据整理。

最高使用年限不得超过同类用途国有建设土地使用权的最高使用年限。④基准地价。东莞市集体建设用地使用权流转实行以基准地价为参照的最低限价制度，市国土资源部门负责组织本行政区域土地定级估价工作，制定基准地价，报市人民政府批准后定期公布执行。⑤土地收益。集体土地所有者出让、出租集体建设用地使用权所取得的土地收益应当纳入农村集体财产统一管理。其中50%以上应当存入银行专户，专款用于本集体经济组织成员的社会保障安排。

4. 南海区

（1）社会经济环境。

南海区隶属广东省佛山市，位于珠江三角洲西北角，东联广州、南接佛山主城区，地处广佛同城化核心地带，全区总面积1 073.82平方千米，辖大沥、狮山、里水、丹灶、西樵、九江6个镇和桂城、罗村2个街道。2015年270.56万人，实现了国内生产总值2 228.99亿元。改革开放以来南海地区保持了近30年的高速发展，得益于南海地区乡镇企业、私营企业的发展和"南海模式"的推广。20世纪80年代，南海区的乡镇企业获得了极大的发展空间，在集体土地上开始了"离土不离乡，进厂不进城"的工业化——"农村社区工业化"，形成了具有中国特色的乡村城市化模式。①90年代初，大量外资抢滩广东，建设用地指标紧张，为满足企业用地需求，南海村（经联社）、组（经济社）两级集体经济组织以兴办乡镇企业名义申请用地，办理土地使用权证，将土地出租给企业投资建设。1992年，南海试行土地股份制，将集体土地入股合作组织，分享土地非农化增值收益。这一不改变土地所有权性质、农民集体靠出租土地参与工业化的方式，被称为农村工业化的南海模式。

（2）制度环境。

在2005年广东省颁布《广东省集体建设用地使用权流转管理办法》，明确提出省内农村集体建设用地可以和国有土地一样，按"同地、同价、同权"原则纳入土地交易市场后，南海区在2010年印发了《佛山市南海区农村集体资产管理交易办法（试行）》的通知，成功构建了南海区农村集体资产交易平台，加强了农村集体建设用地交易监管，正式走上了集体建设用地流转市场规范化和监督管理之路。2011年，南海区政府印发了《佛山市南海区集体建设用地使用权出让出租管理办法》的通知，为农村集体建设用地正式进入土地一级市场提供了制度保障。2015年，中共中央办公厅和国务院办公厅联合印发《关于农村土地征收、集体经营性建设用地入市、宅基地制度改革试点工作的意见》，该意见明确提出授权国务院在北京市大兴区等33个试点县（市、区）行政区域暂时调整实施土

---

① 作者根据相关政府网站数据整理。

地管理法等，而南海区是全国33个试点地区之一。

南海区集体建设用地交易有以下流程：村组经济组织向相关部门提出申请出具宗地意见—集体经济组织讨论出租方案—村党组织审核—民众表决—集体经济组织申请交易—交易中心组织交易。根据《佛山市南海区集体建设用地使用权出让出租管理办法》，集体建设用地出租交易规则如下：①交易范围。已取得《集体土地所有证》和《集体土地使用证》的集体建设用地使用权（村民住宅使用权不得用于出让和出租），或者有《集体土地所有证》，无《集体土地使用证》，但在2008年卫星影像图上显示已有建筑物，并在我区第二次土地调查成果中被认定为建设用地的土地使用权出租，方可进行出租；②交易方式。集体建设用地使用权出让、出租应以招标、拍卖或挂牌等方式进行公开交易。③交易平台。南海区实行分级交易，一是进入镇（街道）交易中心交易，二是在村组依规自行组织交易。必须进入镇（街道）交易中心交易的农村集体资产涉及的标的金额、亩数、面积大小等由各镇（街道）自行制订。④租赁年限。集体建设用地、物业出租的期限一般不超过20年。集体资产的承包金或者租金单价不得低于同一时期、同一地段、同一类型的租金平均价格。租金价格要按照市场规则进行递增，每次递增的间隔年限不得超过5年。⑤定价。集体建设用地使用权公开出让、出租的起始价（起始租金）或协议出让价（协议租金），原则上不得低于集体建设用地基准地价（基准租金）的70%。⑥确权登记。集体建设用地使用权出让、出租后，流转双方应持《集体建设用地使用权出让（出租）合同》《集体土地所有证》、原《集体土地使用证》、地价款（租金）和税费已缴纳凭证等资料，向国土部门申请办理土地登记，领取《集体土地使用证》或《土地他项权利证明书》。⑦税费。农村集体经营性建设用地入市税费的征收对象为农村集体经营性建设用地使用权的出让方、出租方、承租方、作价出资（入股）方、转让方及受让方。

（四）土地市场培育的特点、主要问题和制度障碍

1. 土地市场培育特点

（1）流转呈区域、时间分布特点，且与当地经济发展水平密切相关。

流转大量出现于城市近郊区、乡镇政府所在地，以及农村交通便利，第二、第三产业和乡镇企业比较发达的地区。发生的时间几乎与国有土地使用权入市同步，目前在数量和规模上呈逐渐上升趋势。据统计，珠三角地区通过流转的方式使用农村集体建设用地实际超过集体建设用地的50%，而在粤东、粤西及粤北等地，则相对较少。在经济不发达地区，流转大多发生在城乡接合部，而在珠三角地区则无明显界线，几乎涉及了所有镇、村，而且经济越发达，交通条件越好，流转也越活跃，流转规模也越大。

（2）流转主体多元化和客体流转形态的多样化。

从农村集体建设用地的供求双方主体分析，供地主体有乡镇集体经济组织、村民委员会、村民小组、村民个人，甚至还有乡镇人民政府。最主要的供地主体是村委会和村民小组。需求主体有乡镇企业及个人。从流转的形态来看，既有单纯的"生地"流转，也有"熟地"流转，还有通过出租物业、厂房引致的集体建设用地的流转。

（3）流转方式多样化，且流转量较大。

目前农村集体建设用地使用权流转的方式较多，主要有：一是由于企业间合并、兼并、重组及股份制改造改组，出现了集体建设用地使用权的转让；二是乡镇、村集体经济组织为发展经济，以集体建设用地使用权作价出资或入股、联营形式兴办内引外联企业；三是村或村小组自己建设厂房、物业等进行出租而发生集体建设用地流转；四是因企业间债权债务等原因，司法裁定造成的集体建设用地使用权的转移；五是集体土地使用权随农民住宅转让、出租等引起流转。根据在中山市小榄、古镇和三乡镇的调查情况显示，基本上各村都存在集体建设用地流转，且流转量较大，一般每年流转几十亩，少的也有几亩，多的上百亩，如古镇冈南村2003年出租面积达300亩。

（4）集体建设用地流转方向以乡镇企业用地为主，流转方式以出租为主。

在集体建设用地流转中，主要以乡镇企业用地为主，其流转后的用途主要是工业，商业、餐饮等其他服务业较少。从流转的方式上看，都是以出租为主，租期有长有短，有按年租的，也有几年、十几年的。在经济发达地区，宅基地流转也较普遍，基本上都是由于房屋出租而发生流转。

（5）流转行为频繁，秩序混乱。

农村集体建设用地流转面广、量大，并呈急剧上升的趋势。流转行为缺乏法律政策的规范和行政管理，基本上处于放任自流状态，多数没有合法手续，缺乏正常的竞争机制。国家难以进行宏观调控与管理，运作不规范，地租、地价水平畸高畸低，具有较大的盲目性。虽然省政府已出台流转的试行办法，但从各地调查的情况来看，许多村干部和村民对流转政策知之甚少，还没有按规定正式办理流转的例子，大多数地方政府也正在制定相应的流转实施办法。

2. 土地市场培育所面临的问题

（1）上位法缺失，权利保障体系不健全。

目前在国家的法律框架下，集体建设用地使用权人也只能是集体经济组织，其权力的分割与流转均有身份限定，其本质上是集体土地所有权与使用权并未真正意义上实现分离，不具备排他性、可分割性、可流动性，不能为抵押处分提供产权基础和保障。作为改革试点，依托广东省政府颁发的《流转管理办法》及十八届三中全会对于集体建设用地市场化的政策导向，南海区对集体建设用地的流转进行了大胆的探索，先行先试，但缺少上位法的支持，使得南海区的深化改革难以阔步前行。

（2）税费体系不完善，公共配套权责不明确。

《流转管理办法》中提及政府在集体建设用地的流转中可制定科学合理的税费体系来规范集体建设用地的流转行为，也有权征收集体建设用地流转增值收益。然而目前在集体建设用地流转，尤其是出让、转让环节，其部分税费标准还不明确，租、税、费项目众多且杂乱。另外，农村集体土地允许流转后，集体建设用地项目及周边环境的公共配套设施缺乏明确的责任人，容易引发投资者、政府和村集体之间的矛盾和冲突。国有建设用地与集体建设用地在出让环节上的税费主要差别在契税，受让方以出让的方式获得集体建设用地的过程中无需缴纳像国有市场中3%的契税。目前，政府也暂未对集体建设用地流转收益分配制定明确的标准，农村集体也暂未对城市的基础设施建设和公共服务承担相应的责任，因此，集体建设用地的流转收益大部分归农村集体所有。

集体建设用地出租所涉及的税费与国有建设用地出租所涉及的税费相同、税率一致，因此，在出租环节，两种产权的建设用地相对"同权、同责"，税费体系较为完善，标准相对明确。目前集体建设用地的出让中，受让方是不用缴纳契税的。在现行的《契税暂行条例》中，明确规定只有国有土地使用权出让、受让的时候才需要缴纳契税。目前的集体建设用地流转中所要缴纳的税金比国有建设用地流转时的税金要少，而且在集体建设用地出让收益方面，收益全部归村集体所有，除了印花税是规定税费以外，国家与地方政府并未从土地出让收益中获得分配，与国有建设用地出让收益相比，政府的财政缺口非常大。

从国有与集体建设用地出租所涉及的税金来看，两者所承担的税费种类相同、税率相同，因此，在建设用地出租市场中，集体建设用地出租与承租主体所涉及的税费体系较为健全。地方政府以税费的方式分享了集体建设用地出租的收益，税费总和大概占出租收入的31%，见表4-1，集体建设用地出租涉及税金见表4-2。

表4-1　　　　　　　国有建设用地出租涉及税金表

交易双方	税种	税率（%）	计税基础
出租方	增值税	5.00	营改增，受让方支付给纳税人营业额的依5%税率计算缴纳
	城市维护建设税	7.00	以实际缴纳的营业税税款为依据计算缴纳
	教育费附加	3.00	以实际缴纳的营业税税款为依据计算缴纳
	教育费附加（地方）	2.00	按实际缴纳的营业税税额的2%征收地方教育附加

续表

交易双方	税种	税率（%）	计税基础
出租方	堤围费	0.12	根据《关于佛山市堤围防护费征收管理事项的通告》和《转发省物价局、财政厅、水利厅、地方税务局关于加强堤围防护费收费标准管理等问题的通知》规定
	印花税	0.05	产权转移书据（合同）所载金额
	个人所得税	20.00	（1）应纳税所得额=每次收入额－财产原值－合理税费 应纳税额=应纳税所得额×20% （2）采取核定征收率的方法纳税：以全部营业收入分别依2%征收率计算缴纳
	企业所得税	25.00	（1）账务健全、能正确计算应纳税所得额的业户采取查账计征办法纳税，法定税率为25%； （2）账务不健全、不能正确核算应纳税所得额的业户采取核定应税所得率的方法纳税：转让无形资产应税所得率为10%
	房产税	12.00	租赁收入
		1.20	房产原值
承租方	印花税	0.05	产权转移书据（合同）所载金额
	土地使用税	定额税率（分不同镇街）	佛山市财政局、地方税务局2008年4月25日下发《关于调整佛山市城镇土地使用税税额标准的通知》

表4-2　　　　　　　集体建设用地出租相关税金

交易双方	税种	税率（%）	计税基础
出租方	增值税	5.00	营改增，受让方支付给纳税人营业额的依5%税率计算缴纳
	城市维护建设税	7.00	以实际缴纳的营业税税款为依据计算缴纳
	教育费附加	3.00	以实际缴纳的营业税税款为依据计算缴纳
	教育费附加（地方）	2.00	按实际缴纳的营业税税额的2%征收地方教育附加
	堤围费	0.12	根据佛山市物价局、佛山市财政局、佛山市水务局、佛山市地方税务局《关于佛山市堤围防护费征收管理事项的通告》和《转发省物价局、财政厅、水利厅、地方税务局关于加强堤围防护费收费标准管理等问题的通知》

续表

交易双方	税种	税率（%）	计税基础
出租方	印花税	0.05	产权转移书据（合同）所载金额
	个人所得税	20.00	（1）应纳税所得额＝每次收入额－财产原值－合理税费 应纳税额＝应纳税所得额×20% （2）采取核定征收率的方法纳税：以全部营业收入分别依2%征收率计算缴纳
	企业所得税	25.00	（1）账务健全、能正确计算应纳税所得额的业户采取查账计征办法纳税，法定税率为25%，符合条件的小型微利企业，减按20%的税率征收企业所得税，国家重点扶持的高科技企业，减按15%的税率征收企业所得税； （2）账务不健全、不能正确核算应纳税所得额的业户采取核定应税所得率的方法纳税：转让无形资产应税所得率为10%
	房产税	12.00	租赁收入
		1.20	房地产原值
承租方	印花税	0.05	产权转移书据（合同）所载金额
	土地使用税	2.5元/平方米/年	佛山市财政局、地方税务局2008年4月25日下发《关于调整佛山市城镇土地使用税税额标准的通知》

（3）抵押融资不畅通，难以盘活集体土地资产。

目前由于受到上位法的限制，集体建设用地使用权不能单独抵押，导致集体建设用地使用权抵押融资制度还不完善，四大国有商业银行均未开展集体建设用地使用权抵押融资相关业务，南海区目前只有南海农商银行接受集体建设用地使用权抵押，集体建设用地使用者因此较难获得抵押融资，影响了投资者对使用集体建设用地的积极性，限制了企业的发展。

（4）土地供应缺乏计划，流转市场无序。

目前集体建设用地在供地方面并没有编制出让和出租年度计划，在《流转管理办法》和南海区政府《佛山市南海区集体建设用地使用权出让出租管理办法》中也没有明确规定政府的相关部门或村集体编制集体建设用地出让、出租的计划。通过对集体建设用地交易数据的分析发现，集体建设用地的流转数量并没有明显的规律，随意性较大（见图4-2）。

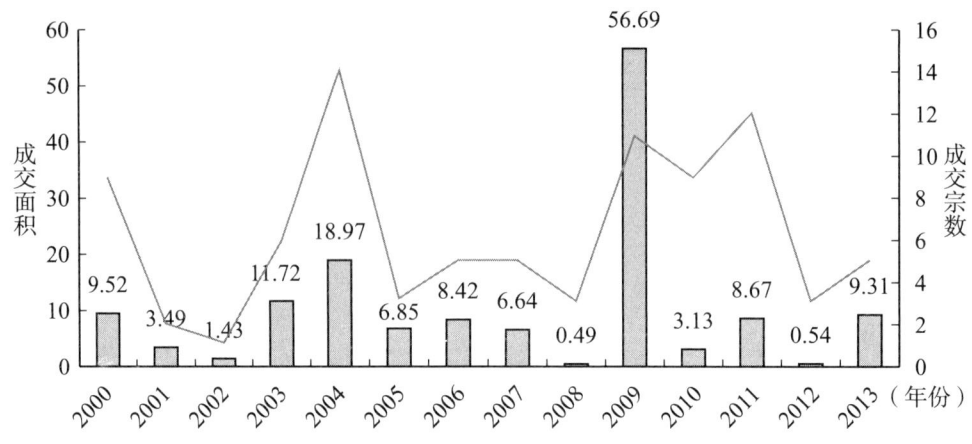

图 4-2 历年集体建设用地出让面积和宗数变化

自《流转管理办法》实施以来，南海共出让集体建设用地 88 宗，面积 145.87 万平方米，成交总额达 66 112.14 万元；出租总宗数达 1 464 宗，总面积 427.57 万平方米，成交总额 901 467.21 万元。通过对历年集体建设用地流转案例的统计分析可知：出让案例较少，每年出让土地数量具有较大的随机性；出租案例较多，在 2010 年，随着集体土地交易平台的成功搭建，市场迅速活跃，成交量在 2011 年达到了高峰，但由于存量集体建设用地数量是有限的，随着土地的大量出租，交易数量开始迅速下降，尤其是 2011 年和 2012 年的交易数量差达到 50% 以上。[①]

（5）流转方式不合理，阻碍产业提升和集约用地。

根据流转数据分析，出让宗数仅占总流转宗数的 6%，其余 94% 均为出租，集体建设用地的流转方式表现出了明显的偏向性。然而，由于以出租方式获得的集体建设用地使用权是一项债权而非物权性质的权利，系他项权证，企业不能将集体土地使用权抵押融资。同时，由于出租方式普遍流转周期较短，对投资量大、投资回报周期较长的高质量产业项目和城市商业体项目难以构成吸引力。

（6）流转市场不规范，存在隐性和低价流转。

在集体资产交易平台搭建后，大多数的集体建设用地都通过交易平台进行流转，相对于以往的私下交易，已经取得了很大的进步与成效。然而据调查了解，由于交易用地不符合建设规划、存在历史遗留问题、用地手续未完善、各种原因导致的低价流转等原因，在实际操作上还有小部分隐性市场交易存在。

---

① 根据南海区土地交易中心数据整理。

（五）地方自下而上的制度创新

1. 深化股份合作制度盘活了农村土地资产

尽管早在 1992 年珠三角地区便出现了股份合作制，形成了以南海为代表的南海模式，珠三角地区在城乡土地市场改革中进一步深化了股份合作制。首先，建立股份监管制，实行"成员（股东）大会或成员（股东）代表大会""社委会""监事会"（民主理财监督小组）的"三会"审查管理制度；其次，明确股份份额，在 2015～2016 年课题组对珠三角地区进行实地调查的过程中，我们了解到以往股份在继承、新人嫁娶、新生村民股份分割等问题上存在较大争议，不便管理。因此，目前珠三角地区由南海牵头，正在进行股份确权的改革，重新盘查股民人数，实行定股制，一人一股，确定的股份不再分割，但可以继承。

2. 建立镇级农村集体资产交易平台和财务监管平台

从 2010 年初开始，南海率先在丹灶镇、西樵镇和狮山镇试点，建立农村集体资产交易平台，将村（居）集体建设用地、农用地、物业等全部集体资产和合同全部纳入这一平台进行公开交易。按照"统一职能、统一软件、统一制度、统一程序、统一模式"的原则，在全区 8 个镇（街道）全面推进集体资产交易平台建设工作。把镇、村、组三级集体资产纳入到一个大系统，对资产发包、租赁、出售、出让、转让或转租等行为实行统一管理、交易、监督，农村集体资产进入到集体资产管理交易中心方可进行交易。

在这一平台建设过程中，南海区先后出台了《关于全面推进农村集体资产管理交易平台建设工作的意见》《南海区农村集体资产管理交易办法（试行）》《南海区农村集体资产管理交易流程》《关于全面推进农村财务监管平台建设的意见》和《南海区推进农村财务监管平台建设实施方案》等一系列制度文件，全面推进农村集体资产交易平台和农村财务监管平台建设。一方面，依托资产管理交易平台对资产交易立项审批、民主表决、镇（街）审核、交易信息发布、交易公开竞价、交易成交确认、交易结果公布、合同签订和鉴证、合同公示等各个工作流程进行规范，积极引导农村集体资产根据规定的程序和要求按年标的大小分级进入镇、村两级交易场所进行公开交易；各镇（街道）根据区的要求，结合本地实际，也制订了相关制度和实施细则，各行政村也按区、镇的要求分别制订各自农村集体资产管理交易办法。另一方面，以中介管理为切入点，积极搭建农村财务监管平台，形成了"一项委托（村组集体经济组织委托镇监管）、两级审核（镇、村）、三权不变（资源、资产、资金的所有权、使用权、审批权）、四层监督（业务监督、审计监督、群众监督、检查监督）、五个统一（统一财务管理制度、统一财务审核、统一记账、统一公开、统一建档）"为主要内容的农村财务监管精细化管理新机制。

根据 2012 年底数据统计,南海区村组两级在管账面资产总额达到 305.89 亿元,在管货币资金 76.32 亿元,在管合同 7.6 万宗,总标的金额达到 480 亿元。截至 2013 年 5 月底,全区进入集体资产管理交易中心成交的资产共 28 088 宗,标的总金额 149.4 亿元,成交溢价约 20%;共有 2 885 个村组账套纳入集体经济财务监管平台监管,在管货币资金 80 亿元。据统计,进入资产管理交易中心交易后,全区集体资产成交价格升值了 20% 以上。[1]

3. 成立区级交易中心

为了实现农村集体资产效益最大化,2014 年 1 月 8 日,南海区集体土地交易中心、南海区集体产权交易中心、南海区集体经济股权管理交易中心正式揭牌成立。这是继南海各镇(街)成立农村集体资产交易平台后,南海区级层面成立的交易平台。集体土地包括在集体土地市场上衍生出来物业、股权等集体经济资源要素均在各自的平台上实现更为公开、有序地流转。新的交易中心是对集体资产管理交易平台的提升和完善。建立"三大中心",是南海农村体制综合改革中的关键一环,将二级交易细化成三级交易,将更加有利于集体资产交易的公开、公平、公正,有利于农村集体资产效益最大化,有利于从源头上明晰社员股东权益边界。接下来将确定需在区级中心交易的集体资产标准,对土地流转方式继续深化和拓展。

4. 完成农村集体土地确权工作

针对部分集体土地权属不清、界线不明等问题,南海开展集体土地所有权确权登记及发证工作。一是明确集体土地确权登记的范围,包括全区范围内的农村集体所有土地。二是界定历史遗留建设用地范围,规定对以下类土地一次性予以解决:符合土地利用总体规划建设用地范围内的土地。三是对符合确权登记发证条件的农村集体经济组织和用地主体颁发权利证书,截至 2013 年 9 月,南海区核发集体土地所有权证 16 314 个,发证覆盖率达 97%。并将集体建设用地纳入规划控制南海区将全区划分为东部金融高新区、中高新工业技术园区、西旅游业区。

5. 制定规范流转的政策和程序

为了规范和促进集体建设用地流转,广东省人民政府于 2005 年出台《广东省集体建设用地使用权流转管理办法》。南海区在此基础上制定了《佛山市南海区集体建设用地使用权出让出租管理办法》和《关于印发〈佛山市南海区集体建设用地使用权出让出租管理办法〉操作指引的通知》,允许农村集体建设用地在市场上通过出让和出租方式流转。程序如下:立项申请,以村集体经济组织名义办理规划条件等手续→由镇(街)集体资产交易平台对立项进行审批→村集体

---

[1] 国务院发展研究中心:广东省佛山市南海区集体建设用地入市调查。

经济组织拟定流转方案（包括流转方式、流转价格等）→流转方案提交村（居）党组织审查→集体表决流转方案→村（居）党组织审查备案→提交集体资产交易平台进行公开交易→签订流转合同→办理证照。

6. 建立集体建设用地基准地价体系

2013 年初，区政府印发《佛山市南海区人民政府关于公布实施南海区集体建设用地基准地价的通知》，从 2 月 1 日起执行。南海区公布的集体建设用地基准地价的范围包括现有建设用地及规划期内的建设用地内集体建设用地基准地价和基准租金。对不同用途的集体土地制定基准地价，为集体土地交易提供了依据。

二、长三角地区土地市场运作模式——"浙江模式"

（一）城乡土地市场发育情况

长江三角洲位于中国东部沿海、沿江发达地带交汇处，区位优势突出，经济实力雄厚，以上海为核心城市，南京、杭州为副中心，沿着江苏、浙江经济带形成的长江三角州城市圈是世界六大城市圈之一，也是中国目前经济发展速度最快、经济总量规模最大、最具有发展潜力的经济板块。2004 年度统计数据表明，长三角地区占全国土地的 1%，人口占全国的 5.8%，创造了 18.7% 的国内生产总值、全国 22% 的财政收入和 18.4% 的外贸出口。2009 年，有 16 座城市被列入"长三角"都市圈。包括上海，江苏省的南京、苏州、无锡、常州、镇江、南通、扬州、泰州 8 市，浙江省的杭州、宁波、湖州、嘉兴、绍兴、舟山和台州 7 市。长三角都市圈的这 16 座城市土地面积约占全国的 1%，人口占全国的 5.8%，创造了国内生产总值的 18.7%，贡献了全国财政收入的 22% 和全国出口总额的 28.4%。2013 年后，苏浙沪皖等相邻城市纷纷加入长三角，城市群由此扩展到 30 个，成为世界六大城市圈之一。长江三角洲城市群是中国城市化程度最高、城镇分布最密集、经济发展水平最高的地区。1992 年中国改革开放后长三角率先进行区域一体化改革。长江三角洲城市群人口数量已接近北美、西欧、日本的世界级城市群，并已经突破 2 亿人。长江三角洲是我国乃至世界经济增长最迅速、城市化进程最快的地区之一，也是我国最大的综合性工业基地，工业总产值占中国的近 1/4。①

长三角地区的土地市场也是我国城乡土地资产交易最为活跃的地区之一。1986 年，上海最早开始对"三资"企业收取土地使用费，而在 1987 年深圳首次

---

① 根据国务院 2019 年批准的《长江三角洲区域一体化发展规划纲要》整理。

有偿出让国有建设用地后，上海加入有偿出让土地的行列，与深圳等试点城市按照国有土地所有权和使用权分离的原则，在保留城市土地国有的前提下，通过协议、招标、拍卖等方式将土地使用权出让给使用者，出让后的土地使用权可以进行转让出租和抵押。在初步建立城市土地市场后，随着经济快速发展带来的用地需求陡增，城市发展逐步向农村要地的状况愈演愈烈，因此，长三角地区城乡土地市场的培育过程是快速城镇化和工业化推动土地集约利用的推进过程，也是市场发展与政府管制不断博弈的过程。

（1）快速城镇化下，建设用地指标紧缺，城市土地交易量和出让金节节攀升，耕地数量和质量双双锐减。早在20世纪90年代，长三角地区就以迅猛的速度大量开发农业用地以支持城镇化建设，建设用地需求陡增，耕地资源从数量和质量上双双锐减。1990~2003年间，平均每年每平方千米流失耕地面积预计达到0.3公顷，是同期全国平均水平的8~10倍，年均耕地递减率达到0.6%~1.0%，是全国平均水平的2~3倍。在个别地区，年均耕地递减率已经超过3%，有的年份可能达到5%，甚至是全国平均水平的10倍之多（黄贤金，2004），实现耕地区域耕地总量动态平衡已然成为不可能。（2）城市建设用地市场深陷竞争陷阱，工业用地价格不断下降，而商、住用地价格不断飙升，不同土地用途资源错配、价格扭曲现象严重。快速城镇化推动工业化发展，长三角地区工业用地的出让量在不断增加，但出让价格却在下降，由于城市住房消费具有不可转移或难以转移性，城市地价则不断飙升。2003年上海、杭州、南京的地价，分别位居全国城市地价水平的第二、第三、第四位，而在2016年，南京则以1 771.6亿元的出让收益高居全国城市榜首，上海、杭州和苏州分别位居第二、第三、第四名，而前十名中，珠三角城市群仅深圳一市占有一席，从长三角城市地价的平均水平来看，要远远高于珠三角及环渤海湾经济圈等经济区域。（3）工业用地的粗放利用和扩张，而商、住用途城市土地出让金成为政府财政依赖，为了缓解土地需求的压力和用途管制带来的耕地指标压力，"浙江模式"逐步兴起，并被长三角其他城市广为采纳，形成了以"折抵指标/复垦指标有偿调剂""基本农田易地有偿代保"和"耕地易地有偿补充"三个配套制度体系为核心的中国特色的土地发展权转移制度，也开始了政府之间的土地发展权交易。（4）经济的高度发达和土地发展权价值的显化，以及80年代乡镇企业的大规模兴起，促使长三角地区农村资本较早地觉醒，形成一定数量的集体建设用地隐形交易，或者集体建设用地租赁、入股。

（二）土地主要流转方式

长三角地区围绕土地发展权交易，其主要的集体建设用地流转方式有土地复垦、土地整理、土地征收、土地发展权转移。市场交易部分主要针对土地发展权有偿转移，包括"区内发展权转移"和"跨区发展权转移"两层含义。区域内土地发展权转移的第一个维度是引入"折抵指标"和"复垦指标"。所谓"折抵指标"是指经过土地整理新增有效耕地折抵建设用地指标，最初起源于1998年的浙江省土地整理，其主要目的是解决土地整理的资金化运作。"待置换用地区"，是指通过土地整理新增有效耕地获得的折抵指标或复垦指标，可以将事先划定的"待置换用地区"中的耕地置换出来用于非农建设，即使在获得相应的土地指标折抵指标和复垦指标之后，这些指标必须在类似的"建设留用地区"中使用。"跨区域土地发展权交易"的首要内容是所谓的"折抵指标有偿调剂"，为了破解建设用地供给与需求的区域不平衡性，允许折抵指标（含复垦指标）跨区域有偿调剂，从而构建了一个折抵指标市场，该土地指标交易市场使得省内欠发达地区政府或者可以选择把土地整理后获得的折抵指标用于本地发展，或者选择出售给其他地区来获得预算外财政收入，而省内的发达地区或者可以选择减少本地投资，降低建设用地需求，或者可以选择向欠发达地区购买折抵指标来满足建设用地需求。据统计，截至2004年底，浙江省经批准跨市县调剂土地整理折抵建设用地指标达到30万亩。而折抵指标的市场价格则随着各地建设用地边际产出的提高不断上涨，从起初的大约1万元/亩上升到2004年的3万~4万元/亩，再到2007年一部分折抵指标交易价格已经达到7万~9万元/亩（汪晖、陶然，2009）。"跨区域土地发展权交易"的第二个内容是"基本农田易地代保"，即当本区域内基本农田无法建设时，可跨县市进行基本农田的有偿代划和保护，一般而言，委托地区为建设需求大、经济较发达地区，而被委托地区为经济欠发达地区。据统计，2001~2003年间，浙江省跨县市交易共达成80多笔，共计60多万亩，价格从2001年的1 500元/亩左右上升到2003年2 000元/亩以上。①

除了发展权交易外，折抵指标也被村集体广泛利用，村集体将集体建设用地开发成厂房、农家乐、休闲山庄等，以租赁、入股等方式进行集体建设用地交易。此外，长三角地区还存在一定比例的集体建设用地私下出让等隐形交易。

（三）典型城市农村土地市场运作程序和运作模式

1. 上海松江财政转移模式

上海超级增减挂钩模式思想来源于"浙江模式"。1999年，中央下达给浙江省的"规划指标"和"计划指标"偏紧，迅速发展的"城市化"和"工业化"与浙江省各级土地规划之间不可避免地出现了矛盾。而矛盾主要来源于作为指标分配者的上级政府与下级政府存在用地需求和非农用地边际产出方面的信息不对

---

① 作者根据相关政府网站数据整理。

称。同时，就省内而言，建设用地需求量较小的地方政府为赢得以后发展的公平性考虑也拒绝承担更多的耕地保护责任，导致了有更多建设用地需求的地区得不到建设满足，欠发达地区不愿牺牲以后的发展机会而承担更多耕地保护责任的僵局。为了打破僵局，浙江省国土厅出台了以"折抵（复垦）指标"（新增耕地面积的72%折抵建设用地指标）、"待置换用地区"（可用复垦指标将该区域耕地置换作非农建设）为两个基本要素的"区域内土地发展权转移"政策体系；同时，引入土地发展权跨区交易的市场机制，建立了以"折抵指标有偿调剂""基本农田易地代保""易地补充耕地"为三个主要内容的"跨区域土地发展权交易"政策体系。区内发展权转移和跨区发展权转移都是以各级政府为主导的，不同的是，前者通过编制、调整规划以实施土地复垦（整理）使项目实现，后者通过不同政府之间的指标交易实现。

2015年，上海松江区划入33个试点区（县）后，在充分考虑上海集体建设用地发展状况和上海土地利用规划的基础上，上海市松江区人民政府沿袭"浙江模式"的思想，印发了《松江区集建区外现状建设用地减量化财政补贴资金管理暂行办法》，提出了浦南—浦北指标交易与财政转移相结合的"松江模式"。具体来说，对浦北地区通过实施工矿仓储用地减量化和郊野单元规划腾出减量化"双指标"，即"新增建设用地指标"和"耕地占补平衡指标"，由所在街镇、园区通过土地出让收益自求资金平衡，增减挂钩后土地不能自求平衡的，需向区级缴纳减量化"双指标"有偿使用费以使用区级减量化"双指标"。而浦南地区，受规划和功能限制不能自行实现资金平衡的，其减量化"双指标"由区级统一收储、管理，并享受减量化财政补贴政策。

松江模式结合了减量化、郊野单元规划、跨区指标交易等着眼全局的问题，实现总体目标的思想，是"超级增减挂钩"内涵的集中体现。根据上海市规划的功能分区，上海市将松江区分为浦南和浦北两大区域，其中浦北地区划分为建设发展区，而浦南地区则是规划控制区，浦南地区存量建设用地多、减得多、建得少，土地指标有富余；九亭镇等浦北地区，能减的少，需要建的多，指标有缺口，需向浦南地区有偿借用指标，因而在实施增减挂钩时要因地制宜，有所侧重。除了实施增减挂钩外，区政府还建立了减量化财政补贴资金联络沟通机制，针对减量化产生区，工矿仓储用地净新增的"双指标"按80万/亩予以补偿，宅基地"双指标"按120万/亩进行补贴。产生所有建设用地净指标由区统一管理，双指标的价格按50年试用期为30万/亩，按20年试用期为20万元/亩进行政府之间的交易。

2. 浙江义乌城乡新社区建设模式

城乡新社区集聚建设是指按照价值置换方式，实行多村集中联建，采用高层公寓加产业用房、商业用房、商务楼宇、货币等多种形式置换，推动农村向社区转变，农民向市民转变。

城乡新社区集聚建设的置换模式：按照价值置换方式，实行多村集中联建，采用高层公寓加产业用房、商业用房、商务楼宇、货币等多种形式安置。集聚建设对象可根据实际情况，在选择高层公寓的同时，剩余可置换权益面积还可以在同类地段继续选择产业用房、商业用房、商务楼宇、货币等一种或多种方式置换。高层公寓用于保障集聚建设对象基本住房需求，产业用房、商业用房、商务楼宇用于增加集聚建设对象的财产性收入。

城乡新社区集聚建设对象是：（1）村级集体经济组织实有在册成员；（2）服兵役前属本村级集体经济组织成员的现役义务兵、士官；（3）入学前属本村级集体经济组织成员的全日制大中专院校在校学生；（4）在服刑、劳教前属本村级集体经济组织成员的正在改造人员；（5）拥有合法产权房屋的非村级集体经济组织成员。

城乡新社区建设的实施主体是政府，政府成立城乡新社区投资建设有限公司，由城乡新社区投资建设有限公司承担城乡新社区建设项目融资、工程管理、开发建设等工作，同时委托具有相应资质的单位代建。

置换标准：（1）村级集体经济组织成员以合法住宅建筑占地面积为基数（每户最高不超过 140 平方米），按 1∶5 确定置换权益面积，其中 3/5 为高层公寓面积（土地性质为国有出让），2/5 为产业用房面积（土地性质为国有出让）。村级集体经济组织成员也可选择按每人 175 平方米建筑面积确定置换权益面积，其中 3/5 为高层公寓面积，2/5 为产业用房面积。村级集体经济组织成员可以根据家庭人数、现有的合法住宅建筑占地面积情况，确定选择置换标准。（2）非村级集体经济组织成员以合法住宅建筑占地面积为基数（每户最高不超过 126 平方米），按 1∶5 确定置换权益面积；其中 3/5 为高层公寓面积，2/5 为产业用房面积。

3. 宿迁指标交易模式

挂钩指标和增减平衡指标由各区提供，也可由市级土地开发有限公司通过实施土地综合整治项目或收购各区指标提供；耕地占补平衡指标由市政府统筹各县（区）指标或市级土地开发有限公司通过实施土地综合整治项目提供，各县（区）在保证市统筹指标基础上可再提供。市政府每年从各县（区）统筹耕地占补平衡指标 4 500 亩，其中沭阳县和泗洪县各 1 250 亩、泗阳县 800 亩、宿豫区和宿城区各 600 亩。有偿调剂使用的指标实行地票管理，地票分为两种：建设用地指标为绿票，耕地占补平衡指标为红票；地票形成后进入交易市场进行交易。

建立地票交易市场。地票交易在以市国土资源交易中心为依托的地票交易市场进行。交易主体包括市政府、县（区）政府、宿迁经济开发区、市湖滨新城、苏州宿迁工业园区、市软件与服务外包产业园和市洋河新城管理委员会、市土地资产储备投资中心、市国丰资产经营管理有限公司、市城市建设投资有限公司、市水务建设投资有限公司、市交通投资有限公司和市产业发展集团有限公司。绿票可在市区范围内进行交易，积极争取在全市范围内进行交易点供指标交易，所得收益全部归争取到点供指标的各区（开发区、园区、新城）政府（管委会）。红票可在全市范围内进行交易。地票交易采取公开挂牌以及竞价方式进行，具体操作办法由市国土资源局制定。

4. 昆山模式

昆山模式的特点是通过复垦获得一些非农建设用地的"额度"，土地使用转让权不全归集体所有，农民也可以"单干"，比起南海模式，昆山农户获得更多土地增值收益。具体地，村集体先通过复垦等方式获得一些非农建设用地的"额度"，然后向本村农户"招标"，由农户或由农民成立的合作经济组织（例如"投资合作社"或"富民合作社"）联合投资修建标准厂房、商铺或打工宿舍楼向外来工商投资者出租。据当地统计，1998~2003年间昆山新增建设用地共8.25万亩，其中新增集体建设用地约为2万亩。一般的做法是村里以50年为期将土地有偿出让给农户，并允许农民进行非农建设、投资和转让。这样，原有仅限于农业用途的土地使用转让权就延伸为非农用途的土地使用转让权。

总结起来，长三角地区集体建设用地流转主要存在"转权让利""保权让利"和"规划区内外分别对待"（即以上两种流转模式相结合）三种流转模式。"转权让利"是指在集体非农建设用地流转时，将集体非农建设用地的所有权转为国有，并补办国有土地出让或出租手续，收取的土地收益大部分返还集体经济组织；"保权让利"是一种直接入市模式，其核心内容是实行国有和集体土地"两种产权、同一市场，统一管理"。所谓"两种产权"，是指城市规划区内，两种土地所有权同时并存，并对其一视同仁，即同质同价、优质优价、劣质低价；"规划区内外分别对待"模式是指对于城市规划区、建制镇规划区范围内的集体非农建设用地，采用"转权让利"的方式；对于规划区外的集体非农建设用地，采用"保权让利"的方式。

（四）土地市场培育的主要问题和制度障碍

（1）土地管理体制、机制、法制还没有很好地协调不同土地产权主体、土地行政管理主体之间的土地收益分配关系。

首先，我国行政部分的层级管理体制，硬性安排的规划指标，尤其是基本农田保护指标与长三角地区的各个城市经济发展水平并不吻合，使得部分城市已经无地可保还需要承担保护土地任务，而同级部分城市即使可承担更多保护任务，但因更多建设用地指标意味着更多的发展可能，往往不愿承担，因此，随着城市发展需求和土地价值的不断显现,中央政府与地方政府、地方政府内部的目标出现冲突;其次,农村国土管理部门与城镇国土管理部门相对独立,使得城乡土地统一管理体制还没有完全确立,城市管理者也存在着城市发展的偏向,这使得区域土地利用总体规划乃至耕地保护政策对于城市建设的约束力不强,导致复垦农地的质量及其监管和维护水平不可知;最后,缺乏上位法,《土地管理法》执法力度不够,尽管有"破坏耕地罪"的条款,对于普通老百姓有较强的约束力,但对于追求地方经济发展的部分地方政府而言,该条款并不能充分发挥约束作用。

(2) 土地资源非均衡与事权、财权带来区域发展非均衡。

虽然土地发展权转移带来经济发达地区的发展空间增加,但是在土地资源分布上却表现出了其分布的非均衡。委托地区或发达地区由于指标扩容,进一步获得了开发的机会,被委托地区尽管得到一笔有偿保护金,但农地保护任务的加剧也限制了地方经济的发展,而总体来说,长三角及江浙沪地区的经济发展实力强劲,长此以往,土地资源的非均衡部分将会进一步加大后城市之间经济发展的马太效应,造成地区之间的"暴损"和"暴利";其次,耕地保护带来的外部效益和外部成本,也尚未核算到有偿代保的价格里面,其生态价值被忽略,被委托地区农地生态价值为得以合理补偿,未建立行之有效的跨区生态补偿制度;再次,将粮食安全、生态安全看作地方事权,土地资源在空间分布和价值方面的不均衡,在不同区域的土地行政管理上表现为事权和财权的不均衡,保护耕地在某种程度上意味着事权增加,欠发达地区由于承担了更多的耕地保护任务,相反,非农发展区的财权增加而事权减少,至此,土地的非均衡发展导致了地方财事权的不均衡,而地方财事权非均衡直接影响地方政府的财政状况。

(3) 交易主体主要是政府,是否能真正体现其土地发展权价值尚未可知,市场机制并不完全。

土地发展权转移和交易的主体都还是市、县政府,作为农村集体土地所有者的村集体和实际使用者的农民比较被动,也缺乏谈判能力,显然,地方政府因此在城市近郊出让土地而获得的土地出让金中就包含了这些被转移过来的土地指标的市场价值,但由于整个过程被政府操纵、垄断,各种具体流转收益、成本均不可知。而在西方发达国家进行的"土地发展权转移"中,转移基本是在一个区域内或相邻行政区域之间进行的,当土地发展权被从发送区的地块上分离出来,并转移到权利接受区的另一地块上,发送区地块所有者可通过市场机制从接受区获得市场化补偿。因此,如何在土地发展权转移过程中进一步推广市场化模式,将区域内的土地发展权转移和区域间土地发展权交易整合到一个市场机制框架下,保护农民的土地发展权,是未来改革必须要处理的问题。

（五）地方自下而上的制度创新

面对长三角地区在土地管理体制、机制、法制，土地发展方面的非均衡，发展权交易市场机制不完全等问题，该地区地方政府积极探索。以浙江义乌市为例，2017年5月25日，义乌首次以公开招拍挂的方式，成功出让了城西街道何斯路村以及福田街道宗宅村股份经济合作社的两块土地，面积分别为4 135平方米和4 998.76平方米，竞买报价分别为262.986万元和454.8871万元。2017年以来，农村集体经营性建设用地入市改革，计划出让农村集体经营性建设用地15宗以上，面积75亩以上，出让金额1亿元以上，集体经济组织收益5 000万元以上。义乌市在农村集体建设用地的宅基地退出、经营性建设用地入市、土地征收方面进行了一系列制度创新和改革。①

1. 宅基地退出的制度创新

（1）建立宅基地取得置换制度。健全宅基地总量市级、镇级、村级三级控制体系，严格划分城镇建设红线，实行红线内外差别管理。在城镇规划建设用地红线范围内，探索"户有所居"的多种实现形式，实施城乡新社区集聚建设，在满足农民基本居住需求前提下，允许农户以合法宅基地或人均宅基地分配面积置换集中统建的高层公寓、标准厂房、仓储物流、商业用地等。高层公寓置换权益面积可以公开交易，也可由政府按权益保护价回购，回购款以安置凭证方式发放，市域范围内可凭证兑换或购买本地商品房、商业用地和办公用房。规划红线外，以落实"一户一宅"和农村更新改造。（2）建立宅基地抵押担保制度。深化农村金融改革创新，允许持本市农民住房（含宅基地使用权）的不动产权证书的权利人以自有农民住房作为抵押物申请贷款。（3）建立宅基地入市流转制度。按自愿、有偿原则，在不改变宅基地所有权性质和不改变集体经济组织成员资格的前提下，允许宅基地使用权通过买卖、赠与、互换或其他合法方式在集体经济组织内部流转或跨集体经济组织流转。跨集体经济流转后最高使用年限为70年，期满可优先续期。（4）建立宅基地有偿退出制度。自愿退出的农村建设用地，若规划为城镇建设用地，政府统一征收，若规划为宅基地，则由村集体经济组织与宅基地使用权参照宅基地基准地价确定回购价格，若规划为农用地，则由申请人复垦为耕地，经验收后折算为"集地券"，"集地券"可向金融机构申请抵押融资贷款或在资源要素交易平台以挂牌、拍卖、竞价等公开方式进行交易，首次交易所得收益在扣除土地整治等成本后，村集体经济组织和农户可以自己合理分配。而交易获得的"集地券"在符合规划和用途管制的前提下，可通过增减挂钩在市域范围内使用。

---

① 浙江新闻："载入史册"义乌首批两宗村集体经营性建设用地成功入市。

2. 集体建设用地入市改革

义乌市参照中共中央办公厅、国务院办公厅《关于农村土地征收、集体经营性建设用地入市、宅基地制度改革试点工作的意见》和国土资源部《关于印发农村土地征收、集体经营性建设用地入市和宅基地制度改革试点实施细则的通知》，制定了《义乌市农村集体经营性建设用地管理办法（试行）》（2017），该办法明确规定了集体建设用地入市交易的主体、客体、入市方式、交易程序、价格制定、收益分配等方面的内容。（1）交易客体。依法获得且符合规划的存量农村集体经营性建设用地、农村更新改造结余的建设用地、异地调整后腾退出的建设用地、城乡新社区集聚建设中的产业用房用地以及征地后的村留用地。其中，零星、分散的集体经营性建设用地可以先复垦后异地调整入市，包括在本村范围内异地调整入市和跨村异地调整入市。（2）交易主体。农村集体经营性建设用地属村集体经济组织的，其入市主体村股份经济合作社或其代理人；属镇街集体经济组织的，其入市主体为镇街资产经营公司等镇街圈子下属公司或其代理人；若原集体建设用地收为国有的，由原村集体经济组织和镇街全资下属公司或其代理人组成混合体作为入市实施主体。（3）交易方式。可以按招标、挂牌、拍卖和协议的方式进行集体经营性建设用地出让、租赁、作价入股交易，在使用期限内还可以转让、出租、抵押，其中，集体经营性建设用地使用权出让、作价入股的，工矿、仓储用地最高不超过50年，商业、旅游用地不超过40年，租赁的最高年限为20年。（4）交易价格制定。实行价格评估，集体经营性建设用地使用权出让起始价和底价应在评估结果的基础上由集体决策确定，最低起始价不得低于评估价的80%，交易底价由集体经济组织邀请相关专家和成员代表（不少于5人）于竞价开始前30分钟内确定。（5）交易程序。首先由交易实施主体向市国土资源局提出入市申请，国土资源局审核后，发《农村集体经营性建设用地入市核准书》，纳入土地资产交易平台统一管理；交易完成后，由国土资源局与竞得人签订《成交确认书》，并在交易平台公布交易结果；公示结束后，交易双方签署《集体经营性建设用地使用权出让（租赁、作价入股合同）》。（6）收益分配。农村集体经营性建设用地使用权发生出让、租赁、作价入股和转让等交易行为的，交易双方都应缴纳土地增值收益调节金。使用权出让、租赁的，出让人（租赁人）应按增值收益50%缴纳调节金（增值收益为交易总价扣除当年该地块集地券政府指导价后的余额），受访（承租）人应按成交地价总额的3%缴纳调节金；入市后再出让、交换、出租、入股等方式进行转让的，转让方和受让方都应按使用权转让收入总额的3%缴纳调节金。调节金收益的60%用于实际统一安排使用，40%由所在镇街安排使用。

3. 土地征收制度改革

（1）缩小征地范围，非公益性用地逐步退出征收范围。通过社会调查、专家论证、群众听证等，参照《国有土地上房屋征收与补偿条例》列举的公共利益清晰，制定《土地征收目录》，合理界定公共利益用地范围，建立公共利益用地争议解决机制。（2）规范征地程序。建立重大项目征地社会稳定风险评估制度，完善多层次、多形式的土地征收民主协商机制，严格履行政府报批前"告知、确认、听证"程序，市人民政府在收到征地方案批准文件10个工作日内，发布征收公告，并及时落实征地补偿安置措施。（3）完善被征农民多元保障机制。一方面完善失地农民养老保障制度，落实失地农民社会保障费用，符合条件的被征农民纳入养老、医疗等城镇社会保障体系，另一方面，探索被征地村集体经济组织多种安置方式，留用地以商服用地方式实现，符合规划条件的经营性建设用地则直接进入市场进行使用权交易。

三、成渝地区土地市场运作模式

重庆市和成都市在农村土地制度改革中走在全国的前列，成都市2003年被批准为全国统筹城乡综合配套改革试验区，成都市先行先试；2005年国土资源部批准重庆市、成都市作为全国城镇建设用地增加与农村建设用地减少挂钩试点城市；2008年重庆市、成都市农村产权交易所的成立，为农村土地市场交易流转搭建了平台；2015年重庆的大足区、成都郫都区均列入全国33个农村土地改革试点区县，对于集体经营性建设用地入市和虚拟指标交易均进行了深入的试点。

（一）城乡土地市场发育情况

成渝地区囊括了四川盆地的几乎所有城市和重庆市的原地级重庆市和涪陵市的辖区。成渝地区是中国西部经济文化最发达的区域，也是中国重要的城市群和经济区之一。目前，成渝地区（成渝经济区）人口超过8 000万人，在中国经济区中人口最多，也是西部人口密集度最高的区域。成渝地区的2座超大城市——成都和重庆，是中国西部主要的经济增长极，也是西部地区工业重镇及高新技术产业的主要聚集地。其中，2014年，成渝地区实现地区生产总值接近5万亿元。成渝地区的土地市场成熟程度相较于长三角地区和珠三角地区等区位条件好、经济发达的地区来说，整体成熟程度相对较低，但也积极响应国家政策号召，组织培育城乡土地市场。总体来说，成渝地区城乡土地市场培育主要经历了建立有形城镇土地市场、迅速发展城镇土地市场和探索农村土地市场的三大阶段。

1. 建立有形城镇土地市场

1980年12月9日，国务院批准的《全国城市规划工作会议纪录》的文件中指出，实行综合开发和征收城镇土地使用费的政策，在全国各地的城镇陆续开始征收土地使用费。深圳在刚开征的 1982 年,就收取土地使用费约 1 000 万元。1987 年 7 月 1 日,重庆市在全市城镇开征土地使用费,尽管标准仅为 0.5 元/平方米,征收的范围也仅占应征对象的 47%,但当年下半年就收入 2 403 万元,占城市建设维护费的 30% 以上。而同时期,成都地区的有形土地市场尚未完全建立,市场主要矛盾在于城镇土地价值显化后不少单位将占用的土地擅自进入市场转让、出租或抵押,土地"隐形"市场出现,国有土地资产流失严重。因此,成都此时土地市场的主要建设任务在于清理隐形市场、建立区域有形市场。1992 年成都市人民政府发布《成都市城镇国有土地使用权出让和转让管理办法》,清理整理土地隐形市场,同年 10 月,市人民政府发布《关于城市建设综合开发若干政策问题的通知》,规定凡经营性用地和外商投资企业用地,必须通过出让方式获得国有土地使用权,并公布城区国有土地使用权出让金收费标准,城镇有形土地市场正式建立。

2. 迅速发展城镇土地市场

随着市场的建立,有偿出让逐渐成为城镇土地流转的主要方式,据统计,从 1991 年到 1993 年,重庆市向中外 68 家房地产开发商总供给市区商业用地 104 宗,土地面积达 88.67 万平方米,占市区土地总面积的 9.51%,其中有偿出让土地面积为 54.23 万平方米,占同期土地供给总量的 61.20%。随后,房地产市场的兴起带动以成渝地区为首的西部土地市场迅速发展,我国东西部地区土地市场发展极不平衡的状况得以初步改变。1997 年西部地区共完成土地开发 870.76 万平方米,购置土地面积 1 125.56 万平方米,分别占全国的 12.28% 和 16.81%,而 1999 年全国通过招标、拍卖方式出让城镇国有土地使用权 13 354 宗,面积 1 081.7 万平方米,其中西部地区 4 863 宗,面积 357.8 万平方米,分别占总数的 36.42% 和 33.07%(杨庆媛、王锡桐,2002)。同时,土地市场配套制度也愈发完善,比如土地交易所为成都市人民政府批准设立的土地使用权交易的唯一场所,交易方式也从最初的协议出让为主逐步变成挂牌、招标和拍卖等市场竞价为主。①

3. 探索农村建设用地市场阶段

土地市场在长期二元框架运行下所表现出的社会问题愈发严重,如何统筹城乡发展、破解城乡二元经济结构,是进一步经济改革面临的重大问题。在西部地区,由于大量劳动力外流,因此土地撂荒、"空心村"等农村土地闲置的现象尤其严重。针对此,2004 年国务院出台"城乡建设用地增减挂钩"(以下简称"挂钩")政策,为统筹城乡建设用地、促进城乡一体化发展做出了制度创新后,2005 年国土资源部针对增减挂钩政策下发了"关于规范城镇建设用地增加与农村建设用地减少相挂钩试点工作的意见"来指导城乡增减挂钩工作,缓解城市建

---

① 数据来源于《中国西部城市土地市场建设初探》。

设用地供给不足，农村建设用地闲置现象。在增减挂钩的政策影响下，成渝地区开展了大量农村土地整治和增减挂钩工作。特别地，2007年，国家发展和改革委员会下发《国家发展改革委关于批准重庆市和成都市设立全国统筹城乡综合配套改革试验区的通知》，正式将成都和重庆作为城乡统筹改革试点城市，拉开了成渝地区城乡统筹发展的序幕。成都地区主要通过整理废弃农村建设用地并复垦为耕地，扣除农民集中居住区占地、预留给农民集体的发展用地，结余的建设用地指标投入城镇发展，以此打开征地通道，并于2008年10月在全国率先挂牌成立农村产权交易所，建立包括建设用地指标交易在内的农村产权交易平台。重庆地区做法与成都地区相似，但不同在于改良了增减挂钩制度，设立了农村土地交易所，创造性地建立了"地票"交易制度。

以重庆地票交易为例，自2008年建立地票交易制度以来，截至2015年，总共交易38次，交易地票面积共15.37万亩，均价为20.15万元/亩（302.23元/平方米），地票交易总额达309.69万元，共使用了10.17万亩。[①]

（二）土地主要流转方式

成渝地区土地市场流转方式与长三角地区土地流转方式相似，围绕地票交易，主要的集体建设用地流转方式有土地复垦、土地整理、土地征收。城镇土地市场一级市场以出让为主，二级市场以转让、转租为主，集体建设用地主要进行承载新增建设用地指标和耕地占补平衡指标的地票交易。2015年1月，中共中央办公厅和国务院办公厅联合印发了《关于农村土地征收、集体经营性建设用地入市、宅基地制度改革试点工作的意见》（以下简称《意见》）在北京市大兴区等33个试点县（市、区）行政区域，调整实施土地管理法、城市房地产管理法关于农村土地征收、集体经营性建设用地入市、宅基地管理制度的有关规定，引导集体建设用地合法流转入市后，成渝地区部分试点区县也开始探索经营性建设用地直接入市，集体建设用地市场也开始出现公开出让和出租的流转形式。

（三）典型城市农村土地市场运作程序和运作模式

1. 重庆地票公开交易模式

自2004年国务院出台"城乡建设用地增减挂钩"政策，为统筹城乡建设用地、促进城乡一体化发展做出了制度创新后（顾汉龙等，2014），2005年国土资源部针对增减挂钩政策下发了《关于规范城镇建设用地增加与农村建设用地减少相挂钩试点工作的意见》来指导城乡增减挂钩工作，缓解城市建设用地的供给不

---

① 作者根据相关政府网站数据整理。

足,农村建设用地闲置现象(Liu et al.,2014)。截至 2010 年,挂钩政策已经在全国 27 个试点区域内广泛实施。重庆市在 2008 年成为试点城市后,同年设立了农村土地交易所,在增减挂钩的基础上创造性地建立了"地票"交易制度。

(1)运作程序。

重庆地票交易主要包括了四大环节——土地复垦、复垦验收、地票交易和地票使用。首先,在确权发证的基础上,具有其他合法稳定住所的农民有权自愿申请宅基地复垦,复垦过程由相关政府部门主导,农村土地交易所受理申请后将集体建设用地的收益权集押入资到银行获得复垦贷款,以预付款形式先发给农民,然后农民交房,相关部门进行土地复垦。然后,复垦土地达到验收要求后,复垦指标形成地票。其次,进入地票交易环节。农村土地交易所收集、分配地票份额,对外公开交易信息,在农村土地交易所进行地票交易。交易过程中,农村土地交易所具有较大的市场主控权,比如根据市场行情,决定每场交易形式。若市场需求大于地票供给,则以公开拍卖的形式交易,若供给大于需求,则以挂牌的方式进行。同时,土地交易所会根据交易主体的地票需求,确定每张地票的额度。再次,企业、个人及相关用地单位通过申请到农村土地交易所购买地票,所得交易费用在扣除前期复垦成本和预付款后,交易金全部返还到农村集体,其中,85%归还给农民,15%归集体所有。最后,地票持有者以地票撬动土地征收,通过使用地票,购得地票的单位或个人在城市规划区内选定待开发的土地,由区县人民政府办理征收转用手续并完成补偿安置后,按招拍挂有关规定取得与地票面额相当的国有建设用地使用权,指标落地时可冲抵新增建设用地有偿使用费和耕地开垦费(见图 4-3)。

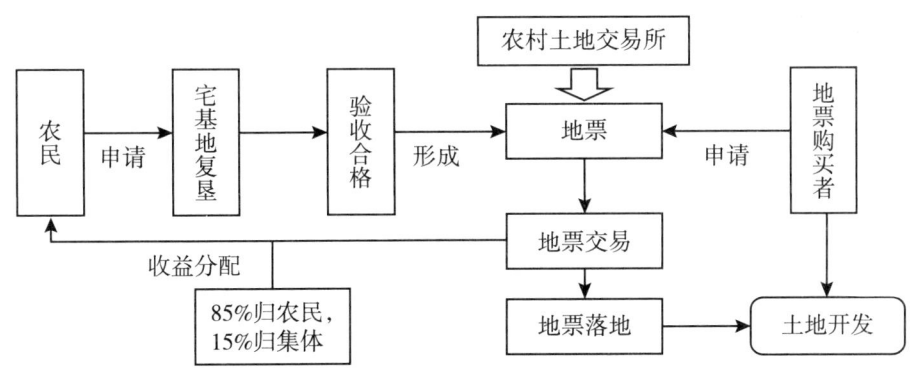

图 4-3 重庆地票交易过程

(2)市场交易情况。

从时间序列上看,2008~2015 年间,地票交易的单价整体呈现出先增加后减小、波动上升的趋势,从 2008 年的 8.16 万元/亩增加到了 2015 年的 18.7 万元/亩,其中,2011 年地票交易价格达到顶峰,随后缓慢下降。地票交易量呈现出先增加后减少的趋势，在 2011 年达到交易量的顶峰，约 5.29 万亩，而对应其价格变化，则相较于数量变化更为波动。先从 2008 年的 8.16 万元/亩增加到 2011 年的 24.42 万元/亩，2012 年减少到 20.88 万元/亩，后又在 2013 年增加到 22.07 万元/亩，从 2014 年后有所降低，截至 2015 年，地票价格均价在 18.70 万元/亩。从地票使用程度上看，地票的落地情况相对滞后，仅为地票交易量的 2/3，8 年间地票使用率达 66%，2008～2011 年，年均地票的购买面积远大于地票使用面积，2012 年以后，购买面积和使用面积差距大大减小。具体见表 4-3。

表 4-3　　　　　　　　2008～2015 年地票交易情况

年份	交易面积（万亩）	交易额（万元）	均价（万元/亩）	地票落地（万亩）
2008	0.11	0.90	8.16	0.00
2009	1.24	11.99	9.67	0.09
2010	2.22	33.30	14.99	0.59
2011	5.29	129.18	24.42	2.85
2012	2.23	46.65	20.88	2.84
2013	2.05	45.24	22.07	2.05
2014	2.05	39.17	19.13	1.62
2015	0.17	3.26	18.70	0.13
合计	15.37	309.69	20.15	10.17

资料来源：根据重庆农村产权交易所相关数据整理。

（3）交易主体。

地票交易中代表农村资产产权人——集体和农户并未直接参与到地票交易中，交易的买卖双方为政府和用地需求者。按照《重庆农村土地交易所管理暂行办法》，企业、个人及其他机构都可以在交易平台申请购买地票，根据交易信息看，其中企业是最主要的购买主体，占到 57.90%，土地储备机构、园区建设单位等机构占购买主体的 41.80%，仅 0.3% 的购买主体为个人，见图 4-4。

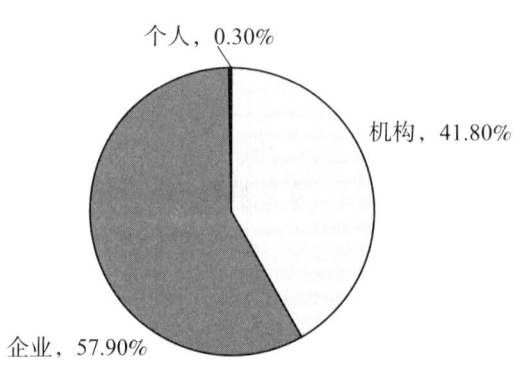

图 4-4　地票购买主体占比图

2. 成都圈层"持证准入"模式

2002年,党的十六大报告指出要"统筹城乡经济社会发展",随后,成都市委、市政府在2004年发布了《关于统筹城乡经济社会发展推进城乡一体化的意见》,将"城乡统筹"纳入成都市社会经济发展总体战略中。2007年,国家发展和改革委员会下发《国家发展改革委关于批准重庆市和成都市设立全国统筹城乡综合配套改革试验区的通知》,正式将成都市作为城乡统筹改革试点,拉开了成都城乡统筹发展的序幕。此后,成都市大量开展土地整治项目,通过"拆院"和"并院",整理废弃农村建设用地并复垦为耕地,扣除农民集中居住区占地、预留给农民集体的发展用地,结余的建设用地指标投入城镇发展,以此打开征地通道。在此背景下,成都市于2008年10月在全国率先挂牌成立农村产权交易所,建立包括建设用地指标交易在内的农村产权交易平台。

同时,将成都市划分为三个圈层:五城区及高新区为中心城,构成第一圈层;周边7个县市(包括新都、郫县、温江、双流、龙泉等)为近郊区,与余下中心城区构成第二圈层;远郊区的8个区(市)县(包括都江堰、彭州、金堂、新津、崇州、大邑、邛崃等)构成第三个圈层。在此基础上,成都市建立了第二、第三圈层"持证准入"制度,将结余的建设用地指标进行公开交易后,颁发建设用地指标证书,并明确规定成都市中心城区、第二圈层区县(含青白江区)的国有经营性建设用地(不含工业用地)使用权首次出让,竞得人须持有相应面积的建设用地指标签订《国有建设用地使用权出让合同》;第三圈层县(市)的国有经营性建设用地(不含工业用地)使用权首次出让,竞得人在签订《国有建设用地使用权出让合同》时,须按照市政府确定的建设用地指标当年最低保护价标准,缴纳竞买宗地相应面积的建设用地指标价款。此后,2011年9月,成都农村产权交易所承担成都市"持证准用"建设用地指标交易试点任务。

(1)交易模式。

成都"持证准入"建设用地指标交易主要整治项目申报、项目实施、整治项目验收、建设用地指标登记和建设用地指标交易五大环节。其具体交易流程见图4-5。

据图4-5所示,具体流程如下:首先,集体经济组织或其代理人向农交所提出交易农村土地综合整治项目的申请,集体经济组织可以以村为单位申请,也可以多村联合申请,也可委托他人或其他集体经济组织申报;其次,由市国土资源局审核批准立项后,确定投资者,实施集体建设用地整治项目,整治项目主要包括土地复垦整理和安置房建设两大项目实施;再次,项目实施单位在完成项目后,委托有资质的中介机构编制验收材料,向当地县级国土资源局申请验收,县

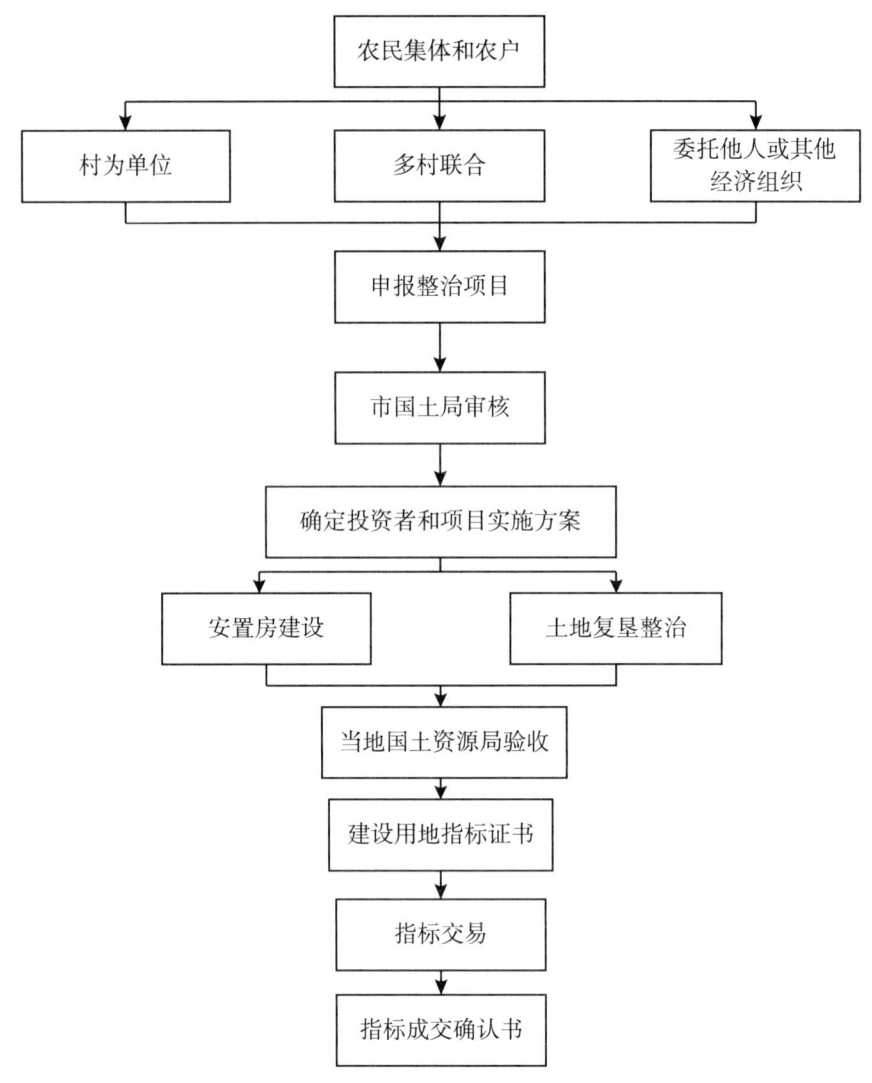

图 4-5 成都集体建设用地指标交易流程

级国土资源局审查合格后向成都市国土资源局转报验收;又次,经立项、实施、验收合格的节余建设用地指标,由市国土资源管理部门登记并发放《建设用地指标证书》,指标证书写明验收合格证号,做到产生地、面积、验收项目等各项数据信息和档案资料完备,可溯源和复核;最后,建设用地指标可采取挂牌、拍卖等多种方式,在成都市土地(矿权)交易中心、成都农村产权交易所进行交易,建设用地指标交易后,竞得人持《建设用地指标交易成交确认书》,申请建设用地指标变更登记,建设用地指标自交易、登记生效之日起 2 年内有效。

(2) 定价与收益分配。

建设用地指标的价格应以最低保护价为基础，按市场规则由交易双方决定。建设用地指标的最低保护价在考虑实施农村土地综合整治项目的成本，包括农村基础设施建设、公共服务配套、农房建设，2011 年建设用地指标的最低保护价为每亩 18 万元，以挂牌成交的集体建设用地指标交易，竞得人需缴纳成交额 0.5% 的交易服务费，以协议成交的，需缴纳 0.1% 的交易服务费，而拍卖和招标成交的，按差额定率累进法计算，前者起征税率为 3%，后者起征税率为 1%。农民集体和农户自行实施农村土地综合整治项目，收益归农民集体和农户所有；农民集体和农户委托投资者、政府土地整治专业机构实施农村土地综合整治项目的，节余建设用地指标的收益由双方按合同约定分享。建设用地指标交易后，由指标供给方按成交价款的 10% 缴纳基础设施配套费。以郫县为例，早在 2010 年，郫县就建立了农村产权交易所，并开始以挂牌的方式进行集体建设用地指标交易，2011～2015 年间，共交易了 13 次，指标交易价格从最初的 28 万元/亩增长到 2015 年的 78 万元/亩，共交易 248.98 亩净用地面积。

3. 郫都区集体经营性建设用地入市[①]

2015 年 9 月敲响了四川省集体经营性建设用地入市的第一槌，截至 2017 年 6 月，郫都区已完成 30 宗 353 亩农村集体经营性建设用地入市交易，获得成交价款 2.1 亿元。从交易宗地数量上来看走在全国前列，在实现集体土地与国有土地同等入市、同权同价方面取得初步成效。

据郫都区国土局统计，郫都区全区 152 个村、1 624 个村民小组、9.3 万户农村居民，试点期间可入市土地资源共 4 932.79 亩，目前虽然不到 10% 的入市交易实践操作，但能为集体经营性建设用地入市提供一些借鉴经验。

查询郫都区出让集体经营性建设用地使用权结果的公告可知从 2015 年 9 月到 2017 年 6 月期间共有 18 次拍卖结果（见表 4-4），但根据郫都区国土局公布集体经营建设用地交易宗地数为 30 宗，可见一次交易由几宗地组成，比如白云村 108.38 亩地的集体经营性建设用地由 17 宗地组成。

通过对 18 次出让结果分析和统计，郫都区集体经营性建设用地交易呈现以下特点：

（1）交易宗地面积较小。从 18 次交易公告可知最小的交易面积为 3.03 亩，而最大的 108.38 亩由若干小宗地组合而成。扣除两次较大交易面积 108.38 亩和 97.48 亩之外，其他交易都在 20 亩以下水平，10 亩以下占比 56.25%。

（2）挂牌出让占主导。在集体经营性建设用地使用权入市交易中，18 次交

[①]《四川日报》，2017 年 6 月 14 日第 007 版。

易结果即30宗土地交易中有3例租赁交易，其他都是出让。在15次出让结果中仅有一次为协议出让，其他均为挂牌出让，挂牌出让占比93.3%，招标、拍卖交易方式出让结果为0。根据使用权出让原则，可知出让主要采用招标、拍卖、挂牌方式，特殊情况下可采用协议出让方式，对于协议出让郫都区在入市的条件、收益调节金、税收等与其他的出让方式相比有较为严格的限制。与其他研究者（何格等，2016；付宗平，2016）在成都集体建设用地流转中的统计结果相比，集体经营性建设用地入市交易协议出让的比例有所降低。

（3）交易用途以商业服务用地为主。郫都区集体经营性建设用地交易用途主要为工业生产用地、农业生产仓储用地和商业服务及附属设施用地等三种类型。郫都区是豆瓣生产之乡和蔬菜生产基地，同时区位优势明显，人文底蕴深厚，交易中有生产豆瓣的工业用地，沙场和农业的仓储用地以及用于乡村旅游、文化的商业用地。其中18次公开交易结果中商服用地占宗地比为61.1%，仓储用地占宗地比为27.8%，工业用地和产业用地各为1宗。出于对集体经营性建设用地入市内涵理解偏差及小产权的法律障碍，郫都区对集体经营性建设用地交易用途进行管制，明确不能用于房地产开发，只能用于商业、工业、医疗教育等服务设施用地，其使用年限遵循国有建设用地使用权的出让年限（见表4-4）。

表4-4　　　　　　郫都区国土局公开交易案例

序号	位置	面积（亩）	用途	年限	单价（万元/亩）	流转方式
1	唐昌镇战旗村	13.447	商服用地	40	52.5	挂牌出让
2	三道堰镇程家船村	14.9437	商服用地	40	73.33	挂牌出让
3	安德镇红专村第九农业合作社	3.8006	工业用地	50	40	协议出让
4	新民场镇星火社区	3.14	商服用地	40	57	挂牌出让
5	红光镇白云村五社、八社（4宗）	19.9124	商服用地	40	68	挂牌出让
6	友爱镇皇庄村二社	5.3618	商服用地	40	64.73	挂牌出让
7	团结镇宝华村二社	7.8851	商服用地	40	86.85	挂牌出让
8	友爱镇梅花村八社、九社	9.60	商服用地	40	55.21	挂牌出让
9	古城镇中平村十一社、十二社	13.3	仓储用地	10	1.6	租赁
10	三道堰镇青杠树村六社、七社、八社、十一社	97.48	商服用地	40	60	挂牌出让
11	德源镇平城村三社、七社	11.68	仓储用地	10	1.4	租赁
12	红光镇白云村二社、三社、四社、五社、七社、八社	108.38	商服用地	40	69	挂牌出让

续表

序号	位置	面积（亩）	用途	年限	单价（万元/亩）	流转方式
13	古城镇中平村一宗	12.125	商服用地	40	41	挂牌出让
14	三道堰镇程家船村五社	6.49	商服用地	40	73.33	挂牌出让
15	安德镇广福村八社	9.38	仓储用地	50	35	挂牌出让
16	唐元镇福昌村六社	12.94	仓储用地	10	7.18	挂牌租赁
17	安德镇泉水村十七社	3.03	产业用地	50	50.38	挂牌出让
18	安德镇安龙村五社	5.49	仓储用地	50	45	挂牌出让

资料来源：作者根据相关政府网站数据整理。

2016年11月研究组对郫都区国土局工作人员和已有入市交易部分村的村干部进行了访谈，了解该区农村集体经营性建设用地入市情况，并进行了实地调查，进一步总结了该区域集体经营性建设用地入市的另外一些特点：

（1）交易双方意向确定。

根据郫都区国土局网站和公共资源交易中心公布挂牌公告和交易结果公告可知，绝大多数挂牌价格与成交价格一致，同时竞得人都与该交易地块存在一定的联系。比如，红光镇白云村中共有约128亩经营性建设用地出让，受让人都同为DL农业发展公司多年来一直租赁红光镇白云村农业用地用于有机蔬菜种植。交易主体白云村与DL农业发展有限公司存在长期合作关系，因此，交易中受让主体一般是确定的，前期有较多合作或者有交易意向，同时出让方有把握此次交易能成功，才会把经营性建设用地放到市场上交易。

分析原因在于集体建设用地产权主体的复杂性，首先，所有权主体的农民集体与作为所有权行使主体的集体成员之间存在复杂性，权利主体之间的主要问题就是权利配置（陆剑，2016），配置不公，可能真正受益的是代表集体经济组织的少数"内部人"（高圣平、刘守英，2016）。其次，使用权权利主体众多及权能有不确定性，中央一直强调赋予农民更多财产权利，打破农村集体土地财产权的缺陷。

基于以上的原因和特点，中央政府和地方政府一直在试图赋予农民集体权能。《郫都区集体经营性建设用地入市规定》规定农村集体经营性建设用地使用权首次入市，应当经过享有农村集体经营性建设用地使用权的权属主体的2/3以上成员或成员代表的同意并由该农村集体经营性建设用地所有权人出具书面意见。即集体建设用地以出让、租赁或作价出资（入股）方式进入市场需要征得使用权主体2/3以上成员同意，同时入市交易的手续是繁杂的，若提前没有合适的意向人，决策者不会轻易把经营性建设用地放到市场上交易，若流拍或者交易失败，向所有权主体不好交代，或者多次的复杂程序与手续，会使所有权主体对交易实施主体失去信心或者信任，导致不良结果。而国有土地的出让流拍不会对实施主体造成任何影响，同地、同权、同价方面国有建设用地与集体建设用地在权利主体归属上的差异导致交易过程会存在差异。

(2) 土地整理为入市交易作支撑。

土地整理作为载体能有效地盘活土地资源，激发土地要素有效流动。2008年《成都市人民政府关于进一步加强土地管理促进节约集约用地的通知》中提到开展农村土地整理，引导农民向城镇和农村新型社区集中居住，开展集体建设用地使用权流转，依法盘活存量集体建设用地。2009年郫都区全面开始土地整理项目与工作。本书课题组根据18次交易案例面积多寡，选择交易面积较多及比较典型的红光镇白云村、三道堰镇程家船村、三道堰镇青杠树村、唐昌镇战旗村、古城镇中平村等地进行了实地调研。调研发现大部分可交易和已入市的集体经营性建设用地都是由前期土地整理项目集中居住获得腾退的闲置宅基地，仅有战旗村的已经交易建设用地是原村集体所办复合肥厂、预制厂和村委会老办公楼用地。红光镇白云村现有约128亩土地已入市交易，其占郫都区总农村经营性建设用地交易总量的35.78%，其建设用地指标均为2009年开始的土地整理、农村居民搬迁安置、集中居住房建设等土地整治项目腾余出来的土地。同样三道堰青杠树村的97.48亩入市交易也与土地整理节余指标有关。

若没有现行的土地整理项目，则农村集体经营性建设用地主要是过去的村集体企业破产或倒闭遗留下来的土地，或者村学校合并后闲置的校园或者村委会办公楼等遗留下来的既成事实性的集体经营性建设用地（黄建水、黄鹏，2015），这部分土地规模多少与村中原来的产业发展有较大关系。但目前郫都区由原既成事实的集体经营性建设用地入市交易案例并不多，由此可见，郫都区前期的土地整理项目和集体建设用地流转的政策为集体经营性建设用地入市打下基础，创造入市的前提条件。

(3) 抵押量较少。

根据实地调查可知交易后经营性建设用地使用权抵押量较少，18次交易30宗土地仅有一宗地做了抵押。集体经营建设用地入市，第一块土地竞得人获得郫都区首笔100万元抵押贷款。当时竞得土地总价为705.97万元，竞得人用部分土地进行抵押。尽管银保监会和国土资源部联合发文，明确了农村集体经营性建设用地的抵押贷款权，但抵押贷款情况并不乐观。同时该特征也打破了部分企业以融资作为目的进行集体建设用地交易的担忧。

提供该贷款的成都农商银行放贷人员表示，尽管政府提供抵押贷款风险担保，但银行提供贷款的积极性并不是很高，原因在于集体建设用地市场化交易未来政策不明朗，集体建设用地社会认可度低，始终不具备国有土地的属性，市场交易不活跃。该银行规定集体建设用地使用权的抵押率最高不超过60%，低于国有建设用地使用权抵押率。

从使用权人角度来讲，集体建设用地使用权抵押量较少的可能原因在于：（1）集体土地与国有土地相比价格较低，而且获得使用权的集体建设用地宗地面积较小，获得抵押贷款的金额更少，大部分企业不愿意去抵押。（2）意向确定的交易主体主要为了获得土地使用权而不是获得抵押资金，交易企业更看重后续经营收益。

（四）土地市场培育的特点、主要问题和制度障碍

1. 城镇土地市场山高谷深，土地财政依赖大，农村集体建设用地闲置率高

成渝地区土地市场发育程度相对东部沿海地区较低，但区域差异明显，中心城市土地市场火爆，而其他区域市场相对冷淡，中心城区土地市场成熟度明显高于周边其他区域，城镇土地市场价格畸高。另外，在城市政府财力紧张的情况下，为保证城市建设资金需求，供地计划就要服从于土地财政计划，通过加大供地量解决财力紧张，这种供给决定需求的机制，导致土地供应的盲目性，难以形成土地供应与土地需求的基本平衡，而地方对土地财政依赖较大，最终造成城镇土地粗放扩张，农村集体建设用地大量闲置的双低效利用。

2. 价格机制滞后，城乡土地市场价格机制有待更新和探索

成渝地区未形成基准地价、标定地价定期公布制度，整体价格机制滞后。一方面，未定期更新的城镇土地基准地价在政策变化大及土地市场波动时期，其参考价值不高，更重要的是由于土地除受用途、区位、形状、土质、环境等因素影响外，还受宏观经济发展、消费水平、税收、个人偏好等影响，因此市场表现的价格与未及时更新的价格相差甚远；另一方面，价格机制滞后还表现在关于地票价格的制定也缺乏科学依据，无法科学、合理地界定地票的价格，以显化其承载的土地利用指标的应有价值。

3. 地票交易后劲不足，供大于求，谨防薄市场

地票制度在一定程度上盘活了闲置的农村资产，激发了农户的复垦热情，但地票供给区集体和农户源源不断地提供地票，而地票的使用率又远不足以消化时，就会造成供给过多，需求不足。而实际上，从地票年交易量和使用量来看，也可以发现持票者从购买地票到使用地票存在滞后效应，而复垦的宅基地数量又远大于年地票需求量，地票交易价格近年来也呈现一定下降趋势。因此，存在薄市场的风险。

（五）地方自下而上的制度创新

1. 以平台搭建为核心，深入构建农村产权交易平台体系

成渝地区围绕集体建设用地空间置换初步建立了全市统一的农村产权交易工作体系。首先，重庆早在2008年就建立了农村产权交易所，供地票交易，而成都在2008年建立农村资产交易平台后，搭建了成都范围内的市、县、乡三级农村产权流转信息发布和交易平台，建立了14个区（市）县分平台和257个乡镇农村产权交易服务站，培养了2 000多名农村产权信息员，构建了相对完善的"三级（交易）平台、四级（服务）体系"。其次，初步建立了农村产权电子交易与信息管理系统。搭建了基于电子商务模式的网络交易平台，开发了系统的交易软件，实现了电子交易和信息发布的市县乡三级覆盖，建立了"一站式"的农村产权交易服务平台，为农村要素对接资本市场提供了渠道保障。①

2. 盘活了农村闲置建设用地资源，深入构建农村产权交易制度体系

"地票"交易盘活了农村闲置建设用地资源，实现了大范围远距离的城乡资源配置，带动了城乡之间土地要素流转，其一方面盘活农村地区闲置的建设用地资源，提升农村特别是偏远地区的土地价值；另一方面能促进农民增收和改善农村生产生活条件，有利于实现城市反哺农村、发达地区支持落后地区发展的目的。同时，集体建设用地的指标交易是一种虚拟的指标交易，是一定程度上土地发展权价值转移的表现，可以促进集体建设用地产权价值的分离，也能在一定程度上丰富城乡土地市场交易形式。目前成渝地区集体建设用地交易已经纳入规范体系管理范畴。对市、县、乡三级农村产权流转交易平台实行统一交易规则、统一信息平台、统一服务标准、统一交易鉴证、统一交易监管、统一诚信建设的统一管理制度，并优化交易流程，提高交易效率，降低交易成本。

3. 以改革创新为动力，深入构建农村产权交易市场体系

从典型城市农村土地市场运作方式可以看出，成渝地区在地票交易制度的基础上，逐步探索集体经营性建设用地入市的多元化路径。以成都为例，2011年9月，成都农村产权交易所承担成都市"持证准用"建设用地指标交易试点任务。截至2015年末，累计成交建设用地指标917宗，交易金额140亿元。在此基础上，创新建立农村集体经营性建设用地流转交易市场，参照国有建设用地使用权出让方式，目前已经流转集体经营性建设用地88宗，流转金额7.22亿元，进一步盘活了集体土地资产，增加了农民和集体经济组织的财产性收入，逐步推动了

---

① 作者根据相关政府网站数据整理。

城乡建设用地同地、同权、同价。还从农村土地综合整治项目着手,以项目推介、路演等方式,积极创新涉农项目投资推介和投融资模式,成功促成了 12 宗农村土地综合整治项目融资 8.34 亿元,积极促成了邛崃等市县发展农业产业项目 9 个,总融资 15.4 亿元,其中融资上亿元的项目 5 个。[1]

四、环渤海地区土地市场培育与运作模式

(一)城乡土地市场发育情况

环渤海地区又叫作"环渤海经济区",是指环绕着渤海全部及黄海的部分沿岸地区所组成的广大经济区域。包括北京、天津两大直辖市及河北、辽宁、山东、山西和内蒙古中部地区,共五省(区)二市。全区陆域面积达 112 万平方千米,总人口 2.6 亿人,共有城市 157 个,约占全国城市的 1/4,其中城区人口超百万人的城市有 13 个。与珠江三角洲和长江三角洲不同的是,环渤海经济区是一个复合的经济区,由三个次级的经济区组成,即京津冀圈、山东半岛圈和辽宁半岛圈。随着全球生产要素继续东移和国内改革重心北上,该区域继长三角和珠三角地区后,成为经济增长第三极,在工业化、城镇化快速推进过程中,耕地面积持续减少、建设用地面积逐年扩张,土地非农化规模和速度不断扩张,农村集体建设用地"空心"、闲置现象普遍(王国刚、刘彦随,2013;杨忍等,2015)。

尽管该区域不少城市列入集体建设用地入市 33 个试点,但整体来看由于该地区对集体建设用地的需求不足,集体建设用地闲置较多,供给充分,因此整体表现为需求不充分市场。以天津市为例,2004~2015 年间,天津市除了静海区农民人口数呈上升趋势,其余各区农民人口数呈现平稳下降的趋势,如图 4-6 所示(市内六区农村人口过少,在此文中忽略不计)。由于村庄人口急剧减少,留下大量的"空心房""空心村",土地闲置现象较为严重。从村民的角度,有很强的意愿通过整理宅基地,通过集体建设用地流转获得土地收益。因此,农村宅基地是集体建设用地流转的主要潜力来源。另外,由于村镇企业缺乏先进的技术、系统的管理经验及大量的资金支持,与城镇产业结构层次较高的企业相比,缺乏竞争力,村企不断被淘汰,且外出打工的村民中青壮年所占的比重较大,村镇企业缺乏劳动力来源,导致大量的村镇企业倒闭。同时,农村集体建设用地规划较差,村镇企业容积率低,土地粗放利用现象严重,低效的产业用地也成为集体建设用地流转资源。

---

[1] 根据成都农村产权交易所数据整理。

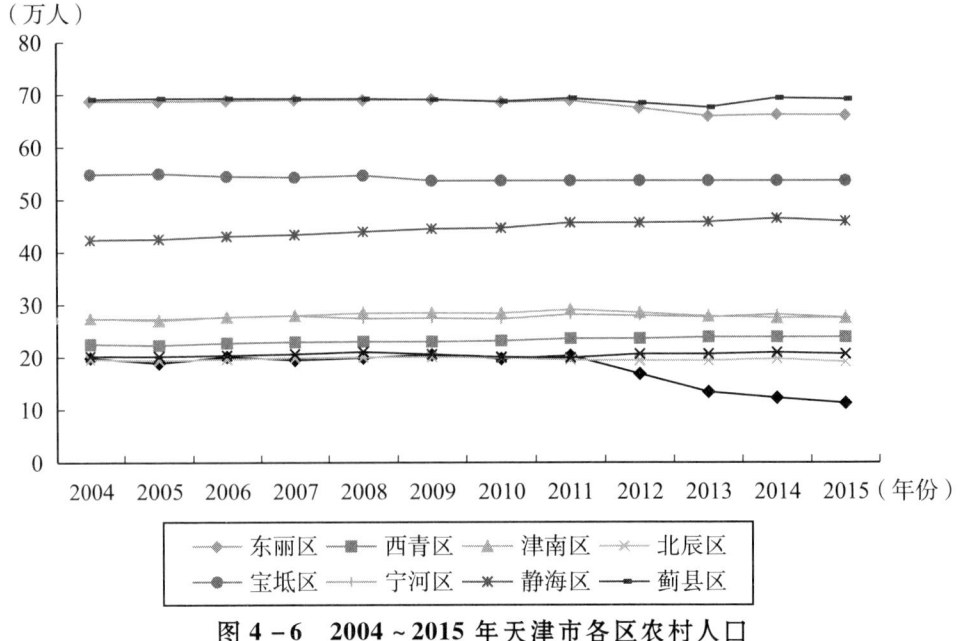

图 4-6 2004~2015 年天津市各区农村人口

注：大港区、塘沽区、汉沽区于 2009 年 11 月撤区并入天津市滨海新区，本书为了统计方便，将 2008~2009 年三个区域数据统一为滨海新区。

1. 国有建设用地供需预测

2014 年天津市国有建设用地总供应量为 5 675.9326 公顷，其中新增面积为 2 932.2242 公顷，占总供应量的 51.66%，如表 4-5 所示。由此可以看出近几年新增建设用地指标量较多。根据《天津市城市总体规划（2015~2030 年）》规定人均城镇建设用地面积不超过 114 平方米。

表 4-5　　　　　　　2014 年天津市国有建设用地供应

用地性质	宗地数（块）	供给面积（公顷）	新增面积（公顷）	出让面积（公顷）	出让成交价格（万元）
商服用地	294	292.6666	174.4902	289.7503	968 995.8
住宅用地	256	1 029.165	555.3261	636.7103	5 983 707
工矿仓储用地	428	2 329.427	1 778.735	2 329.146	836 202.9
其他用地	1 111	2 024.674	423.6729	251.67787	189 791.3
总面积	2 089	5 675.9326	2 932.2242	3 507.28447	7 978 697

资料来源：土流网，2014 年天津国有建设用地供应。

2. 集体建设用地供需预测

天津市农村宅基地普遍存在居民住房户均面积较大、实际使用面积较小的情况。根据天津市国土部门统计数据，截至 2014 年底，天津市农村集体建设用地总面积达到 142 620.1 公顷，农村总人口数为 368.55 万人，人均集体建设用地约 387 平方米/人，如表 4-6 所示。根据《村镇规划标准》规定农村人均集体建设用地面积不超过 150 平方米，农村集体建设用地可供给潜力为 87 339.1 公顷。

表 4-6　　　　2014 年天津市各区农村居民点及道路面积　　　单位：公顷

区县	农村居民点	农村道路	区县	农村居民点	农村道路
滨海新区	13 240.09	1 299.11	武清区	20 060.73	3 340.29
东丽区	8 861.72	314.66	宝坻区	18 726.88	1 842.53
西青区	7 749.2	771.64	宁河县	8 440.85	1 295.05
津南区	8 207.16	358.2	静海县	14 087.09	4 767.68
北辰区	6 646.03	642.54	蓟县	19 438.71	2 529.96

资料来源：根据天津市 2014 年土地利用变更数据整理。

3. 城乡建设用地供需比较

农村集体建设用地的需求来源除了自身内部消耗，主要源于城镇化发展对国有建设用地的需求量与国有建设用地供给不足造成的用地缺口。根据 2020 年天津市国有建设用地供应量为 5 402.62 公顷，建设用地需求预测为 5 968.73 公顷，计算得出天津市 2020 年国有建设用地缺口为 566.11 公顷。由于国有建设用地征地指标是有限的，需要释放集体建设用地空间弥补缺口，但计算出农村集体建设用地可供给潜力为 87 339.1 公顷，可以看出天津市农村集体建设用地供给远远大于集体建设用地需求。[1]

通过城乡建设用地供需比较和缺口分析发现，天津市近几年对集体建设用地需求并不多，达不到土地流转的要求，在社会进步、经济发展和用地配置三个方面不会取得较高绩效水平。分析其原因，当供给远远大于需求时，容易造成集体建设用地供给方压低价格恶性竞争现象，导致土地粗放利用，并为增加农民收入对企业要求较低，易引进高污染、技术含量低、资源消耗大、产业结构层次较低的企业。因此，近几年天津市并不适合开展大规模的集体建设用地流转，是集体

---

[1] 作者根据相关政府网站数据整理。

建设用地需求不充分市场。

(二) 主要流转方式

由于该区域对集体建设用地需求不充分，但城镇化人口外流严重，"空心房""空心村"普遍，集体建设用地流转主要围绕宅基地退出展开，形成诸如"宅基地换房""一分离一结合"等多种宅基地退出模式。与长三角、珠三角、成渝地区的城乡土地市场情况不同，由于该区域整体市场经济不如长三角和珠三角，除北京等部分地区小产权房活跃外，整体市场机制不够活跃，而"三权分置"以前集体建设用地入市中宅基地直接入市受限，导致自发直接入市先天不足，加之对建设用地的需求不似成渝地区大，虚拟指标交易动力不足。因此，该区域农村集体建设用地入市活动，主要由政府主导进行，随着城乡统一建设用地市场全面推进，各地职能部门交流学习、相互考察，使得环渤海地区集体经营性建设用地形成了出让、出租、转让、转租等直接入市模式，整治、作价入股、抵押等间接入市，以及逐步兴起的宅基地使用权租赁入市。

(三) 典型城市农村土地市场运作程序和运作模式

1. 北京大兴入市与征收结合模式

大兴区地处北京南部，是京津冀协同发展区和环渤海经济圈的战略结合点，下辖14个建制镇和8个街道办事处，总面积约1 052平方千米。截至2014年末，全区常住人口154.5万人。2015年，大兴区地区生产总值实现510.2亿元，比上年增长7.4%。开发区地区生产总值实现1 081.4亿元，比上年增长8.4%。截至2014年，大兴区存量集体建设用地6 143宗，面积5 386.67公顷；集体经营性建设用地3 136宗，面积2 759.98公顷；已自发流转2 328宗，面积2 117.29公顷。北京大兴主要将"入市"与"征地"相结合，首先根据公益性征地范围划分范围，制定土地征收目录；其次，根据征地范围，编制、调整土地利用规划。在此基础之上，大兴区集体经营性建设用地入市试点主要进行了"五个探索"：第一，探索"镇级统筹"模式，实现了以镇为基本实施单元推进试点改革的新方式；第二，探索新型入市主体，建立镇集体联营公司，修改《大兴区农村集体经营性建设用地入市试点入市主体及组织运行管理暂行办法》，规范入市主体；第三，探索确立了以调整入市为主的途径，全区95%以上的用地实行调整入市；第四，探索挂牌出让入市方式，首拍地块西红门镇2号地小B地块40亩使用权以8.05亿元的价格成功交易；第五，探索建立了兼顾国家、集体、个人的土地增值收益分配机制，农民收入实现稳步增长。①

（1）地块基本概况。

西红门镇地处北京南部，北与丰台接壤，南临黄村卫星城，是北京的南大门。镇域面积31.2平方千米，有汉、回、满三个主要民族，人口5.5万人，其中户籍人口2.5万人。截至2017年7月，全镇经济结构中第一、第二、第三产业占比为3%、42%、55%。全镇1 700余家企业全部为股份制、股份合作制及民营、私有企业。通过改制，充分调动了企业的积极性，如星光集团，其经济收入占全镇经济总量的1/5，规模大、科技含量高，并且是西红门镇的纳税大户，再如金鹰公司，仅2000年就纳税近2 000万元。四村是西红门镇城乡接合部问题的缩影，B地块隶属四村产权。该地块位于京开路东侧、马家堡西路南延西侧、南五环北侧，西至规划五路、北至规划二路、南至和东至为绿地，建设用地面积2.67公顷（40.05亩），规划建筑面积5.34万平方米。②

（2）地块具体做法。

①前期准备。

第一，调整规划编制。2012年7月，完成《大兴区西红门镇城乡结合部整体改造试点规划》，将全镇集体建设用地集中布局于1号地、2号地、3号地、4号地、5号地，B地块位于2号地，用地性质为M9，容积率为2.0。在B地块正式入市交易前，将用地性质明确为F81绿隔产业用地，容积率不变。第二，建立新型入市主体。按照"镇级统筹"要求，西红门镇组建了镇集体联营公司（北京盛世宏祥资产管理有限公司）作为入市主体。联营公司工商注册为有限责任公司，按照公司法人治理结构，建立股东会、董事会、监事会，制定完备的人事、财务等管理制度。联营公司本身是非营利性的，主要在发挥拆除腾退、土地入市、项目建设、利益分配等过程中发挥作用。第三，履行民主决策程序。西红门镇各村集体经济组织通过民主程序，实现"一次授权、全权委托"，把土地使用权全权交给镇集体联营公司（授权内容：用地报批、整治开发、拆除腾退、规划建设、入市交易、合同签订、运营管理、收益分配等），满足公司作为入市主体的资格。第四，创新拆除腾退办法。根据农村集体经营性建设用地所有权不变的情况，采取拆除腾退办法，实行"房地分离"的补偿思路，即只补房不补地，每平方米拆除腾退补偿价约为1 400元。

②入市交易。

第一，联合审批。发挥项目入市审核委员会联审联批的作用，一次性联合审批通过多个事项，杜绝出现各个单位的评估互相前置的情况，避免互相影响

---

①② 根据《北京大兴年鉴2018》相关数据整理。

审批时间。第二，提前明确企业竞争条件。针对 B 地块绿隔产业用地（F81）性质，在入市挂牌文件中明确提出 5 个要求：参与竞争企业要满足投资强度不低于人民币 1.2 亿元/公顷、年纳税额不低于 400 万元/公顷、项目及经营公司在本地注册及建设税需在本地缴纳、优先安置本镇劳动力就业等条件，并在项目用地内选取 3 400 平方米建筑物作为履约保证。明文规定不许"商改住"，不允许发展"禁限产业"。第三，建立统一交易平台。所有的集体经营性建设用地必须通过城乡统一的平台进行交易，B 地块交易平台是北京市土地交易市场大兴分市场。第四，成功完成挂牌入市。2016 年 1 月 15 日，西红门镇农村集体经营性建设用地 2 号地小 B 地块 40 亩使用权挂牌出让，有意向竞买者超过 100 家，有 10 余家实力雄厚的企业参与竞价，最后由北京某房地产开发有限公司以 8.05 亿元竞得。第五，实现使用权证抵押贷款。制定出台《大兴区农村集体经营性建设用地融资指导意见》，打通集体土地从整理到建设再到运营"三块钱"。北京某房地产开发有限公司已经完成 B 地块土地使用权证抵押贷款，向银行贷款 5.6 亿元，贷款期限 2 年，年利率 9.9%。

③利益分配。

按照《大兴区关于农村集体经营性建设用地入市土地增值收益调节金征收和使用规定》，B 地块入市土地增值收益调节金征收基数和比例是土地成交总价款的 12%，调节金由全区范围内统筹使用，扣除调节金和各项入市成本后，其余入市收益由西红门镇集体联营公司按照各村以地入股的股权进行分配。已分配到各村的土地增值收益，村集体经济组织和成员之间的分配比例按照各股份合作社在 2010 年产权制度改革时所确定的比例执行。按照上述办法，B 地块出让收入 8 亿元，分配安排大体是"1∶1∶3∶3"，其中 1 亿元交调节金，1 亿元支付农民保既得收入，3 亿元偿还贷款，3 亿元用于前期腾退。与 2013 年相比，入市后西红门镇四村人均保既得收入增长了 6 800 元，达到 1.98 万元。

2. 辽宁海城市多元主体入市模式

海城市被纳入农村土地制度改革三项试点地区，主要涉及集体经营性建设用地直接入市。海城市位于辽东半岛腹地，地处沈阳经济区之中，北靠钢都鞍山和省会沈阳，南邻港口城市营口、大连，东接煤铁之城本溪及边境城市丹东，西与油田新城盘锦隔河相望。全境总面积 2 732 平方千米，人口 109.7 万人。2016 年末全市户籍人口为 1 080 128 人，比上年末增加 844 人，其中，城镇人口为 305 466 人，占总人口比重为 28.28%。2016 年，海城市全市地区生产总值 500.1 亿元，属于辽宁省乡镇经济发达城市，现有集体建设用地 2.5 万公顷左右，其中宅基地和公共设施占 2.4 万公顷，乡镇企业用地 397.37 公顷，其他建设用地 174.39 公顷。按照现行的规划，土地利用总体规划确定的城镇建设用地范围内的集体建设用地 0.45 万公顷，占建设用地规划总量的 18.1%，规划确定的城镇建设用地范围内以外的建设用地 2.05 万公顷，占建设用地总量的 81.9%。[①]

（1）主要做法。

海城市成立了农村集体经营性建设用地入市试点工作领导小组，先后制定了《海城市农村集体经营性建设用地入市主体决策管理办法》《海城市农村集体经营性建设用地入市主体收益使用监督管理办法》两项制度，明确了委托主体、决策内容、方法程序。制定了《海城市农村集体经营性建设用地入市出让评审管理办法》《关于公布海城市集体经营性建设用地基准地价的通知》两项制度，确定指导价格、出让底价、成交价格。根据出让底价，由土地储备交易中心拟定出让方案，进行入市交易，形成成交价格。制定了《海城市农村集体经营性建设用地使用权交易规则》《海城市农村集体经营性建设用地使用权招标、拍卖、挂牌出让管理办法》等 5 项制度，完善了入市交易规则。还制定了《海城市农村经营性建设用地增值收益分配使用管理办法》《海城市农村经营性建设用地使用权出让收支管理办法》两项制度。同时，建立了供后服务监管体系。一是建立了批后监管机制；二是明确了收益使用监督机制；三是探索了他项权利保障机制。

（2）运行情况。

截至 2017 年 7 月，海城市已流转集体建设用地共计 563 宗，其中以乡镇农民集体为主体的流转有 229 宗，以村农民集体为主体的流转有 215 宗，以村民小组为主体的流转有 119 宗。已流转的集体建设用地总面积为 3.97 平方千米，其中以乡镇农民集体为主体的流转有 2.001 平方千米，以村农民集体为主体的流转有 1.41 平方千米，以村民小组为主体的流转有 0.56 平方千米。2015 年 11 月，通过"五查五定"，海城市存量集体建设用地共 1 485 宗，面积 824 公顷，可直接入市的有 358 宗，253 公顷。同时，开展了权属来源核查，权属定人。[②]

（3）典型地块案例分析。

①镇集体为入市主体。海城市鼎诚合金钢铸造厂集体经营性建设用地，面积 4 743 平方米，为镇集体所有。入市协议出让价格为每平方米 235 元，总额为 111 万元，扣除土地整理成本 77 万元，土地整理成本为每平方米 163 元，土地增值收益为每平方米 72 元，增值收益总额为 34 万元，按照国家和集体 3∶7 的分配比例，国家土地增值收益调节金为 10.2 万元，镇农业开发公司收益为 23.8 万元。目前，该企业已取得集体建设用地使用证，并在海城市农村信用社办理了抵押贷款，贷款金额 70 万元，成为海城市集体经营性建设用地入市第一证及第一贷。[③]

---

① 根据《鞍山市统计年鉴 2017 年》相关数据整理。
②③ 根据鞍山市自然资源局网站数据整理。

②村集体为入市主体。牌楼镇梨树村高品质碳酸钙项目集体经营性建设用地，面积是 69 265 平方米，为村集体所有，主要通过析木镇老达堡占地 74 894 平方米的村办集体砖厂复垦后腾出的农村集体经营性建设用地指标调整解决，原为村办集体砖厂，复垦后验收入库建设用地指标 63 000 平方米。该宗地挂牌出让底价每平方米 230 元，总额为 1 593 万元，成交价与底价一致。该宗地的土地成本为每平方米 198 元，增值收益为每平方米 32 元，收益总额为 221.65 万元。政府按增值收益总额的 30% 提取增值收益调节金 66.49 万元。村集体经济组织取得土地增值收益为 155.15 万元。在建新地块和复垦地块宗地所在村按照 6∶4 分配，其中在建新地块所在梨树村取得增值收益 93.09 万元，复垦地块所在老达堡村取得 62.06 万元。①

（四）土地市场培育特点、主要问题和制度障碍

1. 建设用地流转缺乏法律意识，未完全进行市场化操作

现阶段该地区集体建设用地流转主要发生在村集体、熟人和周边村大户之间，多为口头协议，且流转给企业的相对较少。由此引发的改变土地用途、侵害双方利益事件也时有发生。且由于供需双方多采用口头协议等非正规契约形式，一旦产品市场行情发生变化，导致预期收益产生波动，易出现短期操作行为，不仅会出现单方面违约的情况，甚至会影响土地的长期利用。

2. 流转信息网络平台及保障机制建设仍待加强

虽然有的区县已经建立了市和区县二级的农地流转信息网络平台，但在现有参与土地流转的农户中，最终通过当地农地流转信息网络平台完成土地流转交易的比例不足 30%。然而农地流转信息网络平台并没有显示建设用地流转信息，现阶段集体建设用地多为私下流转，存在暗箱操作、生态环境影响评估不足、耕地质量难以保证、权属调查和收益分配不规范、与相关规划的衔接缺乏科学性等多方面的问题权属纠纷等现象严重，交易双方利益得不到有效保障。

3. 相关的配套性规定或措施不完善

由于各地农村集体建设用地流转均处于试点、试行阶段，而集体建设用地流转是一个全新的实践探索，也是一项系统工程，涉及流转土地的产权关系、流转的价格机制、收益分配机制等很多问题，单纯依靠单个规定很难将其全面规制到位。比如，为保障农民权益不受侵害，多数法规都规定"初次流转要求经村民代表大会表决 2/3 以上村民代表同意"，那么在一般很难一致同意的情况下，少数不同意流转的村民权益如何保障，在实践中又如何防止同一地段"国有地价"和"集体地价"的不对等、如何实现集体土地流转最低保护价制度等，这些问题还需要更多的法

---

① 《辽宁省海城市"一核两翼"助力农村集体经济发展》，载于《农民日报》，2018 年 6 月 22 日。

律、法规来规范，这也是规范农村集体建设用地流转需要不断完善的地方。

（五）地方自下而上制度创新

1. 实施土地基金管理的融资模式

土地基金是以土地资源为载体，通过利用基金良好的管理模式，将原本零散的土地集中起来，村集体作为土地基金的召集机构将分散在农户手中的零散土地集中起来进行开发利用，而农户将土地流转给村集体或土地基金管理会，并按照一定的标准折成相关费用作为参加基金会的入会费，土地基金会统一对土地进行开发建设，以土地基金为资本进行投融资运作和招商引资，而农民按入会费比例获取收益。分配给农民后剩余土地收益或其他资金，用于土地整理开发及基础设施建设等，这种模式在北京近郊区已有一定应用，并取得了一定的成效。如北京市大兴区榆垡镇采取用地单位以土地补偿费为会费入会，平均每亩 5 万元，作为土地基金。并按照大兴区的《土地基金会章程》，成立了土地基金管委会。章程规定土地基金作为专项资金，在管委会的领导下开展工作。调拨时需管委会主任、存储账户银行、相关村的委员三方会签才能实现。

2. 建设租赁房出租模式

2010 年初，为了更好地解决政府间保障性住房的资金和土地难题，北京市政府批准在集体土地上建设租赁房的试点方案。截至 2017 年 7 月，已有包括唐家岭在内的 5 个农村集体经济组织提出申请，准备建设 1 万多套租赁住房。2010 年 12 月 16 日，昌平区北七家镇海鹛落村［中心起步区（海鹛落新村建设）一期］项目正式开工，成为政府许可下北京市首个在集体土地上建设的可租赁房屋，现已建设完成。项目完全由村集体出资建设，主要配租对象是紧邻村东的中关村科技园内企业人员。租金将参照市场价格，由科技园企业和村委会协商后签订。为了保证村民能获得永久收入，村建租赁房"只租不卖"，由市场调节房租，所得收益归村民集体所有。其项目所获租金，除了 30% 用于集体再发展，其他按照股份分红给农民。2017 年底，北京、上海、武汉等 13 个城市已正式确立为集体建设用地建设租赁住房试点城市，随着宅基地所有权、使用权、资格权的三权分置展开，宅基地市场将逐步开放。

3. 建立有形的市场交易中心，完善市场服务体系

在试点区县设立城乡统一建设用地交易中心，确定基准地价，从交易信息的收集、整理到发布，从土地交易咨询到地价评估，法律公证和交易成功后的土地登记等各种中介服务措施，都安排到位，为集体建设用地的交易提供"一条龙"的服务，建设公开、公平、公正、高效的城乡统一建设用地市场。

五、其他试点地区土地市场培育与运作模式

(一) 湖北鄂州"五权两指标"交易模式

鄂州市以被中央列为湖北省城乡一体化发展试点区和综合改革示范城市和被国土资源部宏观调控司列为基层联系点为契机,2012年5月,经鄂州市机构编制委员会批准设立,委托鄂州市国土资源局管理,接受市农村综合产权交易监督管理委员会监督的鄂州市农村综合产权交易中心正式成立,主要负责农村土地承包经营权、水域滩涂养殖权、农村房屋所有权、林权、集体建设用地使用权等农村产权流转,以及建设用地挂钩指标和耕地占补平衡指标等交易活动,鄂州市正式开始试行地票交易制度,该制度即"五权两指标"交易模式。2012年6月13日,鄂州市确定华容区蒲团乡石竹村、段店镇四份村、临江乡芦洲村、梁子湖区涂家垴镇张远村为第一批鄂州地票交易试点村。2013年鄂州又开展了第二批指标交易,并将华容区临江乡大湖村、段店镇中湾村、鄂城区泽林镇团结村和建新村、杜山镇路口村、杨叶镇团山村、梁子湖区太和镇花贺村、涂家垴镇、梁子镇茅塘村和沼山镇牛山村等列为指标交易试点村。2012年9月28日,第一宗建设用地挂钩指标和耕地占补平衡指标交易成功,交易面积56.12亩,交易总额达898万元。

鄂州市地票交易主要由复垦农村集体建设用地、验收合格产生指标、指标收储交易、指标捆绑落地等步骤构成。首先,以乡政府为主体申报土地复垦项目,在市国土局批准以后对拟拆迁的房屋进行综合估价,在农民自愿参加的条件下协商好赔偿以及安置工作并与房屋所有权人签订拆迁合同,将农民宅基地按照给定的标准复垦为耕地。其次,在市国土局等相关土地管理部门的监督下,对新复垦的耕地进行验收,按照要求对其进行面积以及质量的检查,验收合格后方可产生指标。再次,产生的指标先由市城投公司临时收储,再通过农村产权交易中心进行交易,以16万/亩的交易指导价出售给企业或开发商。最后,将地票与国有经营性建设用地使用权进行捆绑,实行持证准用制度,凡是在鄂州市区购买国有建设用地使用权的单位或个人必须同时具有相等面积的指标。

为了规范鄂州地票交易,使地票交易稳步推进,鄂州市先后出台了《鄂州市指标交易管理暂行办法》《关于建设用地挂钩指标基准价格的公告》《关于完善土地交易制度促进农村土地综合整治和新社区建设的实施意见(试行)》等相关文件,不断完善相关配套政策。在充分考虑到拆旧建新成本以及当地物价水平的基础上,由市政府同意,将指标交易价格统一定为16万/亩,与宅基地拆旧建新成本大致相当,略高于废弃工矿用地复垦成本。在指标交易收益分配方面,按不

同的复垦主体进行分配，当村集体与农民组织拆旧复垦时，土地指标交易的增值收益为村集体与农民所有；当村集体委托政府相关复垦机构或开发商进行拆旧复垦时，土地指标交易增值收益由双方协商签订的合同为准。此外还规定指标交易价款的4%作为市、区、乡政府土地指标交易管理费用。同时，鄂州市还对复垦成本、交易成本进行规定，分别按不高于2.5万元/亩和不高于0.4万元/亩进行核算，并以此价格作为审批新的项目实施方案的依据。

据鄂州市农村土地产权交易所统计，在2012~2015年的四年内，鄂州市总共完成206宗指标交易，累计成交面积7 660.90亩，累计成交金额122 570.6万元，交易价格均为16万/亩。[①]

（二）山西泽州"零存整取"规模入市

2015年1月，泽州县被指定为我国33个农村集体经营性建设用地改革试点县之一，同年12月，国务院进一步批示，确定泽州为全国农村集体经营性建设用地入市15个试点县之一。试点工作开展以来，该县通过探索不同入市途径、不同入市方式、不同入市用途的地块入市，稳妥推进试点工作。根据最新资料显示全县已有13宗农村经营性建设用地通过出让、租赁、作价入股等方式入市，土地面积192.8亩。另有7宗农村集体经营性建设用地正通过调整途径入市，土地总面积640亩，调整入市实施方案已获批复，复垦土地已通过验收。

泽州集体建设用地交易主要有就地入市、异地入市和城中村改造入市三条入市途径。为加快试点运营，该县成立了工作领导组，制定完善了《农村集体经营性建设用地入市管理办法（试行）》等13项相关制度，分别从试点工作程序、耕地保护、土地收益分配、村级组织管理、权益保障、风险评估等方面规范了工作。

2015年12月1日，泽州县农村集体经营性建设用地首宗地块入市，首宗土地的成功交易，标志着泽州县入市试点工作由"建制度"阶段全面转入"试制度"阶段。入市地块位于泽州县金村镇金村村，地块面积为23.5亩，用地性质为工业用地，入市途径为就地入市，入市方式为土地租赁，租赁期限20年，每年租金为11.75万元。其中，金村村可留土地收益9.4万元（村集体可留土地收益2.82万元，村民可分配收益6.58万元），上缴县财政土地增值收益调节金2.35万元。[②]

2017年3月27日，川底乡和村村一宗农村集体经营性建设用地成功入市，是泽州县第五宗农村集体经营性建设用地入市。该宗地面积为33.41亩，入市项目为晋煤集团寺河煤矿二号井一期300万吨/年选煤厂项目，入市途径为就地入

[①] 根据鄂州市农村土地产权交易所网站数据整理。
[②] 山西新闻网，《我省首宗集体经营性建设用地成功入市交易》。

市，入市方式为协议出让，土地用途为工业用地，土地使用权年限为50年，土地使用权总价为528.31万元。2017年4月5日，南村镇孔匠村一宗农村集体经营性建设用地成功入市，是泽州县第十六宗农村集体经营性建设用地入市。该宗地面积4.91亩，原土地用途为村办硫铁矿厂，入市项目为山西恒力达电梯有限公司电梯销售和维修站项目建设用地，入市途径为就地入市，入市方式为土地租赁，土地用途为商业用地，租赁期限20年，土地使用权租金总额为63万元。项目建成后主要用于商业，可以带动孔匠村及周边经济的增长。2017年4月10日，在大东沟镇西刘河村完成我县首宗农村集体经营性建设用地调整入市，也是泽州县第十七宗农村集体经营性建设用地入市。该宗地面积11.24亩，其中调整入市面积9.75亩，入市项目为山西金驹煤电化股份有限公司6MW分布式低浓度瓦斯发电站项目建设用地，入市途径为调整入市，入市方式为土地租赁，土地用途为工业用地，租赁期限20年，土地使用权租赁总价为117万元。该宗地的调整入市，实现了泽州县农村集体经营性建设用地三种入市途径的全覆盖（见表4-7）。[①]

表4-7　　　　　　　　典型交易地块分析表

时间	位置	面积（亩）	用地性质	入市途径	入市用途	期限（年）	用途	收益（万元）
2015年12月	金村村	23.5	工业	就地入市	租赁	20	商贸	11.7/年
2017年3月	和村村	33.41	工业	就地入市	协议出让	50	选煤厂	528.31
2017年4月	孔匠村	4.91	商业	就地入市	土地租赁	20	企业	63
2017年4月	西刘河村	9.75	工业	调整入市	作价入股	20	发电站	117

资料来源：晋城市规划和自然资源局网站。

泽州的做法：一是盘活了存量土地。一方面，全面激活了农村土地资产，大片闲置荒废的农村企业遗留厂房，通过试点入市，重新获得收益；另一方面，一些零散的农村矿业用地得到整合，集中调整后投放到一个区域，通过"零存整取"实现最大价值。据了解，通过入市，相关村集体在土地使用期限内共可获得土地收益5 398.204万元，同时政府共收缴土地增值收益调节金525.45万元。二是优化了招商环境。通过农地入市，使项目建设进地难、用地审批时限长、征地资金压力大等"老大难"问题得到极大缓解，从而优化了招商引资环境，推进了项目落地、建设、投产，增加了县域发展后劲。三是提升了群众获得感。农村集体经济组织在选取项目、确定成交底价、入市方式、使用年限、收益分配等方面自主决策，有权益获得感；农村集体和群众得到了具体收益，且收益比土地征收

---

① 根据晋城市规划和自然资源局网站数据整理。

大幅度提高，有利益获得感。在目前已入市的17宗农村集体经营性建设用地中，有两宗通过出让方式入市，村集体土地出让纯收益547.68万元，3宗通过租赁方式入市，村集体每年可得到租金收益16.895万元，8宗通过作价入股方式入市，土地入股金额共计1 355.02万元，每年村集体分红达100.32万元。①

自从泽州县成为试点以来，集体经营性建设用地一直在不断推进，目前全县已有多宗集体经营性建设用地通过出让、租赁、作价入股等方式入市，土地面积192.8亩。另有7宗农村集体经营性建设用地正通过调整途径入市，土地总面积640亩，调整入市实施方案已获批复，复垦土地已通过验收。先行先试，大胆突破，"土地入市"取得了阶段性成果。一是盘活了存量土地。据了解，通过入市，集体在土地使用期限内共可获得土地收益5 398.204万元，同时政府共收缴土地增值收益调节金525.45万元。二是优化了招商环境。通过农地入市，使项目建设进地难、用地审批时限长、征地资金压力大等"老大难"问题得到缓解，推进了项目落地。三是村集体每年可得到租金收益，提升了群众的获得感。②

第二节　典型地区土地市场运行风险分析

一、指标交易市场土地运行风险——以湖北鄂州为例

鄂州市地处湖北省东南部地区，长江中游南岸，西与武汉接壤，东与黄石毗邻，北与黄冈相望，版图总面积1 594平方千米，其中耕地面积为61.7万亩，林地面积为38万亩。介于东经114°32′~115°05′，北纬30°00′~30°06′之间。鄂州市地势东南高、西北低、中间低平，北部为长江冲积阶地，东部和南部为丘林地貌，北部为岗状平原，中部为湖积平原，市域范围内最高海拔为485.5米，最低海拔为11.7米。鄂州市境内湖泊众多，有大小湖泊133个，其中最大的梁子湖是我国十大淡水名湖之一，有300多平方千米，鄂州市被誉为"百湖之市"。③

2014年末，鄂州市户籍人口为110.18万人，常住人口为105.88万人，其中城镇人口为67.32万人，城镇化率为63.58%。2014年，全年实现生产总值686.64亿元，比2013年增长9.7%，其中，第一产业增加81.15亿元，比上年增长5.3%；第二产业增加407.19亿元，比上年增长10.1%；第三产业增加198.30

---

①② 根据晋城市规划和自然资源局网站数据整理。
③ 根据《鄂州市统计年鉴2015》数据整理。

亿元,比上年增长 10.5%,人均生产总值达到 6.49 万元,比上一年增加 0.51 万元,增长 8.46%。固定资产投资 698.03 亿元,增长 22.1%。外贸出口 2.04 亿美元,增长 15.6%;进口 3.15 亿美元,增长 0.2%。城镇居民和农村居民的人均可支配收入分别为 2.28 万元和 1.27 万元,分别增长了 9.37% 和 12.23%。[①]

(一) 鄂州土地指标交易现状与风险评估理论分析概况与存在问题

1. 鄂州土地指标交易现状与存在问题

据鄂州市农村土地产权交易所统计,在 2012~2015 年的四年内,鄂州市总共完成 206 宗指标交易,累计成交面积 7 660.90 亩,累计成交金额 122 570.6 万元,交易价格均为 16 万元/亩。其中 2012 年成交 20 宗,成交面积为 1 057.65 亩,成交金额为 16 918.9 万元;2013 年成交 57 宗,成交面积为 2 109.30 亩,成交金额为 33 748.8 万元;2014 年成交 113 宗,成交面积为 3 805.60 亩,成交金额为 60 889.2 万元;2015 年成交 16 宗,成交面积为 688.35 亩,成交金额为 11 013.7 万元。从 2012 年鄂州地票开始实行以来到 2014 年底,鄂州地票交易数量、交易面积以及交易金额呈大幅度增加的趋势,连续两年实现翻倍增长,交易价格一直保持在 16 万元/亩(见表 4-8)。

表 4-8 鄂州农村产权交易所指标交易情况 (2012~2015 年)

项目	成交数(宗)	成交价格(万元/亩)	成交面积(亩)	成交金额(万元)
2012 年	20	16	1 057.65	16 918.9
2013 年	57	16	2 109.30	33 748.8
2014 年	113	16	3 805.60	60 889.2
2015 年	16	16	688.35	11 013.7
合计	206	16	7 660.90	122 570.6

资料来源:根据鄂州农村产权交易所数据整理。

鄂州土地指标交易实施 4 年以来,共成交了 7 660.9 亩指标,共计金额 122 570.6 万元,充分调动了农民群众参与土地指标交易的积极性,使农村面貌得到很大改善,使农民收入得到增加,使农村集体建设用地粗放利用和城镇建设用地紧缺的矛盾得到很好的解决,促进了土地资源的合理优化配置,成功地推动了土地制度改革。但是,鄂州市土地指标交易作为一个新兴的土地改革制度,仍然存在着许多问题:

(1) 鄂州市将土地指标交易与国有建设用地使用权出让进行捆绑缺乏法律依

---

① 根据《鄂州市统计年鉴 2015》数据整理。

据。鄂州市将通过土地指标交易获取地票作为国有建设用地使用权的竞买资格，实行持证准入制度，规定竞得人必须持有相同面积的地票，这种人为地设置前提条件的做法没有相关的法律依据。

（2）实施土地指标交易4年以来，指标交易的价格一直规定的是16万元/亩，没能够按照市场规律进行调整，缺乏市场机制的价格调控。另外，统一的交易价格没有充分考虑各个不同地区的实际情况，由于地理位置、经济环境等差异，各地拆旧复垦、安置建新的成本也会出现很大差别，在统一的交易价格条件下获取的收益也会存在很大差异。

（3）土地指标交易的收益分配仍需进一步完善。土地指标交易在实际操作过程中会遇到各种复杂情况，比如引进企业之后，由企业进行拆迁复垦和还建安置，然后企业又通过土地流转转入农民的耕地进行农业生产，由此产生的增值收益该如何进行分配。

2. 土地指标交易风险识别

土地指标交易风险识别是土地指标交易风险管理的第一步，也是整个土地指标交易风险管理系统的基础。土地指标交易风险识别是指在风险尚未发生之前，通过资料收集和调查研究等方法，将土地指标交易已经客观存在的风险和可能存在的潜在风险进行全面地识别和系统地分类，并分析各种风险发生的潜在原因和条件的过程。

（1）土地指标交易风险识别内容。

土地指标交易风险识别内容主要包括土地指标交易感知风险和土地指标交易分析风险两方面。

①土地指标交易感知风险，指的是全面了解土地指标交易过程中所面临的风险，包括已经客观存在的风险和尚未发生的潜在的风险，是风险识别的基础。

②土地指标交易分析风险，是指在土地指标感知风险的基础上，对引起风险的各种因素进行分析，是风险识别的关键。

（2）土地指标交易风险识别的方法。

土地指标交易的风险识别方法大致可以分为以下几种：

①流程图法，又叫生产流程分析法，将生产流程或项目过程按每一个阶段和环节进行逐个分类与研究，找出每个环节的风险点，进而对整个生产流程或项目过程风险进行识别。

②头脑风暴法，通常由一位主持人和多位成员组成，在主持人的带领下通过与会人员的发言与交流，集思广益，充分地发挥每个人的发散思维，然后进行总结归纳，最终可以整理出一份综合的风险清单。

③德尔菲法，也称为专家调查法，首先，选定若干专家参与调查；其次，通

过匿名的方式向各位专家发出调查函；再次，收回调查函并进行整理、归纳、汇总；最后，通过若干次的调查、回收、汇总、再调查之后，形成对于项目风险的一致性意见。

④访谈法，通过对该领域的相关人员、领导、专家进行访问，可以发现项目风险中平时难以察觉的风险。

此外，还有许多其他风险分析的方法，需要指出的是在实际操作过程中，会遇到各种复杂情况，可以将各种方法结合起来运用。

3. 鄂州土地指标交易风险识别

本书通过结合头脑风暴法、德尔菲法，在经过实地调查以及访问相关领导和专家之后，从鄂州土地指标交易主客体的角度出发，对指标交易进行风险识别。风险识别结果如表4-9所示。

表4-9　　　　　　　鄂州土地指标交易风险识别表

土地指标交易风险	对农民的风险	权益保障风险
		生产经营风险
		生活环境风险
	对政府的风险	政府决策风险
		社会治安风险
		财政收入风险
	对开发商的风险	市场风险
		贷款风险
		政策变动风险
	对耕地的风险	耕地数量减少
		耕地质量下降
		耕地撂荒

（1）对农民的风险。

农民作为农村建设用地的使用权人，是土地指标提供的主要供给来源，是鄂州土地指标交易的主要参与者，是指标交易的主体之一。虽然保障农民权益是鄂州土地指标交易成立之初的宗旨之一，鄂州市政府也先后出台了多项规定以保障农民利益，但由于农民在指标交易过程中本来就处于弱势地位，加上在实际操作过程中会遇到各种复杂情况，农民也会面临着权益受损的风险。

①权益保障风险。

首先，虽然土地指标交易设计之初明确规定要切实保障农民权益，在农民自愿参加的前提下开展拆旧建新工作，确保农民生活水平有所提高，使农民损失得到赔偿，并出台了相关的办法和规定对土地指标交易进行规范管理，但是在实际实施过程中，难免会遇到因为资金不到位、政府工作人员寻租等原因引起的补偿不能够及时到位的情况。其次，在收益分配环节，虽然政府对土地指标交易分配制度提出了指导意见，但是对各参与主体之间的分配比例关系没有进行详细规定，尤其是政府、开发商、农民各自所占的比例，收益分配方式的透明度将直接影响到土地指标交易制度今后的健康发展，另外政府不仅是政策的制定者与管理者，也是相关利益的获得者，而农民是先天的弱势群体，在与政府和开发商的关系中处于弱势地位，由于政府的双重身份以及农民所处的弱势地位，难免会导致土地指标交易过程中农民缺乏公平，导致权益受损。再次，缺乏监督机构对土地指标交易中的收益分配进行监督管理，农民在交易过程中的知情权、参与权得不到保障，从而可能导致参与程度不够，不利于土地指标交易制度的推行。

②生产经营风险。

在拆旧复垦环节中，农民宅基地被拆除然后复垦为耕地，农民被集中安置到新的小区，这一拆迁—安置的过程会给农民的劳动生产带来不便。其一，由于拆旧区大多是以偏远地区为主，农民大多以农业生产为主要经济来源，很少有企业到偏远地区集中进行农地流转，农民的农地主要还是自己进行耕种。在安置过程中，农民被集中安置在新的小区进行居住，由于以前农村居住比较分散，而现在进行集中居住后通常会造成从宅基地到自己承包农地的距离增加，即耕作半径变大，会给农民的农业生产带来负面效应。在实际走访调查中发现，拆迁安置后有些农户的耕作半径甚至超过了2千米，农民下田劳动不得不骑摩托车或电动车，极大地降低了劳动效率。其二，由于有些地区给农民还建的是高层楼房，住在高层的农民进行农业生产的工具，比如锄头、农药喷雾器、手扶拖拉机等没有地方进行存放，收回来的粮食也没有院子和仓库进行晾晒和储藏，这也为农民的生产生活带来了很大不便。

③生活环境风险。

在项目实施之后，农民的居住地以及居住环境也会随之发生变化，农民离开自己生活多年的宅基地，进行集中居住，会面临着生活环境风险改变的风险。现行的拆旧建新安置方案主要有货币补偿自行安置、整村搬迁集中安置、就地安置等，对于货币补偿自行安置的农民来说，其将失去宅基地，只能自行购买商品房，对于集中安置的农民来说，由于其适应了常年的田园生活，进行集中居住之后由于生活习惯差异、生活方式差异等有可能引起各种不适应，此外由于集中安置可能不止一个村，还包括建新区被征地区的农民等，大量外来人口的涌入有可能导致治安状况发生变化。在项目实施过程中，拆旧复垦跟建新安置往往是同步进行的，农民的旧宅基地被拆除后不会立即搬进新的安置小区，政府的普遍做法是进行周转安置。周转安置又分为农民依靠亲戚朋友自行周转，政府提供周转补贴和政府设立周转区，为农民提供周转房两种形式。农民与政府、开发商签订周转协议，规定周转安置的方式、地点、时间以及补贴金额等，待安置房修建完毕并通过验收后，农民方可入住新的还建小区。在此过程中，由于政府规划安排、工程施工进度、项目资金等多方面原因，农民面临着不能按时入住新的还建小区，而被迫长时间处于"周转"状态的风险。由于政府提供的周转房往往是临时搭建的简易房屋，没有完善的水、电、煤气、物业、卫生等设施，农民的生活条件很艰苦，相比拆迁之前有很大落差。在实际调查中发现，一些地区由于开发商资金断裂或者新建安置小区检查审批问题，农民在拆迁之后一年多甚至两年都没能入住新的小区，远远超出了当时协议所签订的一年的周转期，长期低水平的周转生活使农民苦不堪言。

（2）对政府的风险。

政府是土地指标交易的主体之一，作为土地指标交易制度的决策者，应当对此制度的管理实施过程以及后果承担责任，同时，政府又是土地指标交易的参与者，参与了土地指标交易的过程。在此过程中，政府也面临着各种风险：

①政府决策风险。

政府作为土地指标交易的决策者，制定该政策的初衷是为了解决现在土地管理中遇到的农村集体建设用地资源浪费跟城镇建设用地紧张的矛盾，实现土地资源的合理优化配置，使城镇化能够得到有效推进，农民收入增加、生活水平得到改善。但在实际运行过程中会遇到诸如资金问题、工程进度、群体事件、项目审批、上级政府支持等各方面因素的影响。这些复杂的风险决策问题，对于政府领导的判断决策能力是一个很大的挑战，部分领导对于风险缺乏认识，没有能够采取必要的风险防范措施，在对风险进行决策时难免会产生错误判断，从而影响政策的执行，使人民权益受损，政府公信力下降，对国家造成不必要的经济损失。另外，由于我国政府管理体制发展尚不完善，在管理决策问题上大多采用分部门单一决策的形式，单部门的决策因为受人数、思维方式等限制，往往考虑不太周全，容易遗漏问题，这种缺乏多部门共同协作的决策方式很容易出现决策失误从而导致非常严重的后果。

②社会治安风险。

维护社会治安是政府四大主要政治职能之一，在土地指标交易过程中，政府也将面临社会治安的风险。其一，在拆旧建新项目过程中，会对拆旧区和建新区的农民进行拆迁，被拆迁的农民因为对拆迁补偿的期望过高，而政府的补偿标准未能达到其期望值从而产生心理落差。其二，农民离开原有的宅基地，集中居住之后，由于改变了固有的生产、生活习惯，会造成生产、生活成本增加，由于搬迁之后远离承包的农地，加上缺乏其他的工作技能，造成收入来源减少。其三，不同时间、不同区域之间的拆迁、安置补偿标准不一样，可能导致农民互相攀比、产生误会，认为缺乏公平。此外，在整个项目过程中政府工作的宣传是否到位、工作是否细致、利益分配是否公平、能否按时兑现承诺都有可能诱发社会治安风险，从而造成集体上访、拒绝搬迁、阻挠工程施工甚至暴力对抗等现象的发生。

③财政收入风险。

政府在开展土地指标交易的时候，为了推动该制度的发展、加快推进速度，往往会采取一些优惠措施。鄂州政府规定参与鄂州土地指标交易项目的企业，在建新的过程中可免除耕地开垦费和新增建设用地有偿使用费。鄂州市耕地开垦费为1.5万元/亩，新增建设用地有偿使用费为2.27万元/亩，通过土地指标交易政府财政收入就会减少3.77万元/亩，按照土地指标交易项目规划2 000亩/年的成交量来算，每年政府财政收入就会减少7 540万元。[①] 另外，为保证土地指标交易项目的顺利进行，政府还需在前期投入大量的人力物力进行道路、交通、水电等公共设施建设，政府的财政收入面临着不小的风险。

（3）对开发商的风险。

开发商作为土地指标交易的另一个主体，在土地指标交易中起着重要作用，开发商在拆旧复垦环节，作为复垦主体进行农村建设用地的拆旧复垦用以产生指标，在建新环节通过出售修建的商业区或住宅小区来获取利润。开发商的引入解决了政府以及农民进行指标交易所急需的资金问题，但其会受到如下风险的影响：

①市场风险。

理性开发商是以获取最大化利润为目的的，其参加土地指标交易的最终目的就是为了获得利润，但也容易受到市场风险的影响。由于鄂州土地指标交易中引进的开发商需要交纳16万元/亩的指标费用才能获取竞拍国有建设用地使用权的资格，高昂的价格条件限制了开发商只可能是拥有相对较高利润的房地产业。近年来由于经济发展速度的减缓，以及国家对房地产业的调控，使得房地产业受到影响，进而会对房地产商参与土地指标交易产生消极影响。出售修建好的房屋从而获利是开发商的最终目的，然而由于房地产市场形势不佳，购房需求不强烈则会严重影响到开发商的正常运营。对于鄂州这个经济发展程度尚不发达的三四线城市来说，开发经营性用地市场和住宅市场，开发商面临着来自市场风险的巨大影响。

②贷款风险。

开发商作为出资方参与整个土地指标交易项目，需向银行贷款以获取资金来进行拆旧复垦以及安置建新等一系列工作。资金链作为开发商进行投资活动的命

---

① 根据鄂州市网站相关数据整理。

脉，自始至终贯穿着整个项目投资过程。贷款作为开发商获取投资所需资金的最重要来源，对于开发商起着至关重要的作用。开发商通过抵押获取银行贷款后，需要在规定时间内偿还贷款，并支付一定比例的利息，如若不能按时偿还则会面临高额的利息甚至在无力偿还的情况下会导致开发商的破产。这样一来，建新拆旧工程能否按时完成以及工程完成后开发商能否及时将房屋出售以获取资金进行偿还就成了关键因素。由此看来，贷款风险也是开发商面临的一个重要风险。

③政策变动。

开发商在参与土地指标交易的过程中也将受到国家以及地方政府出台的各项政策的影响，其主要有土地政策、金融政策、税收政策等。土地利用总体规划、土地利用年度计划以及土地用途管制等土地政策直接影响到开发商是否能够拿到土地进行开发建设，也会影响到整个房地产业的发展。鄂州政府为推动土地指标交易的顺利进行，制定了减免新增建设用地有偿使用与耕地开垦费以及其他一些税收优惠的政策也在很大程度上调动了开发商参与土地指标交易的积极性。近几年来国家加强了房地产业调控，对房地产企业的囤地行为进行打压，并出台了限购令，限制人们购买二套房，并在一些地方试点征收房产税。国家相关政策的变动势必会对开发商造成不小的影响。

(4) 对耕地的风险。

耕地是人类赖以生存的宝贵资源，是粮食生产的主要生产资料，我国作为一个人口大国，必须保有一定量的耕地才能保障粮食安全，满足人们的吃饭问题，为此我国政府制定了耕地占补平衡制度、基本农田保护制度、高标准基本农田建设等，用以保护耕地的数量和质量。在土地指标交易过程中会涉及耕地的占用和建设用地复垦为耕地的情况，其对耕地保护产生一定的影响：

①耕地数量减少。

土地指标交易制度规定拆旧复垦为耕地的土地面积要与建新的面积相等，以确保耕地面积总量不减少，建设用地面积不增加。但是由于拆旧复垦的区域多为偏远农村地区，复垦的宅基地也多为零散状分布，面积一般较小，不能连接成片，很难进行规模化的种植，甚至有些还处在山区，不适宜耕种，而建新区占用的多为优质耕地，从而能够进行有效耕种的耕地面积有可能减少。此外，政府为了推动土地指标交易制度，尽快拿到指标，获取周转资金，会给部分用地企业采取优惠政策，允许其先使用部分指标进行开发建设，在一定时期内再进行拆旧复垦，这种先占后补的做法也可能导致耕地数量的减少。

②耕地质量下降。

虽然在土地指标交易中规定了复垦为耕地的宅基地、废弃工矿用地等农村集体建设用地需经过区县级土地主管部门的验收合格才能生成指标，但是在实际操作过程中,由于政府土地部门既是规则的制定者,又是拆旧复垦的参与者,这种受益人与审核人的双重身份难免会引起不公平的现象出现,即由于利益的驱使使政府有关部门产生寻租的情况,从而人为地降低对复垦的要求,产生占优补劣的现象,使耕地质量得不到有效保证。另外,政府也有可能为了加快推进土地指标交易的进度、扩大指标的规模更快更好地完成指标任务而不太关心复垦耕地的质量问题,放松对复垦耕地的质量检查,进而导致耕地质量下降,影响到农民的利益,危害到国家耕地保护政策的实施。

③耕地撂荒。

鄂州现行的土地指标交易制度规定,复垦为耕地的农村集体建设用地仍由农民进行耕种,一种方式是由原土地产权人进行耕种,另一种方式是村集体重新分配给每户农民。但是由于缺乏完善的监管机制,复垦好的耕地交由农民手中,农民不一定进行有效的使用。随着城市化的不断发展,越来越多的农村人口向城市迁移,农村青壮年劳动力纷纷进城务工,留守农村的大多是老人和小孩,由于劳动能力有限,留守的农村人口对于新增耕地的需求并不旺盛,老人和小孩也无法进行大面积高强度的农业劳动,最多也就是在家门口种植少许口粮和时令蔬菜,高质量的耕地也将面临着撂荒的风险。

(二) 鄂州土地指标交易风险测算

土地指标交易风险估测实质上就是依靠风险识别的结果,运用各种定性、定量的科学方法对土地指标交易活动中的各项风险进行估计、测算,对整个指标交易系统风险进行系统分析和研究,为风险防范提供依据。主要包括两大步骤:(1) 收集数据,通过专家访谈、历史资料等将土地指标交易相关风险事件的资料、数据收集起来,为下一步估测提供数据支持;(2) 建立模型,以上一步取得的风险数据为基础,对各风险事件进行运算,将运算结果以定量方式表现出来,为风险分析提供依据。

1. 土地指标交易风险测算方法

一般而言,土地指标交易风险测算的主要方法有:

(1) 故障树法,该方法像树一样将复杂事件自上而下分解成为若干简单的、容易理解的事件,并用逻辑图将这种关系表达出来,具有直观明了、逻辑性强、既可作定性分析又可作定量分析等特点。

(2) 蒙特卡洛法,又叫统计模拟方法,是一种基于概率统计来计算风险发生概率以及影响的方法。

(3) 层次分析法,是一种将风险问题各因素分为目标层、准则层和指标层,并在此基础上进行定量定性分析的分析方法。

(4) 模糊综合评价法,该方法基于模糊数学理论中的隶属度,将定性与定量方法结合起来,可对受到多种因素影响的事物进行总体评价。

本书主要采用层次分析法和模糊综合评价法进行土地指标交易的风险评估。

(1) 层次分析法。

层次分析法 (analytical hierarchy process, AHP) 是美国匹兹堡大学著名运筹学家萨蒂在20世纪70年代提出,采用定性和定量相结合的方法用以解决复杂环境下的决策问题的有效方法。这一方法具有一定精度,运用灵活且相对不太复杂,在风险分析中有着广泛运用。其基本思路为:将所需要分析的复杂问题的各个因素,按照支配关系分为具有递进关系的若干层,一般分为目标层、准则层和方案层三个层次,通过两两比较的方法确定同一层中两个因素的相对重要性,最后综合评判得出各个因素的相对重要性顺序。其大致可以分为以下步骤:

①建立层次结构模型。

将所分析的问题的各个因素全部罗列出来,按照属性或者共有特性将其归类分组,已形成不同的分组,然后再将各组共同属性归纳成一个新的更高层次的分组,以形成不同的层次,最后形成一个最高级别的层次,从而构成了一个含有支配关系的递阶层次。通常最上面一层只有一个因素,即研究的总目标,中间层为准则层,最下面一层为方案层(见图4-7)。

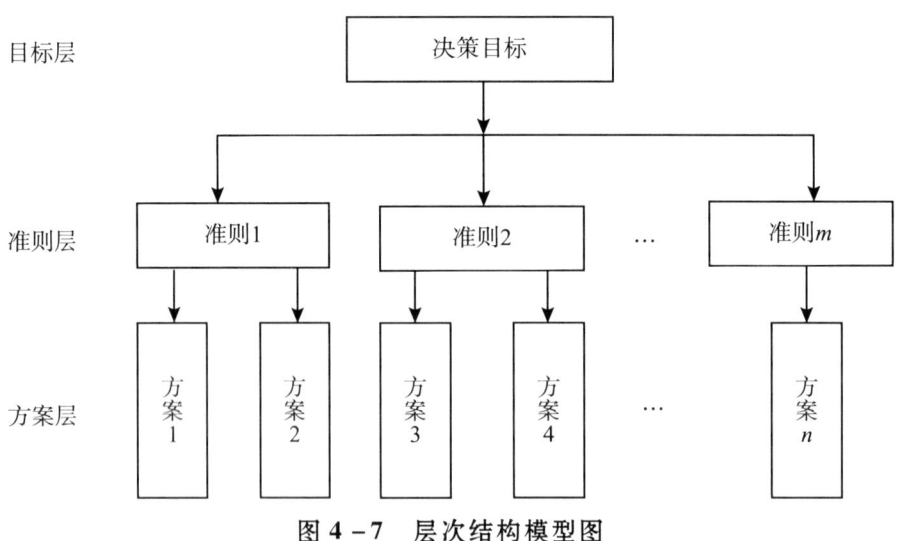

图4-7 层次结构模型图

②构造判断矩阵。

对同一层的因素进行两两比较,可以得出这一层对上一层的重要度判断矩阵,例如某层的各个因素 $B_1, B_2, \cdots, B_n$ 对上一层 A 因素的重要性可以用判断矩阵表示 $B = (b_{ij})_{m \times n}$,通常情况下普遍采用1~9比例标度,其取值意义如表4-10所示。

表 4 – 10　　　　　　　　　　　风险评价分值表

标度	含义
1	表示两个因素相比，具有同样的重要性
3	表示两个因素相比，一个因素比另一个因素稍微重要
5	表示两个因素相比，一个因素比另一个因素明显重要
7	表示两个因素相比，一个因素比另一个因素强烈重要
9	表示两个因素相比，一个因素比另一个因素极端重要
2，4，6，8	上述相邻判断中间值

$$B = (b_{ij})_{n \times n} \begin{bmatrix} b_{11} & b_{12} & \cdots & b_{1n} \\ b_{21} & b_{22} & \cdots & b_{2n} \\ \vdots & \vdots & \cdots & \vdots \\ b_{i1} & b_{i2} & \cdots & b_{in} \\ b_{n1} & b_{n2} & \cdots & b_{nn} \end{bmatrix} \quad (4.1)$$

式中，B 为该层各因素对于上一层的相对重要度判断矩阵，b_{ij} 为该层各因素相对上一层的重要度，n 为该层的因素个数。其特征向量为 $w = (w_1, w_2, \cdots, w_n)^T$。

③层次单排序及一致性检验。

层次单排序是指，对于上一层来说本层的各个因素的重要性排序。在构造矩阵之后，求出矩阵的最大特征值 λ_{max}，再解出其相应的特征向量 W，并进行归一化处理，即得出该层次各因素相对于上一层的重要性权重。解判断矩阵 B 的特征根：$Bw = \lambda_{max} w$，判断矩阵 $B = (b_{ij})_{n \times n}$ 的最大特征值 λ_{max} 和 w 通常有两种方法进行计算：

第一，和法。

先将判断矩阵 B 按列归一化；再将 B 的因素按行相加；然后将得到的每行和向量归一化得到排序权向量 w，$w_i = \sum_{i=1}^{n} b_{ij}$，$i = 1, 2, 3, \cdots, n$；最后计算 λ_{max}，$\lambda_{max} = \sum_{i=1}^{n} \frac{(Bw)_i}{nw_i}$，其中 $(Bw)_i$ 表示 Bw 的第 i 个因素。

第二，根法。

先将判断矩阵 B 按行相乘；再将所得到的乘积分布开 n 次方；然后将方根向量归一化得到向量 w，$w_i = \sqrt[n]{\prod_{j=1}^{i} a_{ij}}$ $i = 1, 2, 3, \cdots, n$；最后计算 λ_{max}，$\lambda_{max} = \sum_{i=1}^{n} \frac{(Bw)_i}{nw_i}$。计算得到 λ_{max} 之后，还需要进行一致性检验，其主要步骤如下：

第一步，计算一致性指标 $C.I.$。

$$C.I. = \frac{\lambda_{max} - n}{n - 1} \quad (4.2)$$

式中，n 为判断矩阵阶数。

第二步，计算随机一致性指标 $R.I.$。$R.I.$ 是 Stata 用了 500 多次随机计算后，取算术平均数得到的，其查询结果如表 4-11 所示。

表 4-11　　　　　　　　　　$R.I.$ 值查询表

n	1	2	3	4	5	6	7	8	9	10	11
$R.I.$	0	0	0.58	0.90	1.12	1.24	1.32	1.41	1.45	1.49	1.51

第三步，计算一致性比例指标 $C.R.$，$C.R. = \frac{C.I.}{R.I.}$。

$C.R.$ 值越大，判断矩阵不一致性越严重，当 $C.R. = 0$ 时，判断矩阵是一致的，当 $C.R. < 0.1$ 时，表示判断矩阵一致性可以接受，当 $C.R. > 0.1$ 时，判断矩阵不一致性不能接受，需要进行调整。

④层次总排序及一致性检验。

层次总排序即指标层的各因素对于目标层的相对重要性权重排序。此过程是从目标层到准则层再到指标层逐层进行的。通过前面的计算我们可以得到指标层对于准则层的特征向量 V，以及指标层对于目标层的特征向量 W，指标层对于目标层的特征向量 U 可以通过以下方式计算：$U = V \cdot W$。

层次总排序也要进行一致性检验，其计算方法如下：

$$C.R._{总} = \frac{C.I._{总}}{R.I._{总}} = \frac{\sum W \times C.I.}{\sum W \times R.I.} \quad (4.3)$$

同样的，当 $C.R. < 0.1$ 时，表示判断矩阵一致性可以接受，当 $C.R. > 0.1$ 时，判断矩阵不一致性不能接受，需要进行调整。

(2) 模糊综合评价法。

模糊综合评价法是由美国控制论专家扎德于 1965 年提出的，它引入模糊数学中的"隶属度"，用隶属函数对具有模糊性的指标进行处理。模糊数学评价用隶属函数描述方案的得分来量化指标实测值，可以较好地解决综合评价中的模糊性（如因素类属之间的不清晰性、专家认识评价上的模糊性等），可最大限度地减少人为因素，因此该数学工具非常适合用于对土地指标交易的风险分析。模糊数学评价的具体过程主要包括确定因素集、评价指标的无量纲化处理，给定各指标层权重，建立评价等级集，确定隶属关系，建立模糊评价矩阵、进行模糊矩阵的运算，得到模糊综合评价结果六个方面，通过多层的复合运算，最终确定评价对象所属等级。其主要步骤如下：

①构建模糊综合评价指标体系 U，$U = \{u_1, u_2, u_3, \cdots, u_n\}$。

②构建权重向量，可以采用层次分析得出的权重向量结果。

③构建评价对象的评语集 V，$V = \{v_1, v_2, v_3, \cdots, v_n\}$，本书把土地指标交易风险分为 5 个等级（见表 4－12）。

表 4－12　　　　　　　　　风险等级值表

评语集	V_1	V_2	V_3	V_4	V_5
风险等级	低风险	较低风险	中等风险	较高风险	高风险
赋值	1	3	5	7	9

④确立模糊关系矩阵 R，建立等级模糊子集后，从单因素来看被评价对象对各等级模糊子集的隶属度，进而得到模糊关系矩阵：

$$R = \begin{bmatrix} r_{11} & r_{12} & \cdots & r_{1n} \\ r_{21} & r_{22} & \cdots & r_{2n} \\ \vdots & \vdots & \cdots & \vdots \\ r_{m1} & r_{m2} & \cdots & r_{mn} \end{bmatrix} \quad (4.4)$$

⑤计算风险等级值。首先由模糊关系矩阵 R 和对应的权重向量 v 可得出评价矩阵 X，$X = v \cdot R$，然后计算风险等级值 P，$P = X \cdot V$，其中，X 为评价矩阵，V 为评语集，P 值为风险等级值，对应风险评语集表，P 值越大，风险越高。

2. 基于层次分析法的土地指标交易风险权重测度

（1）土地指标交易风险因素层次结构构建。

根据风险理论和土地指标交易风险识别结果，将土地指标交易风险分为三层：目标层：土地指标交易风险；准则层：对农民的风险、对政府的风险、对开发商的风险、对耕地的风险；方案层：收益分配不均、劳动生产不便、拆迁周转期过长、政府决策风险、社会治安风险、财政收入风险、市场风险、贷款风险、政策变动、耕地数量减少、耕地质量下降、耕地撂荒（见图 4－8）。

（2）判断矩阵构建。

本书邀请了 10 位专家，采用 1~9 比例标度分别对准则层和方案层进行打分，构建出如下判断矩阵（见表 4－13、表 4－14）。

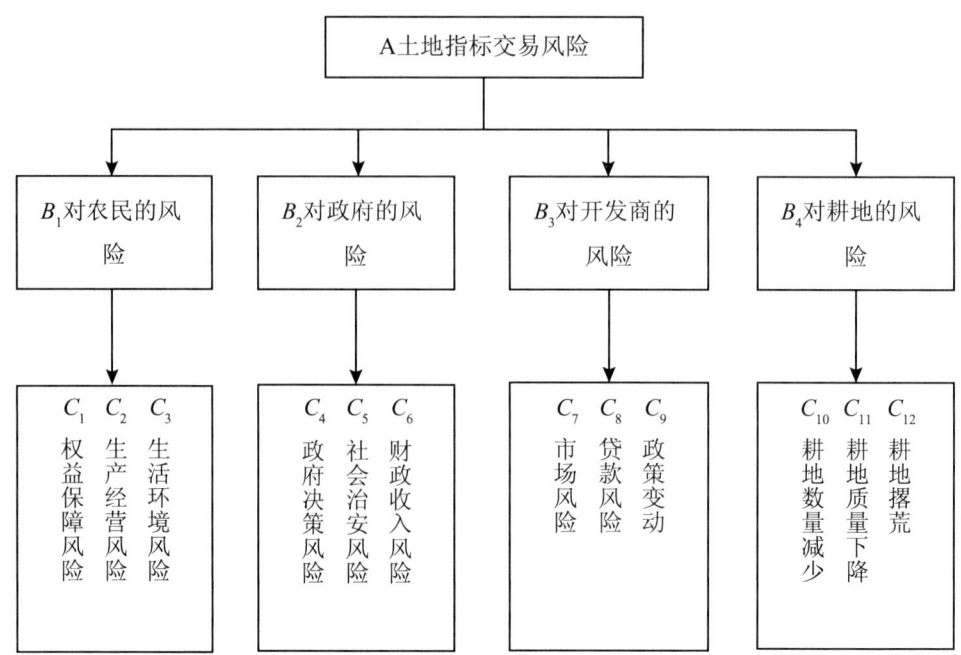

图4-8 土地指标交易风险结构图

表4-13　　　　　　A-B层判断矩阵

A	B_1	B_2	B_3	B_4
B_1	1	5	3	2
B_2	1/5	1	1/3	1/6
B_3	1/3	3	1	1/2
B_4	1/2	6	2	1

表4-14　　　　　　B-C层判断矩阵

B_1	C_1	C_2	C_3
C_1	1	4	5
C_2	1/4	1	3
C_3	1/5	1/3	1
B_2	C_4	C_5	C_6
C_4	1	4	6
C_5	1/4	1	3
C_6	1/6	1/3	1

续表

B_3	C_7	C_8	C_9
C_7	1	1/4	1/3
C_8	4	1	3
C_9	3	1/3	1
B_4	C_{10}	C_{11}	C_{12}
C_{10}	1	1/6	2
C_{11}	6	1	5
C_{12}	1/2	1/5	1

（3）特征向量计算以及一致性检验。

根据上述判断矩阵，分别计算出准则层以及指标层的特征向量，然后进行一致性检验计算。

$$B = (b_{ij})_{4 \times 4} \begin{bmatrix} 1 & 5 & 3 & 2 \\ 1/5 & 1 & 1/3 & 1/6 \\ 1/3 & 3 & 1 & 1/2 \\ 1/2 & 6 & 2 & 1 \end{bmatrix} \quad (4.5)$$

经过计算，$w = (0.4615 \quad 0.0640 \quad 0.1658 \quad 0.3086)^T$，$\lambda_{\max} = 4.07614$，$C.I. = 0.02538$，$C.R. = 0.0282 < 0.1$，通过一致性检验。

$$B_1 = (C_{IJ})_{3 \times 3} \begin{bmatrix} 1 & 4 & 5 \\ 1/4 & 1 & 3 \\ 1/5 & 1/3 & 1 \end{bmatrix} \quad (4.6)$$

经过计算，$v_1 = (0.6738 \quad 0.2255 \quad 0.1007)^T$，$\lambda_{\max} = 3.0957$，$C.I. = 0.04785$，$C.R. = 0.0825 < 0.1$，通过一致性检验。

$$B_2 = (C_{IJ})_{3 \times 3} \begin{bmatrix} 1 & 4 & 6 \\ 1/4 & 1 & 3 \\ 1/6 & 1/3 & 1 \end{bmatrix} \quad (4.7)$$

经过计算，$v_2 = (0.6910 \quad 0.2176 \quad 0.0914)^T$，$\lambda_{\max} = 2.059856$，$C.I. = 0.029928$，$C.R. = 0.0516 < 0.1$，通过一致性检验。

$$B_3 = (C_{IJ})_{3 \times 3} \begin{bmatrix} 1 & 1/4 & 1/3 \\ 4 & 1 & 3 \\ 3 & 1/3 & 1 \end{bmatrix} \quad (4.8)$$

经过计算，$v_3 = (0.1172 \quad 0.6144 \quad 0.2684)^T$，$\lambda_{\max} = 3.082012$，$C.I. = 0.041006$，$C.R. = 0.0707 < 0.1$，通过一致性检验。

$$B_4 = (C_{IJ})_{3\times 3} \begin{bmatrix} 1 & 1/6 & 2 \\ 6 & 1 & 5 \\ 1/2 & 1/5 & 1 \end{bmatrix} \tag{4.9}$$

经过计算，$v_4 = (0.1626 \quad 0.7286 \quad 0.1088)^T$，$\lambda_{max} = 3.0957$，$C.I. = 0.04785$，$C.R. = 0.0825 < 0.1$，通过一致性检验（见表4-15）。

表4-15　　　　　　　　一致性检验汇总表

项目	矩阵	λ_{max}	n	C.I.	R.I.	C.R.	是否通过检验
1	A-B	4.07614	4	0.02538	0.90	0.0282	通过
2	B_1-C	3.0957	3	0.04785	0.58	0.0825	通过
3	B_2-C	2.059856	3	0.029928	0.58	0.0516	通过
4	B_3-C	3.082012	3	0.041006	0.58	0.0707	通过
5	B_4-C	3.0957	3	0.04785	0.58	0.0825	通过

（4）计算综合权重。

通过以上计算，可以得出B层对A层的权重向量以及C层对B层的权重向量，但我们仍需要计算C层对A层的权重向量来帮我们了解各个土地指标交易风险因素对整个土地指标交易的影响。

根据B层对A层的特征向量W以及C层对B层的特征向量集V，我们可以计算出C层对A层的特征向量集U。土地指标交易的综合权重U表示各个最底层的风险因素对于整个土地指标交易的影响大小，有助于我们更加直观准确地了解其风险。计算过程如下：

$$U = V \cdot W = \begin{bmatrix} 0.6738 & 0 & 0 & 0 \\ 0.2255 & 0 & 0 & 0 \\ 0.1007 & 0 & 0 & 0 \\ 0 & 0.6910 & 0 & 0 \\ 0 & 0.2176 & 0 & 0 \\ 0 & 0.0914 & 0 & 0 \\ 0 & 0 & 0.1172 & 0 \\ 0 & 0 & 0.6144 & 0 \\ 0 & 0 & 0.2684 & 0 \\ 0 & 0 & 0 & 0.1626 \\ 0 & 0 & 0 & 0.7286 \\ 0 & 0 & 0 & 0.1088 \end{bmatrix} \cdot \begin{bmatrix} 0.4615 \\ 0.0640 \\ 0.1658 \\ 0.3086 \end{bmatrix}$$

得出各风险因素对土地指标交易的权重,见表 4-16。根据表 4-16 对总排序进行一致性检验,将各权重代入一致性检验公式,得到 $C.R._{总} = \dfrac{C.I._{总}}{R.I._{总}} = \dfrac{\sum W \times C.I.}{\sum W \times R.I.} = 0.04556 < 0.1$,说明各风险因素对土地指标交易的权重通过一致性检验。

表 4-16　　　　　土地指标交易风险因素权重表

项目	B_1 0.4615	B_2 0.0640	B_3 0.1658	B_4 0.3086	综合权重
C_1	0.6738	0	0	0	0.3110
C_2	0.2255	0	0	0	0.1041
C_3	0.1007	0	0	0	0.0465
C_4	0	0.6910	0	0	0.0442
C_5	0	0.2176	0	0	0.0139
C_6	0	0.0914	0	0	0.0059
C_7	0	0	0.1172	0	0.0194
C_8	0	0	0.6144	0	0.1019
C_9	0	0	0.2684	0	0.0445
C_{10}	0	0	0	0.1626	0.0502
C_{11}	0	0	0	0.7286	0.2249
C_{12}	0	0	0	0.1088	0.0336

最后,对土地指标交易风险权重进行汇总并排序,得到土地指标交易风险权重排序表,见表 4-17。

表 4-17　　　　　土地指标交易风险权重排序表

层次 A	权重	层次 B	权重	风险排序	层次 C	权重	风险排序
土地指标交易	1.0000	对农民的风险	0.4615	1	权益保障风险	0.3110	1
					生产经营风险	0.1041	3
					生活环境风险	0.0465	6
		对政府的风险	0.0640	4	政府决策风险	0.0442	8
					社会治安风险	0.0139	11
					财政收入风险	0.0059	12

续表

层次 A	权重	层次 B	权重	风险排序	层次 C	权重	风险排序
土地指标交易	1.0000	对开发商的风险	0.1658	3	市场风险	0.0194	10
					贷款风险	0.1019	4
					政策变动	0.0445	7
		对耕地的风险	0.3086	2	数量减少	0.0502	5
					质量下降	0.2249	2
					农田撂荒	0.0336	9

3. 基于模糊综合评价法的土地指标交易风险权重测度

本次选定 10 位专家依照风险的等级以及发生后的影响程度，分别对土地指标交易的 12 项风险点进行评价，并依据前面分析得出的各个方案层对目标层的权重进行模糊评价计算（见表 4-18~表 4-21）。

表 4-18　　　　　　　　B1-C 风险模糊评价表

准则层 B	方案层 C	V_1	V_2	V_3	V_4	V_5
B_1	C_1	0	2	3	4	1
	C_2	0	2	4	4	0
	C_3	1	3	4	2	0

$$X_1 = v_1 \cdot R_1$$
$$= (0.6738 \quad 0.2255 \quad 0.1007) \cdot \begin{bmatrix} 0.0 & 0.2 & 0.3 & 0.4 & 0.1 \\ 0.0 & 0.2 & 0.4 & 0.4 & 0.0 \\ 0.1 & 0.3 & 0.4 & 0.2 & 0.0 \end{bmatrix}$$
$$= (0.0101 \quad 0.2101 \quad 0.3326 \quad 0.3799 \quad 0.0674)$$

表 4-19　　　　　　　　B2-C 风险模糊评价表

准则层 B	方案层 C	V_1	V_2	V_3	V_4	V_5
B_2	C_4	1	4	4	1	0
	C_5	2	3	5	1	0
	C_6	2	6	2	0	0

$$X_2 = v_2 \cdot R_2$$

$$= (0.6910 \quad 0.2176 \quad 0.0914) \cdot \begin{bmatrix} 0.1 & 0.4 & 0.4 & 0.1 & 0.0 \\ 0.2 & 0.3 & 0.5 & 0.1 & 0.0 \\ 0.2 & 0.6 & 0.2 & 0.0 & 0.0 \end{bmatrix}$$

$$= (0.1309 \quad 0.3965 \quad 0.4035 \quad 0.0909 \quad 0.0000)$$

表 4 - 20　　　　　　　　　$B_3 - C$ 风险模糊评价

准则层 B	方案层 C	V_1	V_2	V_3	V_4	V_5
B_3	C_7	1	3	3	3	0
	C_8	1	2	3	4	0
	C_9	2	2	4	2	0

$$X_3 = v_3 \cdot R_3$$

$$= (0.1172 \quad 0.6144 \quad 0.2684) \cdot \begin{bmatrix} 0.1 & 0.3 & 0.3 & 0.3 & 0.0 \\ 0.1 & 0.2 & 0.3 & 0.4 & 0.0 \\ 0.2 & 0.2 & 0.4 & 0.2 & 0.0 \end{bmatrix}$$

$$= (0.1268 \quad 0.2117 \quad 0.3268 \quad 0.3346 \quad 0.0000)$$

表 4 - 21　　　　　　　　　$B4 - C$ 风险模糊评价

准则层 B	方案层 C	V_1	V_2	V_3	V_4	V_5
B_4	C_{10}	0	2	5	3	0
	C_{11}	0	2	4	3	1
	C_{12}	0	3	6	1	0

$$X_4 = v_4 \cdot R_4$$

$$= (0.1626 \quad 0.7286 \quad 0.1088) \cdot \begin{bmatrix} 0.0 & 0.2 & 0.5 & 0.3 & 0.0 \\ 0.0 & 0.2 & 0.4 & 0.3 & 0.1 \\ 0.0 & 0.3 & 0.6 & 0.1 & 0.0 \end{bmatrix}$$

$$= (0.0000 \quad 0.2109 \quad 0.4380 \quad 0.2782 \quad 0.0729)$$

由 X_1，X_2，X_3，X_4 可以得出土地指标交易风险模糊关系矩阵 R。

$$R = \begin{bmatrix} 0.0101 & 0.2101 & 0.3326 & 0.3799 & 0.0674 \\ 0.1309 & 0.3965 & 0.4035 & 0.0909 & 0.0000 \\ 0.1268 & 0.2117 & 0.3268 & 0.3346 & 0.0000 \\ 0.0000 & 0.2109 & 0.4380 & 0.2782 & 0.0729 \end{bmatrix}$$

可测得 B 层风险等级值

$$P = R \cdot V$$

$$= \begin{bmatrix} 0.0101 & 0.2101 & 0.3326 & 0.3799 & 0.0674 \\ 0.1309 & 0.3965 & 0.4035 & 0.0909 & 0.0000 \\ 0.1268 & 0.2117 & 0.3268 & 0.3346 & 0.0000 \\ 0.0000 & 0.2109 & 0.4380 & 0.2782 & 0.0729 \end{bmatrix} \cdot \begin{bmatrix} 1 \\ 3 \\ 5 \\ 7 \\ 9 \end{bmatrix}$$

$$= (5.5693 \quad 3.9742 \quad 4.7381 \quad 5.4262)^T$$

B 层各风险值分别为 5.5693，3.9742，4.7381，5.4262（见表 4-22）。

表 4-22　　　　　　　土地指标交易风险等级表

风险	风险等级值	风险影响
对农民的风险	5.5693	中等
对政府的风险	3.9742	较低
对开发商的风险	4.7381	中等
对农地的风险	5.4262	中等

在对土地指标交易进行风险因素权重和风险等级值进行评估后，运用综合评价模型对土地指标交易进行风险评估，见式 4-10：

$$Y = \sum_{i=1}^{n} W_i X_i \qquad (4.10)$$

式中：Y 为土地指标交易综合风险值；

　　　W_i 为土地指标交易准则层风险权重；

　　　X_i 为土地指标交易风险等级值。

根据风险理论建立土地指标交易综合风险值评价表，见表 4-23。

表 4-23　　　　　　土地指标交易综合风险值评价表

综合风险值	0~2.0	2.1~4.0	4.1~6.0	6.1~8.0	8.1~10
风险等级	低风险	较低风险	中等风险	较高风险	高风险
风险控制	很好控制	较易控制	可以控制	较难控制	很难控制

根据土地指标交易制度的准则层权重和风险等级值计算土地指标交易的综合风险（见表 4-24）：

$Y = 5.5693 \times 0.4615 + 3.9742 \times 0.0640 + 4.7381 \times 0.1658 + 5.4262 \times 0.3086$

$ = 5.2847$

表4-24　　　　　　　　土地指标交易综合风险评价表

风险	风险权重	风险等级值	综合风险值	风险等级	风险控制
对农民的风险	0.4615	5.5693	5.2487	中等风险	可以控制
对政府的风险	0.0640	3.9742			
对开发商的风险	0.1658	4.7381			
对耕地的风险	0.3086	5.4262			

土地指标交易综合风险值为5.2847，对照土地指标交易综合风险表（见表4-23）可以看出，土地指标交易为中等风险等级，处于可以控制状态。

（三）土地指标交易风险结果分析

1. 各层因素权重分析

由土地指标交易风险权重排序表可以制出图4-9，由此图可清晰地看出，在整个土地指标交易风险准则层 B 层中，对农民的风险是最大的，权重为0.4615，对耕地的风险排第二，权重为0.3086，对开发商的风险排第三，权重为0.1658，对政府的风险是最小的，权重为0.064。由此可知，土地指标交易过程中对农民和对耕地的风险占比较大，对开发商和政府风险占比较小，这也是与实际情况相符的。

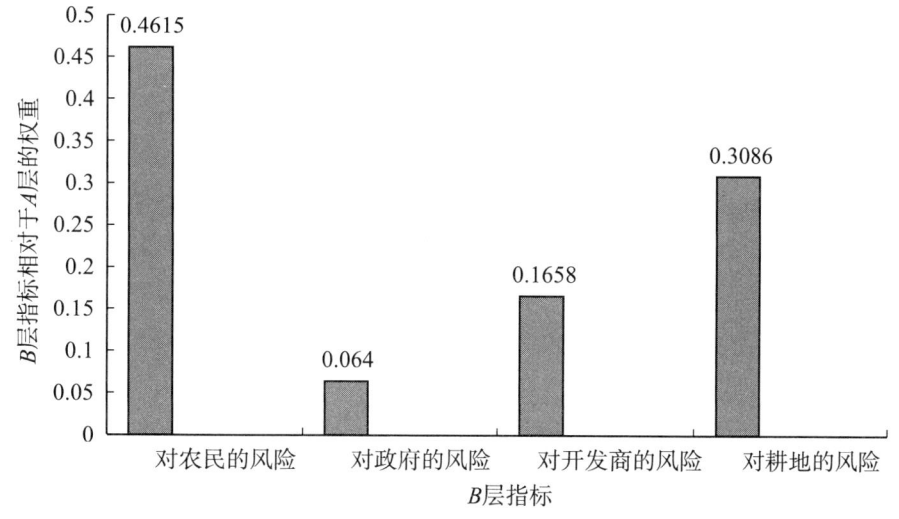

图4-9　B 层指标相对于 A 层权重图

由土地指标交易风险权重排序表可做出C层指标相对于A层权重图,从图上可以看出在方案层C层中,相对于A层权重由大到小分别为:权益保障风险、耕地质量下降、生产经营风险、贷款风险、耕地数量减少、生活环境风险、政策变动、政府决策风险、耕地撂荒、市场风险、财政收入风险,其权重值分别为:0.3110、0.2249、0.1041、0.1019、0.0502、0.0465、0.0445、0.0442、0.0336、0.0194、0.0139、0.0059(见图4-10)。其中,权益保障风险和耕地质量下降风险尤为突出,总和超过权重的5%,需要重点关注。另外,生产经营风险和贷款风险也值得我们注意。

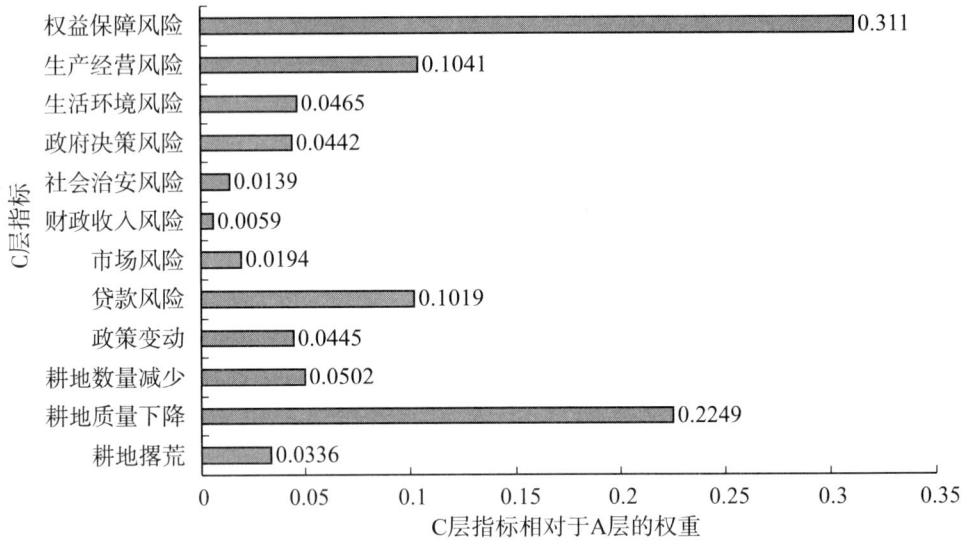

图4-10 C层指标相对于A层权重图

2. 风险等级分析

由土地指标交易综合风险评价表可制作土地指标交易风险等级图,依图4-11显示风险值由高到低分别为:对农民的风险,风险值为5.5693;对耕地的风险,风险值为5.4262;对开发商的风险,风险值为4.7381;对政府的风险,风险值为3.9742。对政府的风险属于较低风险,对农民的风险、对耕地的风险、对开发商的风险均为中等风险,虽然没有到达较高风险,但是也应当引起我们的警惕。

土地指标交易综合风险值为5.2487,风险值在4~6之间,为中等风险,虽然风险值不低但是仍然处于可控状态,需要我们加强警惕,采取必要的风险防范措施,实际情况也正是如此(见图4-11)。

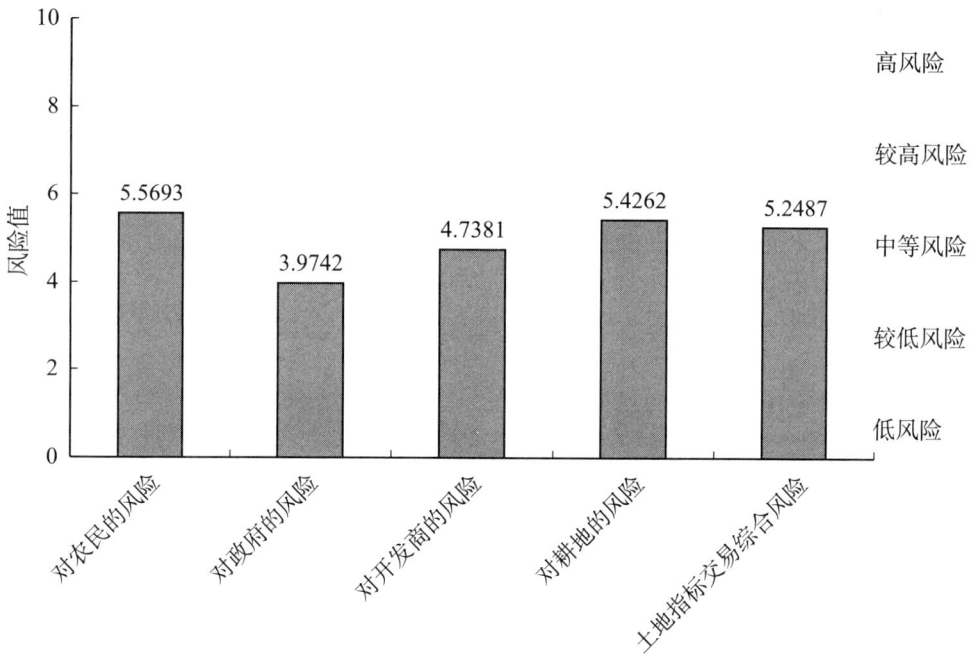

图 4-11 土地指标交易风险等级图

（四）农户风险认知对参与土地指标交易意愿的影响因素分析

从对土地指标交易进行风险分析的结果来看（见图 4-11），对农民的风险是其中最大的风险项，其权重值为 0.4645，其风险值为 5.5693，处于中等风险状态，如不加以重视很有可能突破变为较高风险。因此对农民的风险进行研究，弄清楚农民的风险认知对其参与土地指标交易意愿究竟有何影响是本书进一步研究的方向。

本书选取鄂州市鄂城区、华容区为研究区域，通过对其所属的新庙镇、燕矶镇、泽林镇、杜山镇、蒲团乡等 5 个乡镇、14 个村进行走访调查，以座谈或问卷的形式对该区域的农民土地指标交易参与意愿和其风险认知情况进行系统调查。

1. 农户参与理论分析

本书从个人及家庭资源禀赋、政策保障风险感知、生活环境风险感知和生产经营风险感知等四个方面来探讨农户参与指标交易过程中可能产生的风险对于其参与意愿的影响。

（1）个人及家庭资源禀赋。

农户自身的个体差异以及家庭的资源禀赋等可能会影响其对增减挂钩指标交易政策的参与意愿。本书选择年龄、教育程度、农业技能等个人因素以及年收入、承包地面积、住房占地面积、住房面积等家庭因素作为个人及家庭资源禀赋的指标。

(2) 权益保障风险感知。

本书提及的政策保障风险主要包括政策干预风险、社会保障风险和补偿到位风险。政策干预风险主要指农户对于政策实施过程中政策干预的不确定性而产生的影响，例如担心政府是否会强行推行等。社会保障风险指农户担心参与土地指标交易之后社会保障受到影响，例如对于部分农民担心失去土地这个唯一的生活保障从而降低了其对土地指标交易的积极性。补偿风险主要指农户在土地指标交易政策实施过程中，对于补偿是否能够按照标准及时到位的不确定性的担心，农户担心补偿不能按时到位从而影响其对政策的参与程度。

(3) 生活环境风险感知。

生活环境风险感知主要包括资产缩水风险、住房条件变化风险、基础设施风险、治安变化风险、环保风险等。在土地指标交易项目的实施过程当中，必定有农户的土地数量、质量发生变化，农户的住房等情况发生变化，而在这一系列的变化中，农户因为担心资产的缩水而影响其对项目的参与意愿程度。项目实施后，农户对于住房条件变化的不确定性，必然影响其参与的积极程度。基础设施风险一方面是指农户担心是否能够适应更加现代化的基础设施，另一方面也是指农户担心项目实施后，尤其是建新区，可能导致外来人口大量涌入等情况的发生，导致治安状况发生变化，从而影响农户参与意愿。习惯了农村田园生活的农户，担心参与土地指标交易之后，生活方式向城市居民靠拢，周边的自然环境等发生变化，从而影响其参与意愿。

(4) 生产经营风险感知。

生产经营风险感知主要包括收入稳定风险、农业经营风险、生活支出变化风险和非农就业风险。在项目的实施过程中，可能会有农户土地数量减少甚至完全失去土地等，农户担心一旦失去土地这个赖以生存的长期稳定的收入来源，将会面临未知的未来，所以收入稳定风险因素会影响农户对于政策的参与意愿。农业经营风险主要是农户在参与增加增减挂钩项目前后，担心农地质量变化，居住区与农地路径的变化等会加大生产经营的成本和困难，从而影响农户对于土地指标交易政策的参与意愿。在搬入建新区后，农户的基础设施的现代化建设可能会增加部分生活支出，如自来水费等，同时农户搬入新区可能会失去原先屋前屋后的菜园子，不方便饲养家禽等也会给农户带来新的生活支出，从而影响其对政策的参与意愿。对于长期处于农业劳作的农户而言，一旦失去土地，可能会面临改行从事其他非农行业的情景，而较弱的非农就业技能使他们在非农就业方面处于一定的劣势，农户深知这点后必然会影响其对政策的参与意愿。

2. 调查问卷设计与数据来源

（1）问卷设计。

本次调查是为了了解鄂州土地指标交易中农民风险认知对其参与意愿的影响因素，为接下来的土地指标交易的顺利实施和进一步推进提供了参考。由于各地在经济发展水平、生活习惯、生产环境、文化以及风险认知水平上存在差异，本书参考了大量的城乡建设用地增减挂钩、地票交易、农户参与意愿等相关方面的文献，在咨询了相关专家意见的基础之上形成了问卷初稿，并进行了小范围的预调查，保证针对性和有效性，经过多次修改最后形成最终问卷。

本问卷主要依托于"建立城乡统一建设用地市场"课题的研究并作为其总问卷的一部分进行调查研究。

问卷包括以下五个方面：

第一部分是受访者家庭基本情况，主要包括家庭人口情况、农业技能、家庭收入、耕地面积等。

第二部分是土地及住房基本情况，主要包括宅基地面积、建筑面积等。

第三部分是集体建设用地交易情况，主要包括对交易的认知和预期等。

第四部分是对土地指标交易风险认知的调查，主要包括对农民的政策保障风险、生活环境风险、生产经营风险等。

第五部分为对土地发展权价值的调查，主要包括土地价格、使用年限、参与意愿等方面。

（2）数据来源。

本书数据来自于对湖北省鄂州市农户进行的实际调研。课题组于 2015 年 9 月采取半结构访谈与随机抽样相结合的方法，在新庙镇、燕矶镇、泽林镇、杜山镇、新庙镇、蒲团乡的 16 个村庄进行实地调研，总共发放问卷 170 份，其中有效问卷 143 份。

（3）样本描述性分析。

①受访者年龄分析。

在 145 个受访农户中，年龄最小的为 24 岁，年龄最大的为 79 岁。由表 4 – 25 和图 4 – 12 可以看出，受访者年龄小于等于 30 岁的有 20 户，占样本总数的 13.99%。受访者年龄在 31~40 岁的有 26 户，占样本总数的 18.18%。受访者年龄在 41~50 岁的有 36 户，占样本总数的 25.17%。受访者年龄在 51~60 岁的有 32 户，占样本总数的 22.38%。受访者年龄在 60 岁以上的有 29 户，占样本总数的 20.28%。样本受访者年龄以 41~60 岁年龄段为主，为中年受访者，其中以男性居多。

表4-25　　　　　　　　受访者年龄统计表

年龄（岁）	≤30	31~40	41~50	51~60	>60	合计
户数	20	26	36	32	29	143
比例（%）	13.99	18.18	25.17	22.38	20.28	100

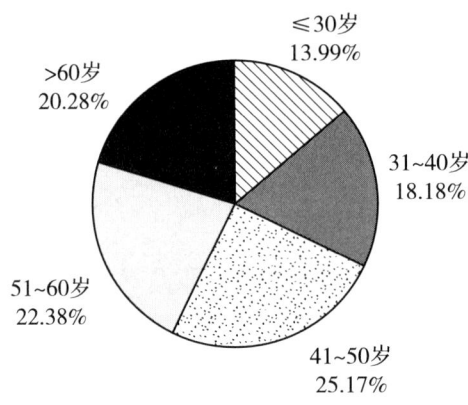

图4-12　受访者年龄分布图

②受访者文化程度分析。

由表4-26和图4-13可以看出，小学以下文化程度的受访者有16户，占样本总量的11.19%。小学文化程度的受访者有33户，占样本总量的23.08%。初中文化程度的受访者有44户，占样本总量的30.77%。高中文化程度的受访者有31户，占样本总量的21.68%。大专及以上文化程度的受访者有19户，占样本总量的13.29%。据统计显示，小学、初中文化水平的受访者比重较大，总共77户，占样本总量的53.85%，此区域农户文化水平较低。

表4-26　　　　　　　　受访者文化程度统计表

文化程度	小学以下	小学	初中	高中	大专及以上	合计
户数	16	33	44	31	19	143
比例（%）	11.19	23.08	30.77	21.68	13.29	100

③受访者家庭年收入。

经过调查统计，由表4-27和图4-14可以看出，家庭年收入在2万元以下的农户数量为13户，占样本总量的9.09%。家庭年收入在2万~3万元的农户数量为10户，占样本总量的6.99%。家庭年收入在3万~4万元的农户数量为10户，占样本总量的6.99%。家庭年收入在4万~5万元的农户数量为17户，占

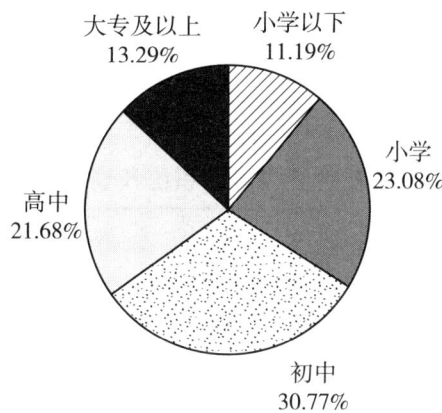

图 4-13 受访者文化程度分布图

样本总量的 11.89%。家庭年收入在 5 万元以上的农户数量为 93 户,占样本总量的 65.03%。

表 4-27 受访者家庭年收入统计表

家庭年收入	2 万元以下	2 万~3 万元	3 万~4 万元	4 万~5 万元	5 万元以上	合计
户数	13	10	10	17	93	143
比例（%）	9.09	6.99	6.99	11.89	65.03	100

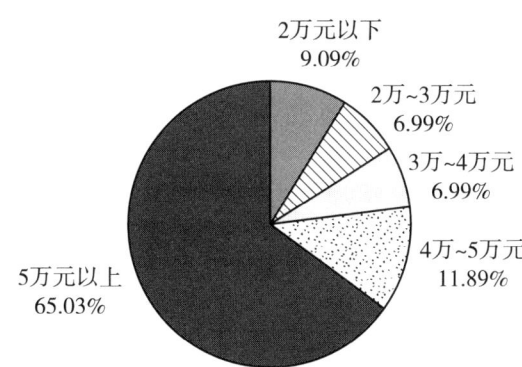

图 4-14 受访者家庭年收入分布图

④受访者住房面积。

由表 4-28 和图 4-15 所示,被调查农民住房面积为 100 平方米以下的有 9 户,占总样本数的 6.29%。被调查农民住房面积为 100~200 平方米的有 62 户,占总样本数的 43.36%。被调查农民住房面积为 200~300 平方米的有 49 户,占总样本数的 34.27%。被调查农民住房面积为 300~400 平方米的有 15 户,占总样本数的 10.49%。被调查农民住房面积在 400 平方米以上的有 8 户，占总样本数的 5.59%。据调查显示，被调查区域农户住房面积主要集中在 200 平方米左右。

表 4-28 受访者住房面积统计表

住房面积	100 平方米以下	100~200 平方米	200~300 平方米	300~400 平方米	400 平方米以上	合计
户数	9	62	49	15	8	143
比例（%）	6.29	43.36	34.27	10.49	5.59	100

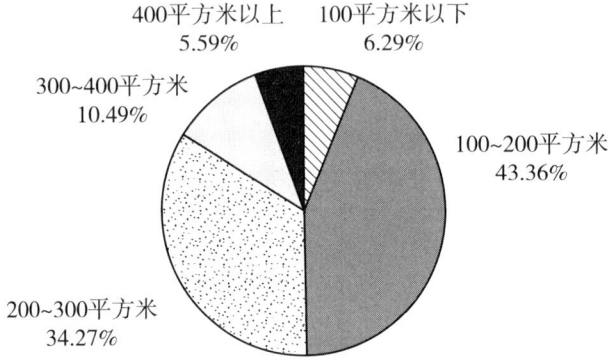

图 4-15 受访者住房面积分布图

⑤受访者参与土地指标交易意愿。

本书对鄂州地区农户是否愿意参与土地指标交易进行了统计调查，如图 4-16 所示，被调查对象中有 62 人对参与土地指标交易持"不愿意"态度，占总调查人数的 47%，而持"愿意"态度的有 81 人，占总调查人数的 53%。过半的被调查农民参与土地指标交易的愿望强烈。

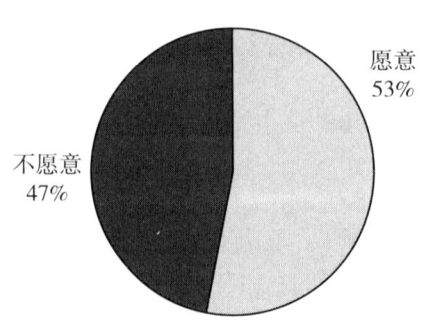

图 4-16 受访者参与土地指标交易意愿分布图

3. 指标的选取与模型的构建

（1）模型变量的选择与说明。

①因变量的选择与说明。

本书旨在研究农户参与指标意愿的影响因素，将问题设计为"您是否愿意将自家的宅基地进行拆迁复垦整理为建设用地指标参与交易"，答案设置为"愿意"和"不愿意"两种情况。"愿意"定义为"P=1""不愿意"定义为"P=0"。在143位农户中有81位农户选择愿意，占有效问卷的56.64%；62位选择不愿意，占有效问卷的43.36%（见表4-29）。

表4-29　　　　　　　　　指标交易参与意愿调查表

态度	户数	比例（%）
愿意	81	56.64
不愿意	62	43.36

②解释变量的选择与说明。

由于研究资料的限制，以及研究时间和研究能力的局限，不可能将问卷中的所有影响因素都作为解释变量加以计量分析。因此，在对现有相关研究成果的分析和总结的基础上，通过Stata软件的初步回归分析，剔除了对结果影响非常不显著的因素后，本书把影响农户参与居民点整理意愿的影响因素缩减到以下5个大类，16个变量。

其中，反映农户自身资源禀赋的变量为：受访农户的年龄、文化水平、掌握的农业及非农业技能数量；反映家庭资源禀赋的变量为：家庭年收入、承包地的面积、宅基地面积、房屋面积；反映农户对政策保障方面风险感受的变量为：政策变动的风险感知、社会保障风险感知、补偿是否及时到位风险感知；反映生活环境变化方面风险感受的变量为：资产缩水风险感知、住房条件变化风险感知、基础设施风险感知、治安条件恶化风险感知；生产经营方面风险感受的变量为：收入稳定风险感知、农业经营风险感知、生活支出变化风险感知、非农就业风险感知（见表4-30）。

表4-30　　　　　　　　　解释变量汇总表

变量类型	变量名称	编号	指标含义
个人禀赋	年龄	X_1	≤30岁=1，31~40岁=2，41~50岁=3，51~60=4，>60岁=5
	教育	X_2	小学以下=1，小学=2，初中=3，高中=4，大专及以上=5

续表

变量类型	变量名称	编号	指标含义
个人禀赋	农业技能	X_3	1种农业技能=1,2种农业技能=2,3种农业技能=3,4种农业技能=4
家庭禀赋	年收入	X_4	2万元以下=1,2万~3万元=2,3万~4万元=3,4万~5万元=4,5万元以上=5
	宅基地面积	X_5	100平方米以下=1,100~200平方米=2,200~300平方米=3,300~400平方米=4,400平方米以上=5
	住房面积	X_6	100平方米以下=1,100~200平方米=2,200~300平方米=3,300~400平方米=4,400平方米以上=5
政策保障风险感知	政策干预风险	X_7	无=0,有=1
	社会保障风险	X_8	无=0,有=1
	补偿到位风险	X_9	无=0,有=1
生活环境风险感知	住房条件变化风险	X_{10}	无=0,有=1
	基础设施风险	X_{11}	无=0,有=1
	治安变化风险	X_{12}	无=0,有=1
	环保风险	X_{13}	无=0,有=1
生产经营风险感知	收入稳定风险	X_{14}	无=0,有=1
	农业经营风险	X_{15}	无=0,有=1
	生活支出变化风险	X_{16}	无=0,有=1

(2) 模型的构建。

本书的研究对象是农户参与指标交易的意愿,这是一个定性的二分变量,其取值有两个,即"愿意"与"不愿意"。在进行定性分析时,一般要设置一个虚拟变量来表示这个定性变量。因变量是一个虚拟的二分变量,传统的线性回归模型由于其赖以成立的前提假设和约束条件,无法对这类变量进行解释。而Logistic模型是将逻辑分布作为随机误差项的概率分布的一种二元离散选择模型,是对二分因变量(如因变量的取值为1和0)进行回归分析时常采用的一种非线性分类统计方法。Logistic回归模型没有关于变量分布的假设条件,也不需要假设它们之间存在多元正态分布,最终以事件发生概率的形式提供结果,拟合得出的Logistic回归模型参数估计不采用通常的最小二乘法,而采用最大似然估计方法。

因此，本书采用二元 Logistic 模型来分析农户参与指标交易的影响因素是非常合理的。

根据二元 Logistic 回归模型的要求，设 X_1、X_2、X_3、……是与 Y 相关的一组向量，P 是某事件发生的概率，将比值 $\frac{p}{1-p}$ 取对数得 $\ln\frac{p}{1-p}$，即对 P 做 Logistic 变换。

$$Y = \ln\frac{p}{1-p} = \partial + \beta_1 X_1 + \beta_2 X_2 + \cdots \beta_i X_i \tag{4.11}$$

$$P = \frac{\exp(\partial + \beta_1 X_1 + \beta_2 X_2 + \cdots \beta_i X_i)}{1 + \exp(\partial + \beta_1 X_1 + \beta_2 X_2 + \cdots \beta_i X_i)} \tag{4.12}$$

式中 P 为二分变量的概率，本书设定农户愿意参加指标交易时 $P=1$，不愿意时 $P=0$；α 为常数项，表示自变量取值全是 0 时，$Y=1$ 与 $Y=0$ 的概率之比的自然对数；X_i 为农户参与指标交易的影响因素；β_i 为 Logistic 回归模型的偏回归系数，表示 X_i 对 Y 的影响大小。

（3）模型的检验。

①多重共线性检验。

在对选取的 20 个变量进行回归分析之前首先要进行多重共线性检验。多重共线性形成的原因是变量之间存在高度相关关系而使模型估计结果失真或难以估计准确，一般是由于经济数据的限制使得模型设计不当造成的。

本书采用 VIF 即方差膨胀因子来衡量自变量的共线性，Stata 软件的分析结果如表 4-31 所示。一般来说，当 VIF>10 时，认为变量间存在较严重的多重共线性；条件指数在 10~30 之间为弱共线，在 30~100 之间为中等共线，大于 100 则为严重共线。由表 4-31 可知，解释变量之间不存在严重的多重共线性，不需要对自变量进行剔除或整合，可保留原来的 20 个自变量进行分析。

表 4-31　　　　　　　自变量的多重共线性检验

变量	X_1	X_2	X_3	X_4	X_5	X_6	X_7	X_8
VIF	1.217	1.441	1.743	2.132	1.553	2.135	1.926	1.335
变量	X9	X10	X11	X12	X13	X14	X15	X16
VIF	1.283	1.872	1.481	1.839	1.938	1.564	1.437	2.112

②H-L 检验与综合系数检验。

为了检验模型是否能准确分析并预测问题，需要对模型的拟合优度进行检验。采用霍斯默-莱梅肖（hosmer-lemeshow）检验和模型系数的综合检验，检验结果如表 4-32 和表 4-33 所示。

由表 4-32 可知,H-L 拟合优度指标的概率值为 0.971 (>0.05),不能拒绝原假设,说明模型的拟合度较好。并且在表的模型系数的综合检验中,模型以 0.01 的显著性水平通过检验,说明模型中至少有一个自变量与因变量具有显著的相关性。结合表 4-32 和表 4-33 可知,模型很好地拟合了样本数据,也能说明本书选择的自变量能够很好地解释农户参与指标交易的影响因素。

表 4-32　　霍斯默-莱梅肖 (hosmer-lemeshow) 检验

步骤	卡方	显著性水平
1	2.285	0.971

表 4-33　　模型系数的综合检验

项目		卡方	Sig.
Step1	步骤	115.891	0.000
	块	115.891	0.000
	模型	115.891	0.000

4. 模型结果和参与意愿影响分析

(1) 模型结果。

表 4-34 是本次二元 Logistic 回归模型的回归结果汇总表,19 个变量中有 7 个变量通过检验,12 个变量未通过。具体包括如表 4-34 中所示的几个方面。

表 4-34　　农户参与土地指标交易意愿的变量模型估计

变量名称	变量	回归系数	标准误差	z 统计量	显著度
常数项	C	2.75	2.38	1.16	0.25
农户个体特征					
年龄	X_1	-0.52	0.24	-2.17	0.03
教育	X_2	0.27	0.24	1.11	0.27
从业技能	X_3	0.26	0.35	0.74	0.46
农户家庭资源禀赋					
年收入	X_4	-0.17	0.22	-0.77	0.44
宅基地面积	X_5	-0.23	0.36	-0.63	0.53
住房面积	X_6	0.91	0.35	2.59	0.01

续表

变量名称	变量	回归系数	标准误差	z 统计量	显著度
政策保障风险					
政策干预风险	X_7	-1.01	0.55	-1.85	0.06
社会保障风险	X_8	-0.56	0.83	-0.68	0.49
补偿到位风险	X_9	-1.17	0.59	-1.98	0.05
生活条件风险					
住房条件变化风险	X_{10}	-0.34	0.65	-0.52	0.61
基础设施风险	X_{11}	-0.10	0.76	-0.13	0.90
治安变化风险	X_{12}	-0.83	0.66	-1.25	0.21
环保风险	X_{13}	-0.98	0.57	-1.71	0.09
生产经营风险					
收入稳定风险	X_{14}	-1.17	0.67	-1.75	0.08
农业经营风险	X_{15}	-1.94	0.89	-2.19	0.03
生活支出变化风险	X_{16}	-0.08	0.67	-0.12	0.91

(2) 农户个体特征对指标交易意愿的影响。

回归结果表明，农户个体特征方面除农户年龄因素外其余指标对其参与指标交易的意愿均无显著影响。其中年龄的回归系数为 -0.52，通过了5%水平下的显著性检验，表明农户的年龄对其参与指标交易的意愿有显著的负向影响作用，农户的年龄越大越不倾向于参与到指标交易之中，究其原因，结合实地调研所得反馈，研究认为年龄较大的农户对自己的住所及田地的感情较深，具有较浓的"念旧情结"，且农户年龄越大对新事物的接受能力越弱，且能够投入到指标交易相关工作中的精力随年龄的增长而降低，因此呈现出年龄对农户参与意愿产生负向影响的结果。教育水平因素的回归系数为0.268，说明受教育程度高的农户更倾向于参与指标交易，受教育程度高的农户对指标交易的相关信息理解更为透彻，一定程度上提升了其参与意愿；另外，根据实地调查发现不少受教育程度高的农户更为看重自家宅基地未来的发展价值，对未来地区经济发展更为乐观而不是仅仅看到当前进行指标交易获得的利益，这两种情况综合叠加在一定程度上导致了教育程度对参与意愿的影响统计学上的不显著。从业技能的回归系数为0.25，表明拥有从业技能越多的农户，参与指标交易的意愿可能性越高。拥有较多从业技能的农户，其对土地的依赖度较弱，生活工作的重心放在城镇，通过指标交易能够将现有的部分土地资源禀赋变现，且通过指标交易过程中的拆迁还建住进更接近城市的农村新社区，导致指标交易对这种农户具有一定程度的吸引力，结合实地调研与问卷分析，具有较多从业技能的农户在总样本中所占比例较低，因此导致整体上从业技能数量对参与意愿的影响不显著。

（3）农户家庭资源禀赋对参与意愿的影响分析。

可以看到，农户家庭资源禀赋影响因素方面，仅有家庭住房面积一项因素对农户的指标交易参与意愿有显著的影响，其余指标因素的影响作用均不显著。家庭的年收入因素的回归系数为-0.167，表明家庭收入高的农户参与意愿更弱，结合实地调研情况分析，家庭年收入较低的农户，生活基础条件较差，更希望通过相关的政策来改进现有的生活水平，而收入较高的家庭则对于政策实施后的家庭整体生活水平的不确定性保持担忧。宅基地面积的回归系数为-0.225，表示宅基地面积越大，农户参与意愿越弱。住房面积这一因素通过了5%显著性检验，其回归系数为0.907，表示住房面积越大的农户参与土地指标交易政策的意愿越强烈。主要是由于在土地指标交易政策实施过程中，相应的补偿标准并未按照宅基地面积来确定，而是通过住房面积这一指标来衡量，因此住房占地面积这一因素并未显著，而住房面积这一因素强显著性检验通过。

（4）权益保障方面风险感受对参与意愿的影响分析。

可以看到，在政策保障方面风险感知影响因素中，仅有对社会保障的风险感知未通过统计学的显著性检验，社会保障风险感知因素的回归系数为-0.56，表明农户会担忧参与指标交易后相关社会保障程度降低，但实际指标交易操作过程中并未太多地涉及社会保障的调整，因此此项因素对农户参与意愿的影响不显著。政策干预风险感知因素和补偿到位风险感知因素的回归系数均为负数，且分别通过了10%以及5%的显著性检验，由结果可以看到，农户担忧在参与的过程中政府强制推动或不按原先制定的规则运行相关的程序，同时农户投入大量的资源参与地票交易，一旦补偿金不能及时到位将极大地损害农户自身的相关利益，因此，农户对政策风险以及补偿到位的感知对其参与意愿呈显著的负向影响作用。

（5）生活环境方面风险感受对参与意愿的影响分析。

计量结果显示，生活条件方面风险感知因素的回归系数符号方向均为负向，但仅有环境变化风险一项因素通过了显著性检验。结果表明虽然农户对指标交易后居住条件变差、基础设施不完善、治安恶化的担忧一定程度上会影响到其参与意愿，但结合实地调查发现农户整体上已有示范区，上述三方面的评价较高对其风险的重视程度相对较低，因此导致上述三方面风险感知影响因素对农户的参与意愿影响不显著。环境的风险感知对其参与意愿的作用方向为负且通过10%水平上的显著性检验，实地调研发现农户对当前一户一宅分散的居住模式较为满意，周边树木环绕，空气等环境指标优良，指标交易相关推动后，农户担忧新居周边环境绿化率不如当前住所且伴随指标交易引入工厂到周边进行生产活动使农村环境恶化,因此此项风险感知因素显著地降低了农户的参与意愿。

(6) 生产经营方面风险感受对参与意愿的影响分析。

生产经营方面风险感知影响因素中,农户对收入稳定的风险感知的回归系数为 -1.17,且通过了 10% 水平下的显著性检验,表明农户对未来收入稳定性的担忧显著地负向影响着农户的参与意愿,当前农户的就业与收入相对不稳定且收入水平较低;未来就业存在着较多的不确定性,认为家庭的收入不能得到持续的保障,因此导致农户的参与意愿降低。农业经营风险感知的回归系数为 -1.94,通过了 5% 水平上的显著性检验,表明农户对农业经营的风险感知程度越高,其参与的意愿越低。指标交易在对宅基地拆旧复垦期间,往往涉及了农地的相关调整,影响农户对农地的经营,与此同时,进行集中居住后农户住所离自家田地的距离往往会变远,增加了农地经营的成本,因此农户对农地经营的风险感知对其参与意愿呈现显著的负向影响作用。生活支出变化风险感知的回归系数为 -0.08,但在统计学上不显著,结果表明农户对未来生活支出的担忧一定程度上会降低参与指标交易的意愿,在对宅基地拆旧复垦结余出土地指标后,农户往往搬入新社区进行集中居住,生活方式完成了从农民到市民的转变,但未来的收入是否能够满足新的生活方式所需的支出是农户需要考虑的重要因素,因此对未来生活的支出一定程度上导致了其参与意愿的降低。

二、直接交易市场土地运行风险分析——以南海西樵镇为例

为分析南海区西樵镇农村集体建设用地市场交易中的风险,首先需要对农户对集体建设用地进行市场交易意愿的影响因素进行分析。从心理学的角度来说,农户对集体建设用地进行市场交易意愿是集体建设用地市场交易风险映射在个体层面上的行为表现之一。换言之,若农户对集体建设用地进行市场交易是自愿的,则集体建设用地市场的部分风险会相对减少,这是存在着逻辑与常理上的联系的,倘若农户对集体建设用地进行市场交易不是自愿的,并且这种态度逐渐积聚起来,以至于成为一种普遍现象,则其相应的经济风险和社会风险都会随之增大,容易造成经济损失和社会冲突等不良后果。因而,分析容易导致农户对集体建设用地进行市场交易意愿的影响因素,即集体建设用地进行市场交易中农户意愿的危险因素,对分析农村集体建设用地市场交易中的风险,尤其是经济风险和社会风险是极具相关关系的。

（一）模型构建

Logit 模型是最早的离散选择模型，也是目前应用最广的模型。由于其概率表达式的显性特点，模型的求解速度快，应用方便，当模型选择集没有发生变化，而仅仅是当各变量的水平发生变化时，可以方便地求解各选择枝在新环境下的各选择枝的被选概率。同时，根据 Logit 模型的不相关选项独立性假设（IIA）特性，选择枝的减少或者增加不影响其他各选择之间被选概率比值的大小，因此，可以直接将需要去掉的选择枝从模型中去掉，也可将新加入的选择枝添加到模型中直接用于预测。由于 Logit 模型这种应用的方便性是其他模型所不具有的，本书采用二元选择 Logit 模型进行交易市场风险评估。二元选择模型属离散变量模型，其被解释变量（因变量）只取两个值，一般用 1 和 0 表示，具体形式如下：

$$p_i = F(y_i) = \frac{e^{y_i}}{1 + e^{y_i}} \tag{4.13}$$

其不发生事件的概率为 $1 - p_i = 1 - \frac{e^{y_i}}{1 + e^{y_i}} = \frac{1}{1 + e^{y_i}}$，将其取自然对数可得 $\ln\left(\frac{p_i}{1 - p_i}\right) = y_i = \beta x_i + \mu$。

1. 参数估计

对于 Logit 模型，选择最大似然估计法（MLE）来估计模型参数和。为了能对总体特征和所考察事件发生的概率作量化分析，需要考虑观测值的概率模型，$p(y_i) = p_i^{y_i}(1 - p_i)^{1 - y_i}$ 全部样本的似然函数为：$L(\mu, \beta) = \prod_{i=1}^{N} p_i^{y_i}(1 - p_i)^{1 - y_i}$ 对似然函数 $L(\mu, \beta)$ 取对数，得到对数似然函数：$L(\mu, \beta) = \log L(\mu, \beta) = \sum_{i=1}^{n} y_i \log(p_i) + \sum_{i=1}^{n}(1 - y_i)\log(1 - p_i)$，将 $p_i = F(y_i)$ 代入并分别求上式对 μ 和 β 的偏导数，并令其为 0，即：

$$\begin{cases} \dfrac{\partial l(\mu, \beta)}{\partial \mu} = \sum_{i=1}^{n}\left[\dfrac{y_i}{F(y_i)}f(y_i) - \dfrac{(1 - y_i)}{1 - F(y_i)}f|y_i|\right] = 0 \\ \dfrac{\partial l(\mu, \beta)}{\partial \beta} = \sum_{i=1}^{n}\left[\dfrac{y_i}{F(y_i)}f(y_i) - \dfrac{(1 - y_i)}{1 - F(y_i)}f|y_i|\right]x_i = 0 \end{cases} \tag{4.14}$$

其中，$f(y_i) = F'(y_i)$ 是分布密度函数，代入相应值便可求得 β 和 μ 的最大似然估计。

2. 显著性检验

模型检验主要包括方程的显著性检验和回归系数的显著性检验。计算似然比率指标和 LR 检验统计量检验主要用来检验模型方程的整体显著性，z 统计量和相伴概率值用来检验回归系数的显著性。基于对数似然函数，选择对数似然函数最大值（log likelihood）、赤池信息准则（akaike info criterion）、施瓦茨准则（Schwarz Criterion）、汉南－奎因准则（Hannan-Quinncriter）等检验模型的显著性，其公式分别为：

$$L = -\frac{n}{2}\log 2\pi - \frac{n}{2}\log \hat{\beta}^2 - \frac{n}{2} \tag{4.15}$$

式中，n 为样本量，$\hat{\beta}^2$ 是未知参数 β^2 的最大似然估计。

$$AIC = -\frac{2L}{n} + \frac{2k}{n}$$

$$SC = -\frac{2L}{n} + \frac{k\log n}{n}$$

$$HQC = -\frac{2L}{n} + \frac{2k\log n}{n}$$

（二）数据来源与变量选择

1. 数据来源

由于调研的样本较少，所以本书是以南海区西樵镇为实证分析，所用数据主要来源于对南海区西樵镇的 18 个经联社的调查，共 62 份问卷。

2. 变量选择

我们将问卷中的变量"您对集体建设用地进行市场交易意愿"设置为因变量（y）。对集体建设用地进行市场交易是自愿的，因变量取值为 1，对集体建设用地进行市场交易不是自愿的，因变量取值为 0。影响集体建设用地市场交易意愿的因素较多，从调研的实际情况来看，南海区西樵镇的集体建设用地市场交易大多属于共同商议后做出决定的一种集体决策行为即需要通过村民大会进行表决，这种行为往往与年龄和性别并无直接关系，因而我们不会首先将个人特征考虑为影响因素，因此我们将影响因素分为集体建设用地市场交易特征、市场交易行为、市场交易信息、市场交易环境四个方面十六项影响因素。

集体建设用地市场交易特征方面，选取集体建设用地交易面积、交易价格、交易方式、交易年限四项指标。

集体建设用地市场交易行为方面，选取竞标方式、市场交易规范、合同公证、中介组织、违约情况五项指标。

集体建设用地交易信息方面，选取是否了解法律政策、是否了解用地企业性质（国有、私营等企业性质）、是否了解用地企业的基本情况（企业的经营水平、资金状况、市场需求、信用程度等）、所有权归属、使用权流转五项指标。

集体建设用地市场交易环境方面，选取是否知道流转试点、所在村、镇是否有交易中心等两项指标。农村集体建设用地市场交易意愿的变量及含义见表4-35。

表4-35　农村集体建设用地市场交易意愿的变量及含义

项目	变量名称	含义
项目	农户意愿（Y）	农户对集体建设用地进行市场交易意愿。是=1，否=0
集体建设用地市场交易特征	集体建设用地交易面积（X_1）	连续变量，直接取值，单位：亩
	集体建设用地交易价格（X_2）	连续变量，直接取值，单位：元/亩/年
	集体建设用地交易方式（X_3）	出让=1，出租=2，作价出资=3，抵押=4
	集体建设用地交易年限（X_4）	1年=1，2~5年=2，6~10年=3，10年以上=4
集体建设用地市场交易行为	集体建设用地交易的竞标方式（X_5）	明标=1，暗标=2，无=3
	集体建设用地市场交易规范（X_6）	是否签订合同。是=1，否=0
	合同是否公证（X_7）	是=1，否=0
	中介组织是否介入（X_8）	是=1，否=0
	违约情况（X_9）	是否违约。是=1，否=0
集体建设用地交易信息	是否了解法律政策（X_{10}）	是=1，否=0
	是否了解用地企业性质（国有、私营等企业性质）（X_{11}）	是=1，否=0
	是否了解用地企业的基本情况（企业的经营水平、资金状况、市场需求、信用程度等）（X_{12}）	是=1，否=0
	所有权归属（X_{13}）	集体建设用地所有权是否属于农村集体。是=1，否=0
	使用权流转（X_{14}）	集体建设用地市场交易是使用权的交易即使用权流转。是=1，否=0
集体建设用地市场交易环境	是否知道流转试点（X_{15}）	是否知道南海区是流转试点。是=1，否=0
	所在村、镇是否有交易中心（X_{16}）	是=1，否=0

（三）变量的描述统计分析与回归检验

1. 变量的描述统计分析

选择均值、中位数、最大值、最小值、标准差、偏态系数、峰态系数、JB 统计量等 8 个统计量对影响农户意愿的各个指标进行描述统计分析。其中标准差反映了数据集的离散程度，公式为：

$$\delta = \sqrt{\frac{1}{n}\sum_{i=1}^{n}(y_i - \bar{y})^2} \tag{4.16}$$

式中，n 为样本量。

偏态系数反映数据集分布的非对称程度，公式为：

$$S = \frac{1}{n}\sum_{i=1}^{n}\left(\frac{y_i - \bar{y}}{\sigma}\right)^3 \tag{4.17}$$

峰态系数反映概率密度分布曲线在平均值处的峰值高低，公式为：

$$K = \frac{1}{n}\sum_{i=1}^{n}\left(\frac{y_i - \bar{y}}{\sigma}\right)^4 \tag{4.18}$$

JB 统计量用来检验样本是否来自正态分布，公式为：

$$JB = \frac{n-m}{6}\left[S^2 + \frac{1}{4}(k-3)^2\right] \tag{4.19}$$

式中，m 是产生样本序列时用到的估计系数个数。在零假设（态分布）下，JB 统计量渐进地服从自由度为 2 的卡方分布，$JB \sim \chi^2$（见表 4-36）。

表 4-36　　　　　变量描述统计分析

项目	Mean	Median	Maximum	Minimum	Std. Dev.	Skewness	Kurtosis	Jarque-Bera	Probability	Observations
Y	0.83871	1	1	0	0.370801	-1.8418218	4.39230769	40.06169132	0.000000	62
X_1	24.7924	9.345	192.7	0.1	38.69909	2.67276042	10.1412971	205.5628538	0.000000	62
X_2	61 463.98	8 600	830 000	100	157 256.7	3.57219987	15.3853469	528.1347699	0.000000	62
X_3	1.935484	2	3	1	0.306806	-1.6435922	9.61759879	141.0453377	0.000000	62
X_4	3.822581	4	4	2	0.55881	-2.8901685	9.51512195	195.9693679	0.000000	62
X_5	1.258065	1	2	1	0.766843	-0.4704703	1.86195073	5.633023482	0.059814	62
X_6	0.903226	1	1	0	0.298064	-2.7277236	8.44047619	153.3484387	0.000000	62
X_7	0.33871	0	1	0	0.477134	0.68159818	1.46457607	10.89089657	0.004316	62
X_8	0.048387	0	1	0	0.216335	4.20921776	18.7175141	821.2682924	0.000000	62
X_9	0.032258	0	1	0	0.178127	5.29465139	29.0333333	2 040.491759	0.000000	62
X_{10}	0.741935	1	1	0	0.441142	-1.1058147	2.22282609	14.19620107	0.000827	62

续表

项目	Mean	Median	Maximum	Minimum	Std. Dev.	Skewness	Kurtosis	Jarque-Bera	Probability	Observations
X_{11}	0.887097	1	1	0	0.319058	-2.4463065	6.98441558	102.8508439	0.000000	62
X_{12}	0.758065	1	1	0	0.431751	-1.2051897	2.45248227	15.78340392	0.000374	62
X_{13}	0.983871	1	1	0	0.127	-7.6822128	60.0163934	9 007.914629	0.000000	62
X_{14}	0.967742	1	1	0	0.178127	-5.2946514	29.0333333	2 040.491759	0.000000	62
X_{15}	0.919355	1	1	0	0.274512	-3.0802142	10.4877193	242.8767785	0.000000	62
X_{16}	0.822581	1	1	0	0.385142	-1.6888013	3.85204991	31.34665413	0.000000	62

在调研的样本中，农村集体建设用地交易面积和价格的均值分别为 24.7924 亩和 61 463.98 元，交易年限以中长期为主，农村集体建设用地交易规范程度相对较高，即农村集体建设用地交易合同签订率为 90.3%，但仍然存在口头协议等未签订正式书面合同的现状，企业的违约率较低，为 3.2%。农户对政策和企业的了解程度较高，这可能是企业违约率低的原因之一。农村集体建设用地的市场化程度相对较高，调研中农村集体建设用地的交易市场拥有率，即拥有农村集体建设用地市场交易中心，为 82%，但是农村集体建设用地交易的中介组织拥有率较低，为 4.8%，农户及集体都不太愿意让中介组织参与到交易过程中，是因为中介组织的介入会收取一定的中介费用，使农民的可获利益减少。

2. 回归分析与检验

运用 EViews6.0 对调研的样本数据进行回归分析，发现 X_6、X_8、X_9、X_{13}、X_{14} 均存在 $X>0$ 的自变量对应 $Y=1$，即 X_6、X_8、X_9、X_{13}、X_{14} 是因变量 Y 的完全预测量。将 X_6、X_8、X_9、X_{13}、X_{14} 剔出待估模型，结果见表 4-37。结果表明，LR 统计量较大，相应概率值为 0.016557，说明农村集体建设用地交易意愿模型整体上是显著的，并且大部分变量的概率大于给定的显著性水平（0.05）。

表 4-37　　　　农村集体建设用地交易意愿模型回归结果

Variable	Coefficient	Std. Error	z-Statistic	Prob.
C	4.645880	8.549857	0.543387	0.586863
X_1	0.213946	0.097939	2.184482	0.028927
X_2	0.000018	0.000008	2.330424	0.019784
X_3	-9.753440	4.895460	-1.992344	0.046333
X_4	2.512435	1.554784	1.615939	0.106108
X_5	-0.086677	0.798557	-0.108543	0.913565

续表

Variable	Coefficient	Std. Error	z – Statistic	Prob.
X_7	3.741978	3.217994	1.162830	0.244899
X_{10}	-0.272217	1.506383	-0.180709	0.856596
X_{11}	2.053761	3.395562	0.604837	0.545287
X_{12}	-0.242644	3.218151	-0.075398	0.939898
X_{15}	6.147703	4.553050	1.350238	0.176940
X_{16}	-1.683441	3.030916	-0.555423	0.578605
McFadden R – squared	0.423499	Mean dependent var		0.838710
S. D. dependent var	0.370801	S. E. of regression		0.318131
Akaikeinfocriterion	0.896497	Sum squaredresid		5.060359
Schwarzcriterion	1.308200	Log likelihood		-15.791397
Hannan – Quinncriter.	1.058142	Restr. log likelihood		-27.391808
LR statistic	23.200821	Avg. log likelihood		-0.254700
Prob. （LR statistic）	0.016557			

根据各变量的 z 统计量和概率，将未通过显著性水平检验的变量依次进行删除（即依次删除概率值最大的变量）。经过五次变量的删除（依次删除 X_{12}、X_5、X_{10}、C、X_{16}），剩余各变量的概率和 AIC、SC、HQC 都有所减小，说明模型得到了进一步改善和优化。删除变量后的模型回归结果见表 4 – 38。

表 4 – 38　　　　　　　删除变量后的模型回归结果

Variable	Coefficient	Std. Error	z – Statistic	Prob.
X_1	0.2050745	0.0944964	2.1701828	0.0299930
X_2	0.0000166	0.0000074	2.2502910	0.0244305
X_3	-8.8982853	4.5218232	-1.9678534	0.0490849
X_4	2.9056707	1.4363848	2.0229054	0.0430829
X_7	4.7305588	3.1567683	1.4985449	0.1339917
X_{11}	2.0316652	1.4915076	1.3621554	0.1731488
X_{15}	5.4020933	3.1971348	1.6896671	0.0910917
Mean dependent var	0.8387097	S. D. dependent var		0.3708010
S. E. of regression	0.3042927	Akaikeinfocriterion		0.7458596
Sum squaredresid	5.0926727	Schwarzcriterion		0.9860200

续表

Variable	Coefficient	Std. Error	z – Statistic	Prob.
Log likelihood	– 16. 1216491	Hannan – Quinncriter.		0. 8401527
Avg. log likelihood	– 0. 2600266			

通过回归分析，可知影响农村集体建设用地交易意愿的主要因素是集体建设用地交易的面积、交易的价格、交易的方式、交易的年限、签订的合同是否公证、是否了解用地企业性质、是否知道南海区是集体建设用地流转的试点。

农村集体建设用地交易面积对农户意愿具有正向影响，换言之，交易的面积越大，农户进行交易的意愿越强烈。

农村集体建设用地交易价格是影响农户交易意愿的重要因素，交易价格越高，农户的交易意愿越强烈，即具有正向影响。但是由于现有制度政策的不完善性，交易价格虽然是"看得见的手和看不见的手"即客观市场机制和政府行为共同作用的结果，但是由于有隐形交易市场的存在，交易价格可能会比市场价格低，农户的利益会受到一定的损失。故交易价格是影响农村集体建设用地交易意愿的危险因素之一。

农村集体建设用地交易方式对农户的交易意愿有一定的影响，在调研中，77%的农户选择出租集体建设用地，出租集体建设用地给农民带来的利益是连续的，源远流长的。其他交易方式使得农户不愿意进行交易集体建设用地，他们认为其他的交易方式会损害他们自身的利益，所以，交易方式也成为了集体建设用地交易意愿的危险因素。

农村集体建设用地市场的交易年限对交易意愿具有正向影响，交易年限越高，农户的交易意愿越高，在调查样本中，集体建设用地市场交易的年限是以中长期为主的。在访谈中，笔者了解到，目前，农户偏向于短期交易，他们认为交易年限越长，具有的不稳定性越大，因为交易的价格是随着经济的变化而变化的，有可能会使农户的利益受损，近几年交易的集体建设用地以短期为主。

农村集体建设用地签订的合同是否进行公证对交易意愿有正向的影响，合同进行公证是对农户权益的一项保障，减少了合同纠纷的产生，降低了用地企业的违约率。根据调研发现，集体建设用地交易签订的合同，大多数未进行公证，违约情况也很少发生，所以这不意味着合同未进行公证，用地企业的违约率就会上升。

农村集体建设用地在交易前是否了解用地企业的性质对交易意愿有正向的影响。在没有把用地企业的基本性质了解清楚前，农户不愿意把集体建设用地租给用地企业。因为这样会使交易风险增加。

南海区是否是流转试点对交易意愿也是有影响的。换言之，农户对国家及地方政策的了解程度对交易意愿有正向影响。如果农户对国家及地方政策越了解，农户对集体建设用地的交易意愿越高，因为这种行为是受法律政策保护的，这是对农户利益的一种保护。因此，这也是影响交易意愿的因素之一。

（四）集体建设用地市场交易风险分析

1. 集体建设用地市场交易的经济风险

尽管南海区开展农村集体建设用地市场交易工作的时间较早，集体建设用地市场交易的当前进度也走在全国前列，但事实上南海区集体建设用地市场交易中的若干经济问题仍未得到有效的解决，交易过程中的经济风险尚未引起足够的重视，部分经济风险已经暴露出来，并产生了一定的损失，若不加防范，后续还可能持续产生损失。有的经济风险则尚未充分暴露出来，隐藏在集体建设用地市场交易的表面之下，但已日趋成为阻碍南海区集体建设用地市场交易良性运行和农村地区经济健康、持续发展的潜在威胁。目前南海区西樵镇的集体建设用地市场交易中所蕴含的经济风险主要可分类识别为契约风险、经营管理风险和政策风险，其中契约风险包括有合同的契约风险和无合同的契约风险。

（1）契约风险。

所谓契约风险是指在双方交易完成后因没有或无法履行约定事项所产生的损失的可能。集体建设用地市场交易在实质上是集体建设用地使用权的交易。在南海区西樵镇的集体建设用地市场交易中有两种情况：一种是交易双方签订了正式合同的规范交易，另一种是未签订正式交易合同的事实交易，它们均存在着各自的风险。

①有正式合同的交易风险。

南海区西樵镇在集体建设用地交易中由村集体通过交易中心或者协议的方式交易，基本上都签订了交易合同。合同是根据政府发布范本制定的，有一定的规范性。从合同的规范性来看，似乎签订了合同的农村集体建设用地市场交易的风险应当是极低的。然而事实上却并不总是如此。由于外来资本与企业、地方乡村政府的强势地位以及农户间弱势地位间的巨大差距，即便签订了合同，倘若交易中的乙方（受让方）真正违约，农户是否能够合理获得赔偿仍然是一个巨大的未知数，由此可能导致农户经济受损、引发矛盾，以至于基层政府的工作也产生风险。就是企业同意按照合同履行补偿，但是企业已没有能力完成补偿，村集体会召开村民大会研究是否要求企业进行补偿，这本身就是对农民利益的一种损害。

②未签订合同的交易风险。

调研发现，南海区西樵镇仅有9.7%的地块是通过口头协议进行交易的，没有正式签订合同。这大多数是在20世纪90年代交易的，没有正式书面合同的集体建设用地交易是极有可能造成损失的。由于权利义务极不明确，当交易中出现隐瞒真实情况，或失去诚信道德时极易产生纠纷，损害当事人权益；而在发生纠纷后，由于双方各执一词，政府无法确立交易的真实情况，致使基层政府也难以定夺违约责任，增大了调停的难度。

（2）经营管理的风险。

农村集体建设用地市场交易的经营管理的风险主要是指集体建设用地在交易后出现经营或管理问题，导致集体建设用地没有出现应有的规模经济效应，甚至产生经济损失的可能性。经营管理的风险具体来说主要涉及两个主体：一是受让主体即用地企业；二是农村集体。对于用地企业来说，由于市场供需的不确定性或者是突发性威胁事件（如金融危机）的产生，使得用地企业的收益低于预期或者是低于成本都可能导致集体建设用地交易的经营管理风险的发生，使得用地企业经济收益蒙受损失。对农村集体来说，村集体有权利和义务对用地企业进行监督管理，以防止用地企业乱排放污水，危害村民的健康。若村集体的监督不到位，用地企业不仅损害了环境，也损害了农民的权益。这使得农民与用地企业进行后续交易的意愿降低，这都会对企业持续性经营与后续投资产生负面影响。

（3）政策风险。

政策的含义可被概括为以一种准权威的方式将固定时期内应当达到的目标、行动准则、一般步骤等进行规定。政府制定政策的初衷旨在维护自己所代表的阶层与团体的利益与意志（李毅，2015）。南海区政府根据自身的实际情况，陆续出台了集体建设用地交易的相关政策。

然而事实上，政策并不总是能兼顾所有人的利益，并且在新政策的实施和旧政策的废止期间可能会导致风险的发生。

2. 集体建设用地市场交易的社会风险

集体建设用地交易的高速运行为南海区西樵镇实现土地资源的集约利用与规模经营，提高农村经济水平起到了很好的助推作用。但是在交易的过程中，南海区西樵镇的某些基层政府和管理者的一些做法违反了集体建设用地交易的"平等、自愿、有偿"的原则，或者是基层领导班子为了自身的利益，私下交易集体建设用地，这些行为损害了农民群体的利益，产生了危害严重的社会风险，对南海区西樵镇经济良性运行和社会和谐有序构成了极大的威胁。基层政府应该重视该危险的存在，如果不加重视，可能会导致社会冲突事件的发生，长此以往将导致南海区西樵镇农户的利益损失、农村社会失序和农民群体社保失衡。

第三节 典型地区土地市场交易模式、绩效评估——以重庆地票为例

一、空间指标交易市场运行绩效评估——以重庆地票为例

2004年国务院出台"城乡建设用地增减挂钩"政策以促进城乡一体化发展（顾汉龙等，2014），2005年国土资源部下发了"关于规范城镇建设用地增加与农村建设用地减少相挂钩试点工作的意见"来指导城乡增减挂钩工作，缓解城市建设用地供给不足，农村建设用地闲置现象（Liu et al.，2014）。重庆市在2008年成为增减挂钩和城乡统筹试点城市后，同年设立了全国首家农村土地交易所，在增减挂钩的基础上创造性地建立了"地票"交易制度。随后，在江苏等地又陆续出现了"红票""蓝票""绿票"等指标交易，地票交易制度盛行。

"地票"制度建立至今已有8年，其对于土地产权分布、人口流动、经济发展等的影响不容忽视（Brauw，Mueller，2012），但对于地票制度的评价仍然褒贬不一，主要集中在对地票交易市场机制（主要针对是否是土地发展权交易）的讨论和地票价值与资产显化关系的探索。关于地票和发展权的讨论，有的学者认为地票交易和美国的土地发展权（Michael et al.，2008；Henger, Bizer, 2010）交易非常类似，是土地发展权的还原机制（张鹏、刘春鑫，2010），然而黄美均、诸培新（2013）认为，地票在本质上是一种指标，是指标的"票据化"而非土地"票据化"，因此地票交易是一种载体、一种制度工具，不能表征发展权交易本身。对于地票价值和资产显化关系，有的学者认为地票制度能够将固定的土地资产转化成流动资产，这样既能满足建设用地指标的需求，也能提高农村土地的价值（覃琳等，2013），扩大城市带动农村的涓流效应（周靖祥、陆铭，2011）。但是，也有很多学者认为，地票制度侧重于指标的平衡而忽略了土地质量保护（项树明等，2014），与此同时，地票交易过程中政府模糊的管理权限界定容易导致寻租行为的出现，特别是对于"红票""蓝票"等政府部门为交易主体的地票交易（袁志刚，2013；谭明智，2014）。尽管重庆地票的交易风险尚可控（陈晓军等，2012），"渝东南""渝东北"等地区短期内通过"地票"交易也获得了土地资产的货币化收入，但却丧失了今后进行产业升

级和工业化建设的建设用地指标,丧失了土地发展权,因此地票交易忽略了农村区域的经济带动以及长久发展(马智利、闫希成,2013),且统一的地票价格不能体现土地级差收益,收益分配缺乏科学依据,也不利于保护农民利益(王婧等,2011)。

地票制度作为趋于市场制的治理结构(顾汉龙等,2014),其对城乡统筹和建立城乡建设用地市场所发挥的积极作用毋庸置疑,但是其作为指标的空间置换制度尝试,其市场运行绩效如何,尚不可知。基于此,本部分以重庆地票交易为研究对象,在分析地票交易的市场化运行机制和定价机制的基础上,通过将2008~2015年地票交易市场运行与城镇建设用地市场和征地市场做比较,分析空间指标交易的运行绩效,以期为建设城乡统一建设用地市场提供科学依据。

(一)地票交易的市场化运行机制

1. 市场运作原理

根据地票的来源和落地,可以将区域分为地票供给区和地票需求区。供给区的宅基地经过土地复垦,形成地票在农村产权交易所进行公开招标、挂牌、拍卖。通过地票交易,扣除成本后,85%的地票收益返还给农民,企业、个人和相关机构等地票需求者获得地票,成为地票持有者。地票持有者利用手中的地票,向相关土地部门申请新增建设用地的使用,政府以地票所承载的建设用地指标,撬动征地程序,征收地票所覆盖的农用地,将地票需求区的农用地开发成城镇建设用地,地票持有者再进入城镇建设用地购买通道获得相应建设用地。地票产生和交易的过程,实现了供给区宅基地和需求区农用地的指标置换,宅基地复垦后产生建设用地指标转移到地票需求区,使得原需求区农用地可以开发成城镇建设用地,此时耕地指标转移到原宅基地上,最终实现耕地和建设用地占补平衡(见图4-17)。

2. 交易频率、价格变化趋势

地票交易价格在2008~2015年间,共进行了38次交易,交易频率先增加后逐年减少,在2010年交易频率最高,共进行11次交易,2011年,交易频率下降到6次,2015年交易频率最低,仅成功进行了一次交易。交易价格先从2008年的120元/平方米增加到2011年的370元/平方米,2012年减少到310元/平方米,后又在2013年增加到330元/平方米,随后逐渐降低,到2015年,地票价格均价在280元/平方米(见图4-18)。

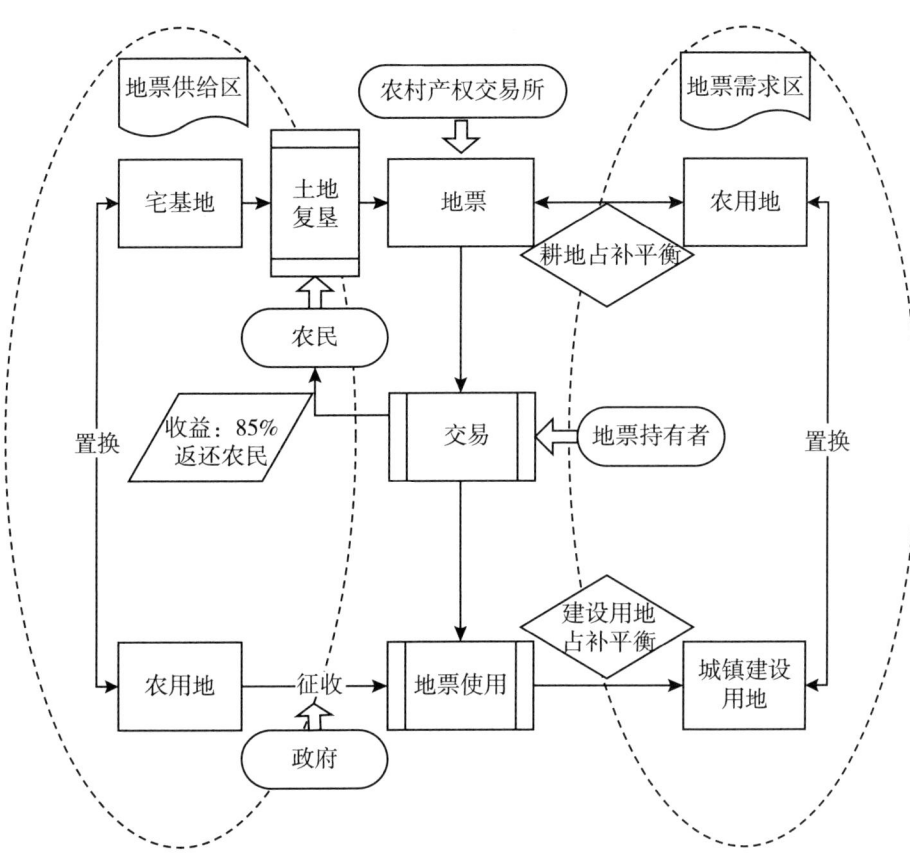

图 4-17 不同地票交易模式比较

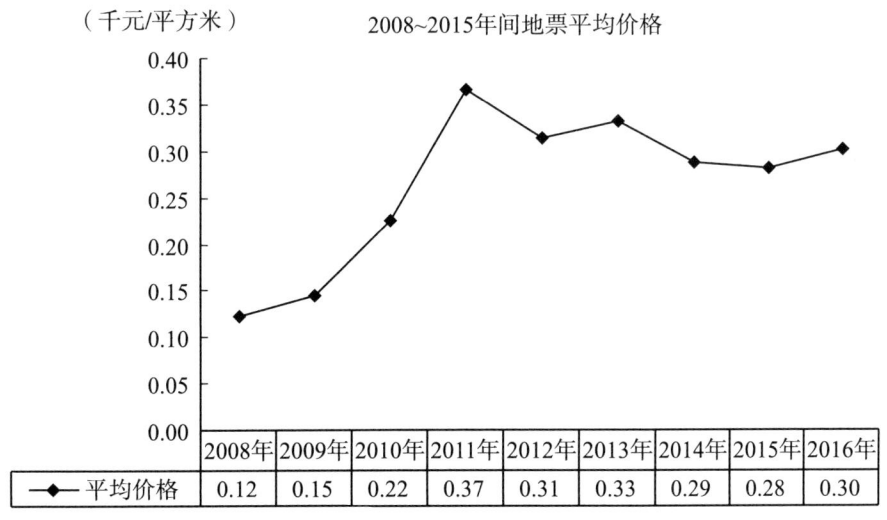

图 4-18 2008~2015 年地票交易价格

从地票的来源和使用来看,城市发展新区、渝东北生态涵养发展区和渝东南生态保护发展区为地票主要来源区,共涉及 30 个区、县,其地票供给量所占比例分别为 26.39%、46.40% 和 24.92%,而地票落地区主要为都市功能核心区、都市功能拓展区和城市发展新区,共涉及 33 个区、县,需求区需求量所占比例分别为 67.16% 和 30% (见表 4 - 39)。

表 4 - 39　　　　　　　　地票来源和落地分布情况

地票来源区域分布情况				地票落地区域分布情况			
区域	涉及区县个数	数量（万亩）	占比（%）	区域	涉及区县个数	数量（万亩）	占比（%）
合计	30	15.37	100	合计	33	10.17	100
都市功能核心区和都市功能拓展区	4	0.35	2.29	都市功能核心区和都市功能拓展区	8	6.83	67.16
城市发展新区	10	4.06	26.39	城市发展新区	11	3.05	30.00
渝东北生态涵养发展区	10	7.13	46.40	渝东北生态涵养发展区	9	0.07	0.69
渝东南生态保护发展区	6	3.83	24.92	渝东南生态保护发展区	5	0.22	2.15

3. 不同地票模式比较

(1) 成都地票。

成都地票和重庆地票相似,但其指标来源于土地整治项目。成都地票的产生是不允许单块土地进行复垦,而要求农村建设用地进行合并和整理,以保证大规模的农村集体建设用地得以保留,零星的集体建设用地将被复垦为农地。同时,土地整治锁定的整治目标为所有集体建设用地,而非仅仅指宅基地。整治后腾出的建设用地指标进入农村资产交易平台进行交易。在地票使用环节,成都地区可以先征地再补充地票,也就是说,开发商允许在获得地票之前购买新征收的农用地的使用权,但直到取得地票之后,才能根据相关规定进行开发。

(2) 红票、绿票、蓝票。

这三种地票的生产来源于三个政府行为：即土地整治、土地复垦和土地征收。"绿票"，代表的是通过土地整治和土地复垦产生的新增建设用地的数量，其交易的地区仅限制在城市地区。而"红票"指补充耕地的数量，为集体建设用地复垦后产生的新增耕地指标，可以在整个城市的行政区交易。"蓝票"，也叫作空间规划配额的土地利用规划指标，其本质是城市建设用地指标，通常来源于土地征收。与成都和重庆模式不同，这三种地票的主要交易主体是城市和地区政府，价格取决于土地整治的成本。交易成功发生后，两地区政府将签署合同，并确认付款和有效的使用时间。由于是政府之间的交易，所有地票交易的利润将用于实现农村土地复垦项目和获取红票和蓝票。

(3) 对比分析。

交易主体、交易客体和交易行为是市场的三大要素，不同地票模式对应不同的市场要素，构成不同的市场交易模式。地票的本质是指标，根据地票承载的客体，目前可以划分为五种类型的地票交易模式：重庆模式、成都模式、"蓝票""红票"和"绿票"。成都地票和重庆地票交易模式非常接近，不同的是，成都地票模式其交易客体主要是建设用地指标，由于其指标来源于农村土地整理项目，因此是增减挂钩项目和"拆院并院"项目的合并指标，既有增减挂钩的指标也有集体建设用地结余指标，标的不够清晰。而"绿票""红票"和"蓝票"是仅限于政府之间的交易，尽管交易方式全都是挂牌，其实质更倾向于政府之间的协议。除了交易客体不同以外，指标的来源也不一样。绿票主要来源于土地复垦和土地整理，与成都模式相似，所得指标为新增建设用地指标和农村集体存量建设用地指标，但是只能在绿票产生的市（县）范围进行交易。红票主要来源于土地复垦带来的耕地占补平衡指标，可以在市行政辖区内进行跨区（县）交易。蓝票承载的是空间规划指标，即土地利用规划中的城镇建设用地指标，主要源于土地征收（见表4-40）。

表4-40　　　　　　　　　不同地票交易模式比较

类型	交易主体	交易客体	交易形式	交易范围	指标来源
重庆地票	企业、个人、土地储备机构	新增建设用地指标、耕地占补平衡指标	拍卖/挂牌	整个重庆直辖市	宅基地复垦
成都地票	企业和个人	建设用地指标	拍卖/挂牌	市行政区域	农村土地整理
绿票	政府	新增建设用地指标	挂牌	城市区域	土地复垦、土地整理

续表

类型	交易主体	交易客体	交易形式	交易范围	指标来源
红票	政府	耕地占补平衡指标	挂牌	市行政区域	土地复垦
蓝票	政府	空间规划指标	挂牌	市（区）行政区域	土地征收

（二）定价机制

重庆地票在进入市场进行拍卖、挂牌之前制定了统一的基准底价（2011年以后最低交易保护价调整为17.8万/亩，约267元/平方米）。重庆市国土房管局2010年《关于规范地票价款使用促进农村集体建设用地复垦的指导意见》（以下简称"意见"）明确规定，地票价款使用方向包括：农户补偿费（包括房屋和地上构附着物补偿费、土地使用权补偿费、农户购房补助费，三项总计平均费用不低于144万元/公顷）、农村集体经济组织补偿费（参照复垦项目所在乡镇国有建设用地使用权出让金标准的一定比例对农村集体经济组织给予补偿，则按25.5万元/公顷核算）、复垦项目工程成本、复垦项目融资成本、退地工作经费等。根据该条款，可以从理论上推断地票价格主要是由土地复垦成本和集体补偿金两部分组成，因而地票的价格机制实质应该是补偿机制。再根据重庆地票价款直拨的结果公示看相关权利人及其账目明细，地票成交后，成交价由四个相关主体分割：农民（补偿费）、村集体（补偿费）、地方国土房管所（土地复垦成本，55.5元/平方米）和市整治中心管理成本（成交价1%），可以用成本法进一步推导当前地票的价值构成：

$$P = P_1 + P_2 + P_3 + R \tag{4.20}$$

其中，P为地票价格，P_1为农民和集体补偿费，P_2为复垦成本，P_3为管理运作成本，R为利润，因此地票生产成本 = $P_1 + P_2 + P_3$，R为成交后溢价部分所得。2011年，重庆农村土地交易所为保护农民和集体权益，上调地票最低保护价。根据文件规定，要保障农户的地票收益不低于每亩12万元，集体的收益不低于每亩2.1万元，即可推算$P_1 = 14.1$万元/亩，约211.5元/平方米。加上复垦成本55.5元/平方米，正好等于地票底价（211.5 + 55.5 = 267元/平方米），而管理费用是成交价的1%，则暗含了管理成本和部分利润。把集体和农民所得看作土地投入，复垦成本看作资本投入，管理运作看作人力投入，则该模型完全符合经济学生产要素投入产出原理。

（三）地票交易与发展权交易

1. 发展权价值

邱继勤、邱道持（2011）认为，重庆地票交易是土地发展权转让市场化的创新探索，并且构建了重庆农村土地交易所地票成本结构模型，如下所示：

$$P = C_1 + C_2 + C_3 + C_4 + C_5 \tag{4.21}$$

其中，P 为地票成本价格，C_1 为土地取得费，C_2 为土地复垦费，C_3 为利息，C_4 为利润，C_5 为农村土地发展权补偿价格。$C_1 + C_2 + C_3 + C_4$ = 地票生产价格，再加上农村土地发展权价格 C_5 的地票成本价格 P。而农村土地发展权价格 $C_5 = P_j - P_n$，其中，P_j 为复垦地块建设用地价格，P_n 为复垦地块农用地价格。同时，该文作者认为，根据地票制度规定，在地票落地环节，地票可以冲抵耕地开垦费（主城区 30 万～60 万元/公顷）和新增建设用地土地有偿使用费（主城区 40～80 元/公顷），因而应该在制定地票基准价的时候加上免征两费的金额（平均而言，约 105 万元/公顷）。邱继勤、邱道持（2011）一文的贡献在于提出了将农村土地发展权价值纳入地票价格机制中，但是对发展权价格和免征两费金额的阐述是含糊不清的。首先，当前农村土地价值评估体系缺位，没有明确的集体建设用地基准地价和农用地基准地价，发展权价格无法确定，相反，地票生产价格是可以推算的，实际成交价也易得，很容易让人误解土地发展权价格为地票价格的溢价部分（成交价—生产价格）；其次，对于免征的两费没有明确界定名目，如果归于土地取得费范畴，两费来源于地票落地区，与补偿费不属于同一地块，不等同于地票供给区土地取得费。

因此，笔者认为免征两费这一制度体现的是地票供给区农村集体补偿价值的资金来源，是一种重庆市内的跨区补偿，而农村土地发展权补偿价格不是农村土地发展权的购买价值，而是土地发展权的转移价格，因为购买发展权（purchasable development right，PDR）是政府出于公共保护的目的收购地块发展权，不涉及具体的需役地块，而发展权转移（transfer of development right，TDR）必然涉及发送区和接收区的发展权限市场交易和转移。农村集体建设用地通过复垦变成耕地，这个过程本质上是将农民对已经使用的土地发展权进行还原，使得地票发送区土地开发受到严格限制；然后，通过地票交易，这部分被还原的土地发展权转移到城镇建新区，使得地票接收区原耕地得以转化为城镇建设用地，获得更高的开发强度，最终在耕地数量不减少的前提下，实现农民和地方政府之间土地发展权的转移（Barrows，Prenguber，1975）。

2. 发展权转移价值

土地发展权转移（transfer of development right，TDR）是一种土地利用政策

工具,旨在解决传统分区过程中产生的暴损—暴利困境和有悖常理的经济激励机制(Costonis,1972)。土地发展权转移早期出现在美国分区管制的案例分析中,主要围绕政府是否有权有偿剥夺私人的开发权利以保护历史地标、自然景观(Barnhart,1977;杨重信、林益瑞,1994)展开讨论。最初的土地所有者拥有单位发展权(development right,DR),开发区的土地所有者想要进行超过规划基准线的开发必须购买受限土地所有者的单位发展权(Costonis,1972)。如果地票交易是土地发展权转移的市场化机制,那么,地票的价格实际上应该表征的是土地发展权的转移价格。但是关于如何计算其土地发展权转移价值,如何用土地发展权价值核算地票价值缺乏清晰的界定,本书借鉴杨重信和林瑞益(1994)土地发展权空间转移理论分析,构建地票对应发展权转移价值模型。

根据需求区多为城市中心区,地票供给区多为渝东北或渝西南这一区位条件看,需求区土地价格较高,供给区土地价格较低,主要与其离市中心的距离有关,故 r 为距离城市 CBD 的距离,r_f 为中心城区的边界,r 地点的房地产单价为 $P(r)$,假设土地的生产函数为 $H(K,L)$,K 和 L 分别代表资本和土地投入量,生产规模报酬固定,且具有以下特征:$H_K>0$,$H_L>0$,$H_{KK}<0$,$H_{LL}<0$,$H_{KK}H_{LL}-H_{KL}^2>0$,资本单价为 ρ,由全国市场决定,土地租金为 R,由土地市场决定,而复垦成本是一定的,则复垦后和未开发前土地租金一致,均为 R_0。因此,开发商的收益最大化表达式为:

$$\max_{K(r),L(r)} = \{P(r)H(K(r),L(r)) - \rho K(r) - R(r)L(r) \mid 0 \leq L(r) \leq L^S(r)\}$$

(4.22)

式中,L^S 为土地供给量。

而农村集体的收益最大化在于决定最合适的土地供给量 L^S,以获得最大报酬。

$$\max_{L^S} = \{[R(r) - R_0]L^S(r) \mid 0 \leq L^S(r) \leq \bar{L}(r)\}$$

(4.23)

式中,$\bar{L}(r)$ 为供给总量限制。

如果在没有土地用途的限制下,由于供给区和需求区土地面积相等,则市场均衡时供给区和需求区的土地利润相等,其建筑面积均衡产量(用 H_S^* 和 H_D^* 表示)也必然相等,用 H^* 表示。考虑 TDR 后,发开总量定为 $\bar{H}$,且 $\bar{H}<H^*$。为令发展权转移价格为 v,此时,开发商的收益最大化表达式变为:

$$\max_{K(r),L(r)} = \{[P(r) - v]H[K(r),L(r)] - \rho K(r) - R(r)L(r) \mid 0 \leq L(r) \leq L^S(r)\}$$

(4.24)

TDR 的市场限制式为:

$$\int_0^{r_f} H[K(r),L(r)] \leq \bar{H}$$

(4.25)

并假设 $H[K(r), L(r)] = K(r)^{\delta}L(r)^{1-\delta}$，$0 < \delta < 1$，则市场均衡时：

$$R(r) = (1-\delta)\left(\frac{\delta}{\rho}\right)^{\frac{\delta}{1-\delta}}[P(r)-v]^{\frac{1}{1-\delta}} \quad (4.26)$$

$$\int_0^{r_f}\left(\frac{\delta}{\rho}\right)^{\frac{\delta}{1-\delta}}[P(r)-v]^{\frac{\delta}{1-\delta}}dr = \overline{H} \quad (4.27)$$

若 $R(r_f) = R_0 = 0$，则发展权转移价格 $v = P(r_f)$ （4.28）对式（4.26）求关于 $\overline{H}$ 的微分，将式（4.28）代入，可得开发量与发展权转移价格关系：

$$-\int_0^{r_f}\left(\frac{\delta}{1-\delta}\right)\left(\frac{\delta}{\rho}\right)^{\frac{\delta}{1-\delta}}[P(r)-v]^{\frac{2\delta}{1-\delta}}\frac{\partial v}{\partial \overline{H}}dr = 1 \quad (4.28)$$

因等式右边为正数 1，当 $r < r_f$ 时，左边有 $P(r) > v$，因此，$\frac{\partial v}{\partial \overline{H}} < 0$，即当允许开发总量越小时，发展权转移价格越高。

若 r_f 是重庆市郊区到 CBD 的距离，那么发展权转移价格、地票价格则为重庆市城郊分界点房地产价格，制定基准地价时，应遵循其城郊分界点房地产价格。

（四）地票价格与土地出让价格、征地补偿的对比分析

重庆市由 38 个区县组成，按照其功能区划分，分为五个主体功能区：都市功能核心区、都市功能扩展区、都市发展新区、渝东北生态涵养发展区和渝东南生态保护区。尽管地票需求区大部分集中在都市功能核心区、都市发展扩展区和都市发展新区，但是仍有少数几个区县在渝东南和渝东北区，并且部分都市发展新区既生产地票也需要地票，所以并不能清晰界定重庆市郊到中央商务区（CBD）的距离 r_f。由于目前地票交易机制并不关心地票供给区和落地区的具体区位条件，只关心落地区和供给区指标是否对应，因而也无法追踪到具体地票使用地块的区县具体位置，故也不能用需求区具体地块所在区县郊区到县中心距离替代。

根据"同权、同地、同价"原则，由于地票所表征的指标为新增建设用地指标和占补平衡指标，那么可以假定供给区原农村建设用地与其附近条件相同的城镇土地价格相等，而需求区地票所落地块征地补偿价格代表农地价格。最终，本书用各个区县以每个区县地票价格和平均城镇建设用地出让地价和征地补偿价格作比较检验目前地票价值与农村土地资产、土地发展权转移价值的关系。

令 v_i 表示分布到第 i 区（县）的地票价格，$i = 1, 2, 3, \cdots, 27$，P_i 表示第 i 区（县）城镇土地的平均出让价，∇P_{si} 表示第 i 区（县）城镇土地平均出让价

与地票价格的差值，P_i/v_i 表征二者的比值。根据 2014 年实地考察和重庆市土地出让交易结果，得到供给区地票价格和土地出让价格的关系（见表 4-41）。从表 4-41 可以得出，地票价格和所在区县城镇土地出让价格相差甚远，目前地票价格尚不能完全显化土地发展权转移价值。平均而言，地票价格和城镇土地差价为 1 706.2 元/平方米，二者比值达 9.3937。都市功能核心区、都市发展扩展区和都市发展新区等地票需求较大而供给较小的区县，地票价格和土地价格差距较大，其中，九龙坡城镇土地价格比地票价格多 8 841 元/平方米，相当于地票价格的 40 多倍；而渝东南和渝东北等地票主要供给区地票价格和土地价格差距较小，黔江区城镇土地出让价和地票价格差距最小，仅为 35.38841 元/平方米，二者比值为 1.5844。

表 4-41　　　　供给区地票价格和土地出让价格关系　　　　单位：元/平方米

项目	区（县）	∇P_{si}	P_i/v_i	项目	区（县）	∇P_{si}	P_i/v_i
都市功能核心区 + 都市功能扩展区	渝北区	2 848.6	14.6389	渝东北生态涵养发展区	垫江县	2 528.7	13.6632
	九龙坡	8 841.5	42.4222		开县	450.3	3.4662
	巴南区	2 187.6	11.3220		巫溪县	1 132.2	6.6814
	北碚区	2 472.2	12.8937		梁平县	1 576.9	8.7514
都市发展新区	涪陵区	1 123.7	7.3409		忠县	1 218.1	7.2027
	綦江县	969.3	5.9261		城口县	4 272.5	20.6300
	南川区	2 170.7	12.8140		巫山县	166.4	2.1740
	合川区	782.2	5.3877	渝东南生态保护区	石柱县	1 751.9	10.0654
	江津区	580.6	4.1242		秀山县	673.9	4.8446
	铜梁区	2 006.2	10.1867		彭水县	2 966.4	14.7322
	荣昌县	90	1.8469		武隆县	1 541.6	8.2242
渝东北生态涵养发展区	万州区	1 341	7.2206		黔江区	35.3	1.5844
	云阳县	917.2	5.9034		酉阳县	583	4.2517
	奉节县	840.7	5.3303	均值	—	1 706.2	9.3937

注：所有数据来源于重庆农村产权交易所交易数据和重庆市国土资源和房屋管理局交易中心。

地票需求区由于不涉及地票价格，而地票所承载的除了新增建设用地指标外，还有占补平衡指标，因此需求区用征地补偿价格 C_j 和土地出让价格进行比较，∇P_{dj} 表示第 j 区县城镇土地平均出让价与地票价格的差值，$j=1,2,3,\cdots,23$ 如表 4-42 所示。从表 4-42 中可以看出，地票的需求区主要集中在都市功能核心区、都市功能扩展区和都市发展新区，征地补偿价格和土地出让价格差距非常大。平均而言，需求区土地出让价和征地补偿价格的差值达到 3 142.3 元/平方米，比值达 30.1259 元/平方米，其中，位于都市功能核心区的江北区土地出让价格和征地补偿价格相差 23 631.6 元/平方米，相当于该区征地补偿价格的 202.9799 倍。

表 4-42　　　　需求区征地补偿价格和土地出让价格关系　　单位：元/平方米

项目	区（县）	∇P_{dj}	R_j/C_j	项目	区（县）	∇P_{dj}	R_j/C_j
都市功能核心区＋都市功能扩展区	渝北区	3 040.6	26.9881	都市发展新区	合川区	967.6	11.1584
	九龙坡	9 033.5	78.2091		江津区	794.3	9.3396
	巴南区	2 386.2	21.3950		铜梁区	2 235.5	24.4695
	北碚区	2 664.2	23.7707		荣昌县	305.5	4.2074
	渝中区	5 133	44.8718		璧山县	2 782.4	30.2121
	南岸区	3 483	30.7694		大足县	455	5.7767
	沙坪坝区	230.5	2.9703		潼南县	3 307.4	35.7232
	江北区	23 631.6	202.9799		长寿区	1 418.3	15.8899
	大渡口区	783	7.6924		永川区	1 331.9	14.9829
都市发展新区	涪陵区	1 309	14.7527	渝东北生态涵养发展区	丰都县	1 647.9	21.1578
	綦江县	1 183	13.4201	渝东南生态保护区	武隆县	1 793.1	26.4333
	南川区	2 356	25.7344	均值		3 142.3	30.1259

注：所有数据来源于重庆农村产权交易所交易数据和重庆市国土资源和房屋管理局交易中心。

本部分以重庆地票为地票模式代表，分析了地票创新机制与土地发展权和征地市场、出让市场之间的关系。通过分析地票交易和土地发展权关系，提出地票交易机制实质上是一种重庆市内的跨区补偿机制，农村土地发展权补偿价格不是农村土地发展权的购买价值，而是土地发展权的转移价格，并构建了土地发展权转移价值模型，确定了地票的定价依据，根据模型推导，在单一城市中心的假设下地票价格应为重庆市城郊交界处城镇建设用地单价。进一步地，局限于当前地票价格机制，将地票价格、土地出让价格和征地补偿价格分别就地票供给区和地票需求区进行对比分析，结果发现，地票价格和所在区（县）城镇土地出让价格相差甚远，目前地票价格尚不能完全显化土地发展权转移价值，而征地补偿价格和土地出让价格差距更大，最高达 200 多倍，因此，地票创新制度虽然不能完全显化农村土地资产价值,但相对于征地补偿,有效地提高了农村土地资产价值,促进了农户的收入,因此其市场效用高于征地市场的补偿效用。

二、直接交易市场运行绩效评估——以南海区西樵镇为例

广东省西樵镇位于佛山市南海区西南部,地处珠江三角洲腹地,是中国面料名镇、中国龙狮名镇、国家卫生镇、国家文明镇、中国历史文化名镇、广东省教育强镇、广东省中心镇、广东省旅游名镇。西樵,因山而名。西樵镇辖区总面积177平方千米。西樵镇自然环境优越,水陆交通便捷,因此西樵镇的产业发展蓬勃,各行业遍地开花,形成纺织、旅游、陶瓷、五金、电器、印刷、包装、卫生用品、商贸服务、酒店饮食业等多元化发展的产业体系。其中,尤以纺织业最为著名。西樵镇纺织素有"广纱甲天下、丝绸誉神州"之美名,辖区内的西樵轻纺城是中国三大纺织品市场之一,广东省西樵镇纺织产业基地位列广东省十大循环产业基地之首。以旅游、文化为引领,西樵镇商圈愈发开阔,第三产业日益蓬勃。目前,全镇有工商企业1.2万多户,其中规模以上民营工业企业200多户。

多年来,西樵镇始终坚持以经济建设为中心,以农村为主战场,以发展非公有制经济为重点,以市场为导向,依靠科技进步,优化产业结构,经济建设和社会各项事业快速、健康发展,综合实力显著增强。2015年完成财政收入19.23亿元;工商税收23.4亿元,同比增长12.1%;固定资产投资89.1亿元,同比增长11%。[①]

(一) DEA模型指标体系及模型构建

1. 评价指标体系

农村集体建设用地市场交易效率的评价指标体系主要包括交易投入和交易产出两个方面。本书在设计与选取指标时,主要是通过查阅一些学者运用数据包络分析(DEA)方法研究农村集体建设用地市场交易效率的案例,找出集体建设用地市场交易具有代表性的投入和产出指标,还考虑到现有数据的可获得性,将交易投入分为交易面积投入、交易资本投入和劳动力投入,分别用交易的土地面积、固定资产投资和劳动力投入表示;将交易产出分为经济产出,用第二、第三产业生产总值[②]表示(见表4-43)。

---

① 作者根据相关资料整理。
② 由于第一产业生产总值占西樵镇全镇生产总值的比重较小,平均为2%,所以本书第二、第三产业生产总值用全镇生产总值代替。

表4-43　　　　农村集体建设用地市场交易效率的指标体系

目标层	准则层	指标层	指标说明
投入指标	交易面积	交易的土地面积	西樵镇用地企业交易的集体建设用地面积
	资本	固定资产投资	年用地企业固定资产投资额
	劳动力投入	就业人口数	年用地企业的就业人口数
产出指标	经济产出	第二、第三产业生产总值	

2. 模型构建

数据包络分析（data envelopment analysis，DEA）方法是评价具有多投入和多产出决策单元（decision making units，DMU）集体建设用地市场交易效率的非常有效的工具，这里的决策单元是指所要研究的用地企业。由于农村集体建设用地具有非常大的经济价值，在社会经济产出一定的情况下，为使农村集体建设用地市场交易的效率最高，农村集体建设用地市场交易的投入量需要尽可能小，但是，目前经济产出显现为规模报酬可变的，所以本书选取投入导向型 DEA – BC^2 模型。若要评估 K 个决策单元（即经联社）农村集体建设用地市场交易的效率，评价指标体系中共包含土地及其他生产要素 L 种投入指标、M 种产出指标，设 x_{al} 代表第 a 个决策单元的第 l 种资源投入量，y_{am} 代表第 a 个决策单元的第 m 种资源产出量，则对于第 k 个经联社有以下形式的 DEA 模型：

$$\min: \theta - \varepsilon(e_1^T S^- + e_2^T S^+)$$

$$s.t. \begin{cases} \sum_{a=1}^{K} x_{al}\lambda_a + S^- = \theta x_l^k (l = 1, 2, 3, \cdots, L) \\ \sum_{a=1}^{K} y_{am}\lambda_a - S^+ = y_m^k (m = 1, 2, 3, \cdots, M) \\ \sum_{a=1}^{K} \lambda_a = 1 \\ \lambda_a \geq 0 (a, k = 1, 2, 3, \cdots, K) \end{cases} \quad (4.30)$$

式中，$\theta(0 < \theta \leq 1)$ 为综合效率指数，其值越接近1，表明农村集体建设用地市场交易的效率越高；$\lambda_a(\lambda_a \geq 0)$ 为权重变量；$S^-(S^- \geq 0)$ 为投入冗余变量；$S^+(S^+ \geq 0)$ 为产出不足变量；ε 为非阿基米德无穷小，一般取 $\varepsilon = 10^{-6}$；$e_1^T = (1, 1, \cdots, 1) \in E_m$，$e_2^T = (1, 1, \cdots, 1) \in E_k$，$E_m$、$E_k$ 为 m 维和 k 维单位向量。

(二) 集体建设用地市场交易效率实证分析

1. 数据来源

本书在农村集体建设用地市场交易的效率评价指标体系的基础上,对广东省南海区西樵镇的 13 个经联社进行了调查,收集、整理了集体建设用地市场交易的投入和产出数据,具体如表 4-44 所示。

表 4-44　南海区西樵镇农村集体建设用地市场交易投入产出数据

年份	第二、第三产业生产总值（亿元）	土地面积（亩）	固定资产投资（万元）	就业人口数（万人）
2010	161.69	413.3746	702 999	3.36
2011	188.45	1 716.4203	717 346	4.65
2012	177.12	2 767.5389	703 000	3.87
2013	178	1 448.5112	736 351	3.48
2014	190	1 003.74455	797 063	4.11
2015	205.2	760.88237	891 000	4.89

2. 效率评价

运用 DEAP 2.1 软件,将南海区西樵镇农村集体建设用地市场交易的投入产出数据分别代入 BC2 模型,对模型进行计算,得到南海区西樵镇农村集体建设用地市场交易的效率评价结果,如表 4-45 所示。

表 4-45　南海区西樵镇农村集体建设用地市场交易效率评价结果

项目	效率值				产出不足		投入冗余		
年份	技术效率	纯技术效率	规模效率	规模报酬	第二、第三产业生产总值	土地面积	固定资产投资	就业人口数	
2010	1.000	1.000	1.000	—	0	0	0	0	
2011	1.000	1.000	1.000	—	0	0	0	0	
2012	1.000	1.000	1.000	—	0	0	0	0	
2013	1.000	1.000	1.000	—	0	0	0	0	
2014	0.995	1.000	0.995	drs	0	0	0	0	
2015	0.981	1.000	0.981	drs	0	0	0	0	
均值	0.996	1.000	0.996		0	0	0	0	

由表 4-45 可知，南海区西樵镇农村集体建设用地市场交易的技术效率较小，2010~2013 年用地企业达到了技术有效，即技术效率值为 1。2014~2015 年用地企业均技术无效。2015 年用地企业技术效率最差，为 0.981，与最高者相差 0.019。南海区西樵镇农村集体建设用地市场交易的技术效率整体偏高，平均为 0.996，其中 2015 年技术效率低于平均值，为 0.981。纯技术效率均大于等于规模效率，说明主导南海区西樵镇农村集体建设用地市场交易效率提升的关键是规模效率的提升。从规模报酬阶段来看，所有的用地企业均处于规模报酬递增阶段或者规模报酬不变阶段。

技术效率等于纯技术效率乘以规模效率。所以农村集体建设用地市场交易的技术无效即技术效率值小于 1，可能是由三种原因导致：纯技术有效规模无效、纯技术无效规模有效或纯技术和规模都无效。研究结果表明（见表 4-45），在南海区西樵镇农村集体建设用地市场交易的技术无效只有纯技术有效规模无效一种原因：纯技术有效规模无效是指纯技术效率值等于 1，而规模效率值小于 1。2014 年和 2015 年用地企业就是纯技术有效规模无效。2014 年和 2015 年用地企业的规模效率分别为 0.995 和 0.981，规模报酬递减，没有投入冗余和产出不足。也就是说 2014 年和 2015 年的用地企业投入的各种生产要素都已达到最佳使用状态，在纯技术效率上完全有效。但是 2014 年和 2015 年用地企业的市场交易规模较小，处于规模报酬递增阶段，这就要求用地企业在完善资源优化配置的基础上应该适当增加市场交易规模来提高西樵镇的集体建设用地市场交易的效率。

第四节 全国统一土地市场的约束性、适宜性分析

一、发达地区集体建设用地市场发育程度评价

长三角和珠三角地区由于其雄厚的经济实力和高度城市化需求，在农村土地市场建设和推动中，一直走在全国前列，但是时隔多年，其农村集体土地市场发育程度如何？当前农村土地市场运行状况如何？存在何种异同？一直缺乏系统研究和对比。关于我国土地市场化程度的测度，目前主要围绕城市土地市场进行，赵云泰等（2012）认为主要包括三种方法：一种是从市场内涵建立指标体系进行测度，一种是基于土地供应方式进行测度，还有一种是基于经验和静态标准的权

重度量。实际上，根据指标表现形式看，可以分为两种测度方法：（1）单一指标测度法。不少学者根据出让方式和市场层级关系建立土地市场化程度指数（王青等，2007；谭丹等，2008；赵云泰等，2012）。李永乐和吴群（2009）利用加权平均法根据土地出让方式测算了城镇土地市场化程度，并建立模型探究了城镇土地市场化程度和农地非农化的关系；而钱忠好、牟燕（2012）也采用相同的方法，考虑了征地市场，构建了中国土地市场化综合水平指数；在此基础之上，有学者提出用出让溢价率指数进行修正，更能反映特定土地类型的市场化程度（赵爱栋等，2016）。（2）多维指标测度法。赵珂等（2008）从土地交易情况、土地金融情况和企业投资情况方面构建了土地市场发育程度评价体系；还有学者利用层次分析法（李娟等，2007）和因子分析法（曲福田等，2007）构建土地市场发育程度评价体系；张晔等（2015）还提出商权可拓物元模型建立指标体系评价土地市场发育成熟度。两种方法各有优劣，单一指标法更侧重交易方式，能更直接地测度土地市场发育情况，而多维指标法评价的角度更多，能有效选取替代指标，规避土地市场中部分数据可得性的问题。

在分析长三角和珠三角地区农村土地市场培育环境的基础上，利用问卷调查数据和实地考察所获农村土地交易数据，利用单一指标法，测算长三角地区和珠三角地区农村土地市场化程度和市场差异化程度，以期为建立城乡统一建设用地市场提供科学依据。

（一）市场培育环境比较

1. 理论基础

威廉姆森的"社会基础—制度环境—治理结构—资源配置"四层次理论（Williamson，2000），能为社会分析提供清晰的分析框架，尤其适用于政策对比分析，因此本书基于该理论对比分析长三角和珠三角农村土地市场的培育环境。其中，社会基础用地区社会经济发展水平、城镇化水平和工业化水平衡量；制度环境分为自上而下的制度安排和自下而上的地方创新；治理结构可以看作是人类在第二层次的游戏规则下自发选择的各种竞争规则，或者可以看作游戏的过程，是在一定的社会基础下政策的具体实现形式（顾汉龙等，2014），交易费用经济学将治理结构归纳为一条光谱，光谱的左端是完全的市场治理结构即市场发挥主导作用的运作模式，光谱的右端是完全的层级治理结构即政府主导的运作模式，中间是混合型的治理结构（顾汉龙等，2015），这里需要根据市场的主体、客体、交易对象、交易方式等进行分析判定；资源配置是指在既定制度环境和治理结构下，市场运行所取得的市场配置效率。

2. 长三角 "浙江模式" 与珠三角 "南海模式"

课题组于2015年对两地区的走访和问卷调查，发现长三角地区农村土地市场探索主要围绕指标交易进行，农村土地流转活动形式多样（土地复垦、土地征收、土地出租、土地整理），而珠三角地区农村土地市场是农地直接入市交易（出租、出让）的真实市场，而其中的交易大部分是为避免以租代让而履行了出让手续。由此可见，浙江模式和南海模式分别对于长三角地区和珠三角地区的农村土地市场改革起了重要推动作用。土地市场发育离不开其培育环境，长三角地区围绕浙江模式展开农村土地市场改革，珠三角地区主要依托"南海模式"进行农村土地市场交易，那么梳理"南海模式"和"浙江模式"的运作方式有利于分析长三角地区和珠三角地区农村土地市场治理模式和市场配置效率。

浙江模式是指政府在对现行建设用地管制模式和浙江发展的矛盾和困难中摸索出来的典型案例，旨在解决经济发展与土地利用规划、土地用途管制之间的矛盾（汪晖、陶然，2009），而南海模式是大量外资抢滩南海，集体自发以土地或厂房出租给企业使用，征地艰难和市场作用促成了土地资本化和农村工业化股份合作制（蒋省三、刘守英，2003）。

20世纪90年代初，大量外资抢滩广东，建设用地指标日趋紧张，南海区非农产业高速发展，造成用地紧张，土地的价值飙升，土地的资产特性逐渐显现，征地的补偿价值已不能满足集体对土地价值的认识。同时，广东作为外来人口最多的省份之一，集聚了大量外来劳动力，也吸引很多地方小企业（作坊）租赁集体建设用地作业。为满足企业用地需求，缓解征地带来的社会问题，1992年，南海村、组两级集体经济组织以兴办乡镇企业名义申请用地，办理土地使用权证，然后将土地出租给企业投资建设，并将集体土地折价入股，村民按股分红，建立起股份合作制。股份合作制主要包括两个做法：其一是进行"三区规划"，在地方政府规划的土地功能区划下，集体组织将集体土地分为农业保护区、工业开发区、行政住宅区；其二是将集体财产、土地和农民承包权折价入股，并设计了一套关于股权设置、股红分配和股权管理的章程。以土地启动农村工业化，也带来集体经济组织在功能、权力和经济实力上的变化（蒋省三、刘守英，2003），集体经济组织通过集中土地重新获得土地实际支配权的过程中，成立了集体组织经联社，该集体组织拥有很大权力。

浙江模式和南海模式的作用是显而易见的，其实施后果除了解决了各自的地方土地问题外，前者部分政策因涉及耕地质量、发展权利等被中央叫停，后者由于集体土地产权市场缺失造成了以租代让、集体资产流失等问题。将二者产生背景、主要内容、参与主体、运行特征及实施结果进行对比，见表4-46。

表 4-46　　　　　　　　　浙江模式和南海模式比较

模式比较	浙江模式	南海模式
产生背景	1. 规划中主要控制指标分配与土地边际产出的信息不对称 2. 不同政府之间政治博弈	1. 建设用地紧缺，征地困难 2. 独特地方生产要素结构："技术含量较低的外来资本—外来低素质劳动力—村集体廉价土地"
主要内容	1. 区域内土地发展权转移政策 2. 跨区域土地发展权交易政策	1. "三区规划" 2. 股份合作制
参与主体	市、县政府	村集体（经联社）
运行特征	以调整规划和指标交易为主	以土地出租和股份合作制为主
实施结果	1. 建立了运行良好的发展权交易市场 2. 平衡了建设需求和耕地保护矛盾 3. 部分政策被叫停（"基本农田集中置换""易地代保政策"和"折抵指标政策"）	1. 实现了农村土地资产化和工业化 2. 促进了农民收入 3. 无序流转，部分以租代让，集体资产流失

3. 农村土地市场培育环境分析

在对比"浙江模式"和"南海模式"的基础上，按"社会基础—制度环境—治理结构—资源配置"四层次理论，对长三角和珠三角地区农村土地市场培养环境进行分析，见表 4-47。

表 4-47　　　　　　长三角和珠三角地区土地市场培育环境比较

模式比较	长三角地区	珠三角地区
社会基础	经济实力雄厚，是我国经济实力最强的城市群	1. 经济实力雄厚，工业和外贸发达 2. 独特地方生产要素结构："技术含量较低的外来资本——外来低素质劳动力—村集体廉价土地"
制度环境（地方制度保障）	《浙江省人民政府办公厅关于加强易地垦造耕地管理工作的通知》 《浙江省人民政府关于加快推进浙江城市若干政策通知》 "基本农田易地代保"于 2002 年被正式纳入当年修订的《浙江省基本农田保护条例》	2003 年顺德颁布《集体所有建设用地使用权流转管理暂行办法》 2004 年佛山市颁布《关于印发佛山市试行农村集体建设用地使用权流转实施办法的通知》，将"顺德模式"在全佛山范围内试行

续表

模式比较	长三角地区	珠三角地区
制度环境（地方制度保障）	2008年《上海市城乡建设用地增减挂钩试点管理办法》 《农村集体建设用地流转试点操作规范（试行）》的通知 《市政府办公室关于印发宿迁市建设用地和耕地占补平衡指标调剂使用暂行办法的通知》 2013关于印发《义乌市城乡新社区集聚建设实施办法（试行）》的通知	2005年广东省人民政府出台了《广东省集体建设用地使用权流转管理办法》 2011年南海区政府印发了《佛山市南海区集体建设用地使用权出让出租管理办法》的通知，标示农村集体建设用地正式进入土地一级市场
治理结构	混合制市场形态	市场经济形态
资源配置	1. 建立了运行良好的发展权交易市场 2. 平衡了建设需求和耕地保护矛盾 3. 农村土地流转方式多样：超级增减挂钩、增减挂钩、土地整理、指标交易、土地征收、部分隐形出让、租赁市场、入股	1. 实现了农村土地资产化和工业化； 2. 促进了农民收入； 3. 集体土地流转形式主要有：出让、出租、入股、转让、转租、抵押，其中出让的交易方式为：挂牌和拍卖

社会基础方面，两个地区的社会经济实力都非常雄厚。长三角地区占全国土地的1%，创造了18.7%的国内生产总值和全国22%的财政收入，而珠三角地区2012年生产总值达47 897.25亿元，其中一半通过国际贸易实现，经济实力仅次于长三角都市经济圈。

制度环境方面，自上而下看，两个地区都积极响应城镇土地公开交易，较早进行土地市场探索。1986年，上海开始对"三资"企业收取土地使用费，1987年9月，深圳首次以协议方式出让住宅用地使用权。自下而上看，两个地区分别依托浙江模式和南海模式这两个创新模式，并针对其中问题，制定了一系列地方制度保障。

从治理结构看，治理结构主要有市场、计划层级制和混合制三种形式（谭荣，2008），根据资产的专有性、交易的频率和交易的不确定性，珠三角地区农村土地市场交易以出租和出让形式进行，均有确权发证，资产专有性较高，且交易更为频繁、交易主体是广泛的企业，而长三角地区指标交易的主体是政府，而隐形的农村土地市场交易又存在很大的不确定性，因此长三角地区农村土地市场是一种混合制的市场形态，而珠三角地区是市场经济形态。

从资源配置层面看，由市场经济为主导的集体土地直接入市相较政府主导的指标交易更有效率。在珠三角地区，地方政府不再扮演投资者和经营者的角色，而是靠税收的增加来提供公共服务（蒋省三、刘守英，2003），实现了职能转变，同时，农村土地市场只涉及出让、出租、入股等五种形式，使得交易成本更低。而长三角地区，在指标交易中由于政府既是裁判又是运动员，市场配置效率大打折扣，且涉及多种土地流转形式，造成较大交易成本。

（二）农村土地市场化测度和差异化分析

1. 数据来源

由于长三角地区指标交易存在于政府之间，并不对外公开，而且是混合制的市场形态，并非完全的市场经济，难以按交易方式测算土地市场化，而珠三角地区的真实土地市场交易则相对更易测度。因此，对于长三角地区，土地市场化测度数据来源于课题组 2015 年对上海地区 168 份农村土地流转方式的问卷调查，而对于珠三角地区，数据来源于 2015 年佛山市南海区和东莞市农村土地交易中心 92 宗集体建设用地交易数据。

2. 土地市场化测度

由于长三角地区和珠三角地区农村土地市场培育条件不同，其入市的方式略有不同，为了把二者放在同一比较维度上进行对比，本书在测算农村土地市场化水平时，考虑指标交易部分，按指标交易、出让和出租三种市场交易方式衡量农村土地市场化程度，进行加权平均、计算农村土地市场综合水平。具体测算模型见公式（4.31）。

$$LM = \frac{LM_1 \times \omega_1 + LM_2 \times \omega_2 + LM_3 \times \omega_3}{LM_1 + LM_2 + LM_3} \quad (4.31)$$

式中，LM 为综合市场化水平，LM_1 为指标交易宗数，LM_2 为出让的土地宗数，LM_3 为出租的土地宗数，而 ω_1、ω_2 和 ω_3 分别对应三种交易方式的权重。

根据实地调查，南海区和东莞市 2015 年 92 宗集体建设用地交易中，64 宗来源于土地出让，出让均价为 3 051.44 元/平方米，28 宗来源于土地出租，出租的均价为 1 673.26 元/平方米，由于出租价格是出让价格的 54.84%，故二者权重为 1 和 0.5484，由于无指标交易，对应权重为 0。而在上海市的问卷调查中，由于指标交易存在于政府之间，绝大多数受访者不清楚是否进行了指标交易，反映在土地流转情况下，只能确定是否进行了集体建设用地复垦，因此我们假定所有复垦的土地都将进行指标交易，根据文献，2007 年一部分折抵交易指标已达 9 万元/亩（汪晖、陶然，2009），按最高价算，折抵指标价格为 14.5 元/平方米。在上海问卷调查中，一共有 31 宗地被复垦、104 宗地进行民间买卖活动，姑且等同于土地出让，均价为 1 162.12 元/平方米，11 宗地进行租赁活动，平均租金为

269.18元/平方米。按照其价格，指标交易价格为买卖交易价格的0.012，出租价格为买卖价格的0.2316，指标交易、出让（买卖）、出租的权重分别为0.012、1和0.2316。

将交易宗数和各种交易方式对应权重代入式（4.31），则得到上海市的农村土地市场化水平为0.5116，而佛山市南海区和东莞市对应农村土地市场化水平为0.5571。从市场化程度看，佛山市南海区和东莞市的农村土地市场化水平略高于上海市，若把他们分别作为珠三角地区和长三角地区的抽样样本看，则可以推断珠三角地区农村土地市场化水平比长三角地区高。

3. 市场差异化分析

从上述土地出让所占宗数比例和对应价格看，无论是上海市还是佛山市南海区和东莞市，土地出让（买卖）的交易量占了较大比重，而且相对于出租和指标交易，出让价格较高。由于直接出让市场和隐形的交易市场不具可比性，因此，进一步构建农村土地价格水平指数分析长三角地区和珠三角地区农村土地市场差异，具体见式（4.32）。

$$P = \sum_{i=1}^{n} Z_i f_i / \sum_{i=1}^{n} Z_i \quad (4.32)$$

式中，P为综合农村土地价格水平指数，Z_i为第i种交易方式的价格，f_i为各种方式对应权重，该权重为不同交易方式的土地宗数与总交易土地量的比值，n为交易形式，$n=3$，仍然包括指标交易、出让（买卖）和出租。

根据上述实地调查结果，上海地区三种交易形式的对应权重为0.2123、0.7123和0.0753，而南海区和东莞市的两种交易形式（出让和出租）对应权重为0.6957和0.3043，由此计算出长三角地区和珠三角地区集体土地价格水平分别为851.17元/平方米和2631.99元/平方米。由此可见，综合价格水平主要受集体建设用地出让（买卖）价格的影响，而珠三角地区集体建设用地由于直接入市交易价格高于长三角地区私下买卖交易价格，导致两个地区农村土地市场价格差异较大。

（三）结论与讨论

本书以长三角地区和珠三角地区农村土地市场为研究对象，在分析两个地区农村土地市场培育环境的基础上，结合实地调研数据，测算了两个地区农村集体建设用地市场的市场化程度和价格差异。首先，在对比分析南海模式和浙江模式的运行模式基础上，结合威廉姆森的"社会基础—制度环境—治理结构—资源配置"四层次理论，分析了长三角地区和珠三角地区农村集体建设用地市场的培育环境。通过对比，我们发现，长三角地区农村土地市场是一种混合层级制的市场形态，而珠三角地区集体土地市场是完全开放的市场经济形态，长三角地区主要进行以政府为主体的基于发展权转移和有偿折抵的指标交易,伴随土地复垦、土地整理和隐形土地市场等多种农村集体土地流转活动,是当前全国各地探索农村建设用地市场的一个缩影,而珠三角地区以真实交易为主,流转活动主要为出让、出租、入股,形式相对单一。其次,我们根据调研数据,采用加权平均法测算了当前长三角地区和珠三角地区农村集体建设用地市场化程度。结果发现,珠三角地区农村土地市场化水平比长三角地区高,二者市场化程度分别为 0.5571 和 0.5116。接着,构建了综合农村土地价格指数模型,测算出长三角地区和珠三角地区集体土地价格水平分别为 851.17 元/平方米和 2 631.99 元/平方米,由此可见,珠三角地区农村集体建设用地市场化程度比长三角地区略高,但是土地综合价格水平却比长三角地区高出很多。农村集体土地市场相对于城镇土地市场,目前还处于探索阶段,发育并不成熟,因而很难像城镇土地市场化测度一样根据其招标、拍卖、挂牌等方式划分一级市场、二级市场,再根据不同层级市场对应不同交易方式进行加权平均,但是,本书也根据当下农村土地市场模式,提出了农村土地市场化测度的分析思路,即把虚拟指标交易市场、出让/买卖市场(一级市场)和租赁市场(二级市场)纳入考虑范畴。

二、中西部地区市场机制与农村集体建设用地价值显化路径分析

重庆市是我国最大的城市,也是规模最大的地票交易试点城市。重庆市位于中国西南的长江上游地区,区域总面积约 82 400 平方千米,是北京、天津、上海三市总面积的 2.39 倍,其中主城建成区面积为 647.78 平方千米。是我国政府直接管理的直辖市,也是长江中上游经济、金融、文化和技术中心。辖区内有 38 个区县,2015 年人口总数达 3 317 万人,其中城镇居民达 3 017 万人,且 60.94% 的城镇居民居住在城市地区。重庆市由五个发展重点区域——核心城市功能区域、扩展城市功能区、城市发展新区、渝东北生态涵养发展区和渝东南生态保护发展区。[①]

(一)问题提出与研究假设

快速城镇化和农地流转带来农村集体建设用地的低效利用和最严格的耕地保护制度。一方面,城镇化带来的非农就业机会增多,诱发失地农民到城市工作,快速的城市化和农业土地用途转换导致农村建设土地使用的效率低下和严格耕地

---

① 作者根据重庆市政府网站相关数据整理。

保护系统。非农就业机会由城市化吸引农村失业农民到城市地区。一些农民工作在城市，平时居住在城市，成为所谓的城乡"双栖"（Xu, Yu, 2015），这在发展中国家是非常普遍的，如越南和撒哈拉以南非洲（Brauw et al., 2014）。据统计，目前我国有 16.9% 的"双栖"居民，这种大规模农村人口迁移到城市引发了农用地和宅基地撂荒，形成"空心村"（Long, 2009, 2010）。目前有 1700 万公顷闲置的宅基地，约占农村建设用地面积的 15%，而农村的人均住房面积为 229 平方米（韩俊，2011），与市中心城市住宅面积相比相对较大（14.67%）。由于我国长期以来的双轨运行制度，使得农村集体建设用地不能直接进入市场进行交易，并且往往相对落后的中西部地区是劳动力的输出地区，因此中西部地区大量闲置的农村集体建设用地的价值无法显化，资产处于"沉睡"中。

另一方面，城镇化扩张导致对靠近城市周边的耕地需求日益增长，也增加了资源流失和退化的风险。为了保护耕地和周围的环境，《土地管理法》（1998）制定了我国的耕地保护制度，该制度也是最为严格的耕地制度，要求耕地占用面积要和补充的耕地面积持平，即实现占补平衡。实现平衡要求占用耕地的数量必须和城市使用后收回耕地的数量相同（Liu et al., 2014）。为配合实施最严耕地保护制度，1999 年我国实现年度指标分配制度。根据年度指标分配的管理办法（1999），各级政府层层下分补充耕地指标和建设用地指标，即国家制定计划将指标分配到各省，而各省又将年度耕地指标和建设用地指标下分到各市，然后各市又分配到各县等（Li et al., 2015）。因此，除了县政府以外的各个级别的政府，需要平衡耕地的得失，实现区域内占补平衡（Ou et al., 2014）。当地方政府的可占用耕地不足以满足发展所需要的建设用地指标时，这对于地方政府发展地方本土经济来说，是巨大的挑战。

为了平衡占补平衡指标，地方政府创造性地提出了"增减挂钩"制度（Long, 2012），即城市新增建设用地的增加和农村集体建设用地的减少一对一挂钩，换言之，在区域内，通过空间置换，将农村建设用地复垦成农地，形成占补耕地指标，并将该指标覆盖到拟开发的新增建设用地上，最终实现耕地的占补平衡。目前，全国已有包括重庆在内的 29 个城市进行"增减挂钩"的试点，而地票交易便是在这一制度上引入了市场化机制，将农村集体建设用地复垦后形成的新增建设用地指标和补充耕地指标通过市场交易，实现土地开发的空间置换。重庆地票自 2008 年建立以来，一直稳步发展，其重要的两点在于：(1) 扣除复垦成本后的收益全部返还农村，其中规定 85% 返还给农户、15% 返还给集体；(2) 农民自愿申请复垦，且必须有两套以上住房（包含农村和城市住宅）的农户方有资格申请。因此，重庆地票交易在一定程度上，盘活了闲置的农村土地资产，也在相对闲置情况下给农民和集体带来了直接收益。那么，地票交易制度究竟是否激活了"沉睡"的农村土地资产,地票价值是否能完全显化农村土地资产价值,是本部分研究最为关心的问题。

(二) 价格梯度模型构建

1. 价格梯度界定

假设重庆是一个单一核心城市,因此,区位相同、用途相同的土地价值应该相同,由于地票承载的是耕地占补平衡指标和建设用地指标,那么在地票供给区,原地块从集体建设用地复垦为农地,产生建设用地指标,因而供给区地票的价值应该表征建设用地指标价值,对应原集体建设用地地块;而地票需求区,由于建设用地指标的覆盖,使得该地块得以开发,该地块的价值应对应最终出让价值(不计开发成本的情况下)。本书首要目标在于计算地票价格和城镇建设用地出让价格的梯度。假设在竞争市场中,或地票交易的市场运行如同预期一样可以代表其所承载的耕地占补平衡指标和建设用地指标的情况下,原集体建设用地地块和城镇建设用地地块特征非常相似,那么地票的价格与区位相同的城镇建设用地出让价格相似,即二者价格梯度将非常小。供给区价格梯度 ∇P_{si} 如下:

$$\nabla P_{si} = R_i - P_i \tag{4.33}$$

式中,R_i 是地块 i 的出让价格,P_i 是地票的价格。如果价格梯度低,则表明地票价格占有城镇出让价格的大部分比重,若价格梯度高,则表示地票价格仅仅是城镇土地建造成本的很小一部分。

而在地票需求区,我们建造了第二个价格梯度,即城镇土地出让价格(R)和农地征收补偿价值(C)的差值,由于城镇土地开发之前为城市规划范围下的农地,因此,二者是同一个地块,除土地用途以外的所有地块特征均相同。这样,城镇土地出让价格(R)和农地征收补偿价值(C)的差值表示土地用途改变所增加的被政府所占有的价值,不考虑政府土地开发成本,地票需求区价格梯度 ∇P_{dj} 如下:

$$\nabla P_{dj} = R_j - C_j \tag{4.34}$$

式中,R_j 是地块 j 的出让价格,C_j 是农地补偿价格。

2. 价格梯度影响因素判别与模型构建

为了探索地票价格和出让价格梯度、出让价格和补偿价格梯度的影响特征和集体建设用地指标交易的价值显化路径,我们基于县域水平定义了地票价格梯度影响的驱动因素,并分别对地票供给区和地票需求区建立了价格梯度模型。如前文所言,通过占用耕地而得到的新增建设用地指标的额度取决于年度地方社会经济发展规划和区域土地供给政策(Ou et al.,2014)。土地指标首先由中央政府分配到各级省级政府,省级政府再分配到市级政府,然后到县级政府(Li et al.,

2015)。因此，指标的稀缺程度（SD）将对价格梯度产生直接影响。指标稀缺程度由两部分组成，Δm_1 是各县在本轮规划 2006~2020 年的补充耕地指标的额度，该额度主要用于衡量可以补充耕地的数量，或该县域需要保护耕地的任务量；而 Δm_2 是本轮规划 2006~2020 年需要占用耕地用以开发的耕地指标额度，也是经常所说的建设用地指标，因此定义土地指标稀缺度为二者的比值，如下：

$$SD = \Delta m_1 / \Delta m_2 \qquad (4.35)$$

如果补充耕地指标 Δm_1 大于建设用地指标 Δm_2，那么县域里面有更大的承载空间供耕地占用，相反，则承载空间较小不足以提供耕地占用后的后备补充，此时，则需要地票交易来抹平补充耕地指标的不足。因此，指标稀缺度数值越大，稀缺程度越低，区域内有盈余的耕地可以被开发出来，多余的补充耕地指标可以被地票承载转移到其他需要指标的地区。理想情况下，如果地票交易运行良好，那么市域范围内补充耕地指标总和与建设用地指标总和相等。

根据 2006~2020 年重庆土地利用规划，测算得到的土地稀缺度指标如表 4-48 所示。地票供给区中属于都市核心区和都市扩展区的土地稀缺度小于 1，而其他地票供给区土地稀缺度均大于 1。平均而言，供给区有更多的空间用于产生补充耕地指标，其指标稀缺度大于 1，为 2.09，而需求区则需要更多的建设用地指标以供发展，其土地稀缺度略小于 1，为 0.96。

表 4-48　　　　　　　供给区和需求区土地指标稀缺度

地票供给区				地票需求区			
县	指标稀缺程度	县	指标稀缺程度	县	指标稀缺程度	县	指标稀缺程度
渝北	0.22	垫江	0.92	渝北	0.22	铜梁	1.62
九龙坡	0.09	开县	0.96	九龙坡	0.09	荣昌	1.30
巴南	0.62	巫溪	6.47	巴南	0.62	壁山	1.73
北碚	0.45	梁平	1.93	北碚	0.45	大足	2.54
涪陵	0.91	忠县	2.84	渝中	0.00	潼南	0.47
綦江	2.42	城口	8.03	南岸	0.06	长寿	1.13
南川	1.82	巫山	2.87	沙坪坝	0.08	永川	0.95
合川	1.69	石柱	2.61	江北	0.06	丰都	1.05
江津	1.18	秀山	1.78	大渡口	0.03	武隆	0.84
铜梁	1.95	彭水	3.09	涪陵	0.91	—	—
荣昌	1.62	武隆	0.84	綦江	2.42	—	—
万州	0.95	黔江	1.12	南川	1.82	—	—
云阳	2.61	酉阳	3.20	合川	1.69	—	—
奉节	3.23	均值	2.09	江津	1.95	均值	0.96

根据 2006~2020 年重庆土地利用规划，测算得到的土地稀缺度指标如表 4-48 所示。地票供给区中属于都市核心区和都市扩展区的土地稀缺度小于 1，而其他地票供给区土地稀缺度均大于 1。平均而言，供给区有更多的空间用于产生补充耕地指标，其指标稀缺度大于 1，为 2.09，而需求区则需要更多的建设用地指标以供发展，其土地稀缺度略小于 1，为 0.96。

其他变量作为控制变量也选入供给区和需求区的价格梯度模型中来。具体地，包括：（1）面积比例（A_i），该指标为地票面积和城镇建设用地的面积比，用以描述地票交易频率；（2）城市化率（ch），城市化率增加时，农民从农村迁移到城市，闲置他们的集体建设用地的可能性较大，这增大了地票交易的可能性；（3）财政收入（F），表示政府财务生存能力，该指标很大程度上取决于政府提供的公共产品和服务的水平；（4）第二、第三产业生产总值比（dj），表示区域产业结构。为修正变量之间的多重共线性，采用相关系数检验变量之间的关系。经相关系数检验，供给区的第二、第三产业生产总值比、城市化率和需求区的财政收入相关系数较高，分别为 0.84 和 0.85，因此剔除掉以上三个变量。将以上变量投入到加权最小二乘回归模型，并将稀缺指标的二项式也考虑到模型中，以增加模型的稳健性，由此得到最终供给区和需求区的价格梯度模型如下：

$$\nabla P_{si} = \partial_0 + \partial_1 SD_i^2 + \partial_2 SD_i + \partial_3 A_i + \partial_4 F_i + \varepsilon_i \qquad (\text{模型一})$$

$$\nabla P_{dj} = \beta_0 + \beta_1 SD_j^2 + \beta_2 SD_j + \beta_3 dj_j + \beta_4 ch_j + \mu_j \qquad (\text{模型二})$$

式中，∂，β 为待估系数，$i = 1, 2, 3, \cdots, n$，$j = 1, 2, 3, \cdots, q$，而 n 和 q 分别代表供给区和需求区的县的个数。

（三）价格显化机制的实证分析

1. 供给区和需求区价格梯度分布

根据计算得到的价格梯度，可以发现，除城口县以外，供给区中，离市中心越近的区县价格梯度越大，越远的价格梯度越小。而需求区中，价格梯度差距更大，从 0.31×10^3 元/平方米到 23.63×10^3 元/平方米。整体而言，城镇建设用地出让价格远远高于补偿价格，以江北区为例，该地区城市土地租金是单位面积同地块补偿价格的 200 多倍。平均而言，需求区价格梯度为 3 141.04 元/平方米，出让价格和补偿价格二者相差 30.13 倍，供求区价格梯度为 310 元/平方米，出让价格和地票价格二者相差 9.93 倍。

2. 价格梯度模型结果

采用 SAS 8.0 分别运行供给区和需求区价格梯度模型，得到对应的估算参数见表 4-49。模型 1 结果显示，指标稀缺程度整体而言与价格负相关，但在模型 2 中，指标稀缺程度与价格梯度成倒 U 型关系。同时，价格梯度与指标稀缺程度的阈值也计算得出并在表中展示。

表4-49　　　　　　　地票价格梯度模型参数估计结果

模型一（supply regions）		模型二（demand regions）	
Variables	Estimates	Variables	Estimates
Intercept	2.59（3.11）***	Intercept	7.68（6.52）***
SD_i^2	0.15（2.85）***	SD_j^2	12.71（5.62）***
SD_i	-1.11（-2.57）**	SD_j	-19.44（-7.03）***
A_i	-25.29（-2.18）**	A_j	—
dj_i	—	dj_j	-2.41（-2.37）**
ch_i	—	ch_j	4.41（6.74）***
F_i	43.18（2.93）***	F_j	—
Fvalue	8.01（Pr>F）=0.004	Fvalue	60.33（Pr>F）<0.0001
R-square	0.59	R-square	0.92
Threshold	$SD_i=3.61$，$\nabla P_s=0.59-25.29A_i+43.18F_i$	Threshold	$SD_j=0.76$，$\nabla P_d=0.24-2.41dj_j+4.41ch_j$

注：P values are in parentheses，*** denotes $P<0.01$，** denotes $P<0.05$。

根据表4-49，供给区除了位于遥远的渝东北生态涵养区的巫溪县和城口县外，所有区县的稀缺度指标均小于阈值范围，因此，可以说供给区价格梯度与指标稀缺度整体负相关，当稀缺指标的值变小时，地票的价格梯度将会增加。考虑到地票的价格近年来相对稳定，那么价格梯度差主要受城镇土地出让价格影响，建设用地指标（Δm_2）越大的区县，对建设用地的需求量越大，当供给小于需求时，城镇建设用地市场价格将会增加，进而扩大土地出让价格和地票价格之间的差距。

需求区的稀缺指标阈值为0.76（小于1），这意味着在地票需求区存在发展外溢效应，指标稀缺度与价格梯度呈显著负相关。当稀缺度减少时，出让价格和补偿价格梯度增加。由于土地指标稀缺度小于0.76的区县大部分位于都市核心功能区和都市功能扩展区，而这些地区高度城市化下土地出让金也较高。对于土地稀缺度高于0.76的区县而言，土地出让金与土地补偿价格之间存在正相关关系，这主要由于福利减小的速度快于土地出让金减少的速度。

此外，供给区价格梯度∇P_s与面积比A呈显著负相关，与财政收入F呈显著正相关，这意味着越多的地票进入市场，地票和土地出让金的价格梯度越小，由于政府财政收入增加，土地出让金收入也会增加。而在需求区，城市化

率 ch 与需求区价格梯度 ∇P_d 呈显著正相关，这说明当每单位城市化率减小时，需求区价格梯度将增加。另外，第二、第三产业 GDP 的增加也会导致需求区价格梯度差增大。

三、地方创新经验的总结与经验移植启示

（一）地方创新经验总结

本部分通过对珠三角地区、长三角地区、成渝地区以及中部地区的湖北鄂州市和西部地区的山西泽州市等典型地区的集体建设用地市场运行方式、规则的考察，分别以湖北鄂州市、广东省佛山市南海区、重庆市集体建设用地市场运行机制为研究对象，分析了不同交易模式所存在的交易风险和市场运行绩效，认为在不同地区，不同创新模式的侧重点不同、目标不同、实施主体不同、市场交易客体不同、制度运行环境不同，也正是这些差异使得地方创新取得的成效不尽相同。

首先，不同地方创新模式的改革目标不同，相关权利主体的主要矛盾不同。比如，珠三角地区地方积极探索直接交易市场，其背后的动因在于 20 世纪外资入驻和外来务工人员集中，形成了以乡镇企业为主的小规模民营经济，该经济体的兴起不仅使得集体资产较早得以显化，更让集体经济组织较早认识到集体资本的价值而更加集权守护、经营集体经济，因而为防止市场无序运行和资产流失，政府出于市场经济形势所迫，市场倒逼政府进行土地市场的建设和改革。

其次，土地流转形式多样，但市场形态相对稳定。按集体建设用地市场发育程度来看，主要包括直接交易市场和间接交易市场，其中，直接交易市场（首次交易）主要有出让、出租、入股，而间接交易市场主要是通过土地整理和土地复垦所产生的以新增建设用地指标、耕地占补平衡指标和规划发展指标进行空间置换为主的指标交易市场。根据实地考察，直接交易市场中，南海土地市场由于早期南海模式的影响，市场发展较为成熟，目前主要以土地租赁为主。相对而言，受早期增减挂钩项目、土地整治等活动影响，间接交易市场较为普遍，在上海、浙江、江苏、重庆、四川、湖北鄂州等多处都进行了相关市场探索。

从市场主体来看，尽管地方创新模式不同，但市场主体不外乎政府、集体、用地企业和农民四大交易主体。不同地方创新模式的不同，很大程度上依赖于市场交易主体参与程度不同、利益主体之间的博弈结果不同。整体而言，直接交易市场的主要参与主体是集体经济组织和用地企业，二者构成土地的供需主体，市场运行中政府主要通过税收和制定管理制度以监管市场运行，而农户主要以股份

参与市场交易，获得分红收益。间接交易市场的主要参与主体则是政府和用地企业，间接市场中，政府往往扮演运动员和裁判员的双重角色，不同地区的间接交易中政府参与程度不同，比如长三角地区的地票交易和重庆地区的地票交易其最大的不同在于前者是以政府为主导的，供给和需求方可能都是政府，而重庆地票则不同，政府的供给方角色更弱，主要提供交易平台和监管。

从制度环境看，地方创新模式兴起的集中特点在于制度环境的积极影响。地方创新经验丰富的地区，其制度环境大都相对宽松，在地方规章制度上进行过大刀阔斧的改革。比如广东早在2005年就已经全省范围内实行出让、出租的公开交易；再比如，浙江省早在2001年就开始在全省范围内实现跨区指标交易，虽然后来被中央紧急叫停，但其浙江模式的影响却在长三角地区蔓延，其模式也在不断变化和发展，目前长三角地区的指标交易多是从浙江模式演变发展而来的。

由此，可以得出在全国层面建立城乡统一建设用地过程中，首先，要根据当地经济发展情况和历史发展背景，扩展区域优势，规避区域劣势，因地制宜地进行集体建设用地市场建设；其次，在建立城乡统一市场的过程中，要解决相关权利主体的收益分配问题，其权利主体的收益分配矛盾和博弈程度将直接影响市场发育的形态和市场运行；最后，制度保障是建立规范市场的基石，市场建立和运行过程中都需要自上而下的制度保障。

（二）地方经验对城乡统一市场的约束性分析

由于各个地方政策背景不同、社会经济发展情况不同、土地流转方式不同、市场运作模式不同、权利主体参与程度不同，因此其市场运行的风险完全不同，表现出的对全国统一市场建设的约束性也就完全不同，整体而言，主要包括以下三方面的约束：

（1）土地市场供需均衡约束。土地市场的供给总量是一定的，尽管不同土地地区的土地资源禀赋不同，但总量的管控也会导致不同地区的土地供给有限，因此，不管在什么地区，以何种方式进行土地市场交易，其首要的市场约束都是供需均衡的约束。尤其是在以政府为主导的土地间接交易市场（或空间指标交易），要谨防供给大于需求，产生薄市场的交易风险。同时，由于土地资源是特殊的公共品，土地利用的过程中必然会涉及土地资源利用的外部性问题，因此，在建立城乡统一市场时，其市场供需约束不仅是指数量上的约束，还要考虑土地利用的外部性效应，将土地质量的均衡考虑到供需均衡约束中，谨防土地间接市场中补充耕地质量退化、直接市场中企业进入门槛较低带来的环境污染等问题。

（2）多主体多维度目标约束。由于土地市场涉及的参与主体较多，而不同主体在市场运行中的贡献程度和参与程度是不同的，不同主体的收益期望与实际收益分配也大有不同，同时，不同权利主体的产权所得与土地产权分离程度也不尽相同。因此，在不同区位条件下的不同市场中所形成的资产专有性程度、市场交易频率和交易的不确定性也不尽相同，造成的交易成本和交易风险也不尽相同，而这都将约束全国统一市场的普适性构建。

（3）制度实施的时空路径约束。市场制度在制定和实施过程中，需要时间运行成本，因此其制度的绩效存在时间滞后效应，同时，由于土地资源的区位属性特征非常重要，使得相邻位置的土地市场容易彼此影响，因而制度实施过程容易产生制度依赖，因此要克服原有市场制度和建立新的市场制度都需要一定的时间和空间，制度变迁的运行时空路径需要实时考虑。

（三）地方经验对城乡统一市场的适宜性分析

针对不同土地市场创新经验、市场运行交易风险以及市场运行的绩效，尽管土地流转模式多样，但市场形态相对稳定，主要为直接交易市场和间接交易市场，市场客体主要为实体建设用地使用权和土地建设用地指标带来的土地发展权，市场主体也不外乎政府、集体、用地企业和农民四大交易主体，因此可以提炼出典型地区市场创新的同质性，对全国层面土地市场构建进行适宜性分析，主要包括以下几个方面：

（1）确权登记对不同市场均适宜。从典型地区地方创新经验来看，无论是进行直接市场交易还是空间指标置换交易，其首要工作均是进行确权登记。在直接交易市场需要关注的是集体建设用地的所有权和使用权，而空间指标置换交易需要关注的是土地的所有权和发展权。相反，产权的不明晰，将会直接对权利主体的收益分配产生影响，比如佛山市南海区的集体建设用地的所有权和使用权界定不明晰，则造成集体经济组织和农民在进行收益分配时股权设置不明确。

（2）制定科学的定价机制。价格是实现城乡建设用地从分割市场到整合市场的重要纽带，无论是直接交易市场还是指标交易市场，其都在交易前对交易对象进行了定价，尽管其价格制定在是否能反映对应集体资产价值，合理、科学的集体资产价格制定，在实现集体资产价值的同时，更能推动市场的建设和交易的顺利进行。实际上，在实地考察和调研中，我们也发现不少地区进行了价格制定，对于集体建设用地直接交易市场，不少地区颁布了集体建设用地的基准地价。

（3）能够促进权利主体的收益增加，实现帕累托改进。不管是何种形态的市场，但凡能够在市场构建过程中不断调整制度设计，以促进权利主体的收益增加，降低交易成本，实现帕累托改进和市场运行效率提升的，都得以健康、稳定地发展，这一点对于建立全国层面的城乡统一建设用地市场具有普适性。

（四）地方经验移植的启示

通过对发达地区土地市场发育程度的评价、中西部地区市场机制和农村集体建设用地价值显化关系的探索，以及对地方创新经验的总结、约束性分析和适宜性分析，我们认为，对于将地方经验移植到其他地区，从全国层面建立城乡统一的建设用地市场，可以从以下三个方面入手：

（1）根据地区社会经济发展背景和市场建立的约束性条件，结合地方创新的适宜性，因地制宜地进行土地市场改革，将土地市场发展的社会经济环境、自然禀赋等与典型地区进行比较，有的放矢地进行土地市场改革，对于直接交易市场和间接交易市场的建立应有所侧重，并且不同市场建立的重难点问题不同，直接交易市场在于交易成本最小化，而间接交易市场在于显化农村资产价值。

（2）在建立城乡统一市场的过程中，确定明确的权利，制定健全的收益分配依据，进行有效的税费改革，落实好相关权利主体的收益分配问题，因为相关权利主体的收益分配矛盾、博弈程度和市场运行的交易成本将直接影响市场发育的形态和市场运行效率。

（3）建立健全的价格制定制度、市场运行制度、收益分配制度和产权保障制度，以保障对城乡统一建设用地市场失灵进行实时的政府调控，最终建立城乡统一建设用地市场法律、制度、政策支撑体系，以确保市场健康、有序、高效地运行。

第五章

城乡统一建设用地市场对接与整合机理

第一节 城乡建设用地市场对接与整合理论分析

一、城乡建设用地市场对接与整合研究概况

针对构建城乡统一建设用地市场的相关问题,学者们的研究视角,从农村集体建设用地市场的演化,逐渐转向农村集体建设用地直接入市,最后转变到如何构建"同地、同权、同价"的城乡统一建设用地市场。

农村集体建设用地市场的演化,作为城乡统一建设用地市场研究的起始点,研究重点为分析引致农村建设用地市场形成的主要因素和演化的动力机制。杨继瑞认为,城郊接合部的农民存在"厌农"情绪不愿种地;农地"隐性市场化"是土地管理滞后的一个突出表现(杨继瑞、任啸,2002)。农民自发流转农村集体非农建设用地是农民对集体土地发展权受到压抑所进行的抗争(刘永湘、杨明洪,2003),农村集体非农建设用地市场使农民潜在收入得以增加,且使制度安排成本降低,因此对外部利润的追求使各个利益集团能达成农村集体非农建设用地市场形成一致同意,促成制度创新(陈利根、卢吉勇,2002;刘芳等,2007)。但调查发现,农民对构建城乡统一建设用地市场持既渴望又担心的矛盾心理(邹

伟等，2011），农民进入或退出市场的主要障碍在于缺乏覆盖城乡的社会保障制度，使得"人动地不动"安全感不足，对地权的过度依赖（罗必良，2013）。因此，利益的驱动是城乡建设用地市场对接与整合的动力；提高集体建设用地入市交易收入预期和农民社会保障水平是增强构建城乡统一建设用地市场的重要途径。

随着研究的深入，学者们重点分析农村集体非农建设用地直接入市的驱动因素、流转模式、绩效等。农村集体非农建设用地直接入市的驱动因素包括了诱发性制度变迁、政策引导、区位条件、经济利益；根据入市的作用机制的不同，可分为市场主导型模式和政府主导型模式（王秀兰，2008；谭术魁、王汉花，2004）。调查发现，在东部发达地区，农民集体经常采用变通方式绕过法律制度，直接将农业用地转变为非农业用地（罗丹等，2004）。农村集体非农建设用地的自发入市已促成城乡分割非农建设用地市场结构的形成，但这种分割的土地市场结构潜伏着效率的损失。戴伟娟（2011）分析认为农村集体非农建设用地直接入市属于自下而上的需求诱致性制度变迁，这种制度变迁往往存在核心制度难以突破、强制性制度供给长期滞后、制度需求缺口大等问题。马凯、钱忠好（2010）针对分割的城乡土地市场运行效率的研究表明必须尊重农民的土地财产权利，在明晰农村集体非农建设用地产权的基础上，赋予农村集体非农建设用地直接上市的权利，从消除制度障碍、明晰土地产权等角度克服集体非农建设用地直接上市的瓶颈。因此，地方政府与市场主导是城乡建设用地对接与整合的纽带。

在之前的研究基础上，学者们开始思索如何构建"同地、同权、同价"的城乡统一建设用地市场。钱忠好、马凯（2007）认为城乡非农建设用地市场制度由分割走向整合能提高社会总福利水平，诱致经济当事人进行制度创新，并最终实现城乡非农建设用地市场由分割向整合的变迁。刘守英（2008）提出建立城乡统一的建设用地市场的政策创新基点是："在规划控制和用途管制的前提下，允许集体建设用地进入市场，盘活宅基地市场；探索征地中对失地农民的财产补偿办法，逐步消除城乡二元土地制度，让农民以土地财产权利参与现代化进程。"王小映（2009）认为建立平等开放、城乡一体的土地市场体系，就是要在统一规划管制下对经营性用地，无论是国有还是集体所有，不分城乡居民身份和城乡企业身份，只要土地使用性质相同，土地使用权的市场开放范围就应当一致，在市场开放上对国有土地使用权和集体土地使用权实行同等待遇，发展城乡一体的使用权市场。贺雪峰（2013）则为建立城乡统一的建设用地市场提出警示，认为与国有建设用地"同地、同权、同价"的农村集体建设用地应当仅限为"依法获得的经营性的建设用地"，将农村集体非经营性建设用地（宅基地）纳入城乡统一土地市场的可能后果不仅是会破坏土地规划，导致中央调控政策失败，且会使土地市场崩溃。因此，利于土地要素自由流动的二元制度壁垒消除，针对国情的制度安排和创新是城乡建设用地市场对接与整合的制度基础。

综上所述，尽管国内土地市场的研究已经开始将农村集体非农建设用地市场与城镇建设用地市场作为土地市场体系中平等的组成部分进行考察，并对城乡土地市场制度环境、运行规则及模式、市场调控进行了分析。但至少如下问题未能很好解决：其一，目前仍未形成一个公认的城乡统一建设用地市场对接和整合机制。各地政府纷纷探索城乡统一建设用地市场的对接实践，然而，由于对城乡统一建设用地市场的障碍分析不足，单纯性考察偏多，缺乏整体框架，加之地方实践经验千差万别，因此，难以形成统一的对接与整合机制。其二，概念设计较多、理论分析较少。虽然有学者从政策制度的视角出发，提出城乡统一建设用地市场建立和推进的政策安排和建议，但当前我国城乡建设用地市场对接与整合的理论依据、机制设计等问题，需要进行深入、系统的分析研究。其三，城乡建设用地市场对接与整合的政策保障讨论不够全面。目前的研究很少从构建城乡统一建设用地市场的视角对城乡建设用地市场对接与整合所要涉及的土地征收制度改革、农村集体建设用地制度改革和土地收益分配机制建立等问题进行探讨。

针对目前研究中尚未解决的问题，本书从我国城乡二元土地制度安排以及城乡建设用地市场分割、双轨运行造成的现实困境和潜在危机出发，利用经济学的市场效率理论分析论证构建城乡统一建设用地市场的必要性和重要性，结合试点地区农村建设用地直接入市交易经验分析其市场培育和运行模式，在此基础上对城乡建设用地市场的对接与整合机制进行设计，并提出自上而下的政策改进措施，从而为城乡统一建设用地市场的高效、公平和安全运行提供保障。

二、对接与整合理论分析框架

假定城乡非农建设用地质量无差别，在土地自然供给量一定的情况下，某一时段内，城乡非农建设用地最大供给量为 $Q_m + Q_n$，其中城市建设用地最大供给量为 Q_m，农村建设用地最大供给量为 Q_n。设 S_m 为城市建设用地在土地一级交易市场的供给曲线；S_m' 为通过征收，将部分农用地转为城市建设用地后，城市建设用地的供给曲线；S_n 为城乡统一建设用地市场状态下，农村建设用地在直接入市交易情况下的供给曲线；S_n' 为农村建设用地在隐形市场交易情况下的供给曲线；S 为城乡统一建设用地市场状态下的建设用地供给曲线；S' 为城乡建设用地双轨运行状态下的建设用地供给曲线。S_m、S_n 及 S 分别以 Q_m、Q_n 及 $Q_m + Q_n$ 为渐近线。设 D 为城乡统一建设用地市场状态下的建设用地需求曲线；D' 为城乡建设用地市场双轨运行状态下的建设用地需求曲线；D_Z 为征地补偿曲线。

如图 5-1 所示，假设城乡统一的建设用地市场形成，当市场出清时，城乡统一建设用地市场状态下的建设用地供给曲线 S 与需求曲线 D 相交形成市场均衡点 B，此时社会福利为供给和需求曲线与纵坐标围成的多边形面积 S_{EBI}。然而，目前的现实状况为城乡建设用地市场双轨运行，城市建设用地垄断交易，农村集体非农建设用地进入隐形市场交易（钱忠好、马凯，2007）。

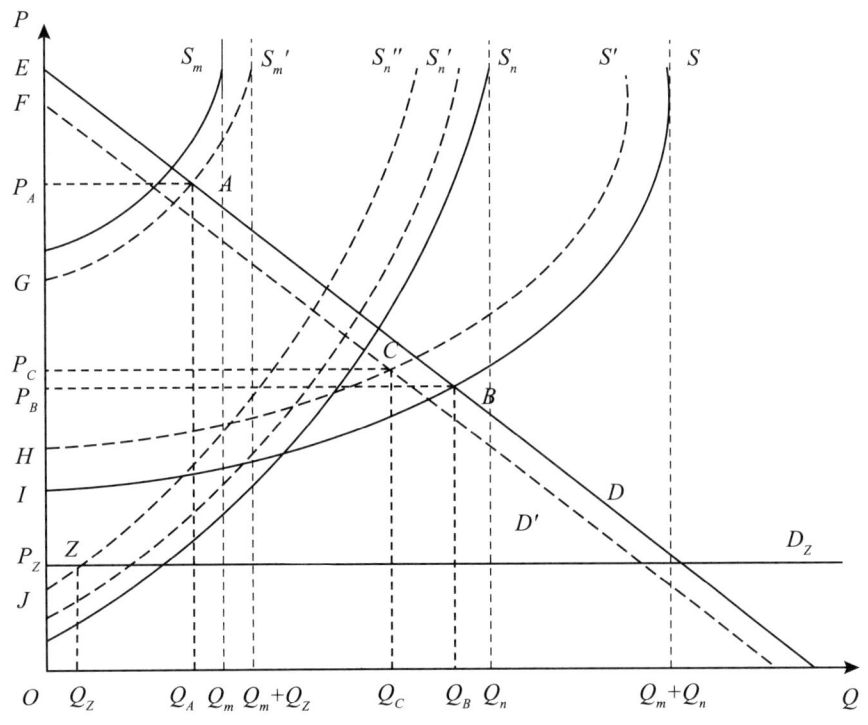

图 5-1　城乡建设用地市场效率分析图

城市建设用地垄断流转主要经历两个过程。第一步，政府通过征收，在农村建设用地所有权市场获得农村建设用地所有权。在征地市场，政府为需求的垄断者，直接制定征地补偿标准 P_Z，作为农村建设用地供给方的农民集体为价格的被动接受者，所以 D_Z 为一条水平的直线；农村建设用地所有权供给曲线即为 S_n''，因为农村建设用地所有权的供给方式受到法律的严格限制，所以其供给规模比自由的城乡统一建设用地市场要低，即曲线 S_n'' 处于农村建设用地在直接入市交易情况下供给曲线 S_n 的左上方；市场均衡点为 Z；征收土地数量为 Q_Z。在征地过程中，社会福利为多边形面积 S_{P_ZZJ}。第二步，土地征收完成后，农村集体

225

第五章　城乡统一建设用地市场对接与整合机理

建设用地所有权从集体所有变为国有，从而进入国有建设用地一级市场交易。在国有建设用地一级市场中，政府为供给的垄断者，其供给曲线为 $S_m{}'$，市场出清时，均衡点为 $S_m{}'$ 与需求曲线 D 的交点 A，均衡价格为 P_A，交易数量为 Q_A，在此过程中社会福利为多边形面积 S_{EAG}。经过以上两个步骤，整个城市建设用地垄断流转过程所产生的社会总福利为 $S_{P_ZZJ} + S_{EAG}$。

可以发现，政府在城市建设用地市场上的供给价格 P_A 要远远高于农村集体建设用地征收标准 P_Z。在城市建设用地的储备量有限的条件下，随着建设用地需求逐步增大，城市建设用地无法满足用地需求的困境逐步显现，建设用地供不应求的格局最终导致建设用地交易价格的节节攀升。在这种用地需求压力之下，政府作为宏观调控的政策制定者将土地的供给压力转向农村建设用地。由于征地市场的需求者和国有土地市场的供给者都是政府，具有双重身份的地方政府利用较低的征收补偿标准获得土地所有权，再利用较高的出让价格进行国有土地使用权交易，产生了巨大的价格"剪刀差"。开发商在国有建设用地市场获得土地并在之后进行开发经营，在其所获得的收益中，用于失地农民的补偿部分也为之甚少。因此，在城市建设用地垄断交易过程中，地方政府和开发商获取大部分的集体建设用地增值收益，获得的"暴利（windfall）" S_{EAG} 是以农民集体福利 S_{P_ZZJ} 的"暴损（wipeout）"为代价。由于建设用地供给被政府垄断，缺乏农村集体建设用地自由交易，所以国有建设用地一级市场的社会福利 S_{EAG} 小于城乡统一建设用地市场状态下的 S_{EBI}；农民集体福利 S_{P_ZZJ} 极小，且随着征地数量的上涨，补偿标准不变的情况下，S_{P_ZZJ} 会逐渐减小，甚至为 0。因此，在理论上 $S_{P_ZZJ} + S_{EAG} < S_{EBI}$，即城市建设用地垄断流转相比于城乡统一建设用地市场所产生的社会福利小，存在市场效率损失。

在国有建设用地市场，城市建设用地需求增加迅速，政府垄断下的土地供给却非常缓慢且出让价格较高，导致土地供需矛盾加剧，从而为土地隐形市场的出现提供了条件，一部分农村集体非农建设用地进入隐形市场交易（罗湖平，2014）。因为隐形土地市场具有非国家认可性及隐蔽性，其供给和需求规模较透明、公开、自由的市场低，所以隐形市场农村建设用地供给曲线 $S_n{}'$ 处于农村建设用地所有权供给曲线 $S_n{}''$ 的右下方，且处于农村建设用地在直接入市交易情况下供给曲线 S_n 的左上方。同理，城乡建设用地双轨运行状态下的建设用地供给曲线 S' 在城乡统一建设用地市场状态下的建设用地供给曲线 S 的左上方；城乡建设用地双轨运行状态下的建设用地需求曲线 D' 处于城乡统一建设用地市场状态下建设用地需求曲线 D 的左下方；城乡建设用地市场双轨运行状态下，市场均衡点为 C，社会福利为多边形面积 S_{FCH}。尽管隐形市场为农村集体建设用地入市交易提供了途径，在城市建设用地垄断交易的基础上增加了社会的福利，但在政策与法律抑制中产生、发展的隐形市场具有畸形、灰色的特点，存在价格扭曲、寻租行为普遍等问题（杨秀琴，2011）。因此，正如图 5-1 所示，$S_{FCH} < S_{EBI}$，即城乡建设用地双轨运行相比于城乡统一建设用地市场所产生的社会福利小，存在市场效率损失。

通过以上分析可得，城乡统一建设用地市场相对于目前的城市建设用地垄断交易及城乡建设用地市场双轨运行状态所产生的社会福利高。不难理解，在城乡统一的建设用地市场条件下，建设用地的供给量会上升，其市场均衡价格会低于城乡建设用地市场双轨运行的均衡价格。农民和集体可以从透明、公开、自由的城乡统一建设用地市场获取土地增值收益，而不再只是获得较低数额的征地补偿或没有法律保障的隐形土地市场灰色收入；厂商可以以更低的交易价格获得更充足的建设用地，从而满足其用地需求；政府虽然不再参与建设用地市场的土地增值收益的分配，但是统一市场的推行使得市场效率增高；因此，社会福利是整体提升的。城乡统一建设用地市场的构建能够推动我国建设用地市场化机制的形成和发展，实现非农建设用地资源配置效率的帕累托改进。

第二节　集体建设用地市场交易的主要模式及发展障碍

目前，我国农村集体建设用地与城市国有建设用地存在较大的存量差异，前者的面积约为后者面积的 2.4 倍，但其利用效率普遍低下。首先，随着城镇化与工业化进程的推进，进城外出务工农民数量不断增长，在二元户籍制度决定的福利体系之下，农民工在城市与农村之间季节性"两栖"，农民房屋分布闲散、空置情况普遍，造成宅基地低效利用问题。其次，20 世纪 90 年代大量兴起的乡镇企业，大部分在市场经济体制改革背景下逐渐衰落，由于权能受到限制，集体经营性建设用地使用权除非企业破产合并等个别情况，不允许转让，更不允许用于商业、旅游等设施开发，因此其土地资产也处于闲置和低效利用状态。以上两方面问题正如图 5-2（a）所示，无论是在城乡接合部的农村地区（用 I 表示）还是在远离城市的偏远农村地区（用 II 表示），都分布着大量的农村集体建设用地。如何唤醒这些沉睡的集体土地资产？如何将农村集体土地资源资产化、土地资产资本化，并最终将其转化为农民的财富？这些问题一直是探索建立农村集体建设用地市场及农村土地制度改革的重要议题。

从 20 世纪 90 年代初期开始，国土部开始在浙江湖州、安徽芜湖、广东佛山南海、江苏昆山等地对集体建设用地流转、入市模式、立法、政策设立试点。相

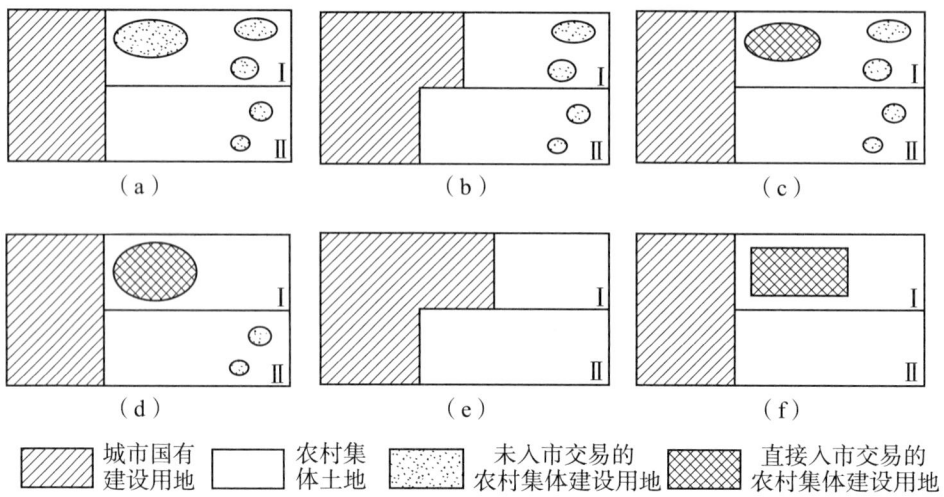

图例	
▨ 城市国有建设用地	□ 农村集体土地
▦ 未入市交易的农村集体建设用地	▩ 直接入市交易的农村集体建设用地

Ⅰ：城乡交界处的农村地区　Ⅱ：远离城镇的偏远农村地区

图 5 - 2　农村建设用地市场交易模式示意图

比于建立较早、交易规则和法律规范较为完善、市场相对公开和透明的国有建设用地市场，农村建设用地市场还处于探索阶段，自发、隐形状态较多，交易体系尚未建立成熟。基于笔者对成渝综合改革试验区的走访调研，结合各地试点改革所形成的可借鉴模式来分析，目前农村建设用地的交易可总结为四种主要模式，它们对于建立城乡统一的建设用地市场既具有积极作用，但同时也存在运行中的障碍。

一、公益性征地的集体建设用地交易

公益性征地市场即为农村集体建设用地所有权市场。如图 5 - 2（b）所示，国家出于公共利益，对农村的土地进行征收，将其所有权由农民集体所有变为国有，从而进行公共事业的发展。在此过程中，农地非农化可带来巨大的土地增值收益，有利于盘活农村土地资产，改进农村基础设施建设，促进农村非农产业发展。

然而，在现阶段的农村集体建设用地市场化建设过程中，这种交易模式存在两个方面的问题。第一，它属于政府垄断的交易，征地补偿标准由政府决定，而非按照市场化的运作程序，由供给和需求决定最终的征地价格和数量。为弥补财政收入的不足，进行城镇化、工业化发展原始资本的累积，地方政府过度依赖土地财政，且未给予失地农民合理的补偿。农民在土地征收过程中，并未充分享受到农地非农化所带来的土地增值收益，反而其自身福利存在损失。第二，公益性界定的模糊性为政府寻租留下了空间。根据《土地管理法》等法律规定，征地的前提必须是出于公共利益目的，许多地方政府受到农地非农化的巨大利益驱动，出于非公益性目的对城乡交界处的集体土地进行征收。尤其在目前农村土地产权并未完全确权登记、农村土地资产具有模糊性的条件下，这种交易模式具有损害到所有权人、使用权人利益的风险。

公益性征地的集体建设用地交易模式所产生的征地范围过大等弊端为社会所诟病，随着我国征地制度的完善，这种模式会逐渐减少。目前正在进行的三项改革试点工作涉及完善征地制度的内容，要求针对征地范围过大、程序不够规范、被征地农民保障机制不完善等问题，缩小土地征收范围，探索制定土地征收目录，严格界定公共利益用地范围。

二、集体经营性建设用地直接入市交易

集体经营性建设用地直接入市交易大多发生在城乡接合部，交易客体为农村集体经营性建设用地的使用权，农村集体建设用地的所有权不变，集体经济组织直接与用地企业进行谈判交易，最终确定使用权的交易价格与交易数量 [如图 5-2（c）所示]。政府在这一过程中起到提供交易平台、提供出地方式的建议、制定指导价格、监督交易过程等服务和监管的作用，不参与直接的土地增值收益分配。目前，这种农村建设用地的交易模式有着明确的前置条件和限制条件，前置条件是入市交易的土地必须符合规划和用途管制，限制条件是必须为集体经营性建设用地。

集体经营性建设用地与国有建设用地"同地、同权、同价"，直接入市交易，遵循市场化规则，可以认为是真实的市场，是目前中央政府倡导的一种构建城乡统一建设用地市场的制度变迁方向。首先，集体经营性建设用地直接入市可盘活数量巨大的闲置或低效利用的集体建设用地，在满足工商业用地需要的同时不采用征地手段；其次，集体经营性建设用地直接入市使农民成为土地交易的主体，避免了地方政府征地对农民土地财产收益的剥夺，有利于农民财产性收入增加，使其充分享受城镇化、工业化所带来的福利；再次，集体经营性建设用地直接入市为政府公益性征地提供安置补偿价格参考，且缩小政府的征地范围。总体来说，集体经营性建设用地直接入市这一交易模式的资产专用性较高，交易过程中的不确定性低。

通过对成渝综合改革试验区的调研，可发现集体经营性建设用地直接入市交易中还存在许多有待解决的问题。第一，集体建设用地直接入市只在城乡接合部等对土地需求旺盛的城市规划区内部有意义。偏远的农村地区，村集体经济薄弱，自我发展能力不足，很难将零散的农村集体建设用地进行资源整合，并且缺

少与用地企业展开交易谈判的机会，短期内难以通过集体建设用地直接入市这一方式实现集体建设用地资产盘活并且创造经济收益。第二，集体经营性建设用地直接入市交易频率较低。由于目前制度供给滞后，配套法律及规则还不完善，进入市场的需求方数量有限，同时符合交易前置和限制条件的农村集体经营性建设用地规模也有限，供给与需求双不足，使市场"薄化"。尤其是我国中西部地区，农村集体经营性建设用地在集体建设用地中所占比重较小，且分散、不集中连片，不利于工商业的发展；其中产权清晰且符合规划的更加有限，难以建立地方的市场并通过农村集体经营性建设用地直接入市达到显化农村土地资产、增加农民受益的目标。第三，集体经营性建设用地入市存在破坏耕地的风险。农民和集体都可能利用集体经营性建设用地边界不清的特征任意扩大其范围，甚至存在借办乡镇企业之名，先将耕地变为集体经营性建设用地，再将其用于工商业建设的破坏耕地的机会主义行为。第四，政府缺乏推行和改进经营性建设用地入市工作的动力机制。目前还没有收取经营性建设用地入市的土地增值税的法律依据，这一交易模式中，政府只是起到服务和监管工作，属于公益性服务，如成渝地区政府审核和提供交易平台只是收取少量的服务费（流转价款的 0.5%），因此，政府缺乏推进和改善集体经营性建设用地入市的动力。

三、使用权空间"漂移"集中交易

无论是向农村进行投资的工商企业还是农村集体自办的非农产业，如旅游业、工业等，一般选择在非农发展潜力较大的城乡交界区，产业发展要求项目区的土地集中连片、面积须达到一定的规模，从而实现规模经营。然而，与城市建设用地相比，农村的宅基地和经营性建设用地大部分都相对分散。为实现非农产业的发展要求，许多地方政府在遵循《城乡建设用地增减挂钩管理办法》的前提下，通过调整土地利用规划，使集体建设用地分散地区服从集中区，将本集体内分散的建设用地进行复垦，作为建设用地指标，调整到相对集中的区域进行土地开发利用，从而实现分散的集体建设用地使用权空间"漂移"集中交易〔如图 5-2（d）所示〕。

这种集体建设用地使用权空间"漂移"集中交易是介于地票与经营性建设用地直接入市之间的一种交易模式，是一种指标交易。首先，它解决了农村建设用地分布的零散性、供给的分散性与经济的聚集效应、产业升级需求规模集中性的矛盾。通过复垦产生的指标与城镇建设规划相配合，可有效地优化集体建设用地布局，促进土地节约集约的利用。其次，集体建设用地使用权空间"漂移"使增减挂钩项目资金集中投入农村的公共基础设施和安置工程建设当中，使得农村的公共投入达到规模最大化和效益最优化,从而改善农村环境、让农民享受更为优质的公共服务。

但"漂移"边界的模糊性可能会给基本农田保护带来潜在风险和土地增值收益的纠纷等问题。第一,一些区域以整治为名,违法调整土地利用规划,扩大集体建设用地规模,造成耕地数量减少,且分散区复垦的耕地质量远未达到集中区占用耕地的质量,即占补耕地间质量不平衡,降低了农作物产量,构成了对基本农田安全的威胁。第二,农民合法利益可能会遭受损害。需要拆旧复垦地区的农民可能面临着承包地被强迫流转、宅基地被强拆等问题,且建设用地使用权指标"漂移"集中交易后所得的土地增值收益可能并未合理分配给农民,即农民未能得到合理的补偿和安置,其合法权利得不到保障。第三,集中交易区位置选定得不合理,可能会降低农村集体建设用地对企业的吸引力较低,从而难以引入优质的投资项目,存在交易缺乏需求方或者交易后工商企业项目落地困难等风险。

四、地票交易

地票是在增量建设用地指标稀缺诱致下产生的,即为超出中央政府刚性管制下的新增建设用地指标。2008年成渝统筹城乡综合配套改革试验区获得国务院批准后,重庆和成都率先探索地票交易,让地票成为了开发商以土地需求者身份进入国有建设用地一级市场参与交易的"入场券"。地票交易是以《城乡建设用地增减挂钩管理办法》为实施方案,将地票运行区域分为地票产生区(一般为偏远农村地区)与地票落地区(一般为城乡交界处的农村地区),对地票产生区闲置、低效的建设用地进行复垦,形成新增建设用地指标,然后通过交易平台(重庆为农村土地产权交易所,成都为农村产权交易所)在市场上进行跨区交易[如图5-2(e)所示]。2012年,江苏宿迁提出"绿票"和"红票",对建设用地指标和耕地占卜指标这两种稀缺资源的交易进行探索。随后,江苏的苏州和昆山地区提出"蓝票"、广州以及湖北鄂州等地也陆续开展了地票交易的探索。

地票交易是一种创新的土地交易机制,改善了传统的土地利用收益分配方式。第一,改进土地占补利用方式。地票交易模式保证了在城镇建设用地规模扩大的前提下使耕地总量不减少同时城乡建设用地总量不增加,改善目前城乡建设用地"双增加"的情况,可实现"先补后占、占少补多"的目标。第二,优化土地资源配置。地票激活了固化的农村土地资源的经济和社会效益,为农村土地资产显化提供了通道,也为农村建设用地退出找到市场运作方式,有利于市场机制在土地资源优化配置中发挥基础性作用（段力、傅鸿源，2011）。第三，保障农民权益，拓宽农民增收渠道。地票实现了农村建设用地使用权的直接入市交易，满足了农民、农村对土地收益初次分配公平的追求，有利于不同区域尤其是偏远地区的农村土地价值通过"空间转移"交易释放出更多的土地级差收益，使农民能够获得城镇化、工业化带来的福利。

分析目前地票交易运行状况，可发现地票产生区农民卖出的是其承包地的非农产业发展权；用地企业购买地票，实为购买符合耕地"占一补一"的指标，从而获得后续购买国有建设用地的权利；地票落地区农村建设用地的交易实际上与地票关系不大，依然是政府对农村集体建设用地进行征收，将集体建设用地转变为国有，再到国有土地市场上进行交易。这种农村建设用地交易模式还面临不少有待解决的理论及实践问题。首先，地票制度运行缺少理论和法律依据，交易存在较大的不确定性和风险。地票交易涉及的各项权益，如地票产生区农民的非农产业发展权、用地企业购买地票所获得的建设用地地块选择权利以及最终政府与企业交易的国有建设用地使用权等，其产权主体、交易的收益分配等问题并未在法律上形成完善体系，权益主体及交易双方在此过程中可能遭受权益损害。其次，地票产生区农村建设用地资源过度流失。在地票交易利益的驱动下，扩大复垦的建设用地规模，甚至可能占用学校、卫生所等公共服务机构用地，造成农村建设用地这一要素的过度流失，以至于进一步拉大区域经济发展的差距，使得城镇对农村的"涓流效应"（trickle-down effect）受抑制，城乡之间"马太效应"（matthew effect）被放大（张安录，2000）。再次，地票交易出现市场供需失衡。获得地票的主体持有地票具有风险，因为地票仅代表持有人拥有建设用地地块选择权利，如果在国有建设用地一级市场购地失败，则所购地票不能落地，将承担这一过程的机会成本和交易成本，因此地票交易中市场需求一定；而在地票产生区，由于受到利益驱动，农村集体土地整体热情高昂，供给过度；最终造成市场供过于求，农村建设用地使用权价值不能以真实的市场价格得以反映。

第三节　现有市场治理结构及地方创新的考察分析

一、南海城乡统一建设用地市场运作机制

城乡二元框架下，中国建设用地市场存在三种交易/流转途径：国有建设

用地交易、农地城市流转和非法的隐形集体建设用地交易，三种交易的相关作用，加剧了城乡建设用地市场的分割。正式的建设用地市场，即国有建设用地市场，由城市土地交易和农地城市流转组成。在城市供给有限的情况下，地方政府或市场提供者将利用征地权对农村土地进行征收。与发达国家使用的有利于公共使用的征用权不同（Winn，Mccarter，2017），农地城市流转被认为是一种通过对农村土地所有者——农民和集体支付相对较低的补偿来补充城市土地和逐利的制度工具。农民和集体不满足于农村征地所得的补偿太少，往往会在自己的农村土地上建房，以抵抗政府征地（Zou et al.，2014），发达地区的一些集体有通过私人谈判出售农村建设用地的动机（Li，2002）。因此，城市土地市场的扩张，加上正式的农村土地市场的长期缺失，引发了农村土地非法交易（Chen et al.，2015）。

2010 年，广东省佛山市南海区建立集体建设用地交易平台，标志着中国首次正式建立合法农村建设用地市场。随着 2015 年集体经营性建设用地入市改革，明确表明试点区经营性建设用地（村集体工业、商业用地）可以通过公开出让方式（以挂牌为主）直接进入市场，此时，南海区的城乡统一建设用地市场已经从一个供应商（地方政府）的垄断市场转变为两个供应商（地方政府和农村集体）的寡头市场，见图 5-3。南海区历经从市场分割到市场整合，从 2010 年至今，历时多年，开放的农村建设用地对原有土地市场有何影响？价格是市场的"晴

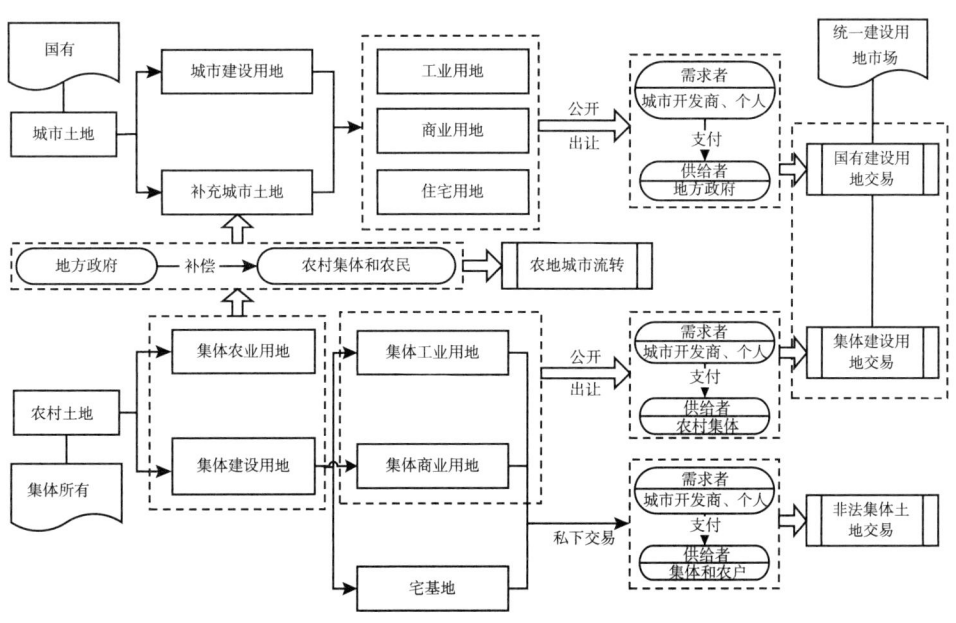

图 5-3　南海城乡建设用地市场运作机制

雨表",集体建设用地市场和原来的国有建设用地市场的对接与整合程度,都可以通过价格反映。建设用地具有地块规模、地理位置、使用类型、历史设施等独有的特征,这些特征如何影响土地价格机制,最终如何影响两个市场的价格机制对接与整合?本部分利用2010~2015年南海城乡土地市场直接交易数据、各种时空变量和特征价格模型(hedonic price model,HPM),试图回答以上问题。

二、数据处理和模型构建

2010~2015年间共收集490块国有建设用地交易地块和1 795块集体建设用地交易地块。尽管集体建设用地交易数量多,但国有建设用地交易总面积(1 954公顷)远远大于集体建设用地面积(508公顷)。为方便国有土地市场和集体土地市场的价格比较,利用收益还原法(ICA)将集体建设用地出让年限调整到与国有建设用地一致。

一般而言,位置、结构、邻里和环境在土地和房地产增值过程中发挥着特别重要的作用。因此,一个地块(元/平方米)的价格(P)反映了四类土地结构特征(S)[面积($size$)、属性($rural$)和类型($type$)]、区位条件(L)[离市中心距离($distCenter$),离公路的距离($distRoad$)和离河流的距离($distRiver$)]、邻里特征(N)[人口密度($density$)和人均GDP($perGDP$)]、经济环境特征(E)[用固定投资水平($invest$)和工厂规模数量($industry$)表示]和时间[T($year$)]的组合。本部分根据散点图分布结果,采用双对数形式构建HPM模型,将以上指标带入模型,构建特征价格模型如下所示:

$$\log P = \alpha_1 \log size + \alpha_2 type + \alpha_3 rural + \beta_1 \log perGDP + \beta_2 \log Dist\_river + \gamma_1 \log Dist\_center \\ + \gamma_2 \log Dist\_road + \delta \log industry + \delta \log invest + \eta year + \varepsilon \quad \text{(模型一)}$$

式中,α,β,γ,δ和η分别为土地结构特征、区位条件、邻里特征、经济环境特征和时间的待估参数。由于工业用地、商业用地、住宅用地和其他类型建设用地的平均面积差异大(分别为0.70公顷、1.03公顷、4.28公顷和2.33公顷),且集体建设用地不能用作房地产开发,因此在模型一基础上增加土地用途类型($type$)和地块面积($size$)的交互项,见模型二。

$$\log P = \alpha_1 \log size + \alpha_2 type + \alpha_3 rural + \beta_1 \log perGDP + \gamma_1 \log Dist\_center + \gamma_2 \log Dist\_road \\ + \delta \log industry + \rho \log size \times type + \eta year + \varepsilon \quad \text{(模型二)}$$

式中,ρ为交互性系数。

三、市场整合和对接结果分析

(一) 城乡统一建设用地市场交叉价格弹性变化

将国有建设用地和集体建设用地看成统一建设用地市场后,利用统一建设用地市场价格弹性变化,观察集体建设用地市场和国有建设用地市场整合程度。研究表明,城乡建设用地的替代性和互补性是交替的。根据价格弹性公式,笔者估计了市场上城乡建设用地需求的价格交叉弹性(见图5-4)。2011年,该弹性约为33,说明南海市农村建设用地与城市建设用地之间存在很强的替代性关系。而在接下来的两年里,这个数值迅速下降到小于0,分别约为-3.96和-1.96,并在2013年上升到0.18。2015年,该指数小幅下跌至-1.44。2011~2015年平均弹性约为0.018,说明整体具有较弱的可替代性关系。

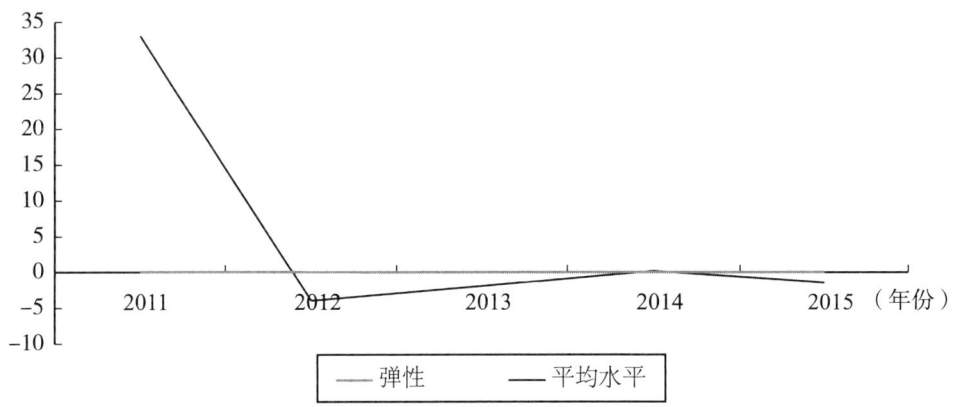

图5-4 2011~2015年南海城乡建设用地市场交叉价格弹性

(二) 城乡统一建设用地市场价格作用机制

将数据带入模型一和模型二得到结果见表5-1。其他条件不变时,相较于国有土地,农村集体建设用地的平均价格预期增长百分比约为-17.27%。也就是说,如果两个地块处于相同的条件下,城市地块的价格要比农村地块高出17.27%。同样,与工业用地相比,商业用地和住宅用地的价格更高。在其他条件相同的情况下,工业用地到商业用地和住宅用地的平均价格预期涨幅分别为190.49%和550.65%。时间($year$)的系数的证据显示,2011~2015年的价格均高于2010年。模型二的结果表明,类型($type$)与规模($size$)之间存在交互作用，与模型一相比，这种交互作用较为明显。在模型二中，R^2 从 0.625 增加到 0.635，T 统计量对交互项的显著性降低（分别为 0.019、0.0），其中住宅用地类型和地段面积的交互系数显著为正。这一发现表明，与工业用地相比，住宅用地平均面积增加 1%，价格上涨 21.74%。相反，平均面积增加 1%，商业用地和其他用地价格分别下降 4.54% 和 23.16%。与模型一的结果相比，商业和其他土地利用类型的系数分别从 1.066 和 0.14 上升到 1.412 和 2.411。模型二中的所有其他变量与模型一只有细微的差异，表明模型的稳定性和鲁棒性。时间上，集体建设用地入市，增加了建设用地的数量，但土地价格并没有下降，主要由于"供给侧改革"影响。中国的城乡双层产权结构导致集体建设用地抵押权等产权体系不够完整，因而集体土地价格低于城镇土地，工业用途土地呈现规模不经济现象。

表 5-1　　　　　　　　　　　特征价格模型结果

变量	模型一 回归系数	标准误	均值	显著性	边际效应系数	模型二 回归系数	标准误	均值	显著性	边际效应系数
面积	-0.026	0.010	-2.490	0.013	-0.026	-0.023	0.013	-1.76	0.079	—
距离	-0.398	0.022	-18.23	0.000	-0.398	-0.395	0.022	-18.21	0.000	-0.395
距公路的距离	-0.142	0.018	-7.95	0.000	-0.142	-0.142	0.018	-8.05	0.000	-0.142
人均 GDP	1.042	0.154	6.78	0.000	1.042	1.008	0.153	6.57	0.000	1.008
工厂数量	-0.231	0.072	-3.19	0.001	-0.231	-0.222	0.072	-3.09	0.002	-0.222
属性	-0.190	0.060	-3.14	0.002	-0.173	-0.212	0.06	-3.54	0.000	-0.191
类型模式										
商业	1.066	0.048	22.37	0.000	1.905	1.412	0.152	9.31	0.000	3.105
住宅	1.873	0.074	25.24	0.000	5.507	-0.081	0.340	-0.24	0.812	—
其他	0.140	0.155	0.900	0.368		2.411	0.626	3.85	0.000	10.142
对数处理										
商业	—	—	—	—	—	-0.047	0.020	-2.350	0.019	-0.045
住宅	—	—	—	—	—	0.197	0.035	5.700	0.000	0.217
其他	—	—	—	—	—	-0.264	0.070	-3.75	0.000	-0.232
年份										
2011	0.198	0.048	4.170	0.000	0.219	0.195	0.047	4.140	0.000	0.215

续表

变量	模型一 回归系数	标准误	均值	显著性	边际效应系数	模型二 回归系数	标准误	均值	显著性	边际效应系数
2012	0.278	0.054	5.160	0.000	0.321	0.255	0.054	4.760	0.000	0.291
2013	0.677	0.062	10.88	0.000	0.968	0.632	0.062	10.17	0.000	0.882
2014	0.311	0.075	4.170	0.000	0.365	0.312	0.074	4.230	0.000	0.366
2015	1.126	0.108	10.44	0.000	2.083	1.146	0.107	10.75	0.000	2.147
常数	9.612	0.247	38.93	0.000	—	9.629	0.244	39.47	0.000	—
R方可决系数	0.625					0.635				
F 值	270.36，概率 > F = 0.000					231.55，概率 > F = 0.000				

注：$N = 2285$，$B = $ 回归系数，$SE = $ 标准误，$t = $ 均值，$P = $ 显著性，$ME = $ 边际效应系数。

第四节 东亚部分国家和地区城乡土地市场发展趋势与启示

东亚是世界上人口分布最多的地区之一，平均每平方千米约 130 人，相当于世界人口密度平均值（每平方千米约 40 人）的 3 倍。东亚各国和地区在现代化转型中取得成功，在世界上的政治、经济重要性正日益提升，尤其是"亚洲四小龙"，自 20 世纪 50 年代以来，创造了"令人惊叹的经济增长奇迹"。人地矛盾突出的东亚地区，有其独特的社会经济发展模式，并形成了适应各自政治经济的土地制度体系，其土地市场的形成和发展存在一定的共性，因此选取对中国大陆有极具借鉴意义的韩国、新加坡、中国香港三个国家和地区，对其土地市场的建立、运行机制、土地资源配置效率及相关土地制度等方面进行分析和对比，并从中得到城乡统一建设用地市场对接与整合的启示。

一、韩国土地市场

韩国在世界上是拥有土地面积较小的国家，而且人口极为稠密，9 937.4 千公顷的国土面积上承载了 4 900 万人的人口，人地矛盾突出。并且农业资源较为匮乏，农业用地为 1 800.5 千公顷，面积约占总面积的 18.1%，耕地资源紧缺，人均耕地面积不到 0.04 公顷。韩国的土地制度为土地私有制，个人对土地完全地占有，这种所有制等同于经济学中的垄断和排他性。同时，韩国的土地管理体制非常成熟和完善，土地的配置、利用和相关管理都处于政府强有力的掌控之中（殷园，2008），政府综合运用行政、法律、经济等国家宏观调控手段管理土地。

虽然韩国是典型的资本主义国家，但由于土地资源属于公共资源，能够满足全社会的需求，因此在韩国土地私有制的基础之上，奉行土地公概念。土地公概念不是某一法律也非相关制度，而是一种和土地管理有关的价值观念，以此价值观念来实施土地管理，并且由政府对公民进行宣传教育，让居民认识到土地资源为全社会所用，并且只有土地的公共使用才能使其功能和性质得以发挥，体现其价值，满足公民的福利。基于土地公的价值观念，有关土地管理的相关制度形成了《关于宅地所有上限的法律》《土地超过得利税法》和《关于开发利益回收的法律》的严格法律条款。1998 年的亚洲金融危机对韩国的政治经济体系影响较大，《关于宅地所有上限的法律》《土地超过得利税法》这两个法律在金融危机之后基本没有再得以实施，由于社会变革，目前基本处于废除状态。《关于开发利益回收的法律》之中设定的开发负担金随着时间的推进也不断下降，从 2000 年起，开发负担金的比例已经降到土地开发所获取利益的 25%。因此，这三个法律在目前的社会中对于土地资源配置和利用的控制作用不再明显，但在 20 世纪 80 年代，这三条法律有效控制了韩国地价急剧高涨的势头，并在一定程度上抑制了房地产投机活动（乔志敏，1998）。我国是社会主义国家，土地制度为土地公有制，即土地为全民所有，因此更加应当强调土地公概念，尽早采取相应的土地管理措施，构建起城乡统一的建设用地市场，防止土地收益分配不公平以及社会两极分化等现象的产生。

（一）经营性土地市场

20 世纪 60 年代末至 80 年代初，由于工业经济和城市化的迅速发展，社会财富增加、人民可支配收入水平上升，有部分农民将其所有的土地进行出租和转让。尽管韩国法律在当时仍然禁止农民将其所有的用于农业生产的土地自由地出租和转让，但缺乏针对这一违法行为的惩罚措施，出租转让非但未得到遏制，反而越来越普遍。1970 年时期，80% 以上的农场其产权为独立所有，而到了 1983 年时，农场独立产权所占比例下降到了 40.2%，部分拥有产权的比例高达 56.9%，产权为完全阻力形式的农场比例已经达到 3%。由于这种趋势的蔓延，以租赁为主要形式的大型农场逐渐取代了独家独户小规模农场的经营模式。随着城市化进程的推进，农民向城市迁移，在城市工作及定居的大部分农民将其私人土地出租或者转卖给当时还在从事农业生产的农民，同时城市中的一些居民将购买农地作为一种投资方式。因此，在这期间，韩国农场重新整合的主要形式是通过农民私有土地的租赁来进行的。

20 世纪 80 年代中期至 90 年代，尽管土地管理法规当中明确规定了禁止租赁农用地，但"隐形"的农场土地交易行为已经成为了普遍的社会现象，法律不再具有效应。同时，由于房地产业势头强劲，投资及投机需求旺盛，土地价格上涨幅度极大，土地交易频繁，土地市场秩序紊乱。针对这两方面的问题，韩国政府于 1986 年出台了《农地租赁法》来控制土地交易行为，以期维持社会稳定，土地租赁行为在当时不再被禁止，而是具有一定的合法性。韩国的《农地法》于 1990 年正式颁布，并且在 1996 年时修订，在该法律之中，农村土地的征收、转让和保护等行为被规范的法律条文所界定和控制。

韩国通过实施许可证制度来调节和控制土地的交易行为和过程。许可证制度开始于 1984 年的京畿、忠南、忠北地区，土地交易依照《国土利用管理法》进行，对于一切发生的土地交易，必须进行申报，批准后方能实施。土地申报制度过后，在 1985 年逐渐转化为土地交易许可制度，但当时仅在忠南大德研究团地附近展开试点。土地交易制度对交易过程和行为进行了明确规定：若交易价格设置太高或不具备清晰的交易目的，则私人之间的土地交易行为可以被政府制止。另外，政府在当时尝试实行土地公示地价，对基准地价、课税标准、基准时价、土地时价等地价制定参考价格，但最终由于各项地价的种类繁多，相互之间存在交叉重叠，因此带来了公示地价的混乱，同时公众也对公式地价的权威性存在质疑（Kim，Suh，1993）。针对以上问题，韩国政府最终规定公示地价统一由建设部来公布，从而使公式地价标准能够统一，由此提高了对公示地价征收税赋的实际效用。

（二）公益性征地市场

虽然韩国是典型的资本主义国家，并实行土地私有制度，但由于土地公概念的设立，同时通过行政、法律、经济手段对土地资源的配置和利用进行宏观管理，因此土地的社会效益得以有效发挥。当为了满足全社会人民的公共需要，不可避免地要发生征收私人土地的情况时，为了使土地所有者权益不受损害同时最大化满足公共需求，韩国政府利用行政手段规范土地征收的行为，通过不断地修订和完善相关法规，来进行调控。此外，为了满足公共事业和公益项目建设发展的用地需求，由总统令认可的政府投资机构及公共团体可以针对建设项目来指定征收土地的先买方，让先买方通过协商的方式来进行土地的征购。

因为有土地公概念来指导土地管制，因此韩国在公共利益范围的确定性方面极为慎重，而且认定程序极为严格。在《土地征收补偿法》中明确规定了发生土地征收时需要有提出申请、协议、听取意见、公示等重要环节。土地的被征收人可以通过听取意见这一环节积极地参与到征收环节之中，及时获取到和土地征收有关的信息，并且能够自由而充分地表达作为土地所有者的意见。通过《土地征收补偿法》的实施，被征收人的合法权益能够在最大程度上得到体现并受到保护，同时行政机关对土地进行征收的行为也能够被群众所监管。

土地征收补偿是韩国最典型的、最重要的行政补偿制度，它是指因公益事业对土地进行征收或征收所引起的，对国民的特别损害，由国家或地方自治团体或公益事业的主体补偿其损失的制度（钟头朱，2011）。韩国土地征收补偿法律中所规定的补偿标准是针对不同的补偿对象来制定的，不仅便于操作，同时有针对性与合理性的特点，在实施过程中能够有效避免政策实施者由于对法律规定不明确而产生的纠纷和争议。尤其是在制定补偿金标准时以公示地价为准则，真实体现了土地所具备的市场价值，在实际操作中发生的争议很少。除了征地补偿标准，韩国宪法对于行政补偿的范围也进行了科学与合理的界定，即采用"正当补偿"。不仅对被征收人丧失的土地财产权进行补偿，还对被征收人的生活权进行补偿。康贞花（2011）认为韩国法律规定的生活权补偿的理论根据应是财产权补偿的原则、平等负担的原则、生活权保障的原则等。由于公益事业发展的需要，征收私人所有土地，被征收人的权益受到损失，除了财产权益相关损失，同时还有附带损失，而韩国《宪法》规定的补偿标准覆盖了被征收人以上两个方面的损失，对于帮助被补偿人重建生活具有重要的意义。

二、新加坡土地市场

新加坡是一个土地资源非常有限的岛国，国土面积约为680平方千米。由于岛国的特性，新加坡资源匮乏且向外发展的空间小，人地矛盾显得比较突出。在新加坡，政府基本上控制了所有城市土地的开发和利用，仅少数因为历史原因产生的土地永业权属于私人所有，其利用和开发由私人决定。为了促进和有效维护土地的可持续发展，通过科学的规划和指标分配机制，该国推行了强力有效的城市土地供应制度，从而保证了城市土地利用的高效率（Sze, Sovacool, 2013）。

（一）经营性土地市场

在新加坡，除26%的土地归为私人所有，其余的土地所有权为国家所有。对于私人所有土地而言，买卖是自由的，可根据私人的意愿来决定是否交易及如何交易。对于国有土地而言，其供应方式主要采用割让的形式进行，具体实施方式是通过划拨和招标来对土地进行出让，从而完成交易。与我国的形式有相似之处的是，无偿划拨在土地出让中占有一定比例，主要针对的是一些政府行政机构和公益性设施的用地。还有一些公益性机构如慈善机构和相关社会团体，它们的用地采取租用形式，在确定了使用年限的基础上需要向相关土地管理部门支付租金。其余的一些国营企业或者政府机构，在需要利用土地时，需采取有偿割让的方式获得土地的使用权，而需要有偿支付的费用标准依照土地局的规定。一般土地局根据土地的市场价格来制定有偿割让价格。以上程序充分地体现了土地国有的性质，除此之外，还有私营公司和个人申请使用土地的情况，在这种情形下，土地出让一律采取招标的形式，通过公平竞争的方式实现土地所有权的价值。

新加坡政府根据土地利用规划中规定的土地形式来针对不同的土地利用类型制定不同的土地销售模式，因此住宅、办公、酒店、工业、商业、教育等土地利用形式都分别有其特定的土地市场。由此，可以说新加坡的土地市场具有短期、局部应变的特点（刘云华，2011）。同时，新加坡还有一些市场管理模式具有其本国的特性，如经营性土地开发招标、房地产市场调控、白色地段概念、产业协调、区域协调等。不同用途的土地在土地市场交易中的价格在新加坡是财政部的土地估价师给出的，而估价师给出的土地价格是根据土地的用途和容积率来确定的。土地由土地局公开招标拍卖时的价格是基于土地局给定的标准价格（Lum, Sim, 2004）。如果土地用途发生改变，土地使用者需向政府缴纳土地溢价费。

（二）公益性征地市场

从1960年开始，政府通过颁布法令来规定政府征收土地的权利。为了国家和公益性事业的建设，私人所有的土地可以被政府征收，且被征收的土地价格由政府来进行规定，当价格规定正式颁布之后，征收土地价格既定，如果需要调整，个人和其他工商企业不具备抬价权利。新加坡政府机构对于土地征收及价格的规定只能在《土地征收法规》（以下简称《法规》）中得以体现和强化。土地的投机买卖行为因为《法规》的颁布得到了很大程度上的限制，而从公益性角度出发的公共住宅建设规模因为《法规》的颁布得到了极大的促进（Deininger，2003）。通过征收这种形式，很多私有土地因为公共利益需求被征收，转化成为国有或者公有，最终的情形是目前新加坡大部分土地都属于国有和公有，因此土地征收制度是土地从私有到国有化的重要手段。土地征收过程中涉及的赔偿，直接关系到征收效果和相关利益群体的权益。对土地进行征收并给予赔偿的过程在新加坡主要分为四个步骤：首先是被征收土地的私有土地所有者向地税征收官提出索赔要求；地税征收官根据土地的类型和用途来确定被征收土地的价值，并确认被征收人拥有的和土地所有权相关的直接和间接权益；根据《土地征收法规》规定的标准来给出最终的征地补偿价格，和相应的征收赔偿数额；向被征收人支付征地赔偿金。

三、中国香港地区土地市场

中国香港特别行政区陆地总面积 1 104 平方千米，人口多，但能够作为人们生产和生活所用的土地不到土地总面积的 30%。与中国内地相似，香港特别行政区的土地制度是公有制，土地由特别行政区政府负责管理、使用、开发和出让等。混合年租制是获取土地使用权的主要方式，获得批租土地使用权的受让人除了要一次性缴纳土地出让金外，每年还要缴纳地租（刘威、满燕云，2003）。

（一）经营性土地市场

香港地区的土地批租方式有公开拍卖、招标、私下协议和临时租约四种形式。在 1997 年香港回归祖国之后，除了公益性土地以外，其余出售的土地批租年限被定为 50 年。出于对土地进行管理的目的，在土地批租之时，香港特区政府会与承租人签订合同，此时香港特区政府的身份是土地所有人。土地开发政策委员会在香港地区是土地开发和利用的最高决策机构，它的职能包括制定土地发展战略、规划土地用途、评估土地开发、出台土地供应政策等。环境地政局作为执行机构来实施土地开发委员会的相关政策制度。香港特区政府不仅会公布每年批租的土地数量及地块相关信息，还会公布中长期的土地供应计划。

1999 年的亚洲金融危机后，香港特区政府在拍卖的基础之上，推出了另外一种土地使用权出让途径——"勾地"制度；而到了 2004 年，这种模式成为了土地拍卖和招标的唯一方式。相比于中国大陆的土地出让制度，"勾地"制度不仅更为规范而且易于操作；根据此制度，出让的土地每年都必须要收取租金，土地价格根据市场形势每年都会变动；由于每年都要对出让土地进行监管，出让的土地的后续监管就显得极为严格。"勾地"制度使得香港特区政府能够根据市场行情来对土地供应进行调控，随时变更出让土地的数量和时间，确保土地收益最大化（Raymond, 1998）。"勾地"制度也使得用地需求者即开发商可以通过公平的竞争获取土地的使用权。

（二）公益性征地市场

林圣杰（2004）指出，香港土地征收主要分为三类情形：第一，为满足公共利益所需而对私人土地进行征收，建设政府场馆；第二，为使业权分散而强制征收土地；第三，为实现新界的建设而对原始居民拥有的土地资产进行征收。与大陆不同，香港不存在集体所有土地，所有土地的所有者均为香港特区政府，所以征地补偿也存在很大的不同。在香港地区，征地补偿主要针对地上的建筑物价值、土地相关权益、权利，这也包括因为征地而发生的居民搬迁、租房、新房装修等可能发生的费用。针对农用地征收，除了像大陆一样赔偿农地上种植的农作物经济价值，还会算上因为征收而损失家禽和禽舍的费用，此外还赔偿如坟墓、鱼塘、水井、水池、围墙、耕作农具、灌溉系统、金塔等有限度的祭祀费用。补偿标准分为三种类型：对于土地使用权人，根据征收当日土地市场价格标准来作为补偿标准赔付给土地使用权人；对于在征收当日仍享受租约的该物业的租客，则政府按照章程针对其居住权和相关利益进行赔偿；对于农户，对地上的农作物、家禽、禽舍按照征收当日的市场价格来进行赔偿。从以上三种类型补偿标准中可以发现香港和大陆的不同之处，即对于租客和农民的保护（林峰，2007）。

四、对中国构建城乡统一建设用地市场的启示

国外土地经济学及法学的研究中很少有"集体建设用地""土地流转"词汇的出现，"土地流转"大多被"买卖、租赁、抵押"等土地交易词汇所代替。以上所列举的东亚部分国家和地区的市场经济体制健全，土地市场建设得较为成熟和完善，关于土地市场的研究集中在土地交易方面，其中土地产权问题受到的关注最多。由于各个国家地区的土地所有制有很大差异，产权体系也大不相同，很少存在有"集体产权"的土地，对构建城乡统一建设用地市场的探索研究也很少。

通过总结东亚部分国家和地区的实践经验，可以发现好的土地交易管理存在共性，即必须具备完善的制度体制，这对于我国大陆地区城乡统一的建设用地市场构建具有很好的启示作用。土地公概念的推广和在政策制度之中的体现，能够在一定程度上遏制土地收益分配不公以及社会贫富两极分化现象的发生。土地供求矛盾是东亚国家和地区普遍存在的问题，在保护耕地资源的前提下，制定符合国情和适应时代特征的土地供应机制，适当地扩大土地供应，从而满足工业化、城市化发展的需求。东亚国家和地区国土管理法律制度中有许多对土地产权进行合理确定的成功经验，可用于解决当前农村建设用地产权主体不明晰这一核心问题，是交易顺利进行、收益正确分配的关键。

目前中国土地市场出现的地价高涨，与上述国家和地区在20世纪80~90年代的情况有很多相似之处。为了防止地价的飞涨与随之而来的投机问题，东亚很多国家和地区采用了土地交易规章制度，但在具体实践中，这种制度只能作为应急避难而采取的政策（Kim，Suh，1993），具有时效性和短期性。为了

从本质上纠正地价的飞涨问题，必须从源头上调节土地市场上的需求与供给的关系（Rose，1992），而建设城乡统一建设用地市场就成了调节供需关系的前提。

第五节 城乡建设用地市场对接与整合机制设计

城乡建设用地资源稀缺性增加，引致隐形、灰色、替代的农村集体非农建设用地市场发育，造成了城镇建设用地供应总量的失控，大大削弱了国家对土地市场的调控能力，扰乱了国有建设用地市场秩序。合法有效率的农村集体建设用地市场的构建目前正处于探索试验阶段，其中有可以借鉴的经验，也暴露出有碍城乡统一的建设用地市场构建的障碍。笔者力求依照合法的、较为成熟的国有建设用地市场运行机制，在政府自上而下的城乡统一土地制度安排、法律援助、保证体系建立和地方自下而上的土地制度创新的协同作用下，从交易平台、交易规则、市场信息披露、价格形成机制等方面，探讨城乡建设用地权利主体平等入市、客体公平交易、价格市场决定、收益平等分享等问题，从而进行农村集体建设用地市场与城镇国有建设用地市场的对接与整合，促成城乡统一建设用地市场的搭建。

一、运行空间划分

农村集体和城镇国有建设用地市场的对接与整合的前提是确定城乡统一建设用地市场的运行空间。由于土地要素位置的固定性，不同区域间的经济发展程度不同，对建设用地的需求存在差异。通常意义上，经济发达地区的建设用地要需求过旺一些，存在私自流转的问题；经济较为落后的地区，尤其是偏远乡村的建设用地则常处于闲置状态，土地资源往往无法得到充足的开发和利用。总体来看，建设用地的供给和需求存在地域的不均衡性。

可利用城乡统一的土地利用规划，划定城镇规划区，从而将地域区分为规划区内区域与规划区外区域，再根据不同区域的发展要求设计不同的建设用地交易模式，进行实物与指标共同交易，调动城镇规划区内外的建设用地资源，使其能够在区域间自由流动，从而达到供需平衡状态，这既可以缓解城市建设用地使用紧张的局面，又可以激活农村闲置的建设用地资源。

二、交易模式对接

(一) 城镇规划区内交易模式

城镇规划区包含城市和处于城乡交界处的部分农村地区,该区域经济发展速度快,建设用地需求旺盛。在城镇规划区内,对于城市国有建设用地,可延续国有建设用地市场运行方式进行交易。对于集体建设用地,可采取征收与直接入市相结合的交易模式。

如图5-5所示,对于规划区内的公益性用地,政府依旧按照"国家为了公共利益的需要,可以依法对土地实行征收或者征用并给以补偿"的法律规定,对土地实行征收,将土地所有权由集体所有变为国有,从而进行公益性基础设施建设及为公益性企业和单位提供用地,并对失地农民进行补偿。对于规划区内的集体经营性建设用地,采取直接入市的方式,与国有建设用地以相同的权利进入城乡统一的建设用地市场交易,在统一的交易平台和定价机制下进行交易。

(二) 城镇规划区外交易模式

城镇规划区以外一般是偏远的农村地区以及一部分城乡接合部。由于规划限制土地利用方式和用途,城镇规划区外的农村土地需用作农业,因此用地企业对该区域的集体建设用地需求缺乏;同时,该类区域集体经济组织目前所拥有的建设用地多为分散且低效利用状态,对其进行整治和交易的收益低且操作困难。鉴于此,可在该区域采取指标交易模式。

如图5-5所示,对于地处城乡接合部地区、一部分区域属于规划区内且一部分区域处于规划区外的农村集体,可在集体经济组织内部实行建设用地使用权空间"漂移"交易模式:将规划区外分散且低效利用的建设用地进行复垦,形成建设用地指标,在集体经济组织内"漂移",集中使用到位于规划区内的经营性建设用地直接入市区,如进行工业园、旅游区的开发等。对于地处偏远农村地区且全部区域都属于规划区外的农村集体,集体经济组织也可采用对建设用地复垦的方式形成建设用地指标,再通过指标交易市场与规划区内集体经济组织对非农产业发展权进行跨区交易,从而获得货币化收益,同时也使得规划区内集体经济组织获得新增指标,用于其经营性建设用地直接入市项目区的规模扩大和集中经营。

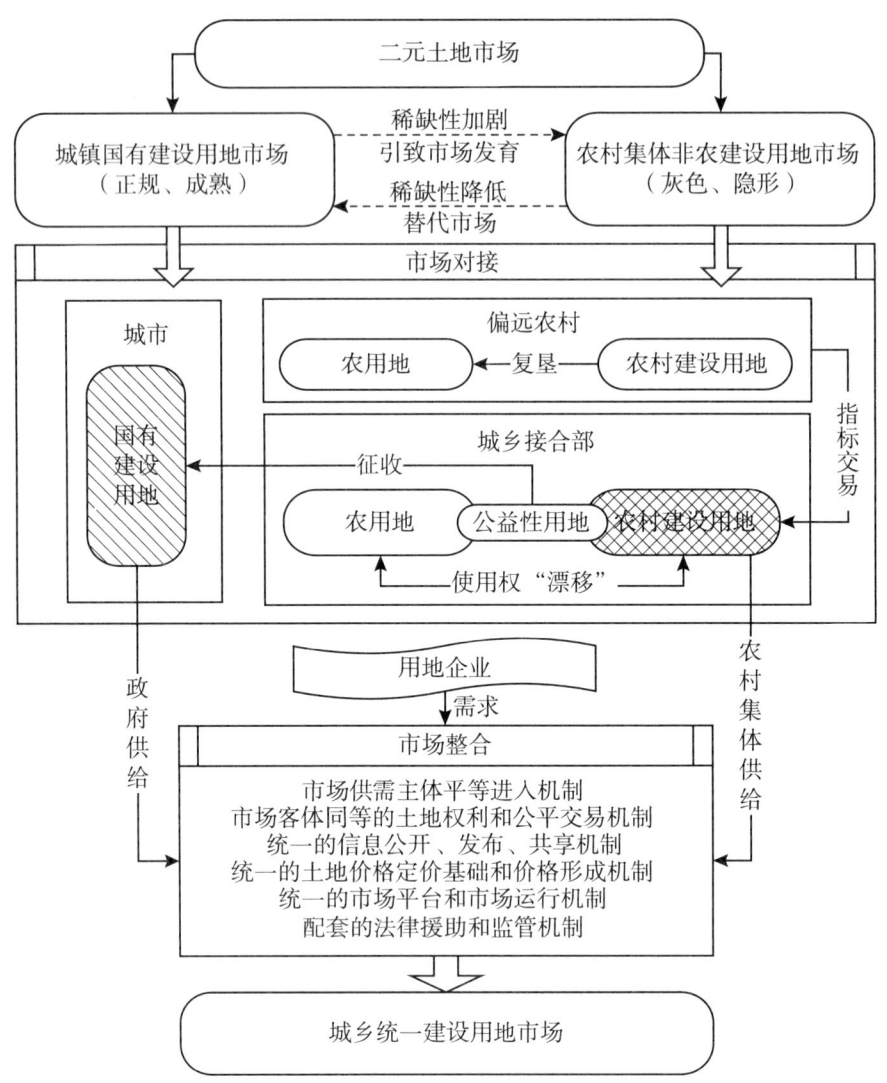

图 5-5 城乡建设用地市场对接与整合机制设计

(三) 对接的理想状态

随着城市化进程的深入，对城镇规划区内外采取差别化的交易模式进行城乡建设用地市场对接，能够优化建设用地在区域间的分配。在规划区外只有居民点和少部分工业点被永久保留，大部分集体建设用地将会逐步复垦为耕地，从而提升农用地利用效率、使农业生产实现规模经营，粮食产量得以提升；规划区内的集体建设用地由于实现了规模集中，产生规模效益，资源利用效率得以提升 [如图 5-2 (f) 所示]。通过增减平衡在保持耕地的数量不减少的同时实现建设用地利用效率最大化，为建设用地市场增加了供给，又有效地保护耕地资源，实现"既要建设又要吃饭"目标。而无论是规划区内还是规划区外的农民，都可得到集体建设用地入市所带来的土地增值收益，享受城镇化、工业化进程推进所带来的福利，既体现了效率又兼顾了公平（见图 5-5）。

三、运作机制整合

（一）市场主体平等进入，市场客体公平交易机制

在城乡建设用地对接基础之上，形成了农村集体与政府两大建设用地供给主体，其分别向用地企业（需求主体）供应农村集体所有与国家所有两类建设用地（市场客体）。城乡统一建设用地市场体系要求无论是国家还是农村集体建设用地，身份是不分居民、企业，只要土地性质一样，则土地使用权的市场对外开放范围就该保持一致，就待遇而言，国有和集体建设用地的待遇相同，两者都可在市场上进行自由交易和流转，任何主体可以直接通过市场或以市场让渡方式获得相应的土地权利。

（二）统一的信息公开、发布、共享机制

城乡统一建设用地市场应该拥有良好而又畅通的信息传输渠道。首先，从建设用地直接进入市场的角度看，须以完善产权制度为基础，确保信息公开、透明和畅通无阻。如此，既可以减少矛盾纠纷的产生，可以预防信息不对称导致的投机行为，同时有利于监督建设用地的交易行为，预防权力寻租导致的腐败问题的产生。其次，对城乡统一建设用地一、二两级市场的地价、地租等更新数据进行定期发布并对其变化与走势进行分析预测，使公众充分了解相关信息，做出更加科学的决策。最后，公开待开发、出让、出租建设用地的情况，收集、整理、加工并传递有关政策税收变动等方面信息，从而在实现市场信息共享的同时保证国家对土地市场进行有效宏观调控。

（三）统一的定价基础和价格形成机制

就建设用地的地价体系建设方面而言，城市和农村存在明显区别，目前，城市已逐步完备。但农村的地价体系还尚未建立，因而，要在合理评价考量农村集体建设用地的前提下，统一城市和农村的地价体系。第一，要实现城市农村建设用地的基准地价全面涵盖。全方位、细致化地开展城乡地价评价考量工作，并划

分出不同的地价区间，针对不同的地域，制定不同的地价水平，从而树立参考标准。第二，要视农村建设用地交易模式而定，确定不同的交易价格，形成不同的地价体系，从而促进城乡建设用地公平、公正、科学、合理地进行交易。第三，要实时监测地价的波动情况，减少和遏制土地的"黑色交易"，促使土地交易形成公开化、契约化的健康发展态势。

（四）统一的交易平台和运行机制

在城市国有土地市场交易平台基础上，建立统一有形的城乡建设用地交易平台。政府有关机构进驻，对城乡建设用地交易进行管理和服务，如提供洽谈场所，组织地产交易各方进行交易。可参照城市国有经营性用地"招、拍、挂"的方式建立公开、公正、公平的出让制度，并纳入交易平台运行。同时，引入中介机构服务机制，为土地交易双方提供法律咨询、信息分析、文书草拟、融资评估等服务，以缩短时间、减少成本、规避风险。

（五）配套的法律援助和监管机制

在法律上，应该对等保护国家和集体土地所有权，出台一系列对农村集体建设用地有益的入市交易条例、完善农村集体土地征收补偿安置条例，改革土地税制。在政策规定上，应该早日完结针对不同主体赋予不同权利的二元结构，使得农民有平等的权利参与到工业化和城市化的进程中。同时，加强新形势下对城乡建设用地违法违规行为以及隐形市场的监察和清查。从而为建设用地市场交易以及政府管理城乡统一建设用地市场提供依据。

第六章

城乡统一建设用地市场建立与运行机制

公开、公平、公正的交易规则是一个运行良好的市场机制所必需的重要前提，其设计及执行的完善程度将极大地影响市场运行的效率。2015年开始探索集体建设用地市场后，33个试点地区结合地方市场培育环境和市场运行机制，设计了一系列针对审核、交易、分配等的配套管理办法和交易规则。截至2017年4月，33个试点地区累计出台了约500项具体制度措施和农村集体建设用地交易规则（张占仓，2017），搭建了集体建设用地交易平台，但由于各个地方封闭试点，不同地区规则设计存在差异性，未形成配套的普适性是针对当前存量交易市场和指标交易市场的完备规则设计。因此，本章从公开、公平、公正的视角出发，对当前集体建设用地交易规则的现状进行分析，总结归纳其特征，分析尚待改进的问题，并对当前规则的运行效率进行了实证研究，最后提出整合的建设用地市场运行规则。

第一节 集体建设用地市场交易规则现状分析

一、从公平性视角分析当前交易规则

从经济学的角度来看公平的内涵，其主要是指各个利益主体收益分配的相对

平等。要实现各个利益主体平等，首先需要确定的是政策制定前提条件的公平，其次是保证政策执行过程中的公平，这样才能在最优的经济决策的前提条件下，获得结果公平。而集体建设用地入市流转规则的公平主要聚焦于权利主体公平、市场准入条件公平、交易过程公平以及收益分配公平。就对目前的集体建设用地入市试点区调研来看，不同的地方都基本保证了入市流转规则的公平，但依然还存在着尚待完善的地方。

佛山市南海区：首先，建设用地入市交易立项期间，进行初步立项即初审，集体经济组织对建设用地交易初步方案进行审定，初审结束后，反馈意见给股东大会，征询股东意见是否修改。然后由股东、社委（经联社委员会）、全民代表三个级别组织进行立项表决。在这一过程中保证了集体经济组织和农户作为土地利益主体充分享有参与和决策权，实现了权利主体公平。其次，在招标过程中，主要采用明标和暗标的方式。在有原承租户的情况下，采取暗标方式。暗标由集体经济组织确定符合条件的竞标人，缴纳总标地价的10%~20%的保证金。交易中心规定竞买人只能报一次价，价格信封密封。在挂牌期限内只有一个竞买人，且报价不低于起始价（保留价），若竞买人报价低于起始价，则没收竞买人所缴纳的保证金。出现同价情况则原租户享有优先权利，如若是本村股东，本村股东优先，若都是外地人，则摇租或抽签。本村股东和原租户，以原先约定为主，若没约定则按规则进行竞买。明标即公示底价，现场举牌，理性竞价，价高者得。报名费为每份标书100元，防止围标或串标。这一过程体现了市场准入条件的公平和交易过程的公平。

对于交易过程中收益分配公平方面的具体举措，一些试点地区地方政府对集体建设用地出让获得的土地收益进行用途限制与分配，以此保障村集体和村民的权利及收益，这在一定程度上增加了集体建设用地市场交易中的公开公平性。虽然，各试点结合当地土地流转背景，规定了不同的流转收益分配方案，但仍存在一定的问题。村集体是否参与土地收益分配方案的决议，收益分配方案制定的依据都没有明确规定。各试点分配方案如下：

山东威海交易流转规定分配比例：新增集体建设用地使用权首次流转的流转收益（指流转价格扣除支付给农民个人补偿后的剩余部分），由市、市（区）、镇、土地所有者按照1∶1∶3∶5的比例分成。土地使用权流转价格由中心镇人民政府与土地所有者在最低限价的基础上协商确定。存量集体建设用地使用权的流转收益根据其所有权归属，分别归镇人民政府或村民委员会所有。集体建设用地首次流转后再次流转的，应向政府缴纳土地增值收益。增值额在20%以内的免缴增值收益，增值额在20%以上的部分按40%的比例缴纳增值收益。土地增值收益的缴纳人，由流转合同约定。该收益由县级市区人民政府与中心镇人民政府按 3∶7 的比例分成。

浙江湖州收益分配规定：集体建设用地使用者向集体土地所有者缴纳的土地收益（或租金），遵循"谁所有，谁收益"的原则，除应依法上缴的国家税费外，按以下比例分配并转入各相应的土地收益资金专户：集体建设用地属乡（镇）农民集体所有的，土地收益全部纳入乡（镇）集体土地资金专户；属村或村民小组农民集体所有的，乡（镇）留 15%，土地所有者为 85%。集体建设用地使用收益主要用于对原承包农户的补偿、土地资源的保护开发、基础设施和公益事业建设以及本集体经济组织范围内成员的社会保障。

通过对各个试点地区的交易规则、分配方案分析，现有体现交易规则公平性的规定已有较好的实践经验，但是因环境变化，交易情况复杂，交易规则公平性在实践中仍然需要进一步提高完善。在课题组访谈过程中，了解到在实际的交易过程中，很多地区并没有完全按照交易流程和交易规则去落实交易过程，普遍存在监管力度不大的问题，在这其中会出现一些"灰色空间"或者"暗箱操作"。另外，大多数地区建设用地交易都是由政府主导，这样就导致了政府这一特殊角色既是规则的制定者又是规则的遵循者，作为农村集体建设用地土地所有者的村集体和农民则成了交易弱势的一方。在结果公平收益分配方面，全国范围内还未能形成一套科学有效的分配方案，不同的试点地区甚至不同的村都有着各自的分配标准，如何兼顾几个利益主体之间的切身利益，实现公平分配，是目前一个非常关键的问题。

二、从公正性视角分析当前交易规则

公正是一种价值判断，内含有一定的价值标准，在常规情况下，这一标准便是当时的法律、规制。对于集体建设用地交易而言，其判定标准就是各地方政府出台的流转管理办法。

以佛山市南海区出台的《集体建设用地使用权出让出租管理办法》为例，其中规定，集体建设用地使用权出让、出租公开交易的办理程序必须经过规划、拟订方案、组织审查、表决、备案、审批、公示等环节，规范化交易流程，确保了交易的程序公正。同时对交易双方提供的材料进行了严格的界定，要求交易方提供一系列的自身和行政部门提供的权威证件（如环保部门、城乡建设规划部门），提高了交易的公正性，极大程度上避免纠纷的发生。

南海区在试点政策设计中，除了强调土地交易双方的主体责任外，特别注重政府相关职能部门的职责介入，将监管范围涵盖集体土地入市交易和开发利用两个环节，形成入市全程监管体系。南海区已出台《佛山市南海区关于加强农村集体经营性建设用地入市监管的指导意见》，一是在交易环节，加强交易审核、现场交易、交易价款缴纳等的监管，防止不公正交易行为的发生；二是在开发利用环节，通过由政府部门与交易双方签订土地开发协议、土地开竣工申报、建设项目现场核查、闲置土地查处等方式，加强政府对已入市农村集体经营性建设用地的开发利用监管，建立诚信考核机制，明确村集体应有的监管职责，促进土地的有效利用。由于加大了政府对集体经营性建设用地入市的监管力度，试点以来入市的70多宗地块，在交易及开发环节均未出现违规行为。

公正是一个关系概念。它不是就单个人而言的，而是就人与人之间的关系而言的，在一个社会内部，是就其所有成员而言的。公正同时具有分配的性质，要求在必要的情况下适度调节分配。在一定社会范围内每一个成员得其所应得。南海区农村土地股份经济合作社是集体建设用地市场的供给主体，其内部股份和收益的分配是否公正，一定程度上将影响合作社的有序经营，进而影响市场的交易效率。南海区于2015年全面启动了集体经济组织股权（农村土地承包经营权）确权登记颁证工作，依照股权"确权到户、户内共享、社内流转、长久不变"的确权模式，提倡户内股权均等化，确保合理合法者应当获得确权"身份证"，如近年新增的"出嫁女"及其子女群体，实现了集体内部的分配公正。同时在股权"固化"和分配的过程中，要求听取多方意见，进行民主决议和全程监督，保障了分配的程序公正。

纵观各集体建设用地试点区域出台的相关流转规则，一方面，从国家层面而言，相对于国有建设用地而言并没有一个统一的集体建设用地流转条例的出台，同时在顶层法律的设计上缺乏对集体建设用地的法律规定，并未给予集体建设用地市场公正的待遇。另一方面，尽管各试点地区的流转条例对具体的交易流程都有详尽的规定，其设计目标是从制度层面来保障集体建设用地交易流程的公正性。但是实地调研发现存在相当部分的交易，并未按照地方制定的交易规则在交易平台上进行交易，导致原本制度保障公正无法真正地落实。根据课题组在南海区的调研，在市场交易规则和平台已相当完善的情形下，依然有超过80%的交易通过私下交易达成，绕过了各方的监管。显然，由于集体建设用地的特殊性，保障交易的绝对公正并不一定能够带来交易效率的最优化。对于集体经济组织而言，在当前的环境背景下，按照当前的交易规则，从交易的发起到交易的达成，对于土地的供给方而言，其需在交易过程中投入大量的人力进行组织内部的协商等行动，导致高昂的交易成本；对于土地的受让方而言，其需要付出大量的时间等待成本，因此出现了交易主体需在公正和效率间进行取舍的现实困境。

三、从公开性视角分析当前交易规则

交易规则的公开性,主要体现在入市信息的公开、交易过程的公开、交易结果的公开,以及在此过程中公开监管力度,整个交易过程在公开的平台进行。

与集体建设用地隐形市场阶段相比,当前试点地区集体建设用地流转过程中的公开性得到了极大的提升。由于缺乏法律制度等保障,隐形市场中的土地流转仅能在私下进行,其信息相对封闭,交易多在熟人社会关系中进行;试点地区建立集体建设用地市场之后,从入市的每个环节都充分发挥信息公开化,如成渝地区在集体建设用地交易过程中,采取挂牌方式交易的集体建设用地按公告规定的期限将集体建设用地使用权的流转条件在交易机构网站、土地有形市场及LED显示屏上挂牌公布,接受竞买人的报价申请并更新挂牌价格,根据挂牌期限截止时的出价结果确定受让方的方式。有的甚至直接将集体建设用地入市信息接入国有建设用地平台,德清县将集体建设用地入市信息从出让公示到交易公示,都直接在德清县公共资源交易中心网站与国有建设用地同平台同窗口进行公示,做到了信息公开一体化。除了在各试点交易中心网站公示外,还在各经济社、经联社公告栏张贴交易各环节的公示信息,并接受社会的监督。

尽管各试点地区在集体建设用地流转入市的公开性上有着重大的改变与突破,但仍然存在一些遗留问题,我们从德清县的实地调研中得知,虽然德清县集体建设用地入市各环节都在德清县公共资源交易中心官网与国有建设用地一同公示,但是由于其出让主体的多样性,出让主体存在于小组、村、镇以及乡镇企业等,以及村干部在集体中的领导地位,导致部分集体建设用地流转入市是村集体和企业预先协调好,再通过公共资源交易中心平台走完流程,交易方式多为挂牌的形式,从2015年以来,德清县集体建设用地入市仅有一宗以招标形式进行。因为往往公示之前已经确定了供需双方的地位。这样也使得在真实的村集体与企业互选期间,信息的公开性大大下降,村民也很难参与其中,由此可见使交易规则的公开性落到实处依然任重道远。

第二节 集体建设用地市场交易规则特征

我国目前的集体建设用地市场交易规则主要依据各试点出台的《集体建设用地使用权流转管理办法》《农村集体经营性建设用地入市试点暂行办法》《农村

产权交易管理办法（试行）》等政策文件，对集体建设用地市场的交易条件、交易方式、交易程序及收益分配和法律责任等均作出了相关规定，如进入市场交易的集体建设用地需满足依法取得土地使用权、符合国家的土地利用总体规划；主要交易方式有招标、拍卖、挂牌、协议或现场竞价；流转方案须经集体经济组织全体股民的 2/3 以上表决同意；交易双方签订土地交易合同并公示等。

一、差别化的交易规则设计思路

由于地区差异、区位差异和企业规模差异，虽然集体建设用地入市已经能降低企业的用地成本，但不同规模的企业仍存在着不同需求（见表 6-1）。理想情况下，企业应集中于产业园区内，而产业园区用地可能需要在建设用地空间置换后获取。此时，建设用地增减挂钩项目无论是由地方政府、企业或是农村集体承担，都增加了流转成本，从而抵消了集体建设用地入市带来的收益。但如果地方控制性规划界定了集体建设用地的利用强度，那么规模较大的企业必须承担城乡建设用地增减挂钩的成本以进入相应规模的产业园区；规模较小的企业则可购买强度较低的集体建设用地直接使用。类似地，通过设定出让、出租权的适用范围，处于起步阶段的企业，便可以选择租用集体建设用地，从而降低初期的成本。根据实地调研情况，发现多地的地方政府针对地方特点，结合"大众创业、万众创新"等扶持中小企业，培育市场，而多种流转形式能够从建设用地供给方面对其予以支持。

表 6-1　　　　　　多种建设用地流转对应的用地诉求

流转形式	占用新增建设用地指标	土地利用强度	企业规模	土地供给经济成本	土地流转期限
空间置换土地征收	占用	高	大	高	长（40 年或 50 年）
空间置换调整入市	不占用	高	大	高	长/中
集体建设用地出让	不占用	中/低	中/小	中/低	中
集体建设用地出租	不占用	低	小	低	短

在现有背景下，针对集体建设用地流转的多种形式和多种诉求，各个地方根据主要的集体建设用地流转形式，各个地方政府在设计集体建设用地市场的交易条件、交易方式、交易程序及收益分配和法律责任等交易规则时，其设计思路和原则不尽相同。以北京市大兴区为例，该区经过初步土地利用状况摸底，发现地块分散，确定了 95% 调整入市的入市思路，同时，加入工业园区建设，实行镇

级统筹，建立入市委员会综合审查制度，降低交易成本，提高交易效率。以《北京市农村集体经营性建设用地入市试点办法》为依据，该区制定《北京市农村集体经营性建设用地入市试点民主决策程序及实施主体组建运行管理暂行办法》，发挥项目入市审核委员会联审联批的作用，一次性联合审批通过多个事项，杜绝出现各个单位的评估互相前置的情况，避免互相影响审批时间。比如2015年12月8日，仅1个工作日，区级成员单位和西红门镇共同研究决定了入市项目的26项工作，大幅缩短了集体经营性建设用地单个项目审批时间。收益分配设计方面，通过入股村民地租保底，镇集体联营公司统筹决算后，再对集体经济组织成员"二次分红"，针对性设计留地、留物业、留资产和入股经营等方式的交易规则。

二、层级多元化的交易规则设计，各级平台交易规则权责不明晰

从当前存量市场交易规则看，尽管各个试点地区都建立了相关交易规则，但其公开的途径、多级平台公开的标准不同，村级平台普遍存在规则透明度低的情况。从规则公开的途径看，有的地方在公共资源交易平台发布，有的地方在农村产权交易中心发布，有的通过网络平台发布，导致其规则的公开程度受限。同时，渠道的多元化还表现在不同层级平台的公开程度不同。从调查情况看，一般区（县）级平台公开程度较高，村级平台交易大多没有发布相应交易规则，各级平台对于交易的权责阐述不明晰，导致交易年限低、直面用地需求者多的村级平台的规则公开性低，村级存量交易仍然存在寻租的可能；再者，多层级的交易规则设计，比如县级、镇级、土地部门、农业部门等多有参与交易规则设计，导致交易成本普遍较高。以广东省南海区集体经营性建设用地流转的实地调研情况来看，供地方从申请供地、办理供地手续、上平台交易、签订合同、办理土地登记，共花费时长约208天，花费人力费、材料费与手续办理费等总费用约95 000元。用地企业从信息搜寻、申请用地、办理相关手续、竞标签约到合同签订与办理土地登记花费时长约130天。花费的人力费、材料费以及手续办理费用等约50 000元。土地交易成功后所需缴纳的税费、服务费以及其他费用暂不统计在内。

三、交易规则安排流程趋同，但价格、税、费设计和收益分配边界模糊

从当前试点地区交易规则安排看，整体规则设计思路按流转前准入条件界

定、申请、受理、交易、审批、公布、分配的交易流程展开，但相关税费设计的征收标准缺乏科学分析和合理设计，仅仅在规则中提出按"国有建设用地市场交易标准"进行，但目前很多地方并没有出台相应的流转价格评估和定价体系，导致许多地区在企业改制的过程中，集体建设用地市场交易缺乏合理的价格保护，且由此产生的交易费用如公共配套设施费用、相关税费、手续费缺乏合理解释。同时，收益分配的边界界定模糊，比如，有的地方交易规则里提出按"实际交易情况分配收益，以政府收入不减少为前提"。进一步地，集体建设用地收益分配比例也没有形成标准体系，有的地方仅表述为"集体经济组织按交易金额扣除成本后将收益分配给本级村民"，且公积金、公益金等提取不明确。因此，导致有的地方集体增值收益三七分，有的地方五五分，有的地方一九成分，有的地方不分的混乱分配状况。

第三节　集体建设用地交易规则对交易效率的影响

农村集体建设用地使用权直接入市是中国土地制度改革的发展方向，但集体建设用地使用权流转过程中，市场信息的不对称性、扭曲的价格机制及交易费用的存在往往导致农村集体建设用地使用权直接入市时产生市场失灵。从根本的交易规则入手，设定公开、公平、公正的交易规则，能够保证交易市场的有效运行，减少交易成本，提高交易效率。因此，从交易规则的公开性、公平性、公正性角度对市场交易成本、市场流动性、市场透明度的影响进行分析，以探索更加规范、有效的交易规则。

一、变量设置与模型设计

集体建设用地市场交易规则的公开性有利于增加集体土地资产交易过程和结果的信息透明度，减少因为信息不对称而造成的交易低效率。集体建设用地交易管理平台需对交易土地的信息进行公示，如地块的四至、面积、限定用途、使用年限等；项目审批程序公开；及时变更土地交易信息；提供土地交易信息查询服务；公示土地需求方的资格审查信息；设立"违约"企业黑名单；交易内容和交易流程公开。由于集体建设用地交易结果的不确定，交易时间过长也容易导致签订契约的风险增加。规范的集体建设用地市场交易程序，有效减少了供需双方的集体建设用地交易的信息搜索成本。

交易规则的公平性可以减少交易的纠纷和存在的违约风险成本，提高集体建设用地交易市场的活跃度。通过进一步建立县（区）、镇、村级集体经济组织交易和监督管理平台，接受全体股民的监督，充分保障股民的知情权、监督权以及财产权益，减少土地供应方和需求方在集体土地交易过程中为了达成交易签订合同和监督合同执行的成本。此外对不同的交易主体、交易客体设置合理的市场准入、限制性条件及交易价格，对不同的交易环节设置合理的税费制度、规范的交易程序，从而有效提高集体建设用地市场的交易效率。

交易规则的公正性能够保证交易程序的规范性、交易政策的客观性，降低参与人员的投机和违规等风险成本，促进集体建设用地交易在"阳光下"顺利进行。对交易主体进行资格审查，保证交易各主体信息的公开性和有效性，减少在交易过程中可能带来的纠纷问题。采用竞标的公开交易方式，创造真正公正的交易环境，土地供需双方的土地交易价格、租金支付时间和方式规定明确，从而降低了交易过程中可能发生纠纷的可能性，减少了可能带来的额外的诉讼费用、时间耽搁等风险成本，从而降低集体建设用地交易市场的运行效率。对于集体经济组织而言，每宗土地的交易都要经本集体组织 2/3 以上股民或 2/3 以上股民代表的同意，从而可以有效监督交易相关工作人员的贪污腐败等行为，降低他们的寻租空间，一定程度上抑制了集体建设用地市场的隐形交易行为，弱化了当地政府或村级经济组织的行政干预手段，用市场的力量主导交易过程，减少交易过程阻碍，保障集体股民的财产权益。

基于上述交易规则的公开、公平与公正视角，设置变量（见表 6-2），本节以广东省佛山市南海区为例，分别分析交易规则对集体建设用地市场效率的影响。南海区农村集体建设用地交易规则对市场运行效率影响的特点，选择市场流动性、交易成本和市场信息透明程度这 3 个指标代表集体建设用地的市场运行效率。

表 6-2　　　　　　　　　变量设定、说明及赋值

项目	变量设定	代码	变量说明及赋值
交易规则的公开性	市场流动性	y_1	价差
	交易成本	y_2	实际值
	市场透明度	y_3	透明 = 1；不透明 = 0；
	历年土地交易信息是否公开	x_1	1 = 是，0 = 否
	交易结果信息是否公开	x_2	1 = 是，0 = 否
	交易监管信息是否公开	x_3	1 = 是，0 = 否

续表

项目	变量设定	代码	变量说明及赋值
交易规则的公平性	市场准入条件以及限制性	x_4	1 = 参与，0 = 未参与
	出让价格的形成	x_5	1 = 太严格，2 = 一般，3 = 宽松
	交易过程中监管	x_6	1 = 很严格，2 = 一般，3 = 太松
	交易费用的收取是否合理	x_7	1 = 是，0 = 否
交易规则的公正性	对竞买人资格审查	x_8	1 = 暗标，0 = 明标
	交易方式	x_9	1 = 严格，0 = 宽松
	是否对工作人员监管	x_{10}	1 = 严格，0 = 宽松

在对市场流动性及交易成本的影响因素进行分析时，引入 Tobit 模型如下：

$$Y = \begin{cases} \beta^T X_i + \varepsilon_i, & \beta^T X_i + \varepsilon_i > 0 \\ 0, & otherwise \end{cases} \quad (6.1)$$

这里，X_i 包括公开性变量、公平性变量和公正性变量；β 为参数；ε 为扰动项。本书研究将农村建设用地交易市场透明度作为一个二值变量（透明 = 1，不透明 = 0）Probit 二值选择模型设置如下：

$$y_i = x_i \beta + \mu_i \quad (6.2)$$

引入潜在变量 $y_i^* = x_i \beta + \mu_i$

则 y_i 满足 $y_i = \begin{cases} 0, & 若 y_i^* \leq 0 \\ 1, & 若 y_i^* > 0 \end{cases}$

则 y_i 的概率模型为

$$P(y_i = 0) = P(y_i^* \leq 0) = P(\mu_i^* \leq y_i - x_i \beta) = F(-x_i \beta) \quad (6.3)$$

$$P(y_i = 1) = P(y_i^* > 0) = P(\mu_i^* > -x_i \beta) = 1 - F(-x_i \beta) \quad (6.4)$$

式中，y 为被解释变量，为二值离散变量，市场透明则 y 为 1，不透明为 0；x 为各自变量；β 为待估系数；μ 为相互独立且服从正态分布的残差项；P 为概率。

二、交易规则的公开、公平、公正性对农村集体建设用地市场交易效率的影响

华中农业大学研究人员于 2018 年 1 月上旬对广东省佛山市南海试点区的桂城街道、里水镇、狮山镇、大沥镇、丹灶镇等镇（乡）开展抽样调查。在 5 个镇（乡）随机抽样经联社、经济社集体经济组织样本 128 份，其中有效样本 118 份。用地企业样本 220 份，其中有效样本 210 份。

问卷涉及的主要内容包括：(1) 集体经济组织、用地企业基本信息，包括集体经济组织、用地企业所在地、访谈内容；(2) 个体特征，包括被调查农户年龄、性别、受教育程度、家庭年均收入；(3) 对集体建设用地入市现有交易规则信息公开的，包括土地交易信息、交易结果信息、交易监管信息等；(4) 对集体建设用地入市现有交易规则公平的认知，包括对土地价格的形成、市场准入条件以及限制性、交易过程中的监管情况、交易费用的收取情况等；(5) 对集体建设用地入市现有交易规则公正的认知，主要包括对交易方式的认知、对交易工作人员的监管认知、对竞买人资格审查等。

采用 Tobit 模型对市场流动性、交易成本进行估计，采用 Probit 模型对信息公开透明性进行估计，分析南海区农村集体建设用地的交易规则完善情况，结果见表6-3。Tobit 模型（模型一）交易规则对市场流动性的影响计量结果表明，交易结果信息是否公开在1%水平上正向显著影响市场流动性。交易结果信息越公开，市场流动性越好。村集体和村民是否参与流转价格的决议在5%水平上正向显著影响市场流动性。即集体建设用地流转价格的制定参考了村民和村集体的意见，结合当地实际情况制定科学合理的流转地价。根据2010~2015年南海区桂城、狮山、九江等地集体建设用地出让土地的成交价与起始价之间的价差非常小，相差大约1万元。其中，极少数地块价格波动幅度相差很大，略显不正常。总体来看，南海区集体建设用地的市场流动性较好，村集体和村民能较好参与流转价格的决议。交易过程中是否严格监管在5%水平上负向显著影响市场流动性。交易过程中进行有效监管不仅能预防腐败问题，而且也能预防交易结果出现不公平不公正等问题。交易过程监管越严格，集体建设用地价值越能得到更好的显化，土地成交价格越均衡，市场交易秩序也能得到有效维护。南海区集体建设用地交易过程中监管宽松，加强交易过程中的监督管理至关重要。交易方式的选择在1%水平上正向显著影响市场流动性。南海区集体经营性建设用地大多采用挂牌明标的交易方式，但是在特殊情况下，这样能更公正地保护原先承租户或本地股东的利益。

Tobit 模型（模型二）交易规则对交易成本的影响计量结果表明，流转结果信息是否公开在5%水平上正向显著影响交易成本。流转结果信息公开，会减少供需交易双方信息搜寻成本。土地交易信息的搜寻难易度影响交易成本，土地交易信息越难搜寻，供需交易双方所需花费的交易成本就越大，市场运行效率就越低。交易过程中的监管在5%水平上负向显著影响交易成本。交易监管越严格，交易所需要的人力、物力就会越高，从而使交易成本变高。交易方式的选择在1%水平上正向显著影响市场交易成本。交易方式不同，交易环节不同，则所消耗的成本明显会不一样。

表6-3　南海区交易规则对集体建设用地市场交易效率的影响

解释变量		Tobit模型（模型一）市场流动性（价差）		Tobit模型（模型二）交易成本		Probit模型（模型三）市场透明度	
		系数	t值	系数	t值	系数	t值
	常数项	-8.569*** (2.695)	-2.86	-5.976*** (1.962)	-4.89	-1.227** (0.392)	-3.86
交易规则的公开性	历年土地交易信息是否公开（X_1）	2.262 (0.479)	4.67	0.353 (0.787)	0.39	0.029 (0.139)	0.16
	交易结果信息是否公开（X_2）	3.342*** (1.287)	2.65	2.515** (1.682)	2.31	0.195** (0.078)	2.25
	交易监管信息是否公开（X_3）	0.358 (0.862)	4.23	1.336 (1.217)	0.86	0.151 (0.127)	1.19
交易规则的公平性	市场准入条件以及限制性（X_4）	0.322 (0.772)	1.32	0.235 (0.226)	0.97	0.006 (0.026)	0.17
	出让价格的形成（X_5）	4.323** (0.735)	3.52	1.697 (1.106)	1.29	0.356 (0.126)	2.93
	交易过程中监管（X_6）	-2.513** (1.042)	-1.97	-1.233** (0.897)	-0.95	-0.279** (0.260)	-1.08
	交易费用的收取是否合理（X_7）	-1.287 (1.460)	-0.91	-2.517 (1.568)	-1.52	-0.036 (0.227)	-0.19
交易规则的公正性	对竞买人资格审查（X_8）	-0.067 (0.112)	-0.56	2.548 (1.056)	2.46	-0.346*** (0.121)	-2.85
	交易方式（X_9）	2.231*** (0.557)	3.29	3.336*** (1.548)	4.32	0.037 (0.176)	0.14
	是否对工作人员监管（X_{10}）	1.140 (0.226)	1.23	1.605 (1.286)	1.59	0.275 (0.256)	1.09

Probit 模型（模型三）交易规则对市场透明度的影响计量结果表明，流转结果信息是否公开在 5% 水平上正向显著影响市场透明度。流转结果信息越公开，市场透明度越好。流转结果信息不公开，市场透明度降低，信息不对称，导致集体建设用地的真正价值得不到显化，出现价格不均衡。交易过程中是否严格监管在 5% 水平上正向显著影响交易透明度。交易过程中严格监管能有效抑制机会主义行为，杜绝腐败等问题的发生。竞买人资格审查在 1% 水平上负向显著影响市场透明度。竞买人资格审查越严格，土地资源能得到更好的配置，土地价值显化。

自 2005 年广东省正式颁布《集体建设用地使用权流转管理办法》以来，南海区开始致力于探索城乡一体化发展的机制体制，将集体建设用地流转由单一的经济驱动向经济驱动与制度管制相结合的方向转变，相继出台了集体建设用地流转管理实施办法，搭建交易平台，深化集体建设用地流转规范化管理。根据市场运行效率理论构建了在交易规则影响下的集体建设用地交易效率及影响因素的理论分析框架。土地市场交易效率主要取决于交易市场的价差和交易成本以及交易市场透明度。分析基于南海区建设用地市场特征，构建供需双方交易影响因素模型，以期为集体建设用地市场交易规范、交易规则的完善提供参考。

根据南海区集体建设用地市场发展情况来看，现有集体建设用地使用权市场交易规则中存在一些问题，这些问题有可能会带来交易风险。农村集体建设用地使用权市场交易规则的模糊性以及规范不够具体细致等原因导致的规则不完善，公开、公平与公正性有待提高。流转过程中的信息公开度远远不够。流转价格、交易过程中发生的纠纷，预防供求双方的机会主义行为等风险未作具体细致的规定。集体建设用地使用权市场流转过程中监督管理、法律责任的制定细则不够具体等这些问题导致市场交易双方搜寻信息成本高，达成合同的成本和监督实施合同的成本较高，交易纠纷、违约风险高以及贪污腐败滋生，交易成本的提高影响集体建设用地使用权市场交易的顺利进行，从而使土地市场交易活跃程度降低，市场流动性不够高。根据对南海区集体建设用地市场交易规则及其影响因素的研究，集体建设用地交易规则不确定性越强，规则规定不明甚至模糊，流转信息公开度不够，会导致机会主义行为风险大大提高，市场流动性变差。交易信息越公开，交易信息对称，市场流动性越好。交易信息搜寻难度越大，市场流动性越差。交易过程中监督管理越严格，不确定性减少，土地价值得到显化，村集体和村民利益得到保护，市场流动性越好。交易过程中是否严格监管也会直接影响交易透明度。集体建设用地交易规则需要更加公开透明、公平与公正。

第四节 城乡统一建设用地使用权交易机制的构建

一、构建公开、公平与公正的城乡统一建设用地市场交易规则

完善城乡统一建设用地使用权交易规则促进城乡统一建设用地市场发展，制定更加公开、公平与公正的交易规则充分保障农民群众的知情权、决策权、参与权和监督权，尊重农民群众的选择。集体建设用地使用权交易的全过程要由村务监督委员会全程参与，乡镇农村产权交易机构人员全程监督。坚持严格程序、规范运作的原则。建立完善全县农村产权交易工作流程和各项规章制度，实现集体建设用地使用权交易的规范化和制度化，促进集体建设用地使用权交易的公开、公平与公正。分别制定并发布流转交易的具体规则，对集体建设用地使用权流转交易的发起、审查、发布、交易、鉴证、权属变更等各环节进行规范，对市场运行、服务内容、中介行为、纠纷处理、收费标准等作出具体规定。各流转交易市场应根据农村实际情况，尽量简化交易程序和环节，为交易双方提供便捷的服务。建立健全业务受理、信息发布、交易签约、交易中（终）止、交易（合同）鉴证、档案管理等制度，确保集体建设用地使用权交易无争议、发布信息真实准确、交易品种和方式符合法规政策、交易过程公开公正、交易服务方便农民群众。

1. 简化且完善集体经营性建设用地使用权交易程序

集体经营性建设用地使用权交易是现有集体建设用地使用权交易规则下供需双方交易的关键环节。集体经营性建设用地使用权交易程序烦琐，势必会导致交易过程中供需双方投入的费用成本过高、交易时间成本延长从而影响交易的效率。

2. 规范集体经营性建设用地使用权交易申请受理的范围

集体经营性建设用地使用权交易申请受理的范围应包括对申请交易对象进行严格的审核。集体经营性建设用地使用权交易规则从供地方来看，对集体经营性建设用地使用权流转的申请必须符合的条件应主要有：土地使用证或用地批准文件；规划部门出具的建设用地规划许可证和地块位置红线图；地上建筑物、其他附着物合法的产权证明；土地权属无争议等条件。供地方申请流转集体经营性建

设用地需持这些材料即可申请办理流转。国土行政主管部门应简化集体经营性建设用地使用权流转供地方的申请材料，对关键性材料进行严格的审核登记。简化申请受理的范围，节省集体经济组织出让、转让、出租等申请办理的时间和人力成本。集体经营性建设用地使用权交易规则从需求方即用地企业来看，对符合资质和诚信记录的港商、台商、外商、国资企业、民办企业或私营个体等均可参与集体建设用地使用权的竞买。简化需求方申请材料，节省申请办理环节所耗费的时间、人力以及其他费用成本等。

3. 简化集体经营性建设用地组织交易的程序

目前集体经营性建设用地交易的程序从供需双方来看，供地方申请集体经营性建设用地交易的程序：供地方拟订出让、转让、出租等方案，需经本集体组织 2/3 以上成员或 2/3 以上村民代表的同意，办理申请—政府以及土地行政主管部门审核—政府批准—交易平台供地信息公示—交易平台发布交易的场地、时间以及场次—组织交易，签订成交确认书—流转结果信息公示—签订合同—签订合同信息公示—申请土地登记—办理土地登记，核发证书。用地企业申请集体经营性建设用地交易的程序：准备申请材料以及申请—审核—信息公示—交易保证金交纳—交易平台发布组织交易的场地、时间以及场次—组织交易，签订成交确认书—流转结果信息公示—签订合同—合同信息公示—申请土地登记—办理土地登记，核发证书。土地行政主管部门和土地交易平台应尽量简化交易的程序，简化审理手续，减少交易中的投机以及不确定性等风险行为。通过简化交易程序可以提高交易双方的积极性。降低供需双方交易成本，提高交易效率。

4. 完善交易程序中的收费制度

完善交易程序中的收费制度对集体经营性建设用地使用权交易的供需双方来说至关重要。明确具体的规范交易程序中的服务收费制度有利于交易的公开、公平与公正，并接受社会监督。目前集体经营性建设用地使用权交易制度烦琐，交易办理手续繁杂，办理交易所需花费的费用以及时间成本较大（傅泽华，2014）。目前集体经营性建设用地使用权交易规则下供需双方对契约签订前后的成本进行分析与归纳，总结出交易程序中需要完善的收费制度有：（1）供需双方申请土地交易所需花费需要明确具体制定规范的手续费用；（2）交易平台组织交易，交易双方为签订合同所需付出的费用以及所需支付的服务手续费等收费制度需要明确具体细致的规定；（3）办理土地登记所需缴纳的具体费用应合理制定并公开；（4）合同签订后的执行所需付出的费用；（5）制定集体经营性建设用地使用权交易合理的税费制度；（6）其他费用收取应公开。政府和交易平台在交易程序中的收费制度应完善、公开并接受社会监督。

5. 降低信息搜寻的成本

古典经济学认为，市场会在亚当·斯密（Adam Smith）的"看不见的手"

的作用下达到供给和需求的平衡，进而达到有效的资源配置。但前提条件是在这一过程中信息必须是充分的、对称的，然而在现实生活中，这一前提往往并不被满足，也就是说信息往往是不充分的，也是不对称的。信息的不完全归因于市场参与者的有限理性，参与者的决策过程看作是信息收集、评价和选择的过程。信息具有搜寻成本的问题，从不对称信息发生的时间来看，不对称性可能发生在行为人进行交易之前，也可能发生在交易之后，分别称为事前不对称信息和事后不对称信息。事前的不对称可以统称为逆向选择模型，事后的不对称称为道德风险模型（黄琪，2014）。集体经营性建设用地交易的供需双方，供给方与需求方对交易前期信息的搜寻以及信息的获取程度是不一样的。交易后用地企业是否按所签订合同的约定开发、利用、经营土地，是否改变土地使用用途，违规变更容积率，土地闲置等方面信息不对称易导致交易风险、交易成本的增加。

二、城乡建设用地市场交易平台统一对接

建立城乡统一建设用地市场，促进城乡经济社会统筹发展，必须建立相应的土地交易平台，建立统一有形的城乡土地交易市场，为集体建设用地使用权流转提供服务。这就需要建立类似农村集体土地使用权交易所这样的有形市场，组织地产交易各方进行交易，提供洽谈场所，让政府有关农村集体建设用地流转的管理、服务机构进驻，有条件的也可以让社会上的农村集体土地流转中介机构提供价值评估、资金融通、流转审批、规费收取、过户登记等服务，以缩短流转时间、减少流转成本、规避流转风险。重庆农村土地交易所挂牌成立，重庆农村土地交易所交易的主要品种是农村建设用地复垦为耕地而产生的建设用地指标以及农业用地、林地、农村集体建设用地的使用权。对建立城乡统一的土地交易市场，使集体土地和国有土地统一政策、统一调控、统一监管进行探索。拓宽并统一国有与集体建设用地信息渠道，成熟的市场应该拥有良好而又畅通的信息渠道。建立统一完善的土地信息机制，保证土地信息透明、公开和交流的畅通（黄宝连，2012）。

三、构建城乡统一的地价体系

目前，农村集体建设用地使用权在流转过程中尚未形成统一、科学、有效的价格形成机制。因此，要在土地交易市场上形成合理的土地价格以使土地交易双方的利益不受侵害，则有必要建立健全农村集体建设用地的定级估价体系。全面、深入地开展城乡建设用地地价评估工作，并进行地价区划，科学地确定不同

地价区域的地价水平，实现城乡建设用地地价一体化。另外，为了杜绝或减少土地交易活动的非公开化、非契约化现象，提高市场透明度，对土地价格过分上涨或下跌进行监控等。此外，还应建立集体建设用地流转的标定地价体系，集体建设用地出让地块的标定地价应由土地管理部门会同物价等其他部门进行综合评估并定期公布。基于有效保护集体和农民的土地权益，在流转中可实行集体建设用地的最低保护价，对于实际交易价格低于最低保护价的，政府可优先购买（倪维秋，2010）。

第七章

城乡统一建设用地市场中的交易成本及效率

第一节 研究思路

农村集体建设用地市场发育至今,由于法律(上位法)的缺失、流转程序的不规范,产生了很多问题(卢炳克,2012):不同地区由于各职能部门行使的权力不一导致交易主体的不统一;隐形市场发育的初期市场形态千差万别,没有形成统一的交易规则和交易程序带来了交易形式的不规范;市场形成初期,信息、通信等不发达,交易信息发布和搜寻的途径不一等(王晓霞,2009;黄珂、张安录,2016)。这些问题会带来更高的交易成本,降低市场交易效率。所以,集体建设用地交易规则和程序中将产生交易成本,对各交易环节的交易成本进行测算,并分析交易成本的影响因素。探析影响集体建设用地市场运行低效或无效的因子对于降低集体建设用地市场的交易费用意义重大,而且对于制定提高农村集体建设用地市场交易效率的政策至关重要。

因此,本章选择广东省佛山市南海区为研究区域,在阐述农村集体建设用地市场发展历程、实践、现状的基础上,采用威廉姆森交易费用理论构建农村集体建设用地市场交易费用及影响因素分析模型,通过研究农村集体建设用地市场效率找到市场无效率的原因,基本的研究思路是:首先根据对南海区集体建设用地市场的调查，归纳南海区集体建设用地市场的发展历程、发展实践，总结南海区农村集体建设用地市场发展的特点。其次，在论述农村集体建设用地市场特征的基础上，采用威廉姆森交易费用理论构建农村集体建设用地市场交易费用及影响因素分析框架。再次，根据威廉姆森交易费用分析框架，从资产专用性、交易的不确定性及交易频率三个维度建立供给侧农村集体建设用地市场交易费用影响因素指标体系，利用372份对农村集体经济组织的面对面问卷调研数据，对农村集体建设用地市场交易费用假说进行验证，并根据农村集体建设用地市场不同交易方式将供给侧农村集体建设用地市场分为出让市场和租赁市场并对出让市场和租赁市场交易费用及影响因素进行分析，根据不同契约期限将供给侧农村集体建设用地市场分为短期契约期限市场（契约期限≤5年）和长期契约期限市场（契约期限＞5年）并对短期契约期限市场和长期契约期限市场交易费用及影响因素进行分析。又次，从资产专用性、交易的不确定性及交易频率三个维度建立需求侧农村集体建设用地市场交易费用及影响因素模型，利用398份对用地企业的面对面问卷调研数据对农村集体建设用地市场交易费用假说进行验证，并根据需求侧农村集体建设用地市场的不同交易方式将需求侧农村集体建设用地市场分为首次交易市场和转租市场并对首次交易市场和转租市场交易费用及影响因素进行分析，根据不同契约期限将供给侧农村集体建设用地市场分为短期契约期限市场（契约期限≤5年）和长期契约期限市场（契约期限＞5年）并对短期契约期限市场和长期契约期限市场交易费用及影响因素进行分析。此外，根据效率分析理论对农村集体建设用地市场效率进行研究，探析交易费用以及其他影响因素对农村集体建设用地市场的影响。最后，在以上理论和实证分析结果的基础上，提出相应的政策建议。

本章采用的技术路线图，如图7-1所示。

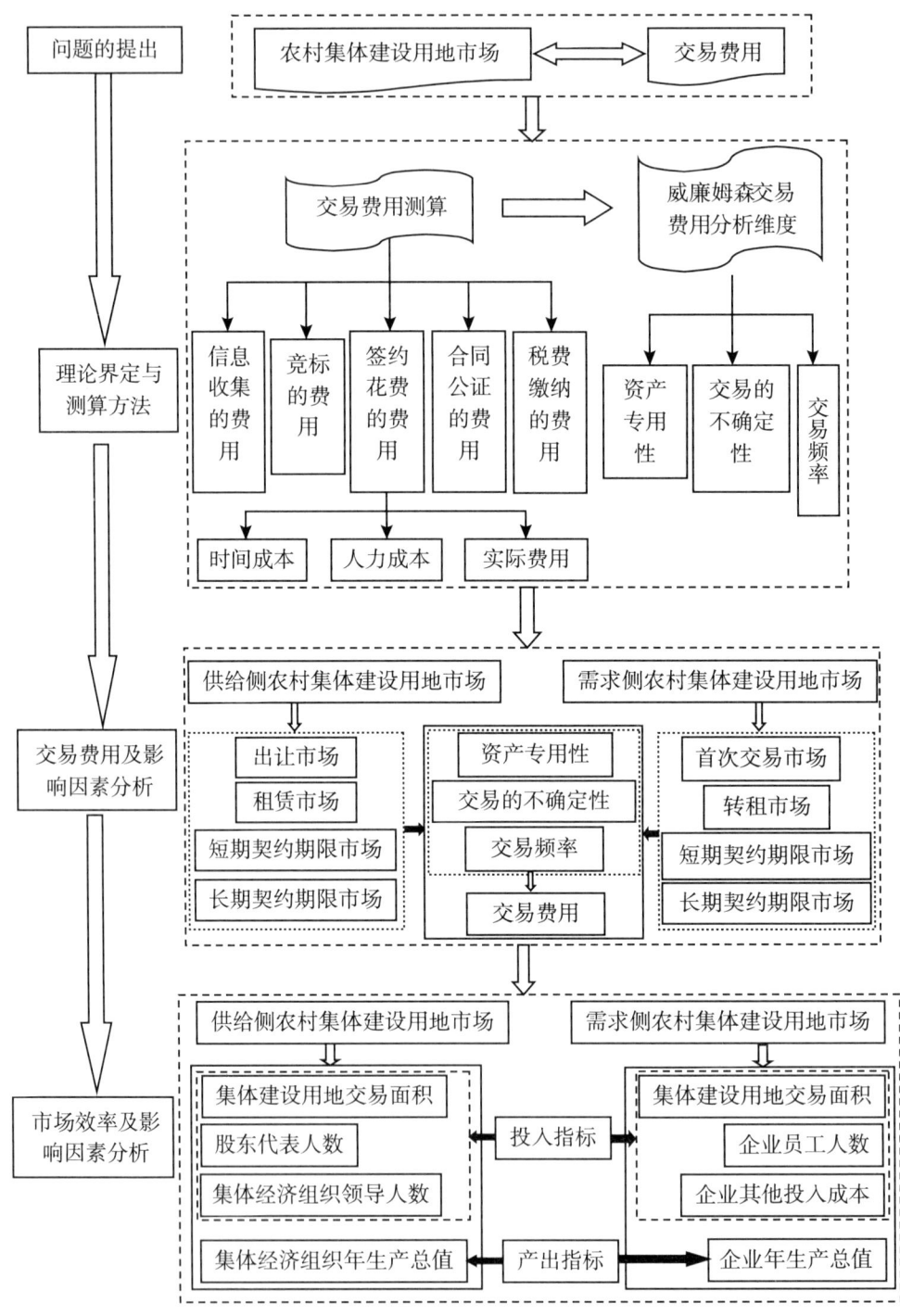

图 7-1 技术路线图

第二节 广东省佛山市南海区农村集体建设用地市场发展现状

一、广东省佛山市南海区农村集体建设用地市场现状

2010年建立镇（街）、村级集体资产交易平台后，南海区开始有大量集体建设用地在镇（街）、村两级平台进行交易，2015年建立了南海区区级集体资产交易平台，同年12月大沥镇出现了首宗在区级交易平台交易的集体建设用地。从交易宗地数来看（见图7-2）。2010~2015年间南海区集体建设用地市场共交易1 872宗地，其中以出租方式交易的有1 855宗，占比99.04%。

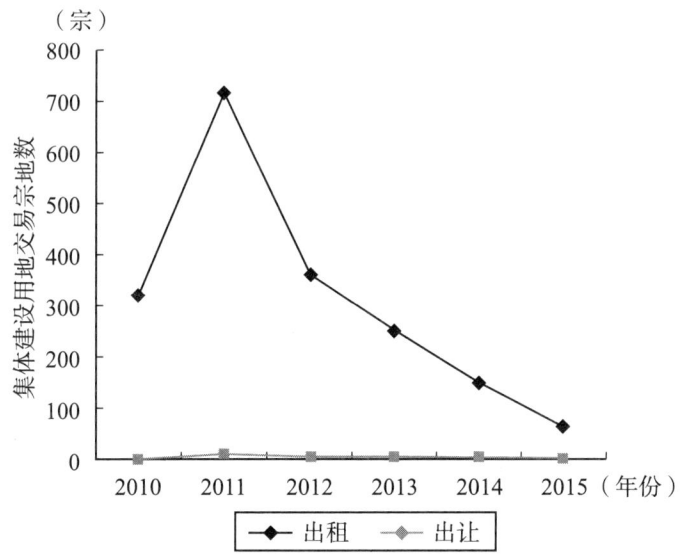

图7-2 2010~2015年南海区集体建设用地交易宗地数

南海区集体建设用地出租的宗地数呈现先上涨后下降的趋势，2011年南海区集体建设用地出租宗地数最多，达714宗，2012~2015年出租宗地数逐年下降。这是因为2010年以来南海区开始逐步在各镇（街）、村建立了镇（街）、村两级资产交易平台，且南海区政府出台了《佛山市南海区集体建设用地使用权出让出租管理办法》，规范化集体建设用地市场交易，因此在2011年出租的数量达到一个峰值。然而存量的集体建设用地数量是有限的，大量宗地出租后，交易数量开始出现下降

的趋势。南海区集体建设用地以出让方式交易的只有17宗，占比为0.96%，且只在2011~2013年间有宗地以出让的方式进行交易。以出让方式交易的宗地数量显著低于以出租方式交易的宗地，农村土地市场交易出现明显的偏向性，其原因主要是首先长期以来的"隐形"市场催生了"以租代让"的市场交易方式，农村集体经济组织和农民对于产权交易的认知还很模糊；其次，从土地所有者（集体经济组织）的角度来看，出于对长期租金收入以及土地产权的考虑，采用出租的方式进行交易，并根据形势调整租金可使收入递增；最后，从企业的角度出发，大多数企业由于资金流动的压力，普遍倾向于以出租的方式使用集体建设用地。

从交易面积来看（见图7-3、图7-4），2010~2015年间南海区集体建设用

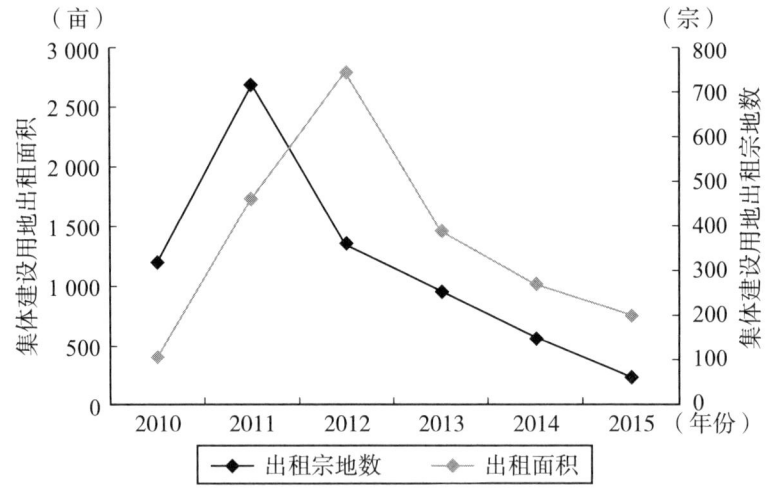

图7-3 2010~2015年南海区集体建设用地出租面积和出租宗地数

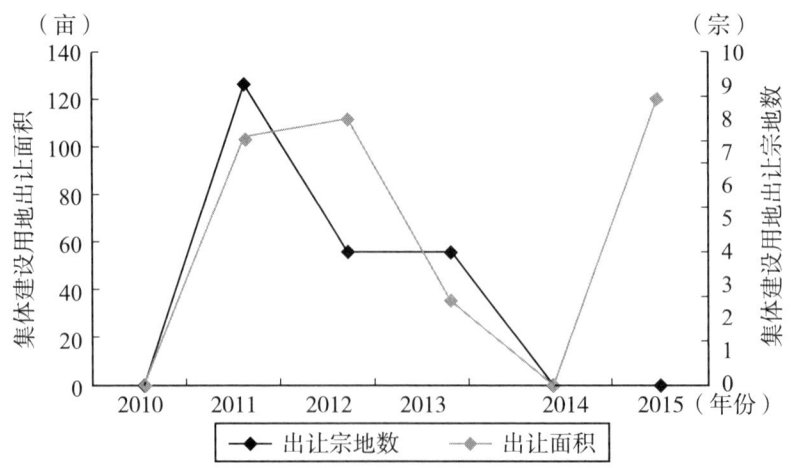

图7-4 2010~2015年南海区集体建设用地出让面积和出让宗地数

地市场交易面积共 8 482.154 亩，其中以出租方式交易的土地面积为 8 110.672 亩，占比为 95.62%，以出让方式交易的土地面积为 371.482 亩，占比为 4.38%。集体建设用地交易宗地数与交易面积的比例相比较可知，出租宗地的平均面积要小于出让地，这反映了集体建设用地出租利用的细碎化程度相较于出让地要高，出租的集体建设用地上承载的企业规模相对较小。

从交易契约期限角度来看（见表 7-1），2010~2015 年间南海区集体建设用地市场交易的契约期限由于其交易方式不同呈现不同特点，其中以出租方式进行交易的契约期限大部分≤5 年，2010 年契约期限≤5 年的占比为 79.81%，2011 年占比 79.41%，2012 年以出租方式交易的企业期限≤5 年的占比 59.10%，2013 年的占比为 67.06%，2014 年占比 60.67%，2015 年出租的契约期限≤5 年的占比为 21.54%，由此可知，交易平台建立以来特别是 2010~2014 年间的交易中出租的契约期限都较短，因而其交易周期都较短，这会带来较高的交易频率。而以出让方式进行的交易其契约期限基本上都长于 20 年，除了 2011 年有一宗地的契约期限小于 5 年，交易周期较长，交易频率较低。集体建设用地市场交易规则规定交易契约期限长于 20 年的交易都需要采用出让的方式进行交易。

表 7-1　2010~2015 年南海区集体建设用地市场交易契约期限

项目	≤5 年		5~10 年（含 10 年）		10~15 年（含 15 年）		15~20 年（含 20 年）		>20 年	
年份	出租	出让	出租	出让	出租	出让	出租	出让	出租	出让
2010	253	0	10	0	9	0	16	0	29	0
2011	567	1	28	0	52	0	41	0	26	8
2012	211	0	32	0	13	0	24	0	77	4
2013	169	0	5	0	4	0	4	0	70	4
2014	91	0	6	0	4	0	5	0	44	0
2015	14	0	10	0	3	0	6	0	32	1

从交易面积方面来看（见表 7-2），2010~2015 年南海区集体建设用地市场以出租方式交易的宗地面积大多数集中在≤1 亩和 1~10 亩间，在 10~20 亩间以及>20 亩的宗地数很少，2010 年出租面积最小的地块为 0.02 亩，出租地块面积最大的为 33.00 亩；2011 年出租宗地面积最小的只有 0.07 亩，而面积最大的为 270.00 亩；2012 年出租面积最小的是 0.01 亩，面积最大的是 355.08 亩；2013

年以出租方式交易的宗地面积最小的是 0.01 亩,面积最大的是 82.01 亩;2014 年出租宗地面积最小的是 0.06 亩,面积最大的是 81.68 亩;2015 年出租面积最小的地块是 0.02 亩,出租面积最大的地块是 82.50 亩。由此可知,以出租方式交易的土地面积普遍较小,交易地块面积差异性较大,这说明了以出租方式交易的土地较为零散。而以出让方式交易的宗地面积≤1 亩的只有 2013 年的 3 宗,在 1~10 亩间的有 8 宗地,宗地面积在 10~20 亩间的有 2 宗,交易面积>20 亩的有 5 宗。这表明以出让方式交易的宗地面积相对而言较大,以出让方式交易的企业其用地规模相对较大。

表 7 - 2　　　　2010~2015 年南海区集体建设用地市场交易面积

项目 年份	≤1 亩 出租	≤1 亩 出让	1~10（含 10 亩）出租	1~10（含 10 亩）出让	10~20（含 20 亩）出租	10~20（含 20 亩）出让	>20 亩 出租	>20 亩 出让
2010	213	0	100	0	2	0	2	0
2011	435	0	254	5	16	2	9	2
2012	172	0	132	3	18	0	35	1
2013	123	3	87	0	21	0	21	1
2014	68	0	53	0	13	0	16	0
2015	8	0	41	0	6	0	10	1

二、南海区镇（街）集体建设用地市场现状

由于各镇（街）的区位条件、工商业发展和产业覆盖等经济社会因素存在差异性,集体建设用地市场的发展特征也存在着区域间的差异性。从各镇（街）出租宗地数来看（见图 7 - 5）,2010~2015 年各镇（街）集体建设用地出租宗地数均呈现出先增加后减少的趋势,其中西樵镇和桂城街道集体建设用地出租宗地数的变化趋势和南海区出租宗地数的整体特征一致,均在 2011 年达到出租的峰值,之后呈现减少的趋势。西樵镇在 2010~2013 年其集体建设用地出租宗地数都比其他镇（街）要多,居于首位,其出租宗地数占总量的比例超过 50%;桂城街道在 2010~2013 年集体建设用地出租宗地数居于第二位,出租宗地数占比大约是总量的 30%。

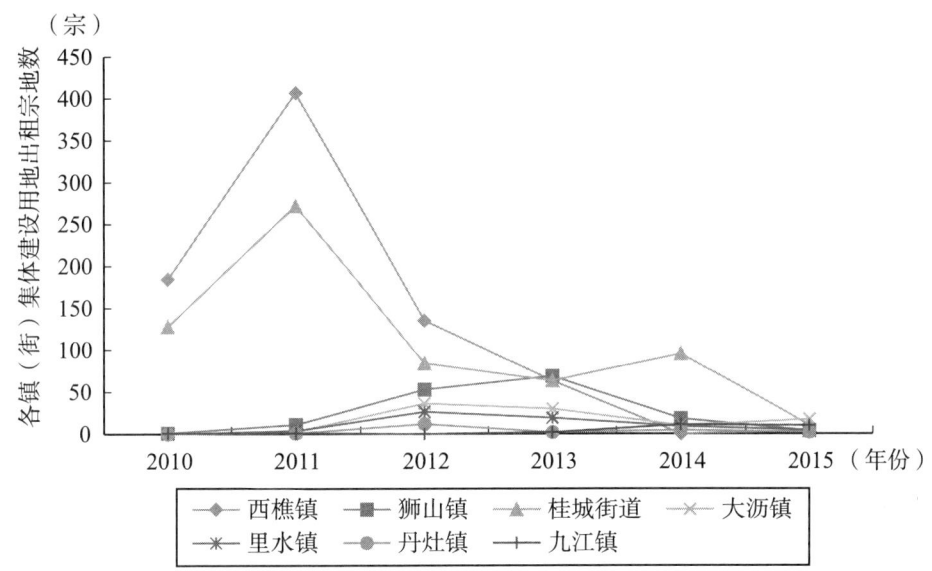

图 7-5　2010~2015 年各镇（街）集体建设用地出租宗地数

表 7-3　　　　2010~2015 年各镇（街）集体建设用地出租面积　　　单位：亩

项目	西樵镇	狮山镇	桂城街道	大沥镇	里水镇	丹灶镇	九江镇
2010 年	219.9546	0.0000	160.4200	0.0000	0.0000	33.0000	0.0000
2011 年	602.4963	124.9240	389.0900	122.3200	468.6000	1.0900	8.1000
2012 年	453.5376	972.3418	685.8398	202.9777	222.2361	222.8726	7.7333
2013 年	170.2245	484.1481	367.8487	144.4121	187.1441	15.4728	6.6070
2014 年	46.4951	227.1860	398.3110	121.6811	109.3633	98.5181	2.1900
2015 年	1.1930	129.9500	66.7092	263.1692	258.3632	27.5977	13.9001
总计	1 493.9011	1 938.5499	2 068.2187	854.5601	1 245.7067	398.5512	38.5304

从各镇（街）出租的面积来看（见表 7-3），西樵镇在 2010 年和 2011 年的出租面积位居全区首位，狮山镇在 2012 年和 2013 年的集体建设用地出租面积位居首位，桂城街道在 2014 年的集体建设用地出租面积位居首位，大沥镇 2015 年出租的集体建设用地面积最多。2010~2015 年间西樵镇、狮山镇和桂城街道集体建设用地的出租宗地数和出租面积均位居前列，首先主要是因为这三个镇（街）的土地总面积在南海区位居前三，有较多的土地后备资源；其次，这三个镇（街）的区位条件要优于其他镇，发展定位于工商业发展，因而其土地需求相对比较旺盛，其中狮山镇位于南海区中部地区，是南海区面积最大的一个镇，作为佛山市的产业、科研和教育基地，承担着重要的产业功能。西樵镇位于南海区西

南部，经济相对于东中部来说较弱，但依托着西樵旅游度假区的兴旺与经济辐射、道路等交通设施的不断完善，近十年西樵镇的工商业发展非常迅速。相反，九江镇和丹灶镇的集体建设用地出租宗地数和出租面积均处于最后，这两个镇的土地总面积是南海区相对较少。

从各镇（街）出让宗地数来看（见图7-6），只有2011~2013年间南海区有集体建设用地出让的交易，主要是在狮山镇、西樵镇、桂城街道、大沥镇和九江镇，狮山镇出让宗地数位居首位，其次是九江镇，而里水镇和丹灶镇没有集体建设用地出让的案例。从各镇（街）出让面积来看（见表7-4），2010~2015年狮山镇集体建设用地出让面积是南海区各镇（街）中最多的（134.9801亩），其次是大沥镇（119.0000亩），西樵镇和九江镇集体建设用地出让面积是最少的两个镇，分别为4.0750亩和9.6266亩。大沥镇出让的一宗地主要是用于商业发展，近年来充分发挥其毗邻广州市的区位和地缘优势，融入广佛都市圈的发展进程中，以城市化为方向，积极调整产业结构，大沥发展城市型经济，城市化步伐不断加快，商业发展水平远高于其他镇。

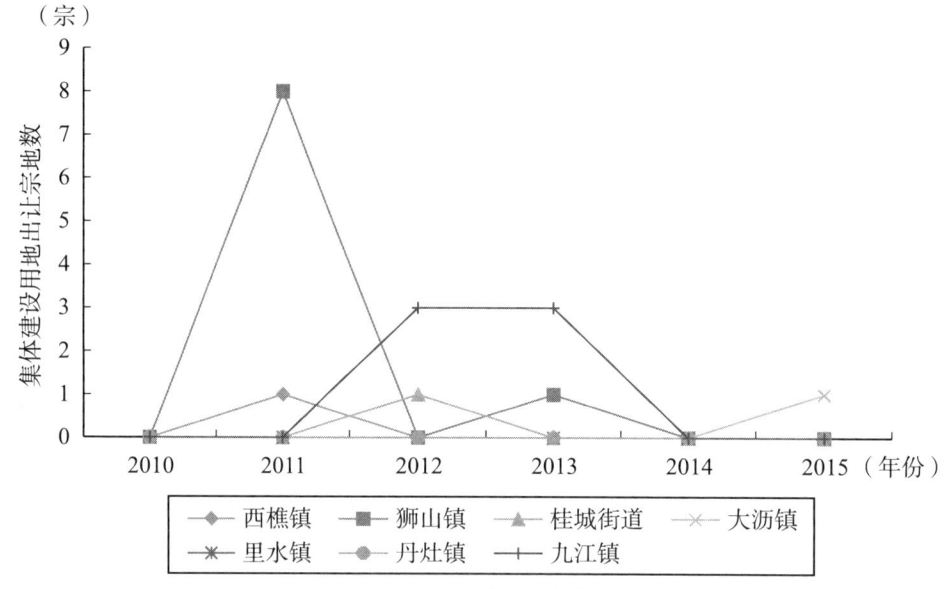

图7-6 2010~2015年各镇（街）集体建设用地出让宗地数

表7-4　　2010~2015年各镇（街）集体建设用地出让面积　　单位：亩

年份	西樵镇	狮山镇	桂城街道	大沥镇	里水镇	丹灶镇	九江镇
2010	0.0000	0.0000	0.0000	0.0000	0.0000	0.0000	0.0000
2011	4.0750	100.6400	0.0000	0.0000	0.0000	0.0000	0.0000

续表

年份	西樵镇	狮山镇	桂城街道	大沥镇	里水镇	丹灶镇	九江镇
2012	0.0000	0.0000	103.8000	0.0000	0.0000	0.0000	8.1736
2013	0.0000	34.3401	0.0000	0.0000	0.0000	0.0000	1.4530
2014	0.0000	0.0000	0.0000	0.0000	0.0000	0.0000	0.0000
2015	0.0000	0.0000	0.0000	119.0000	0.0000	0.0000	0.0000
总计	4.0750	134.9801	103.8000	119.0000	0.0000	0.0000	9.6266

从南海区各镇（街）集体建设用地出租和出让特征可知，南海区各镇（街）集体建设用地市场发展区域差异性较大，交易方式和数量与区域工商业发展水平、市场发育程度、片区的工业化进程及产业导向有密切的关系。从区位条件来看，市场发育程度较好、势态稳定上升的中东部片区，其出租和出让的宗地数和面积相对较多，而区位条件相对较差的西部地区，其集体建设用地出租和出让数量和面积相对较小。从产业定位来看，集体建设用地出让数量相对较多的产业定位大多是金融贸易等商业发展的地区，而定位为制造业、零售业的区域，集体建设用地出租数量相对较多。

第三节 交易费用与市场效率理论分析框架

农村集体建设用地市场的建立亦是市场供给主体（集体经济组织）、需求主体（用地企业）对于集体建设用地使用权配置方式的实现。而如何通过制度改革来选择生产与交易费用（交易成本）较小、收益较大的制度改革路径，对于盘活农村土地、提高农民收入、降低市场交易费用、完善农村集体建设用地市场发展至关重要。而且，集体建设用地市场制度的改革是目前国家推行的一系列改革政策中的重要制度改革之一，理解集体建设用地市场交易费用概念以及市场效率的意义，把握集体建设用地市场交易过程中对交易费用、市场效率的影响因素，探析集体建设用地市场改革过程中存在的不足以及发展的趋势，为我国农村集体建设用地市场制度的完善提出对策建议，这对于农村集体建设用地市场制度具有重要的实证意义。本节对农村集体建设用地市场交易过程中的交易主体（农村集体经济组织、用地企业）、交易客体（农村集体建设用地）、交易方式进行阐述，结合威廉姆森交易费用理论以及市场效率理论构建本节的理论分析框架。

教育部哲学社会科学研究
重大课题攻关项目

一、交易主体

南海区农村集体建设用地市场交易主体主要包括市场供需的两个方面：市场供给侧（农村集体经济组织）和需求侧（用地企业）。

（一）供给侧——农村集体经济组织

1992年广东省南海区在全国率先开始试行农村土地股份制改革，在不改变农村土地集体所有性质的前提下，将农民承包的土地以使用权方式入股，重构集体经济组织。农村集体经济组织通过在集体土地上建厂房获得收益，农民则依据股份享受分红。农村集体经济组织主要分为两级：经联社和经济社。经联社是村（居）级集体资产经营管理的主体和经济实体。经济社是村（居）民小组集体资产经营管理的主体和经济实体。经济社应当配合村（居）党组织、村（居）民委员会和村（居）民小组工作。

农村集体经济组织的职责是依法经营管理属于本社集体所有的经营性资产和由本社（经联社、经济社）使用的国家所有的资源性资产，保护本社集体资产安全和完整，组织和实施集体资产的发包、出让、租赁等经营管理，对需要纳入集体资产管理交易中心进行管理交易的集体资产，按照集体资产管理交易中心各项规定办理手续并进行公开管理交易；未达到规定额度进入集体资产管理交易中心管理交易的集体资产，按照公平、公正、公开的原则，可自行组织管理交易，但应自觉接受上级行政主管部门和群众的监督。

（二）需求侧——用地企业

1978年前，国有企业改革的滞后，催生了乡镇企业的发展，刺激了企业对于建设用地的需求；改革开放后，"东部地区优先发展"的政策使得乡镇企业的发展获得了极大空间，东部沿海地区形成了"乡村工业化"道路。再加上我国1998年修订的《土地管理法》对于乡村工业化道路的肯定。港资、台资、外资"三资"企业"抢占"珠三角农村地区，"零地价、零门槛"的招商引资吸引了不少企业家在珠三角农村地区投资，一批乡镇企业兴起，刺激着乡村工业化的发展。用地企业在使用农村集体建设用地的过程中只拥有农村集体建设用地的使用权。

二、交易客体

农村集体建设用地市场交易客体是农村集体经营性建设用地。改革开放初期经济发展对于建设用地需求的增加，大量农用地、未利用地转为农村集体建设用地，造成农用地的流失，带来的是南海区农村集体建设用地面积逐渐增加。粮食安全问题、生态问题等的出现使得国家开始指定和实施农用地特别是基本农田保护制度、条例，从而使得农用地流失的问题得到了缓解，南海区集体建设用地增加速度相对缓慢。加之早期对于农地的过度开发，一些集体经济组织进入"无地可开发"的困境。目前，南海区集体建设用地市场交易的用地来源于存量集体建设用地。

存量建设用地主要来源于：（1）20世纪八九十年代港资、台资、外资企业入驻南海区，"三资"企业发展过程中对于农村集体建设用地的需求，使得大量农村土地转为集体建设用地；（2）改革开放初期国家实施的一系列发展东部沿海地区的政策，以及地方政府"零地价、零门槛"的招商引资政策，加速了南海区乡镇企业的发展步伐，大量农地越过土地征收环节直接转为集体建设用地；（3）20世纪90年代以后乡镇企业面临了企业转型，南海区大量技术粗放型企业被技术密集型企业替代，粗放型企业面临破产从而留下了大量的存量建设用地。

三、交易方式

2011年佛山市南海区人民政府出台的《佛山市南海区集体建设用地使用权出让出租管理办法》中界定了农村集体建设用地采用出让、出租方式进行交易的细则。2014年佛山市南海区人民政府出台的《佛山市南海区集体建设用地使用权流转实施办法》、2015年佛山市南海区人民政府出台的《佛山市南海区农村集体经营性建设用地入市管理试行办法》中规定了"本办法所称入市，是指将农村集体经营性建设用地一定年限的使用权出让、租赁、作价出资（入股）、转让、出租和抵押等行为"。根据南海区集体资产交易平台数据和国土备案数据，以及对于南海区农村集体建设用地市场供给侧和需求侧的实地调研，南海区农村集体建设用地市场交易方式主要包括以下几种：从供给侧角度来看，主要包括出让和租赁两种交易方式；从需求侧角度来看，主要包括出让、租赁以及转租三种交易方式，由于出让案例较小，研究中将出让和租赁两种交易方式称为首次交易。

四、理论分析框架

(一) 交易费用分析框架

在现实世界中,由于人的"有限理性"、学识的有限性以及活动双方信息的不对称性,决策者在决策制定过程中不可避免地会出现无效率的决策行为。无效率的决策行为将产生交易费用,这些交易费用的产生离不开不完美的行为人以及制度运行费用之间的关系。交易费用是新制度经济学的核心概念,最早由科斯于1937年在《企业的性质》中提出了关于交易费用的思想(Coase, 1937)。1960年科斯(Coase, 1960)在《社会成本问题》中具体化地解释了交易费用的思想。威廉姆森(Williamson, 1979, 1991, 1996)构建了交易费用的分析维度,认为可以从资产专用性、交易的不确定性和交易频率对交易费用进行核算。后来,威廉姆森(1985)还界定交易费用包括契约签订前的缔约过程中产生的交易费用以及契约签订后的履约过程的产生的交易费用。

根据经济市场交易过程中交易费用产生的原因,结合南海区农村集体建设用地市场特征,采用威廉姆森交易费用三个分析维度构建农村集体建设用地市场交易费用及影响因素分析框架。农村集体建设用地属于一种经济市场活动行为,经济市场交易费用发生的主要原因包括以下方面:首先,资产专用性。传统经济学认为资产是无限可重新配置的且是可替代的,因此,货币作为最普通的资本形式可以用来进行任何投资,劳动力也是可以进行任何工作的劳动力投入。这种传统经济学的观点被认为是在"完美"市场中进行简单的交易。新制度经济学的观点认为资产专用性将使得交易各方在物资资产、人力资源、位置资产等方面相互依赖,这种相互依赖不只是一种资产专用性(Alexander, 1995; Grandori, 1997)。

资产专用性是指在不改变某种事物价值的条件下,将其转为他用可能产生的交易费用,也就是说资产很容易被"锁定"在特定的行业中,因而当资产转为他用时将产生交易费用(Dixit, 1996)。资产专用性包括五个方面:地理区位的专用性、人力资产专用性、物质资产专用性、完全为特定协约服务的资产以及名牌商标资产的专用性(Williamson, 1979)。对于农村集体建设用地市场交易而言,资产专用性主要表现在三个维度上:物质资产专用性、人力资产专用性、地理区位的专用性。从市场供给侧而言,物质资产专用性是指集体经济组织所拥有的集体建设用地,也就是说集体经济组织可以放入市场进行交易的面积,集体建设用地作为市场交易的客体将市场"锁定"在单一的土地利用方式上,这将影响市场交易的预期,改变土地利用方式同样会带来很高的交易费用。对于市场需求侧而言，物质资产专用性既包括集体建设用地面积，也包括企业的其他物质资产投入。企业投入资产越高，越容易将企业发展"沉浸"在某一行业中，转为发展其他行业将产生高昂的交易费用。人力资产专用性表现为市场交易主体的人力资产专用性，供给侧方面是指集体经济组织的人力资产专用性，反映的是集体经济组织一体化水平以及自组织化水平；需求侧方面是指企业的人力资产专用性，反映的是企业作为"理性"经济人在市场交易过程中的专用性程度。位置资产专用性主要包括两个方面，一是相对位置专用性，即交易客体（集体建设用地）周边土地利用类型；二是绝对位置专用性，即集体建设用地距离镇中心的距离。

其次，交易的不确定性，是指交易过程中的不确定性因素可能带来的交易费用，主要包括交易行为的不确定性和交易环境的不确定性。（1）第一种是交易行为的不确定性。在市场交易过程中，对于交易行为产生的绩效难以评估，而且会带来较高的评估成本，且交易行为的不确定性可能会带来一定的风险（Eisenhardt et al.，1985）。交易行为的不确定性还包括农村集体建设用地市场交易过程中和交易后的缔约、履约风险，这将会增加市场交易行为的不确定性，从而增加市场交易费用。另外，市场交易过程中政府干预行为将带来"机会"主义行为，导致"寻租"行为，增加市场交易费用。中介公司的参与等第三方规制机制的引入可以降低市场交易的风险，减少交易费用。（2）第二种是交易环境的不确定性。在市场交易过程中，个人之间分割和获取对物品未来的使用权，财产权的转移除了受到物品性质的影响还受到制度环境的影响（Commons，1934）。此外，财产权的转移还涉及与生产有关的信息的交换（Miller，Vollmann，1985），而实际上，这些信息本身就是不完全的，使得市场的不确定性无处不在（Hirshleifer，Riley，1979），在交易过程中因为不完全信息而招致的资源损失也将带来交易费用（Dahlman，1979），信息不对称的情形下无效率的结果就会出现（Kreps，1990）。

最后，交易频率。交易周期和交易频率同样对市场交易费用具有影响。在完全经济市场中，通常发生的是一次交易或者说独立交易。非独立性交易将产生一系列问题，例如契约风险、不完全契约、机会主义等，因此，交易频率将使得市场带来交易费用（见图7-7）（Alexander，2000）。

农村集体建设用地市场活动中加入交易费用后，其函数模型及交易曲线将发生改变。假设在经济市场交易中有两个主体——一个供给侧和一个需求侧，交易活动中不可避免地将发生交易费用。在农村集体建设用地市场交易活动中，可将这一交易费用假定为集体建设用地面积。即供给侧试图出售一亩集体建设用地给需求侧，但是需求侧只会得到0.9亩的集体建设用地。这个过程中发生的交易费用就是剩下的0.1亩集体建设用地。交易函数可表示为：

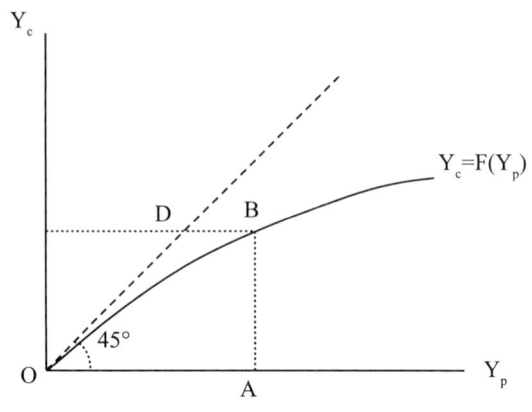

图 7-7 交易函数

$$Y_c = F(Y_p) \tag{7.1}$$

其中，P 表示供给侧出售的农村集体建设用地面积，c 表示需求侧购买的集体建设用地。交易函数如图 7-7 所示。OA 之间的距离表示供给侧出售的集体建设用地数量，即集体建设用地市场交易的投入量；AB 之间的距离表示集体建设用地市场需求侧购买到的相应（净）数量，即集体建设用地市场交易产出量。由关系式 $K = Y_p - Y_c$ 所表示的农村集体建设用地市场交易费用可以由 BD 线看出。由此可知，如果集体建设用地市场交易费用为正，由此产生的交易曲线必然位于 45°线以下。农村集体建设用地市场交易曲线的斜率可以称为交易过程的边际生产率，由图 7-7 可知，交易过程的边际生产率随着交易规模的增加而减少（Furubotn，Richter，1991，1994）。

（二）市场效率分析框架

农村集体建设用地市场从资源投入的视角来看主要包括两个部分，一部分是土地资源（农村集体建设用地），另一部分是非土地资源（资金、物资、劳动、技术等）。农村集体建设用地是农村工业化发展过程中最主要的土地资源投入，在集体建设用地市场投入减少的情况下，不增加另一类的投入将使得产出降低（见图 7-8）。在一定的生产力水平下，集体建设用地的投入和其他非土地资源投入经过多种组合，可以将这些组合拟合成一条等产出曲线 I（毕宝德，2011）。A 点和 B 点均在等产出曲线上，但这是两种土地资源投入与非土地资源投入组合：A 点所需的集体建设用地投入 A_1 要多于 B 点的投入水平 A_2，而 B 点所需的非土地资源投入 B_2 比 A 点所需的投入 B_1 多。

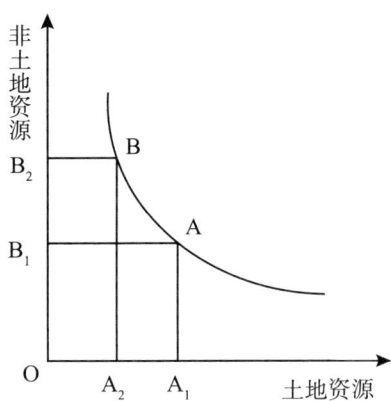

图 7-8　资源投入等产出曲线

对于农村集体建设用地市场供给侧（集体经济组织）而言，要实现农村集体经济组织同等水平生产总值的目标，只有两种途径：一种途径是扩大集体经济组织拥有的农村集体建设用地面积，这对于目前我国面临的生态环境、农地面积不断减少的现状而言是不现实的。在广东省佛山市南海区，早期大量农地转为建设用地，现在很多集体经济组织面临着无地可用的景象。另一种途径是在集体建设用地有限的情况下，增加非土地资源投入。农村集体经济组织可以通过建设物业的方式增加物资投入以提高集体经济组织产出水平；精简化集体经济组织管理层，减少农村集体建设用地市场交易费用，提高市场效率。

对于农村集体建设用地市场需求侧（用地企业）而言，同样只有两种途径来实现用地企业同等水平生产总值的目标：一种途径是扩大集体建设用地的使用面积，而土地面积越大越容易将企业"沉浸"在某种特定行业中，增加企业的交易费用，降低市场效率。因此，土地资源投入的增加需要根据企业的用地需求以及企业的资金状况来决定。另一种途径是增加企业资金、劳动和技术的投入水平。也就是说在集体建设用地面积有限的情况下，通过提高企业的生产力水平以使得企业产出水平不变。

当生产力水平提高时，全社会的总产出水平将进入更高水平。但是对于农村集体建设用地需求市场而言，还是需要土地资源和非土地资源有相应的增长，这样等产出曲线将由原来的 I 移动至 I′（见图 7-9）。这种情况下，如果保持除土地资源之外的其他投入不变，那么就需要农村集体建设用地市场交易双方增加对于集体建设用地资源的投入。对于集体建设用地市场供给侧和需求侧而言，如以生产 A 单位产品除集体建设用地之外的其他资源去生产 D 单位产品时，那么农村集体建设用地资源则需由 E 单位增加到 F 单位。然而现实情况是农村集体建设用地资源有限，因此，这就需要非土地资源投入的增加幅度要大于集体建设用地资源投入的增加幅度。这种对于生产力水平提升的需求使得现在的乡村企业朝着劳动密集型、资本密集型和技术密集型发展。农村集体建设用地市场中非土地投入（劳动、物资等）和土地投入（集体建设用地）与市场供给侧和需求侧生产总值的比是否达到合理配置资源的程度主要由市场效率来反映。

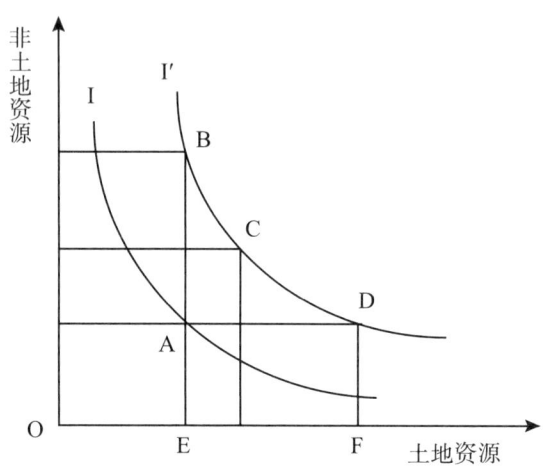

图7-9　生产力提高后的等产量曲线

第四节　农村集体建设用地市场供给侧交易费用分析

1992年南海区实施农村土地股份制改革，将农村集体土地承包经营权转变成股权，农村集体由传统的行政治理结构发展成为"政经分离"的治理结构，并成立了农村集体经济组织。集体经济组织主要负责农村集体资产的管理和交易。农村集体建设用地市场允许集体建设用地通过"招拍挂"的方式在区、镇（街）、村三级交易平台进行交易，其交易的主体是农村集体经济组织（供给侧）和企业（需求侧），交易客体是集体经营性建设用地。集体经济组织作为农村集体建设用地市场的供给侧，在市场交易过程中，委员会、联席会成员对交易过程进行监督，集体经济组织成员作为股东参与并对交易进行民主表决。集体经济组织资源禀赋和民主表决过程对农村集体建设用地市场交易的安全性、透明性具有重要影响。此外，早期乡村工业化的发展使得农地在集体经济组织内部转为集体建设用地，导致当农村集体经济组织进行行政区域调整时土地产权的细碎化，从而增加了农村集体建设用地市场交易费用。本节侧重于根据供给侧视角（农村集体经济组织）在集体建设用地市场交易过程中所进行的制度改革及其发挥的作用，采用威廉姆森交易费用理论的三个分析维度：资产专用性、交易的不确定性和交易频率，从农村集体建设用地市场的供给侧视角构建集体建设用地市场交易费用分析框架，并选取影响供给侧农村集体建设用地市场的指标体系，探析影响集体建设用地市场交易费用的因素。

一、分析维度与假说的提出

从集体经济组织（供给侧）视角来看，南海区农村集体建设用地市场交易属于一级土地市场交易（见图7-10），交易的主体包括集体经济组织和用地企业，交易客体为农村集体经营性建设用地，交易方式主要是出让和租赁两种。集体经济组织是集体经营性建设用地的供给者，用地企业是集体经营性建设用地的需求者，因此，整个产品链就只由供给者—需求者（经营者或最终消费者）构成，而农村集体经济组织（供给侧）在这一产品链中只参与农村集体建设用地一级市场。南海区集体建设用地交易过程中集体经济组织主要参与了以下环节：首先，农村集体经济组织对可入市的集体建设用地进行初步立项并成立股东大会，农村集体资产联席会议（由国土部门、规划部门、司法所、公证处、"三旧"办、招商办、房管部门及供电部门组成）对立项进行初审；其次，农村集体资产联席会议反馈初审意见给股东大会，征询股东大会意见——是否需要对立项进行修改，无异议就开始对立项进行表决，表决过程中的股东大会要求1/2的股东参会，表决需要1/2的会议代表通过；再次，表决结束后将表决进行公示，公示至无异议后由公共资源交易中心处理，交易中心在网上同步公示30天，公示期亦是报名期；再其次，公共资源交易中心将会在公示期结束后对所有报名的竞买人组织一场竞标，竞标的方式主要是明标和暗标，集体经济组织一般会安排2~5个委员参与竞拍过程；最后，竞标成功的竞买人与农村集体经济组织签订合同，少数竞买人和农村集体经济组织会将合同进行公证。农村集体经济组织涉及的交易费用

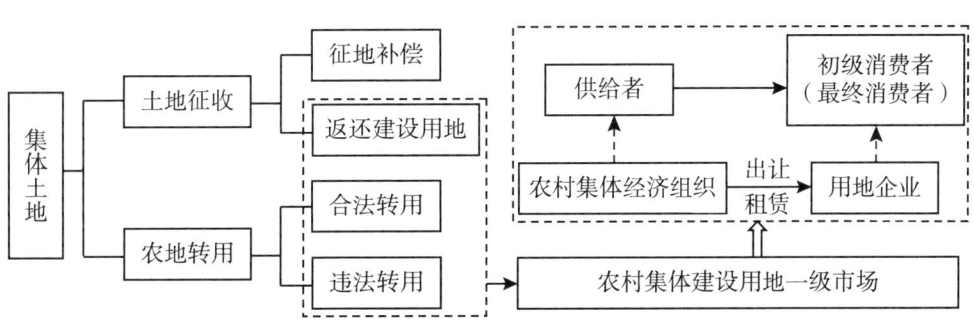

图7-10 农村集体建设用地一级市场结构示意图

主要是初步立项过程的费用，主要包括：申请完善手续的费用、申请拟交易的费用、拟订方案和合同的费用；民主表决的费用；申请交易的费用；信息公示的费用；竞标的费用；签约的费用；公证的费用及其他费用。

根据集体建设用地市场发展特征、集体经济组织参与集体建设用地市场交易以及威廉姆森交易费用理论，农村集体建设用地市场交易费用产生影响的因素主要包括资产专用性：集体经济组织人力资本专用性、集体经济组织物质资产专用性、地理位置资产专用性；交易的不确定性：交易行为的不确定性和交易环境的不确定性；交易频率。资产专用性（asset specificity）是指用于某种特定用途后资产被锁定在这一用途上，改作他用可能会使资产价值降低甚至毫无价值，且资产在不同行业中进行再配置将产生费用（成本），资产专用性越高再配置产生的费用越高。供给侧的资产专用性主要包括集体经济组织人力资本专用性、集体经济组织物质资产专用性、土地地理位置资产专用性（Williamson，1979，1991，1996；罗必良、李尚蒲，2010）。

人力资本专用性表现在集体经济组织中委员会、联席会等对集体建设用地市场交易立项的审核、联席会议对立项的审定、民主表决、竞标过程以及合同签订过程中发挥的作用。委员会人数越多，则增加了集体经济组织委员的人力资本专用性，使得集体经济组织的精简化治理程度相对较低，集体经济组织的自组织化水平及内部一体化水平也相对较低，可能导致集体建设用地市场交易过程中的组织成本、协调成本、执行成本增加，因而在市场交易过程中将产生较高的交易费用。

集体经济组织物质资产专用性主要是集体经济组织集体建设用地面积、交易地块规模。集体建设用地面积越大，物质资产专用性越弱，反之，面积越小，也即可利用、可交易的面积越小，土地会被"锁定"在某些用途上，物质资产专用性越强，农村集体建设用地要改作他用其交易费用会越高（Williamson，1979，1991，1996）。交易地块规模表示集体建设用地市场实际发生交易的某宗地面积，南海区集体建设用地市场交易的地块规模普遍较小，承租的企业规模较小。地块规模越大，地块被"束缚"在特定需求上，资产专用性越强，地块规模越大对于需求方的要求较高，这将增加集体经济组织民主表决的成本、信息发布环节的成本，与承租方竞标的成本，从而导致交易成本较高（王兴稳、钟甫宁，2008）。

土地地理位置专用性主要包括交易地块相对位置专用性以及绝对位置专用性，相对地理位置是指交易地块周边用地类型，周边地块状态使集体建设用地在一定程度上能提高需求方对集体建设用地交易的期望以及发展预期，降低集体经济组织在市场交易过程中发生的交易费用。而如果周边地块状态为其他用地类型（农地、宅基地等）将降低需求方对集体建设用地投资和交易的期望，将增加集体经济组织在搜寻需求方环节的费用，且这样的区位条件可能增加集体经济组织在市场交易过程中谈判的成本、讨价还价的成本，从而增加集体经济组织在市场交易过程中的交易费用。绝对地理位置属性是指交易地块位置距离镇中心的距离，这不仅会影响交易地块自身的发展及土地价值，还将决定周边地块的发展价值和基础设施建设，同时亦会受到周边发展的影响。距离镇中心较近的区位能够使集体建设用地的价值提升，影响集体经济组织对于市场交易的期望收益值，加强了集体建设用地的位置资产专用性，进而影响市场交易费用（Alexander，2000）。

据此，提出假设一：集体经济组织自组织化水平越低，人力资本专用性越强，交易费用越高。农村集体经济组织集体建设用地面积越小，资产专用性越强，交易费用越高；交易地块规模越大，市场交易费用越高。交易地块周边的土地利用状态是集体建设用地，即交易地块相对位置专用性越弱，交易费用越低；位置越靠近镇中心，绝对位置资产专用性越强，交易费用越高。

威廉姆森（1985）指出交易的不确定性根据不同形式的不确定性可分为交易行为的不确定性和交易环境的不确定性。交易行为的不确定性反应在"个体生产率计量的困难"，市场交易过程中的机会主义行为和"寻租"行为（王国顺、周勇，2005；罗必良、李尚蒲，2010）。根据市场供给侧集体经济组织参与市场交易的特征，交易行为的不确定性主要表现为市场交易方式的选择、合同是否公证、政府是否干预、中介公司是否介入。目前，集体建设用地市场的交易行为主要是出让和出租，以出让方式交易的宗地其面积更大、交易的契约期限更长，因而其交易过程中的不确定性更多，交易费用相对较高。早期"隐形"集体建设用地市场没有建立区、镇（街）、村的市场交易平台，大多数交易都是私下交易，基本上都由农村集体的负责人介入，政府干预可能带来政府"寻租"行为和机会主义，会带来较高的交易费用。中介公司参与属于第三方规制机制，有助于农村集体经济组织信息的发布、交易对象的搜寻，降低供给侧在农村集体建设用地市场交易过程中信息发布的费用以及交易对象寻找的费用，有利于提高交易双方发生交易行为。且早期合同签订之后没有合同公证过程，存在较大的履约风险，将带来较高的市场不确定性，从而产生较高的市场交易费用。

交易环境的不确定性是指环境的变化无法预测，集体建设用地市场中环境的不确定性主要表现在价格决定方式、是否知道南海区是流转试点、是否了解企业性质、是否办理《土地使用证》。交易平台建立之前的集体建设用地市场交易大都是集体经济组织通过协议的方式决定价格，这种价格决定方式不利于市场的公平、公开、公正。在市场规范化交易机制建立之后，开始采取竞标的方式公开交易，竞标主要包括两种方式：明标和暗标，明标是举牌拍卖，但不需要拍卖师，一般由交易中心工作人员担任主持人。在报价过程中，若高出两三倍会提醒竞标人理性报价，因为举牌价格过高容易出现违约现象，如果违约缴纳的保证金归集体经济组织所有。每个竞标人交纳除保证金之外的 100 元报名费，以免串标。暗标是集体经济组织制定交易地块的发展要求，交易中心辅助集体经济组织制定发展要求，集体经济组织根据要求来选择竞买人，符合资格的竞标人交纳保证金（单价×面积＝总标的 10%～20%）。竞标现场开标，向竞标人介绍物业、土地等相关情况，公布标的价。每个竞标人对标的进行报价，只能报价一次并且不能低于规定的最低标的价，竞标人没有数量限制。如果存在两个竞标者竞标价格一样，将分为四种情况处理：（1）其中有一个是本经济社股东的情况，则本经济社股东优先；（2）若其中有一个为原租户的情况，则原租户优先；（3）一个为原租户，一个为本经济社股东的情况下，若原租户的合同上写明了"原租户优先"，那么原租户优先；（4）两者均为外来竞标人，将通过摇号的方式决定谁优先。暗标主要是防止职业竞标人对竞标的干扰，以及有原租户的情况。交易双方在交易过程中倾向于将有利于自己一方的信息透露出来（Alexander，2000），因而对政策以及企业性质的不了解会增强交易双方的信息不对称性，使得交易环境的不确定性增强，导致更高的交易费用。《土地使用证》的办理可以减少交易环境的变化，降低交易的不确定性，减少市场交易费用。

据此，提出假设二：合同不公证、政府干预、中介介入，交易行为的不确定性越强，交易费用越高；以协议方式决定价格、对政府和企业性质不了解、没有办理《土地使用证》，其交易环境的不确定性越强，交易费用越高。

交易频率是指交易发生的次数，即以工业用地交易最高期限 50 年为基数，实际契约期限在 50 年内发生的可交易次数。在同样的交易环境中，交易频率低的一方更倾向于交易内部化，交易频率高的一方倾向于建立有别于简单流入、流出的规制结构，旨在降低交易费用（罗必良，李尚蒲，2010）。

据此，提出假设三：集体建设用地市场交易频率越高，交易费用越高。

二、变量设定与主成分分析

（一）变量设定

本节的数据来源于"建设城乡统一建设用地市场"课题组 2015 年 12 月、2016 年 6 月和 8 月三次在南海区的调研，主要针对南海区集体建设用地交易相对较多的镇（街）进行问卷调查，其中包括桂城街道、狮山镇、西樵镇、大沥镇和里水镇。调查过程采取分层抽样的方法，对各镇（街）的农村集体经济社和经联社进行调研，调研对象一般为本集体经济社和经联社国土相关负责人。问卷的每个样本以宗地为单元，每个集体经济社、经联社按照交易宗地数抽取调研数量。调研过程中总共发放了 390 份问卷，收回了 380 份，其中有效问卷为 372 份。根据南海区农村集体建设用地市场特征以及前文的理论阐述，研究建立了南海区集体建设用地市场供给侧交易费用三个维度的分析模型（见表 7-5）。

表 7-5　　　　农村集体建设用地交易费用变量设定及说明

		变量	变量说明
资产专用性	人力资本专用性	集体经济社党员占总人口比重（X_1）	实际计算占比
		集体经济社领导人数（X_2）	实际值（人）
	物质资产专用性	集体建设用地面积（X_3）	实际值（平方千米）
		交易地块规模（X_4）	实际值（亩）
	地理位置专用性	相对区位属性（X_5）	1 = 周边是集体建设用地，0 = 周边不是集体建设用地
		绝对区位属性（X_6）	地块离镇中心的距离（千米）
交易的不确定性	交易行为的不确定性	市场交易方式（X_7）	1 = 出让，0 = 出租
		合同是否公证（X_8）	1 = 是，0 = 否
		政府是否干预（X_9）	1 = 是，0 = 否
		中介公司是否参与（X_{10}）	1 = 是，0 = 否
	交易环境的不确定性	价格决定方式（X_{11}）	1 = 竞标方式，0 = 协议方式
		是否知道南海区是入市试点（X_{12}）	1 = 是，0 = 否
		是否了解企业性质（X_{13}）	1 = 是，0 = 否
		是否办理《土地使用证》（X_{14}）	1 = 是，0 = 否
交易频率	交易频率	交易频率（X_{15}）	实际计算值

（二）变量基本特征分析

南海区农村集体建设用地市场供给侧（农村集体经济组织）的 372 份调研数据基本统计特征（见表 7-6），从资产专用性特征来看，人力资本专用性影响因素中集体经济组织党员占总人口比重≤5%的占比最多，多达 82.26%，党员人数占总人口比重在 6%~10%的占比 13.71%，而人数占比 >10% 的只有 4.03%，这表明南海区大部分集体经济组织党员人数不多。集体经济组织领导人数≤5 人的集体经济组织占总调研样本的比重为 34.14%，领导人数在 6~10 人的集体经济组织占比为 45.43%，领导人数在 11~15 人的集体经济组织占 372 份调研样本总量的比重为18.28%,集体经济社领导人数>15人的占比只有2.15%,这表明南海区农村集体经济组织领导人数基本上都少于10人,领导精简化程度相对较高,有利于农村集体经济组织自组织化水平的发展。

表7-6 变量基本特征

变量	受访者	占比(%)	变量	受访者	占比(%)
集体经济社党员占总人口比重(%)	≤5	82.26	市场交易方式	出让	6.99
	6~10	13.71		租赁	93.01
	>10	4.03	合同是否公证	是	28.49
集体经济社领导人数(人)	≤5	34.14		否	71.51
	6~10	45.43	政府是否干预	是	32.26
	11~15	18.28		否	67.74
	>15	2.15	中介公司是否参与	是	2.15
集体建设用地面积(平方千米)	≤5	98.12		否	97.85
	6~10	0.81	价格决定方式	竞标	14.78
	>10	1.07		协议	85.22
地块规模(亩)	≤5	41.13	是否知道南海区是入市试点	是	80.38
	6~10	13.44		否	19.62
	11~15	8.87	是否了解企业性质	是	77.96
	16~20	5.91		否	22.04
	>20	30.65	是否办理《土地使用证》	是	22.04
相对区位属性	相同地类	66.94		否	77.96
	不同地类	33.06	交易频率	≤5	76.88
绝对区位属性(千米)	≤5	30.38		6~10	9.41
	6~10	32.26		11~15	2.96
	11~15	20.70		16~20	6.45
	16~20	10.21		>20	4.30
	>20	6.45			

物质资产专用性影响因素中农村集体经济组织集体建设用地面积≤5平方千米的占372份调研样本的比重多达98.12%,集体建设用地面积为6~10平方千米的占比仅有0.81%,集体建设用地面积>10平方千米的占比为1.07%,南海区农村集体经济组织集体建设用地面积普遍小于等于5平方千米。早期南海区经济发展、改革开放对于建设用地需求的增加使得大量农用地转为集体建设用地,

之后南海区大多数农村集体经济组织处于"无地可用"的状态，农村集体建设用地市场交易的基本上都是存量建设用地。交易地块规模≤5亩的调研对象占372份调研样本的比例为41.13%，地块规模在6～10亩的占比13.44%，在11～15亩的占比8.87%，交易地块规模在16～20亩的样本数量占比5.91%，地块规模＞20亩的占比为30.65%，由此可知，南海区农村集体建设用地市场交易地块规模大部分小于10亩，交易地块规模较小，样本调查结果与前文阐述的南海区农村集体建设用地市场交易面积特征相似。

位置资产专用性影响因素中相对位置专用性表现为同类土地利用类型（周边是集体建设用地性质）的样本量占总样本比例为66.94%，周边土地利用类型不是集体建设用地的占比33.06%，大部分交易地块在农村集体建设用地开发利用片区，有助于提高市场交易主体对于农村集体建设用地的交易和利用预期。绝对区位属性中离镇中心距离≤5千米的样本量占372份调研样本的比例为30.38%，距离镇中心在6～10千米的占比32.26%，距离镇中心在11～15千米的占比20.70%，交易地块距离镇中心在16～20千米的占比为10.21%，距离镇中心＞20千米的占比为6.45%，表明大部分交易地块绝对区位属性较优，位置专用性较强，增加了农村集体建设用地市场交易中谈判的成本等，提高了市场交易费用。

从交易的不确定性特征来看，交易行为的不确定性影响因素中农村集体建设用地市场交易方式为出让的占比仅有6.99%，市场交易方式为租赁的样本量占比为93.01%，南海区农村集体建设用地市场交易方式以租赁为主。合同公证情况方面，集体经济组织将签订的合同进行公证的占比为28.49%，没有将合同进行公证的占比为71.51%。由此可知，市场交易过程中南海区农村集体经济组织的履约意识较弱，交易行为的不确定性较强。政府干预状态中，对农村集体建设用地市场交易进行干预的样本量占总样本的比例为32.26%，政府没有干预市场交易过程的样本量占比为67.74%，这表明南海区农村集体建设用地市场化程度较高，交易由市场供需杠杆调节。农村集体建设用地市场交易过程中有中介公司参与的样本数量占总样本量的比重仅为2.15%，市场交易过程中没有中介公司参与的样本数量占比为97.85%，南海区农村集体建设用地市场交易过程几乎没有中介参与，市场交易中第三方规制机制的发展较为缓慢。

交易环境的不确定性因素中，价格采用竞标决定方式的占比14.78%，价格决定方式为协议的样本量占比为85.22%。竞标方式是在集体资产交易平台建立之后开始使用，"隐形"农村集体建设用地市场交易过程的价格决定方式普遍采用协议的方式，这将带来价格决定过程中交易双方信息的不对称性，使得交易环境的不确定性增强。知道南海区是农村集体建设用地入市试点的样本量占比为80.38%，不知道南海区为入市试点的占比为19.62%，这表明南海区农村集体建设用地入市试点政策宣传较广泛，集体经济组织对政策掌握程度较高。对市场交易中需求方（企业）性质了解的样本数量占 372 份调研样本的比重为 77.96%，对需求方（企业）性质不了解的样本占比为 22.04%，大多数集体经济组织在集体建设用地市场交易过程中会去了解需求方（企业）的性质，降低市场交易过程中的信息不对称性。交易地块办理《土地使用证》样本占总样本量的比例为 22.04%，没有对交易的集体建设用地办理《土地使用证》的占比为 77.96%，这表明南海区农村集体建设用地市场规范化、透明化程度较低。

从交易频率特征来看，南海区农村集体建设用地交易频率≤5 的占比为 76.88%，交易频率在 6~10 的占比为 9.41%，交易频率在 11~15 的占比为 2.96%，市场交易频率在 16~20 的占比为 6.45%，交易频率>20 的占总样本量的比重为 4.30%。调研样本特征表明，南海区农村集体建设用地市场交易频率较低。

（三）主成分分析

利用 SPSS 20.0 软件对农村集体建设用地市场交易费用分析的指标进行因子分析，得到了 KMO = 0.521（>0.5），巴特利特（Bartlett）球形度检验的 sig. 值为 0.000（<0.5）（见表 7-7），表明结果显著，可对其进行因子分析。对指标进一步提取公因子，得到总方差解释表（见表 7-8）和主成分载荷矩阵（见表 7-9）。

表 7-7　　　　　　　　　KMO 和 Bartlett 的检验

取样足够度的 KMO 度量		0.552
巴特利特（Bartlett）球形度检验	近似卡方	462.820
	自由度	105
	显著性	0.000

表 7-8　　　　　　　　　总方差解释表

因子	因子贡献及贡献率		
	特征值	方差贡献率（%）	累积贡献率（%）
1	1.879	12.526	12.526
2	1.569	10.463	22.989
3	1.456	9.708	32.697
4	1.395	9.302	41.999
5	1.357	9.044	51.043
6	1.059	7.061	58.104

续表

因子	因子贡献及贡献率		
	特征值	方差贡献率（％）	累积贡献率（％）
7	0.927	6.181	64.285
8	0.906	6.041	70.326
9	0.800	5.336	75.662
10	0.716	4.771	80.433
11	0.667	4.447	84.880
12	0.617	4.112	88.992
13	0.599	3.993	92.985
14	0.558	3.721	96.706
15	0.494	3.294	100.000

表7-9   主成分载荷矩阵

指标因子	主成分					
	第一主成分	第二主成分	第三主成分	第四主成分	第五主成分	第六主成分
集体经济组织党员占总人口比重（X_1）	-0.212	0.458	0.527	-0.216	0.266	0.055
集体经济组织领导人数（X_2）	0.431	-0.249	-0.089	-0.234	-0.455	0.248
集体建设用地面积（X_3）	0.549	-0.237	-0.289	0.339	0.109	0.063
交易地块规模（X_4）	-0.053	0.075	0.200	0.444	-0.417	-0.241
相对区位属性（X_5）	-0.090	-0.479	0.098	0.339	0.423	0.312
绝对区位属性（X_6）	0.194	-0.410	-0.071	-0.082	0.450	-0.503
市场交易方式（X_7）	-0.050	0.082	0.375	0.243	-0.478	-0.289
合同是否公证（X_8）	0.454	0.056	0.499	-0.481	0.106	0.106
政府是否干预（X_9）	0.461	-0.201	0.259	0.340	-0.064	-0.206
中介公司是否参与（X_{10}）	0.421	0.378	-0.273	0.081	-0.086	0.010
价格决定方式（X_{11}）	0.300	0.363	0.153	0.437	0.007	0.347
是否知道南海区是流转试点（X_{12}）	-0.070	-0.449	0.139	-0.134	-0.320	0.504
是否了解企业性质（X_{13}）	-0.587	0.130	-0.144	0.405	0.141	0.221
是否办理《土地使用证》（X_{14}）	0.455	0.241	0.315	0.237	0.372	0.136
交易频率（X_{15}）	0.232	0.486	-0.581	-0.138	0.017	0.050

从因子分析的结果可知，对模型选择的影响因子提取的六个主成分（特征值>1）累计贡献率达到 58.104%。第一主成分贡献率为 12.526%，其中集体建设用地面积（X_3）、是否了解企业性质（X_{13}）具有很高的因子载荷，集体建设用地面积（X_3）主要反映农村集体建设用地市场交易过程中物质资产专用性强弱，称为物质资产专用性主成分；是否了解企业性质（X_{13}）反映的是集体建设用地市场交易过程中交易环境的不确定性，称为交易环境的不确定性主成分。第二主成分贡献率为 10.463%，其中相对区位属性（X_5）和交易频率（X_{15}）的因子载荷较高，相对区位属性（X_5）反映的是交易过程中农村集体建设用地位置专用性，表现为位置专用性主成分；交易频率（X_{15}）表示的是农村集体建设用地市场交易周期，表现为交易频率主成分。第三主成分贡献率为 9.708%，载荷较高的因子有集体经济组织党员占总人口比重（X_1）、交易频率（X_{15}），集体经济组织党员占总人口比重（X_1）反映的是集体经济组织人力资本专用性，表示为人力资本专用性主成分；交易频率（X_{15}）反映了市场交易频率的信息，称之为交易频率主成分。

第四主成分贡献率为 9.302%，其中因子载荷较高的是合同是否公证（X_8），反应的是集体建设用地市场交易过程中交易行为的不确定性对交易费用的影响，称为交易行为的不确定性主成分。第五主成分贡献率为 9.044%，载荷较高的因子是市场交易方式（X_7），反映的是交易行为的不确定性对交易费用的影响，称为交易行为的不确定性主成分。第六主成分贡献率为 7.061%，其中因子载荷较高的是绝对区位属性（X_6）、是否知道南海区是流转试点（X_{12}），绝对区位属性（X_6）反映的是农村集体建设用地交易过程中交易地块绝对区位属性对市场交易费用的影响，称为位置专用性主成分；是否知道南海区是流转试点（X_{12}）反映的是交易环境的不确定信息，称为交易环境的不确定性主成分。由此可见，农村集体建设用地市场交易费用是市场交易过程中人力资本专用性、物质资产专用性、地理位置资产专用性、交易行为的不确定性、交易环境的不确定性和交易频率等的综合反映。

（四）多重共线性分析

回归模型能够成立的重要条件是变量之间不存在多重共线性问题，并解释与扰动项不相关，因此，接下来对解释变量直接进行多重共线性检验，选择使用方差膨胀因子（variance inflation factor, VIF）检验（陈强，2014）。结果（见表 7 – 10）表明 VIF 最大的为 1.18，远低于 10（VIF 超过 10，则存在较严重的多重共线性问题），解释变量之间不存在多重共线性。

表7-10　　　　　　　　多重共线性检验结果

变量	VIF	1/VIF	变量	VIF	1/VIF
X_8	1.33	0.751	X_5	1.16	0.864
X_{13}	1.27	0.788	X_6	1.15	0.868
X_1	1.24	0.808	X_{10}	1.15	0.872
X_{15}	1.23	0.813	X_{11}	1.13	0.884
X_3	1.21	0.824	X_{12}	1.10	0.907
X_{14}	1.20	0.834	X_7	1.09	0.915
X_2	1.18	0.850	X_4	1.08	0.926
X_9	1.17	0.856	Mean/VIF	1.18	

三、农村集体建设用地市场供给侧交易费用分析

利用 Tobit 模型对农村集体建设用地市场交易费用及影响因素进行分析的结果表明，三个分析维度的解释变量在不同程度地影响南海区集体建设用地市场交易费用（见表7-11）。从资产专用性看，人力资本专用性中集体经济组织领导人数在5%水平上显著正向影响集体建设用地市场交易费用。1992 年南海区开始土地股份制改革，村集体成立集体经济社和经联社，采取政经分离的模式，领导人数越少，集体经济组织的治理成本相对较低。精简化管理表明集体经济组织的自组织化水平越高，将带来较低的交易费用。但是委员会人数过少，缺乏监督机制，个体不能代表整体民意，可能会带来机会主义行为。根据对南海区大量农村集体经济组织调研的结果，委员会人数普遍在4~6人（张婷等，2017a）。

表7-11　农村集体建设用地市场供给侧交易费用 Tobit 模型结果

项目		变量	Coef.	Std. Err.	t	$P>t$
资产专用性	人力资本专用性	集体经济社党员占比	0.671	2.673	0.25	0.802
		集体经济社领导人数	0.040*	0.022	1.81	0.070
	物质资产专用性	集体建设用地面积	0.005	0.051	0.10	0.919
		地块规模	0.001**	0.001	3.00	0.003

续表

项目		变量	Coef.	Std. Err.	t	P>t
资产专用性	地理位置专用性	相对区位属性	-0.292*	0.165	-1.77	0.078
		绝对区位属性	-0.060***	0.013	-4.76	0.000
交易的不确定性	交易行为的不确定性	市场交易方式	0.584**	0.296	1.97	0.049
		合同是否公证	-0.606***	0.185	-3.28	0.001
		政府是否干预	0.353**	0.167	2.11	0.035
		中介公司是否参与	-0.225	0.533	-0.42	0.673
	交易环境的不确定性	价格决定方式	-0.568**	0.216	-2.62	0.009
		是否知道南海区是入市试点	0.061	0.191	0.32	0.749
		是否了解企业性质	-0.263	0.196	-1.34	0.181
		是否办理《土地使用证》	-0.367*	0.191	-1.93	0.055
交易频率	交易频率	交易频率	-0.015	0.010	-1.53	0.127
		常数项	10.131***	0.393	25.79	0.000
		Loglikelihood =	-651.003			
		PseudoR2 =	0.0617			
		LRchi2（15）=	85.63			
		Prob > chi2 =	0.000			

注：* 表示在10%的水平上显著；** 表示在5%的水平上显著；*** 表示在1%的水平上显著。

物质资产专用性中交易地块规模在10%的水平上显著正向影响集体建设用地市场交易费用，交易地块规模越大，集体建设用地的资产专用性越强，需求方对于农村集体建设用地使用的"锁定"效应越强，对承租方（企业）的发展要求越高，这将增加供给侧（农村集体经济组织）搜寻需求方的时间成本，同时会带来集体建设用地的闲置成本，导致集体经济组织在寻找需求方环节的费用越高。而目前南海区集体建设用地上承载的企业规模较小，对地块面积要求较小，因此，地块规模越大将导致农村集体经济组织信息发布的成本越高，寻找承租方的成本越高，增加了市场交易费用。调研样本显示＞10亩的市场交易其平均交易费用①为133 601.61元，交易地块规模≤10亩的交易其平均交易费用为23 076.73元。但是地块规模小容易带来较高的地块细碎化及地块产权细碎化，

---

① 平均交易费用是指某一特征下总体宗地数交易费用的平均值。例如：交易规模＞10亩的市场交易其平均交易费用为＞10亩的市场交易的总体交易费用除以总体市场交易宗地数。

不利于集体经济组织内部和集体经济组织之间的农村集体建设用地产权完整性管理，可能会发生产权纠纷、收益分配等问题，因此，集体建设用地产权明晰、登记、颁证等对于降低未来市场风险至关重要。

地理位置属性专用性中相对区位属性和绝对区位属性均显著负向影响集体建设用地市场交易费用，相对区位属性表现为周边是集体建设用地的状态下，市场平均交易费用为 59 971.27 元，周边不是集体建设用地的状态下，市场平均交易费用为 99 348.60 元。相对区位属性表现为周边不是集体建设用地的状态，集体建设用地由于地理空间的分割，生产过程会受到外部因素不同程度的干扰，可能带来"反公地悲剧"（tragedy of the anti – Commons）的困局，使得某一区域集体资源的发展受制于个体（集体经济组织成员）的不同意愿，进而导致细碎化土地增加了集体经济组织在集体建设用地交易过程中的协商成本和监督管理成本，也增加了信息成本（连雪君等，2014）。南海区农村集体建设用地大部分是以工业园区的形式聚集，工业园区内部被分割成很多块用地供需求方使用。工业园区隶属于某一集体经济组织，土地产权完整性较强，集体建设用地使用率相对较高，而其他零星分布的集体建设用地使用率相对较低，存在荒废、闲置的现象。离镇中心距离≤10 千米，市场平均交易费用为 80 081.18 元，离镇中心距离 >10 千米，市场平均交易费用为 61 106.53 元。绝对位置属性的影响主要是由于离镇中心距离越近的地方，城市化与工业化的发展使得土地价值不断提升，土地权利的缺失或转移，会使得集体经济组织享受不到土地的价值（罗必良、李尚蒲，2010），交易过程中会发生更多的价格博弈（讨价还价成本），位置的专用性程度增强，增加市场交易费用。因此，南海区农村集体建设用地市场交易过程中创新型的土地收益制度改革对于保护集体经济组织的利益、提高农民的土地收入水平具有重要意义。资产专用性的研究结果验证了假设一。

从交易的不确定性看，交易行为的不确定性中市场交易方式对集体建设用地市场交易费用产生显著正向影响，以出让方式进行交易比以出租方式进行交易的交易费用更高，平均交易费用为 183 210.10 元，以租赁方式进行交易的市场交易费用相对较低，平均交易费用为 64 708.84 元。南海区集体建设用地市场以出让方式进行的交易其契约期限比出租更长，宗地面积更大，交易过程涉及更多的博弈过程。比如南海区大沥镇第一宗在区级交易中心交易的地块，大沥镇集体经济组织要求企业代建物业，然后再将物业返租给企业，分享土地的增值收益，这样的博弈过程会使得交易双方生产率（收益）难以计量，因而其交易行为的不确定性较强，交易费用较高。集体建设用地市场交易过程中合同是否公证显著负向影响交易费用，合同不公证的交易费用较高，平均交易费用为 95 597.81 元；合同公证的交易费用较低，平均交易费用为 16 261.38 元。对集体经济组织而言，合同公证是土地权利转移的一项法律保障，合同不公证会带来较高的履约风险，因而导致交易行为的不确定性较高，产生了较高的交易费用，市场交易过程中缔约、履约意识的增强有助于降低交易费用，提高市场交易有效性。政府干预对农村集体建设用地市场交易费用产生显著正向影响。政府对集体建设用地市场交易过程进行干预将产生更高的交易费用，平均交易费用为 80 071.18 元；政府不干预交易费用较低，平均交易费用为 69 619.77 元。政府不干预可以保障交易过程更接近完全市场化过程，而政府干预行为会使得交易过程中存在更多的"寻租"行为和机会主义，倾向于混合治理的结构，其交易费用将更高（Williamson，1985，1979；上官彩霞等，2014）。南海区地处珠三角经济区，农村集体经济组织和村民市场化意识较强，农村集体建设用地市场交易过程中政府干预的行为较小，更多的是靠市场供需杠杆调节。交易行为的不确定性研究结果表明，农村集体建设用地市场以供需杠杆为依托，按照市场运行的规律发展对于保障交易行为的安全性、降低市场交易费用具有显著作用。

交易环境的不确定性中，价格决定方式负向显著影响集体建设用地市场交易费用，以竞标方式决定价格的交易费用更低，市场平均交易费用为 59 168.39 元；以协议方式决定价格的交易费用更高，市场平均交易费用为 75 389.47 元。这是因为竞标过程信息透明度较高，而协议过程中交易双方倾向于将有利于自己的信息告知对方，旨在获得更高的土地价值收入，因而其交易环境的不确定性更高，会带来更高的交易费用，降低市场交易的有效性。南海区集体经济组织在竞标过程中可以根据市场的需求来调节集体建设用地市场交易价格，避免了早期"隐形"市场利益被少部分人截取的局面，降低了市场交易环境的不确定性。办理了《土地使用证》的集体建设用地交易其交易费用更低，平均交易费用为 51 396.96 元；而没有办理《土地使用证》的交易费用更高，市场平均交易费用为 79 097.15 元。南海区早期市场交易的宗地即使没有办理《土地使用证》也可以进行交易，然而对企业进行调研的时候发现企业并不知道集体建设用地没有办理《土地使用证》。2010 年之后集体建设用地办理了《土地使用证》是进入市场交易的前提条件，之前没有办理的要进行补办，有些交易的宗地是由集体经济组织办理，而有些是由企业办理，这就使得交易双方信息不对称。同时这也反映了农村集体建设用地市场的规范化程度不高，导致较高的市场交易环境不确定性，带来更高的交易费用，降低了集体建设用地市场发展的有效性。交易环境的不确定性对市场交易费用的影响表明，农村集体建设用地市场制度的规范化、透明化运行对于降低交易费用具有显著作用。

模型结果显示，交易频率对农村集体建设用地市场交易费用没有显著影响。调研数据显示交易地块均是工业用地。因此，界定交易频率是根据工业用地最长

50 年期限与实际契约期限的比,而调查是针对某一宗地在此次交易过程中产生的交易费用进行研究,因此无法辨别交易是一次交易、偶然交易还是重复交易,交易频率不能显著地反映契约期限对交易费用产生的影响。

四、不同交易方式农村集体建设用地市场交易费用分析

南海区农村集体建设用地市场的交易方式主要是两种:出让和租赁。根据对南海区集体建设用地市场调研发现,出让和租赁两种交易方式最主要的差异表现在交易的契约期限、交易价格和用途方面。首先,以出让方式交易的集体建设用地其契约期限一般要长于以租赁方式进行的交易,交易周期要相对较长,交易频率相对较低;其次,以出让方式交易的农村集体建设用地价格比以租赁方式交易的要高,交易过程中的价格决定方式就显现出其重要性,因为出让集体建设用地涉及的金额相对较多;最后,出让的集体建设用地很多是商业用途,而以租赁方式交易的农村集体建设用地一般是工业、零售业用途。因此,由于交易过程中存在如上所述的差异性,不同交易方式的农村集体建设用地市场交易费用也存在不同,资产专用性、交易的不确定性和交易频率三个分析维度的因子对不同交易方式的市场交易费用产生的影响也存在差异性。

这一部分将农村集体建设用地市场交易费用分为不同交易方式的市场交易费用(农村集体建设用地出让市场和农村集体建设用地租赁市场),从三个分析维度的理论框架出发,分析对不同交易方式的农村集体建设用地市场交易费用产生影响的因素(见表7-12)。结果表明,资产专用性、交易的不确定性、交易频率对于农村集体建设用地出让市场交易费用的影响显著性相对较弱,而对农村集体建设用地租赁市场的影响很显著。

从资产专用性的维度来看,对农村集体建设用地出让市场交易费用产生显著影响的主要是位置资产专用性。绝对区位属性在10%的水平上显著负向影响出让市场交易费用,交易地块距离镇中心越近,农村集体建设用地出让市场交易费用越高。离镇中心越近的区域,其集体建设用地发展价值较高,具有很强的地理位置专用性。南海区农村集体建设用地出让市场的土地利用类型一般是商业用地类型,集体建设用地的区位因素对于商业用地的发展具有重要影响,这就增强了出让市场集体建设用地的位置专用性,因此,交易地块的绝对区位属性越佳将增加农村集体建设用地出让的资产专用性程度,增加出让市场交易带来的交易费用。

表 7-12　　不同交易方式农村集体建设用地市场交易费用

变量			模型一：出让			模型二：租赁		
			系数	均值	显著性	系数	均值	显著性
资产专用性	人力资本专用性	集体经济社党员占比	-3.076 (5.967)	-0.52	0.616	2.137 (2.795)	0.76	0.445
		集体经济社领导人数	0.051 (0.089)	0.58	0.575	0.036 (0.022)	1.60	0.110
	物质资产专用性	集体建设用地面积	0.041 (0.369)	0.11	0.913	0.004 (0.051)	0.08	0.937
		地块规模	0.001 (0.001)	0.32	0.754	0.002** (0.001)	2.96	0.003
	地理位置专用性	相对区位属性	-0.564 (0.600)	-0.94	0.366	-0.265 (0.171)	-1.55	0.121
		绝对区位属性	-0.084* (0.044)	-1.90	0.082	-0.060*** (0.013)	-4.67	0.000
交易的不确定性	交易行为的不确定性	合同是否公证	-1.066* (0.598)	-1.78	0.100	-0.508** (0.191)	-2.66	0.008
		政府是否干预	0.934 (0.544)	1.72	0.112	0.349** (0.173)	2.02	0.044
		中介公司是否参与	-1.622 (1.056)	-1.54	0.150	0.045 (0.571)	0.08	0.937
	交易环境的不确定性	价格决定方式	-2.244** (0.654)	-3.43	0.005	-0.450** (0.225)	-2.00	0.047
		是否知道南海区是入市试点	-0.690 (0.704)	-0.98	0.347	0.015 (0.194)	0.08	0.938
		是否了解企业性质	-2.166** (0.592)	-3.66	0.003	-0.121 (0.202)	-0.60	0.548
		是否办理《土地使用证》	0.772 (0.560)	1.38	0.193	-0.534** (0.197)	-2.71	0.007
交易频率			-0.286 (0.215)	-1.33	0.208	-0.014 (0.010)	-1.50	0.135
常数项			13.767*** (1.151)	11.96	0.000	9.989*** (0.406)	24.61	0.000
对数似然合计值			-34.973			-601.217		
伪 R^2			0.3294			0.0544		

续表

变量	模型一：出让			模型二：租赁		
	系数	均值	显著性	系数	均值	显著性
LR 检验统计量	34.36			69.17		
显著性	0.002			0.000		

注：括号中为标准差；* 表示在 10% 的水平上显著；** 表示在 5% 的水平上显著；*** 表示在 1% 的水平上显著。

对农村集体建设用地租赁市场产生影响的因素包括物质资产专用性和地理位置专用性，物质资产专用性中交易地块规模在 5% 的水平上显著正向影响集体建设用地租赁市场的交易费用，交易地块规模≤10 亩，市场平均交易费用为 66 517.65 元；交易地块规模>10 亩，市场平均交易费用为 66 997.70 元。南海区农村集体建设用地租赁市场发育相对比较完善，对土地尤其是集体建设用地的市场需求较旺盛。然而从南海区农村集体建设用地租赁市场的特征来看，目前，南海区农村集体建设用地租赁面积相对较小，因此，交易地块规模越大，土地的资产专用性越强，增加农村集体经济组织寻找符合土地使用规模承租方的成本（信息收集的成本），同时会增加集体经济组织在租赁市场谈判的成本，增加租赁市场的交易费用，不利于集体建设用地租赁市场的交易。地理位置资产专用性中交易地块绝对区位属性都在 1% 的水平上对农村集体建设用地租赁市场的交易费用产生显著负向影响。离镇中心距离越远的地块，其市场交易费用较低，反之，离镇中心距离越近的地块，其交易费用较高。这是因为镇中心城市化、工业化发展进程相较于郊区、远郊区要更快，土地价值相对较高。南海区租赁市场土地利用类型大多是工业用地，位置专用性使得农村集体建设用地租赁市场交易过程中土地权利的转移使得南海区集体经济组织没有直接享受到土地价值增值（罗必良、李尚蒲，2010），因此交易双方会发生更多的价格博弈、收益分配等过程，增加集体建设用地租赁市场交易费用。

从交易的不确定性维度看，交易行为的不确定性中合同公证情况对农村集体建设用地出让市场交易费用产生显著负向影响，出让市场交易合同不进行公证将产生更高的交易费用，平均交易费用为 245 141.49 元；而合同公证状态下交易费用更低，平均交易费用为 15 110.61 元。南海区农村集体建设用地出让市场交易的客体涉及的集体建设用地面积一般较大，且南海区农村集体建设用地出让市场开始出现了多种形式的出让方式，例如需求方为集体经济组织代建物业等，合同不公证使得交易过程中交易行为的不确定性带来更高的缔约、履约风险，增加农村集体经济组织在出让市场交易过程中的风险，降低出让市场交易的有效性。合同公证情况下农村集体经济组织未来的履约风险较低，市场交易费用较低。政府干预对于出让市场交易费用没有显著影响。南海区出让市场不活跃，但是形式比较多样化。调研过程中发现，有部分企业在出让了集体建设用地市场还要帮集体经济组织代建物业、用出让金换物业等。在出让过程中，集体经济组织表现出的高度商品经济意识最大程度避免了机会主义行为和"寻租"行为。

交易环境的不确定性中，价格决定方式在5%的水平上显著负向影响农村集体建设用地出让市场交易费用，即以竞标方式决定农村集体建设用地出让市场的交易价格，其市场交易费用相对较低，平均交易费用为5 779.49元；而以协议方式决定价格，其市场交易费用较高，平均交易费用为225 455.49元。对于南海区农村集体建设用地市场而言，竞标过程有一个准入机制，符合条件的企业才有资格报名参加，且竞标过程有相关方面人员监督以保障竞标的公开、公正、公平进行，防止恶意抬价、串标等事件的发生，以降低交易环境的不确定性，并减少市场交易费用，从而保证农村集体建设用地出让市场交易的有效性。而协议过程中，集体建设用地市场交易双方倾向于将有利于自身价值和利益的信息告知对方，这就导致市场交易双方信息不对称，进而使得交易环境的不确定性增强，增加市场交易费用。是否了解企业性质对农村集体建设用地出让市场交易费用具有显著负向影响作用，对企业性质越了解，市场交易费用越低，平均交易费用为50 188.32元；相反，对企业性质越不了解，集体建设用地出让市场交易费用越高，平均交易费用为914 829.88元。集体经济组织对企业性质不了解可能会有部分不合格的企业进驻，且出让市场的周期较长，将给南海区集体经济组织带来高昂的环境治理等方面的成本。所以交易双方存在信息不对称的情况，说明市场交易过程透明度较差，市场交易环境将面临更高的不确定性，这就会增加市场交易费用，不利于农村集体建设用地出让市场的规范化发展。《土地使用证》的办理情况对于出让市场的影响不显著。对南海区集体建设用地市场的调研发现，由于办理《土地使用证》的高昂费用，集体经济组织无力承担，再加上出让市场涉及的土地面积较大，大部分出让市场交易的地块其《土地使用证》都是让用地企业办理。

对农村集体建设用地租赁市场交易费用产生影响的因素中，交易行为的不确定性方面，合同是否公证对交易费用产生显著负向影响，对交易签订的合同进行了公证其市场交易费用较低，平均交易费用66 002.18元；而没有对签订的合同进行公证其市场交易费用较高，平均交易费用为67 542.56元。南海区农村集体建设用地租赁市场的租金缴纳方式包括一月一付、一季度一付、半年一付、一年一付等方式，且存在租金每三年或每五年上升一定比例等条件，签订的合同进行公证可以降低市场运行过程中的履约风险，从而减少交易行为的不确定性，降低市场交易费用，达到提高市场发展有效性的目标。政府的干预状态对农村集体建设用地租赁市场在5%的水平上产生显著正向影响，即政府对农村集体建设用地租赁市场交易过程进行干预，其市场交易费用较高，平均交易费用为 67 981.49 元；而没有干预市场交易，其交易费用较低，平均交易费用为 65 572.98 元。南海区农村集体建设用地租赁市场发展较为活跃，交易频率较高，政府干预状态表示农村集体建设用地租赁市场的市场化程度较低，政府过度干预会"扰乱"市场交易规则和市场运行规律，使得市场接近于混合治理结构，政府干预还可能存在"寻租"行为，增强市场交易行为的不确定性，从而提高市场交易费用。根据威廉姆森交易费用理论，混合治理结构的交易费用要高于完全市场治理结构（Williamson，1979，1985；上官彩霞，2014）。

交易环境的不确定性方面，价格决定方式显著负向影响农村集体建设用地租赁市场交易费用，以竞标方式决定农村集体建设用地租赁市场价格的交易费用较低，而以协议方式决定市场价格的交易费用较高，这与农村集体建设用地出让市场的模型结果一致。对于南海区集体建设用地市场，无论使用出让方式交易还是租赁方式交易，一定程度上，竞标方式决定价格可以使交易过程更公开、公平、公正。竞标方式的公开、透明有利于降低租赁市场交易环境的不确定性，从而降低农村集体建设用地租赁市场交易费用。是否办理《土地使用证》在 5% 的水平上显著负向影响集体建设用地租赁市场交易费用，交易的集体建设用地办理了《土地使用证》，其市场交易费用较低，平均交易费用为 66 146.74 元；而没有办理《土地使用证》的集体建设用地，其市场交易费用较高，平均交易费用为 67 380.88 元。《土地使用证》是市场交易和运行的产权保障，办理《土地使用证》表示市场的规范化程度较高，可降低市场交易环境的不确定性，从而降低市场交易费用，保障农村集体建设用地租赁市场的有效运行。早期南海区"隐形"的集体建设用地市场交易过程中没有具体的、规范化的市场交易规则和条件，存在大量农地并转为集体建设用地用途的情况，部分集体建设用地没有办理《土地使用证》；市场规范化以后，集体建设用地《土地使用证》的办理是进入市场交易的前提条件。调研过程中南海区农村集体经济组织普遍反映"无地可租"的现象，因为存在部分集体建设用地没有办证的情况，交易数量有限。因此可知，集体建设用地没有办理《土地使用证》给市场交易带来了交易环境的不确定性，增加交易费用，降低市场交易的效率。

五、不同契约期限农村集体建设用地市场交易费用分析

从南海区农村集体建设用地交易现状特点来看，南海区农村集体建设用地市场交易契约期限大部分是在 0~5 年期间（短期契约期限市场），市场交易周期较短，交易频率较高；而契约期限大于 5 年（长期契约期限市场）的交易宗地数相

对较少。因此，本小节根据市场交易契约期限的长短将南海区农村集体建设用地市场分为短期契约期限市场和长期契约期限市场。再分析资产专用性、交易的不确定性对于不同契约期限农村集体建设用地市场交易费用的影响，探析影响不同契约期限农村集体建设用地市场的因素（见表7-13）。

表7-13 不同契约期限农村集体建设用地市场交易费用

变量		模型一：契约期限0~5年			模型二：契约期限大于5年		
		系数	均值	显著性	系数	均值	显著性
资产专用性	人力资本专用性	集体经济社党员占比	-15.088 (10.119)	-1.49	0.142	0.460 (2.861)	0.16	0.872
		集体经济社领导人数	0.076* (0.039)	1.98	0.053	0.034 (0.026)	1.32	0.189
	物质资产专用性	集体建设用地面积	0.483** (0.195)	2.48	0.016	-0.040 (0.055)	-0.73	0.466
		地块规模	-0.006* (0.003)	-1.96	0.055	0.002** (0.001)	3.11	0.002
	地理位置专用性	相对区位属性	-0.490* (0.256)	-1.92	0.060	-0.260 (0.198)	-1.31	0.191
		绝对区位属性	-0.074** (0.025)	-3.00	0.004	-0.063*** (0.014)	-4.32	0.000
交易的不确定性	交易行为的不确定性	市场交易方式	0 (omitted)			0.539* (0.307)	1.76	0.080
		合同是否公证	-0.325 (0.419)	-0.78	0.441	-0.637** (0.206)	-3.09	0.002
		政府是否干预	0.084 (0.385)	0.22	0.828	0.375** (0.188)	1.99	0.047
		中介公司是否参与	-3.312** (1.252)	-2.65	0.011	-0.487 (0.667)	-0.73	0.467
	交易环境的不确定性	价格决定方式	-0.653 (0.404)	-1.62	0.111	-0.530** (0.252)	-2.10	0.036
		是否知道南海区是入市试点	-0.400 (0.326)	-1.23	0.224	0.172 (0.224)	0.77	0.444
		是否了解企业性质	-0.179 (0.365)	-0.49	0.626	-0.343 (0.226)	-1.52	0.130
		是否办理《土地使用证》	-0.098 (0.333)	-0.29	0.770	-0.343 (0.220)	-1.56	0.120

续表

变量	模型一：契约期限 0~5 年			模型二：契约期限大于 5 年		
	系数	均值	显著性	系数	均值	显著性
常数项	10.127*** (0.729)	13.89	0.000	10.200*** (0.437)	23.33	0.000
对数似然估计值	−94.726			−540.057		
伪 R^2	0.1694			0.0612		
LR 检验统计量	38.64			70.41		
显著性	0.000			0.000		

注：括号中为标准差；* 表示在 10% 的水平上显著；** 表示在 5% 的水平上显著；*** 表示在 1% 的水平上显著。

从资产专用性维度来看，对短期契约期限农村集体建设用地市场交易费用产生显著影响的因子包括集体经济社领导人数、集体建设用地面积、交易地块规模、相对区位属性、绝对区位属性。集体经济组织领导人数显著正向影响短期契约期限农村集体建设用地市场交易费用。由于南海区短期契约期限市场的交易周期较短，领导人数越多会增加短期契约期限市场交易过程中的治理成本，以及个体在市场交易过程中的谈判成本，从而增加整个短期契约期限市场的交易费用。集体经济组织领导人数 >10 人，市场平均交易费用为 29 782.90 元。而领导人数越少，集体经济组织越精简，其横向一体化程度越高，自组织化水平越高，交易费用相对较低。集体经济组织领导人数 ≤10 人，市场平均交易费用为 20 415.46 元。集体建设用地面积正向影响短期契约期限农村集体建设用地市场交易费用。调研发现，南海区短期契约期限农村集体建设用地市场交易的需求方性质一般为小型企业或者是夕阳企业，对于集体建设用地的资产专用性要求较弱。农村集体经济组织拥有的集体建设用地面积越大，需求方（企业）在短期市场交易过程中对于地块信息收集的成本将增加，不利于集体经济组织进行短期农村集体建设用地市场交易，从而使得集体经济组织短期市场交易费用增加。集体建设用地面积 >1 平方千米，平均交易费用为 31 272.05 元；集体建设用地面积 ≤1 平方千米，平均交易费用为 13 537.75 元。交易地块规模显著负向影响短期契约期限市场交易费用，交易地块规模 >10 亩，平均交易费用为 15 718.56 元；集体建设用地面积 ≤10 亩，平均交易费用为 22 088.22 元。对于南海区短期契约期限农村集体建设用地市场调研发现，虽然短期契约期限市场交易的地块规模相对较小，但是交易地块产权的完整性对于集体经济组织来说能够以多种方式将建设用地放入市场交易，例如建设产业园区、工业园区，以增强需求方对于集体建设用地的使用预期，降低集体经济组织与需求方（企业）的谈判成本，从而能够减少短期契约期限市场交易费用。

相对区位属性和绝对区位属性均显著负向影响短期契约期限农村集体建设用地市场交易费用。相对区位属性表明如果是集体建设用地，平均交易费用为 16 498.86 元；而周边土地利用类型不是集体建设用地，平均交易费用为 24 468.87 元。对南海区集体建设用地市场调研发现，周边同是集体建设用地的情况下，需求方（企业）对于土地发展的预期较高，降低了短期契约期限市场交易过程中集体建设用地的位置专用性。南海区集体经济组织在短期契约期限市场中寻找合适的用地企业所花费的时间成本较低，且集体建设用地的闲置成本较低，有助于提高南海区集体经济组织市场交易的有效性。因此，周边土地利用类型同是集体建设用地降低了交易地块的资产专用性，从而降低市场交易费用，提高短期契约期限农村集体建设用地市场交易、发展的有效性。绝对区位属性是交易地块距离镇中心的距离，距离镇中心越近，短期契约期限农村集体建设用地市场交易费用越高。离镇中心距离≤10千米，市场平均交易费用为 23 645.84 元；离镇中心距离 >10 千米，市场平均交易费用为 15 372.74 元。离镇中心越近的区域，需求方由于较好的区位属性需要支付较高的租金，集体建设用地的位置专用性较高，集体经济组织与需求方达成交易的预期降低，增加了短期契约期限市场交易过程中的谈判成本，增加了市场交易费用。例如，南海区一些集体经济组织通过建造商铺、厂房出租物业以获得租金红利，区位属性较优的位置，区位属性专用性较高，提高了农村集体建设用地市场交易费用。

资产专用性对长期契约期限农村集体建设用地市场交易费用产生显著影响的因子主要包括：地块规模、绝对区位属性。交易地块规模在 5% 的水平上显著正向影响长期契约期限市场交易费用，也就是说交易地块规模越大，长期契约期限市场的交易费用越高。交易地块规模越大，其物质资产专用性越强，对于集体经济组织而言，地块规模物质专用性越强，集体经济组织对于市场交易的预期越强，获取土地收益的预期越强。对于南海区农村集体建设用地市场调研发现，在长期契约期限市场交易过程中涉及的集体建设用地面积较大，集体经济组织会规定需求方（企业）性质、土地开发利用类型、排污标准等，加上长期契约期限市场交易的周期较长，这将增加集体经济组织寻找需求方的信息成本。此外，长期契约期限市场交易使得集体经济组织长期失去集体建设用地使用权，集体经济组织对于大规模集体建设用地的长期收益预期减弱，这会增加集体经济组织与需求方价格谈判、税费缴纳等交易环节的成本，从而增加长期契约期限农村集体建设用地市场交易费用。绝对区位属性在 1% 的水平上显著负向影响长期契约期限农村集体建设用地市场交易费用，交易地块离镇中心越近，市场交易过程中带来的交易费用越高。离镇中心距离≤10 千米，平均交易费用为 93 963.67 元；离镇中心距离 >10 千米，平均交易费用为 70 174.44 元。南海区农村集体建设用地市发展现状表明，长期契约期限市场交易过程中，地块规模均较大，需求方（企业）对于交易地块绝对位置专用性要求较强，离镇中心距离较近的区域其发展规划、基础设施配套均较为完善，对于集体建设用地发展要求相对较高。集体建设用地的位置专用性较强，增加集体经济组织寻求需求方的信息收集成本。且离镇中心距离越近的区域，租金、出让金均相对较高，这会增加供给方（集体经济组织）与需求方价格谈判的成本，从而增加集体经济组织在长期契约期限农村集体建设用地市场交易过程中产生的市场交易费用。

从交易的不确定性维度来看，在交易行为的不确定性中，中介公司是否参与对短期契约期限农村集体建设用地市场产生显著负向影响，中介公司参与的情况下，短期契约期限农村集体建设用地市场交易费用较低，平均交易费用为 4 164.16 元。而中介公司没有参与的情况下，短期契约期限市场交易费用较高，平均交易费用为 21 648.32 元。早期南海区农村集体建设用地市场没有规范化的信息发布渠道，增加了农村集体经济组织寻找需求方的费用，中介公司参与短期契约期限市场交易过程是一种第三方规制机构，降低集体经济组织在短期契约期限市场交易过程中交易行为的不确定性，提高市场交易有效性，降低市场交易费用。而中介公司没有参与市场交易过程，可能增加集体经济组织在寻找需求方的信息收集成本，以及在价格谈判过程中的讨价还价成本，增强集体经济组织交易行为的不确定性，增加短期契约期限市场交易过程中的交易费用。南海区短期契约期限市场交易过程中集体经济组织一般都采用租赁的方式进行交易，因此模型结果中市场交易方式结果被忽略了。

交易环境的不确定性对于短期契约期限农村集体建设用地市场交易费用没有显著影响，农村集体经济组织在农村集体建设用地市场交易过程中与需求方签订短期契约期限，当合同到期后集体经济组织可能会与不同的需求方进行交易。在这个过程中，价格决定方式、对需求方信息是否了解等因素不会影响其交易环境的不确定性，反而了解、掌握更多信息可能增加其信息收集的成本、竞标的成本等。

交易行为的不确定性对长期契约期限农村集体建设用地市场交易费用产生显著影响的因素有市场交易方式、合同是否公证、政府是否干预。市场交易方式在 10% 的水平上显著正向影响长期契约期限交易费用。选择出让的方式进行交易，长期契约期限农村集体建设用地市场交易费用较高，平均交易费用为 183 210.10 元；选择出租方式进行交易，长期契约期限市场交易费用较低，平均交易费用为 75 624.47 元。在长期契约期限交易过程中，农村集体经济组织对于集体建设用地出让后的长期土地增值收益预期减弱，面临的交易行为不确定性较强，在这个过程中，集体经济组织需要通过更多的讨价还价环节来提高在交易过程中的收益分享,因此,出让方式将使得长期契约期限市场交易过程中的交易费用增加。而以租赁的方式进行长期契约期限农村集体建设用地市场交易,集体经济组织可以通过上涨租金的方式降低交易行为的不确定性,例如,南海区农村集体建设用地市场交易大部分都说明了租金每五年上涨5%或者10%,这将保证集体经济组织在集体建设用地市场交易过程中土地长期收益的分享,降低长期契约期限集体建设用地市场交易行为的不确定性,从而降低长期契约期限市场交易费用。合同是否公证对于长期契约期限农村集体建设用地市场交易费用产生显著负向影响。南海区长期契约期限市场的交易周期较长,集体经济组织对于土地权利的保障诉求很强。而合同进行公证对于长期契约期限而言是一种法律上的保障,降低长期契约期限市场履约风险、交易行为的不确定性,减少长期契约期限市场交易费用,以提高长期契约期限农村集体建设用地市场交易的有效性。合同不公证可能使得集体经济组织面临履约风险,集体经济组织的土地权利可能存在违约风险,增加市场交易行为的不确定性,带来更高的交易费用,导致长期契约期限农村集体建设用地市场交易的无效性。政府干预显著正向影响长期契约期限农村集体建设用地市场交易费用。政府干预长期契约期限集体建设用地市场交易,将"扰乱"长期契约期限市场本来的运行规律,"截取"集体经济组织对于长期契约期限市场交易过程中集体建设用地长期收益,这种政府的干预行为带来长期契约期限农村集体建设用地市场交易行为的不确定性,增加长期契约期限市场交易费用,平均交易费用为88 547.26元。政府不干预降低了农村集体经济组织交易行为的不确定性,并能分享长期契约期限市场交易过程中产生的长期集体建设用地收益,市场交易费用相对较低,平均交易费用为82 841.25元。

交易环境的不确定性中价格决定方式在5%的水平上显著负向影响长期契约期限农村集体建设用地市场交易费用。以竞标方式决定市场交易价格,长期契约期限农村集体建设用地市场交易费用较低,平均交易费用为73 664.40元;而以协议价格决定市场交易价格,长期契约期限市场交易费用较高,平均交易费用为86 707.20元。南海区长期契约期限市场交易周期长,涉及的资金较多,长期契约期限市场的价格在合同签订初期就已经达成,以竞标方式决定长期契约期限市场交易价格,通过保障价格决定过程的公开、公平和公正可以减少交易双方对于价格信息的不对称性,降低农村集体经济组织在价格谈判过程中的不确定性,减少长期契约期限市场交易费用,提高长期契约期限市场交易的有效性。

第五节 农村集体建设用地市场需求侧交易费用分析

经济体制改革和对外开放初期,珠三角地区兴起了又一轮的经济热潮。珠三角农村地区特别是南海区通过"零地价、零门槛"的方式进行招商引资,吸引了大量"三来一补"和劳动密集型产业。随着"三资"企业的输入以及乡村工业化的兴起,南海区农村集体建设用地市场逐步形成。南海区农村居民点周围、城镇和乡镇附近出现了小型工业园区以及加工企业,这些企业的规模较分散,呈现出与农地插花分布的状态,在空间上土地细碎化程度较高。当前农村集体建设用地市场存在的农村集体土地工业化发展无序、企业用地分布混乱等问题,如果不进行农村集体建设用地市场交易制度改革,需求方(企业)面临的交易费用将很高。此外,由于农村集体建设用地所承载的企业特征、企业生命周期以及企业的成长等与国有建设用地市场存在差异性,从需求侧(企业)视角对集体建设用地市场运行过程中的交易费用进行分析是当下需要研究的重要土地课题。因此,本节从需求侧(企业)视角对农村集体建设用地市场交易费用进行分析,通过制度创新和改革来提高市场交易效率、降低企业运行成本和不确定性,完善农村集体建设用地市场交易,实现与国有土地的"同地、同权、同价"。

一、分析维度与假说的提出

农村集体建设用地市场的交易主体是集体经济组织和用地企业,用地企业作为市场交易的需求侧,在市场交易过程中既是农村集体建设用地一级市场集体建设用地的最终消费者,又是农村集体建设用地二级市场经营者(即供给者),将交易的农村集体建设用地通过转让、转租的方式与其他用地企业再进行二级市场交易,其他用地企业成为农村集体建设用地二级市场的最终消费者(见图7-11)。本节所研究的需求侧农村集体建设用地市场交易费用是指农村集体建设用地一级市场和二级市场交易的最终消费者,交易的农村集体建设用地既包括一级市场通过出让、租赁进行市场交易,又包括二级市场通过转让、转租进行交易。

南海区农村集体建设用地市场交易过程中需求方(企业)主要参与以下环节:第一,需求方在公共资源交易网站或村集体公告栏寻找出让和租赁信息;第二，对有意向地块所属集体经济组织交纳报名费（100元），并在规定时间内缴纳对应金额的保证金（总标的的10%~20%），少交、多交均没有竞标资格，保证金在30天内退还给没有竞买成功的竞买人；第三，所有参与竞标的企业竞标人在镇（街）级、区级公共资产交易平台通过明标和暗标两种方式进行竞标；第四，成功竞标的企业与地块所属集体经济组织签订合同，有需求的企业会将合同拿去公证；第五，成功竞标的企业缴纳市场交易过程中的相应税费。企业在整个交易过程中主要参与的环节是从公示期报名开始，主要包括交易前地块信息的收集，进行投标报名、竞标、签约、合同公证、税费缴纳。在整个交易过程中企业涉及的交易费用包括：交易前信息收集的费用；投标报名的费用；竞标过程的费用；签约的费用；合同进行公证的费用；交易后税费缴纳的费用以及其他费用（见图7-12）。

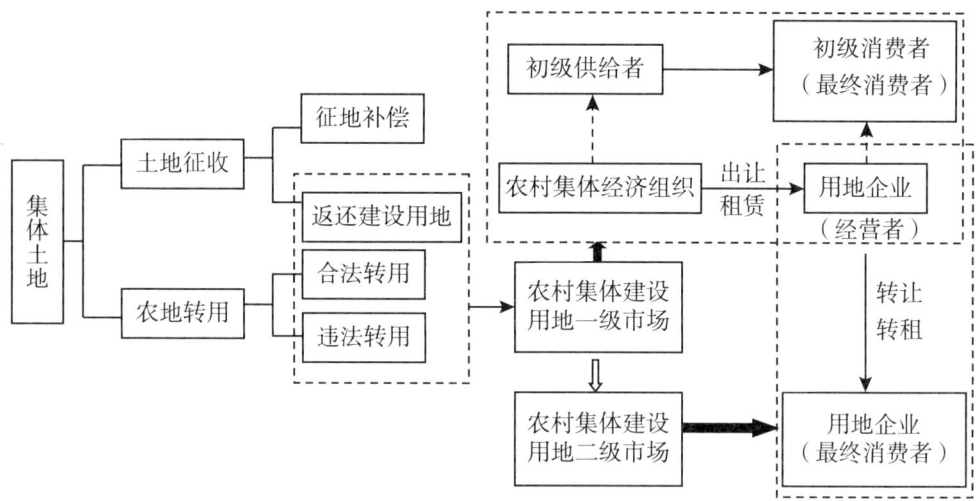

图7-11 农村集体建设用地一级市场和二级市场结构示意图

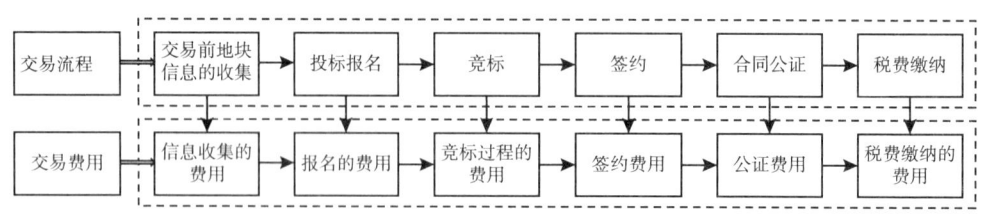

图7-12 农村集体建设用地市场交易流程及交易费用（企业）

南海区农村集体建设用地市场交易主体是农村集体经济组织与用地企业，交易对象是集体建设用地，而集体建设用地价值是整个交易过程中至关重要的影响因素，并决定交易双方之间的价格谈判以及需求方（企业）对土地资产未来发展潜力的价值评估，从而影响集体建设用地市场的交易费用。根据南海区集体建设用地市场交易程序和规则，采用威廉姆森（Williamson，1979，1985）"描述交易的三个方面"——资产专用性、交易的不确定性和交易频率三个维度来分析农村集体建设用地市场交易费用。以交易为基本的分析单位，将所有交易还原为契约，不同契约形式根据其属性不同，分别对应不同治理结构，继而通过比较不同治理结构的交易费用进行制度分析（Williamson，1979，1985）。主要表现为：资产专用性低、交易的不确定性弱、交易频率低，交易费用低，倾向于采用接近市场的形式进行交易；资产专用性高、交易的不确定性强、交易频率高，交易费用高，倾向于采用科层制的治理结构；当处于中等水平时，倾向于采用除两者以外的混合治理结构（Williamson，1979，1985；North，1990）。本书所研究的农村集体建设用地市场是不涉及因国家或地方政府建设所需以及政府为了某种公共利益而强行征用集体建设用地的行为（李孔岳，2009），而是市场需求下的交易行为，对其交易费用的分析其实是同一农村集体建设用地市场制度下的研究。从威廉姆森的交易费用三个分析维度：资产专用性、交易的不确定性和交易频率来看，影响农村集体建设用地市场交易费用的因素主要包括交易过程中交易主体人力资本专用性、交易主体物质资产专用性、交易客体土地资产专用性等资产专用性因子；交易过程中交易行为的不确定性以及交易环境的不确定性因子；交易频率因子。

首先，资产专用性是一项资产的产权束被限定在某种用途上，若要将其调配用于其他用途或者将其中的某项子权利分离出来用于其他地方，资产的使用将使得原有生产价值和经济价值达到不损失的程度。农村集体建设用地交易对于需求侧的资产专用性主要表现在需求方的人力资本专用性、需求方的物质资产专用性以及土地的专用性和地理位置专用性（Williamson，1991，1996）。威廉姆森（Williamson，1979）理论认为人力资本对交易费用的影响主要是因为专业训练和学习，除非可以将这种人力资本的投资以较低成本转向其他可替代的企业，但这往往很少发生。南海区农村集体建设用地市场发展初期，交易一般发生在本集体经济组织内部，集体建设用地大多是经济组织内部人员承租下来，市场需求侧是集体经济组织内部成员，这种经济组织内部人员的交易在威廉姆森制度经济学中被称为经济组织内部一体化过程，也可以表示为人力资本专用性。经济组织内部一体化将降低市场交易成本，提高交易的有效性。随着南海区农村集体建设用地市场对外开放以及公开化交易，大量"三资"企业租赁和出让集体建设用地。企业领导人作为"理性"经济人，其受教育程度将影响对农村集体建设用地的投资和使用有效性。在农村集体建设用地市场中主要表现在需求方（企业）信息收集环节的费用、报名的费用，需求方受教育程度越高，从媒体获得信息的敏感度越高，可能增加需求方（企业）作为"理性"经济人谈判过程的复杂性；其次，需求方（企业）受教育程度越高，对交易客体价值的认识、对潜在竞标者的了解等方面信息收集越多，增加信息收集的费用，同时还会增加需求方（企业）在竞标过程中的费用。

物质资产专用性对集体建设用地市场交易费用影响的机理主要是企业投资在一定程度上将被"锁定"在交易中，需求方（企业）规模体现其用地需求以及在市场上的竞争能力。中大型企业对集体建设用地需求较高，这会增加企业在交易过程中对交易客体（土地）、交易主体（供给方、其他潜在竞标人）等信息收集的成本和竞标成本，因为这样会带来较高的成本（North，1970；Alexander，2000；谭荣，2008）。南海区农村集体建设用地承载的企业类型有别于国有土地承租的企业，除了部分中大型企业外，还包括一些小型企业、小型作坊。小型企业对于集体建设用地的预期较高，目的是为了通过租赁集体建设用地以减少土地资本投入来获得利润，这些企业产值和员工数相对较少，对于某一行业的"锁定"效应相对较弱，例如，一家小生产作坊在生产不下去的情况下，承租方可能会选择更换生产或经营范围，因此，这类小型企业对于集体建设用地的资产专用性要求较低，以更好地进行投资生产。交易地块规模对于周边发展有重要影响，南海区一些大型工业园区呈现出产业集聚的特点，例如大沥镇盐步村新城工业区主要生产内衣，大面积的内衣生产厂吸引更多的产业相关企业对于集体建设用地的投资，产业集聚现象可提升企业对于集体建设用地的使用预期。与零散的小型企业相比，工业园区集体建设用地面积均较大，一方面可以通过园区产业集聚效应提高需求方（企业）对于集体建设用地的市场交易预期，减少交易成本，另一方面可以降低需求方的信息收集成本以及竞标过程中"讨价还价"的成本，也是交易地块规模对交易费用产生影响的因素（Alexander，2000）。

位置专用性对集体建设用地市场交易费用的影响主要表现为相对区位属性和绝对区位属性，相对区位属性指周边土地利用类型，同一种土地利用类型的状态下，土地的破碎化程度相对较低，提升了需求方（企业）对于集体建设用地的使用预期以及市场交易预期，并降低了需求方在市场交易过程中信息搜寻的成本以及协商成本。绝对区位属性取决于周边土地的价值又决定周边土地的价值，同时还受周边基础设施配套的影响，表现为离镇中心的距离，离镇中心越近的地块（区位属性较优），周边发展以及基础设施相对较完善，对于土地的利用要求较高，增加了需求方（企业）在市场交易过程中对交易客体信息的收集成本；此外，离镇中心越近的区域，土地价值相对较高，增加了需求方在交易过程中讨价还价的成本，从而增加需求侧市场交易费用。

假设一：就需求方的人力资本专用性而言，需求方的人力资本专用性越高（如受教育程度越高），其行业的专用性和对企业投资的专用性越高，对用地需求的专用性增强，因而其交易费用越高；承租企业的物质资产专用性越高，其对用地及选址的专用性就越强，交易费用越高；快速的经济增长、城市化与非农产业的发展，将不断提升土地价值，地理位置专用性越强，交易过程中花费的时间和人力越多，讨价还价过程越复杂，将带来更高的交易费用。

其次，交易的不确定性。威廉姆森（Williamson，1985）指出不同形式的不确定性，一是行为的不确定性，反映在"个体生产率计量的困难"，主要表现在交易过程中交易对象的选择、合同的签订、合同的公证、政府干预、中介参与等，不确定性越大，交易费用越高（王国顺、周勇，2005）。从需求方来看，南海区农村集体建设用地市场主要分为一级市场和二级市场，一级市场需求方的交易对象是集体经济组织，二级市场需求方的交易对象大多数是原租户（房东）。与集体经济组织进行交易的过程是在交易平台进行，程度较规范、公开、公正、公平。而二级市场中与原租户（房东）进行交易的过程是私下达成协议，其集体建设用地市场交易行为的不确定性相对较高。企业作为"理性"经济人倾向于选择主体信用度高、客体产权清晰、履约成本低的供给方进行交易，以降低交易行为的不确定性，这主要是基于信息收集环节需求方对交易对象的信息收集和掌握。签约环节表现为规范化的缔约行为，而合同公证环节表现为具有法律效力的行为，通过规范化、法律化交易行为来降低交易行为的不确定性，从而减少农村集体建设用地市场交易费用。政府干预和中介参与对交易费用的影响是基于整个交易过程。南海区实施土地股份制改革后，村集体的治理模式转变成为"政经分离"模式，村委会等行政组织基本不参与集体建设用地一级市场交易过程，委员会领导可能会对交易过程进行监督。农村集体建设用地市场交易过程中，政府干预可能存在政府的"寻租"行为，"扰乱"原有的市场机制，给需求方（企业）带来投机可能，增加交易行为的不确定性。南海区集体建设用地需求方（企业）在市场交易过程中，会借助中介机构以降低市场信息搜寻的成本、与交易对象讨价还价的成本，以提高市场交易的有效性，缩短投入生产经营的时间，因此，中介参与使得需求方（企业）有效地获取市场信息，降低交易行为的不确定性，从而降低市场交易费用。

二是环境的不确定性，也就是说由于环境的变化方式无法预测，使得拟定和实施的契约收益变得复杂，主要包括价格决定方式、《集体土地使用证》的办理、《房屋产权证》的办理、对南海区试点的了解。南海区农村集体建设用地形成初期，国家和当地政府没有相应的法律和制度用来规范市场交易，价格决定方式基本上都是需求方（企业）与集体经济组织私下协议达成，这会产生一些风险：交易的不公开，价格决定的不合理、不公开导致租金和收益被少数人拿走，使得市场交易环境的不确定性较高，对于需求方（企业）而言，没有一个公开的市场交易机制以保证交易的安全性。随着南海区集体建设用地市场的活跃，广东省政府2005年出台了"广东新政"以规范化市场交易，价格决定方式也从早期单一的协议方式转变成通过竞标的方式决定价格。南海区级、镇（街）级和村级集体建设用地交易平台成立了竞标的联席会，以监督和引导竞拍过程公开、公正、公平地进行。价格决定方式主要是基于竞标环节的费用，如果采用一种较公开、公正、公平的价格决定方式，竞标环节将越透明、越简单，需求方（企业）能够更详细、更真实地掌握市场交易信息，能降低交易环境的不确定性，从而降低交易费用。对南海区的调研发现，南海区集体建设用地除了部分存量建设用地以外，还有一些是建设用地需求的扩张使得大量农地转化为建设用地，且很多是新增建设用地指标外农转非，这些集体建设用地并没有办理《集体土地使用证》和《房屋产权证》。没有办理相应的产权证可能会使得企业在运行过程中不能办理营业执照等证件，增强需求侧农村集体建设用地市场交易环境的不确定性。办理《集体土地使用证》和《房屋产权证》表示交易客体（集体建设用地）的产权越清晰，交易过程将越透明、交易的安全性越高，降低交易环境的不确定性，并降低交易费用，这主要是基于需求方（企业）对客体信息的了解即发生在信息收集环节。此外，交易环境的不确定性还表现在交易双方信息对称性方面，出租方倾向于从好的方面描述土地资产发展潜力以最大化土地资产价值，而承租方倾向于"独享"土地增值收益，信息不对称带来的不确定性导致交易双方的交易费用增加（Williamson，1991），这主要是基于需求方对供给方信息的了解即信息收集环节。

假设二：农村集体建设用地交易过程中的交易行为不确定性越强，交易费用越高；交易环境的不确定性越强，交易费用越高。

最后，交易频率指的是交易发生的次数。交易频率不仅会对交易费用产生影响，还关乎是否有必要成立一个专门的规制结构，这对于整个交易过程的交易费用都会产生影响。从需求方（企业）的角度来看，企业生命周期越长，倾向于选择长期交易以通过降低交易频率来减少交易费用。此外，交易频率越高，交易过程中参与的主体越多，导致更高的交易费用，且交易频率越高，参与交易的环节越多，税费缴纳的环节越多，交易费用将越高。按不同的交易频率，将交易分为一次性交易、偶然的交易和重复发生的交易（王国顺、周勇，2005）。

假设三：农村集体建设用地交易频率越高，交易费用越高。

二、变量设定与主成分分析

(一) 变量设定

根据前文阐述的理论和提出的研究假设，以及南海区农村集体建设用地市场需求方（企业）的特征，建立交易费用三个分析维度的模型。交易费用是农村集体建设用地交易过程中产生的成本或费用，主要包括交易前信息收集的费用、竞标过程中花费的费用、集体建设用地入市登记的费用、交易过程中签约花费的费用、签约后进行公证花费的费用及除此之外的其他费用（Cheung，1969），通过每项交易程序中花费的人力成本、时间成本及费用来核算总的交易费用。需求方农村集体建设用地市场交易费用影响因素（见表7-14）从威廉姆森交易费用理论的三个分析维度出发，主要包括：（1）资产专用性：需求方人力资本专用性、需求方物质资产专用性、位置资产专用性；（2）交易行为的不确定性、交易环境的不确定性；（3）交易频率。

表7-14　　　　　　　　变量设定、说明及赋值

项目		变量设定	变量说明
资产专用性	需求方人力资本专用性	需求方是否本地人（X_1）	1=是，0=否
		需求方受教育程度（X_2）	1=初中及以下，2=高中，3=大专及以上
	需求方物质资产专用性	企业年总产值（X_3）	1=100万元及以下，2=100万~200万元，3=201万~300万元，4=300万元及以上（万元）
		企业员工人数（X_4）	实际值（人）
		交易地块规模（X_5）	实际值（亩）
	位置专用性	相对区位属性（X_6）	1=周边是集体建设用地，0=周边不是集体建设用地
		绝对区位属性（X_7）	地块离镇中心的距离（千米）
交易的不确定性	交易行为的不确定性	交易方式（X_8）	1=首次出租，0=转租
		交易对象（X_9）	1=与集体经济社成员交易，0=与其他个人交易
		合同签订及公证情况（X_{10}）	1=未签订合同，2=合同签订未公证，3=合同签订且公证

续表

项目		变量设定	变量说明
交易的不确定性	交易行为的不确定性	政府是否干预（X_{11}）	1＝是，0＝否
		中介公司是否参与（X_{12}）	1＝是，0＝否
	交易环境的不确定性	价格决定方式（X_{13}）	1＝竞标（包括明标和暗标），0＝协议
		办理《土地使用证》（X_{14}）	1＝是，0＝否
		办理《房屋产权证》（X_{15}）	1＝是，0＝否
		对交易地块的了解（X_{16}）	1＝了解，0＝不了解
		对南海区试点的了解（X_{17}）	1＝了解，0＝不了解
交易频率	交易频率	交易频率（X_18）	实际值

（二）变量基本特征分析

南海区农村集体建设用地市场需求侧398份调研样本的基本特征（见表7-15），从资产专用性维度来看，人力资本专用性影响因素中需求方是本地人占比40.20%，59.80%的农村集体建设用地需求方不是南海区本地人，样本调研特征表明一半以上农村集体建设用地需求者是外来投资人；需求方受教育程度为初中及以下的样本量占398份总样本量的比重为12.06%，受教育程度是高中的需求方占比为63.07%，受教育程度为大专及以上的占样本总量比例为24.87%，表明需求方受教育程度处于中级水平。

表7-15　　　　　　　　变量基本特征

变量	受访者	占比（%）	变量	受访者	占比（%）
需求方是否本地人	是	40.20	交易方式	首次交易	9.55
	否	59.80		转租	90.45
需求方受教育程度	初中及以下	12.06	交易对象	集体经济社成员	66.33
	高中	63.07		个人（房东）	33.67
	大专及以上	24.87	合同签订及公证情况	没有签订合同	16.58
企业年总产值（万元）	≤100	45.23		签订合同未公证	80.15
	101~200	21.35		签订合同且公证	3.27
	201~300	10.05	政府是否干预	是	8.29
	＞300	23.37		否	91.71

续表

变量	受访者	占比（%）	变量	受访者	占比（%）
企业员工人数（人）	≤10	59.04	中介公司是否参与	是	10.55
	11~20	19.35		否	89.45
	21~30	8.54	价格决定方式	竞标	31.16
	>30	13.07		协议	68.84
交易地块规模（亩）	≤5	86.68	办理《土地使用证》	是	74.62
	6~10	7.04		否	25.38
	11~15	2.76	办理《房屋产权证》	是	64.32
	16~20	0.50		否	35.68
	>20	3.02	对交易地块的了解	是	85.68
相对区位属性	相同地类	85.18		否	14.32
	不同地类	14.82	对南海区试点的了解	是	90.95
绝对区位属性（千米）	≤5	19.35		否	9.05
	6~10	51.26	交易频率	≤5	21.86
	11~15	20.10		6~10	26.13
	16~20	8.29		11~15	1.76
	>20	1.00		16~20	27.89
				>20	22.36

物质资产专用性影响因素中用地企业年总产值≤100万元占总样本量的比重为45.23%，企业年总产值在101万~200万元的比例为21.35%，农村集体建设用地需求方（企业）年总产值在201万~300万元的样本量占总样本的比例为10.05%，企业年总产值>300万元的占比为23.37%；企业员工人数≤10人的样本占398份总样本数量的比例为59.04%，企业员工人数在11~20人的比例为19.35%，企业员工人数在21~30人的样本量占比为8.54%，企业员工人数>30人的占总样本量比例为13.07%。根据企业年总产值以及企业员工人数特征可知，南海区农村集体建设用地市场需求方（企业）大多数为中小型企业；交易地块规模≤5亩的需求方（企业）占398份样本总量的比例为86.68%，交易地块规模在6~10亩的比例为7.04%，需求方（企业）交易地块规模在11~15亩的占比为2.76%，交易地块规模在16~20亩的样本量占总样本量的比例仅为0.50%，交易地块规模>20亩的比例为3.02%，由此可知，南海区农村集体建设用地市场交易地块规模均较小，需求方对于地块规模的需求较小。

位置资产专用性影响因素中相对位置专用性表现为周边土地利用状态为农村集体建设用地的样本量占 398 份总样本量的比例为 85.18%，周边土地利用类型不是农村集体建设用地的比例为 14.82%，表明南海区农村集体建设用地市场交易地块处于集体建设用地开发片区、工业园等状态，增加了需求方（用地企业）对于农村集体建设用地使用和开发的预期；绝对区位属性中离镇中心距离 ≤5 千米的样本占总样本量的比例为 19.35%，交易地块与镇中心的距离在 6～10 千米的占比为 51.26%，距离镇中心在 11～15 千米的样本量占总样本量的比例为 20.10%，距离镇中心在 16～20 千米的交易地块样本量占比为 8.29%，与镇中心距离 >20 千米的样本量占比仅为 1.00%，表明南海区农村集体建设用地发生交易的区位属性离镇中心距离相对而言较近，绝对区位属性较优。

从交易的不确定性维度来看，交易行为的不确定性影响因素中农村集体建设用地市场交易方式为用地企业与农村集体经济组织进行首次交易的样本量占 398 份总样本量的比例仅为 9.55%，90.45% 的市场交易发生在用地企业（土地经营者）与用地企业（最终消费者）之间，从用地企业视角的样本数据表明，南海区农村集体建设用地市场存在大量的二级市场交易。用地企业的交易对象是农村集体组织成员的样本占比为 66.33%，交易对象为个人（用地企业—土地经营者）的占比为 33.67%，根据交易方式和交易对象的特征可知，南海区农村集体经济组织部分成员也是农村集体建设用地经营者，也就是农村集体建设用地二级市场的供给者。用地企业的交易过程中没有签订合同占比为 16.58%，用地企业在农村集体建设用地市场交易过程中签订合同但未公证的样本量占总样本的比例为 80.15%，在市场交易过程中用地企业签订合同且进行了公证的占比仅为 3.27%，表明南海区用地企业在农村集体建设用地市场交易过程中缔约、履约意识较弱。农村集体建设用地市场交易过程中政府干预的样本量占总样本的比例为 8.29%，政府没有干预的样本占比为 91.71%，表明南海区农村集体建设用地市场的市场化程度较高。市场交易过程中有中介公司参与的用地企业占比为 10.55%，其余 89.45% 的用地企业在农村集体建设用地市场交易过程中没有中介公司参与，说明需求方（企业）在市场交易过程中很少借助第三方中介。

交易环境的不确定性影响因素中价格决定方式采用竞标方式的样本占总样本的比重为 31.16%，采用协议的方式决定价格的样本占比为 68.84%。农村集体建设用地市场交易过程中对集体建设用地办理《土地使用证》的样本量占 398 份总样本的比例为 74.62%，还有 25.38% 的集体建设用地在市场交易过程中没有办理《土地使用证》。农村集体建设用地市场交易过程中对地上物业办理《房屋产权证》的样本占比为 64.32%，没有办理《房屋产权证》的比例为 35.68%。从集体建设用地办理《土地使用证》以及地上物业办理《房屋产权证》的特征来看,南海区农村集体建设用地市场的规范化程度相对较高,但是还存在市场交易不规范的现象,提高了市场交易环境的不确定性。农村集体建设用地市场交易过程中用地企业对交易地块基本信息进行了解的样本占总样本量的比例为85.68%,其余14.32%用地企业在市场交易过程中没有对交易地块信息进行了解,说明市场交易过程中大多数用地企业为降低市场信息的不对称性会提前对交易的集体建设用地信息进行了解。市场交易过程中用地企业对南海区入市试点政策了解的用地企业占比为90.95%,对南海区入市试点政策不了解的用地企业占比仅为9.05%,表明南海区农村集体建设用地入市政策宣传较为广泛,需求方对于市场的敏感度较强。

从交易频率维度来看,农村集体建设用地市场交易频率≤5的样本量占总样本量的比例为21.86%,交易频率在6~10的样本量占比为26.13%,市场交易频率在11~15的占比为1.76%,交易频率在16~20的占比为27.89%,用地企业市场交易频率>20的样本量占总样本量的比例为22.36%,由此可见,从需求侧角度来看,南海区农村集体建设用地市场交易频率较低,市场交易周期较长。

(三) 主成分分析

利用 SPSS 20.0 软件对农村集体建设用地市场交易费用模型分析的指标进行因子分析(见表7-16),得到了 KMO = 0.594(>0.5),巴特利特(bartlett)球形度检验的 sig. 值为 0.000(<0.5),表明结果显著,可对其进行因子分析。对选取的指标进一步提取公因子,得到总方差解释表(见表7-17)以及主成分载荷矩阵(见表7-18)。

表7-16　　　　　　　　KMO 和 Bartlett 的检验

取样足够度的 KMO 度量		0.594
巴特利特(bartlett)	近似卡方	760.868
	自由度	153
	显著性	0.000

表7-17　　　　　　　　　总方差解释表

因子	因子贡献及贡献率		
	特征值	方差贡献率(%)	累积贡献率(%)
1	2.299	12.771	12.771
2	1.964	10.911	23.682

续表

因子	因子贡献及贡献率		
	特征值	方差贡献率（%）	累积贡献率（%）
3	1.327	7.370	31.051
4	1.241	6.892	37.944
5	1.141	6.336	44.280
6	1.074	5.965	50.245
7	1.055	5.860	56.105
8	0.985	5.471	61.576
9	0.934	5.187	66.763
10	0.897	4.982	71.744
11	0.805	4.472	76.216
12	0.780	4.332	80.548
13	0.718	3.989	84.536
14	0.693	3.849	88.386
15	0.678	3.764	92.150
16	0.631	3.506	95.656
17	0.526	2.920	98.577
18	0.256	1.423	100.000

表 7-18　　　　　　　　　　主成分载荷矩阵

指标因子	主成分					
	第一主成分	第二主成分	第三主成分	第四主成分	第五主成分	第六主成分	第七主成分
需求方是否本地人（X_1）	0.211	0.236	-0.059	-0.295	0.292	-0.173	-0.528
需求方受教育程度（X_2）	0.409	0.285	0.035	-0.003	0.378	0.288	-0.011
企业年总产值（X_3）	0.581	0.221	0.056	0.343	0.008	0.062	0.122
企业员工人数（X_4）	0.502	0.252	0.071	0.263	0.132	-0.096	-0.068
交易地块规模（X_5）	0.310	-0.014	-0.351	0.345	-0.302	-0.158	0.001
相对区位属性（X_6）	-0.118	-0.279	0.219	0.572	0.298	0.132	-0.006
绝对区位属性（X_7）	0.238	-0.101	-0.457	-0.104	0.437	0.062	0.357
交易方式（X_8）	0.555	-0.093	0.283	-0.101	-0.367	0.024	0.017
交易对象（X_9）	-0.492	0.110	0.076	0.226	0.115	-0.541	-0.083
合同签订及公证情况（X_{10}）	-0.299	-0.123	-0.398	0.149	-0.173	0.282	0.071
政府是否干预（X_{11}）	0.355	-0.338	0.122	-0.180	0.418	-0.034	0.271

续表

指标因子	主成分						
	第一主成分	第二主成分	第三主成分	第四主成分	第五主成分	第六主成分	第七主成分
中介公司是否参与（X_{12}）	-0.197	0.087	0.199	0.063	0.052	-0.433	0.635
价格决定方式（X_{13}）	-0.076	-0.284	0.413	0.459	0.028	0.290	-0.112
办理《土地使用证》（X_{14}）	-0.127	0.832	0.121	0.056	-0.076	0.176	0.123
办理《房屋产权证》（X_{15}）	-0.295	0.807	0.047	0.027	0.073	0.192	0.129
对交易地块的了解（X_{16}）	0.005	0.024	0.534	-0.127	0.141	-0.186	-0.145
对南海区试点的了解（X_{17}）	-0.363	-0.200	0.342	-0.370	-0.047	0.382	0.187
交易频率（$x18$）	-0.535	-0.055	-0.210	0.146	0.367	0.087	-0.199

从因子分析的结果可知，对模型选择的影响因子提取的七个主成分（特征值 >1）累计贡献率达到 56.105%。第一主成分贡献率为 12.771%，其中需求方受教育程度（X_2）、企业年总产值（X_3）、企业员工人数（X_4）、交易方式（X_8）、交易对象（X_9）、交易频率（X_{18}）具有很高的因子载荷。受教育程度（X_2）、企业年总产值（X_3）、企业员工人数（X_4）三个变量主要反映农村集体建设用地市场交易过程中物质资产专用性强弱，称为物质资产专用性主成分；交易方式（X_8）、交易对象（X_9）两个变量主要反映的是需求方在集体建设用地市场交易过程中交易行为存在的风险，称为交易行为的不确定性主成分；交易频率（X_{18}）反映的是农村集体建设用地市场交易的周期，称为交易频率主成分。第二主成分贡献率为 10.911%，其中价格决定方式（X_{14}）、办理《土地使用证》（X_{15}）两个变量的因子载荷较高，表示的是交易环境存在的风险，称为交易环境的不确定性主成分。第三主成分贡献率为 7.370%，载荷较高的因子有办理《房屋产权证》（X_{16}），反映了市场交易过程中存在的交易环境风险，称为交易环境的不确定性主成分。

第四主成分贡献率为 6.892%，其中因子载荷较高的是相对区位属性（X_6），反映的是集体建设用地市场交易过程中临近土地的性质是否为集体建设用地，表现为资产专用性内含的位置专用性对交易费用的影响，称为位置资产专用性主成分。第五主成分贡献率为 6.336%，载荷较高的因子是绝对区位属性（X_7），地块绝对区位属性（X_6）反映的是交易地块的地理位置离镇中心的距离，表现为地理位置专用性主成分。第六主成分贡献率为 5.965%，其中因子载荷较高的是政府是否干预（X_{12}），反映的是市场交易过程中政府介入对交易费用的影响，表现为交易行为的不确定信息，称为交易行为的不确定性主成分。第七主成分贡献率为 5.860%，其中因子载荷较高的是需求方是否本地人（X_1）、政府是否干预（X_{12}），需求方是否本地人（X_1）反映的是人力资本专用性对市场交易费用的影响，称为人力资本专用性主成分；政府是否干预（X_{12}）反映的是市场交易过程中政府介入对交易费用的影响，表现为交易行为的不确定信息，称为交易行为的不确定性主成分。由此可见，农村集体建设用地市场交易费用是市场交易过程中人力资本专用性、物质资产专用性、地理位置资产专用性、交易行为不确定性、交易环境不确定性和交易频率等的综合反映。

（四）多重共线性检验

回归模型能够成立的重要条件是变量之间不存在多重共线性问题，并解释与扰动项不相关，因此，接下来对解释变量直接进行多重共线性检验，选择使用方差膨胀因子（variance inflation factor，VIF）检验（陈强，2014）。结果（见表 7-19）表明 VIF 最大的为 1.26，远低于 10（VIF 超过 10，则存在较严重的多重共线性问题），解释变量之间不存在多重共线性。

表 7-19　　　　　　　　多重共线性检验结果

变量	VIF	1/VIF	变量	VIF	1/VIF
X_{15}	2.24	0.446	X_{11}	1.14	0.874
X_{14}	2.15	0.464	X_{13}	1.11	0.901
X_8	1.30	0.771	X_7	1.11	0.902
X_3	1.27	0.785	X_6	1.10	0.910
X_9	1.20	0.833	X_{10}	1.10	0.913
X_{18}	1.20	0.833	X_5	1.09	0.921
X_4	1.20	0.835	X_1	1.07	0.937
X_{17}	1.18	0.849	X_{12}	1.05	0.956
X_2	1.15	0.873	X_{16}	1.04	0.959
均值/方差膨胀因子	1.26				

三、农村集体建设用地市场交易费用分析

通过 Stata 12.0 对收集的数据进行 Tobit 模型估计，得出的结果表明，本书设计的三个维度控制变量在不同程度对农村集体建设用地市场的交易费用产生显著影响（见表 7-20）。

表 7-20　农村集体建设用地市场交易费用及其影响因素的模型结果

项目		解释变量	Coef.	Std. Err.	t	P > t
资产专用性	人力资本专用性	是否本地人	-0.355*	0.200	-1.77	0.077
		受教育程度	0.356**	0.171	2.08	0.038
	物质资产专用性	企业年总产值	0.209**	0.088	2.36	0.019
		企业员工人口	-0.002	0.002	-1.12	0.262
		交易地块规模	-0.008**	0.003	-2.57	0.010
	位置专用性	相对位置属性	-0.490*	0.281	-1.75	0.082
		绝对位置属性	0.036	0.024	1.50	0.135
交易的不确定性	交易行为的不确定性	交易方式	-0.217	0.369	-0.59	0.557
		交易对象	-0.771***	0.221	-3.50	0.001
		合同签订及公证情况	-0.609**	0.234	-2.60	0.010
		政府是否干预	0.575	0.369	1.56	0.120
		中介公司参与	-0.238	0.317	-0.75	0.453
	交易环境的不确定性	价格决定方式	-0.527**	0.216	-2.43	0.015
		办理《土地使用证》	0.324	0.321	1.01	0.314
		办理《房屋产权证》	-0.677**	0.297	-2.28	0.023
		对交易地块的了解	-0.510*	0.277	-1.84	0.067
		对南海区试点的了解	-0.705*	0.360	-1.96	0.051
交易频率	交易频率	交易频率	-0.005	0.007	-0.68	0.498
		常数项	9.695***	0.893	10.86	0.000
		Log likelihood =	-819.727			
		PseudoR2 =	0.0478			
		LRchi2（18）=	82.29			
		Prob > chi2 =	0.000			

注：*表示在10%的水平上显著；**表示在5%的水平上显著；***表示在1%的水平上显著。

从资产专用性来看，人力资本专用性中，承租人是否本地人在10%的水平上显著负向影响交易费用，即承租人为本地人的交易费用较低，平均交易费用为18 704.55 元；若非本地人其交易费用较高，平均交易费用为20 805.42 元，根据科斯（1937）、威廉姆森（1979）的观点，将土地出租/出让给集体内部人员的专用性比外部人员更低，内部人员的交易更倾向于一体化的过程，因而其交易费用更低（Coase, 1960; North, 1990）。调研过程中发现南海区农村集体建设用地市场的承租方大部分是南海区和佛山市户籍，这是因为农村集体建设用地市场发育初期，低租金、低地价"允许"本地人进行乡村工业化的发展（张婷等，2016b），有效地盘活了农村集体建设用地市场，降低需求方市场的交易费用。受教育程度在5%的水平上显著正向影响交易费用，样本中12.06%的调研对象接受了初中及以下的教育，这些用地企业的市场平均交易费用为12 188.27元；近63.07%的调研对象接受了高级中学的教育，市场平均交易费用为14 752.88元；24.87%的调研对象接受了大专及以上的教育，市场平均交易费用为36 933.43元。一定程度上，受教育程度越高的承租方经过长期的培训和锻炼被"束缚"在某一行业中，转向其他行业或者领域的成本较高，因而产生更高的交易费用；此外，需求方（企业）受教育程度越高，对市场交易主体、交易客体、交易规则、相关法律等的了解程度越高，这将增加企业作为"理性"经济人在交易谈判过程中的复杂性，从而带来更高的交易费用。对南海区农村集体建设用地进行市场调研发现，需求方（企业）受教育程度越高在市场交易过程中花费的时间较多，他（她）们阐述了在交易过程中主要会花费大量人力成本去分析土地区位、交易主体等方面的信息。研究结果验证了假设一中人力资本专用性越高（如受教育程度越高），其交易费用越高。模型中需求方物质资产专用性没有影响，没有验证假设一中的承租企业的物质资产专用性越高，其对用地及选址的专用性就越强，交易费用越高。

物质资产专用性方面的影响因子主要是需求方物质资产专用性的企业年总产值以及表现为土地资产专用性的交易地块规模，其中企业年总产值在5%的水平上正向影响需求方农村集体建设用地市场交易费用，企业年总产值可表示为企业规模，企业年总产值越高，企业规模越大，在集体建设用地市场交易过程中产生的交易费用越高，企业年总产值>300万元的市场平均交易费用为42 724.38元；反之，企业年总产值越低，市场交易带来的交易费用越低，企业年总产值≤100万元的市场平均交易费用为6 411.05元。调研过程中发现，南海区需求方（企业）表示企业规模越大，在寻找合适的集体建设用地时花费的人力成本和时间成本相对而言较高。这是因为企业年总产值越高，企业规模越大，其在市场运行和生产过程中承载的成本越大，企业容易被"束缚"在某一行业中，企业作为"理性"经济人需要根据企业自身的资产状况以及企业发展状态决定地块或者厂房，在这个过程中对交易客体（土地）、交易主体（供给方、其他潜在竞标人）等信息进行收集的成本将会相对较高（张婷等，2017b）；且企业规模越大，交易过程中交易标的物价格谈判花费的人力成本、时间成本相对较高，也就是说竞标过程中带来的交易成本相对较高，从而使得集体建设用地市场交易过程中的交易费用较高。交易地块规模显著负向影响市场交易费用，即交易地块规模越大，交易费用较低，而交易地块规模越小，交易费用较高。地块规模越大，例如南海区工业园区集体建设用地规模相对而言均较大,承载的大多数是大中型企业,在工业园区形成产业集聚现象,提高需求方(企业)对于集体建设用地市场交易预期以及使用预期,从而降低市场交易费用。

资产专用性中,位置资产专用性的相对区位属性在10%的水平上负向影响农村集体建设用地市场的交易费用,即交易地块周边的土地利用类型是农村集体建设用地的状态下,市场交易费用相对较低,市场平均交易费用为19 520.99元;交易地块周边的土地利用类型不是集体建设用地,市场平均交易费用为22 488.19元。周边土地同是集体建设用地提高了需求方对于集体建设用地市场交易的预期,并能够降低需求方对于交易客体的信息搜寻成本。南海区集体建设用地市场调研发现周围都是集体建设用地的状态下,市场交易价格相差不大,降低了集体建设用地的位置专用性,这有助于需求方节约市场交易过程中价格协商(讨价还价过程)的成本,从而降低市场交易费用,提高市场交易的有效性。这也验证了假设一中的地理位置专用性越强,将带来更高的交易费用。对于资产专用性的假设一得到了验证。

从交易的不确定性方面来看,交易行为的不确定性中交易对象的选择在1%的水平上显著负向影响交易费用,即交易对象为本村集体经济组织内部成员,其交易费用更低,平均交易费用为19 094.19元;反之,交易对象为其他个人,其交易费用越高,市场平均交易费用为21 668.30元。南海区集体资产交易平台的建立和交易规则的实施使得需求方(企业)与农村集体的交易相对而言更规范,有效地降低了需求方(企业)集体建设用地市场交易行为的不确定性,因而其交易费用更低。合同签订与公证情况在5%的水平上显著负向影响交易费用,合同签订与公证是缔约、履约的保障,从法律层面减少需求侧集体建设用地市场交易行为的不确定性,并降低未来交易双方缔约和履约的风险,从而达到减少交易费用的目的。南海区农村集体建设用地市场交易过程中交易双方大多数都会签订合同,调研样本中96.73%的交易都签订了合同,少数没有签订正式合同的交易发生在本集体经济社、亲戚、朋友之间,这说明交易双方的缔约意识均较弱,然而合同公证占总调研样本的比例只有3.27%,增加了需求方未来履约的不确定性。没有签订合同,市场平均交易费用为23 213.16元;合同签订但没有公证,市场平均交易费用为19 906.86元;合同签订且公证,市场平均交易费用为4 773.88元。由此可见,研究结果验证了假设二中交易过程中的交易行为不确定性越强,交易费用越高。

交易环境的不确定性中价格决定方式在5%的水平上显著负向影响交易费用,采用竞标方式进行的交易其交易费用较低,平均交易费用为15 514.36元;而采用协议方式其交易费用较高,市场平均交易费用为21 973.13元。竞标是南海区各镇、街资产交易中心安排相关人员操作的过程,在这个过程中,集体经济社、经联社以及企业均不需要向工作人员支付费用,而且保证了整个竞标过程能够在公平、公正、公开的环境下进行，大大地降低了需求侧在市场交易过程中的不确定性；而协议过程是交易双方讨价还价的过程，在这个过程中交易双方作为"理性经济人"只会将有利于自己的信息告知对方，可能存在信息不对称的情况（Coase，1960；Williamson，1985），增加了交易环境的不确定性，从而增加了交易费用。是否办理《房屋产权证》在5%的水平上显著负向影响交易费用，办理了《房屋产权证》的交易，其交易费用更低，市场平均交易费用为13 925.31元；没有办理《房屋产权证》的交易，其市场交易费用更高，平均交易费用为30 841.82元。科斯（1960）在《社会成本问题》中论述了产权明晰的重要性，并认为产权明晰是市场有效运作的前提，因而，《房屋产权证》的办理是提高农村集体建设用地市场有效运作的关键，办理了《房屋产权证》可以减少交易双方的不确定性以及讨价还价过程，进一步提升市场交易的效率，从而降低交易费用。早期南海区农村集体建设用地市场需求侧（企业）大部分是以小作坊的形式存在，对于产权比较模糊。然而随着市场中进驻企业的规范化和合格化，《房屋产权证》对于企业的正常运转是必不可少的，因此，产权明晰有效地降低了企业交易行为的不确定性，降低市场交易费用。这同时也验证了假设二中交易环境的不确定性越强，交易费用越高。对交易地块的了解和对南海区试点的了解均在10%的水平上显著负向影响农村集体建设用地市场交易费用，即对市场信息越了解，市场交易费用越低，平均交易费用为18 754.18元；对交易地块信息不了解，市场交易费用较高，平均交易费用为27 179.73元。对南海区试点政策了解，农村集体建设用地市场交易费用较低，平均交易费用为17 019.34元；对南海区试点政策不了解，市场交易费用较高，平均交易费用为49 539.42元。南海区农村集体建设用地市场交易过程中存在交易双方信息不对称的现象，因为交易双方倾向于陈述有利于自身价值实现和价值增值的方面，隐藏不利于自身价值实现的方面，这将带来交易环境的不确定性。因而，需求方对交易地块信息和南海区试点政策越了解，可以更好地保证交易环境的公开、透明，降低农村集体建设用地市场交易环境的不确定性，降低交易过程中报名参与竞标、竞价等环节的风险，以降低市场交易带来的费用，提高集体建设用地市场交易的有效性和安全性，研究结果验证了假设二。

四、不同交易方式农村集体建设用地市场交易费用分析

对需求方（企业）农村集体建设用地市场进行调研发现，大多数需求方是从原租户（房东）转租了集体建设用地或者物业，直接从集体经济组织出租或出让集体建设用地的需求方较少，也就是说，南海区农村集体建设用地市场存在大量二次、多次转租行为。因此，从需求方视角按照不同市场交易方式可将农村集体

建设用地市场分为首次交易市场和转租市场。首次交易市场是指与农村集体经济组织进行交易，其交易程序和规则需按照农村集体资产交易流程进行，交易过程相对较规范、透明，调研数据中有 38 宗地是需求方与集体经济组织进行的首次交易；转租市场是指需求方与原租户、房东进行交易，转租的交易方式没有指定的、明确的交易程序，交易双方达成协议即可，调研数据样本中有 360 宗地是通过转租的方式进行交易。因此，本书采用威廉姆森交易费用理论分别对这两种不同市场交易方式的交易费用进行分析，从资产专用性、交易的不确定性和交易频率三个维度探析影响市场交易费用的因素，并在此基础上提出提高市场交易有效性的对策。

采用 Tobit 回归模型对两种不同市场交易方式的交易费用及影响因素进行估计，得出的结果表明首次交易方式的集体建设用地市场交易费用（模型一）不显著（Prob > chi2 = 0.630），而转租方式的集体建设用地市场交易费用（模型二）显著性程度较高（Prob > chi2 = 0.000）（见表 7 - 21）。

转租方式的集体建设用地市场交易费用模型中，需求方（企业）是否南海区本地人负向显著影响集体建设用地转租市场，承租方户籍所在地是南海区，其转租市场交易费用相对较低，平均交易费用为 17 318.28 元；户籍所在地不是南海区，其转租市场交易费用较高，平均交易费用为 19 001.99 元。南海区本地人对于农村集体建设用地市场交易现状、交易客体（集体建设用地信息）、交易价格等情况都较为熟悉，这就大量节约了需求方在信息收集过程中的成本；此外，对市场发展现状和市场动态信息了解的情况下可以减少需求方转租集体建设用地时价格谈判过程中的成本，因而可以减少转租过程中的市场交易费用，提高转租的有效性。对南海区农村集体建设用地转租市场的调研发现，如果需求方（企业）是本地人，对于集体建设用地市场中拥有集体建设用地的原租户、房东比较清楚，且转租交易通常发生在亲戚、朋友、熟人之间，调查对象认为会倾向于选择与自己关系较近的房东进行交易，以减少交易过程中可能发生的不确定性。需求方受教育程度正向影响转租市场交易费用，教育程度越高的需求方，其转租方式的农村集体建设用地市场交易费用越高。样本数据显示，需求方受教育程度为初中及以下，转租市场平均交易费用为 12 557.71 元；受教育程度为高中，转租市场平均交易费用为 13 663.12 元；受教育程度为大专及以上，转租市场平均交易费用为 33 559.30 元。南海区集体建设用地市场调研发现，需求方（企业）受教育程度越高，在转租市场交易过程中将花费更多的人力、时间收集交易对象、交易客体等方面的消息，且其作为"理性"经济人会更全面地考虑市场交易行为，在转租市场表现出的人力资本专用性较强，增加转租市场交易成本，降低市场交易的有效性。关于人力资本专用性的模型结果验证了前文提出的假设一（见表 7 - 21）。

表7-21　不同交易方式的农村集体建设用地市场交易费用

项目	解释变量	模型一：首次交易			模型二：转租		
		Coef.	t	$P>t$	Coef.	t	$P>t$
人力资本专用性	是否本地人	-0.031 (0.853)	-0.04	0.971	-0.379* (0.209)	-1.82	0.070
	受教育程度	-0.436 (0.728)	-0.60	0.556	0.345* (0.178)	1.94	0.053
物质资产专用性	企业年总产值	0.058 (0.358)	0.16	0.873	0.233** (0.092)	2.54	0.012
	企业员工人口	0.002 (0.006)	0.25	0.805	-0.001 (0.002)	-0.83	0.407
	交易地块规模	0.020 (0.026)	0.78	0.446	-0.009** (0.003)	-2.68	0.008
位置资产专用性	相对位置属性	0.480 (1.130)	0.43	0.675	-0.660** (0.298)	-2.21	0.027
	绝对位置属性	0.058 (0.113)	0.51	0.613	0.037 (0.025)	1.50	0.134
交易行为的不确定性	交易对象	-1.307 (0.950)	-1.38	0.183	-0.811*** (0.230)	-3.53	0.000
	签订的合同是否公证	-0.428 (0.774)	-0.55	0.586	-0.539** (0.248)	-2.18	0.030
	政府是否干预	0.209 (1.145)	0.18	0.857	0.758* (0.402)	1.89	0.060
	中介公司参与	-0.871 (1.748)	-0.50	0.623	-0.192 (0.320)	-0.60	0.549
交易环境的不确定性	价格决定方式	-1.761** (0.755)	-2.33	0.030	-0.418* (0.226)	-1.85	0.066
	办理《土地使用证》	0.714 (0.988)	0.72	0.478	0.429 (0.365)	1.18	0.240
	办理《房屋产权证》	0.148 (0.764)	0.19	0.848	-0.846** (0.340)	-2.49	0.013
	对交易地块的了解	-3.055** (1.460)	-2.09	0.049	-0.306 (0.283)	-1.08	0.281
	对南海区试点了解	0.821 (1.101)	0.75	0.464	-0.817** (0.385)	-2.12	0.035

续表

项目	解释变量	模型一：首次交易			模型二：转租		
		Coef.	t	$P>t$	Coef.	t	$P>t$
交易频率	交易频率	0.023 (0.100)	0.23	0.821	-0.004 (0.007)	-0.59	0.556
	常数项	10.958 ** (3.612)	3.03	0.006	9.608 *** (0.916)	10.49	0.000
	Loglikelihood =	-76.313			-735.527		
	PseudoR2 =	0.0869			0.0515		
	LRchi2（17）=	14.52			79.94		
	Prob > chi2 =	0.630			0.000		

注：括号中为标准差；* 表示在10%的水平上显著；** 表示在5%的水平上显著；*** 表示在1%的水平上显著。

物质资产专用性的影响因子中，企业年总产值正向显著影响转租方式农村集体建设用地市场交易费用，企业年总产值越高，转租方式进行农村集体建设用地市场交易发生的交易费用越高。需求方通过转租的方式进行市场交易，企业年产值越高，企业相对更容易被"束缚"在某一行业中，需求方通过转租的方式进行集体建设用地交易需要人力对转租市场状况、交易标的物等进行了解，这将增加需求方集体建设用地市场交易信息收集的成本。交易地块规模显著负向影响转租市场交易费用，地块规模越大，市场交易费用越低，交易地块 >10 亩，其转租市场平均交易费用为 6 864.90 元；反之，交易地块规模越小，转租市场交易费用越高，交易地块 ≤10 亩，其转租市场平均交易费用为 18 694.65 元。南海区集体建设用地市场交易过程中，中大型企业倾向于采用规模经济，以提高生产效率，从而对于地块规模需求较大；而零散的小型作坊由于资金有限，对于集体建设用地的规模要求较高，一旦投入生产，再改变其生产经营行业可能造成巨大的损失，因而这类需求方（企业）市场交易中集体建设用地的专用性较高，交易费用较高。

位置资产专用性中相对位置属性在 5% 的水平上显著负向转租市场交易费用，即交易地块周围的土地是集体建设用地的状态下，转租市场交易费用较低，平均交易费用为 17 914.75 元；交易地块周围的土地不是集体建设用地，转租市场平均交易费用为 20 927.48 元。地块周围的土地利用类型同是集体建设用地减少了土地细碎化分布，提高需求方对于土地使用的预期，且可以降低地块交易过程中信息收集的成本，从而降低市场交易费用。调研结果表明，需求方倾向于在工业园区等集体建设用地较聚集的地方寻找可转租的集体建设用地，这样可以减少信息收集的人力和时间成本，以提高转租市场交易的有效性。

　　交易行为的不确定性因子中，交易对象的选择在1%的水平上负向显著影响转租市场交易费用，选择与集体经济组织成员进行交易，转租交易方式的农村集体建设用地市场交易费用较低，平均交易费用为17 507.70元；选择与非集体经济组织成员的其他个体进行交易，转租市场交易费用较高，平均交易费用为20 285.02元。虽然佛山市南海区人民政府印发的《佛山市南海区农村集体经营性建设用地入市管理试行办法》中规定了转租行为的交易流程和规则，然而实际操作中，南海区农村集体建设用地市场的转租过程没有按照规范化的交易程序进行。因此，选择与集体经济组织成员进行交易，集体经济组织成员更了解、熟悉集体建设用地交易规则，较规范化的交易程序可以降低转租过程中交易行为的不确定性，以减少转租过程带来的交易费用，提高转租集体建设用地市场交易的有效性。合同签订与公证情况负向显著影响转租市场交易费用，签订合同并将其进行公证的情况下，以转租方式进行交易的农村集体建设用地市场交易费用较低，平均交易费用为4 773.88元；合同签订但没有公证，转租市场交易费用处于中间水平，平均转租市场交易费用为18 333.75元；而没有签订合同的情况下，转租市场交易费用最高，平均交易费用为21 655.88元。合同签订和公证是为了确保合同的切实履行所进行的一种法律审核行为，降低交易双方缔约和履约的风险，特别是在转租市场本身没有固定交易规则的情形下，因此，合同签订和公证是需求方（企业）降低交易过程中不确定性的重要法律保障，从而达到减少市场交易费用的目的。调研数据样本中，转租市场交易过程中没有签订合同的占比为14.72%，签订合同但没有公证的转租宗地数量占比为81.67%，合同签订且公证的占比只有3.61%。由此可见，南海区农村集体建设用地转租市场交易主体的缔约意识较强，而履约意识相对较弱，可能会增加交易主体在市场交易中的不确定性，增加市场交易费用。政府干预在10%的水平上显著正向影响转租市场交易费用，政府干预会增加转租交易方式的农村集体建设用地市场交易费用，平均交易费用为76 132.57元；政府没有干预状态下，转租市场平均交易费用为13 833.83元。南海区农村集体建设用地转租市场是市场供需发生的结果，属于市场主导的治理模式，政府的干预可能会带来无序的市场治理模式，使市场交易过程中存在政府的"寻租"行为，带来转租市场交易行为的不确定性，增加市场交易费用，降低市场交易的有效性。调研数据显示，转租交易方式的集体建设用地市场中政府干预的案例占比7.22%，市场中政府干预的行为较少，有利于转租方式下的集体建设用地市场按照市场交易规则运行，提高市场交易的有效性和安全性。

　　交易环境的不确定性中，价格决定方式在10%的水平上显著负向影响转租市场的交易费用，即市场交易过程中采用竞标的方式决定价格可以降低市场交易费用，平均交易费用为 16 699.57 元；而采用协议方式决定价格的情况下市场交易费用较高，平均交易费用为 19 033.30 元。竞标过程提高了市场交易过程中的透明化程度，使得价格决定更加公开化，降低交易环境的不确定性，减少市场交易费用，调研样本中有 30% 的农村集体建设用地市场转租行为是通过竞标的方式决定价格；而通过协议方式决定价格交易双方倾向于将有利于自己的信息隐藏，增加了转租市场交易过程中信息的不对称性，使得交易环境变得不可预测，不利于市场高效、安全地运行，样本中 70% 的转租行为是以协议方式决定市场交易价格。因此，建立集体建设用地二级市场交易平台是有效降低转租市场交易费用的重要措施。办理《房屋产权证》、对南海区试点的了解两个变量均负向显著影响集体建设用地转租市场的交易费用，《房屋产权证》的办理表现为交易标的物的产权安全性以及市场透明化程度，产权安全性越高，交易环境的不确定性越低，转租市场交易费用越低，平均交易费用为 12 419.04 元；而没有办理《房屋产权证》不能保障交易客体的产权安全性，使得交易环境具有不可预测性，且市场透明化程度较低，这将增加市场交易的风险，提高转租方式集体建设用地市场交易费用，平均交易费用为 30 616.40 元。样本数据中转租宗地数中有 67.50% 办理了《房屋产权证》，转租市场的产权安全性相对较高，有助于提高农村集体建设用地转租市场交易的安全性。对南海区试点的了解表现为市场交易过程交易双方的信息对称性，南海区试点政策、交易规程等信息基本都是通过集体经济组织宣传，部分关注时事政策的需求方是通过其他媒介了解，相对而言，集体经济组织成员更了解交易现状、规则，需求方对南海区试点进行了解可以减少在谈判过程中信息的不对称性，降低交易环境的不确定性产生的风险，从而提高转租市场交易有效性。调研样本数据显示转租市场中对南海区试点政策了解的需求方占比为 91.94%，表明政策的宣传较有效，转租市场平均交易费用为 15 226.18 元；对南海区试点政策不了解，带来的转租市场平均交易费用为 53 795.91 元。

首次交易方式的农村集体建设用地市场交易费用模型不显著。调研发现，对于市场需求侧而言，南海区农村集体建设用地市场存在大量的转租行为，在调研过程中只能找到当前集体建设用地的承租方。因此本书中的首次交易农村集体建设用地市场数据不足使得模型不显著。

五、不同契约期限农村集体建设用地市场交易费用分析

根据南海区农村集体建设用地市场交易特征可知，农村集体建设用地市场交易的契约期限大多数集中在 0~5 年间，契约期限越短，交易周期越短，交易频

率越高，会产生相对较高的交易费用。因此，本书将南海区农村集体建设用地市场分为短期契约期限农村集体建设用地市场（契约期限 0~5 年）和长期契约期限农村集体建设用地市场（契约期限大于 5 年），分别对其市场交易费用及影响因素进行分析。模型结果显示（见表 7-22），短期契约期限的集体建设用地市场交易费用及影响因素的模型显著（Prob > chi2 = 0.000），而长期契约期限的农村集体建设用地市场交易费用模型显著性较弱（Prob > chi2 = 0.012）。

表 7-22　不同契约期限的农村集体建设用地市场交易费用

项目	解释变量	模型一：契约期限 0~5 年 Coef.	t	$P>t$	模型二：契约期限大于 5 年 Coef.	t	$P>t$
人力资本专用性	是否本地人	-0.404* (0.235)	-1.72	0.087	-0.530 (0.369)	-1.44	0.154
	受教育程度	0.412** (0.206)	2.00	0.047	-0.038 (0.303)	-0.13	0.900
物质资产专用性	企业年总产值	0.416*** (0.107)	3.90	0.000	-0.259 (0.164)	-1.58	0.118
	企业员工人口	-0.003* (0.002)	-1.83	0.068	0.006 (0.004)	1.63	0.106
	交易地块规模	-0.018 (0.018)	-1.00	0.319	-0.008** (0.003)	-2.38	0.019
位置资产专用性	相对位置属性	-0.610* (0.314)	-1.95	0.053	-0.491 (0.596)	-0.82	0.412
	绝对位置属性	0.058** (0.026)	2.24	0.026	-0.030 (0.055)	-0.55	0.587
交易行为的不确定性	交易方式	1.044 (0.826)	1.26	0.207	-0.834* (0.458)	-1.82	0.071
	交易对象	-0.967*** (0.257)	-3.77	0.000	-0.570 (0.407)	-1.40	0.164
	签订的合同是否公证	-0.273 (0.288)	-0.95	0.344	-1.164** (0.371)	-3.13	0.002
	政府是否干预	0.561 (0.513)	1.09	0.275	0.577 (0.551)	1.05	0.297
	中介公司参与	-0.508 (0.353)	-1.44	0.151	0.592 (0.653)	0.91	0.367

续表

项目	解释变量	模型一：契约期限 0~5 年			模型二：契约期限大于 5 年		
		Coef.	t	$P>t$	Coef.	t	$P>t$
交易环境的不确定性	价格决定方式	-0.609 ** (0.250)	-2.44	0.016	-0.004 (0.399)	-0.01	0.993
	办理《土地使用证》	0.075 (0.398)	0.19	0.850	0.631 (0.520)	1.21	0.227
	办理《房屋产权证》	-0.504 (0.372)	-1.36	0.176	-0.807 * (0.469)	-1.72	0.089
	对交易地块的了解	-0.094 (0.304)	-0.31	0.756	-1.575 ** (0.559)	-2.82	0.006
	对南海区试点了解	-0.509 (0.436)	-1.17	0.244	-1.220 ** (0.613)	-1.99	0.049
	常数项	8.134 *** (1.039)	7.83	0.000	14.230 *** (1.632)	8.72	0.000
	Loglikelihood =	-549.732			-250.799		
	PseudoR2 =	0.0709			0.0613		
	LRchi2（17）=	83.89			32.73		
	Prob > chi2 =	0.000			0.012		

注：括号中为标准差；* 表示在 10% 的水平上显著；** 表示在 5% 的水平上显著；*** 表示在 1% 的水平上显著。

短期契约期限农村集体建设用地市场中资产专用性、交易的不确定性等因子对交易费用的影响不一，从资产专用性维度来看，需求方（企业）是否本地人对短期契约期限市场交易费用具有显著负向影响。在短期契约期限市场交易过程中，市场交易频率较高，需求方是本地人对于了解、掌握市场动态具有地域和亲缘优势，因而可降低短期契约期限市场交易过程中信息收集环节的费用，并降低市场交易费用。调研发现，南海区本地人在农村集体建设用地市场交易过程中表现出明显的地域优势，在短期契约期限交易过程中可以通过亲戚、朋友等关系网更便捷、更快地知道市场交易信息的变动，以减少短期契约期限市场交易过程中信息收集的费用。受教育程度显著正向影响短期契约期限农村集体建设用地市场交易费用，受教育程度越高的需求方（用地企业）对于市场信息收集的范围相对较广、花费的时间相对较长，这对于短期契约期限农村集体建设用地市场交易来说将增加信息收集成本。此外，需求方作为"理性"经济人在谈判过程、决策过程的复杂性也会带来更高的谈判和决策成本，体现出的人力资本专用性相对较高，带来较高的市场交易费用。南海区农村集体建设用地市场特征表明，大部分短期契约期限市场的企业都希望能够通过短期的市场投资获得最大化利益，因而，企业会尽量减少时间成本和人力成本以降低市场交易费用。

物质资产专用性方面的影响因素中，企业年总产值在1%的水平上显著正向影响短期契约期限市场交易费用，企业年总产值越高，其物质资产专用性越高，企业越容易被"锁定"在某一行业中。在南海区短期农村集体建设用地市场交易过程中，企业作为"理性"经济人为了能够在短期租赁农村集体建设用地过程中获取利润需要花更长的时间去了解交易客体的信息、衡量对土地的投入能否在短期契约期限盈利等。因此，企业年总产值越高，在短期契约期限市场交易中反映的物质资产专用性相对长期契约期限市场而言较强，企业在短期契约期限市场交易过程中产生的交易费用较高，降低了短期契约期限市场交易的有效性。企业员工人数显著负向影响短期契约期限农村集体建设用地市场交易费用，企业员工人数较多，短期契约市场交易费用较低。南海区农村集体建设用地市场的调研表明，对于短期契约期限市场而言，在短期集体建设用地使用期内获得尽可能多的利润是对农村集体建设用地投入有效性的主要目标，企业员工人数多对于短期契约期限内实现这一目标具有重要作用，从而可以减少需求方对于土地的投入周期，降低市场交易费用。交易地块规模对于短期契约期限市场交易费用没有显著影响，这是因为南海区农村集体建设用地短期契约期限市场交易过程中，企业在短期内的土地投入面积会根据企业本身的资金和使用需求投入适当面积的集体建设用地，以提高企业运行效率。

位置资产专用性影响因素中，相对区位属性对需求方短期契约期限农村集体建设用地市场交易费用具有显著负向影响。相对区位属性表现为周边土地利用类型是集体建设用地状态，市场交易费用较低。调研结果表明，短期契约期限交易过程中，周边同是农村集体建设用地（也即集体建设用地片区或工业园区）有助于减少用地企业收集农村集体建设用地信息的人力成本、时间成本以及价格谈判过程中的费用，减少整个市场交易过程带来的交易费用。周边土地利用类型不是集体建设用地，用地企业对于投入使用某一集体建设用地的短期契约期限市场交易预期降低，信息收集成本增加，地块交易过程中价格谈判成本增加，从而增加了短期契约期限市场交易费用。绝对区位属性对短期契约期限市场交易费用具有显著正向影响，短期契约期限集体建设用地市场交易地块距离镇中心越近，将产生更高的市场交易费用。距离镇中心较近的地方，其发展规划、基础设施配套相对完善，土地价值较高，而且地块价值也会受到周边土地价值以及发展规划的影响，位置资产专用性较强。调研发现，距离镇中心越近，南海区农村集体建设用地需求方（企业）对于交易地块的价值升值预期较高。在短期契约期限市场交易过程中，需求方（用地企业）在土地投入—产出信息收集方面的成本较高，且将面临更复杂的价格、利益均衡等谈判过程，因此，短期契约期限市场交易费用较高。

从交易的不确定性维度来看，交易行为的不确定性影响因素中交易方式对短期契约期限农村集体建设用地市场交易费用影响不显著，但从系数的影响方向来看，交易方式选择与交易费用正向相关，即选择出让方式会带来更高的交易费用。根据南海区农村集体建设用地市场调研结果，对于短期契约期限市场交易而言，出让金的一次性交付方式可能使需求方（用地企业）面临资金周转问题，不利于企业短期契约期限集体建设用地市场交易的资金。交易对象的选择与短期契约期限农村集体建设用地市场交易费用处于显著负相关关系，选择与农村集体经济组织成员进行交易带来较低的市场交易费用，平均交易费用为 10 252.77 元；选择与其他不是集体经济组织个体进行交易的市场交易费用较高，平均交易费用为 27 649.07 元。南海区农村集体经济组织成员对于农村集体建设用地交易信息了解程度更高，根据对南海区集体建设用地市场需求方（企业）的调研结果，与集体经济组织成员进行交易，能够提高需求方（企业）对于土地市场交易的预期，降低市场交易行为的不确定性。

交易环境的不确定性影响因素中价格决定方式显著负向影响短期契约期限农村集体建设用地市场交易费用。通过竞标方式决定交易价格产生的交易费用较低，而采用协议方式决定价格将带来较高的交易费用。需求方通过短期契约期限农村集体建设用地市场交易的目的是为了通过短期对集体建设用地的投入获得收益，采用竞标的方式决定市场价格可以减少交易双方信息的不对称性，提高价格决定过程的透明化、公开化、公平化程度。而采用协议的方式决定市场交易价格，交易双方倾向于将有利于自身价值实现和发展的信息透露，增加了市场交易环境的不确定性程度，因而其市场交易费用较高。办理《土地使用证》、办理《房屋产权证》对于短期契约期限农村集体建设用地市场交易费用没有显著影响，《土地使用证》《房屋产权证》的办理是市场交易产权明晰的重要保障，但是对于选择短期契约期限市场交易的需求方而言，《土地使用证》《房屋产权证》的办理情况对于企业的盈利等方面的影响不大。而且调研发现，部分《土地使用证》《房屋产权证》的办理情况需要由需求方（用地企业）去办理，这将增加短期契约期限市场交易费用，增加企业对集体建设用地的投入成本，从而降低了企业对于集体建设用地市场交易的预期，所以是否办理《土地使用证》《房屋产权证》对短期契约期限市场交易费用影响不显著。对交易地块的了解以及对南海区试点了解两个变量对于短期契约期限市场交易费用的影响都不显著。与南海区农村集体建设用地市场需求方（企业）的访谈发现，需求方在短期契约期限市场交易过程中不会花费过多的时间去了解交易地块信息以及政策的实施等,有些企业选择短期契约期限市场交易是一个过渡,有些是为了短期盈利,因此,市场信息、政策等的掌握对于这些企业进行短期契约期限农村集体建设用地市场交易影响不大。

长期契约期限农村集体建设用地市场交易费用及影响因素模型的显著性较弱。但从显著性影响变量的结果来看,资产专用性影响因子中只有交易地块规模对长期契约期限农村集体建设用地市场交易费用产生显著负向影响,交易地块规模越大市场交易费用越低,反之,交易地块规模越小交易费用越高。从调研样本数据可知,交易地块规模≥10亩的长期契约期限市场的平均交易费用为19 536.90元,而交易地块规模<10亩的长期契约期限市场的平均交易费用为32 370.81元,远比交易地块规模大的市场交易费用多。交易地块规模相对较大,对于长期契约期限市场的物质资产专用性相对较弱,因为企业在长期投资中可能会根据企业经营状况改变土地开发。反而地块规模越小会限制企业的发展进程,表现出较强的物质资产专用性。对南海区农村集体建设用地市场需求方(企业)的调研结果表明,需求方(企业)普遍认为交易地块规模较大可以降低土地产权破碎度、地块空间破碎度,选择进行长期契约期限交易,对集体建设用地投入周期较长,对集体建设用地的使用预期较强,从而减少长期契约期限市场不同交易主体对于农村集体建设用地市场收益的不同诉求,以减少谈判过程中的交易费用,提高市场交易的有效性。位置资产专用性变量对长期契约期限市场交易费用没有显著影响,长期契约期限市场交易周期较长,企业通过对集体建设用地的长期投入以获取盈利和企业的发展,位置专用性程度相对较弱。

从交易的不确定性影响维度来看,交易行为的不确定性影响因素中交易方式、签订的合同是否公证均显著负向影响长期契约期限市场交易费用。采用出让方式进行交易其长期契约期限市场交易费用较低,而采用出租方式进行长期契约期限市场交易的交易费用较高。南海区农村集体建设用地市场采用出让方式交易的出让金采取一次性支付的方式,交易结束后没有后续成本的问题。而出租交易方式的租金缴纳方式有一年一付、半年一付、一季度一付等方式,且合同约定租金三年一涨、五年一涨,交易过程涉及的环节相对较多,且其谈判成本相对较高,还要面临后续成本增加的问题,交易行为的不确定性强,因而采用出租方式进行长期契约期限市场交易的交易费用相对较高。调研样本显示采用出让方式交易的长期契约期限市场平均交易费用为19 637.55元,而采用出租方式交易的平均交易费用为34 472.89元。签订的合同进行公证,长期契约期限市场交易费用较低,平均交易费用为1 489.49元,合同签订但没有公证的平均交易费用为30 023.27元,合同没有签订其交易费用较高,平均交易费用为36 703.49元。合同签订、公证表示的是缔约、履约风险，合同没有签订、公证会给长期契约期限市场需求方（企业）带来较高的缔约、履约风险，缺乏长期契约期限市场交易行为的保障，增加企业在长期契约期限市场交易过程中交易行为的不确定性，从而提高需求方市场交易费用。对南海区集体建设用地市场需求方（企业）调研发现，合同签订和公证是企业合法、正常运行的重要保障，大多数中大型企业会将签订的合同进行公证，以降低企业在集体建设用地市场交易行为的不确定性，降低市场风险带来的交易费用。

交易环境的不确定性影响因素中办理《房屋产权证》、对交易地块的了解、对南海区试点的了解三个变量对长期契约期限农村集体建设用地市场交易费用具有显著负向影响作用。长期契约期限市场交易过程中，交易地块办理《房屋产权证》的市场交易费用较低，平均交易费用为 15 437.72 元；没有办理《房屋产权证》的市场交易费用较高，平均交易费用为 49 729.57 元。对于长期契约期限市场交易而言，产权清晰和安全是需求方（企业）运行、发展的重要保障。《房屋产权证》的办理是市场安全性、规范化的重要表现，此外，对南海区农村集体建设用地市场中用地企业的调研发现，选择长期契约期限市场交易的企业大多数都需要办理相关生产、销售许可证等，在办理这些许可证的过程中，《房屋产权证》是必不可少的证明材料，这对于降低长期契约期限市场交易环境的不确定性具有重要作用，并可以降低长期契约期限农村集体建设用地市场交易费用。用地企业在长期契约期限市场交易过程中对交易地块进行了解产生相对较低的市场交易费用，平均交易费用为 29 803.27 元；对交易地块不了解，市场交易费用较高，平均交易费用为 35 860.21 元。对交易地块进行了解，市场透明化程度较高，可以减少交易过程中信息的不对称性，降低长期契约期限市场交易环境的不确定性，从而降低市场交易费用。对南海区企业的调研发现，进行长期契约期限市场交易的企业会亲自到交易地块所在位置对其地块形状、道路等基础设施配套状态进行了解，以提高企业在交易过程中谈判的主观能动性，降低市场环境的不确定性产生的交易费用。对南海区试点了解，长期契约期限市场交易费用较低，平均交易费用为 23 833.01 元；对南海区试点不了解，长期契约期限市场交易费用较高，平均交易费用为 78 442.33 元。对南海区试点政策的了解可以提高企业对于政策环境、政策走向的了解，并提高企业对于农村集体建设用地市场交易规范化、合法化的认识，有助于提高企业选择长期契约期限农村集体建设用地市场交易过程中对于农村集体建设用地市场交易信息、政策的了解程度，降低长期契约期限集体建设用地市场交易环境的不确定性，减少长期契约期限市场交易费用。

第六节 农村集体建设用地市场效率分析

效率水平是衡量农村集体建设用地市场交易过程中交易主体对于农村集体建设用地投入—产出相对效率的重要指标。根据农村集体建设用地市场交易过程中集体建设用地、交易主体（集体经济组织、企业）等不同交易案例的投入—产出逻辑一致性，针对农村集体建设用地市场交易实施过程中不同尺度的投入—产出机理，选择相关测算方法。总体来说，利用两阶段 DEA 模型测算出农村集体建设用地市场交易过程中供给侧和需求侧的投入—产出效率，再根据 Tobit 模型探析交易费用对于市场效率的影响，以及其他影响农村集体建设用地市场效率的因素。

一、两阶段 DEA 模型设计

采用两阶段 DEA 方法来研究农村集体建设用地市场交易过程中效率的影响因素。在第一阶段中，运用 DEA – BCC 模型，对农村集体建设用地市场效率进行评估，在第二阶段中，考虑到因变量受限，采用 Tobit 回归模型分析交易费用以及其他因素对农村集体建设用地市场效率的影响，其中，因变量为第一阶段测算的农村集体建设用地市场效率值。第一阶段具体模型如下：

假设要评估 K 个地区的农村集体建设用地市场效率，评价指标体系包含 N 种投入指标和 M 种产出指标，设 X_{jn} 代表第 j 个交易的第 n 种资源投入量，Y_{jm} 代表第 j 个交易的第 m 种资源投入量，则投入导向下对偶形式的 BBC 模型可表示为：

$$\min [\theta - \varepsilon(e_1^T S^- + e_2^T S^+)]$$

$$s.t. \begin{cases} \sum_{j=1}^{K} x_{jn}\lambda_j + S^- = \theta x_n & n = 1, 2, \cdots, N \\ \sum_{j=1}^{K} y_{jm}\lambda_j - S^+ = y_m & m = 1, 2, \cdots, M \\ \sum_{j=1}^{K} \lambda_j = 1 \\ \lambda_j \geq 0, S^- \geq 0, S^+ \geq 0, x_{jn} \geq 0, y_{jm} \geq 0 \end{cases} \quad (7.2)$$

式中，$\theta(0 \leq \theta \leq 1)$ 为综合效率指数，其值越接近于 1，表明农村集体建设用地市场效率越高；λ_j 为权重变量；S^- 为农村集体建设用地市场投入冗余变量；S^+ 为农村集体建设用地市场产出不足变量；ε 为非阿基米德无穷小，一般取 $\varepsilon = 10^{-6}$；$e_1^T = (1, 1, \cdots, 1) \in E_m$ 和 $e_2^T = (1, 1, \cdots, 1) \in E_k$ 分别为 m 维和 k 维单位向量空间。计算结果中：①若 $\theta = 1$，且 $S^- = 0$，$S^+ = 0$ 时，则该农村集体建设用地市场的决策单元有效，各决策在集体建设用地市场原投入要素的基础上获得了最优的产出。②若 $\theta = 1$，且 $S^- \neq 0$，或 $S^+ \neq 0$ 时，则该农村集体建设用地市场决策单元为弱 DEA 有效，各决策单元可以保持原投入不变而提高产出，或原产出不变而减少投入。③若 $\theta < 1$，则该决策单元未达到最优效率状态，此时可以通过农村集体建设用地市场决策单元在相对有效平面上的投影来改进无效的决策单元，建议各集体建设用地市场投入及产出的调整值为 $x_{jn}^* = \theta x_n - S^-$，$y_{jm}^* = \theta y_m + S^+$，调整后的效率值为 1；建议改进的值为：$\Delta x_{jn} = x_{jn} - x_{jn}^*$，$\Delta y_{jm} = y_{jm}^* - y_{jm}$。

通过 BBC 模型进行农村集体建设用地市场效率分析可获得市场交易技术效率（TE）、市场交易纯技术效率（PTE）、市场交易规模效率（SE）三个方面的信息以及规模报酬情况。市场交易技术效率（TE）也就是综合效率，反映了在一定时期内，在一定的技术装备、要素投入和成本投入条件下，农村集体建设用地市场交易获得的实际产出与其最大可能产出的比率。市场交易纯技术效率（PTE）反映的是在一定的生产技术条件下，包括农村集体建设用地等物质资产在内的投入规模是否达到充分发挥其生产潜能，是否存在资源浪费的现象。市场交易规模效率（SE）反映了农村集体建设用地市场交易过程中农村集体建设用地的投入规模是否达到农村集体建设用地产出最大化所要求的规模。农村集体建设用地市场规模报酬是指在其他条件不变的情况下，市场交易中各要素按相同比例变化时所带来的产量变化。如果投入增加一倍，产出也增加一倍，则称为规模报酬不变；如果投入增加一倍，产出的增加多于一倍，称为规模报酬递增；如果投入增加一倍，产出的增加少于一倍，称为规模报酬递减。

第二阶段标准的 Tobit 模型，以效率为因变量，制度、政府规则、市场特征等为自变量和虚拟变量，根据前文对于农村集体建设用地市场交易费用及影响因素的分析结果构建模型，分析集体建设用地市场效率影响因素。具体如下：

$$Y_i^* = X_i \beta + \sigma \varepsilon_i \tag{7.3}$$

若 $Y_i^* \leq 0$，则 $Y_i = 0$；若 $Y_i^* > 0$，则 $Y_i = Y_i^*$。

其中，Y_i^* 为潜变量，Y_i 为观测到的因变量，X_i 为自变量，β 为回归系数向量，σ 为尺度参数，ε_i 为随机干扰且 $\varepsilon_i \sim (0, \sigma^2)$。

二、决策单元选择与指标体系构建

（一）决策单元选择

运用 DEA 方法进行效率估计时需要将模型指标分为两大类：一类是投入指标，一类是产出指标。根据农村集体建设用地市场交易供给侧和需求侧的特征，选择市场投入指标和产出指标。从供给侧视角来看，农村集体建设用地市场效率投入指标包括：（1）集体建设用地交易面积。对于供给侧（农村集体经济组织）而言，集体建设用地市场交易是农村集体经济组织生产总值的主要来源，因此，选择集体建设用地市场交易面积作为投入指标，可以更准确地反映农村集体建设用地市场交易效率。（2）交易过程中股东代表人数，在农村集体建设用地市场交易过程中股东代表对市场交易进行表决，表现为农村集体建设用地市场交易过程中农村集体经济组织劳动力的投入数量。（3）集体经济组织领导人数，对整个农村集体建设用地市场交易过程进行引导、监督，表现为市场交易过程中的劳动力投入。农村集体建设用地市场效率产出指标为集体经济组织土地市场交易的总金额。对南海区农村集体经济组织的访谈发现，南海区农用地面积逐渐减少，农地市场交易收入占集体经济组织收益的比例很少，集体经济组织土地交易总金额主要来源于农村集体建设用地市场交易，可反映农村集体建设用地市场交易过程给农村集体经济组织带来的产出数量。

从需求侧视角来看，农村集体建设用地市场效率投入指标包括：（1）集体建设用地交易面积，需求方（企业）通过对农村集体建设用地的投入获得盈利，表现为需求方生产、发展过程中的土地投入数量。（2）企业员工人数，企业生产、运行过程中的劳动力投入数量。（3）企业其他投入成本（＝总投入成本－集体建设用地投入成本－企业员工投入成本），除去土地资本和劳动力资本以外，企业生产过程中的其他资本投入数量。农村集体建设用地市场效率产出指标为企业年生产总值，反映需求方（企业）农村集体建设用地市场交易的产出总值。

（二）指标体系构建

根据农村集体建设用地市场效率模型核算结果，构建农村集体建设用地市场效率的影响因素，探析农村集体建设用地市场交易无效率的原因。根据土地市场效率"SCP（结构—行为—效率）"的分析框架（罗必良，2005；刘莉君，

2010),农村集体建设用地市场效率受集体建设用地市场交易主体特征、交易主体行为、交易客体特征等内部因素的影响,以及社会环境、制度环境等外部因素的影响,将这些内部因素和外部因素归纳为五个方面:交易费用、交易主体、交易客体、交易行为、交易环境。

交易主体的影响因素主要包括:(1)交易主体的数量,反映为农村集体建设用地市场劳动力资本的投入;(2)交易主体的质量,例如交易主体的受教育程度等,反映为交易主体在农村集体建设用地市场交易过程中作为"理性"经济人对制度安排的掌握、了解程度等。交易客体的影响主要表现在交易客体(农村集体建设用地)的数量以及区位属性特征。交易行为的影响主要表现在农村集体建设用地市场交易过程中交易方式的选择、合同公证、政府干预、中介参与等交易行为方面,反映交易主体市场交易行为对于农村集体建设用地市场效率的影响。交易环境的影响主要表现在农村集体建设用地市场交易价格的决定方式、《土地使用证》的办理、对交易地块信息的了解、对南海区试点政策的了解等交易环境方面,反映了农村集体建设用地市场交易环境对于市场效率的影响。根据供给侧(农村集体经济组织)(见表7-23)、需求侧(用地企业)(见表7-24)集体建设用地市场的特征构建指标体系。

表7-23 农村集体建设用地市场效率影响因素——供给侧

项目	变量	变量赋值、说明
交易费用	交易费用(X_1)	交易费用的对数值
交易主体	集体经济社党员占总人口比重(X_2)	实际计算占比比例
	集体经济社领导人数(X_3)	实际值(人)
	股东代表人数(X_4)	实际值(人)
交易客体	集体建设用地面积(X_5)	实际值(平方千米)
	交易地块规模(X_6)	实际值(亩)
	相对区位属性(X_7)	1=周边是集体建设用地,0=周边不是集体建设用地
	绝对区位属性(X_8)	地块离镇中心的距离(千米)
交易行为	市场交易方式(X_9)	1=出让,0=出租
	交易对象的选择(X_{10})	1=集体经济组织成员,0=非集体经济组织成员

续表

项目	变量	变量赋值、说明
交易行为	合同是否公证（X_{11}）	1=是，0=否
	政府是否干预（X_{12}）	1=是，0=否
	中介公司是否参与（X_{13}）	1=是，0=否
交易环境	价格决定方式（X_{14}）	1=竞标，0=协议
	是否知道南海区是入市试点（X_{15}）	1=是，0=否
	是否了解企业性质（X_{16}）	1=是，0=否
	是否办理《土地使用证》（X_{17}）	1=是，0=否

表7-24　农村集体建设用地市场效率影响因素——需求侧

项目	解释变量	变量赋值、说明
交易费用	交易费用（X_1）	交易费用的对数值
交易主体	受教育程度（X_2）	1=初中及以下，2=高中，3=大专及以上
	企业年总产值（X_3）	实际值（十万元）
	企业总投入资本（X_4）	实际值（十万元）
交易客体	交易地块规模（X_5）	实际值
	相对位置属性（X_6）	1=周边是集体建设用地，0=周边不是集体建设用地
	绝对位置属性（X_7）	地块离镇中心的距离（千米）
交易行为	交易方式（X_8）	1=首次出租，0=转租
	交易对象（X_9）	1=与集体经济社成员交易，0=与其他个人交易
	合同签订及公证情况（X_{10}）	1=未签订合同，2=合同签订未公证，3=合同签订且公证
	政府是否干预（X_{11}）	1=是，0=否
	中介公司参与（X_{12}）	1=是，0=否

续表

项目	解释变量	变量赋值、说明
交易环境	价格决定方式（X_{13}）	1＝竞标，0＝协议
	办理《土地使用证》（X_{14}）	1＝是，0＝否
	办理《房屋产权证》（X_{15}）	1＝是，0＝否
	对交易地块的了解（X_{16}）	1＝是，0＝否
	对南海区试点的了解（X_{17}）	1＝是，0＝否

三、农村集体建设用地市场效率分析——供给侧视角

（一）农村集体建设用地市场效率分析

从供给侧视角，基于上述决策单元选择，采用 MaxDEA 软件对农村集体建设用地市场效率进行估计，得到结果表 7-25。从模型结果可知，对于农村集体经济组织而言，南海区农村集体建设用地市场综合效率较低，仅为 0.117；纯技术效率为 0.485，规模效率为 0.246。相比集体建设用地资源管理水平、农村集体经济组织人力管理水平来说，农村集体建设用地规模对于农村集体建设用地市场总体效率的影响更大。目前纯技术效率只有 0.485，还有 51.5% 的提升空间；而规模效率仅有 0.246，还有 75.4% 的提升空间。进一步根据农村集体建设用地市场交易方式的不同、契约期限的不同以及区域的不同，重新对不同交易方式、不同契约期限、不同区域的农村集体建设用地市场效率进行估计。

表 7-25　　农村集体建设用地市场效率——供给侧视角

项目		技术效率	纯技术效率	规模效率
总效率		0.117	0.485	0.246
不同交易方式	出让	0.171	0.377	0.391
	租赁	0.113	0.493	0.235
不同契约期限	0～5 年	0.125	0.562	0.240
	大于 5 年	0.116	0.468	0.247
不同区域	大沥镇	0.121	0.471	0.277
	桂城街道	0.158	0.402	0.377
	里水镇	0.091	0.446	0.242
	狮山镇	0.150	0.493	0.261
	西樵镇	0.039	0.611	0.060

从不同交易方式农村集体建设用地市场效率来看，出让市场的总效率比租赁市场的总效率高，农村集体建设用地出让市场效率为0.171，农村集体建设用地租赁市场效率为0.113，主要原因在于农村集体建设用地出让市场的出让金是一次性缴纳给农村集体经济组织，提高了农村集体经济组织的生产总值，而租赁市场的租金缴纳方式包括一年一付、半年一付、一季度一付、一月一付，对于农村集体经济组织生产总值增加的影响相对较小。从纯技术效率来看，农村集体建设用地出让市场比租赁市场低，出让市场纯技术效率为0.377，租赁市场纯技术效率为0.493，主要是因为目前南海区农村集体建设用地市场主要以出租的方式进行交易，租赁市场资源浪费程度小于出让市场。从规模效率来看，农村集体建设用地出让市场比租赁市场高，出让市场规模效率为0.391，租赁市场规模效率为0.235，目前南海区集体建设用地市场以出让方式进行交易的土地规模相对于租赁方式要更大，对于乡镇企业而言，农村集体经济组织出让的集体建设用地规模更符合企业用地需求。然而，农村集体建设用地出让市场的纯技术效率和规模效率相差不大，说明农村集体建设用地资源管理、人力管理等资源管理方面以及集体建设用地投入规模都取向出让市场总体效率的高低；农村集体建设用地租赁市场规模效率明显低于纯技术效率，集体建设用地投入取向租赁市场总体效率的高低。

从不同契约期限农村集体建设用地市场效率来看，总体效率方面，短期契约期限比长期契约期限效率更高，短期契约期限市场总体效率为0.125，长期契约期限市场总体效率为0.116，短期契约期限市场总体效率略高于长期契约期限市场。纯技术效率方面，短期契约期限农村集体建设用地市场比长期契约期限市场高，短期契约期限市场纯技术效率为0.562，长期契约期限市场纯技术效率为0.468，短期契约期限市场集体建设用地资源管理、人力资源管理水平略高于长期契约期限市场。规模效率方面，短期契约期限市场比长期契约期限市场稍低，短期契约期限市场规模效率为0.240，长期契约期限市场规模效率为0.247，短期契约期限市场集体建设用地规模满足市场最大化规模的程度稍差于长期契约期限市场。从市场效率对于不同契约期限农村集体建设用地市场的影响来看，短期契约期限农村集体建设用地市场总体效率中，规模效率对于市场总体效率高低的影响较大，说明短期契约期限市场中集体建设用地资源、集体经济组织人力资源管理等方面对于提高总体效率具有重要作用，而短期契约期限农村集体建设用地市场中集体建设用地规模没有满足短期契约期限市场对于集体建设用地规模的需求。从长期契约期限农村集体建设用地市场总体效率来看，规模效率取向长期契约期限市场效率高低。由此可知，长期契约期限市场交易过程中集体经济组织供给的集体建设用地规模没有达到需求方（企业）的用地规模。

从不同区域农村集体建设用地市场效率来看，调研的五个镇（街）中农村集体建设用地市场总体效率最高的是桂城街道，农村集体建设用地市场总体效率为0.158，纯技术效率为0.402，规模效率为0.377，桂城街道地处南海区中心、南海区东部地区，属于广佛同城的前沿阵地，第二、第三产业经济发达程度较高，其社会经济发展水平较高、基础设施配套较完善，桂城街道农村集体建设用地市场发展获得的产出相较于其他镇而言更满足产出最大化规模。总体效率排在第二位的是狮山镇，市场总体效率值为0.150，纯技术效率是0.493，规模效率是0.261，狮山镇属于南海区中部地区，是南海区总面积最大的镇，有"南海区工业镇"之称，作为佛山市产业、科研、教育基地，承担着重要的产业功能，利用固有的产业基础和交通设施的完善，汇聚了大量集体建设用地，吸引了大项目落地，做到产业升级与集体建设用地的集约化利用，使得农村集体建设用地市场的实际产出水平最大化程度相对较高。总体效率第三的是大沥镇，为0.121，纯技术效率是0.471，规模效率是0.277，大沥镇位于南海区东部，东与广州市接壤，南与佛山市禅城区毗邻，素有"广佛黄金走廊"之称，区域优势突出，且大沥镇依托金属加工业和内衣制造业两大支柱产业的发展，吸引了海内外众多商家，使得大沥镇农村集体建设用地市场效率相对较高。里水镇农村集体建设用地市场总体效率排在第四位，为0.091，纯技术效率是0.446，规模效率是0.242，里水镇地处南海区东北部，工业发展水平相对于桂城街道、狮山镇、大沥镇要低，产业特色不明显，这就使得里水镇农村集体建设用地市场产出水平相对较低，市场总体效率相对较低。农村集体建设用地市场总体效率最低的是西樵镇，市场总体效率值仅为0.039，纯技术效率是0.611，规模效率是0.060，西樵镇位于南海区西南部，经济相对于东中部来说较弱，重点发展西樵旅游度假区，工商业发展水平相对落后，农村集体建设用地市场产出水平相对较弱。从各镇（街）市场总体效率取向来看，各镇（街）农村集体建设用地市场的纯技术效率大于规模效率，由此可知，规模效率取向南海区各镇（街）农村集体建设用地市场总体效率高低，尤其是西樵镇，其规模效率明显低于纯技术效率，集体建设用地投入规模与产出最大化规模之间的差距很大，说明西樵镇农村集体建设用地市场出现冗余现象，土地利用水平较低。

（二）农村集体建设用地市场规模报酬分析

从南海区农村集体建设用地市场供给侧视角的规模报酬情况（见表7-26）来看，绝大多数农村集体建设用地市场交易规模没有达到最优规模，仍然处于规模报酬递增的阶段，调研样本中有97.04%的农村集体建设用地市场交易处于农村集体建设用地市场规模报酬递增阶段，仅有2.15%的处于农村集体建设用地市场规模不变阶段，0.81%的市场交易处于农村集体建设用地市场规模报酬递减阶段,这表明目前南海区农村集体建设用地市场交易可以通过扩大规模以提高农村集体经济组织生产总值,这也符合国家相继颁布、实施的关于农村集体建设用地入市政策中提出的"在符合规划和用途管制前提下,允许农村集体经营性建设用地出让、租赁、入股,实行与国有土地同等入市、同权同价。"南海区通过盘活农村集体土地、节约集约利用土地以增加农村集体经济组织及农民的收入水平。

表7-26 农村集体建设用地市场规模报酬情况——供给侧视角

项目		规模报酬递增		规模报酬不变		规模报酬递减	
		样本数	百分比(%)	样本数	百分比(%)	样本数	百分比(%)
总效率		361	97.04	8	2.15	3	0.81
不同交易方式	出让	24	92.31	2	7.69	0	0.00
	租赁	337	97.40	6	1.73	3	0.87
不同契约期限	0~5年	68	98.55	1	1.45	0	0.00
	大于5年	293	96.70	7	2.31	3	0.00
不同区域	大沥镇	55	98.21	1	1.79	0	0.00
	桂城街道	57	96.61	2	3.39	0	0.00
	里水镇	72	100.00	0	0.00	0	0.00
	狮山镇	117	93.60	5	4.00	3	0.00
	西樵镇	60	100.00	0	0.00	0	0.00

模型结果表明,不同交易方式农村集体建设用地市场、不同契约期限农村集体建设用地市场、不同区域农村集体建设用地市场的规模报酬规律与南海区农村集体建设用地市场规模报酬规律呈现一致性,这表明南海区农村集体经济组织可以根据不同交易方式、不同契约期限、不同区域进行科学规划农村集体建设用地市场供给量,以最大化农村集体建设用地市场效率。然而规模报酬递减阶段出现在租赁市场、长期契约期限市场,样本调研结果表明农村集体建设用地租赁市场存在规模报酬递减阶段,租赁市场农村集体建设用地的供给以及市场交易没有达到最大化农村集体经济组织生产总值的水平。目前南海区农村集体建设用地市场"以租代让"的现象较普遍,租赁市场交易量明显多于出让市场,所以应均衡化农村集体建设用地租赁市场供需水平。农村集体建设用地长期契约期限市场规模报酬递减阶段表明长期契约期限市场集体建设用地投入水平的增加不会使得集体经济组织生产总值增加至同样的水平,因而应调整长期契约期限市场供给情况、市场利用水平,以最大化市场效率。调研样本结果表明只有狮山镇农村集体建设用地市场出现规模报酬递减情况,狮山镇农村集体建设用地市场交易中要素投入

水平增加一倍，集体经济组织生产总值增加将会少一倍，狮山镇农村集体建设用地市场冗余现状较其他镇（街）更突出，狮山镇在依托新型产业发展的同时应提高农村集体建设用地市场规模报酬水平，发挥集体建设用地市场在提高农村集体经济组织生产总值方面的作用，提升农村集体建设用地与国有土地"同地、同价、同权"程度。

（三）农村集体建设用地市场效率影响因素分析

首先需要对回归模型进行多重共线性检验，并解释与扰动项不相关，因此，接下来对解释变量直接进行多重共线性检验，选择使用方差膨胀因子（variance inflation factor，VIF）检验（陈强，2014）。结果（见表7-27）表明VIF最大的为1.26，远低于10（VIF超过10，则存在较严重的多重共线性问题），解释变量不存在多重共线性。

表7-27　　　　　　　　　　多重共线性检验结果

变量	VIF	1/VIF	变量	VIF	1/VIF
X_2	1.58	0.631	X_8	1.22	0.823
X_4	1.56	0.642	X_{17}	1.20	0.832
X_{11}	1.43	0.700	X_{12}	1.17	0.854
X_3	1.38	0.725	X_7	1.14	0.876
X_{10}	1.38	0.726	X_{13}	1.12	0.895
X_1	1.29	0.773	X_6	1.10	0.908
X_{16}	1.28	0.782	X_9	1.10	0.911
X_5	1.24	0.809	X_{15}	1.09	0.917
X_{14}	1.22	0.817	Mean/VIF	1.26	

MaxDEA模型结果可知，南海区农村集体建设用地市场交易中存在大量无效率交易情况，根据前文阐述的无效率影响因素分析框架，采用Tobit模型对南海区农村集体建设用地市场无效率影响因素进行第二阶段的分析（见表7-28）。

从交易费用方面来看，交易费用对于供给侧农村集体建设用地市场效率具有显著负向影响，交易费用越高，农村集体建设用地市场效率越低。南海区农村集体建设用地市场供给侧方面，除了市场供需杠杆决定市场交易之外，农村集体建设用地市场交易需要严格按照当前政府出台的《佛山市南海区农村集体经营性建设用地入市管理试行办法》进行，市场制度带来的交易费用在一定程度上将会降低市场效率。由此可知，当前南海区实施的农村集体建设用地制度不尽完善，从而影响农村集体经济组织集体建设用地市场投入—产出效率。这种制度的不完善主要包括以下方面：(1) 制度建立的滞后性。南海区农村集体建设用地市场发育初期市场处于紊乱的状态，集体建设用地市场在南海区甚至珠三角其他地区普遍形成之后，国家及地方相关部门才实施了《农村集体建设用地使用权流转办法》并修改《土地管理法》，以规范化集体建设用地市场交易。(2) 产权的不清晰。南海区农村集体建设用地除了一些存量建设用地外还包括部分农用地转化为集体建设用地，这些集体建设用地由于受到建设用地指标的限制，很多都没有办理《集体建设用地使用权证》，而且还有大量的地上物业没有办理《房屋产权证》，导致土地及地上物业产权的不清晰，增加南海区农村集体经济组织在农村集体建设用地市场交易过程中的交易费用，降低了供给侧集体建设用地市场效率。

表7-28　农村集体建设用地市场效率影响因素——供给侧视角

项目	变量	Coef.	Std. Err.	t	$P>t$
交易费用	交易费用	-0.009**	0.004	-2.38	0.018
交易主体	集体经济社党员占总人口比重	0.394*	0.208	1.90	0.059
	集体经济社领导人数	0.001	0.002	0.44	0.658
	股东代表人数	0.001**	0.001	2.46	0.014
交易客体	集体建设用地面积	0.011**	0.004	3.13	0.002
	交易地块规模	0.001	0.001	0.62	0.538
	相对区位属性	-0.014	0.011	-1.25	0.212
	绝对区位属性	-0.001	0.001	-0.28	0.781
交易行为	市场交易方式	-0.003	0.021	-0.12	0.902
	交易对象的选择	-0.017	0.023	-0.75	0.452
	合同是否公证	0.068***	0.013	5.11	0.000
	政府是否干预	-0.023**	0.012	-2.03	0.043
	中介公司是否参与	0.085**	0.036	2.35	0.019
交易环境	价格决定方式	0.032**	0.016	2.00	0.047
	是否知道南海区是入市试点	0.014	0.013	1.07	0.287
	是否了解企业性质	0.026*	0.014	1.89	0.060
	是否办理《土地使用证》	0.014	0.013	1.12	0.265
	常数项	0.108**	0.044	2.46	0.014
	Log likelihood =	338.264			

续表

项目	变量	Coef.	Std. Err.	t	$P>t$
	PseudoR2 =	-0.1103			
	LRchi2 (17) =	67.20			
	Prob > chi2 =	0.000			

注：* 表示在10%的水平上显著；** 表示在5%的水平上显著；*** 表示在1%的水平上显著。

从交易主体方面来看，集体经济组织党员占总人口比重在10%的水平上显著正向影响农村集体建设用地市场效率，在其他条件不变的情况下，集体经济组织党员人数越多，越有利于提高农村集体建设用地市场效率。党员代表中国最广大人民的根本利益，是农村集体经济组织相对较先进的集体，以实现人民群众的根本利益为目标，有利于农村集体建设用地市场向着市场制方向发展，减少市场交易中"敲竹杠"行为的发生，以提高集体经济组织农村集体建设用地市场效率。股东代表人数在5%的水平上正向显著影响农村集体建设用地市场效率，在其他条件不变的情况下，股东代表人数越多，农村集体建设市场效率较高。南海区农村集体建设用地市场交易在决议过程中需要1/2的农村集体经济组织股东参会，1/2的会议代表通过。股东代表人数表明农村集体经济组织村民自治化水平，也就是说村民自治化水平越高，农村集体建设用地市场效率越高。村民自治化水平越高，政府等行政干预程度相对较低，农村集体建设用地市场交易过程中的"寻租"行为、机会主义行为降低，有助于提高农村集体建设用地市场效率（见表7－28）。

从交易客体方面来看，集体建设用地面积在5%的水平上显著正向影响农村集体建设用地市场效率，即在其他条件不变的情况下，集体建设用地面积供给量越多，农村集体建设用地市场效率越高。农村集体建设用地数量越多，表明市场供给量较多，对于前文论述的南海区农村集体建设用地市场交易绝大多数处于规模报酬递增阶段而言，有利于市场规模报酬向着规模报酬不变阶段发展，从而提高农村集体建设用地市场效率。农村集体建设用地位置属性对市场效率没有显著影响，但从影响方向来看，相对区位属性正向影响农村集体建设用地市场效率，也就是说周边土地利用类型是农村集体建设用地的状态下，市场效率较高。周边土地利用类型同是农村集体建设用地，可以提高交易主体对于市场交易的预期，因而有助于提高农村集体建设用地市场交易的发生，提高市场效率。绝对区位属性显著负向影响农村集体建设用地市场效率，离镇中心距离越近的区域，市场效率相对较高，离镇中心距离越远的区域，市场效率相对较低。区位属性较优的地方，基础设施相对较完善，土地价值相对较高，农村集体建设用地市场交易发生的机会较多，有助于市场规模报酬向着不变的阶段发展，进而提升农村集体用地市场效率。

从交易行为方面来看，合同是否公证在1%的水平上显著正向影响农村集体建设用地市场效率，在其他条件不变的情况下，合同公证有助于提高农村集体建设用地市场效率。合同公证对于农村集体经济组织而言，是缔约、履约的重要表现，降低农村集体经济组织在农村集体建设用地市场交易中的风险，提高农村集体经济组织市场交易预期，从而提高农村集体建设用地市场效率。政府是否干预在5%的水平上显著负向影响农村集体建设用地市场效率，在其他条件不变的情况下，政府干预使得农村集体建设用地市场效率降低。政府干预市场交易行为可能"扰乱"市场交易规律、市场机制等，带来政府"寻租"行为以及机会主义行为，"共享"农村集体经济组织在市场交易中的收益，从而降低农村集体建设用地市场效率。中介公司是否参与在5%的水平上显著正向影响农村集体建设用地市场效率，在其他条件不变的情况下，中介公司参与有助于提高农村集体建设用地市场效率。中介公司作为第三方规制机制参与市场交易过程，有助于发布市场信息、收集市场信息，提高农村集体经济组织对于农村集体建设用地市场交易的预期，促进市场交易的发生，提高农村集体建设用地市场效率。

从交易环境方面来看，价格决定方式在5%的水平上显著正向影响农村集体建设用地市场效率，采用竞标的方式决定价格有助于提高农村集体建设用地市场效率，而采用协议方式决定价格其市场效率相对较低。竞标方式决定价格增强了农村集体建设用地市场交易过程的规范化程度、透明化程度，更好地保障了农村集体经济组织在市场交易过程中的公平、公开、公正，使得市场交易的制度环境更加安全，降低市场交易环境的不确定性，提高交易主体对于市场交易的预期，从而提高农村集体建设用地市场效率。这在南海区农村集体建设用地市场制度变迁中得到了印证，随着南海区农村集体建设用地市场交易数量的增加，南海区开始建立区级、镇（街）级、村级农村集体资产交易平台，并开始使用竞标的方式公开化市场交易过程，农村集体经济组织根据竞标结果选择需求方。是否了解企业性质在10%的水平上显著正向影响农村集体建设用地市场效率，农村集体经济组织对需求方（企业）性质了解的情况下，农村集体建设用地市场效率较高，反之，农村集体经济组织不了解需求方性质，农村集体建设用地市场效率较低。对需求方进行了解，有助于农村集体经济组织降低市场交易过程中信息的不对称性，降低市场交易环境的不确定性，提高农村集体经济组织谈判的主观能动性，从而提高农村集体建设用地市场效率。南海区农村集体建设用地市场交易需求方的选择经历了从对需求方没有任何限制（即初期的"零门槛"）到农村集体经济组织对需求方的用地性质、产业类型等进行规定，农村集体经济组织对于需求方（企业）的了解有助于市场交易的发生，从而提高市场效率。

四、农村集体建设用地市场效率分析——需求侧视角

(一) 农村集体建设用地市场效率分析

采用 MaxDEA 软件对农村集体建设用地市场需求侧视角的效率进行模型计算，结果（见表 7-29）表明农村集体建设用地市场总体效率为 0.230，纯技术效率为 0.390，规模效率为 0.658，纯技术效率明显低于规模效率。需求侧视角农村集体用地市场的投入资本：集体建设用地资源投入、企业劳动力投入没有发挥其生产潜能，存在严重的资源浪费情况，纯技术效率取向农村集体建设用地市场总体效率。南海区存在部分农村集体建设用地资源闲置，企业生产经营不善将农村集体建设用地转租等现象，使得需求方（企业）对于农村集体建设用地的投入没有达到最大化产出的水平。模型结果显示，南海区农村集体建设用地市场纯技术效率为 0.390，还有 61.0% 的提升空间；规模效率为 0.658，还有 34.2% 的提升空间。根据南海区农村集体建设用地市场需求侧的特征，对不同交易方式农村集体建设用地市场、不同契约期限农村集体建设用地市场、不同区域农村集体建设用地市场效率进行分析。

表 7-29 农村集体建设用地市场效率——需求侧视角

项目		技术效率	纯技术效率	规模效率
总效率		0.230	0.390	0.658
不同交易方式	首次交易	0.237	0.403	0.652
	转租	0.163	0.272	0.709
不同契约期限	0~5 年	0.241	0.438	0.614
	大于 5 年	0.206	0.284	0.756
不同区域	大沥镇	0.249	0.386	0.698
	桂城街道	0.218	0.377	0.640
	里水镇	0.202	0.342	0.709
	狮山镇	0.221	0.396	0.633
	西樵镇	0.256	0.469	0.581

从不同交易方式农村集体建设用地市场来看，首次交易市场总体效率为

0.237，转租市场总体效率为 0.163，也就是说在一定的投入条件下，首次交易市场总体效率高于转租市场总体效率。调研样本显示企业选择农村集体建设用地市场首次交易过程中契约期限≥15 年的企业占比为 86.84%，首次交易市场中大多数企业选择长期契约期限市场交易，企业通过对农村集体建设用地的长期投资以保证企业利润最大化，降低投入成本，因此其市场总体效率相对较高。而南海区农村集体建设用地转租市场交易过程中契约期限≤5 年的企业占转租市场总量的比重为 75.00%，企业通过转租市场的短期契约期限交易加大对企业产出的预期，并尽可能在短期市场投入中最大化其产出水平，然而转租过程将给企业带来更高的搬迁成本、租地成本以及企业延迟生产等，使得转租市场企业的效率相对而言较低。纯技术效率方面，首次交易农村集体建设用地市场的纯技术效率为 0.493，转租市场的纯技术效率为 0.272。在生产技术水平一定的情况下，南海区转租市场集体建设用地资源、企业劳动力等资产投入生产潜能实现程度相较于首次交易市场更低，资源浪费程度相对较高。对企业的访谈调研发现，企业选择农村集体建设用地首次交易市场进行交易过程中，会综合考虑企业设备对于集体建设用地的要求、厂房改造成本等，以降低首次交易市场带来的成本，尽可能发挥农村集体建设用地的潜能。规模效率方面，首次交易农村集体建设用地市场的规模效率为 0.652，转租市场的规模效率为 0.709。首次交易市场相对于转租市场而言，其集体建设用地投入规模达到产出最大化的效率更低。调研发现，选择首次市场交易的企业中，存在很多空地闲置的现象，企业首次交易选择的用地规模大于企业实际产出水平，使得首次交易市场规模效率相对降低。从南海区不同交易方式农村集体建设用地市场总体效率的取向来看，首次交易农村集体建设用地市场和转租市场的纯技术效率均低于规模效率，取向这两种不同交易方式农村集体建设用地市场总体效率的因素均为纯技术效率，由此可知，这两种市场集体建设用地资源、劳动力资源的生产潜能实现程度比资源规模的投入程度要低。

从不同契约农村集体建设用地市场来看，短期契约期限市场的总体效率为 0.241，长期契约期限市场总体效率为 0.206，短期契约期限总体效率高于长期契约期限市场，农村集体建设用地市场存在乡镇企业生命周期与土地使用周期不匹配的现象。阿卜杜勒萨拉姆（2004）对法国企业生命周期研究表明法国 50% 以上的新企业在 5 年内消亡，美国只能存活 5 年以内的中小企业约占全部中小企业的 68%。陈晓红（2009）对我国深圳市、广州市、长沙市、郑州市、成都市五城市中小企业平均生命周期进行调查，结果表明我国中小企业平均生命周期为 4.32 年，其中广州市生命周期最长为 4.67 年，深圳市的中小企业生命周期最短，只有 2.55 年。由此可知，珠三角地区集体建设用地承载的中小企业生命周期较短，企业在短期内对于集体建设用地的投入是为了更好地、更快地最大化企业产出水平。此外，南海区短期契约期限市场不需要面临租金等价格调整问题，可以更灵活地应对市场供给与需求发生波动，降低需求方对于市场的投入成本，提高需求方的产出水平，从而提高短期契约期限市场效率。纯技术效率方面，短期契约期限农村集体建设用地市场纯技术效率为 0.438，长期契约期限市场的纯技术效率为 0.284，也就是说在一定生产技术条件下，短期契约期限市场集体建设用地等物质生产潜能的发挥程度大于长期契约期限市场。需求方选择短期契约期限市场进行交易属于"风险规避"行为，采用相对较低成本的投入以最大化发挥农村集体建设用地的生产潜能，从而提高短期契约期限市场的纯技术效率。规模效率方面，短期契约期限农村集体建设用地市场规模效率为 0.614，长期契约期限市场规模效率为 0.756，长期契约期限市场对于集体建设用地的投入规模达到产出最大化所要求规模的水平相对与短期契约期限市场而言要更高。对于南海区农村集体建设用地市场的调研发现，很多选择短期契约期限市场交易的企业其农村集体建设用地利用率相对于长期契约期限市场而言要更低，空地面积相对更多，长期契约期限市场对于农村集体建设用地的利用率更高。

从不同区域农村集体建设用地市场来看，五个调研镇（街）的市场总体效率相差不大，均在 0.200 ~ 0.260 之间，其中总体效率最大的是西樵镇，为 0.256；其次是大沥镇，为 0.249；市场总体效率排在第三位的是狮山镇，为 0.221；然后是桂城街道，其市场总体效率为 0.218；市场总体效率最小的是里水镇，为 0.202。在一定生产技术条件下，西樵镇集体建设用地市场需求方对于农村集体建设用地的投入所获得的产出水平相较于其他镇（街）更高，西樵镇位于南海区西南部。调研发现，西樵镇农村集体建设用地市场的平均租金水平相对于其他镇（街）而言较低，这就可以降低需求方对于土地的投入成本，而需求方（企业）可以在低成本的土地投入基础上依托西樵镇旅游度假区的兴旺与经济辐射以及道路交通设施的不断完善得到发展，获得更高的产出水平。里水镇位于南海区东北部，与广州市接壤，调研发现里水镇农村集体建设用地市场的租金水平与大沥镇基本在同一水平线上，然而其社会经济发展水平、基础设施配套等相对于大沥镇而言较弱，这将增加需求方对于农村集体建设用地的投入成本，使得需求方的实际产出与最大可能产出之间的差距较大，降低需求侧农村集体建设用地市场效率。

（二）农村集体建设用地市场规模报酬分析

规模报酬结果（见表 7 - 30）表明，需求侧农村集体建设用地市场规模报酬绝大多数处于规模报酬递增阶段，样本数据显示 85.18% 的市场交易规模报酬递增;南海区农村集体建设用地市场交易处于规模报酬不变阶段的仅有2.26%;处于规模报酬递减阶段的占比12.56%。由此可知,南海区农村集体建设用地市场可以通过扩大需求方对于农村集体建设用地的投入量以使农村集体建设用地市场规模报酬向着规模报酬不变的方面改进,进一步盘活农村集体建设用地,促进农村集体建设用地市场的发展,吸引更多的社会资本参与南海区新农村建设,助推南海区农村城市化以及城市升级。不同交易方式、不同契约期限、不同区域农村集体建设用地市场规模报酬大部分均处于规模报酬递增阶段,因此,南海区农村集体建设用地市场可以根据不同交易方式、不同契约期限、不同区域规模报酬递增情况发展、完善农村集体建设用地市场,以提高农村集体建设用地市场效率。

表7-30 农村集体建设用地市场规模报酬情况——需求侧视角

项目		规模报酬递增		规模报酬不变		规模报酬递减	
		样本数	百分比(%)	样本数	百分比(%)	样本数	百分比(%)
总样本		339	85.18	9	2.26	50	12.56
不同交易方式	首次交易	27	71.05	1	2.63	10	26.32
	转租	312	86.67	8	2.22	40	11.11
不同契约期限	0~5年	246	89.45	5	1.82	24	8.73
	大于5年	93	75.61	4	3.25	26	21.14
不同区域	大沥镇	110	88.71	1	0.81	13	10.48
	桂城街道	50	92.59	1	1.85	3	5.56
	里水镇	38	97.44	0	0.00	1	2.56
	狮山镇	119	78.81	4	2.65	28	18.54
	西樵镇	22	73.33	3	10.00	5	16.67

(三) 农村集体建设用地市场效率影响因素分析

首先对回归模型进行多重共线性检验,并解释与扰动项不相关,选择使用方差膨胀因子(variance inflation factor, VIF)检验(陈强,2014)。结果(见表7-31)表明VIF最大的为1.70,远低于10(VIF超过10,则存在较严重的多重共线性问题),解释变量之间不存在多重共线性。根据前文阐述的影响农村集体建设用地市场效率的因素以及MaxDEA测算结果,采用Tobit模型对需求侧农村集体建设用地市场无效率及影响因素进行研究(见表7-32)。

表7-31　　　　　　　　　　多重共线性检验结果

Variable	VIF	1/VIF	Variable	VIF	1/VIF
X_3	4.81	0.208	X_2	1.12	0.890
X_4	4.66	0.215	X_6	1.12	0.891
X_{15}	2.29	0.436	X_{13}	1.12	0.893
X_{14}	2.15	0.465	X_7	1.11	0.900
X_8	1.3	0.766	X_5	1.1	0.908
X_9	1.24	0.806	X_{10}	1.1	0.910
X_{17}	1.22	0.818	X_{16}	1.05	0.949
X_1	1.21	0.828	X_{12}	1.04	0.958
X_{11}	1.15	0.867	Mean/VIF		1.70

表7-32　　农村集体建设用地市场效率影响因素——需求侧视角

项目	解释变量	Coef.	Std. Err.	t	$P>t$
交易费用	交易费用	-0.005	0.004	-1.31	0.192
交易主体	受教育程度	0.020*	0.012	1.67	0.095
	企业年总产值	0.001***	0.001	6.71	0.000
	企业总投入资本	0.001***	0.001	4.50	0.000
交易客体	交易地块规模	-0.001	0.001	-1.39	0.166
	相对位置属性	0.039*	0.020	1.94	0.053
	绝对位置属性	0.001	0.002	0.67	0.502
交易行为	交易方式	-0.081**	0.027	-3.05	0.002
	交易对象	0.016	0.016	1.02	0.307
	合同签订及公证情况	0.004	0.017	0.22	0.823
	政府是否干预	-0.002	0.026	-0.07	0.945
	中介公司参与	0.015	0.023	0.66	0.507
交易环境	价格决定方式	0.045**	0.016	2.87	0.004
	办理《土地使用证》	0.023	0.023	1.00	0.318
	办理《房屋产权证》	0.015	0.022	0.68	0.495
	对交易地块的了解	0.017	0.020	0.85	0.396
	对南海区试点的了解	0.041	0.027	1.48	0.139

续表

项目	解释变量	Coef.	Std. Err.	t	$P>t$
	常数项	0.209**	0.072	2.90	0.004
	Loglikelihood =	228.626			
	PseudoR2 =	−0.226			
	LRchi2（17）=	84.330			
	Prob > chi2 =	0.000			

注：* 表示在10%的水平上显著；** 表示在5%的水平上显著；*** 表示在1%的水平上显著。

交易费用对需求侧农村集体建设用地市场效率没有显著影响但方向为负，交易费用越高，市场效率越低，市场制度存在的交易费用会降低市场效率。交易费用对需求侧农村集体建设用地市场效率影响不显著，调研样本中需求侧市场存在大量的市场转租行为。目前，南海区农村集体建设用地市场相关实施办法对市场转租行为的交易规则、交易场所等没有明确规定，转租行为纯粹是受市场供需杠杆的影响。市场制度以及规则对于转租市场的影响较小，对于需求侧（用地企业）农村集体建设用地市场的投入—产出效率影响甚微，因此，交易费用对于需求侧农村集体建设用地市场效率影响不显著。

交易主体方面，需求侧的受教育程度在10%的水平上显著正向影响农村集体建设用地市场效率，受教育程度较高，需求侧农村集体建设用地市场效率较高。需求方受教育程度越高，技术水平和技能越高，有利于需求方（企业）对于集体建设用地发展规划以及企业投入—产出比的提高，有助于企业在一定生产要素投入的情况下提高农村集体建设用地市场生产效率。企业年总产值在1%的水平上显著正向影响需求侧农村集体建设用地市场效率，企业年总产值较高，市场效率较高。在一定生产技术条件下，企业年生产总值越高表明对于南海区农村集体建设用地的投入能够带来较高的产出，因而市场效率较高。企业总投入成本在1%的水平上显著正向影响需求侧农村集体建设用地市场效率，企业总投入成本较多，市场效率较高。在南海区农村集体建设用地市场交易过程中，投入成本较大的企业大部分是中大型企业，这些本身具备较高水平的生产设备、生产技术相对较先进，生产力水平的提高有利于农村集体建设用地市场效率的提高，优化资源配置效率。

交易客体方面，相对位置属性在10%的水平上显著正向影响需求侧农村集体建设用地市场效率，交易地块周边同是农村集体建设用地，市场效率较高，反之，周边不是农村集体建设用地，市场效率较低。对南海区农村集体建设用地进行市场调研发现，周边同是农村集体建设用地的状态下表现出来的特征是工业园区、产业园区的形成，由于存在交通成本，企业倾向于选择市场需求相对较大的地区组织生产活动，生产的集聚有利于提高生产要素的价格水平，在均衡处，集聚地区更高的要素价格意味着更好的生产要素匹配（陆铭，2013），因此，交易地块周边同是集体建设用地的情况下，农村集体建设用地生产效率较高。

交易行为方面，交易方式的选择在5%的水平上显著负向影响需求侧农村集体建设用地市场效率，首次交易的农村集体建设用地市场效率相对较低，而转租市场效率相对较高。这与前文对于不同交易方式农村集体建设用地市场效率模型的研究结果一致。南海区转租市场承载的企业类型大多数是中小型企业，而中小企业生命周期普遍较低，因此在企业生命周期与土地利用周期更匹配的情况下，企业将选择加大生产投入以获得最大化产出水平，优化市场资源配置水平。交易对象对于需求侧农村集体建设用地市场效率影响不显著但其方向为正，选择与农村集体经济组织成员进行交易，市场效率相对较高，选择与南海区农村集体经济组织成员进行交易具有更好的地缘优势，交易行为的不确定性相对较低，因而有利于需求侧农村集体建设用地市场效率的提高。合同签订情况对于需求侧农村集体建设用地市场效率影响不显著，但从系数方向来看是正向相关，合同签订且公证的情况下有利于需求方权利的保障，降低需求方缔约、履约风险，有利于需求方对土地进行持续的生产投入从而提升企业生产效率。因此，需求侧（企业）在集体建设用地市场交易过程中应通过合同签订和公证的方式降低市场缔约、履约风险，进而提高市场效率。

交易环境方面，价格决定方式在5%的水平上显著正向影响需求侧农村集体建设用地市场效率，采用协议方式决定市场交易价格，农村集体建设用地市场效率较高，而采用协议方式决定价格，市场效率较低。采用协议方式决定价格的情况下，交易双方倾向于将有利于自身价值实现的信息告知对方，使得市场交易过程中存在信息不对称性，交易环境的不确定性较高，降低需求方对于市场的预期。而采用竞标方式决定价格可以保证交易环境更公开、公平，有助于提高需求方对农村集体建设用地市场的预期，提高需求方对于生产的投入水平，从而提高需求侧农村集体建设用地市场效率。调研发现，采用竞标方式决定价格的需求方，其企业规模相对而言较大，对于市场的投入相对较大，有利于促进企业规模报酬向着规模报酬不变的阶段发展，提高市场效率。《土地使用证》《房屋产权证》的办理对于需求侧农村集体建设用地市场效率没有显著影响，但从系数来看存在正相关性。《土地使用证》《房屋产权证》的办理表明市场的透明化程度、规范化程度较高。因此，保证产权的清晰化和安全性可以使企业尽快地投入生产中，有助于需求方加大生产投入以提高市场效率。对南海区试点的了解对需求侧农村集体建设用地市场效率没有显著影响，但其方向为正，对南海区试点政策了解，市场效率较高，反之，对南海区试点政策不了解，农村集体建设用地市场效率较低。因此，需求侧集体建设用地市场交易过程中，应对南海区试点政策进行了解，提高对于农村集体建设用地市场信息的掌握程度，降低市场交易环境的不确定性，提高了需求方对于农村集体用地市场的预期，从而提高需求方农村集体建设用地的市场效率。

第八章

城乡统一建设用地市场运行的收益分配与福利效应

第一节 城乡统一建设用地价值链及其增值机理研究

一、城乡统一建设用地价值链及其增值机理理论分析框架

纵观国内外土地市场研究现状与发展动态，由于我国土地市场和国外土地市场发育程度、市场结构等实际情况不同，国外学者和国内学者在土地价值机理、市场配置效率、市场福利效应、土地财政和政策调控等方面，关注的侧重点略有不同。整体而言，我国城乡土地市场的发展相对滞后，国际上较为成熟的理论和方法目前在我国仍处于理论探讨阶段，具体而言：（1）城乡土地价格机理方面，国外学者主要从微观地块尺度探索土地价值机理，注重分析土地价格增值机理，而国内学者更偏向于研究不同土地市场中土地价格与宏观经济环境的作用关系，其中，对于农村土地市场价格的探讨理论多过实践。（2）城乡土地市场配置效率方面，国外学者从土地市场不同发展阶段全面探索了土地配置效率的技术问题、时空效应、规模效应等问题，而我国城乡土地市场配置效率的分析主要集中在现有分割土地市场配置效率绩效分析和如何构建统筹土地市场，进行土地市场帕累

托改进的相关问题上。对现有城乡分割土地市场配置效率绩效分析，国内学者主要关注农地城市流转过程（即征地市场）效率损失和过度性损失的度量上。(3) 土地收益分配和福利效应方面，国外学者对土地市场中福利效应问题由传统经济福利向非经济福利效应过渡，非经济福利效应成为热点问题，收益分配方面主要集中在土地增值与价值分享的一致性的探索上；而国内学者更关注土地增值过程中增值收益测算和收益分配关系研究。(4) 土地财政和政策调控绩效方面，税收和用途管制制度是政府宏观调控的两大法宝，国外学者主要围绕土地相关税收作用和绩效进行探讨，但是政府失灵时如何将有形的手和无形的手结合起来是目前有待进一步研究的问题。我国二元结构使得地方财政对于土地财政的依赖程度非常高，且土地税收存在结构不合理、交叉设置、税种缺失等问题，其对土地市场有效运行的宏观调控力度和效果有待考察。

关于研究方法，国内多数文献对福利的测算，尤其是非经济福利测度是借鉴国外的研究方法。目前国内外关于土地市场福利测度的方法主要有以下几种：第一种是针对经济福利变化，有基于传统的消费者剩余（CS）和生产者剩余（PS），建立的土地供需弹性分析模型（Allardt，1976）。第二种是针对非经济福利测度的假想市场法，如意愿调查法（CVM）（Loomis，1994；Cooper, Loomis，1992；Johnson，2002），选择实验法（马爱慧等，2012；陈竹、张安录，2012；李霜、张安录，2014；Yang, Zhang，2016）。第三种是指标体系法，如物质生活质量指数（PQLI）、人类发展指数（HDI）、社会进步指数（ISP）、可持续经济福利指数（ISEW）、真实进步指数（GPI）、主观幸福指数（SWB）等指标。第四种是经济福利指标和非经济福利工具相结合的方法（Bateman et al.，2000）。还有学者在福利变化的资源环境政策分析时将补偿变化量（CV）和等值变化量（EV）、绝对损失量（dead weight loss）等作为事前和事后福利变化的测度（Amir，1995；Swait et al.，2004）。

关于研究内容，主要对福利的经济福利和非经济福利展开平行研究，并且研究重心有向测算土地市场各权利主体非经济福利转让、变化倾斜的趋势。目前，对福利的非经济福利尚没有统一的度量标准，不同方法之间测算差异较大，准确、有效地评估土地市场中土地的非经济福利将是今后土地市场福利效应测算的难点，并且现有研究缺乏对土地市场中权利主体福利变化的理论与实证分析。而关于土地市场配置效率的研究，国内外研究都集中在对土地市场效率测算和土地发展权的讨论上，不同的是，国外发展权交易市场已经比较成熟，而且产权明晰，国内发展权市场尚未建立起来，停留在发展权归属权利人还是国有的争论阶段，且关于发展权价值的度量方法多来源于国外，国内缺乏完善的市场交易体系。

国外发达国家的市场建设经验对于我国自身建设具有重要借鉴意义。从发达国家土地进入市场进行有效评估，运行过程中土地配置效率、福利效应、市场失灵和政府失灵的有效应对措施，我们可以得到如下启示：（1）多权分立，权属清晰，合理的土地定价与增值机理是城乡土地资源平等进入/退出土地市场的前提；（2）准确界定城乡统筹土地市场运行过程中土地"增值链"和相关利益关系人构成的"利益网"耦合关系是土地市场中交易主体福利（含经济福利和非经济福利）均衡、社会福利改进的基础；（3）有效的城乡土地市场土地配置效率分析，准确判断城乡土地市场运行中市场失灵和政府失灵程度，建立公平交易制度适时适度调控土地市场，是土地市场平稳有效运行的重要手段。

首先，结合我国土地市场培育条件和实际情况，虽然目前对农地流转中国家的福利损失、典型地区农地流转过程及国家、集体和农户收益分配进行了研究，但至今鲜有人对城乡建设用地不同市场对应的土地增值过程所涉及的各权利主体经济的、非经济的福利变化进行系统的理论和实证分析。其次，非经济福利测度由于方法不一，尚存在较大改进空间，且福利均衡多集中于定性辨识，对于非公益性土地流转发展权补偿，还涉及投入结构、福利贡献、产权定价等多项问题尚未得到有效解释。因此，本书试图从城乡建设用地市场中土地增值机理与相关权利人利益关系入手，综合运用市场与非市场经济测算方法，将土地入市过程的价值"增值链"与相关权利人"利益网"有效衔接起来，为建立城乡统一的建设用地市场提供科学分析依据。

（一）存量建设用地市场价值链与增值机理

通过描述相关理论基础，笔者认为，可以结合地租地价理论、收益分配理论、交易成本理论和外部性理论，根据首次分配基于要素贡献，即生产关系，再次分配政府参与原则分配土地收益。地租地价理论可以用来解释土地价值构成和增值机理，收益分配理论为集体土地所有者提供以土地要素参与收益分配的依据，因此土地所有者应该获得绝对地租和级差地租Ⅰ，而土地使用者通过追加投资，应该获得级差地租Ⅱ，而政府因公共投入带来土地增值，也应该捕获部分增值收益。集体和农户之间的组织规模一体化边界和土地外部性内部化以确定个人和社会边界又为土地流转过程具体环节参与人收益分配提供依据。在不同流转/交易环节，各理论发挥的效用不同，因而接下来笔者将按照交易的不同阶段，根据集体建设用地市场交易类型，构建城乡一体化下集体建设用地收益分配理论模型。

在城乡一体化下，原有的城市建设用地市场和集体建设用地分割市场将整合为城乡统一建设用地市场，城乡建设用地市场将分为直接交易市场和虚拟指标交易市场（发展权市场），而农村集体建设用地（经营性建设用地）交易主要有直接出让、出租、入股和出让与出租混合交易几种情况,建设用地虚拟指标交易主要是宅基地复垦引发的农村集体建设用地空间置换过程。

1. 存量集体建设用地出让收益分配两阶段模型

当城乡统一后,集体经营性建设用地可以直接入市,此时政府仅作为监督方监管土地交易过程,交易双方为集体经济组织和用地企业。假设参与人都是经济理性人,且不细分地方政府和中央政府,将地方政府和中央政府统一看作政府,农户和集体也看作一个整体,因而在集体建设用地出让中有农户和集体、政府、用地企业三个参与主体。

存量集体建设用地出让过程分为交易前和交易后两个阶段,分别对应交易和保有两大环节,交易前农户和集体享有对土地的所有权和使用权,因此拥有绝对地租和级差地租Ⅰ,而政府在交易前提供了户籍管理(S_1)、基础设施固定投资(S_2)、价格监管(S_3)等公共服务,通过确权登记和定价后确定了集体建设用地出让的基准地价P_0。从原始集体建设用地到集体建设用地出让,政府在交易过程中提供交易平台确保交易安全(S_4),交易双方支付相关交易服务费,实现了第一次增值,形成土地增值价值Ⅰ,该增值价值也是土地本身实现的级差收益Ⅰ和政府公共投入实现的部分投资回报带来的级差收益Ⅱ,由土地所有权人和政府共享。企业获得土地后,在土地上投入资本生产,而生产经营过程中,政府提供基础设施等公共服务,这时通过追加资本土地实现第二次增值,最终土地增值价值Ⅱ为土地要素贡献价值扣除公共投入成本和开发成本(C)形成的级差收益Ⅱ。政府在交易阶段和保有阶段通过收取集体建设用地相关税收实现公共投入收支平衡。因此,可以从交易过程中产生土地增值收益的过程中,总结土地价值的增值链,见图8-1。

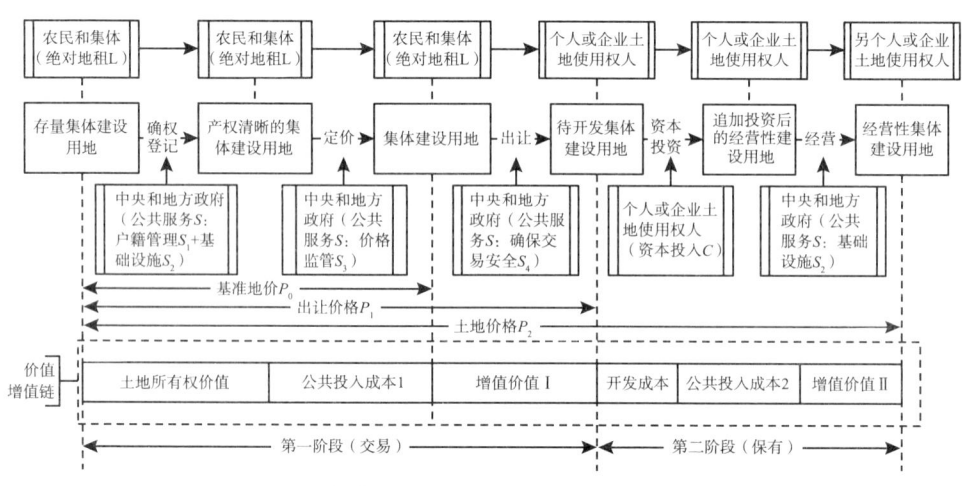

图8-1 集体建设用地出让两阶段价值增值链

根据图 8-1，可以得到集体建设用地在交易前和交易后两个阶段中产生的土地增值收益以及增值收益构成，如下：

$$土地增值价值 \text{I} = \frac{因区位条件和市场竞争}{带来的级差地租 \text{I}} + \frac{公共设施投资带来的}{级差地租 \text{II}}$$

$$土地增值价值 \text{II} = 因生产者追加投入资本产生的级差地租 \text{II}$$

由此根据增值收益构成和参与人投入情况，可以发现农户和集体与政府共同分享土地增值收益 I，而企业和政府分享土地增值收益 II，得到不同参与人应分配得到的收益，如下：

(1) 农户和集体收益 = 土地所有权价值 + 部分增值价值 I。
(2) 政府收益 = 部分增值价值 I + 部分增值收益 II。
(3) 企业收益 = 部分土地增值收益 II。

2. 存量集体建设用地出租收益分配两阶段模型

由于集体建设用地单纯出租土地的情况与集体建设用地直接出让的增值机理趋于一致，不同的是土地租金会随时间变化而增加，而出让是一次性交清出让年限内的地租，因而这里主要讨论集体经济组织在土地上追加资本投入 C，建造工业房等，再将集体物业出租的情况，其他情况与出让情况一致，这里集体经济组织既是集体资产所有权人，又是土地投资开发的权利人。而对于用地企业，企业通过租赁，从集体经济组织手里获得厂房使用权，再投入生产成本后，实现集体建设用地第二次增值，具体见图 8-2。

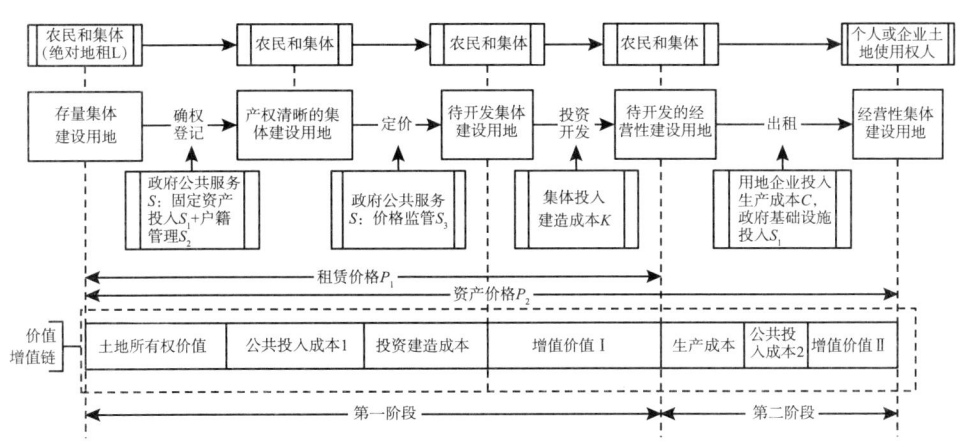

图 8-2 集体建设用地出租两阶段价值增值链

根据图 8-2，可以得到集体建设用地在交易前和交易后两个阶段中产生的土地增值收益以及增值收益构成，如下：

$$\text{土地增值价值 I} = \frac{\text{因区位条件和市场竞争}}{\text{带来的级差地租 I}} + \frac{\text{公共设施投资和追加资本}}{\text{投入带来的级差地租 II}}$$

$$\text{土地增值价值 II} = \text{追加资本投入带来的级差地租 II}$$

由此根据增值收益构成和参与人投入情况，可以发现农户和集体与政府共同分享土地增值收益 I，企业和政府分享土地增值收益 II，增值收益分配情况与出让市场相似，不同参与人应分配得到的收益如下：

(1) 农户和集体收益 = 土地所有权价值 + 部分增值价值 I。
(2) 政府收益 = 部分增值价值 I + 部分增值价值 II。
(3) 企业收益 = 部分增值价值 II。

出租的收益函数与出让市场的收益函数相似，所不同的是企业的投入成本相较于出让市场减少了建造成本，这部分建造成本由集体经济组织承担，因此租赁市场的交易价格实质为集体资产租赁价格，而集体经济组织的生产函数也随生产投入有所不同。

3. 存量建设用地市场交易及收益分配三阶段模型

根据企业周期理论，企业的发展分为婴儿期、青壮年期、中年期和老年期四个时期，出于不同生命周期的企业对于土地的需求不同，对资本价格的敏感程度也不尽相同。那么，若企业家和集体经济组织都是理性人，由于集体建设用地出租的价格高于出让的价格，而且出租由于合约时间短，不利于企业资本回收，因此，若针对一定面积不能完全出让的集体建设用地，当企业家获得土地的成本低于集体建设用地出租，又高于集体建设用地出让，那么理性的企业家会和集体经济组织进行谈判，以获得部分集体建设用地出让。

假设对于企业家，最优的状态是全部土地通过出让获得，次优的状态是部分出让获得，而对于集体经济组织而言，最优的状态是全部物业出租，次优的状态是部分物业出租，当企业家和集体经济组织二者都达不到最优状态时，那么二者会倾向于次优选择，在某一点企业家愿意出的最高出让意愿和集体经济组织的最低出让条件达到均衡时，那么一种介于完全出租和完全出让的交易机制将应运而生，会出现同一集体建设用地上地块出让和物业出租同时出现的交易情况，这时企业家让利一部分收益做集体建设用地追加投资，而集体经济组织将物业租赁给企业家的合约形式。针对集体经济组织和用地企业之间的出让和出租同时进行的情况，集体建设用地市场三阶段交易是指在两阶段集体建设用地交易的基础上，追加第二次交易。

假设企业和集体经济组织在谈判中形成的出让面积占总地块面积的比例为 η，那么物业出租的面积比例为 $1-\eta$，前面两阶段和集体建设用地出让类似，而在第三阶段，个人和企业将在对应出租物业的地块面积上投入建造成本 C_1，而集体经济组织也将投入管理成本 C_2 进行物业管理,在地块上追加资本投资,地块此时将产生第二次土地增值,尽管企业投入建造成本,但集体经济组织为该地块及物业的使用者,因此这部分追加投资带来的级差收益将被集体经济组织占有,此时土地增值收益Ⅲ由政府和集体经济共享,具体增值过程见图 8 – 3。

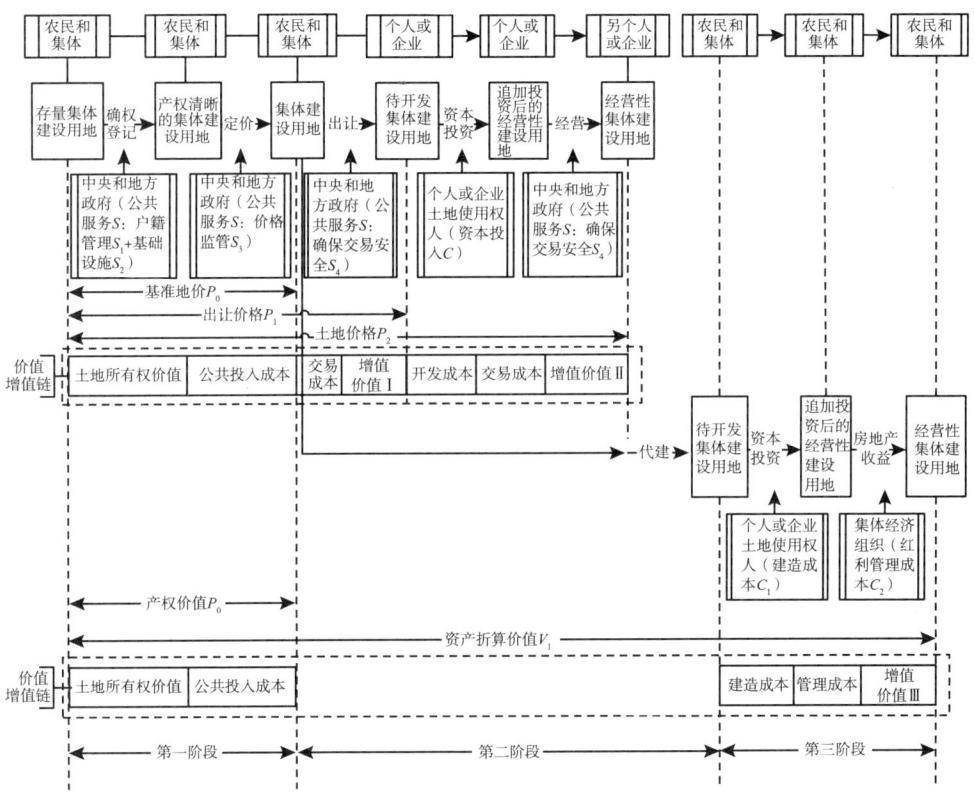

图 8 – 3　集体建设用地三阶段交易价值增值链

根据图 8 – 3,可以得到集体建设用地在交易的三个阶段中产生的土地增值收益以及增值收益构成,如下:

$$\text{土地增值价值 I} = \frac{\text{因区位和市场竞争}}{\text{带来的级差地租 I}} + \frac{\text{公共设施投资带来的}}{\text{级差地租 II}}$$

土地增值价值 Ⅱ = 因生产者追加投入资本产生的级差地租 Ⅱ

土地增值价值 Ⅲ = 因生产者追加投入资本产生的级差地租 Ⅱ

由此根据增值收益构成和参与人投入情况,可以发现在出让地块中农户和集体与政府共同分享土地增值收益Ⅰ,而企业和政府分享土地增值收益Ⅱ,在物业出租地块中,除了集体和政府共享土地增值Ⅰ外,还要共享土地增值收益Ⅲ,得到不同参与人应分配得到的收益,如下:

（1）农户和集体收益＝土地所有权价值＋部分增值价值Ⅰ＋增值价值Ⅱ＋部分增值收益Ⅲ。
（2）政府收益＝部分增值价值Ⅰ＋部分增值收益Ⅱ＋部分增值收益Ⅲ。
（3）企业收益＝部分土地增值收益Ⅱ。

（二）建设用地空间置换价值链与增值机理

由于农村集体建设用地，尤其是宅基地大多分布比较分散，因而城乡一体化下，随着建设用地的需求对建设用地集约利用的要求越来越高，不可避免地会出现集体建设用地空间置换以实现集体建设用地合并的情况，置换后的指标可进行土地发展权转移，进行土地发展权市场交易，形成虚拟的集体建设用地市场交易形式。假设复垦过程仍由政府参与，对闲置地块投入复垦成本（S_0）后，对当地农户将复垦地块的土地发展权转移到拟开发区，需役地块在获得建设用地指标时，也实现了土地发展权，因而这两个发展权价值是一一对应的，价格都为P，此时该地块实现了第一次增值。实现土地增值后的地块，获得集体或者开发商追加投入，以及政府基础设施等公共服务的投入，由生地变熟地，在市场中进行建设用地使用权出让，实现第二次价值增值，见图8-4。

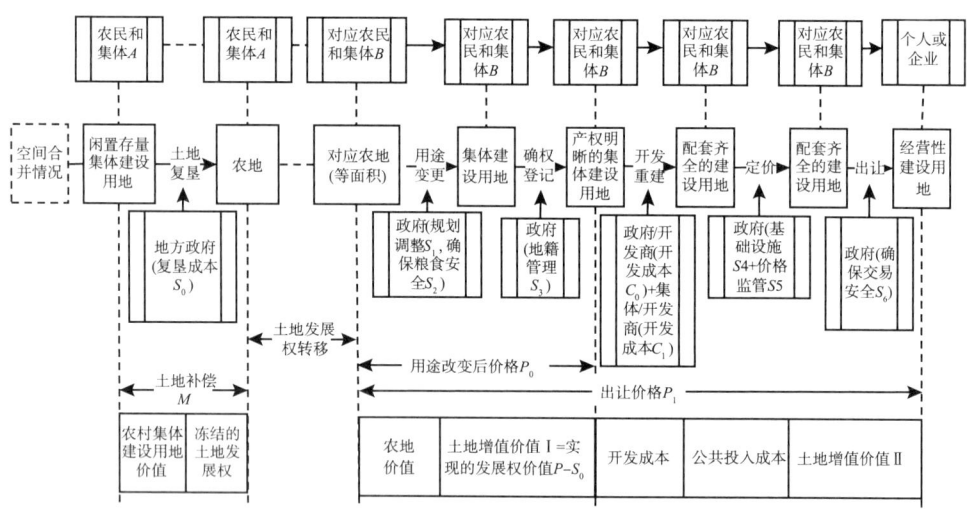

图8-4 集体建设用地空间置换价值增值链

根据图8-4，若不考虑交易后企业生产带来的土地价值增值，那么可以得到集体建设用地空间置换中产生的土地增值收益Ⅰ和增值收益Ⅱ的构成如下：

土地增值价值Ⅰ＝因发展权实现导致用途变化带来的级差地租Ⅰ

$$\begin{array}{c}\text{土地增值}\\\text{价值}\,\text{II}\end{array} = \begin{array}{c}\text{因市场竞争等实现}\\\text{带来的级差地租}\,\text{I}\end{array} + \begin{array}{c}\text{公共设施投资带来的}\\\text{级差地租}\,\text{II}\end{array} + \begin{array}{c}\text{前期开发追加投资}\\\text{带来的级差地租}\,\text{II}\end{array}$$

假设按照农村集体建设用地价值和土地发展权价值悉数给了复垦区农户和集体，那么空间置换中农户和集体收益分配集中在转移后情况，由此根据增值收益构成和参与人投入情况，可以发现在出让地块中农户和集体获得全部土地增值收益 I，和政府分享土地增值收益 II，如下：

（1）农户和集体收益＝农地价值＋实现的发展权价值＋增值价值 I ＋部分增值价值 II。

（2）政府收益＝部分增值价值 II。

假设农户和集体的收益是关于建设用地指标交易数量 x 的函数记作 $I_N(x)$，政府收益记作 $I_G(x)$，最终出让的建设用地面积是关于指标数量的函数 $Q=\delta(x)$，改变用途后价格记作 P_0，出让交易价格记作 P_1，建设用地发展权交易价格为 P，单位土地补偿为 M，单位面积复垦成本为 S_0，因此公共投入成本为交易过程投入成本和补偿成本，其他变量设置与上文相同，由此得到两个参与主体的集体建设用地空间置换的收益分配函数如下：

$$I_N(x) = (P_1 - t_1 P_1)\delta(x) - b(x) \qquad (8.1)$$

$$I_G(x) = P_1 t_1 \delta(x) + t_2 \delta(x) - Mx - T(x) - S_0 x \qquad (8.2)$$

根据利润最大化，分别对农户和集体、政府的收益分配函数对 x 求导，令 $\dfrac{\partial I_N(x)}{\partial x}=0$，$\dfrac{\partial I_G(x)}{\partial x}=0$，则可以得到当 $t_1 = \dfrac{P_1 - b'(x)}{P_1}$ 时，农户和集体的收益最大化，而当 $(P_1 t_1 + t_2)\delta'(x) = M + S_0 - T'(x)$ 时，政府的收益实现最大化。

二、城乡统一建设用地市场增值机理实证分析

为了引导农村集体建设用地合法流转，1999 年后国土资源部先后选择浙江、广东等地的城市为农村集体建设用地流转试点城市，不断加快探索集体建设用地市场运行的步伐，各地也结合自己实际情况自主创新形成了诸多市场交易模式。例如，20 世纪 90 年代初，大量外资抢滩广东，由于毗邻香港、澳门，珠江三角洲地区首当其冲，不可避免地加大了对集体建设用地的需求，形成了以出让、出租为主的国有建设用地的替代市场。因此，分析目前集体建设用地流转运行机理对于总结城乡一体化建设用地市场增值机理具有重要作用。本章节分别从集体建设用地出让、出租、空间置换活动三个方面探究城乡一体化过程中集体建设用地增值机理。

（一）集体土地出让市场土地增值机理检验

集体建设供地出让市场主要集中在珠江三角洲地区，2015 年 8 月，本书课题

组针对该地区集体建设用地交易背景、交易规则、收益分配模式等进行了访问调查。本书选取了珠三角地区的江门、顺德和东莞三地为出让市场调查对象，并从各自的市场培育环境、市场交易规则、价格作用机制展开描述和实证分析，进一步总结、提炼集体建设用地出让市场中集体建设用地增值价值链和增值机理。

尽管三个地区集体建设用地入市探索较早，但早期交易信息记录残缺，直到2010年建立资产交易中心后，交易信息等相关记录工作相对完善。自2004年江门市开始试水集体建设用地公开出让以来，2005～2014年间，一共出让了365宗地，合计4 322.84亩，流转交易金达64 698.66万元。根据2005～2015年东莞市集体建设用地交易台账，11年间东莞市一共出让了800宗地，合计1 650.16公顷，流转交易金达58.41亿元。2010～2014年间，顺德区一共出让了45宗地，合计173 068平方米，流转交易金达11 908万元。根据调查，我们发现整体集体建设用地出让呈现出相对集中的分布，尽管各个辖区都有涉及，但和国有建设用地相比，交易信息相对残缺，比如，对具体出让地块位置的描述主要以镇和村为主，没有具体地块的坐标信息。而基准地价的设定更是由所在地县自定，缺乏统一标准和设定依据。

由于土地价格受到宏观和微观两方面的影响，因此该部分从微观和宏观两个方面入手，采用特征价格模型（HPM），构建微观特征和宏观影响的分层线性模型（HLM）探索三地集体建设用地出让市场中价格影响因素和增值机理。

（1）数据来源与指标选择。

数据分为微观个体特征数据和宏观社会经济数据。微观方面，江门市集体建设用地交易数据来源于江门市国土资源局2005～2014年集体建设用地流转台账，365宗交易数据包括了交易时间、流转面积、用途、使用年限、流转金额、地块位置。顺德区集体建设用地交易数据来源于顺德区城建与水务局2010～2014年集体建设用地流转台账，45宗交易数据包括了交易时间、流转面积、用途、使用年限、流转金额。东莞市集体建设用地交易数据来源于东莞市国土资源局2005～2015年集体建设用地流转台账，800宗交易数据包括了交易时间、流转面积、用途、使用年限、流转金额、地块位置。由于地块位置不完整，本节剔除地块位置，以交易时间（按年份计）、面积、用途、使用年限构成影响集体建设用地价格形成的微观个体特征变量。

宏观方面，以城市社会经济情况为考量依据，数据来源于《江门市统计年鉴》（2006～2015年），《顺德区统计年鉴》（2011～2015年），《东莞市统计年鉴》（2006～2016年）。由于土地资产价值显化离不开基础设施、公共设施等相关投入带来的交通通达度、地区繁华程度、人口集聚程度的提升，因而选择农村固定资产投入为宏观影响指标。集体建设用地作为国有建设用地的替代品，其价值显化还得益于对市场对建设用地的需求,这里用企业个数来表征。除此之外,集体建设用地流转将直接带来政府财政收入,财政收入越多,对地区宏观调控的实力越强,因而用财政收入代表政府管控能力,政府管控也将影响集体建设用地价值和交易,本节选用公共财政收入表示,三个地区各变量定义见表 8 – 1。其中,由于关注变量对价格增长的影响,因此价格和连续变量均取对数。

表 8 – 1　　　　　　　　　变量选择与描述

变量	变量说明	均值	方差
江门市			
因变量			
集体建设用地价格（p）	单位面积集体建设用地流转价格（元/平方米）	199.97	226.14
个体特征变量（层 – 1 自变量）			
流转面积（$size$）（平方米）		7 475.87	9 815.03
流转用途（$type$）	分类变量,工业用 = 1,商业 = 2,其他 = 3	1.04	0.20
使用年限（$time$）	连续变量,按登记使用年限计算	49.44	3.12
城市层面自变量（层 – 2 自变量）			
公共财政收入（$finance$）（万元）		1 006 761	416 685.46
农村固定投资（$invest$）（万元）		1 622 562	692 506.37
工商企业个数（$number$）（个）		23 548.30	6 345.32
顺德			
因变量			
集体建设用地价格（$lnprice$）	价格单位为元/平方米,取对数后据资料计算	5.80	1.39
个体特征变量（层 – 1 自变量）			
流转面积（$lnsize$）	原始面积单位为平方米,取对数后据资料计算	9.54	1.30
流转用途（$type$）	分类变量,工业用途 = 1,商业用途 = 2,其他用途 = 3	1.11	0.38
使用年限（$time$）	连续变量,按登记使用年限计算	49.44	3.12
交易时间（$year$）		3.40	2.32

续表

变量	变量说明	均值	方差
城市层面自变量(层-2自变量)	原变量单位为亿元,取对数后据资料计算		
公共财政收入（lnfinance）	原变量单位为亿元,取对数后据资料计算	4.92	0.19
农村固定投资（lninvest）	原变量单位为万个,取对数后据资料计算	4.97	0.24
东莞市			
因变量			
集体建设用地价格（lnprice）	价格单位为元/平方米,取对数后据资料计算	5.66	0.63
个体特征变量(层-1自变量)			
流转面积（lnsize）	原始面积单位为平方米,取对数后据资料计算	9.43	1.04
流转用途（type）	分类变量,工业用途=1,商业用途=2,其他用途=3	1.18	0.57
变量	变量说明	均值	方差
使用年限（time）	连续变量,按登记使用年限计算	48.86	3.42
城市层面自变量(层-2自变量)			
公共财政收入（lnfinance）	原变量单位为亿元,取对数后据资料计算	5.56	0.51
农村固定投资（lninvest）	原变量单位为亿元,取对数后据资料计算	6.94	0.29
工商企业个数（lnnumber）	原变量单位为万个,取对数后据资料计算	8.54	0.12

（2）模型构建。

由于土地价格受到宏观和微观两方面的影响,而目前很少有文献将微观和宏观影响因素结合起来纳入分析模型,因此该部分试图从微观和宏观两个方面入手,采用特征价格模型（HPM）,构建微观特征和宏观影响的分层线性模型（HLM）探索江门集体建设用地出让市场中价格影响因素。

①基本模型。

根据微观个体特征和宏观社会经济情况,按两层数据结构,集体建设用地流转价格影响的分层线性模型的基本形式如式(8.3)所示,具体采用 HLM7.0 统计分析。

$$\text{Level} - 1: \quad P_{ij} = \beta_{0j} + \sum_{n=1}^{n} \beta_{nj} x_{nij} + r_{ij}$$

$$\text{Level} - 2: \quad \beta_{nj} = \gamma_{n0} + \sum_{n=1}^{n} \gamma_{nm} w_{mj} + \mu_{nj} \quad (8.3)$$

式(8.3)中,下标 i 表示层 -1 单元,j 表示层 -2 单元,P_{ij} 为模型因变量,n 为层 -1 自变量个数,x_{nij} 为层 -1 自变量,β_{0j} 为层 -1 自变量对因变量的截距,β_{nj} 为层 -1 自变量回归系数,r_{ij} 为层 -1 随机扰动项,γ_{n0} 为层 -2 自变量对因变量截距,m 为层 -2 自变量个数,γ_{nm} 为层 -2 自变量回归系数,w_{mj} 为层 -2 自变量,μ_{nj} 为层 -2 随机扰动项。

②零模型分析。

各变量含义与式(8.3)一致,其具体形式如下:

$$\text{Level} - 1: \quad \ln PRICE_{ij} = \beta_{0j} + r_{ij}$$

$$\text{Level} - 2: \quad \beta_{0j} = \gamma_{00} + u_{0j} \quad (8.4)$$

江门市模型观测变量一共为 45 个,分组数量为 5,根据零模型可信度显示,Level -1 层截距信度估计为 0.879,由于信度估计大于 0.5,因而判定模型满足要求,方程有效,模型拟合的集体建设用地价格与实际价格非常接近,具体固定效应和随机效应参数估计见表 8 -2。固定效应结果显示,江门市集体建设用地出让的均价为 210.61 元/平方米。随机效应的卡方检验表明,微观个体特征层面标准差为 0.60,宏观城市层次标准差为 0.72,由此可计算得到组内相关系数 ρ = 0.60 ÷ (0.60 + 0.72) = 0.4545,即表示集体建设用地出让价格的差异有 45.45% 由宏观城市层面社会经济影响造成。

佛山市顺德区零模型可信度显示,Level -1 层截距信度估计为 0.879,由于信度估计大于 0.5,因而判定模型满足要求,方程有效,模型拟合的集体建设用地价格与实际价格非常接近,具体固定效应和随机效应参数估计见表 8 -2。随机效应的卡方检验表明,微观个体特征层面标准差为 0.90,宏观城市层次标准差为 1.14,由此可计算得到组内相关系数 ρ = 0.90 ÷ (0.90 + 1.14) = 0.4412,即表示集体建设用地出让价格的差异大约有 44.12% 是由宏观城市层面社会经济影响造成的。

东莞市模型观测变量一共为 800 个,分组数量为 11,零模型可信度显示,Level -1 层截距信度估计为 0.990,信度估计大于 0.5,因而判定模型满足要求,方程有效。模型拟合的集体建设用地价格与实际价格非常接近,具体固定效应和随机效应参数估计见表8-2。固定效应结果显示，东莞市集体建设用地出让的均价为287.15元/平方米。随机效应的卡方检验表明，微观个体特征层面标准差为0.60，宏观城市层次标准差为0.72，由此可计算得到组内相关系数 $\rho = 0.52 \div (0.52 + 0.40) = 0.5652$，即表示集体建设用地出让价格的差异大约有56.52%是由宏观城市层面社会经济影响造成的。

表8-2　　　　　　　　　分层线性模型零模型结果

项目		江门市	佛山市顺德区	东莞市
固定效应	INTRCPT1, β_0			
	INTRCPT2, γ_{00}	5.351492***	5.745283***	5.658469***
随机效应	INTRCPT1, u_0	0.60289***	0.8984***	0.51678***
	level-1, r	0.71868	1.1378	0.40418

注：$P < 0.01$，极其显著，标注***；$P < 0.05$，极其显著，标注**；$P < 0.1$，一般显著，标注*。

三个地区组内相关系数显示，宗地的交易价格在不同年份的宏观社会经济因素下存在显著差异，虽然宗地特征对集体建设用地出让价格占主要影响江门市、佛山市顺德区、东莞市（宗地特征影响比例分别约为54.55%、55.88%和43.48%），但宏观城市社会经济因素对集体建设用地的价格影响不能忽视，因此不能忽略个体数据与城市层次数据之间的嵌套关系，结合微观和宏观变量，利用分层模型探索集体建设用地出让价格机制十分必要。

（3）结果分析。

①半条件模型分析。

随机截距模型：

Level-1： $\ln PRICE_{ij} = \beta_{0j} + r_{ij}$

Level-2： $\beta_{0j} = \gamma_{00} + \gamma_{01} \times (\ln FINANCE_j) + \gamma_{02} \times (\ln INVEST_j)$
$+ \gamma_{03} \times (\ln NUMBER_j) + u_{0j}$ （8.5）

随机系数模型：

Level-1： $\ln PRICE_{ij} = \beta_{0j} + \beta_{1j} \times (\ln SIZE_{ij}) + \beta_{2j} \times (TYPE_{ij})$
$+ \beta_{3j} \times (TIME_{ij}) + r_{ij}$

Level-2：
$$\beta_{0j} = \gamma_{00} + u_{0j}$$
$$\beta_{1j} = \gamma_{10} + u_{1j}$$
$$\beta_{2j} = \gamma_{20} + u_{2j}$$
$$\beta_{3j} = \gamma_{30} + u_{3j}$$ （8.6）

将数据代入式（8.5）和式（8.6），得到半条件模型结果，见表8-3。江门市以均值为模型结果的宗地出让模型固定效应显示，地方政府财政收入、农村固定投资和企业的数量对集体建设用地价格有非常显著的正影响。但是随机截距模型的层-2随机项的方差与零模型随机项的方差相差不大，其组内相关系数 $\rho = 0.33 \div (0.33 + 0.72) = 0.3143$，即在考虑了财政收入、农村固定投资和企业数量后，宏观社会经济情况对集体建设用地价格变化的影响所占比例将减少到31.43%。东莞市固定效应显示，农村固定投资对集体建设用地价格有一般显著的正影响。但随机截距模型的层-2随机项的方差与零模型随机项的方差相差较大，其组内相关系数 $\rho = 0.29 \div (0.29 + 0.40) = 0.4203$，即在考虑了财政收入、农村固定投资和企业数量后，宏观社会经济情况对集体建设用地价格变化的影响所占比例将减少到42.03%，降低了15.49%。

表8-3　　　　　　　分层线性模型半条件模型结果

	项目	江门市 随机截距	江门市 随机系数	东莞市 随机截距	东莞市 随机系数
固定效应	INTRCPT1, β_0				
	INTRCPT2, γ_{00}	-16.401980 **	5.377463 ***	-9.127890	5.658624 ***
	FINANCE, γ_{01}	1.065413 ***		-0.669679	
	INVEST, γ_{02}	0.966072 ***		2.735778 *	
	NUMBER, γ_{03}	2.297007 ***		-0.056334	
	INTRCPT2, γ_{10}		0.149143		-0.017051
	INTRCPT2, γ_{20}		0.785232 **		0.167542 *
	INTRCPT2, γ_{30}		-0.056160 **		-0.013224
随机效应	INTRCPT1, u_0	0.33057 ***	0.62605 ***	0.29069 ***	0.51712 ***
	SIZEslope, u_1		0.41420 ***		0.04884 **
	TYPEslope, u_2		0.62447 ***		0.25798 ***
	TIMEslope, u_3		0.05774 **		0.03098 ***
	level-1, r	0.71892	0.56810	0.40418	0.38672

注：$P < 0.01$，极其显著，标注 ***；$P < 0.05$，极其显著，标注 **；$P < 0.1$，一般显著，标注 *。

随机系数模型的固定效应显示,江门市土地面积、土地用途和出让年限对于集体建设用地价格均有显著正影响,土地面积每增加1%,集体建设用地价格将增加0.41%,土地类型从工业用地变到商业用地,土地价格将增加到3.19倍[=exp(1.16)],出让时间每增加一年,土地价格将在原价格上增加到原来的1.06倍。未通过检验的参数估计不作考虑,东莞市随机系数模型结果显示土地面积、土地用途和出让年限对于集体建设用地价格均有显著正影响,土地面积每增加1%,集体建设用地价格将增加0.05%,土地类型从工业用地变到商业用地,土地价格将增加到1.49倍[=exp(0.40)],出让时间每增加一年,土地价格将在原价格上增加到原来的1.03倍[=exp(0.031)]。

顺德区以均值为模型结果的宗地出让模型固定效应显示,地方政府财政收入、农村固定投资和企业的数量对集体建设用地价格有非常显著的正影响。但是随机截距模型的层-2随机项的方差与零模型随机项的方差相差不大,其组内相关系数$\rho = 1.85 \div (1.85 + 1.14) = 0.3143$,即在考虑了财政收入、农村固定投资和企业数量后,宏观社会经济情况对集体建设用地价格变化的影响所占比例将减少到31.43%。而由于层-2观测值较少,参数无法进行估计,即不满足分层模型(HLM)的使用条件。为进一步观察顺德集体建设用地出让规律,将45宗地交易绘制成图,如图8-5所示。从图中可以看出,顺德集体建设用地价格总体来说在1 000元/平方米以内波动,但2012年有一宗地出让价格高达4 200元/平方米。

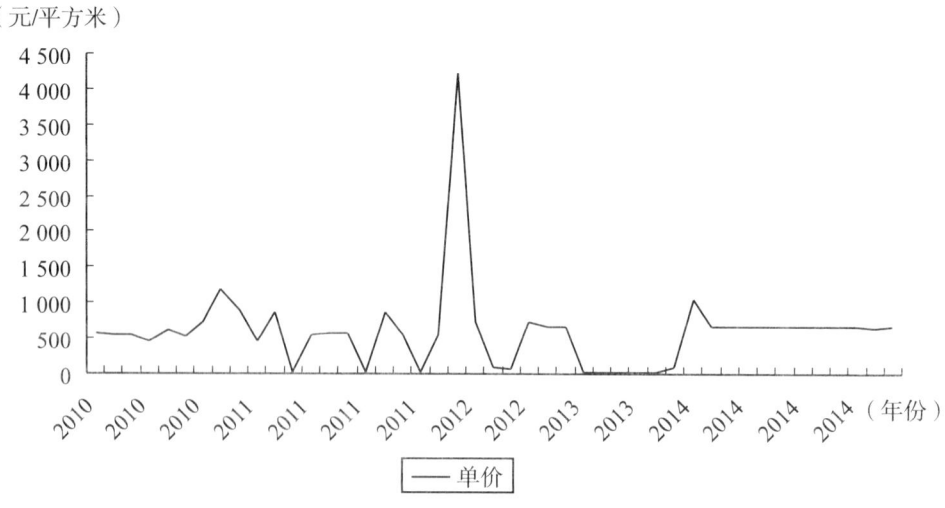

图8-5　2010~2014年间顺德集体建设用地出让价格变化

②完整模型分析。

江门市全模型结果

根据半条件模型（随机截距模型和随机系数模型）分析结果，各层模型变量最终采取逐步回归法确定，最终形式如式（8.7），得到完整模型结果估计，见表 8-4。

Level-1：$\ln PRICE_{ij} = \beta_{0j} + \beta_{1j} \times (\ln SIZE_{ij}) + \beta_{2j} \times (TYPE_{ij}) + \beta_{3j} \times (TIME_{ij}) + r_{ij}$

Level-2：$\beta_{0j} = \gamma_{00} + \gamma_{01} \times (\ln INVEST_j) + u_{0j}$

$$\beta_{1j} = \gamma_{10}$$

$$\beta_{2j} = \gamma_{20} + \gamma_{21} \times (\ln FINANCE_j) + \gamma_{22} \times (\ln NUMBER_j) + u_{2j}$$

$$\beta_{3j} = \gamma_{30} + \gamma_{31} \times (\ln INVEST_j) + \gamma_{32} \times (\ln NUMBER_j) + u_{3j} \quad (8.7)$$

将表 8-4 中完整模型参数估计值代入式（8.7），结合 level-1 和 level-2，最终混合模型形式如式（8.8）所示。

$$\begin{aligned}\ln PRICE_{ij} = & -8.39 + 0.97 \times \ln INVEST_j + 0.15 \times \ln SIZE_{ij} \\ & + 64.04 \times TYPE_{ij} + 5.41 \times \ln FINANCE_j \times TYPE_{ij} \\ & - 13.75 \times \ln NUMBER_j \times TYPE_{ij} + 3.28 \times TIME_{ij} + 0.19 \end{aligned}$$

$$(8.8)$$

根据式（8.8）显示，面积每增加 1%，集体建设用地出让价格将增加 0.15%，财政收入和土地用途存在交互效应，农村固定投资和使用年限存在交互效应，企业数量即市场需求与集体建设用地用途和使用年限存在交互效应，即地方财政收入通过影响集体建设用地用途来影响集体建设用地价格，企业的数量或市场需求通过影响集体建设用地的使用年限和集体建设用地用途，而农村固定投资不仅对集体建设用地价格有直接影响，还会通过影响集体建设用地出让年限来影响集体建设用地出让价格。假设以下情形：土地用途为工业，即 TPYE = 1，出让年限为工业最高年限 50 年，得到的函数表达式分别见式（8.9）：

$$\begin{aligned}\ln PRICE_{ij} = & 219.65 + 1.16 \times \ln INVEST_j + 0.15 \times \ln SIZE_{ij} \\ & + 5.41 \times \ln FINANCE_j - 43.75 \times \ln NUMBER_j \end{aligned} \quad (8.9)$$

根据式（8.8）和式（8.9），可得出让年限 50 年的集体工业用地特征价格为 219.65 元/平方米。由于根据统计分析江门市集体建设用地均价为 199.97 元/平方米，每单位农村固定投资的边际价格为 231.97 元，面积的边际价格为 30.00 元/平方米，每单位地方财政收入的边际价格为 1 081.84 元，每单位地方企业个数的边际价格为 -8 748.69 元，即市场对集体建设用地的价格影响非常大。

东莞市全模型结果

根据半条件模型分析结果，各层模型变量最终采取逐步回归法确定，剔除效果不显著变量后，最终形式如式（8.10）所示。

Level－1： $PRICE_{ij} = \beta_{0j} + \beta_{1j} \times (TYPE_{ij}) + \beta_{2j} \times (TIME_{ij}) + r_{ij}$

Level－2： $\beta_{0j} = \gamma_{00} + \gamma_{01} \times (INVEST_j) + u_{0j}$

$\beta_{1j} = \gamma_{10} + \gamma_{11} \times (INVEST_j) + u_{1j}$

$$\beta_{2j} = \gamma_{20} + u_{2j} \tag{8.10}$$

将表 8－4 中完整模型参数估计值代入式（8.10），结合 level－1 和 level－2，最终混合模型形式如式（8.11）所示。

$$\ln PRICE_{ij} = -4.73 + 1.59 \times \ln INVEST_j + 1.93 \times TYPE_{ij}$$
$$- 0.23 \times \ln INVEST_j \times TYPE_{ij} + 0.02 \times TIME_{ij} \tag{8.11}$$

表 8－4 　　　　　　　　分层线性模型完整模型结果

	项目	江门市	东莞市
固定效应	INTRCPT1，β_0		
	INTRCPT2，γ_{00}	－8.388253 **	－5.384411 ***
	FINANCE，γ_{01}		
	INVEST，γ_{02}	0.970004 ***	1.590910 ***
	NUMBER，γ_{03}		
	SIZEslope，β_1		
	INTRCPT2，γ_{10}	0.150011 *	0.150011 *
	TYPEslope，β_2		
	INTRCPT2，γ_{20}	64.042152 ***	1.721162 ***
	FINANCE，γ_{21}	5.407870 ***	
	NUMBER，γ_{22}	－13.748210 ***	－13.748210 ***
	INVEST，γ_{23}		－0.227152 ***
	TIMEslope，β_3		
	INTRCPT2，γ_{30}	3.283445 ***	－0.014367 ***
	INVEST，γ_{31}	0.185250 ***	
	NUMBER，γ_{32}	－0.598392 ***	
随机效应	INTRCPT1，u_0	0.38362	0.26270 ***
	SIZEslope，u_1		0.20647 ***
	TYPEslope，u_2	0.14800	0.03225 ***
	TIMEslope，u_3	0.03508	
	level－1，r	0.66102	0.39080

注：$P < 0.01$，极其显著，标注 ***；$P < 0.05$，极其显著，标注 **；$P < 0.1$，一般显著，标注 *。

根据式（8.11）显示，政府对农村的固定资产投资、土地使用类型及出让年限对集体建设用地的价格有正影响。农村固定投资和土地利用类型存在交互效应，即农村固定投资不仅对集体建设用地价格有直接影响，还会通过影响集体建设用地使用用途来影响集体建设用地出让价格。假设以下情形：土地出让年限每增加一年，集体建设用地的价格将增加到1.02倍。

$$\ln PRICE_{ij} = -1.8 + 1.36 \times \ln INVEST_j \qquad (8.12)$$

根据式（8.11）和式（8.12），由于统计分析东莞市集体建设用地均价为287.15元/平方米，每单位农村固定投资的边际价格为456.57元，但是固定资产投资和土地利用类型交互项对集体建设用地价格有负相关作用，因而会抑制集体建设用地价格增长，当考虑该情形后，即确定出让年限为50年的工业用地后，固定资产的边际价格变为390.52元。

（4）集体建设用地出让价值链与增值机理。

①典型模式比较与增值机理。

根据江门市、佛山市顺德区和东莞市的市场培育环境来看，三个地方均属于珠三角经济圈，区位条件优越，其土地出让市场的形成主要源于国有建设用地供给有限，集体建设用地需求增加，是国有建设用地的替代市场，这与20世纪80年代广东省轰轰烈烈的乡镇企业发展密切相关。同时，都在较早的时候开始了对集体建设用地出让市场制度的探索，其中，广东省《流转管理办法》起了较大的推动作用。就集体建设用地交易规则而言，江门市、佛山市顺德区的集体建设用地出让交易在交易前需进行确权登记，尽管东莞市没有明确指出交易之前需确权登记，但限定了交易的客体范围，其中有一条便是"没有权属争议，2/3以上村民同意"。因此，确定权属是实现集体资产价值的第一步。从交易规则看，集体建设用地出让市场主要参照国有建设用地出让市场，比如明确规定了出让的时限不高于国有建设用地，以及最低限价制度，需设定基准地价保护集体资产。土地用途方面，由于国家政策明确规定集体建设用地不能开发房地产，只能用作工业和商业开发，其中，集体建设用地出让以工业为主。

从集体建设用地出让价格机制看[见式（8.9）和式（8.12）]，集体建设用地的出让价格与宗地特征和财政收入、固定资产投资及市场需求等密切相关。具体地，从江门市集体建设用地出让价格作用机制看，宗地特征，包括面积、土地用途、出让时限对价格增长有显著正影响，农村固定资产对价格有显著正向作用，并且固定资产通过影响出让年限来产生对价格的正影响，财政收入通过控制土地流转用途继而对价格增长产生正影响，市场需求通过影响土地用途和土地出让年限对价格增长产生负影响。从东莞市集体建设用地出让价格作用机制看，宗地特征，包括土地用途和出让时限对价格增长有显著正影响，固定资产投资对价格增长也有显著正影响，但固定资产投资还会通过影响土地用途从而对价格增长带来负影响。再者，宗地特征和宏观因素对东莞市和江门市的集体建设用地出让价格的影响虽然趋势相同，但具体影响系数相差较大，主要是由于二者不同的区位因素造成的。

因此，集体建设用地确权是承认集体建设用地价值，是进入市场交易的先决条件，当不考虑区位因素时，集体建设用地价值的增值主要依靠出让面积、土地用途、出让年限和固定投资，而固定投资、财政收入（或政府调控）和市场需求又通过影响土地用途和出让年限来影响集体建设用地价值增值，使得集体建设用地的增值充满不确定性。从收益分配模式看，集体建设用地出让的主体是农民和集体，政府通过固定投资等公共服务参与交易过程，以税费和土地出让金的方式取得土地出让收益，在交易前后不同阶段，参与主体和所做贡献不同。

②集体建设用地交易两阶段价值链分析。

通过从交易过程和价格影响因素两个方面分析集体建设用地出让过程中的土地增值机理，可以得出集体建设用地出让主要经历了确权—定价—交易三大环节和两大增值阶段。在第一增值阶段中，首先，农民和集体通过确权登记以土地所有权价值对应的绝对地租参与到交易中，而在这一过程中政府一方面在登记之前投入基础设施等固定资产投入（S_1），一方面又为确权登记提供地籍管理等公共服务（S_2）；其次，在地块所在地固定投资（S_1）、政府调控（F）作用以及市场需求（D）作用下，确定该地块土地用途；再次，在地块所在地固定资产投入（S_1）和市场需求（D）作用下，确定集体建设用地出让年限；最后，综合考虑土地面积、区位条件、基础设施情况、土地用途和出让年限后，政府提供价格监管服务（S_3），制定集体建设用地基准价格或交易底价（P_0），基准价格的形成由三部分组成：一部分为农民和集体土地所有权价值，一部分为政府投入，包括固定资产投入和地籍管理等公共服务的投入成本，还有一部分为地块本身宗地特征和出让条件带来的自然增值。在第二增值阶段中，政府提供交易平台和交易信息等公共服务（S_4），以确保交易安全，个人或者企业通过协议、招标、拍卖、挂牌等市场方式以出让价格（P_1）获得一定期限的集体建设用地使用权，出让价格由两部分构成，一部分为集体建设用地出让的交易成本，另一部分则是竞价过程中产生的溢价或第二次增值价值，具体见图8-6。

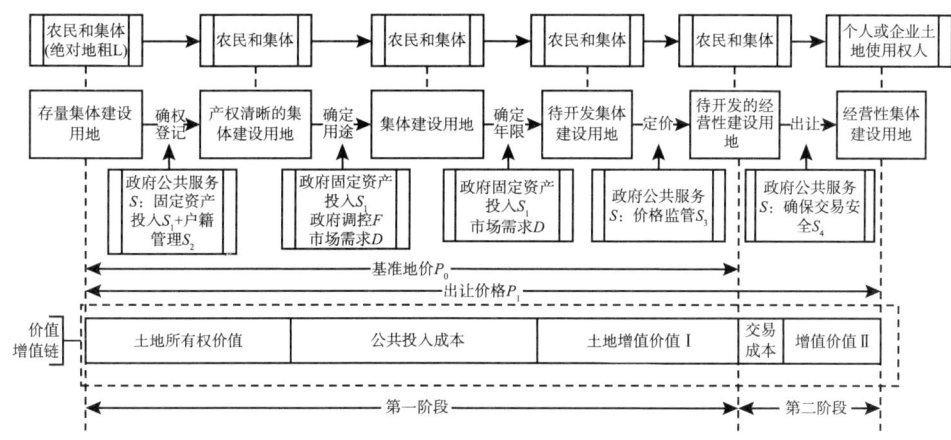

图 8-6 集体建设用地出让两阶段价值链

（二）集体土地出租市场土地增值机理检验

南海区在 2010 年正式创建了农村集体资产交易平台，规定所有农村集体资产交易需在指定的对应级别资产交易平台进行公开交易。截至 2015 年，南海区一共实现了 1 794 宗农村集体建设用地交易，合计 10 171.97 万亩，流转交易金达 607.61 亿元，出租年限最低年限为 0.33 年（即 4 个月），最高租赁年限不高于国有建设用地对应年限，土地使用用途以工业和商业为主，还涉及部分公共设施用地等其他类型集体土地。根据本书课题组 2016 年 1 月到南海区农村集体资产交易中心的调研结果显示，南海区集体建设用地出租遍布整个南海区辖区，包括桂城街道、大沥镇、里水镇、狮山镇、西樵镇、丹灶镇和九江镇（2013 年罗村街道行政调整划分并入狮山镇）。从交易台账来看，南海区集体建设用地出让信息相对完善，尽管仍未实现 GIS 信息化管理，但交易平台以文本形式详细记载了交易宗地信息，涉及记录项目有所属镇街、土地坐落（具体到村或街道）、证载用途、土地面积、建筑面积、容积率、出租年限、出租方和承租方单位、起始价和成交价。但从信息完整度上看，土地面积、土地坐落、土地用途和交易价格地块全覆盖，建筑面积、容积率和出租双方信息不全。由于交易的溢价率较低，因而以最终交易价格为成交价，从宗地微观特征和所在镇（街道）宏观社会经济情况两个方面入手，采用特征价格模型（HPM），构建微观特征和宏观影响的分层线性模型（HLM）探索南海区集体建设用地出租市场中价格影响因素和价值增值机理。

1. 数据来源与指标选择

数据分为微观个体特征数据和宏观社会经济数据。微观方面，集体建设用地交易数据来源于南海区集体资产交易中心 2010~2015 年集体建设用地流转台账，

1 794 宗交易数据中选取了信息较全的流转面积、用途、使用年限、流转金额、地块位置构成影响集体建设用地价格形成的微观个体特征变量，而地块位置是根据地块位置信息追踪到具体地块后，在电子信息平台上还原地块位置，利用 GIS 空间测距法测算到市中心的距离。宏观方面，由于交易地块在南海辖区分布较为均匀，因此以辖区内 7 个镇（街）固定资产投资和工业产值为衡量标准，前者表征政府的固定投资，后者表征地区工业发展情况。土地资产价值显化离不开基础设施、公共设施等相关投入带来的交通通达度、地区繁华程度、人口集聚程度的提升，因而选择农村固定资产投入为宏观影响指标。集体建设用地作为国有建设用地的替代品，其价值显化还得力于市场对建设用地的需求，这里用 2010~2015 年南海区 7 个镇（街）的工业产值表示。因此，宏观数据为 2010~2015 年 7 个镇（街）构成的面板数据（Panel data），层-1 变量的观测值有 1 794 个，层-2 变量的观测值有 37 个，各变量定义见表 8-5。

表 8-5　　　　　　　　　变量选择与描述

变量	名称	变量说明	均值	方差
因变量	集体建设用地价格（$lnprice$）	价格单位为元/亩/年，取对数后据资料计算	9.96	1.16
个体特征变量（层-1 自变量）	流转面积（$lnsize$）	单位为亩，取对数后据资料计算	6.43	1.68
	流转用途（$type$）	分类变量，工业用途=1，商业用途=2，其他用途=3	1.19	0.44
	使用年限（$lntime$）	连续变量，取对数后据资料计算	8.71	11.39
	到市中心距离（$lndistance$）	单位为千米，取对数后据资料计算	9.37	1.00
城市层面自变量（层-2 自变量）	农村固定投资（$lninvest$）	单位为万元，取对数后据资料计算	6.17	0.76
	工业产值（$lnindustry$）	单位为万元，取对数后据资料计算	4.47	0.5

2. 模型构建

（1）基本模型。

根据微观个体特征和宏观社会经济情况，按两层数据结构，集体建设用地流转价格影响的分层线性模型的基本形式如式（8.13）所示，具体统计分析采用 HLM 7.0 进行。

Level – 1：$\qquad p_{ij} = \beta_{0j} + \sum_{n=1}^{n} \beta_{nj} x_{nij} + r_{ij}$

Level – 2：$\qquad \beta_{nj} = \gamma_{n0} + \sum_{n=1}^{n} \gamma_{nm} w_{mj} + \mu_{nj}$ (8.13)

式（8.13）中，下标 i 表示层 – 1 单元，j 表示层 – 2 单元，P_{ij} 为模型因变量，n 为层 – 1 自变量个数，x_{nij} 为层 – 1 自变量，β_{0j} 为层 – 1 自变量对因变量的截距，β_{nj} 为层 – 1 自变量回归系数，r_{ij} 为层 – 1 随机扰动项，γ_{n0} 为层 – 2 自变量对因变量截距，m 为层 – 2 自变量个数，γ_{nm} 为层 – 2 自变量回归系数，w_{mj} 为层 – 2 自变量，μ_{nj} 为层 – 2 随机扰动项。

（2）零模型分析。

零模型中各变量含义与前文一致，其具体形式如下：

Level – 1：$\qquad \ln PRICE_{ij} = \beta_{0j} + r_{ij}$

Level – 2：$\qquad \beta_{0j} = \gamma_{00} + u_{0j}$ (8.14)

模型观测变量一共为 1 794 个，分组数量为 37，根据零模型可信度显示，Level – 1 层截距信度估计为 0.876，由于信度估计大于 0.5，因而判定模型满足要求，方程有效，模型拟合的集体建设用地价格与实际价格非常接近，具体固定效应和随机效应参数估计见表 8 – 6。固定效应结果显示，南海区集体建设用地出租的均价为 21 162.8 元/亩/年。随机效应的卡方检验表明，微观个体特征层面标准差为 0.81，宏观城市层次标准差为 0.73，由此可计算得到组内相关系数 ρ = 0.81 ÷ （0.81 + 0.73）= 0.5260，即表示集体建设用地出让价格的差异大约有 52.60% 是由宏观城市层面社会经济影响造成的，不同宗地的交易价格在不同年份的宏观社会经济因素下存在显著差异。由此可见，宏观城市社会经济因素对集体建设用地的价格影响不能忽视，结合微观和宏观变量，利用分层模型探索集体建设用地出让价格机制十分必要。

3. 结果分析

（1）半条件模型分析。

随机截距模型

Level – 1：$\qquad \ln PRICE_{ij} = \beta_{0j} + r_{ij}$

Level – 2：$\beta_{0j} = \gamma_{00} + \gamma_{01} \times (\ln INDUSTRY_j) + \gamma_{02} \times (\ln INVEST_j) + u_{0j}$ (8.15)

以均值为模型结果的宗地出让模型固定效应显示，地方政府财政收入、农村固定投资和企业的数量对集体建设用地价格有非常显著的正影响。但是随机截距模型的层 – 2 随机项的方差与零模型随机项的方差相差不大，其组内相关系数 ρ = 0.33 ÷ （0.33 + 0.72）= 0.3143，即在考虑了财政收入、农村固定投资和企业数量后，宏观社会经济情况对集体建设用地价格变化的影响所占比例将减少到 31.43%。

随机系数模型

Level – 1： $\ln PRICE_{ij} = \beta_{0j} + \beta_{1j} \times (\ln SIZE_{ij}) + \beta_{2j} \times (TYPE_{ij})$
$\qquad\qquad\qquad + \beta_{3j} \times (TIME_{ij}) + \beta_{4j} \times (\ln DISTANCE_{ij}) + r_{ij}$

Level – 2： $\beta_{0j} = \gamma_{00} + u_{0j}$

$\beta_{1j} = \gamma_{10} + u_{1j}$

$\beta_{2j} = \gamma_{20} + u_{2j}$

$\beta_{3j} = \gamma_{30} + u_{3j}$

$\beta_{4j} = \gamma_{40} + u_{4j}$ (8.16)

根据随机系数模型的固定效应显示，土地面积、土地用途和出让年限对于集体建设用地价格均有显著正影响，土地面积每增加1%，集体建设用地价格将减少0.009%，土地类型从工业用地变到商业用地，土地价格将增加到2.85倍［= exp(1.046)］，出让时间每增加一年，土地价格将在原价格上增加到原来的1.03倍，到市中心的距离每增加1%，租金增加1.37%，租金并没有随着到市中心的距离增加而减少，反而增加了，故推测集体建设用地租金受各中心镇影响可能更大。

（2）完整模型分析。

根据半条件模型（随机截距模型和随机系数模型）分析结果，各层模型变量最终采取逐步回归法确定，最终形式如式（8.17）所示。

Level – 1： $\ln PRICE_{ij} = \beta_{0j} + \beta_{1j} \times (\ln SIZE_{ij}) + \beta_{2j} \times (TYPE_{ij}) + \beta_{3j} \times (TIME_{ij})$
$\qquad\qquad\qquad + \beta_{4j} \times (\ln DISTANCE_{ij}) + r_{ij}$

Level – 2： $\beta_{0j} = \gamma_{00} + \gamma_{02} \times (\ln INVEST_{j}) + u_{0j}$

$\beta_{1j} = \gamma_{10} + u_{1j}$

$\beta_{2j} = \gamma_{20} + u_{2j}$

$\beta_{3j} = \gamma_{30} + \gamma_{31} \times (\ln INDUSTRY_{j}) + u_{3j}$

$\beta_{4j} = \gamma_{40} + u_{4j}$ (8.17)

将变量代入式（8.17）中，得到全模型结果。零模型、半条件模型和全模型结果如表8–6所示。

表8–6　　　　　　　　　分层线性模型结果

项目		零模型	半条件模型		完整模型
			随机截距	随机系数	
固定效应	INTRCPT1，β_0				
	INTRCPT2，γ_{00}	10.508271***	6.232521***	10.496155***	7.402119***
	INDUSTRY，γ_{01}		0.253310		

续表

项目		零模型	半条件模型		完整模型
			随机截距	随机系数	
固定效应	INVEST, γ_{02}		0.599708**		0.688205***
	SIZEslope, β_1				
	INTRCPT2, γ_{10}			-0.135770***	-0.147811***
	TYPEslope, β_2				
	INTRCPT2, γ_{20}			0.452535***	0.430405***
	TIMEslope, β_3				
	INTRCPT2, γ_{30}			0.013905***	0.085923***
	INDUSTRY, γ_{31}				-0.011000***
	DISTANCEslope, β_4				
	INTRCPT2, γ_{40}			-0.090473	0.023097
随机效应	INTRCPT1, u_0	0.81248***	0.71163***	0.82003***	0.71644***
	SIZEslope, u_1			0.12677***	0.12683***
	TYPEslope, u_2			0.59320***	0.60219***
	TIMEslope, u_3			0.01833***	0.02178***
	DISTANCEslope, u_4			1.36527***	1.45252***
	Level-1, r	0.73097	0.73078	0.59411	0.59419

注：$P<0.01$，极其显著，标注***；$P<0.05$，极其显著，标注**；$P<0.1$，一般显著，标注*。

将表8-6中完整模型参数估计值代入式（8.17），结合 Level-1 和 Level-2，最终混合模型形式如式（8.18）。

$$\ln PRICE_{ij} = 8.71 + 0.69 \times \ln INVEST_j - 0.02 \times \ln SIZE_{ij} + 1.03 \times TYPE_{ij}$$
$$+ 0.11 \times \ln TIME_{ij} - 0.01 \times \ln INDUSTRY_j \times \ln TIME_{ij}$$
$$+ 1.47 \times \ln DISTANCE_{ij} \quad (8.18)$$

根据式（8.18）显示，面积每增加1%，集体建设用地出租价格将减少0.02%，固定投资每增加1%，集体建设用地出租价格可以增加0.69%，土地用途从工业变成商业，集体建设用地租金将增加到2.8倍，到市中心的距离每增加1%，租金反而增加1.47%，租期越长，租金也越贵，但租期和工业产值存在交互作用，交互项与集体建设用地租金价格负相关，即工业产值通过影响租赁的租期来影响集体建设用地的租金。假设以下情形：土地用途为工业，即 $TPYE=1$，出让年限为工业最高年限50年，得到的函数表达式见式（8.19）：

$$\ln PRICE_{ij} = 10.17 + 0.69 \times \ln INVEST_j - 0.02 \times \ln SIZE_{ij}$$
$$- 0.04 \times \ln INDUSTRY_j + 1.47 \times \ln DISTANCE_{ij} \quad (8.19)$$

根据式（8.18）和式（8.19），可得出租年限50年的集体工业用地特征价格为26 108元/亩/年。由于根据统计分析南海区集体建设用地出租的均价为21 162.8元/亩/年，每单位固定投资的边际价格为14 602.33元，面积的边际价格为 -423.26元，地方工业产值的边际价格为 -846.52元，到市中心距离的边际价格为31 109.31元。

4. 集体建设用地出租价值链与增值机理

（1）集体建设用地出租的增值机理。

从南海集体建设用地出租市场的培育环境和交易规则看，出租市场的形成与南海20世纪90年代集体股份合作社时期将集体建设用地出租给企业以取得收益的历史密切相关，而交易的前提仍然是明晰的产权，产权明晰的集体建设用地可以进入对应交易平台以招、拍、挂的方式进行公开租赁，交易规定一般租赁年限不超过20年，交易的起始价也原则上不低于基准地价的70%，交易后仍需登记确权，领取《土地使用证》。从集体建设用地出租的价格作用机制看，集体建设用地的租金与固定资产投资、土地用途类型、租赁时间及到南海区中心的距离呈显著正比，所在镇工业产值通过影响土地租赁年限对租赁价格有负影响，土地面积与土地价格呈负相关关系，见公式（8.20）。

$$\ln PRICE_{ij} = 8.71 + 0.69 \times \ln INVEST_j - 0.02 \times \ln SIZE_{ij} + 1.03 \times TYPE_{ij}$$
$$+ 0.11 \times \ln TIME_{ij} - 0.01 \times \ln INDUSTRY_j \times \ln TIME_{ij}$$
$$+ 1.47 \times \ln DISTANCE_{ij} \quad (8.20)$$

因此，集体建设用地确权即认可集体建设用地价值，仍然是进入市场交易的先决条件，与集体建设用地出让不同的是，考虑宗地到南海区中心距离后，距离增长与价格增长正相关，面积增长与价格增长负相关，集体建设用地价值的增值主要依靠土地用途、租赁年限和固定投资，而工业产值（市场需求）又通过影响租赁年限来影响集体建设用地价值增值。从收益分配模式看，集体建设用地公开租赁的主体是农民和集体，政府通过固定投资等公共服务参与交易过程，以税费的方式取得土地租赁收益。

（2）集体建设用地交易两阶段价值链分析。

通过从交易过程和价格影响因素两个方面分析集体建设用地租赁过程中的土地增值机理，可以得出集体建设用地租赁与出让过程相似，主要经历确权—定价—交易三大环节和两大增值阶段。在第一大增值阶段中，首先，农民和集体通过确权登记以土地所有权价值对应的绝对地租参与到交易中，而在这一过程中，政府一方面在登记之前投入基础设施等固定资产投入（S_1），一方面又为确权登记提供地籍管理等公共服务（S_2）；其次，在地块所在地固定投资（S_1），确定该地块土地用途；再次，在地块所在地固定资产投入（S_1）和市场需求（D）作用下，确定集体建设用地租赁年限；最后，综合考虑土地面积、区位条件、基础设施情况、土地用途和租赁年限后，政府提供价格监管服务（S_3），制定集体建设用地基准价格或交易底价（P_0），基准价格的形成由三部分组成：一部分为农民和集体土地所有权价值，一部分为政府投入的包括固定资产投入和地籍管理等公共服务的投入成本，还有一部分为地块本身宗地特征和出让条件带来的自然增值。在第二大增值阶段中，政府提供交易平台和交易信息等公共服务（S_4），以确保交易安全，个人或者企业通过协议、招标、拍卖、挂牌等市场方式以交易价格（P_1）获得一定期限集体建设用地使用权，出让价格由两部分构成，一部分为集体建设用地出让的交易成本，另一部分则是竞价过程中产生的溢价或第二次增值价值，具体见图8-7。

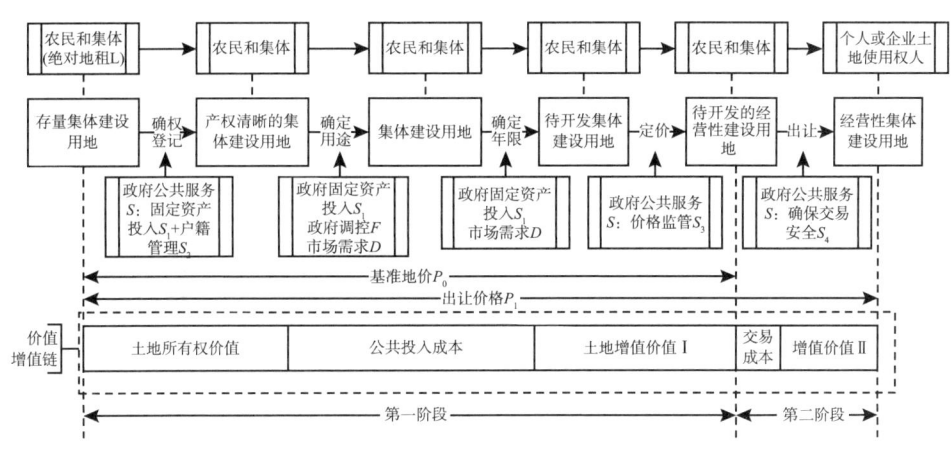

图 8-7 集体建设用地租赁两阶段价值链

（3）集体建设用地交易三阶段价值链分析（星光城案例分析）。

实际上，在本书课题组于2016年8月赴南海调研过程中，发现还存在另外一种介于土地出让和出租之间的集体交易模式，在租赁过程中搭售部分出让年限的集体建设用地使用权，下文以南海区星光城项目为例展开描述。星光城项目坐落于南海区大沥镇沙溪村，由广东LX置业有限公司开发，项目拟开发7.93公顷集体建设用地作为大型商业投资建设，一旦建成，将成为南海地标性建筑。经与沙溪村经联社和南海区政府协商，最终LX公司通过协议出让（出让价记为P_1）获得沙溪经联社4.58公顷集体建设用地40年使用权，LX公司一次性付清费用，出让期间沙溪经联社不得涨价，并承诺在余下的3.35

公顷集体建设用地上为沙溪村经联社投资建设 9 公顷的物业,建设完成后由权利人沙溪经联社将物业以协议方式租赁(租赁价记为 P_2)给 LY 公司,所有交易均在南海农村集体交易平台进行。因此,该项目联合了出让和出租两种取得集体建设用地使用权的方式,企业通过代建物业的形式将一部分集体建设用地出租的剩余价值以建造成本(C)的方式返还给集体,使得最终企业的拿地成本既低于 7.93 公顷出租 40 年的拿地成本也高于 7.93 公顷出让的拿地成本,而集体也获得了一次性出让土地收益、房地产以及永续的物业出租收益。因此,其价值链是两阶段集体建设用地出让价值链和两阶段集体建设用地出租价值链和结合,见图 8-8。

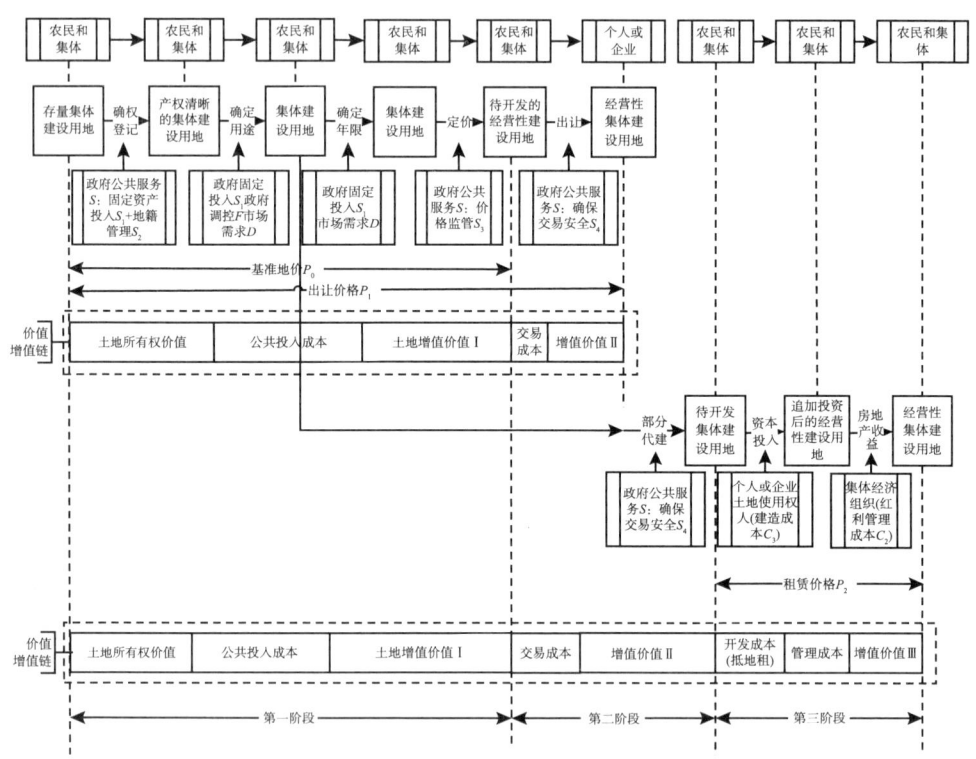

图 8-8 集体建设用地三阶段价值链

(三)集体建设用地空间置换增值机理检验

集体建设用地空间置换必然会涉及到集体建设用地用途和权属变更,以实现空间优化,而空间优化的实现依托于"建设用地指标"的产生和落地。黄珂、张安录(2016)认为,在城乡建设用地市场化整合探索过程中,建设用地空间置换包括使用权空间"漂移"集中交易和地票交易两种模式,前者是通过实施"城乡建设用地增减挂钩",将本集体内分散的建设用地进行复垦,作为"建设用地指标"通过指标交易调整到相对集中的区域进行土地开发;而后者地票交易是对地票产生区(偏远地区)闲置、低效的建设用地进行复垦,形成新增建设用地指标和耕地占补平衡指标,然后通过交易平台在市场上进行跨区交易。而曹亚鹏(2014)认为,地票交易制度将农村土地资源用一种虚拟化的方式引入市场,通过"地票"交易平台,将节余的建设用地指标"漂移"到城市利用的过程。

结合二者观点,通过课题组2015年到各地实地调查资料收集和整理,笔者认为,凡建设用地指标产生区永久失去建设用地的,应归属到"建设用地指标让渡"范畴,而指标产生区产生指标后能自己全部拥有指标并投入建设的应归属到"建设用地指标优化利用"范畴。二者在空间置换产生的建设用地指标使用范围和是否保有对建设用地开发使用权有着本质区别。一般而言,"建设用地指标让渡"是将集体建设用地进行复垦变成耕地,"消灭"集体建设用地并将集体建设用地永远退化到农地后,将产生的建设用地指标让渡给其他需要建设用地指标的发达地区使用,以助发达地区实现"占补平衡",进而开发、征收就近农地。"建设用地指标优化利用"是将区域范围内集体建设用地进行集中、腾挪,利用产生的建设用地指标再次开发建设。从复垦地块用途变化方式看,"指标让渡"后,复垦地块从宅基地永久变成集体建设用地,"指标利用"后,复垦地块从宅基地可能变成集体经营性建设用地,变成更有价值的集体资产。因此,从指标转移距离的长短和指标使用方式,笔者将城乡一体化中集体建设用地空间置换分为跨区建设用地指标"漂移"模式和集体建设用地"腾挪"模式(见图8-9)。

从图8-9中可以看出,指标从农村地区"漂移"到城镇地区,成为城镇建设用地扩张中新增建设用地的重要来源,往往伴随着城镇地区向周边农村地区开展征地,即通过农村地区集体建设用地的冻结或退化来实现城镇近郊土地发展成国有建设用地;而指标"腾挪"后,新建的建设用地仍在农村地区,农村集体仍然享有对其开发的权利,只是集体建设用地更加集中以实现规模效应,部分土地从原来的宅基地变为经营性建设用地,其开发程度扩大,进一步实现了发展权。

因此,本节从集体建设用地空间置换的两种模式——跨区建设用地指标"漂移"模式和集中建设用地指标"腾挪"模式入手,分析建设用地变化过程的价值链和土地增值机理。

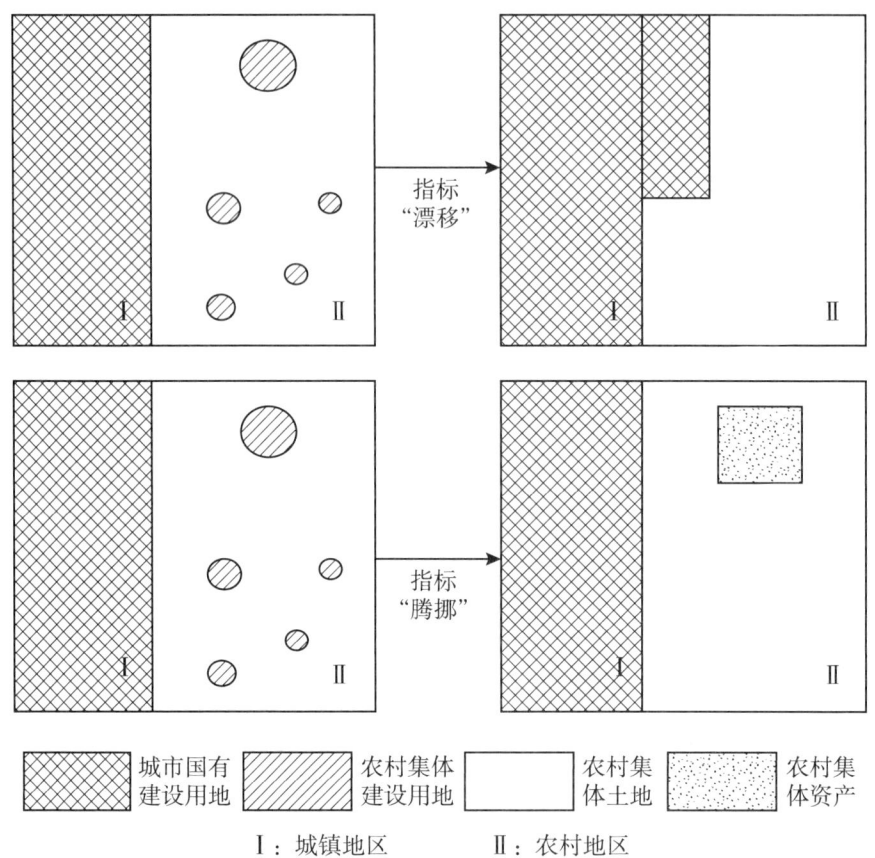

图 8-9 集体建设用地空间置换的指标"漂移"和指标"腾挪"

1. 跨区建设用地指标"漂移"模式

（1）重庆地票公开交易模式。

基于重庆市城乡建设用地落差大、供需矛盾突出的现状，以及正在国家试点开展的"挂钩"政策，重庆市继续探索统筹城乡土地利用，并提出设立重庆农村土地交易所，建立统一的城乡土地交易市场。2008年11月17日，重庆农村土地交易所管理暂行办法经市政府常务会议通过。同年12月4日，由政府出资的非营利性事业法人机构正式挂牌成立，即重庆农村土地交易所，主要从事地票交易暂行办法中对农村土地交易所的交易范围、交易方式、资格条件、权益保障等各个环节，作了较为详尽的设计与规定。所谓"地票"，指包括农村宅基地及其附属设施用地乡镇企业用地、农村公共设施和农村公益事业用地等农村集体建设用地，经过复垦并经土地管理部门严格验收后产生的指标，以宅基地为主，并且规定复垦宅基地的农户必须拥有两套以上住宅。截至2015年4月，重庆土地交易所已举行地票交易会38场，成交地票15.37万亩，单位面积成交金额约20.15万元/亩。

"地票"产生和交易的基本过程是:①农村建设用地复垦为耕地,经验收合格后产生等面积的建设用地指标;②建设用地指标在交易所被打包组合成地票在农村土地交易所公开交易;③开发者通过竞标购入地票;④政府运用其征地权,将开发者所选耕地征转为城镇建设用地,实现指标落地;⑤该开发者如果在指标落地时竞标失败,则地票按原价转给竞标成功者;⑥指标落地时,地票费用冲抵新增建设用地有偿使用费和耕地开垦费。由此可见,"地票交易"实际上就是地方(主要是土地储备机构、城市企业和自然人等)如果要占用建设用地,首先必须拿出一部分钱用于农村建设用地的复耕和征地补偿等费用,然后才能提出新增建设用地申请,才有资格参与新增建设用地出让的"招、拍、挂"过程。通过地票交易,实现了建设用地的空间置换。

(2)成都圈层"持证准入"模式。

成都的地票是指通过实施农村综合整治项目,整理废弃农村建设用地复垦为耕地,扣除农民集中居住区占地、预留给农民集体的发展用地,经验收合格后节余的建设用地面积,即建设用地指标。在执行中,成都按照审批权限的不同,把城乡建设用地增减挂钩分为"挂钩项目"和"拆院并院项目"。由国土资源部、四川省国土资源厅批准的城镇建设用地增加与农村集体建设用地减少相挂钩项目称为"挂钩项目";由成都市人民政府批准的城镇建设用地增加与农村建设用地减少相挂钩项目称为"拆院并院项目"。挂钩项目或拆院并院项目由拆旧区和建新区(包括农民集中居住区和城镇建新区)两个部分构成,其中城镇建新区称为落地区。按照省厅的要求,挂钩项目的拆旧区与建新区必须一一对应,实行严格的挂钩,落地区只能调整一次。考虑到地票交易的需要,成都市对落地区进行了虚拟化,只要进行拆旧区复垦和新建农民集中居住区验收合格,节约的集体建设用地指标可跨区域、跨时交易。

土地综合整治产生的建设用地指标作为国有经营性建设用地首次出让的"准用"条件。即中心城区、二圈层区县的国有经营性建设用地(不含工业用地)使用权首次出让,竞得人须持有相应面积的建设用地指标签订《国有建设用地使用权出让合同》;三圈层县(市)的国有经营性建设用地(不含工业用地)使用权首次出让,竞得人在签订《国有建设用地使用权出让合同》时,须按照市政府确定的建设用地指标当年最低保护价标准,缴纳竞买宗地相应面积的建设用地指标价款。而之前实行的建设用地出让"持票"准入制度,要求本市行政区域内的国有经营性建设用地[不含中心城区以外区(市)县的工业用地]使用权出让应在市土地矿权交易中心进行,国有经营性建设用地(不含工业用地)使用权的竞买者必须持有同面积的建设用地票,方可参与竞买;同时,实行建设用地"持票"转用制度,即本市行政区域内规划的有条件建设用地区农用地转为建设用地，必须持有同面积的建设用地地票。"持票"准入制度实质上设置了土地使用权拍卖的门槛，产生垄断行为，导致地票价值高企。加上竞买人没有限制范围，投机性增强，仅指标价格就高达92万元/亩。地票价格失真，使得土地市场产生较大波动，被指推高房价。农村建设用地指标交易制度调整为"持票准用"后，上述问题得到有效解决，但市场化程度减弱。这种指标外循环交易的主要作用在于形成城乡统一的土地市场，同时解决指标交易内循环中资金链问题，缓解政府平台公司的资金紧张状况。

成都建设用地指标可采取挂牌、拍卖等多种方式，在市土地（矿权）交易中心、成都农村产权交易所进行交易，经登记生效。建设用地指标交易后，不得再次转让，但可以分割、合并使用。建设用地指标的价格应以最低保护价为基础，按市场规则由交易双方决定。建设用地指标自交易、登记生效之日起两年内有效。在规定期限内未使用的，由市人民政府指定的机构按建设用地指标当年最低保护价回购。

2. 集中建设用地指标"腾挪"模式

（1）重庆永川集体资产统筹管理模式。

2014年中共中央国务院印发《关于全面深化农村改革加快推进农业现代化的若干意见》中明确提出，缩小征地范围，规范征地程序。除补偿农民被征收的集体土地外，因地制宜采取留地安置、补偿等多种方式，确保被征地农民长期受益。为有效推进缩小征地范围改革，重庆市永川区作为"缩小征地范围"试点，根据《国土资源部办公厅关于部署开展征地制度改革试点工作的通知》，拟建立200亩项目区探索集体资产统筹管理模式。

据本书课题组调查，项目区位于永川区板桥镇L村和Z村，其实施主体为永川区板桥镇L村和Z村村民小组，在完成对拟流转区建设用地清理补偿工作后，将拟流转的建设用地使用权收归集体，收回土地统一登记为大证，分别成立L村和Z村资产管理公司，法人代表由村民小组长担任，并确权给集体资产管理公司，而资产管理公司主要负责制定复垦方案、资金筹集、流转地价确定等相关工作。项目区通过实施"增减挂钩"项目，在建新区所在的村或小组范围内，采取村或小组为单位的总建设用地规模不增加的原则，对存量建设用地、宅基地等进行多元化复垦，复垦区补偿标准为每亩不超过10 000元；而建新区涉及农用地转用的，由区国房局根据建新区勘界测绘报告明确的地类和面积向市局申请用地计划，市局审查后下达周转指标，按青苗每亩1 500元以内、附着物每亩3 000元以内的标准由资产管理公司对建新区农户进行补偿。

通过建设用地指标"腾挪"后，集体资产管理公司将项目区集体建设用地使用权在区公共资源交易平台和市土交所公开挂牌出让，基准价按实际生产成本

（拆迁安置、青苗附着物补偿、建设用地复垦、项目管理、耕地占用税）加逐年制度成本计算。项目区资产交易后，集体资产管理公司按旱地 600 斤稻谷/年，水田 800 斤稻谷/年标准支付给农户；集团资产管理公司按 200 斤稻谷/年标准收取工作经费，同时集体建设用地出让溢价部分归集体资产管理公司拥有；集体资产公司按 50 斤稻谷/年标准向村委会支付工作经费；地方镇政府按 3 000 元/亩一次性计算工资经费；交易后按国有土地标准向相应交易平台支付交易手续费；区政府通过建设配套费（参照国有标准）及税收（契税、耕地占用税）实现收益。

（2）成都金堂土地股份合作模式。

2011 年 3 月，成都市金堂县依托成都城乡统筹建设，在自主实施土地综合整治项目后将结余产生的集体建设用地指标全覆盖，引进社会资本合作开发，以土地作价入股，先后成立土地股份合作社、资产管理公司和项目运营公司，建设了标准化厂房，建立了农产品加工工业园，开创了农村集体经济组织直接供地进行工业园区建设的先河。

①项目区情况。

该加工园位于金堂县竹篙镇，项目区规划面积 2.28 平方千米，一期占地 1.54 平方千米，土地股份社供地 1 024 亩，其中道路用地 411 亩，可用地 613 亩，涉及入股农户 463 户，已签入股协议 447 户，签约率达 96.5%。目前，加工园区起步区全部竣工并投入开发使用，占地面积 101 亩，厂房建筑面积达 4.3 万平方米，采取"园区投资公司（土地股份合作社 + 资产管理公司）+ 县投建公司"建厂出租方式运作，现签订入园协议企业有 10 家，正式入园企业有 7 家，投产 4 家，引进资产 4.01 亿元。

②运作模式。

金堂股份合作社的运作模式由以下 6 个关键环节构成：a. 确权颁证。相关政府部门在实施项目前对项目区涉及集体土地组织确权，对涉及的农户颁发集体土地所有权和使用权证。b. 土地入股。由园区占地，涉及的村组村民自愿以农村土地承包经营权、林权等入股，组建集体土地股份合作社。c. 农村土地综合整治。成立资产管理公司实施土地整理，该过程农民自主实施土地综合整治搬迁获得建设用地指标，也可以吸引指标入股或融资购买用地指标，按照用地指标权属支付相应股份红利或购置费用，项目用地范围内农户实施自主搬迁。目前，整理后共节约集体建设用地指标 638.17 亩，扣除农民集中区建设用地和建设成本 492 亩，实际"腾挪"指标 146.17 亩，作为项目起步区用地来源。d. 成立园区投资管理公司。土地股份合作社和资产管理公司分别将土地和整理而来的建设用地指标折价入股（土地折价 6 万元/亩，用地指标 30 万元/亩）。e. 成立项目运营管理公司。投资管理公司以土地和建设用地指标招商引资，分项目对外入股、出租土地。以101亩项目起步区为例，投资管理公司以土地和建设用地指标折价入股，县建投公司建设4.3万平方米标准厂房的方式进行联合开发，成立项目运营管理公司。f. 基础配套保障。工业园区发展，需政府参照国有工业用地标准，配套建设水、电、气、道路等基础设施。

③股份构成与收益分配模式。

收益分配依据为各参与主体的投资红利。以项目起步区为例，主要参与主体有股份合作社、资产管理公司、由股份合作社和资产管理公司构成的园区投资管理公司、县建投公司、项目运营管理公司和政府。首先，股份合作社按"保底+分红"模式，确保农户达到每年每亩1 100斤黄谷收益。其次，土地折价6万元/亩，建设用地指标折价30万元/亩，土地和指标的股份比例为16.7%：83.3%，即折合资产后，股份合作社出资606万元（6×101），资产管理公司出资3 030万元（30×101），合计有固定资产3 636万元成立园区投资管理公司。再次，县建投公司按每亩108万元厂房建设成本，折合资本10 908万元投入生产和园区投资管理公司成立项目运行管理公司，县建投公司折合股份75%，园区投资管理公司占股25%，其中，土地股份合作社占股4.2%，资产管理公司占股20.8%。最后，县委政府参照国有建设用地工业园区的标准，投入基础设施支持资金3亿元，保障园区基础设施。

据此，对于项目起步区101亩厂房项目，采取租赁厂房形式进行生产经营，获取的利润回报给各个股东。按厂房租金每月10元/平方米计算，每亩每年可获得租金收入9.6万元，若不考虑项目公司运行成本、有关税费等，股份合作社、资产管理公司和县建投公司三方各获收益4 032元、19 968元、72 000元，收益比为1：4.95：17.86。股份社农户至少获得每年每亩1 100斤黄谷，而政府则按国有工业用地标准，向厂房交易双方收取税费。

3. 集体建设用地空间置换价值链与增值机理

（1）典型模式比较与增值机理总结。

通过分析重庆地票交易、成都圈层"持票准入"、上海超级增减挂钩典型模式，可以发现建设用地跨区指标"漂移"模式是将远郊集体建设用地复垦为农地，获得建设用地指标，并有偿地将建设用地指标转移到城市近郊代建项目所在农地上，使其能顺利被征收并流转为国有建设用地，因而是将集体建设用地的土地发展权"冻结"并转移到城郊待开发农地上，实现农地由生地到熟地，开发成国有建设用地。所不同的是，成都和重庆的建设用地指标进入交易平台后，由相关企业购买指标后持指标参与国有建设用地出让，而上海指标由市储备中心统一收购管理，需要指标的区县提出申请并按一定价格从市里有偿获得建设用地指标。

而集体建设用地指标"腾挪"模式，是将零散的集体建设用地复垦为农地，复垦得到的建设用地指标直接覆盖到农村拟建项目上，实现由农地到集体资产的转变，因而由集体自身将复垦地块的发展权冻结后转移到临近农地上，对应农地得到发展权后进一步开发成集体资产，仍然是土地发展权的转移。

（2）集体建设用地空间置换价值链分析。

通过分析跨区建设用地指标"漂移"和集中建设用地指标"腾挪"的增值机理，发现二者均是通过复垦闲置集体建设用地产生建设用地指标，将指标覆盖到非农地上产生用途变更以开发建设用地，通过冻结复垦地块的发展权并将发展权转移到拟开发地块上。所不同的是，在指标"漂移"过程中，集体农地被政府征收后，土地权属发生改变，变更为国有建设用地，地方政府以所有权主体和公共服务提供者双重身份参与空间置换增值过程，指标交易后，原复垦农民和集体获得指标交易收益后并不参与后续增值；而在指标"腾挪"过程中，对应开发的集体资产所有权仍归集体所有，原复垦地块农民和集体可以和新建地块农民和集体组建集体资产管理公司，选择享受以指标入股进入集体资产开发分红的权利，而政府只是以提供公共服务的身份参与到整个空间置换土地增值过程，因而所有的农民和集体（包括复垦和新建地块）均可以分享土地发展权价值、增值价值1和增值价值2，具体见图8-10。

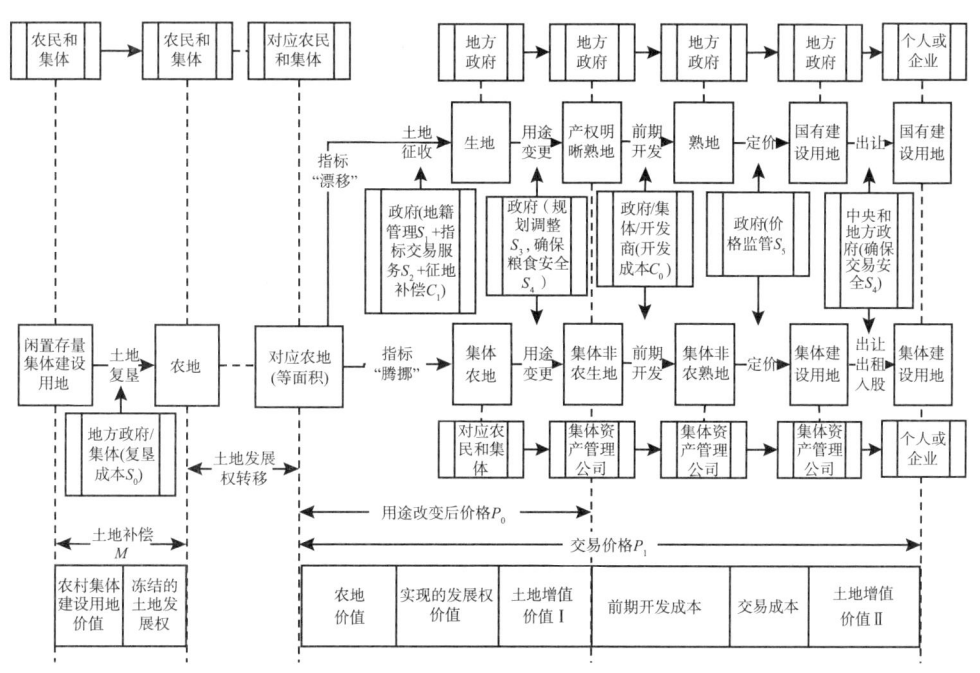

图8-10 集体建设用地空间置换价值链

第二节 城乡统一建设用地市场土地增值收益分配度量

土地增值，即土地价值的增加，土地价格的上涨是其货币表现形式，地租的增加是其本质。土地使用权与所有权的分离是形成绝对地租的必要条件，土地使用者向土地所有者支付的经济代价表示了土地使用者与土地所有者之间的经济关系。存量建设用地市场是所有权和使用权分离的过程，而土地发展空间置换过程中，获得建设用地指标的建新区比拆旧区的经济发展水平和社会劳动生产率高，因此相同的面积上能产生更多的利润，并且建新区的土地需求量大，土地价格较高，因此带来绝对地租的增加。

本部分将在本章第一部分的理论分析基础上，通过公式推导和假设验证，针对存量直接交易市场和空间置换过程两种交易模式，分别对相关权利主体的收益进行分配。

一、存量建设用地直接交易市场土地增值收益分配

（一）出让市场土地增值收益分配

根据图 8-1 可以得到集体建设用地在交易前和交易后两个阶段中产生的土地增值收益以及增值收益构成，如下：

$$土地增值价值 \text{I} = 因区位条件和市场竞争带来的级差地租\text{I} + 公共设施投资带来的级差地租\text{II}$$

$$土地增值价值 \text{II} = 因生产者追加投入资本产生的级差地租\text{II}$$

由此根据增值收益构成和参与人投入情况，可以发现农户和集体与政府共同分享土地增值收益 I，而企业和政府分享土地增值收益 II，得到不同参与人应分配得到的收益，如下：

（1）农户和集体收益 = 土地所有权价值 + 部分增值价值 I。
（2）政府收益 = 部分增值价值 I + 部分增值收益 II。
（3）企业收益 = 部分土地增值收益 II。

假设农户和集体的收益是关于交易数量 x 的函数记作 $R_n(x)$，政府收益记作 $R_g(x)$，企业收益记作 $R_c(x)$，基准价格记作 P_0，出让交易价格记作 P_1，追加投资后的集体建设用地价格记作 P_2，公共投入成本 $T(x)$ 是关于 x 的函数，第一阶

段政府投入成本为 $T_1(x)$，农户和集体占土地增值收益 I 的比例为 $(P_0-T_1)/P_0$，则政府分享的份额为 T_1/P_0，企业关于集体建设用地的生产成本函数为 $C(x)$，政府在第二阶段的投入成本为 T_2，根据成本贡献，企业占土地增值收益 II 的比例为 $C(x)/[C(x)+T_2]$，则政府分享增值收益 II 的份额为 $T_2/[C(x)+T_2]$。由此得到三个参与主体的集体建设用地出让的两阶段收益分配函数如下：

$$R_n(x) = (P_0-T_1)x + \frac{(p_0-T_1)}{p_0}(P_1-P_0)x = (P_0-T_1)\frac{P_1}{P_0}x \quad (8.21)$$

$$R_g(x) = \frac{T_1}{P_0}(P_1-P_0)x + \frac{T_2}{C(x)+T_2}(p_2-p_1)x \quad (8.22)$$

$$R_c(x) = \frac{C(x)}{C(x)+T_2}(P_2-P_1)x \quad (8.23)$$

由于政府只能通过税收的方式参与集体建设用地出让收益分配，企业通过从集体经济组织购买集体建设用地使用权投入产品生产以获得利润。在实际集体建设用地交易过程中，政府的收益通过事后税收实现，公共投入成本不易测算，而交易价格取决于市场，而企业生产追加投资后土地价值 P_2 凝结在产品中，需从生产函数中剔除，不易被观察。因此，假设集体建设用地市场是完全竞争市场，企业关于集体建设用地的生产函数 $y=f(x)$，企业关于集体建设用地的收益函数为 $I_E(y)=\alpha p(y)\times y-c(x)$，$\alpha$ 为土地要素的贡献，$c(x)$ 是关于土地要素的成本函数，拿地成本为企业支付的土地价值和在保有阶段使用集体建设用地相关税费，假设税率为 t_2，交易价格为 P_1，那么 $c(x)=(P_1+t_2)x$。而集体建设用地的供给量 x 来源于集体经济组织关于集体建设用地供给的生产函数 $\psi(q)$，$x=\psi(q)$，对应集体经济组织关于经营性建设用地的成本函数为 $b(q)$，由此可以得到集体经济组织的收益函数为 $I_N(x)=(1-t_1)P_1\psi(q)-b(q)$，政府在两阶段对应的收益函数为 $I_G(x)=t_1P_1x+t_2x-T(x)$。三者收益函数如下所示：

$$I_E(y) = \alpha p(y)\times y - (P_1+t_2)x \quad (8.24)$$

$$I_N(x) = (1-t_1)P_1\psi(q) - b(q) \quad (8.25)$$

$$I_G(x) = t_1P_1x + t_2x - T(x) \quad (8.26)$$

因此，对于企业来说，实现利润最大化时，约束条件为 $y=f(x)$，即

$$\text{Max}\, I_E(y) = \alpha p(y)\times y - (P_1+t_2)x$$
$$\text{s. t. } y=f(x) \quad (8.27)$$

将约束条件代入原方程，则可以得到当利润最大化时，边际成本等于边际收益，有 $\frac{\partial I_E}{\partial y}\cdot\frac{\partial y}{\partial x} = \alpha p(y) - \frac{\partial p(y)}{\partial p(x)}\cdot f'(x) - (P_1+t_2) = 0$，令 $Y=p(y)\times y$，则当 $\alpha\frac{\partial Y}{\partial x}=(P_1+t_2)$ 时，企业实现利润最大化。而对于集体经济组织，企业的需

求量将决定集体建设用地的市场供应量,故实现利润最大化时,约束条件为生产函数 $x = \psi(q)$,即

$$\text{Max} I_N(x) = (1 - t_1) P_1 \psi(q) - b(q)$$
$$\text{s. t.} \quad x = \psi(q) \tag{8.28}$$

将约束条件代入原方程,则可以得到当利润最大化时,边际成本等于边际收益,有 $(1-t_1)P_1 = \frac{\partial b}{\partial x} \cdot \psi'(q)$ 时,实现利润最大化,由于交易价格 P_1 代入了集体经济组织利润函数,因此,集体经济组织也同时实现了集体建设用地市场均衡。

市场均衡时,$P_1 = \frac{\partial b}{\partial x} \cdot \psi'(q) \cdot \frac{1}{(1-t_1)} = \alpha \frac{\partial Y}{\partial x} - t_2$,则税率可以用交易价格表示,可以得到此时政府的收益为

$$I_G(x) = P_1 x \left[1 - \frac{\partial b}{\partial x} \cdot \frac{\psi'(q)}{q} \right] + \left[\alpha \frac{\partial Y}{\partial x} - p_1 \right] x \tag{8.29}$$

(二) 出租市场土地增值收益分配

根据图 8-2 可以得到集体建设用地在交易前和交易后两个阶段的中产生的土地增值收益以及增值收益构成,如下:

土地增值价值 Ⅰ = 因区位条件和市场竞争带来的级差地租 Ⅰ + 公共设施投资和追加资本投入带来的级差地租 Ⅱ

土地增值价值 Ⅱ = 追加资本投入带来的级差地租 Ⅱ

由此根据增值收益构成和参与人投入情况,可以发现农户和集体与政府共同分享土地增值收益 Ⅰ,企业和政府分享土地增值收益 Ⅱ,增值收益分配情况与出让市场相似,不同参与人应分配得到的收益如下:

(1) 农户和集体收益 = 土地所有权价值 + 部分增值价值 Ⅰ。

(2) 政府收益 = 部分增值价值 Ⅰ + 部分增值价值 Ⅱ。

(3) 企业收益 = 部分增值价值 Ⅱ。

出租情况的收益函数与出让市场的收益函数相似,所不同的是企业的投入成本相较于出让市场减少了建造成本,而这部分建造成本由集体经济组织承担,因此租赁市场的交易价格实质为集体资产租赁价格,而集体经济组织的生产函数也随生产投入不同。令企业关于集体建设用地的生产函数为 $Y_2 = p(y_2) \times y_2$,则当 $\alpha_2 \frac{\partial Y_2}{\partial x_2} = (P_1 + t_2)$ 时,企业实现利润最大化;令集体建设用地供给的生产函数 $\psi_2(q_2)$,$x_2 = \psi_2(q_2)$,对应集体经济组织关于经营性建设用地的成本函数为 $b_2(q_2)$,

则当 $(1-t_1)P_1 = \frac{\partial b_2}{\partial x_2} \cdot \psi'(q_2)$ 时，集体经济组织实现利润最大化，此时对应政府收益为：

$$I_G(x) = P_1 x_2 \left[1 - \frac{\partial b_2}{\partial x_2} \cdot \frac{\psi'(q_2)}{q_2} \right] + \left(\alpha_2 \frac{\partial Y_2}{\partial x_2} - p_1 \right) x_2 \qquad (8.30)$$

（三）直接交易市场三阶段土地增值收益分配

根据图 8-3 可以得到集体建设用地在交易的三个阶段中产生的土地增值收益以及增值收益构成，如下：

$$\text{土地增值价值 I} = \frac{\text{因区位和市场竞争}}{\text{带来的级差地租 I}} + \frac{\text{公共设施投资带来的}}{\text{级差地租 II}}$$

土地增值价值 II = 因生产者追加投入资本产生的级差地租 II

土地增值价值 III = 因生产者追加投入资本产生的级差地租 II

由此根据增值收益构成和参与人投入情况，可以发现在出让地块中农户和集体与政府共同分享土地增值收益 I，而企业和政府分享土地增值收益 II，在物业出租地块中，除了集体和政府共享土地增值收益 I 外，还要共享土地增值收益 III，得到不同参与人应分配得到的收益，如下：

（1）农户和集体收益 = 土地所有权价值 + 部分增值价值 I + 增值价值 II + 部分增值收益 III。

（2）政府收益 = 部分增值价值 I + 部分增值收益 II + 部分增值收益 III。

（3）企业收益 = 部分土地增值收益 II。

三阶段交易是针对具体地块的次优选择结果，其收益分配也是针对具体交易地块进行的，假设交易地块整体面积为 x，交易地块中出让面积占总交易面积的比例为 η，物业管理中集体经济组织每单位管理成本为 c_2，出让部分交易价格为 P，而建造物业后将出租给企业或个人的租金进行折算，得到物业价值 $V_1(V_1 > P)$，其他变量跟集体建设用地出让时一样，由此得到在一笔三阶段交易中，三个参与主体的集体建设用地收益分配函数如下：

$$I_E(y) = \alpha p(y) \times y - \eta x (P_1 + t_2) - (V_1 + t_2)(1 - \eta)x \qquad (8.31)$$

$$I_N(x) = \eta x (P_1 - t_1 P_1) - b(\eta x) + (1 - \eta)(V_1 - t_1 V_1 - c_2)x \qquad (8.32)$$

$$I_G(x) = (P_1 + V_1 + 2t_1)\eta x + t_2(1 - \eta)x - T(x) \qquad (8.33)$$

令 $Y = p(y) \times y$，则当 $\alpha \frac{\partial Y}{\partial x} = (V_1 + t_2) - \eta(V_1 - P_1)$ 时，企业实现部分集体建设用地出让次优选择的利润最大化；对集体组织则当 $(1-t_1)\eta P_1 + (1-\eta)(V_1 - t_1 V_1 - c_2) = \eta b'(x)$ 时，实现次优选择的利润最大化。

二、空间置换过程土地增值收益分配

由于在现实中土地发展权价值还有待讨论,因此空间置换过程中土地增值收益分配的验证将从现实入手,通过对比分析得到传统增减挂钩项目和地票交易带来的空间置换所产生的土地增值收益分配情况,度量空间置换过程土地增值收益分配。

(一) 土地增值收益的形成机理

1. 增值的成分与空间置换的增值机理

地租的增加是土地增值的本质,任何影响地租量变化的因素在土地发展空间置换中都能够导致土地增值,进而通过土地价格的变化表现出来。对于挂钩指标产生环节来说,由于用途转换和投资两个方面的原因,拆旧区宅基地变为农用地,土地发生负向增值,通过指标的发展空间置换,在挂钩指标落地环节,建新区农用地变为建设用地,由于用途转变、投资因素和供求变化的影响,土地发生正向增值。由于农地的区位地租表现得不如建设用地的区位地租敏感,因此拆旧区和建新区的农地价值差别不大,可以将二者的价格视为相等;在当前城乡二元结构下,建新区的城市建设用地的价值高于拆旧区宅基地的价值,因此建新区的土地正向增值大于拆旧区的土地负向增值,故土地发展空间置换的整个环节中土地是产生了正向的增值。形成土地增值的原因表现为多种形态,其形成机理由图 8-11 所示。

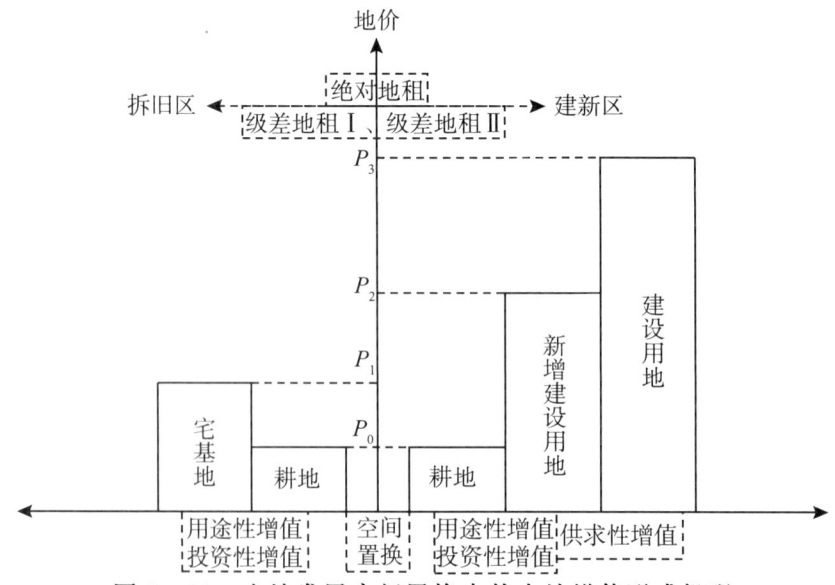

图 8-11 土地发展空间置换中的土地增值形成机理

（1）投资性增值。

投资性增值是指对土地进行直接或间接的投资所带来的土地增值，分为对土地进行资本、劳动、技术、管理等直接性投资和由于外界投资辐射所带来的间接增值这两种形态，直接投资性增值是指对一个地块进行资本连续投入，改善基础设施，扩大土地利用规模，提高土地区位等级，增强土地承载力、吸引力和辐射力等引起的土地增值；外部投资辐射性增值是毗邻地块的辐射作用带来本地块的土地利用能力、级差等级和经济效益的提高，进而引起的土地增值。土地发展空间置换中，对建新区进行直接的各项投入远远高于拆旧区，并且建新区所在地理位置较为便捷，周边物质能源充足，生产要素、人口、技术较为密集，区域集聚效应明显，故能分享周边地块集聚效益外溢辐射所带来的土地价格上升，或者因相邻土地的投资量增加而引起的土地效益扩散效应，进而带动该宗地价格的上升。简而言之，投资性增值是土地增值的重要原因，其实质为各种要素投入所带来的级差地租的增加。

①资本要素。

资本要素是形成土地增值收益的重要因素，资本要素主要包括资金、设备、机械等能够带来新增价值的物质资源，资本投入是为了获得利润，由此会带来土地生产效率的提高，进而节约了劳动时间，产生超额利润，从而增加了土地的剩余价值。土地发展空间置换中，拆旧区闲置宅基地的拆迁、整理、复垦环节需要投入大量资金、设备、机械，生成建设用地置换指标，建新区获得建设用地指标后，政府对征收后的农用地进行开发及基础设施投资建设，提高了土地的生产率，产生级差地租，带来土地的增值。

②劳动要素。

劳动要素投入是指投入的劳动力数量、劳动者的知识与劳动者的技能，同一地块增加劳动者的数量、提高劳动者所掌握的知识、增强其掌握的技能，进而会提高凝结在土地中的劳动价值，从而创造更多的价值，提高土地的增值收益。土地发展空间置换中，拆旧区和建新区置换同样大小的土地面积，建新区劳动力的数量显然多于拆旧区，并且建新区劳动力具有较高的知识和技能水平，劳动要素投入到同等面积的地块中物化于土地中的价值就越高，进而带来土地增值收益。

③管理要素。

随着社会经济的快速发展与土地资源的短缺，土地资源高效利用是管理的客观需求和必要前提，管理要素投入对土地增值的影响越来越大，在土地发展空间置换中，政府关于土地实行的土地用途管制、土地利用规划、农用地流转、征地补偿标准等一系列的管理方式，对城乡土地优化配置、保护耕地、粮食安全等具有十分重要的作用，并且影响社会投资主体的投资行为，进而影响了土地增值收益数额的大小。

④土地要素。

土地要素是各个要素投入带来增值的基础，因为土地是资本、劳动、管理等要素的投入载体，各个要素产生生产力进而带来增值的前提是综合作用于土地这一要素上的。土地发展空间置换中，置换的客体就是土地这一要素，拆旧区拆迁整理复垦为耕地，才能产生置换指标，建新区获得置换指标后，占用同等面积的土地，因此所有的要素投入都是以土地为客体，土地要素投入是产生土地增值的必要条件。

（2）供求性增值。

随着社会经济的迅速发展，工业化、城镇化建设步伐的加快，产业的高度集聚，人们对土地的需求越来越大，但是土地的供给是无弹性的，在土地供给有限，而需求无限的情况下，就会发生土地价格的上涨，这种土地价格的上涨是由土地的稀缺性导致的，故可称为稀缺性增值或者供求性增值。供求性增值按照其表现形式可以分为显性增值和隐性增值。

（3）用途性增值。

用途性增值是指对土地的投资水平和土地供给与需求状况不变时，低收益用途的地块转为高收益用途时所发生的增值。因为土地使用性质直接决定了土地的价值，故建设用地中不同用途的商业用地、居住用地和工业用地之间的相互变更、未利用地的开发利用以及农用地转为非农用地，均带来地块的生产率和集约利用程度的改变，进而导致土地的增值。土地发展空间置换中，建新区获得建设用地指标，由低效益的农用地置换为高效益的新增建设用地，由于土地集约化利用水平和利用效益水平的提高，导致土地价格上升。

2. 增值收益的分配环节

投资性增值、供求性增值和用途性增值这三种形式是土地增值收益形成机理的内涵，土地增值收益在相应的产权主体之间发生分配。当土地产权主体相同时，产权主体所生产产品的收益中包含土地增值收益，当土地产权主体不同时，增值表现为土地价格的变化，故而土地增值收益的分配是指不同产权主体之间的分配。土地发展空间置换中，通过最终的土地出让，使得资本要素、劳动要素、管理要素、土地要素、供求关系变化、用途性改变等因素所引起的土地增值收益，可以在不同的产权主体间进行分配。因此，通过分析土地发展空间置换中的整个环节，说明不同环节的土地增值收益分配关系（见图8-12）。

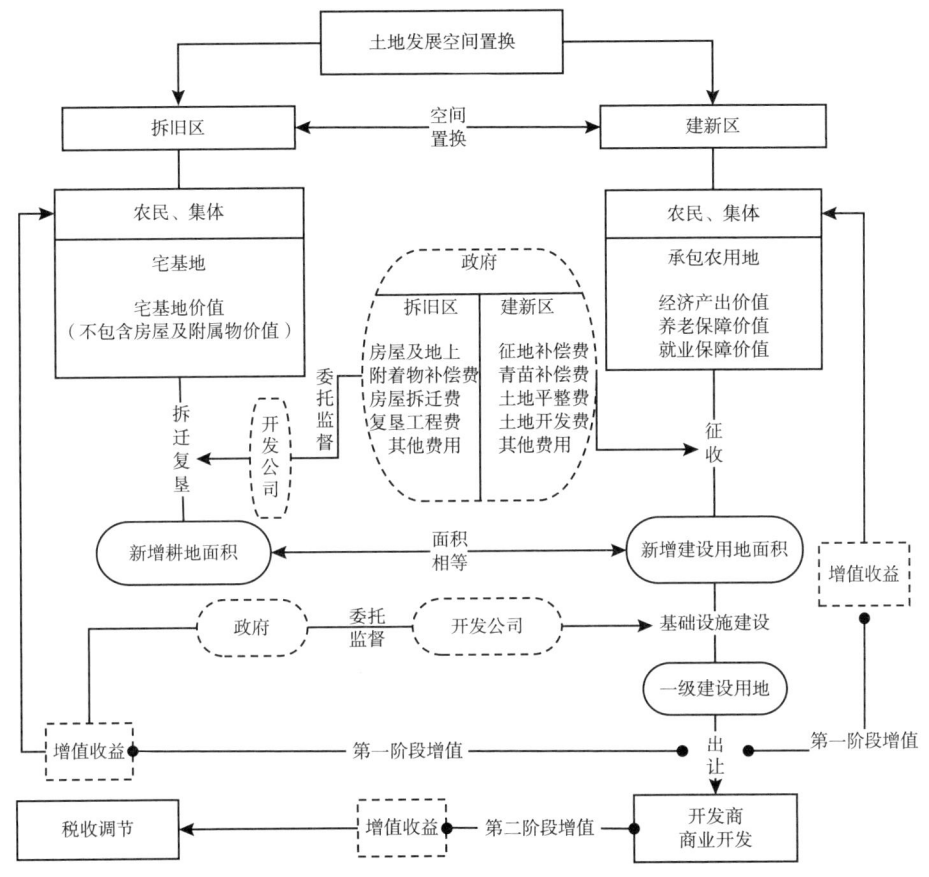

图 8-12 土地发展空间置换中的土地增值分配路径

（1）农村闲置建设用地整理环节。

土地发展空间置换中，政府在制定并发布实施方案后，一般委托由政府成立的一级开发公司或者招标有一级开发资质的开发公司在拆旧区进行宅基地的拆迁复垦和补偿环节的实施，从规划设计、组织实施到管理监督，政府和其委托的开发公司都在此过程中进行了大量的投资，包括房屋及地上附着物补偿费、房屋拆迁费、复垦工程费和其他费用等，这种资本要素、管理要素等投入显化了农村存量建设用地的资产价值，带来土地的增值。此阶段的开发公司是由政府委托监督，参与到拆旧区宅基地拆迁整理复垦和建新区基础设施建设过程中的开发商，与政府是委托代理的关系（见图 8-13），作为完全经济人，其目标是利益最大化，因此开发公司不是增值收益分配的主体，其获得的收益是政府支付其的成本利息，政府才是参与此阶段土地增值收益分配的主体之一。

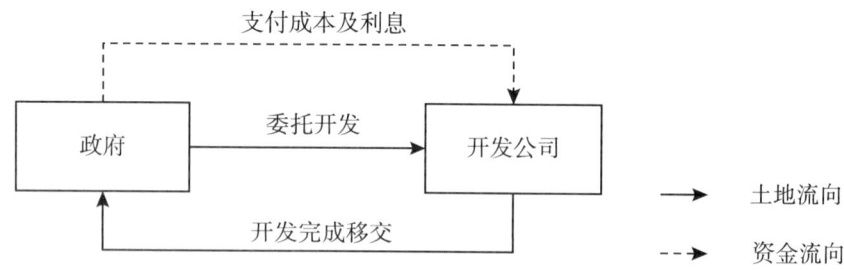

图 8-13 政府与委托开发公司的关系

农村集体经济组织是闲置宅基地的土地所有权拥有者，农民是宅基地的土地使用权的拥有者，农民与农村集体经济组织贡献了宅基地这一土地要素，在空间上置换为城镇建设用地，土地用途的改变带来了土地增值，因此农民和集体经济组织对宅基地的产权主体地位决定了其应该参与土地增值收益的分配。

（2）城镇建设用地占用农用地环节。

农村存量建设用地进行整理复垦之后，获得置换指标，在建新区才拥有占用耕地进行城镇建设用地开发建设的权利，政府会委托一级开发公司对农用地进行"三通一平""五通一平"或"七通一平"等基础设施的建设，之后政府再通过招、拍、挂在一级土地市场上出让建设用地。由农用地到建设用地，土地用途发生改变，带来土地增值；建设用地由生地、毛地到熟地、净地利用过程中也产生土地增值，在此过程中，政府作为投资者应该参与到此过程中的土地增值收益的分配中。农民和集体经济组织贡献了农用地，作为其土地所有权的拥有者，应该参与到土地增值收益的分配中。

特别值得注意的是，通过招标、拍卖、挂牌等方式获得城市建设用地使用权的开发商不参与增值收益的分配，因为土地出让价格中已经包含了该地块的潜在开发价值，此时对其进行后续追加投资而产生的土地增值属于完全市场行为，不作为本书讨论的重点。

3. 增值收益分配主体

本书讨论的土地发展空间置换的整个环节，是从拆旧区宅基地退出产生置换指标到建新区出让建设用地完成时为止，不包括出让该地块之后的各种土地市场交易行为。参与分配的主体主要有：

（1）政府。

①中央政府。

中央政府作为土地的终极所有者，是土地发展空间置换中的宏观配置主体，对项目的实施进行整体的规划、宏观指导和监督检查，为整个国家的政治、社会、经济、文化、生态等"五位一体"的发展提供一定规模的土地进行开发建设的同时，还要保障国家粮食安全、确保18亿亩耕地红线不被突破，维持社会的稳定。因此中央政府的目标是协调耕地保护与经济发展之间的关系，维护整个社会的利益。

②地方政府。

地方政府是指除中央政府以外的其他各级政府，包括省、市、县和乡镇政府，地方政府行使其相应行政辖区内土地的管理权，在土地发展空间置换的具体实践操作中，负责项目的组织、实施和管理及项目区的专项调查、专项规划和实施规划等，具有"管理者"和"经济人"的双重身份。土地发展空间置换中的土地增值收益，有一部分是由土地的区位优势、开发程度差异、用途转换和土地供给需求等原因引起的，而这些是因为地方政府进行城市建设和基础设施建设、对地块进行各项投资的作用，进而带来本地块的土地利用能力、级差等级和经济效益的提高，进而引起的土地增值。因此地方政府要参与项目的利益分配，适当分享土地增值收益。

关于土地增值收益在中央政府与地方政府之间的分配，依据国务院1997年发布的《关于进一步加强土地管理切实保护耕地的通知》规定"农地转为非农建设用地的土地收益，全部上缴中央，专项用于耕地开发"，及1998年修订的《土地管理法》规定"新增建设用地的土地有偿使用费，30%上缴中央财政，70%留给地方政府"，故中央政府与地方政府一般按照3:7的比例分成体制。地方政府内部各级政府的利益分配比例则按照具体地方的相关规定执行（赵亚莉，2009）。

（2）农民及农民集体经济组织。

土地发展空间置换中，置换指标产生之时，拆旧区农民的宅基地被拆迁整理复垦，房屋所有权和宅基地使用权被收回意味着提供居住条件的灭失，因此应当给予拆旧区农民补偿，赋予其分享增值收益的权利。土地发展空间置换中，置换指标落地之时，建新区农民的土地被征收，土地使用权被收回，农民所有的土地具有为农民提供生活来源的生活保障功能和社会保障功能的双重功能，因此应当给予建新区农民补偿，赋予其分享土地增值收益的权利。农村土地的所有者是农村集体经济组织，农民作为集体经济组织中的成员，其利益要通过集体才能实现，因此本书将农民和农村集体经济组织作为一个整体参与增值收益分配，农民个体的收益则在农村集体经济组织内部进行二次分配。

关于农民个体与农村集体经济组织之间的收益分配，则依据具体试点的规定具体执行。目前全国已经开展的试点中有关于土地发展空间置换中土地增值收益的分配的规定，其中襄阳市根据财政部、住房城乡建设部《关于切实落实保障性安居工程资金加快预算执行进度的通知》：土地的净收益10%统筹用于廉租住房、公共租赁住房、城市和国有工矿棚户区改造等保障性安居工程。根据《国务院关于进一步加大财政教育投入的意见》:按土地的净收益10%计提教育资金。余下80%按拆旧地块的面积大小返还到拆旧地块所在的村民委员会或农场,用于其行政区域内的基础设施建设和拆旧农户安置。鄂州市根据土地原用途的不同分配指标收益的规定不同,其中复垦宅基地的指标收益按照85:15的比例分配给拆迁农户和农村集体经济组织;农村公共设施、公益事业用地及无具体农村建设用地使用权人的用地,其指标收益全部归农村集体经济组织所有;乡镇企业用地的指标收益则由使用权人和所有权人协议明确分配比例,扣除使用权人所得价款,剩余价款全部归农村集体经济组织所有,农村集体经济组织所得价款不低于指标收益的30%。

综上所述,根据地租的形成机理,土地发展空间置换中的土地增值收益在兼顾国家、集体、个人等三方面利益的前提下,按照"谁贡献、谁受益"的原则进行分配,同时,分配主体分为两个层次,本书仅研究第一个层次的分配(见图8-14)。

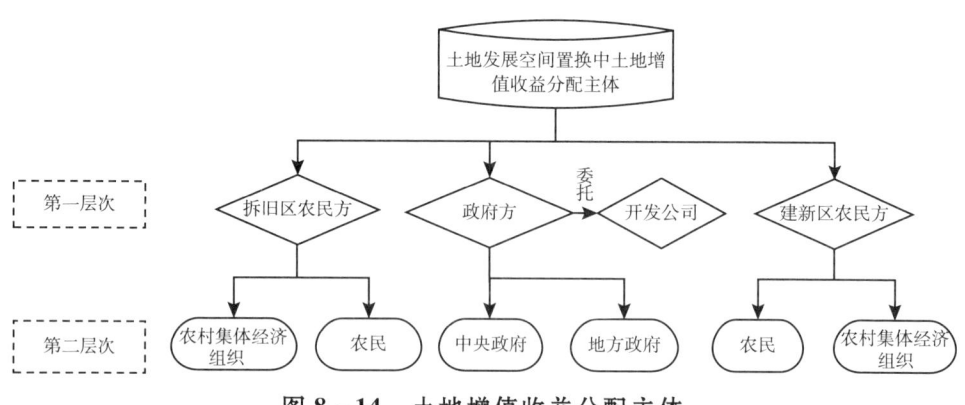

图8-14 土地增值收益分配主体

(二)以行政配置下土地增值收益测算及收益分配

1. 研究区概况

本书以襄阳市襄城区2013年第一批尹集乡城乡建设用地增减挂钩项目为研究整体,应用上述模型对土地增值收益及其分配比例进行测算。尹集乡地处襄阳市襄城区西南,距市区8千米,尹集乡辖6个行政村、1个居委会,人口10 364人,耕地面积14 060亩,山林面积15 420亩,水面面积3 260亩。襄城区2013年第一批城乡建设用地增减挂钩项目是行政配置下的项目,拆旧区涉及尹集乡的3个行政村,总面积为33.4406公顷,其中凤凰村13.0711公顷、白云村10.1399公顷、青龙村10.2296公顷。拆旧区全部为房屋较少的"空心村",农村居民点零散分布,区块内农村居民点总面积为33.4406公顷,有农户312户共1 030

人。户均用地面积约达 1 072 平方米，人均用地面积达到 325 平方米，具有极高的整理潜力。

拆旧区现状为农村居民点面积为 33.4406 公顷，全部复垦为耕地，净增建设用地指标 33.4406 公顷，净增耕地 33.4406 公顷。根据《湖北省省国土资源厅关于严格规范城乡建设用地增减挂钩试点工作的意见》，还建区和建新区面积之和不得大于拆旧腾出的建设用地总面积，因此建新区面积不得大于 33.4406 公顷，本次襄城区安排的建新区面积为 33.3300 公顷，其中农用地面积为 33.2515 公顷，耕地为 11.9227 公顷。占用规划地类全部为有条件建设区，实现了建设用地面积不增加。

2. 增值收益的量化

大部分通过行政配置挂钩指标的项目，其挂钩指标是无偿获得的，在编制实施规划时，关于挂钩指标在县域内的落地位置、范围和规模，通过行政配置的方式已经大致确定了，而关于挂钩指标的使用时序就由县级地方政府在项目区内统一调配。

项目实施的指标产生环节，地方政府支付拆迁补偿款，对宅基地投入资本进行整理复垦，获得挂钩指标，农民与集体失去了土地发展权，承担耕地保护责任，获得了宅基地拆迁补偿费、安置补助费等。简而言之，有了挂钩指标，地方政府才有权利在建新区征用新增建设用地计划外的土地，才会产生土地增值。由此在挂钩指标生产环节，土地增值Ⅰ=农用地价格－宅基地拆迁整理复垦费用。

项目实施的指标落地环节，建新区的土地增值收益即一般观念上的新增建设用地土地增值收益，根据王小映（2006）的研究，在土地征收环节，政府支付了征地补偿款（包括土地补偿费、安置补助费、地上附着物补助费及青苗费等款项），获得农地的所有权，农民与集体失去了农地的所有权，获得了征地补偿款，因此该环节的土地增值收益等于实际支付的征地补偿款扣除农用地价格；在土地出让环节，土地区位、基础设施配套程度、土地平整程度、土地供应方式及用途等因素影响新增建设用地土地增值收益，因此该环节的土地增值收益等于土地出让成交价款扣除土地前期开发费用、实际支付的征地补偿款，将两环节的增值收益相加可得挂钩指标落地环节，土地增值Ⅱ=土地出让成交价款－土地前期开发费用－农用地价格。

城乡建设用地增减挂钩的最终目标是"实现整个项目区建设用地总量不增加，耕地面积不减少，质量不降低"，因此拆旧区整理复垦的农用地的数量与质量与建新区占用的农用地的数量和质量至少是相等的，本书假定两个地块的农用地价格相等，因此将指标生产阶段和指标落地阶段的土地增值收益相加得到行政配置下的总的土地增值收益，即总土地增值收益＝土地增值Ⅰ＋土地增值Ⅱ＝土地出让成交价款－土地前期开发费用－宅基地拆迁整理复垦费用。用公式表示为：$U = P - B - C$。其中U为土地增值总收益，P为土地成交价款，B为土地前期开发费用，C为宅基地拆迁整理复垦费用（见图8－15）。

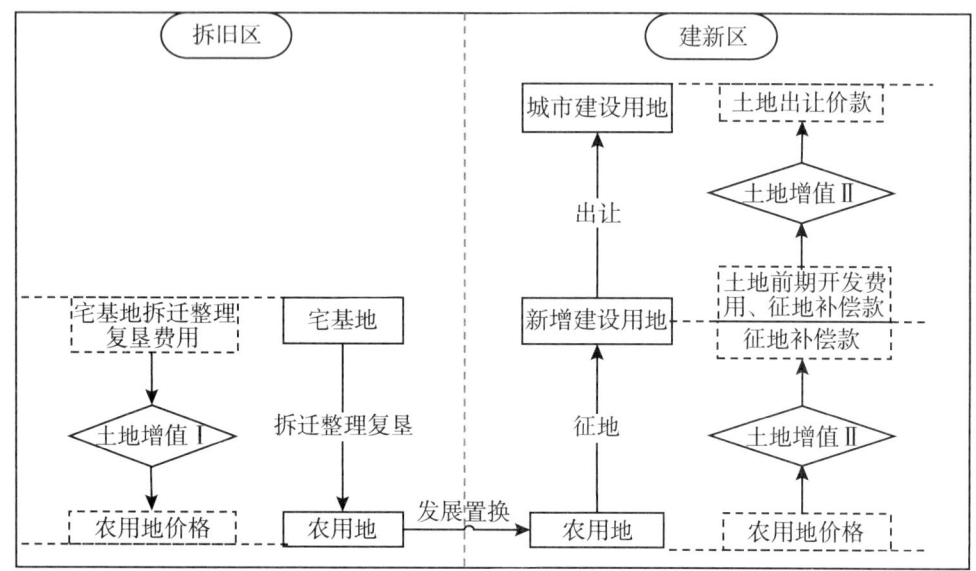

图8－15　行政配置下的土地增值收益测算原理

（1）土地出让成交价款。

土地出让成交价款包括两个部分，一是新增建设用地土地出让金，即新增建设用地使用权价格，是建新区地块在特定的供应用途、供应方式、区位、开发程度、市场需求等条件下交易的价格，供应用途分为商业用地、工业用地和居住用地三种，供应方式分为招拍挂、协议和划拨三种，开发程度一般分为"生地""三通一平""五通一平""七通一平"等类型。二是新增建设用地使用费和耕地开垦费，依据财政部在《关于城乡建设用地增减挂钩试点有关财税政策问题的通知》中的规定，增减挂钩项目所在市县利用节余指标供应国有建设用地、新建农村居民安置住房以及社区公共基础设施用地，若小于国土资源部下达的增减挂钩周转指标，可以不缴纳新增建设用地使用费、耕地开垦费，即在挂钩指标落地时，将新增建设用地使用费和耕地开垦费返还给项目区。因此土地出让成交价款＝土地出让金＋新增建设用地使用费＋耕地开垦费。

（2）土地前期开发费用。

建新区对获得土地所有权的农地进行开发建设，需要支付的各项费用包括前期工程费、基础设施费和间接开发费。前期工程费主要是指土地开发前期过程中所发生的费用，包括规划费、设计费、可行性研究费、水文地质勘察费、测绘费、土地平整费等。基础设施费是指在土地开发过程中的各种基础设施费，包括道路、通信、供水、供电、供气、排水、排污等不同开发程度所需的费用。间接开发费是指土地开发过程中间接的配套设施费用。

（3）宅基地拆迁整理复垦费用。

形成城乡建设用地增减挂钩指标的前提是拆旧区将宅基地进行拆迁整理，复垦为耕地，进而政府才能通过发展权的转移，在建新区获得占用耕地的权利。对宅基地拆迁整理复垦费用包括对退出宅基地农民的拆迁补偿款和土地整理复垦费用。其中对农民的拆迁补偿有两种形式，一种是对农民的直接补偿，包括现金补偿或"拆一补一"的房屋补偿，一种是对农民的间接补偿，包括土地入股、养老保险等社会保障方面的补偿。土地整理复垦费用包括工程施工费、前期工作费、竣工验收费、设备费、监理费、其他费用、不可预见费用等（见图 8 - 16）。

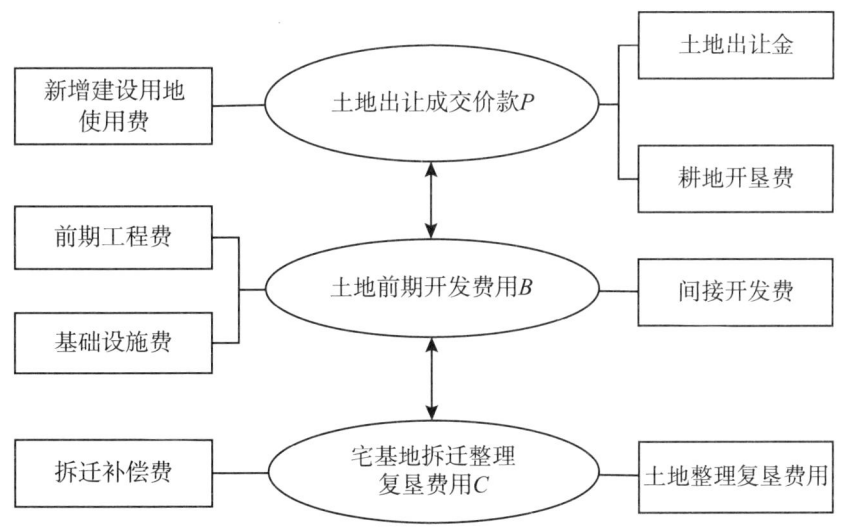

图 8 - 16　行政配置下的土地增值收益测算内容

根据该项目区的实施方案，本项目的实施可获得 33.3300 公顷的增减挂钩周转指标用于建新区，规划用途为工业用地，通过公开招、拍、挂出让土地使用权，平均每亩预计收益为 22.4 万元，可获得的土地出让收益为 11 198.88 万元。根据增减挂钩试点管理办法，使用增减挂钩周转指标征地时新增建设用地使用费和耕地开垦费将返还给项目区，襄城区新增建设用地使用费标准为 37 333 元/亩，襄城区谭庄村和赵冲种畜场土地补偿费标准为 13 600 元/亩，凤凰村、青龙村土地补偿费标准为 12 800 元/亩，因此本项目可返还所获得的新增建设用地使用费为 1 866.46 万元，耕地开垦费为 236.92 万元。因此 $P = 11\ 198.88 + 1\ 866.46 + 236.92 = 13\ 302.26$ 万元。根据该项目区的实施方案，土地前期开发费用 $B = 3\ 744.6$ 万元，宅基地拆迁整理复垦费用 $C = 2\ 098.23$ 万元。因此该项目实施后的土地增值为 $U = P - B - C = 7\ 459.43$ 万元（见表 8–7）。

表 8–7　　　　　　　增减挂钩中土地增值收益测算表

名称	金额（万元）
建设用地出让价格	11 198.88
新增建设用地使用费	1 866.46
耕地开垦费	236.92
合计：土地出让成交价款 P	13 302.26
土地前期开发费用 B	3 744.6
宅基地拆迁整理复垦费用 C	2 098.23
土地增值总额 U	7 459.43

3. 项目区的收益分配现状

《土地管理法》中规定，国家依法征收农民的土地，应该给予一定的补偿，维护农民的合法权益。土地发展空间置换中，拆旧区农民在地方政府的引导下自愿放弃宅基地及其地上房屋和附着物，政府按照规定支付一定的与农民退出其所占用的宅基地、房屋及附着物相对等的补偿，通过宅基地换住房、宅基地换社保或宅基地换货币等几种补偿方式，维护拆旧区农民的合法权益。但是拆旧区农民仅仅获得宅基地和房屋的补偿，即拆迁补偿款（法律规定的对拆迁户的补偿规定），主要是对居住用地和生产用地带来的经济损失所进行的补偿，并没有考虑拆旧区农民宅基地复垦为耕地获得的建设用地指标所带来的增值收益，拆旧区农民没有分享到这部分源于宅基地资产价值的增值收益。建新区农民的农用地被征收，政府依据土地类型、土地年产值、土地区位登记、农用地等级、人均耕地数量、土地供求关系、当地经济发展水平和城镇居民最低生活水平保障等因素，再依据片区划分用于征地补偿综合计算的标准支付征收补偿款，维护了建新区农民的合法权益。但是建新区农民仅仅获得了农用地被征收后所带来的损失的补偿，并没有考虑农民的农用地在发生用途转换之后，往往会产生较高的土地增值收益，建新区农民没有分享到这部分源于农用地资产价值的增值收益。

从目前该项目挂钩实践来看，根据收益分配方案，拆旧区农民和建新区农民获得的补偿就是其最终收益，拆旧区农民获得的仅仅是地上房屋的补偿，建新区农民仅仅获得农用地地上作物损失的经济补偿。

拆旧区农民获得的最终收益：拆旧区房屋补偿标准为 100 元/平方米，拆除的房屋总建筑面积约为 195 993 平方米，补偿费用约为 1 959.93 万元；拆旧区地上附着物标准为 55 元/平方米，地上附着物面积约为 10 294.55 平方米，补偿费用约为 56.62 万元。因此拆旧区农民获得的最终收益为 2 016.55 万元。建新区农民获得的最终收益：建新区征地补偿主要包括征地补偿费和青苗补偿费，按照《省人民政府关于公布湖北省征地统一年产值标准和片区综合地价的通知》规定，襄城区征地补偿标准修正系数为 0.7，建新区征地补偿费为 2 098.23 万元，青苗补偿费为 29.62 万元。因此建新区农民获得的最终收益为 2 127.85 万元。

政府获得的最终收益是土地出让成交价款扣除对农民的补偿及委托的开发公司在此阶段获得的投资回报收益，委托的开发公司的开发成本包括房屋拆除费、复垦工程费（包括土地平整、沟渠整治和道路修建）、土地开发费和其他费用等，具体的收益回报一般按照和政府签订的合同所规定条款来执行，本书采用的土地开发利润率为 8%，因此开发公司获得的收益为 4 358.33 万元。政府获得的最终收益是扣除开发成本等各项费用之后的净收益，为 4 799.53 万元（见表 8-8）。

表 8-8　　　　　　　　各个主体的利益分配现状

拆旧区农民方		建新区农民方		政府方		开发公司	
最终收益（万元）	占土地出让成交价款比（%）	最终收益（万元）	占土地出让成交价款比（%）	最终收益（万元）	占土地出让成交价款比（%）	最终收益（万元）	占土地出让成交价款比（%）
2 016.55	15.16	2 127.85	16.00	4 799.53	36.08	4 358.33	32.76

各个主体的最终收益占土地出让成交价款的比例存在差异，拆旧区农民方的最终收益占土地出让成交价款的 15.16%，建新区农民方的最终收益占土地出让成交价款的 16.00%；政府方的最终收益占土地出让成交价款的 36.08%。可以看出，拆旧区农民方和建新区农民方获得的最终收益占土地出让成交价款的比例相差不大，没有显化出拆旧区农民方和建新区农民方所贡献的土地价值。政府方获得的最终收益远远高于农民方获得的收益，占土地出让成交价款的比例高于拆旧区农民方或者建新区农民方的两倍多，可见政府方仍然处于利益分配的主导地位。

4. 基于贡献分配理论的增值收益分配

（1）基于贡献分配理论的增值收益分配模型的构建。

土地发展空间置换中所产生的土地增值收益与拆旧区农民、建新区农民和政府这三方利益主体有着密不可分的关系，联盟利益分配机制是为了解决联盟利益分配主体之间的利益关系而存在的（宋戈，2015）。各利益主体组成一个联盟体共同分配土地增值收益，联盟伙伴之间按分配要素及贡献程度进行合理分配。客观评估联盟利益成员对土地增值收益作出的贡献，充分考虑联盟成员的投入及贡献，按照投入和贡献的大小分配土地增值收益，保证各个利益主体之间的公平分配，使得联盟成员得到的分配收益达到帕累托最优的状态（曹昭煜，2015）。

土地发展空间置换中各个参与主体对土地增值收益创造的贡献不同，按照主体的贡献比例进行增值收益的分配，才能达到土地资源的最优配置。联盟利益分配机制中土地增值收益贡献函数为 $U=f(x_1, x_2, \cdots)$，其中 U 表示总的增值收益额，x_1、x_2 等分别表示各个主体投入的要素价值。

根据"谁投资，谁受益，按贡献分配，按需调节"的原则，各个参与主体的利益分配的目标函数为：$V_i = T_i + u_i$。其中，V_i 表示各个主体获得的最终收益，T_i 表示项目实施时主体获得的补偿，u_i 表示各个主体应该分享的增值收益额。

关于 u_i 的计算，$u_i = \alpha_i U$，$\sum_{i=1}^{n} \alpha_i = 1 (i=1, 2, 3, \cdots)$，$\alpha_i$ 表示各个主体的增值收益分配比例，i 表示各个参与主体，n 表示参与主体的个数。

关于 α_i 的计算，$\alpha_i = R_i = \dfrac{G_i}{\sum_{i=1}^{n} G_i}$。其中，$R_i$ 表示各个主体对总的土地增值收益的贡献率，G_i 表示各个参与主体对总增值收益的贡献额，各个主体获得的增值收益分配额与其引起的增值收益的贡献率 R_i，以及各个主体对增值收益的贡献额 G_i 密切相关，并且呈正比例关系。土地发展空间置换中总的土地增值收益由各个参与主体共同分享，并且主体对增值收益的贡献越高，其获得的增值收益分配额就越高。

①拆旧区农民方的贡献测算模型。

关于宅基地价值的测算，有的学者认为宅基地绝对地租、级差地租、垄断地租之和为宅基地价值定量化的测算基础（阮梅洪，2010），有的学者则从发展权的角度提供了土地发展空间置换中农村宅基地价值测算的思路（汪晖，2009），在目前城乡统一的建设用地市场尚未建立的情况下，本书则参照徐小峰（2012）的研究，从成本逼近法的角度建立宅基地价值评估模型。成本逼近法的基本公式：

$$L = W_a + W_d + K + I_1 + T + I_2 + I_3 \quad (8.34)$$

式中，L 表示土地价格；W_a 表示土地取得费，即宅基地价值；W_d 表示土地开发费；K 表示管理费用；I_1 表示土地开发投资利息；T 表示税费（包括耕地开垦费和耕地占用税）；I_2 表示土地开发投资利润；I_3 表示土地增值收益。

管理费用 K 一般按照土地取得费和土地开发费的一定比例计算，提取比例为 δ：

$$K = (W_a + W_d) \times \delta \quad (8.35)$$

土地开发投资利息 I_1 以土地取得费为基数，以整个开发周期为计息期；以土地开发费的一半为基数，以整个开发周期为计息期，利率为 α，即：

$$I_1 = \left(W_a + \frac{W_d}{2}\right) \times \alpha \quad (8.36)$$

土地开发投资利润 I_2 以土地取得费、土地开发费、管理费用之和为基数计算，土地投资回报率为 β，即：

$$I_2 = (W_a + W_d + K) \times \beta \quad (8.37)$$

土地增值收益 I_3 以土地取得费、土地开发费、管理费用、利息、利润之和为基数计算，土地增值收益率为 γ，即：

$$I_3 = (W_a + W_d + K + I_1 + I_2) \times \gamma \quad (8.38)$$

将公式（8.35）~公式（8.38）代入到公式（8.34）中，简化得到拆旧区农民方贡献额 G_1 公式：

$$G_1 = W_a = \frac{L - T}{(1 + \delta + \alpha + \beta + \delta\beta)(1 + \gamma)} - \frac{W_d(1 + \delta + 0.5\alpha + \beta + \delta\beta)}{1 + \delta + \alpha + \beta + \delta\beta} \quad (8.39)$$

②建新区农民方的贡献测算模型。

农地的经济产出价值即农用地产出粮食或经济作物的价值，评估农地经济价值的方法有许多，本书采用收益还原法来计算（宋敏，2009），测算公式为：

$$F = \frac{A}{r}\left[1 - \frac{1}{(1 + r)^n}\right] \quad (8.40)$$

式中，F 表示农地的经济产出价值；A 表示农地的年净收益；r 表示土地还原利率；n 表示土地的可使用年限。

农地的社会保障价值为农地的养老保障价值和就业保障价值之和。

养老保障价值采用征地区域的农地提供的人均养老保险价值来代替（覃事娅，2012），其计算公式为：

$$Y_1 = (Y_{am} \times m + Y_{aw} \times w) \times \frac{M_i}{M_0} \quad (8.41)$$

式中，Y_1 表示农地提供的人均养老保障价值；Y_{am} 表示年龄为 a 岁的男性公民养老保险费趸缴金额基数；m 表示男性公民占总人口的比例；Y_{aw} 表示年龄为 a

岁的女性公民养老保险缴金额基数；w 表示女性公民占总人口的比例；M_i 表示按照养老保险领取标准的每月基本生活费；M_0 表示每月养老保险费基数。

就业保障价值的计算按照农民失去土地到退休这段时间人均领取的最低生活保障来测算（杨杰，2003），其计算公式为：

$$Y_2 = Z \times (T_m \times m + T_w \times w) \tag{8.42}$$

式中，Y_2 表示农地提供的人均就业保障价值；T_m、T_w 分别表示男性农民和女性农民距离退休的年龄。

调查表明，如今大多数农民除了从事种植业获得农业收入之外，还会在农闲季节从事其他职业活动获得非农业收入；另外依据目前我国实行的新型农村社会养老保险制度，农民的养老保障包括两部分，一是其承包的农地，二是集体和政府发放的养老保险金，因此还应对农地的社会保障价值进行修正，修正系数 k 的计算公式为：

$$k = \frac{I_a}{I_t} \tag{8.43}$$

式中，I_a 表示农民的人均年农业纯收入；I_t 表示农民的人均年总纯收入。

因此修正后的建新区农民的土地社会保障价值成本 Y 为

$$Y = (Y_1 + Y_2) \times k \tag{8.44}$$

综上所述，可得建新区农民方贡献额 G_2 公式：

$$G_2 = F + Y = \frac{A}{r}\left[1 - \frac{1}{(1+r)^n}\right] + (Y_1 + Y_2) \times k \tag{8.45}$$

（2）各个参与主体的贡献额。

①拆旧区农民方增值收益贡献额的确定。

根据 2013 年襄阳市工业用地监测地价数据得到 $L = 549$ 元/平方米，土地开发费 $W_d = 120$ 元/平方米；耕地占用税按照《湖北省耕地占用税适用税额标准》，襄城区耕地占用税为 45 元/平方米，耕地开垦费按照《湖北省耕地开发专项资金征收和使用管理办法》，襄城区耕地开垦费为 15 元/平方米，因此税费 $T = 60$ 元/平方米；α 取 2013 年贷款利率为 6%；土地开发利润一般为 6% ~ 10%，因此土地投资回报率 β 取平均值 8%；土地增值收益率一般为 10% ~ 30%，因此土地增值收益率 γ 取平均值为 20%；根据湖北省物价局和省财政厅关于降低部分住房建设行政事业性收费标准的通知中规定"一次性征用耕地 100 亩以上、500 亩以下，其他土地 200 亩以上、1 000 亩以下的，动迁 20 户以上或安置农业人口 80 人以上的可按基数取 1.8%的征地管理费"，因此本例中管理费用计提比例 δ 取 1.8%。根据公式（8.39），可以得到拆旧区农民的贡献额 $G_1 = 268.90$ 元/平方米。

②建新区农民方增值收益贡献额的确定。

根据尹集乡 2013 年农业统计年报可知建新区农地平均每亩净收益为 $A = 1\,600$ 元，土地还原利率采取安全利率与风险调整值之和的方法求得，安全利率取 2013 年银行一年期定期存款利率 3.25%，风险调整值参照襄阳市 2013 年物价指数增长率 2.9%，所以农地的还原利率为 $r = 6.15\%$，农地剩余使用年限以参照土地承包经营期 $n = 30$ 年来确定，根据前面的计算公式（8.40），求得建新区农地的经济产出价值为 32.51 元/平方米。

从中国太平洋保险公司太平盛世·长寿养老保险 A 款（趸缴）缴费表中查询获得 a 岁（此处取 $a = 30$）的中国男性公民（60 岁领取）保险费趸缴金额基数 $Y_{30m} = 7\,956$ 元；30 岁的中国女性公民（55 岁领取）保险费趸缴金额基数 $Y_{30w} = 11\,283$ 元；建新区被征地的男性人口占总人口的 49.25%，女性人口占总人口的 50.75%。在本文内，农民按照养老保险领取标准的每月基本生活费与每月养老保险费基数近似相等，即 $M_i = M_0$。最后根据公式（8.41）即可计算出建新区农地提供的养老保险价值为 9 644.4525 元/人。

本书采取 2013 年襄阳市城市居民最低生活保障标准人均 430 元/月，另根据襄阳市人口统计资料获得被征地农民的平均年龄为 38 岁，按照男性 60 岁，女性 55 岁退休年龄计算得到 $T_m = 22$、$T_w = 17$，由此根据前面的公式（8.42）计算出建新区农地为农民提供的就业保障价值为 100 426.5 元/人。建新区人均农地面积为 5.18 亩/人，因此单位面积农地提供的社会保障价值为 (9 644.4525 + 100 426.5) ÷ 5.18 = 31.87 元/平方米（修正前），建新区年均农业纯收入占农民总收入的比例为 52.06%，即 $k = 52.06\%$，根据前面的公式（8.44）计算得到建新区农民付出的农地社会保障功能的成本为 $Y = 16.59$ 元/平方米。

因此根据前面的公式（8.45）计算得到建新区农民贡献额 $G_2 = 32.51 + 16.59 = 49.10$ 元/平方米。

③政府方增值收益贡献额的确定。

在本书研究的增减挂钩项目实施过程中，政府对城乡建设用地增减挂钩项目中投入的资金成本主要包括项目工程费和补偿费，其中工程费包括房屋拆除费、拆旧区复垦工程费、挂钩方案和复垦设计费、项目区测量和竣工测量费、项目竣工验收费、项目工程监理及评审费、项目立项和招标费、建新区的土地开发费；补偿费包括拆旧区房屋和地上附着物补偿费和建新区征地补偿费，具体的投入资金明细见表 8-9 所示。

表 8-9　　　　　　　政府资本要素投入明细表

项目区	政府资本投入	分项资本投入	费用（万元）
拆旧区	补偿费	房屋补偿费	1 959.93
		地上附着物补偿费	56.62
	工程费	房屋拆除费	65.33
		复垦工程费	175.56
		其他费用	50.00
建新区	征地补偿费	征地补偿费	45.00
		青苗补偿费	2 098.23
	工程费	土地开发费	29.62
		其他费用	3 699.60
费用合计			8 179.89

项目区挂钩指标的面积为 33.33 公顷，因此可以测算出政府增值收益贡献额 $G_3 = 245.42$ 元/平方米。

（3）增值收益均衡分配比例的测算。

根据上述测算结果，运用贡献分配模型，测算出该项目区拆旧区农民、建新区农民和政府土地增值收益分配比例分别为 47.73%、8.71%、43.56%（见表 8-10）。

表 8-10　　　　　　土地增值收益合理分配比例

参与主体	增值收益贡献额 G_i（元/平方米）	增值收益贡献比例 R_i	增值收益分配比例 α_i（%）	增值收益分配额 u_i（元/平方米）
拆旧区农民	268.9	0.4773	47.73	106.82
建新区农民	49.10	0.0871	8.71	19.49
政府	245.42	0.4356	43.56	97.49

（4）各个参与主体的最终利益分配。

根据"谁投资，谁受益，按贡献分配，按需调节"的原则，各个参与主体的利益分配的目标函数为：$V_i = T_i + u_i$。其中，V_i 表示各个主体获得的最终收益，T_i 表示项目实施时主体获得的补偿，u_i 表示各个主体应该分享的增值收益额。因此依据前面的测算结果，可以得到各个主体的最终利益分配格局（见表 8-11）。

表 8-11　　　　　　　　　各个主体的利益分配格局

| 拆旧区农民方 || 建新区农民方 || 政府方 || 开发公司 ||
最终收益（万元）	占土地出让成交价款比（%）	最终收益（万元）	占土地出让成交价款比（%）	最终收益（万元）	占土地出让成交价款比（%）	最终收益（万元）	占土地出让成交价款比（%）
5 576.86	41.92	2 777.45	20.88	589.62	4.44	4 358.33	32.76

各个主体的最终收益占土地出让成交价款的比例存在差异，拆旧区农民方的最终收益为 5 576.86 万元，占土地出让成交价款的 41.92%；建新区农民方的最终收益为 2 777.45 万元，占土地出让成交价款的 20.88%；政府的最终收益为 589.62 万元，占土地出让成交价款的 4.44%，其中开发公司在此获得的最终收益依旧是政府支付给其的开发成本及利息。可以看出，在城乡建设用地增减挂钩中，各个参与主体若能够分享到土地增值收益，按照贡献分配理论测算出来的利益分配额，农民方获得的最终收益占土地出让成交价款的比例高于实际占比，拆旧区农民方的宅基地价值得到充分显化，建新区农民方也获得了较好的收益，政府方的最终收益占土地出让成交价款的比例明显降低，体现了该阶段政府作为市场管理者的职能，其获得的大部分收益主要通过以征收税费的方式回收第二阶段的土地增值收益。

5. 小结

从增值收益均衡分配比例的测算结果上看，拆旧区农民应当获得大部分的土地增值收益，因为项目实施过程中，拆旧区农民的投入比重最大，以失去农村宅基地及其房屋和附属设施、相应的庭院等基本生活资料为代价获得挂钩指标，因此应该分享较大比例的增值收益，分享增值收益的比例应该在 40%~50% 之间。建新区农民分享的增值收益的比例应该在 20%~30% 之间。政府作为市场管理者，主要通过以征收税费的方式回收第二阶段的土地增值收益，因此政府在此阶段分享的增值收益的比例应该在 10%~20% 之间。

从行政配置下的城乡建设用地增减挂钩中，各个参与主体的最终收益占土地出让成交价款比的测算结果上看（见图 8-17），在项目的具体实践操作中，政府方的最终收益占土地出让成交价款比远远高于农民方，处于利益分配的主导地位，无论是拆旧区农民方还是建新区农民方仅仅获得了失去宅基地或者农地的损失补偿，没有参与到土地增值收益的分配；根据按贡献分配理论测算出各个主体的增值收益分配额，进而测算出各个主体的最终收益占土地出让成交价款比，可以看出农民方参与到土地增值收益的分配中得到合理的占比，农民方的最终收益占土地出让成交价款之比远远高于实际占比,拆旧区农民方的宅基地价值贡献或者建新区农民方的农地价值贡献得到显现,政府方的最终收益占比降低,体现了该阶段政府作为市场管理者的职能,其主要获得第二阶段的土地增值收益,并通过征收税费的方式回收。

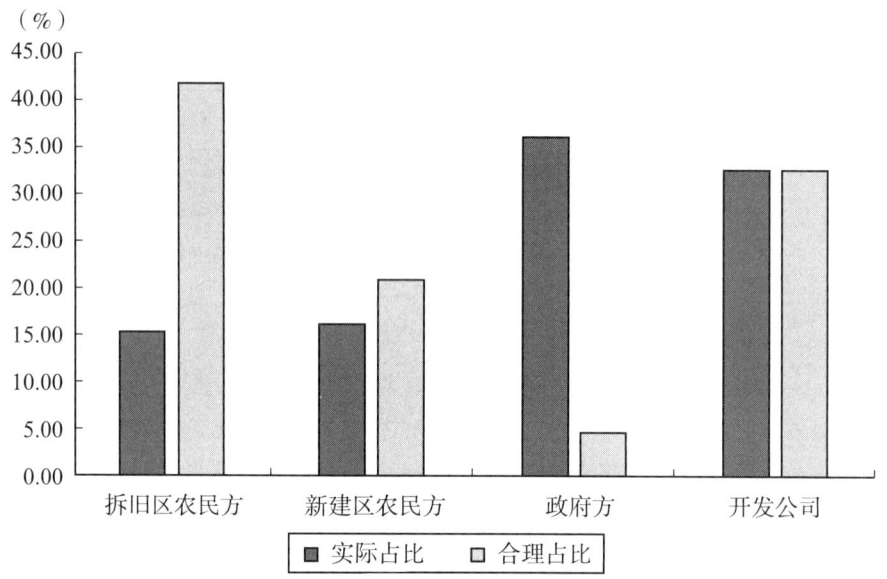

图 8-17　行政配置下参与主体的最终收益占土地出让成交价款比

(三) 以市场配置下土地增值收益测算及收益分配

1. 研究区概况

市场配置下的建设用地挂钩指标入市交易是实施城乡建设用地增减挂钩政策的转换形式和灵活表现,是对城乡统筹的土地利用制度的新尝试。一方面,农村集体建设用地通过实施土地综合整治形成建设用地挂钩指标,指标的入市交易和异地利用,实现了农村集体建设用地的减少、耕地的增加和城镇建设用地的增加。另一方面,农民可以通过指标的交易分享城镇化发展成果,指标的交易也对农村土地的节约集约利用有促进作用,同时凸显了农村集体建设用地资产价值。建设用地挂钩指标交易这种一举多赢的土地利用探索也是对城乡一体化建设用地市场建设的一种有效尝试。

鄂州市作为湖北省城乡一体化发展和综合改革示范城市,依托农村产权制度改革的优势,在建设用地挂钩指标交易方面进行了大胆探索,并取得了初步成效,为湖北省城乡一体化建设用地市场的构建提供了参考示范。鄂州市是全国继成都、重庆后规范开展指标交易的城市,也是湖北省第一个开展城乡建设用地增减挂钩指标交易的城市，为了更好地规范指标交易市场，鄂州市国土局先后出台了《鄂州市指标交易管理暂行办法》《关于明确"持证准用"相关事项的通知》《鄂州市建设用地挂钩指标登记和使用管理暂行办法》等文件，对指标交易程序、"持证准用"的主体以及指标证书登记和使用做出了明确规定，促进指标交易市场健康发展。2013年，鄂州市为规范实施全市城乡建设用地增减挂钩项目，研究制定了《关于规范实施城乡建设用地增减挂钩的意见》，明确了增减挂钩项目实施工作程序、相关部门和科室的职责，严明了纪律要求。为充分保障村集体、拆迁农户的合法权益，以及进一步加强指标价款分配使用监管，鄂州市国土局与市综改办联合制定了《关于规范建设用地挂钩指标价款拨付及分配使用的指导意见》，对土地复垦成本、指标收益分配比例、指标价款拨付程序、指标价款使用监管机制等方面作了明确的规定。

按照鄂州市农村产权制度改革优先支持相对落后地区的出发点和落脚点，指标交易首先选择废弃房屋、外出定居人口较多的村组。这些地区指标产生成本低、级差地租较大，工作推动难度较小，主要有蒲团乡石竹社区、涂家垴镇张远村、段店镇四份村和泥叽村、临江乡芦洲村等试点地区。本书以鄂州市2013年第一批太和镇、涂家垴镇城乡建设用地增减挂钩项目为研究整体，应用上述模型对土地增值收益及其分配比例进行测算，该批项目试点村已通过验收生成了建设用地挂钩指标525亩并交易成功。

2. 增值收益的量化

市场配置下的挂钩指标的供需双方是由经济欠发达、宅基地整理潜力大的供给区和经济较发达、缺乏建设用地指标的需求区构成，交易双方区域间存在区位级差地租是挂钩指标进行交易的前提条件。市场配置下的土地增值收益体现在挂钩指标的市场交易价格中，而挂钩指标的市场交易价格是以政府定价为基础，在市场充分竞争中所形成并进行交易的价格。本书参照王婷（2012）的研究，测算市场配置下的土地增值收益，土地增值收益的测算公式为：

$$U = P - (E + C + T + R_1 + R_2) = R - V_e \tag{8.46}$$

式中，U 为市场配置下的土地增值总收益；P 为挂钩指标市场交易价格；E 为退地补偿成本（包括拆旧区农民宅基地退出的补偿费用和建新区农民的农用地的征收补偿费）；C 为拆迁整理复垦成本；T 为税费；R_1 为利息；R_2 为投资的平均利润；V_e 为挂钩取得成本。

市场配置下的城乡建设用地增减挂钩，政府依然是项目实施过程中的管理者，参与挂钩指标的生产、交易以及落地的各个环节，挂钩指标进入市场交易前，政府以地租地价理论为基础，遵循价值规律制定挂钩指标交易的参考价格，相当于为挂钩指标购买者提供基准价。对挂钩指标需求者而言，愿意支付的指标价格是基于指标未来收益获取能力的衡量，因此挂钩指标市场交易价格是以政府定价为基础，遵循价值规律、供求规律和竞争规律等市场经济规律，在市场供求变化和竞争中形成的，即通过各个挂钩指标购买者的竞争来确定市场能够接受的价格，而政府对挂钩指标的定价也会参照挂钩指标购买者各自供需的规模和目标调整价格，使挂钩指标的基准定价更加符合市场规律的要求。

根据鄂州市人民政府《关于实行国有经营性建设用地使用权"持证准用"制度的公告》中所规定，首次出让鄂州市范围内的国有经营性建设用地使用权或改变为经营性用途的其他用地的使用权，竞得人若想签订《国有建设用地使用权出让合同》，必须持有同等面积的建设用地挂钩指标证书。意味着挂钩指标交易价格 P 等于土地出让价款与挂钩指标基准价格之和，其中建新区的土地出让平均价款按照实施方案的规定为 879 元/平方米，挂钩指标基准价格按照鄂州市《关于建设用地挂钩指标基准价格的公告》的规定为 16 万元/亩，因此项目区挂钩指标交易价格 P = 1 119 元/平方米。根据该项目区的实施方案，项目区的挂钩取得成本包括拆旧地块的房屋拆迁补偿费用、土地整理复垦费用、融资成本、交易成本和新建地块的征偿补偿费用等平均每公顷共计 6 135.09 万元，即 V_e = 171.80 元/平方米。因此该项目实施后，土地增值收益总额 $U = P - V_e$ = 947.2 元/平方米。

3. 增值收益分配现状

根据《鄂州市城乡建设用地增减挂钩指标价款分配使用的指导意见》，挂钩指标基准价款即定额 16 万元/亩，返还给拆旧区集体经济组织进行整理复垦、基础设施建设、拆迁补偿等费用支出。集体经济组织自主与开发公司签订合同，因此开发公司与集体经济组织是委托代理的关系，定额 16 万元/亩中包含集体经济组织给予开发公司的款项，故此处不单独列出开发公司收益。政府在此过程中起到监督的作用（见表 8 – 12）。

表 8 – 12　　　　　　　指标基本价款分配构成表　　　　　　单位：万元/亩

类别			金额
土地复垦项目成本	管理成本	立项	0.24
		验收	
		工程监理	
	复垦成本	建（构）筑物拆除	2.0
		土地平整	
		农田水利	
		田间道路和其他工程建设费	

续表

类别			金额
土地复垦项目成本	融资成本	银行贷款	根据垫资或贷款金额、同期人民银行确定的贷款利率等据实核算融资成本
		社会垫资	利率可在同期人民银行确定的贷款利率基础上适当上浮,具体由集体经济组织与投资机构协商,结合垫资额度据实核算融资成本
	交易成本		0.4
指标收益	复垦宅基地		按照85:15的比例分配给拆迁户和集体经济组织
	农村公共设施、公益事业用地及无具体农村建设用地使用权人的用地		全部归集体经济组织所有
	乡镇企业用地		由使用权人和所有权人协议明确分配比例。扣除使用权人所得价款,剩余价款全部归农村集体经济组织所有。农村集体经济组织所得价款不低于指标收益的30%

政府在地票交易过程中的主要职能是组织实施拆旧区的宅基地复垦,制定地票交易规则和地票基准价格,组织地票公开交易,在建新区进行征地、出让建设用地(见图8-18)。指标最终成交价款中的出让土地收入,扣除对建新区农民的征地补偿及建新区的基础设施建设投入后的剩余部分,纳入地方财政。

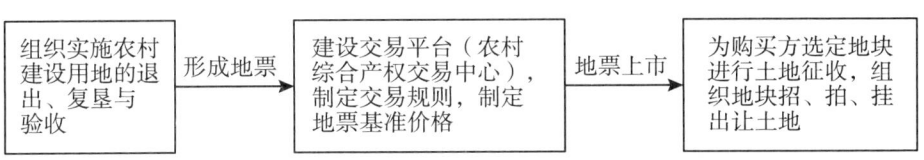

图8-18 地票交易过程中政府的职能

综上所述,目前鄂州市指标交易最终成交价款的分配如表8-13所示。可以看出,鄂州市整个城乡建设用地增减挂钩中的收益分配格局是地票生产和地票落地两分离的状态。对于拆旧区农民来说,获得的最终收益就是"一刀切"式的定额补偿,即每亩16万元,这16万元/亩是鄂州市反复论证下的成本补偿金额标准,并不是正常的市场价格,拆旧区农民并没有享受到地票落地后的土地增值收益。对于建新区农民来说,仅仅获得土地补偿费及青苗补偿费,没有享受到指标交易过程中的增值收益。

表 8-13　　　　　　　各个主体的利益分配现状

拆旧区农民方		建新区农民方		政府方	
最终收益（万元）	占土地出让成交价款比（%）	最终收益（万元）	占土地出让成交价款比（%）	最终收益（万元）	占土地出让成交价款比（%）
8 400.00	21.45	1 555.98	3.97	29 209.02	74.58

因此需要将地票生产和地票落地两个环节作为一个整体来考虑，分析整个环节中各个参与主体的增值收益贡献，合理分配市场配置下的城乡建设用地增减挂钩的土地增值收益，切实维护各方的利益。

4. 基于贡献分配理论的增值收益分配

（1）各个参与主体的贡献额。

①拆旧区农民方增值收益贡献额的确定。

根据湖北省 2013 年度城市地价动态监测成果，2013 年鄂州市工业用地监测地价数据得到 $L=417$ 元/平方米，土地开发费 $W_d=19.5$ 元/平方米；耕地占用税按照《湖北省耕地占用税适用税额标准》，鄂州市耕地占用税为 45 元/平方米，耕地开垦费按照《湖北省耕地开发专项资金征收和使用管理办法》，鄂州市耕地开垦费为 15 元/平方米，因此税费 $T=60$ 元/平方米；α 取 2013 年贷款利率为 6%；土地开发利润一般为 6%~10%，因此土地投资回报率 β 取平均值 8%；土地增值收益率一般为 10%~30%，因此土地增值收益率 γ 取平均值 20%；根据湖北省物价局和省财政厅关于降低部分住房建设行政事业性收费标准的通知中规定"一次性征用耕地 100 亩以上、500 亩以下，其他土地 200 亩以上、1 000 亩以下的，动迁 20 户以上或安置农业人口 80 人以上的可按基数取 1.8% 的征地管理费"，因此本例中管理费用计提比例 δ 取 1.8%。根据公式（8.39），可以得到拆旧区农民的贡献额 $G_1=237.59$ 元/平方米。

②建新区农民方增值收益贡献额的确定。

根据鄂州市 2013 年国民经济和社会发展统计公报可知建新区农地平均每亩净收益 $A=2\ 231.57$ 元，土地还原利率的计算是采取安全利率与风险调整值之和的方法求得，其中安全利率取 2013 年银行一年期定期存款利率 3.25%，风险调整值参照鄂州市 2013 年消费价格指数增长率 2.7%，所以农地的还原利率为 $r=5.95\%$，农地剩余使用年限以参照土地承包经营期 $n=30$ 年来确定，根据前面的计算公式（8.40），求得建新区农地经济产出价值为 46.32 元/平方米。

从中国太平洋保险公司太平盛世·长寿养老保险 A 款（趸缴）缴费表中查询获得 a 岁（此处取 $a=30$）的中国男性公民（60 岁领取）保险费趸缴金额基数 $Y_{30m}=7\,956$ 元；30 岁的中国女性公民（55 岁领取）保险费趸缴金额基数 $Y_{30w}=11\,283$ 元；建新区被征地的男性人口占总人口的 52.58%，女性人口占总人口的 47.42%。在本书内，农民按照养老保险领取标准的每月基本生活费与每月养老保险费基数近似相等，即 $M_i=M_0$。最后根据前面的计算公式（8.41）即可计算出建新区农地提供的养老保险价值为 9 533.663 4 元/人。本书采取 2013 年鄂州市城市居民最低生活保障标准人均 400 元/月，另根据襄阳市人口统计资料获得被征地农民的平均年龄为 40 岁，按照男性 60 岁、女性 55 岁退休年龄计算得到 $T_m=20$、$T_w=15$，由此根据前面的公式（8.42）计算出建新区农地为农民提供的就业保障价值为 84 619.2 元/人。建新区人均农地面积为 2.54 亩/人［鉴于数据的可获取性，在此用人均耕地面积乘以 1.4 代替人均农用地面积（彭开丽，2012）］，因此单位面积农地提供的社会保障价值为（9 533.663 4 + 84 619.2）÷ 2.54 = 55.60 元/平方米（修正前），建新区年均农业纯收入占农民总收入的比例为 46.83%，即 $k=46.83\%$，根据前面的公式（8.44）计算得到建新区农民付出的农地社会保障功能的成本 $Y=26.04$ 元/平方米。

因此根据前面的公式（8.45）计算得到建新区农民贡献额 $G_2=46.32+26.04=72.36$ 元/平方米。

③政府方增值收益贡献额的确定。

在本书研究的项目中，鄂州市政府方对项目中投入的资金成本主要包括拆旧区的房屋拆迁补偿费用、土地整理复垦费和建新区征地补偿费用。其中土地复垦费参照往年城乡建设用地增减挂钩拆旧区土地复垦费用，即每公顷 11.759 2 万元进行复垦，具体相关费用如下：a. 工程施工费 359.41 万元；b. 前期工作费 19.41 万元（包含规划设计、招投标等）；c. 竣工验收费 10.78 万元；d. 监理费 5.39 万元；e. 业主管理费 7.90 万元；f. 不可预见费 8.26 万元；g. 设备费 10.21 万元；以上费用共计 421.36 万元。建新区共占用农用地 35.710 3 公顷，其中占用耕地 34.475 8 公顷，根据湖北省征地统一年产值标准计算，建新区征地补偿费共计 1 478.41 万元，青苗补偿费 77.57 万元，建新区占用耕地的总补偿费为 1 555.98 万元。拆旧区房屋拆迁补偿费用为 3 164.94 万元。

因此政府方增值收益贡献额 $G_3=143.96$ 元/平方米。

（2）增值收益均衡分配比例的测算。

根据上述测算结果，运用贡献分配模型，测算出土地发展空间置换项目区拆旧区农民、建新区农民和政府的土地增值收益分配比例分别为 52.34%、15.94%、31.72%（见表 8-14）。

表 8-14　　　　　　　　土地增值收益合理分配比例

参与主体	增值收益贡献额 G_i（元/平方米）	增值收益贡献比例 R_i（%）	增值收益分配比例 α_i（%）	增值收益分配额 u_i（元/平方米）
拆旧区农民	237.59	52.34	52.34	495.76
建新区农民	72.36	15.94	15.94	150.98
政府	143.96	31.72	31.72	300.46

（3）各个参与主体的最终利益分配。

根据"谁投资，谁受益，按贡献分配，按需调节"的原则，各个参与主体的利益分配的目标函数为：$V_i = T_i + u_i$。其中，V_i 表示各个主体获得的最终收益，T_i 表示项目实施时主体获得的补偿，u_i 表示各个主体应该分享的增值收益额。因此依据前面的测算结果，可以得到各个主体的最终利益分配格局（见表 8-15）。

表 8-15　　　　　　　　各个主体的利益分配格局

拆旧区农民方		建新区农民方		政府方	
最终收益（万元）	占土地出让成交价款比（%）	最终收益（万元）	占土地出让成交价款比（%）	最终收益（万元）	占土地出让成交价款比（%）
25 751.6	65.75	6 840.28	17.47	6 573.12	16.78

各个主体的最终收益占土地出让成交价款的比例存在差异，拆旧区农民方的最终收益为 25 751.6 万元，占土地出让成交价款的 65.75%；建新区农民方的最终收益为 6 840.28 万元，占土地出让成交价款的 17.47%；政府方的最终收益为 6 573.12 万元，占土地出让成交价款的 16.78%。可以看出，在土地发展空间置换中，各个参与主体若能够分享到土地增值收益，按照贡献分配理论测算出来的利益分配额，农民方获得的最终收益占土地出让成交价款的比例高于实际占比，拆旧区农民方的宅基地价值得到充分显化，建新区农民方也获得了较好的收益，政府方的最终收益占土地出让成交价款的比例降低，体现了该阶段政府作为市场管理者的职能，其获得的大部分收益主要通过以征收税费的方式回收第二阶段的土地增值收益。

5. 小结

从增值收益均衡分配比例的测算结果上看，拆旧区农民应当获得大部分的土地增值收益，因为项目实施过程中，拆旧区农民的投入比重最大，以失去农村宅基地及其房屋和附属设施、相应的庭院等基本生活资料为代价获得挂钩指标，因此应该分享较大比例的增值收益，分享增值收益的比例应该为 40%～50%。建新区农民农地的平均年收益是基于建新区农地的平均年收益计算出来的，没有考虑所征土地每亩最高最佳的年收益，故计算出的比例偏低，因此建新区农民分享的增值收益的比例应该在20%～30%之间。政府作为市场管理者，其主要获得第二阶段的土地增值收益，并通过以征收税费的方式回收，因此政府在此阶段分享的增值收益的比例应该在10%～20%之间。

从市场配置下的城乡建设用地增减挂钩中各个参与主体的最终收益占土地出让成交价款比的测算结果上看（见图8-19），在项目的具体实践操作中，政府方的最终收益占土地出让成交价款比高于农民方，处于利益分配的主导地位，无论是拆旧区农民方还是建新区农民方仅仅获得了失去宅基地或者农地的损失补偿，没有参与到土地增值收益的分配；根据按贡献分配理论测算出参与主体的增值收益分配额，进而测算出各个主体的最终收益占土地出让成交价款比，可以看出农民方参与到土地增值收益的分配中得到合理的占比，农民方的最终收益占土地出让成交价款比远远高于实际占比，拆旧区农民方的宅基地价值贡献或者建新区农民方的农地价值贡献得到显现，政府方的最终收益占比降低，体现了该阶段政府作为市场管理者的职能，其主要获得第二阶段的土地增值收益，并通过征收税费的方式回收。

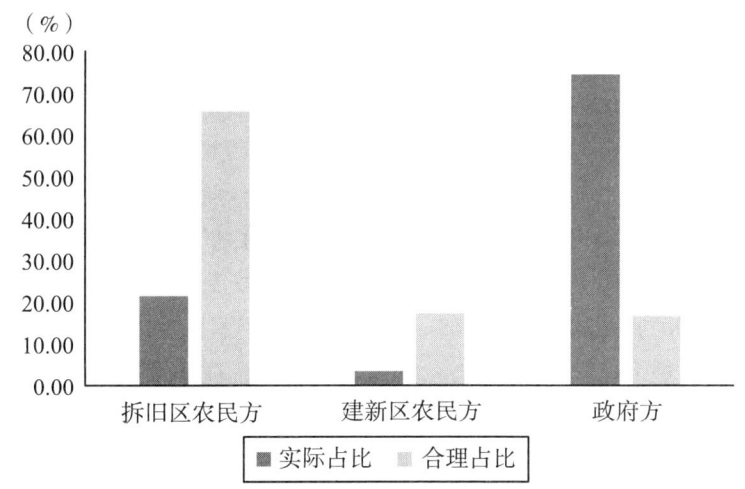

图8-19　市场配置下参与主体的最终收益占土地出让成交价款比

三、基于夏普利值（Shapely）权利主体收益分配博弈分析

在集体建设用地存量交易市场中，政府通过在交易市场中提供基础设施、交易服务等公共服务，以税费的方式参与收益分配，而交易过程中产生的税费对于集体建设用地交易的双方——企业和集体经济组织，都是一种交易成本。企业作为集体建设用地的需求者，集体建设用地的生产贡献和投入产出效用决定了对集

体建设用地的需求；集体经济组织作为集体建设用地的供给者，其对集体建设用地的经营效率和内部集体与股民纵向一体化程度将直接影响集体建设用地的供给模式。因此，本部分将利用夏普利值（Shapely）法，从政府、集体、村民、企业四个主体收益的效用最大化构建博弈关系，分析其最优策略。

（一）夏普利值模型构建

夏普利值法最早是由罗伊德·夏普利（1953）提出用于解决多人合作博弈问题，其原理是按收益按成员的边际贡献进行分摊，参与人获得的收益等于他对所参与联盟边际贡献的平均值，由于其公平、有效的优点，目前被广泛应用于企业利益分配、供应链合作伙伴的收益分配、农地流转收益分配、宅基地退出博弈等问题（王志刚等，2013；温修春等，2014；毛燕玲等，2015；谢晶晶、窦祥胜，2016；董秀茹等，2016），由于本书关注集体建设用地收益分配，根据前人研究成果，地方政府和农户存在合作博弈的基础，夏普利值博弈满足本书研究的需求及适用条件，因而该部分利用夏普利值法探索空间置换过程主体收益关系。

夏普利值博弈的基本假设"参与人都是理性人"，为了简化分析过程，该过程仅考虑地方政府、复垦区农户和征地区农户，分别用 G、A、B 表示，并假设他们都是理性的。设 n 主体的集合为 $I = \{1, 2, n\}$，s 是 I 中一个子集，表示参与人可能形成的一个联盟，I 中任意子集 s 都对应一个实的集函数 $v(s)$，称为参与人的合作特征函数。根据夏普利值博弈的有效性公理，如果局中人对其任意加入的联盟没有贡献，则分配给他的收益为 0；如果存在对联盟的贡献，则会得到相应的收益分配。用 φ_i 表示 I 中 i 成员从合作最大收益 $v(I)$ 中分配的收益，则合作对策的分配可用 $\phi(v) = \{\varphi_1(v), \varphi_2(v), \varphi_n(v)\}$ 表示，$s \setminus i$ 表示子集 s 中除去 i 后所得子集，$v(s)$ 与 $v(s \setminus i)$ 的差值表示分配主体 i 对子集 s 的收益的贡献，最终得到夏普利值法博弈表达式如式（8.47）和式（8.48）所示。

$$\varphi_i(v) = \sum_{s(i \in s)} \omega(|s|)[v(s) - v(s \setminus i)], i = 1, 2, 3 \quad (8.47)$$

$$\omega(|s|) = \frac{(n-|s|)!(|s|-1)!}{n} \quad (8.48)$$

（二）权利主体行为决策博弈分析

1. 博弈主体及其效用函数

（1）直接市场交易主体效用函数。

以经营性建设用地交易为主的城乡统一市场中，集体经济组织作为农民和集体的代理人全权代理集体资产交易，因而直接市场交易主体主要有土地供给方集体经济组织，土地需求方用地企业，以及政府。

①政府效用函数。

在集体建设用地存量市场中，政府的主要收入为税费，而主体投入为基础设施固定资产投入等公共投入，结合第二章收益分配理论模型，政府在出让过程中的收益函数，可以构建政府的收益函数，假设针对集体征收税率为从价税 t_1，针对企业征收税率为从量税 t_2，当实现效用最大化时，边际成本和边际收益相等，如式（8.49）所示。

$$U_G(x) = I_G(x) = t_1 P_1 x + t_2 x - T(x) \quad (8.49)$$

②集体经济组织效用函数。

对于集体经济组织而言，集体经济组织的效用函数为其收益，即土地交易收入减去上缴税费和管理成本 $b(x)$ 后的剩余价值，剩余价值越大，效用越高，见式（8.50）。

$$U_N = I_N(x) = (1 - t_1) P_1 x - b(x) \quad (8.50)$$

③企业效用函数。

对于用地企业而言，其效用函数为土地要素带来的收益，即在生产中的贡献与获地成本之间的差值，土地要素的贡献越大，效用越高，见式（8.51）。

$$U_E = I_E(y) = \alpha p(y) \times y - (P_1 + t_2) x \quad (8.51)$$

（2）空间置换过程主体效用函数。

①农户效用函数。

最终出让的建设用地面积是关于指标数量的函数 $Q = \delta(x)$，落地区农户效用函数 U_{NA} 为最终出让的建设用地收益与投入成本的利润，而复垦区农户和集体的效用函数 U_{NB} 用补偿收益与农户失去土地开发机会成本 Px、房屋安置成本 $S(x)$ 表示，补偿越多，则效用越大，复垦区和落地区农户和集体的效用函数见式（8.53）和式（8.52）。

$$U_{NA} = (P_1 - t_1 P_1) \delta(x) - b(x) \quad (8.52)$$

$$U_{NB} = Mx - S(x) - Px \quad (8.53)$$

②政府效用函数。

政府在空间置换中获得的收益为分享的部分增值价值Ⅰ和增值价值Ⅱ，而付出的成本为复垦、基础设施建设等公共投入成本和征地补偿成本，其效用函数见式（8.54）。

$$U_G = I_G(x) = P_1 t_1 \delta(x) + t_2 \delta(x) - Mx - T(x) - S_0 x \quad (8.54)$$

2. 实证博弈分析

（1）直接交易市场博弈分析。

经典的合作博弈的解以及夏普利值权利主体分配博弈都是基于以下假设：各

个局中人在宅基地退出合作联盟中都处于平等地位，着眼于联盟的整体利益，在决策时都会选择合作策略，并按照参与主体边际贡献进行分配。根据直接市场交易中参与主体为集体经济组织、用地企业和政府，令政府为 G，经济集体组织为 N，用地企业为 C，则局中人的组合为 $N=\{G,N,C\}$，由于直接交易必须有集体的参与，则直接交易过程的 7 种组合中只有 3 种组合方式可行，即 $\{G,N\}$，$\{N,C\}$，$\{G,N,C\}$ 可以在理论上形成直接交易过程。由于 $v(s)$ 与 $v(s\setminus i)$ 的差值表示分配主体 i 对子集 s 的收益的贡献，根据理论分析框架，集体占单位面积增值收益的比例为 $(P_0-P_1t_1)/P_0$，企业在经营过程中分享的集体建设用地增值价值的比例为 $P_1/(P_1+t_2)$，政府所占比例为 $P_1t_1/P_0+t_2/(P_1+t_2)$，由于按边际贡献进行分配，因而以上对应为三主体的贡献，根据式 (8.48)，可以得出各主体的夏普利值，见表 8-16。根据夏普利值可以得出集体经济组织、企业和政府在直接交易市场中的分配比为：$1/6P_1+(P_0-t_1P_1)/3P_0$、$1/6(P_2-P_1)+P_1/3(P_1+t_2)$、$1/2(t_1P_1/P_0)+t_2/3(P_1+t_2)$。

表 8-16　　　　　　　　分配主体直接交易收益分配

S	$v(s)-v(s\setminus i)$	$\lvert S\rvert$	$W(\lvert S\rvert)$	$W(\lvert S\rvert)\times[v(s)-v(s\setminus i)]$
$\{G\}$	0	1	1/3	0
$\{G,N\}$	t_1P_1/P_0	2	1/6	$1/6(t_1P_1/P_0)$
$\{G,N,C\}$	$t_1P_1/P_0+t_2/(P_1+t_2)$	3	1/3	$1/3[t_1P_1/P_0+t_2/(P_1+t_2)]$
合计				$1/2(t_1P_1/P_0)+t_2/3(P_1+t_2)$
$\{N\}$	0	1	1/3	0
$\{C,N\}$	P_1	2	1/6	$1/6P_1$
$\{G,N,C\}$	$(P_0-t_1P_1)/P_0$	3	1/3	$(P_0-t_1P_1)/3P_0$
合计				$1/6P_1+(P_0-t_1P_1)/3P_0$
$\{C\}$	0	1	1/3	0
$\{C,N\}$	P_2-P_1	2	1/6	$1/6(P_2-P_1)$
$\{G,N,C\}$	$P_1/(P_1+t_2)$	3	1/3	$P_1/3(P_1+t_2)$
合计				$1/6(P_2-P_1)+P_1/3(P_1+t_2)$

(2) 空间置换博弈分析。

在集体建设用地空间置换过程中，地方政府、复垦区农户和落地区农户三大主体完全参与到该过程，一共有 7 种组合方式，$\{G\}$，$\{A\}$，$\{B\}$，$\{G,A\}$，$\{G,B\}$，$\{A,B\}$，$\{G,A,B\}$，由于政府在该过程中发挥重要作用，设定没有政府置换过程就不能成立，没有集体参与也不能成立，故有 $\{G,A\}$，$\{G,B\}$，

$\{A, B\}$，$\{G, A, B\}$ 4 种组合方式理论上可以实现，G 和 A 构成增减挂钩项目，G 和 B 构成征地项目，G，A，B 构成指标漂移空间置换项目，若贡献大小用 0 或 1 表示。根据式（8.48），可以得出各主体的夏普利值，见表 8-17。根据夏普利值可以得出地方政府、复垦区农户和落地区农户三大主体在空间置换过程中的分配比为 2∶3∶3。

表 8-17　　　　　　　分配主体空间置换过程收益分配

S	$v(s) - v(s\backslash i)$	$\vert S \vert$	$W(\vert S \vert)$	$W(\vert S \vert) \times [v(s) - v(s\backslash i)]$
$\{G\}$	0	1	1/3	1/3
$\{G, A\}$	1	2	1/6	1/6
$\{G, B\}$	1	2	1/6	1/6
$\{G, A, B\}$	1	3	1/3	1/3
合计				1
$\{A\}$	1	1	1/3	0
$\{A, G\}$	1	2	1/6	1/6
$\{A, B\}$	1	2	1/6	1/6
$\{G, A, B\}$	1	3	1/3	1/3
合计				2/3
$\{B\}$	1	1	1/3	1/3
$\{A, B\}$	1	2	1/6	1/6
$\{G, B\}$	1		1/6	1/6
$\{G, A, B\}$	1	3	1/3	1/3
合计				1

第三节　城乡统一建设用地市场土地价值链相关权利主体博弈关系与福利效益研究

一、集体土地存量交易市场利益网分析

根据集体建设用地出让和出租市场的增值机理，集体建设用地交易市场可以

分为两阶段模型和三阶段模型，两阶段模型主要指交易前和交易后两个阶段，而三阶段模型是在两阶段模型后再次增加租赁契约关系。为简化分析，本章节主要分析两阶段模型的相关主体利益关系。根据增值机理，第一阶段主要涉及的权利主体有政府与农民和集体，政府作为市场公共服务提供者和宏观调控者参与到集体建设用地交易中，农民和集体作为集体建设用地的供给者参与到交易中。由于实证采用的是微观地块尺度分析，故本章节不区分中央政府和地方政府，而农民和集体之间的收益分配关系仅考虑在南海股份合作前提下二者的收益分配关系；第二阶段主要涉及的权利主体除了有政府和农民集体外，还增加了企业，企业作为集体建设用地的需求者参与到市场交易中。

集体建设用地市场中政府收益部分结合微观尺度和宏观财政依赖对其进行分析，而企业和集体利用微观调研数据从供给方和需求方两个方面分别进行分析。

（一）集体建设用地交易中政府收益及其财政依赖

1. 集体建设用地交易租、税、费的产生及其作用

根据上一章不同交易市场下集体建设用地土地增值过程中政府的贡献，政府作为市场公共服务提供者和宏观调控者参与到集体建设用地交易，为集体建设用地交易提供市政基础设施固定资产投入、地籍管理、价格监督等，以交易过程中产生的相关税收和行政费用获得收益。实际上，根据调研情况，江门市、佛山市南海区、佛山市顺德区和东莞市集体建设用地出让中政府都收取了一定比例的土地出让收益金。具体地，以集体建设用地首次出让（租）为例，佛山市南海区以增值收益调节金的方式征收，工业出让征收10%、商业征收15%；东莞市以土地出让金的方式，按工业征收75元/平方米、商业征收105元/平方米计；江门市为土地流转收益，收取商业用途出让价10%；佛山市顺德区收取土地收益分配金，按成交价7%计算。

政府通过收益金的方式参与了集体建设用地增值收益，获得固定资产投入带来的自然增值回报，以税费方式获取交易服务收益。1994年分税制改革后，中央将事权下放到地方，地方国有建设用地使用权出让金收益全部归还地方政府，中央政府不再提留，除此以外，建设用地交易过程中涉及的营业税、城市维护建设税、房产税、契税、城镇土地使用税、耕地占用税、土地增值税、新增建设用地有偿使用费均100%入地方政府国库（丁绒，2016）。因此，1994年以后，国有建设用地出让金全部留在地方政府，地方政府收入大大增加，成为地方政府收入的重要来源。据财政部统计，2010年全国土地出让收入占全部地方政府收入的22%，而对地方一般财政收入而言，则占到36.23%。2005

年，广东省颁布《流转管理办法》，实行全省农村集体建设用地有偿流转后，广东省存量建设用地市场得到大量补充，但集体建设用地有偿流转后集体建设用地是否对国有建设用地市场形成替代关系，地方政府对土地财政依赖程度是否减少尚不可知。

因此，本节将着重测算集体建设用地出让（出租）过程中地方政府获得的收益，并从微观地块交易尺度上分析集体建设用地市场交易过程中政府和集体的市场均衡关系，在此基础上从宏观经济视角测算集体建设用地市场建立后政府对土地财政的依赖程度，以此衡量集体建设用地出让收益的贡献。

2. 集体建设用地交易过程中政府收入与收益分配模式

（1）出让过程中政府收入与收益分配。

关于集体建设用地出让过程收益分配模式，通过对珠江三角洲典型城乡统一建设用地市场探索地区——江门市、佛山市顺德区、东莞市的走访调查，我们发现在践行集体建设用地入市的典型地区，集体建设用地流转收益主要流向集体和政府，其地方政府通过对集体建设用地所有者和使用者征收税费，获得集体建设用地交易过程中的收益。总体来看，政府方面，集体建设用地出让过程中政府收入涉及土地出让收益金、交易服务费和交易税费，但由于目前缺乏统一的税费标准，以致不同地区在集体建设用地公开交易市场中所收取的税费项目和税率设置不同，见表8-18。

表8-18　不同地区集体建设用地出让过程税费征收基准与差异

项目	江门市	佛山市顺德区	东莞市
出让收益金	成交价10%，工业用地减免，使用权竞得方上缴	成交价7%，使用权竞得方上缴	经营性建设用地105元/平方米、工业用地75元/平方米，由使用权获得方上缴
土地开发专用金	—	—	成交价10%，出让方和受让方各承担50%
交易服务费	办证服务费（500元/宗）按分段累加，<100万元部分，收取流转金1%，100万~500万元部分收取0.8%，500万~1000万元部分收取0.6%，1000万~3000万元部分收取0.3%，3000万~5000万元部分收取0.2%，5000万~1亿元部分收取0.005%，1亿元以上部分不收费		

续表

项目	江门市	佛山市顺德区	东莞市
交易税费	卖方	卖方	卖方
	增值税（营改增，5.6%）	增值税（营改增，5.6%）	
	堤围防护费（0.0648%）	堤围费（0.0648%）	
	教育费附加（3%）	教育费附加（3%）	
	印花税（0.05%）	印花税（0.05%）	印花税（0.05%）
	买方	买方	买方
	契税（3%）	契税（3%）	契税（3%）
	印花税（0.05%）	印花税（0.05%）	印花税（0.05%）

注：税费标准来源：江门市土地资源交易中心、顺德区国土城建与税务局、东莞市国土资源和房屋管理局等部门相关文件。

从表8-18可以看出，江门市、佛山市顺德区、东莞市三地的政府相关部门在集体建设用地出让交易中所收取交易服务费基准是一样的，在出让收益金和交易税费方面收取标准略有不同。交易服务费主要包括挂牌、招标、拍卖服务费和办证服务费，其中，办证服务费为500元/宗，招、拍、挂服务费以实际成交价为计算基数，按分段累加，100万元以下部分收取流转金1%，100~500万元部分收取0.8%，500~1 000万元部分收取0.6%，1 000~3 000万元部分收取0.3%，3 000~5 000万元部分收取0.2%，5 000万~1亿元部分收取0.005%，1亿元以上部分不收费。税费方面，江门市和佛山市顺德区首次流转征收的税费项目及标准一致，主要包括营业税（5.6%，现改为增值税，以成交价计算）、堤围防护费（0.0648%，以成交价计算）、教育费附加（3%，以营业税税款为依据计算缴纳）、印花税（0.05%，以成交价计算），而东莞市并不针对卖方收取增值税、堤围费和教育费附加，只对卖方收取印花税，对买方收取契税和印花税。三个地区最大的差异在于土地出让收益金，江门市规定对集体建设用地使用权竞得者按成交价的10%收取流转收益金，其中工业用地减免；佛山市顺德区按成交价的7%对集体建设用地使用权竞得者收取土地出让收益金；而东莞市则根据不同用途的集体建设用地，按照经营性建设用地105元/平方米、工业用地75元/平方米的标准对集体建设用地使用权竞得者收取土地出让收益金，同时，东莞市相较于其他两地，还针对交易双方征收了土地开发专用金，其规定集体经济组织和使用权竞得者需按成交价的10%分别承担50%上缴土地开发专用金。

根据相关税率标准，计算出2005~2014年间江门市每一宗地首次流转中集体所得和政府所得收益，并进行汇总。平均每年政府从集体建设用地流转中获得的收益为856.13万元,而集体平均每年出让集体建设用地所得收益为5 523.51万元,二者比例为1:6.45。平均每年集体建设用地流转金为6 187.98万元,平均每年获地成本即企业购地成本为6 376.71万元。具体每年集体和政府在流转集体建设用地中的收益见图8-20,由图8-20可以看出,二者走势趋于一致,在2005~2014年间不断波动,2010年达到最高峰后开始持续下降。

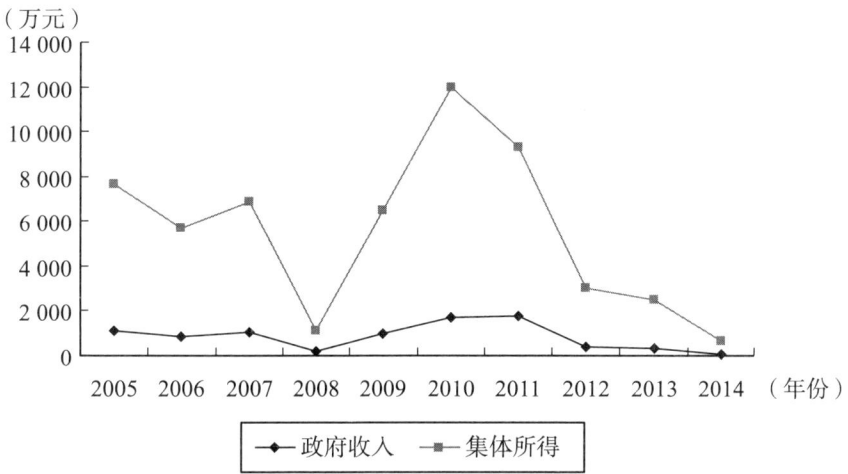

图8-20　2005~2014年间江门市集体建设用地出让过程中政府和集体收入

佛山市顺德区建立了集体土地所有权人流转收益分配使用的监管制度,集体建设用地流转过程中涉及的相关权利主体的收益明确。根据集体经济组织集体资金使用制度,成交后价格扣除上缴税费后,流转净收益的50%形成专款专用项目,用于农民社会保障安排,剩余50%中的20%作为集体收益用于集体公益事业,另外80%按股权比例直接分配给农民。根据相关税率标准,计算出佛山市顺德区2010~2014年间每一宗地首次流转中相关权利主体所得收益,可以得出,平均每年政府从集体建设用地出让中获得的收益为2 769.42万元,而集体平均每年出让集体建设用地所得收益为935.99万元,村民获得的直接经济收益为3 743.95万元,间接收益为4 679.94万元。平均每年集体建设用地流转金为11 024.13万元,平均每年获地成本即企业购地成本为12 129.30万元。具体每年政府、集体和村民在流转集体建设用地中的收益见图8-21,由图8-21可以看出,在政府、集体、农民的收益分配中,村民分得收益最多,其次是政府,最后是集体,三者在时间上呈同一趋势波动,在2011年达到最高峰后开始下降,2013年后有所增加,平均而言,按实际经济收入算,政府、集体、农民收益分配比为2.88:1:3.88,若考虑农民福利保障的间接收入,则最终收益分配比为2.88:1:8.69。

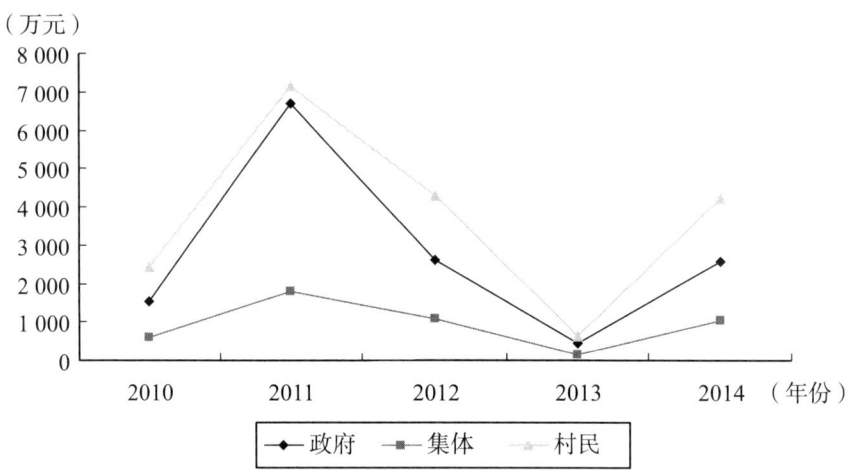

图 8-21　2010~2014 年间佛山市顺德区集体建设用地出让过程中各参与主体收入

东莞市集体建设用地出让后，扣除上缴相关税费后，所得净收益由村集体和村民自主分配。根据相关税率标准，计算出 2005~2015 年间每一宗地首次流转中集体所得和政府所得收益，可以发现，平均每年政府从集体建设用地流转中获得的收益为 18 501.43 万元，而集体平均每年出让集体建设用地所得收益为 50 115.3 万元，二者比例为 1∶2.71。平均每年集体建设用地流转金为 6 187.98 万元，平均每年获地成本即企业购地成本为 68 616.23 万元。具体每年集体和政府在流转集体建设用地中的收益见图 8-22，由图 8-22 可以看出，除了在 2006 年集体收益和政府相当以外，整体集体收益高于政府，二者走势趋于一致，2005~2015 年先后经历了两个增加到减少的过程，2013 年达到最高峰后开始持续下降。

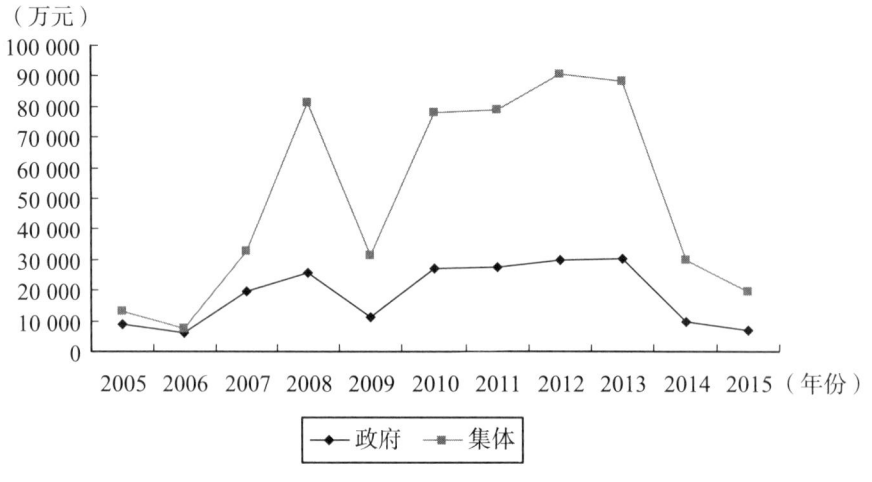

图 8-22　2005~2015 年间东莞市集体建设用地出让过程中各政府和集体收入

根据江门市、佛山市顺德区、东莞市三个地区集体建设用地出让过程政府和集体收益分配比例，若将农民和集体看作是统一整体，江门市平均每年政府和集体出让集体建设用地所得收益比例为1∶6.45；佛山市顺德区平均每年政府和集体出让集体建设用地所得收益分配比例为1∶3.36；东莞市平均每年政府和集体出让集体建设用地所得收益分配比例为1∶2.71。综合以上三个地区集体建设用地出让收益分配比例，可以得出江门市集体在集体建设用地出让过程中收益所占比重最大，而东莞市集体所占分配比例最小；平均而言，集体建设用地出让中政府和集体的收益分配比例为1∶4.17。

（2）出租过程中政府收入与收益分配——以佛山市南海区为例。

针对集体建设用地出租情况，通过对佛山市南海区相关部门访问调查，我们了解到集体建设用地出租与国有建设用地出租涉及税费一致，税费项目设定相对集体建设用地出让更为清晰明确。相较于集体建设用地出让，集体建设用地出租没有出让收益金项目，但需对出租方收取城市维护建设税、企业所得税，对承租方按2.5元/平方米/年收取土地使用税。扣除税费后，集体建设用地出租净得收益归村集体和农民，集体在提留一定比例净收益作为全村成员福利预算和集体组织经营开支后，分配给股民。至于政府方面，由于南海区在2010年建立农村集体交易平台后，各村可在网上上传电子交易信息，因而不收取交易服务费。交易税费方面，集体建设用地出租涉及地块出租和物业出租两个方面，其中地块出租对应的税费计税基础和税率如表8-19所示。

表8-19 集体建设用地出租涉及税金一览表

交易双方	税种	税率（%）	计税基础
出租方	增值税（营改增）	5.00	受让方支付给纳税人的全部货币、货物和其他经济利益为营业额，依5%税率计算缴纳营业税
	城市维护建设税	7.00	以实际缴纳的营业税税款为依据计算缴纳
	教育费附加	3.00	以实际缴纳的营业税税款为依据计算缴纳
	教育费附加（地方）	2.00	按实际缴纳的营业税税额的2%征收地方教育附加
	堤围费	0.12	根据佛山市物价局、佛山市财政局、佛山市水务局、佛山市地方税务局《关于佛山市堤围防护费征收管理事项的通告》和《转发省物价局、财政厅、水利厅、地方税务局关于加强堤围防护费收费标准管理等问题的通知》

续表

交易双方	税种	税率（%）	计税基础
出租方	印花税	0.05	产权转移书据（合同）所载金额
	个人所得税	20.00	（1）应纳税所得额＝每次收入额－财产原值－合理税费 应纳税额＝应纳税所得额×20% （2）采取核定征收率的方法纳税：以全部营业收入分别依2%征收率计算缴纳
	企业所得税	25.00	（1）账务健全、能正确计算应纳税所得额的业户采取查账计征办法纳税，法定税率为25%，符合条件的小型微利企业，减按20%的税率征收企业所得税，国家重点扶持的高科技技术企业，减按15%的税率征收企业所得税。（2）账务不健全、不能正确核算应纳税所得额的业户采取核定应税所得率的方法纳税：转让无形资产应税所得率为10%
	房产税	12.00	适用于房产出租情况，租赁收入
		1.20	房地产原值
承租方	印花税	0.05	产权转移书据（合同）所载金额
	土地使用税	2.5元/平方米/年	佛山市财政局、地方税务局2008年4月25日下发《关于调整佛山市城镇土地使用税税额标准的通知》

根据相关税率标准，计算出南海区2010~2015年间每一宗地出租中集体所得和政府所得收益，汇总得出平均每年政府从集体建设用地流转中获得的收益为22 067.71万元，而集体平均每年租赁集体建设用地所得收益为130 251.20万元，二者比例为1∶5.90。平均每年集体建设用地流转金为147 677.10万元，平均每年获地成本即企业购地成本为152 318.90万元。

根据集体建设用地出让交易和出租交易过程中政府和集体的收益分配关系，若按每单位面积集体建设用地计算，则可以得出江门市每单位集体建设用地交易中政府和集体收益比为1∶6.45；佛山市顺德区每单位集体建设用地交易中政府和集体收益比为1∶1.69；东莞市每单位集体建设用地出让交易中政府和集体每单位面积收益分配比为1∶2.85，平均得到每单位集体建设用地出让交易中政府和集体每单位面积收益分配比为 1∶3.66；同理计算出佛山市南海区每单位集体建设用地出租交易中政府和集体每单位面积收益分配比为 1∶5.9。综合考虑集体建设用地出让和出租中政府和集体收益比例，得到集体建设用地直接交易过程中，平均每单位集体建设用地交易中的政府和集体每单位面积收益分配比为 1∶4.78。

3. 集体建设用地交易过程中政府和集体市场均衡关系

从集体建设用地市场交易的相关税费市场效应看，假设政府对集体建设用地出让（租）征收的是从量税，未征收相关税费即集体建设用地无序流转时，集体建设用地市场需求曲线为 D，供给曲线为 S，在均衡点 E_0 处形成均衡价格 P_0，均衡交易量为 Q_0，在对集体建设用地交易征收税费后，需求曲线向下平行移动至 D_1，在新的均衡点 E_1 形成新的均衡价格 P_1，对应均衡数量为 Q_1，而在原需求曲线，Q_1 对应价格为 P_2，具体见图 8-23。从图 8-23 中可以看出，从 E_0 到 E_1，均衡价格降低，即集体建设用地出让方实际获得交易价格降低，而受让方实际支付的价格上升，受让方转让了部分税费到出让方，交易双方共同承担了土地税费，社会福利的无谓损失增加。

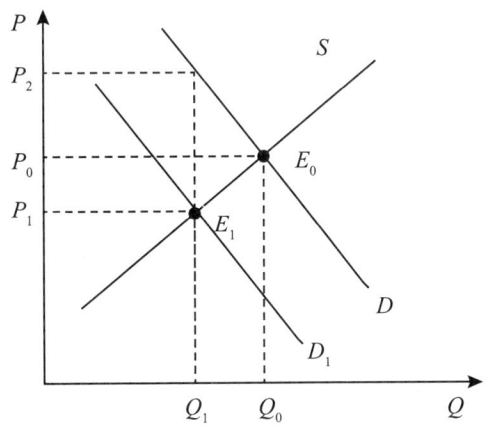

图 8-23 政府取得集体建设用地的租税费效应

（1）模型构建。

根据市场均衡，从供给和需求两方面，建立集体建设用地交易的联立方程组。若 Q 代表交易量，P 代表交易价格，基本式如下：

$$Q^d = b_{11} + b_{12}P + u_1$$
$$Q^s = b_{21} + b_{22}P + u_2 \qquad (8.55)$$

式中，b 为系数，u 为残差项。市场均衡时，供给量和需求量相等，即 $Q^d = Q^s = Q$，由于 Q^d，Q^s，P 为内生变量，因此可以将式（8.55）改写为：

$$\begin{cases} Q = \pi_{11} + v_1 & （供需均衡）\\ p = \pi_{21} + v_2 & （价格均衡）\end{cases} \quad (8.56)$$

根据第四章集体建设用地价格机制，微观尺度上，集体建设用地的价格还受宗地特征，如交易用途（$type$）影响，因此在价格均衡式中自变量除了考虑单块宗地交易政府租税费收入（I_G），还需加入宗地个体特征变量等控制变量。由于交易存在不确定性，因此在模型中应考虑集体建设用地交易频率（f），这里交易频率为交易年限的倒数（$1/time$）。另外，从供需均衡角度看，集体建设用地的交易数量与供给方和需求方的实际价格有关，由于这里着重考虑政府和集体的市场均衡关系，折算为单宗地集体（I_J）和政府实际收入（I_G）。加之是不同年份的交易数据，应加入交易时间（$year$）变量对交易进行修正，综上所述，得到均衡时集体建设用地交易市场的供需均衡方程和价格均衡方程，见式（8.57）。

$$\begin{cases} P = a_{11}type + a_{12}year + a_{13}I_G + a_{14}I_J + a_{15}f + v_1 & （价格均衡）\\ Q = a_{21}I_G + a_{22}year + a_{23}I_J + v_2 & （供需均衡）\end{cases} \quad (8.57)$$

式中，a 为系数，v 为残差项。

（2）实证分析。

根据集体建设用地交易的市场均衡联立方程式，以江门市 2005～2014 年 365 宗集体建设用地出让交易资料为例，进行实证分析。假设市场均衡时交易的数量为均衡数量，这里用面积表示（$size$），成交价格为市场均衡价格（P），结合江门市集体建设用地交易收益分配模式，江门市集体建设用地出让过程中政府收入涉及流转收益金（成交价10%，工业用地减免，征收对象：使用权竞得者）、交易服务费和交易税费；集体在交易成交后上缴营业税（现改为增值税，5.6%）、江新堤围防护费（0.0648%）、教育费附加（营业税的3%）、印花税（0.05%），因此集体所得收入为扣除了相关税费后的实际收入，根据相关规定，计算得到每一宗集体建设用地交易中集体和政府实际获得收益，其他数据与第四章价格机制分析数据一致，所有变量的统计描述见表 8-20。

表 8-20 　　　　　　　　　　变量选择与描述

变量	变量说明	均值	方差
集体建设用地价格（P）	单位面积集体建设用地流转价格（元/平方米）	199.97	226.14
流转面积（$size$）	单位：平方米	7 475.87	9 815.03

续表

变量	变量说明	均值	方差
流转用途（type）	分类变量，工业用途＝1，商业用途＝2，其他用途＝3	1.04	0.20
交易频率（f）	连续变量，按登记使用年限的倒数计算	0.02	0.0025
交易年份（year）	分类变量，1＝2005，2＝2006，…，10＝2014	3.4	2.3219
政府实际获得（I_G）（万元）		234 555.1	676 942.3
集体实际收入（I_J）（万元）		1 513 291	3 585 523

将表 8 - 20 中的指标代入到方程组式（8.57）中，利用 SAS 8.0 运行得到结果如表 8 - 21 所示。从表 8 - 21 中可以看出，两个方程的 F 值均显著通过检验，拟合度较高，调整 R^2 分别为 0.65 和 0.54。两个方程中，当市场均衡时，价格方面，政府收入、集体收入与价格非常显著正相关，但系数值较小，政府租税费每增加 1 个单位，价格增加 0.0003，集体收入增加一个单位，价格增加 0.00002 个单位，土地用途、交易年限和交易频率均与交易价格呈非常显著正相关，土地用途从工业变成商业，价格增加 107.95 元，每增加一年，交易价格增加 28.88 元；交易数量方面，政府每宗地租税费与交易面积呈非常显著负相关，租税费每增加 1 个单位，面积将减少 0.01 个单位，相反，集体每宗地实际收入与交易面积呈非常显著正相关，每增加一个单位，面积增加 0.004 个单位，但交易年份与交易面积呈非常显著负相关，每增加一年，交易面积减少 495.65 个单位。

表 8 - 21　　　　　　　　　联立方程模型结果

项目	价格均衡		供需均衡	
变量	系数估计	标准差	系数估计	标准差
Intercept	－346.23 ***	60.45	5 856.93 ***	618.71
type	107.95 **	49.82		
year	28.88 ***	3.13	－495.65 ***	155.66
I_G	0.0003 ***	0.0003	－0.01 ***	0.001
I_J	0.00002 ***	0.00006	0.004 ***	0.000
f	14 404 ***	3 764.70		
F 值	135.54，$Pr > F < 0.0001$，$AR^2 = 0.65$		142.53，$Pr > F < 0.0001$，$AR^2 = 0.54$	

注：$P < 0.01$，极其显著，标注 ***；$P < 0.05$，极其显著，标注 **；$P < 0.1$，一般显著，标注 *。

联立价格均衡的方程和供需均衡的方程式，可以得到集体收入和政府收入在市场均衡时与集体建设用地交易变量的关系，见式（8.58）。

$$\begin{cases} I_G = -1\ 267\ 800 + 4\ 000P - 431\ 800type - 125\ 440year - 20size - 288\ 080f \\ I_J = 1\ 218\ 000 + 7\ 142.86P - 771\ 071.43type - 100\ 000year \\ \qquad\quad + 214.29size - 100\ 100\ 000f \end{cases}$$

(8.58)

从式（8.58）可以看出，除了交易面积外，集体建设用地市场中政府租税费收入和集体卖地所得与集体建设用地变量关系呈趋同性。政府收入和集体收入与交易价格显著正相关，与土地用途、交易年份、交易频率显著负相关。交易价格每增加一个单位，集体收入增加 7 142.86 个单位，政府收入增加 4 000 个单位，用途改变，集体和政府的实际收入都将减少，二者减少的比例为 1:0.56。而交易面积与政府收入负相关，面积每增加一个单位，政府收入将减少 20 个单位，与集体收入正相关，每增加一个单位，集体收入增加 214.29 个单位。

因此，根据市场均衡情形，假设集体和政府都是理性人，为了获得更多收入，二者都希望集体建设用地价格上升，土地用途为工业用途最好，合同年限越久越好，集体希望交易的每宗土地面积越大越好，政府则希望面积越小越好。

4. 集体建设用地交易与政府土地财政依赖关系

在分析市场均衡条件下集体建设用地交易过程中政府和集体所得后，进一步地，考察集体建设用地市场建立后，对国有建设用地使用权出让金和土地财政的影响。由于 2005 年以后，广东省颁布《流转管理办法》，实行集体建设用地公开交易，2010 年后，珠江三角洲地区的城市相继建立集体建设用地公开交易平台，建立了更加完善的集体建设用地交易制度，对集体建设用地交易的监管也更加全面。因此，就全国而言，广东省早于其他地区建立集体建设用地公开交易市场，对于广东省来说，2005 年和 2010 年是集体建设用地市场的两个非常重要的节点，基于以上考虑以及数据的可获得性，本章节以广东省为例进行分析。

（1）土地财政依赖度测算。

土地财政依赖度，狭义而言，即国有建设用地使用权出让金占地方政府公共预算收入的比例，尽管政府收入不止公共预算收入，土地收入也不止出让金，但由于土地相关出让收入很难衡量，公共预算收入是政府收入的主要来源，狭义土地财政依赖度广受学者研究青睐（周黎安，2007；朱丽娜、石晓平，2010；唐鹏等，2014）。虽然 1987 年深圳拉开了全国建设用地有偿使用的序幕，但在 1998 年住房制度改革和新一轮《土地管理法》出台后，关于国有建设用地出让的相关规定才更加明确地建立，国有建设用地进而得以有序流转。因此，本章节主要考察 1998~2014 年广东省土地财政依赖情况，结合《广东省统计年鉴》（1998~2015）和《广东省国土资源年鉴》（1998~2015）中财政收入数据和建设用地出让数据，根据土地财政依赖度定义，计算得出 1998~2014 年广东省土地财政依赖度、财政公共预算收入、国有建设用地出让金收入，见表 8-22。

表 8-22　1998~2014 年广东省财政收入、国有土地出让金和土地财政依赖度

年份	财政收入（万元）	土地出让金（万元）	土地财政依赖度
1998	640.75	68.96	0.11
1999	766.19	43.22	0.06
2000	910.56	65.22	0.07
2001	1 160.51	145.41	0.13
2002	1 201.61	134.22	0.11
2003	1 315.52	145.31	0.11
2004	1 418.51	143.05	0.10
2005	1 807.20	154.08	0.09
2006	2 179.46	301.17	0.14
2007	2 785.80	1 132.21	0.41
2008	3 310.32	675.43	0.20
2009	3 649.81	1 286.64	0.35
2010	4 517.04	1 361.00	0.30
2011	5 514.84	1 357.20	0.25
2012	6 229.18	1 465.07	0.24
2013	7 081.47	3 191.16	0.45
2014	8 065.08	3 005.08	0.37

根据表 8-22，可以看出 1998~2014 年间，广东省土地财政依赖度变化较大，从整体趋势看，依赖程度呈现波动增长，从局部趋势看，2006 年以前，土地财政依赖度维持在 0.1 左右，2007 年突然增长至 0.41，随即减少到 2008 年的 0.2，随后在 0.3 左右波动，2013 年，又从 2012 年的 0.24 陡增至 0.45，2014 年又小幅回落到 0.37。

（2）集体建设用地市场对土地财政依赖影响。

从 2005 年《流转管理办法》颁布以来，区国土部门开始对流转的集体建设用地进行备案，2010 年全省陆续完成农村集体资产交易平台搭建后，对集体建设用地交易规模有了更准确的统计。为了测算集体建设用地市场对土地财政依

赖程度的影响,将 2005 年和 2010 年节点变化考虑进来,分别以 1998～2005 年和 1998～2010 年财政收入与和土地出让金收入为初始数据,预测 2006～2014 年、2011～2014 年在没有集体建设用地公开市场和没有集体建设用地公开交易平台情形下广东省财政收入和国有建设用地土地出让金。

利用趋势外推法,建立财政收入(finance)和土地出让金(revenue)的一元线性关系,通过 SAS 8.0 平台,得到二者的关系如表 8-23 所示。

表 8-23　　　　　　　　　　预测模型结果

项目	1998～2005 年		1998～2010 年	
变量	系数估计	标准差	系数估计	标准差
Intercept	342.32	209.31	975.73***	175.16
revenue	7.21***	1.74	2.29***	0.27
F 值	17.09, $Pr>F=0.0006$, $AR^2=0.70$		71.98, $Pr>F<0.0001$, $AR^2=0.86$	

注:$P<0.01$,极其显著,标注 ***;$P<0.05$,极其显著,标注 **;$P<0.1$,一般显著,标注 *。

根据表 8-23 中所得结果,土地出让金与财政收入存在显著正相关关系,但是系数存在差异,以 1998～2010 年为原始数据精度更高,分别将 2006～2014 年和 2011～2014 年的实际财政收入代入方程中,得到预测的土地出让金收入,继而计算出对应两种情形下预测的土地财政依赖度 1 和土地财政依赖度 2,见图 8-24。

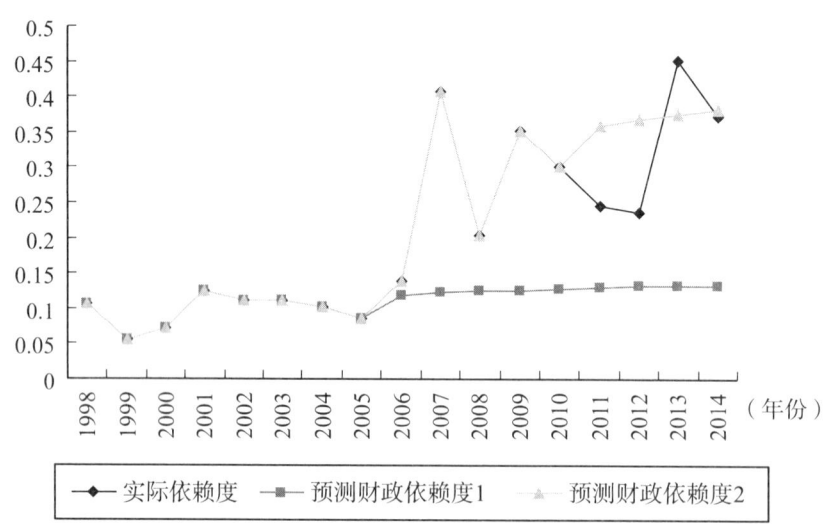

图 8-24　1998～2014 年广东省实际土地财政依赖度和预测财政依赖度对比

根据图 8-24，可以看出，若以 2005 年为节点，在没有集体建设用地出让市场下，2006~2014 年间土地财政的依赖度将在 0.1~0.15 之间缓慢增长，远远低于实际土地财政依赖程度，即集体建设用地市场的建立将增加财政收入对国有建设用地的出让金的依赖度。若以 2010 年为节点，在没有建立完整的集体建设用地公开交易平台和交易制度的情况下，2011~2014 年间，土地财政依赖度从 2011 年的 0.3 稳步增加到 2014 年的 0.38，除了 2013 年以外，均高于实际依赖度，可以认为总体上比实际依赖度高，即集体建设用地公开交易平台和交易制度的建立减少了广东省财政收入对国有建设用地出让金的依赖度。

因此，可以得出集体建设用地交易市场的建立在 2005~2010 年间加剧了财政收入对国有建设用地出让金的依赖，而当 2010 年集体建设用地公开交易平台建立，集体建设用地市场建设进一步完善后，集体建设用地开始发挥对国有建设用地的替代作用，在 2011~2014 年间有效减小了财政收入对国有建设用地出让金的依赖。

5. 集体建设用地入市对地方政府和中央政府财政收入的影响

由于分税制改革造成的地方政府财权事权不匹配，使得地方财政收入、支出间形成巨大缺口，地方政府和中央政府面临着纵向财政竞争（吴群、李永乐，2010）。土地财政问题受到国内学者的广泛关注，理论研究与实证分析在土地财政依赖现象成因、土地税收对土地财政贡献度、农村建设用地入市与土地财政关系等方面取得了不同程度的进展。在对土地财政依赖成因的研究分析中，国内学者普遍认为财政分权和以 GDP 为主的政绩考核机制是促使地方政府追逐土地财政，并形成对集体土地征用后开发出让的土地依赖现象的成因（孙秀林、周飞舟 2013；王玉波，2013）。在土地税收方面，李涵（Han）和詹姆斯凯·星龚（Kung）等（2015）从地方财政激励的角度分析了中国地方政府在正规的税制与非正规的土地出让金之间的替代选择行为，征收土地税可以使政府获得公共投资带来的土地价值增量，促进城市的均衡发展，并能有效减少土地投机行为（Cocconcelli，Medda，2013）；尔德瓦里和米诺拉（2017）认为对土地价值征税可以防止扭曲的土地投机行为，抑制土地价值增长异常的现象，实现城市的最优发展，既能保证政府足够的收入水平，又可以实现经济的快速增长。对于农村建设用地入市与土地财政相关关系的研究，夏慧娟（2014）在分析农村建设用地入市对减轻土地财政依赖机理研究中指出，农村建设用地入市有助于地方政府提高资金利用率，减少不必要的财政支出，同时也能为地方政府提供财税收入；夏方舟、严金明（2014）认为集体建设用地入市缩小了征收制度适用范畴，能有效地抑制土地出让收入膨胀，在一定程度上可以缓解土地财政现象。

现有的地方财政收入包括一般预算收入、政府性基金收入、国有资本经营收入和社会保障基金收入四大类型。一般公共预算收入包括：①土地相关税收收入；②非税收入，包括专项收入、行政事业性收费、罚没收入、国有资本经营收入、国有资源（资产）有偿使用收入和其他收入等；政府性基金收入是国家通过向社会征收以及出让土地等方式取得并专项用于支持特定基础设施建设和社会事业发展的收入，包括彩票公益金收入、文化事业建设费收入、城市基础设施配套费收入、国有土地使用权出让金收入、城市公用事业附加收入、农业土地开发资金收入等指标；国有资本经营收入包括了国有企业的经营收入和国有资本、资源的运营收入，由于该部分收入规模很小，可以忽略不计；社会保障基金收入指所得税的加成收入。

集体建设用地入市，将对原有的中央—地方财权和事权分配格局带来冲击，最直接的表现是集体建设用地入市后，地方政府和中央政府收益分配形式发生变化。地方财政收入依赖于土地财政，土地财政收入包括财产性收入（出让金）和税收性收入（相关税费），一般而言，土地出让金主要纳入地方政府财政收入，地方政府和中央政府对税收性收入进行分配。因此，剖析集体建设用地入市后地方财政收入中的财产性收入和税收性收入，可以窥探地方政府和中央政府的收益分配关系。本章节将以广东省佛山市南海区为例，实证分析中央政府和地方政府收益分配关系。

（1）佛山市南海区财产性收入和税收性收入现状。

通过收集历年财政数据得知：佛山市南海区的国有资本经营收入计入一般预算收入，因此无须额外统计；政府性基金收入中土地出让收入占比高达95%左右，因此可用土地出让收入近似代替政府性基金收入从而弥补所缺失的2003～2009年的政府性基金收入数据。综上所述，本书所用的地方财政收入分为地方一般预算收入和土地出让收入。由于数据限制，选取了2009～2017年土地出让收入数据、一般预算收入数据、政府性基金收入数据和五项与土地直接相关的税收：房产税、土地增值税、耕地占用税、契税、城镇土地使用税。其中地方财政收入为一般预算收入和政府性基金收入的总和。研究数据来源于佛山市南海区人民政府网，南海统计信息网和《佛山统计年鉴》《广东国土资源年鉴》《南海年鉴》和《中国财政年鉴》等。

整理2010～2018年统计数据（见表8-24）可知，集体建设用地入市后，广东省佛山市南海区土地出让收入在2010～2013年呈上升趋势，在2014～2017年波动下降，其中，2015年土地出让收入增长率降为-64.18%，土地出让收入降至最低；土地税收收入则基本保持了稳步增长的态势，2013～2015年土地税收增长率较低，2015年实现负增长。通过分析相关税费发现：2015年，与土地出让相关的耕地占用税和契税与2014年相比有不同程度的降低，可能是佛山市南海区于 2015 年被正式确立为 33 个集体建设用地公开入市试点改革区域之一，土地出让面积、收入大幅度减少所致。

表 8 – 24　2010～2017 年广东省佛山市南海区土地出让收入与相关税收指标一览

年份	土地出让收入（万元）	土地出让收入增长率（%）	土地税收收入（万元）	土地税收收入增长率（%）
2010	1 166 442	195.91	228 379	42.93
2011	1 449 438	24.26	272 507	19.32
2012	1 719 323	18.62	345 156	26.66
2013	2 615 193	52.11	365 197	5.81
2014	2 120 456	-18.92	396 459	8.56
2015	759 506	-64.18	389 734	-1.70
2016	1 909 551	151.42	606 853	55.71
2017	1 092 000	-42.81	687 395	13.27

（2）地方政府和中央政府土地财政贡献度测算。

本书用税收性土地财政收入占地方财政收入的比例表示税收性土地财政贡献度；用财产性土地财政收入占地方财政收入的比例表示财产性土地财政贡献度；用土地财政收入占地方财政收入分比例表示地方土地财政贡献度；用税收性土地财政收入占中央财政收入的比例表示中央土地财政贡献度。从表 8 – 25 可以看出，集体建设用地入市前后，广东省佛山市南海区的税收性土地财政收入呈逐年上升趋势，财产性土地财政收入呈现先增加后减小再增加的趋势。纵观近 9 年的数据，笔者发现税收性土地财政依赖度在 2010～2017 年总体呈现波动性的上升趋势，财产性土地财政依赖度在 2009～2013 年呈现稳定增长趋势，在 2013～2017 年则先减少后增长。土地财政贡献度与财产性土地财政贡献度的变化趋势相同，说明土地财政收入中，土地出让收入依然占据很高的比例且能够影响土地财政收入的变化。从数据直观看来，自佛山市南海区 2010 年底建立农村集体建设用地使用权流转平台以来，除 2015 年和 2016 年外，佛山市南海区国有土地出让行为几乎没有受到集体建设用地使用权流转的影响，而 2015 年和 2016 年财产性土地财政依赖度之所以小于其他年份，可能是受到 2015 年佛山市南海区被正式确立为集体建设用地公开入市试点改革区域的影响。从税收性土地财政贡献度上看，佛山市南海区集体建设用地入市对于土地税收的增长具有明显的推动作用。说明集体建设用地入市有助于引导土地财政由"出让收入为主"向"税收收入"过渡，促进地方财政收入合理转型。

表 8-25 土地财政贡献度测算

年份	税收性土地财政（万元）	财产性土地财政（万元）	土地财政（万元）	地方财政收入（万元）	中央财政收入（万元）	税收性土地财政贡献度（%）	财产性土地财政贡献度（%）	地方土地财政贡献度（%）	中央土地财政贡献度（%）
2009	159 782	394 187	553 969	1 997 684	1 139 236	8.00	19.73	27.73	14.03
2010	228 379	1 166 442	1 394 821	2 560 748	1 534 160	8.92	45.55	54.47	14.89
2011	272 507	1 449 438	1 721 945	2 820 163	1 667 295	9.66	51.40	61.06	16.34
2012	345 156	1 719 323	2 064 479	2 856 217	1 564 449	12.08	60.20	72.28	22.06
2013	365 197	2 615 193	2 980 390	3 062 495	1 601 204	11.92	85.39	97.32	22.81
2014	396 459	2 120 456	2 516 915	3 756 877	2 090 988	10.55	56.44	66.99	18.96
2015	389 734	759 506	1 149 240	4 106 322	2 251 188	9.49	18.50	27.99	17.31
2016	606 853	1 909 551	2 516 404	4 716 114	2 682 688	12.87	40.49	53.36	22.62
2017	687 395	2 654 466	3 341 861	5 569 780	3 321 065	12.34	47.66	60.00	21.70

从佛山市南海区中央财政和地方财政收入变化可以看出，2010年佛山市南海区开发集体建设用地市场后，中央财政收入占地方财政收入的比例逐渐下降，但2015年佛山市南海区建立集体建设用地三级交易平台后，二者比例逐步上升。由于财产性土地财政收入（土地出让金）主要纳入地方财政收入，税收性土地财政收入部分由中央和地方共享，比如新增建设用地使用费，30%归中央政府、70%归地方政府，因此，土地财政收入对中央财政收入的贡献主要体现在税收性收入上。从表8-25可以看出，地方土地财政贡献度远远大于中央土地财政贡献度，且地方土地财政贡献度和中央土地财政贡献度在2009~2017年间的变化趋势趋同，均呈现出先增加并在2013年达到顶峰，而后减少直至2016年重新攀升的状态。所不同的是，地方土地财政贡献度变化幅度大（27%~98%），而中央土地财政贡献度变化幅度较小（14%~23%）。由此可以得出，增加集体建设用地市场开放程度、有序引导集体建设用地入市、规范城乡建设用地市场相关税费，可以增加中央土地财政收入，增加中央土地财政贡献度，但这一过程对财产性土地财政收入影响较大，导致地方土地财政收入贡献度波动较大，反映出地方政府和中央政府在城乡土地市场中获益的目标并不一致。

（二）企业对集体建设用地投入生产的成本效益与收益分配实证分析

2016年11~12月，本书课题组对佛山市南海区集体建设用地市场展开了第二轮调研，针对企业和集体进行了问卷调查。调查组进行了为期 20 天的地毯式搜索调研，走访了佛山市南海区所辖 8 个镇（街）（包括桂城街道、罗村街道、大沥镇、狮山镇、里水镇、丹灶镇、西樵镇、九江镇）所有行政村。

佛山市南海区所辖 8 个镇（街）共 224 个经济联合社（村委会），剔除部分存在受访对象不配合、问卷质量较差等问题的问卷，实际获得 185 个有效村问卷，并且，采用一一对应的方式，对所调研的村选择 1~2 个企业进行问卷调查，企业问卷的受访对象为企业的老板、经理或管理人员，以面对面访谈的方式进行问卷调查，每份问卷持续时间为 40 分钟左右，共收集 220 份有效企业问卷，企业问卷涉及企业对集体建设用地市场的认知、交易地块特征、企业生产经营情况等。

1. 企业集体建设用地市场认知与交易风险

根据调研情况，在收集的 220 份企业问卷中，30.45% 的受访者明确知道当地有集体建设用地公开交易平台，11.82% 的受访者认为当地没有集体建设用地交易平台，而大多数受访者（约 57.73%）表示不清楚当地是否有集体建设用地交易平台。而针对集体建设用地的权属，70% 的受访者认为集体建设用地的所有权属于村集体，49.09% 的受访者认为集体建设用地使用权属于村集体；7.27% 的受访者认为集体建设用地所有权属于村民，45.91% 的受访者认为集体建设用地使用权属于村民；21.82% 的受访者认为集体建设用地所有权属于国家，分别有 0.45% 和 2.73% 的人认为集体建设用地的所有权、集体建设用地使用权属于集体和村民，同时也有 0.45% 的人也表示并不清楚集体建设用地所有权归属，2.72% 的人不清楚集体建设用地使用权的归属。在交易的产权问题上，94.09% 的受访者认为公司购买的是集体建设用地的使用权，只有 3.64% 的受访者认为购买的是集体建设用地所有权，2.27% 的受访者表示不清楚，没有人认为同时购买了所有权和使用权。

针对工厂选址原因和交易风险方面，40% 的受访者认为出于区位优势，配套设施条件好的考虑选择目前使用的集体建设用地地块，27.73% 的受访者认为出于集体建设用地比国有建设用地价格便宜的原因，选择使用集体建设用地，另有 20.91% 的受访者认为是因为农村地区适合做工厂。风险方面，50% 的受访者认为选择使用集体建设用地不存在任何风险，另一半认为有风险的受访者大多认为使用集体建设用地面临的风险主要有：（1）村集体签订合同或者口头协议没有保障；（2）随时都有可能被政府征收；（3）产权没有保障，容易惹纠纷。

集体建设用地交易价格方面，对于集体建设用地市场建立后，集体建设用地价格预期上，30.45% 的受访者认为价格会增加，26.82% 的受访者认为价格和现有价格相差不大，10.91% 的人认为市场更大了，价格会降低，还有 25.45% 的人认为无法判断。关于集体建设用地的定价方面，69.09% 的受访者认为应该以片区基准价制定集体建设用地价格，而这里面又有 80.92% 的人认为应该在片区基准价的基础上按不同用途划分地价。针对集体建设用地的抵押方面，67.73%的受访者表示不希望集体建设用地抵押，究其原因，大多数人认为企业经营过程中没有融资需求，而且一旦集体建设用地可以抵押，集体建设用地的价格将会上升，这是他们不希望看到的。

2. 交易地块特征与周边环境

从交易情况看，交易时间跨度较大，收集的样本中最早的交易发生在 1980 年，最近的交易发生在 2016 年，交易的 220 宗集体建设用地中，有 202 宗交易是厂房出租，平均出租建筑面积为 1 030.24 平方米，最大出租面积为 20 000 平方米，最小出租面积为 10 平方米，剩余 18 宗交易中有 15 宗为土地出让交易，还有 3 宗为土地出租，其中最大交易面积为 133 340 平方米，由于厂房出租里面包含多宗土地和厂房同时出租的情况，因此，通过换算，将集体建设用地出租和厂房出租合计看作农村资产出租，因此农村集体资产交易的平均租金为 162.14 元/平方米/年，最大值为 6 480 元/平方米/年，最小值为 0.6 元/平方米/年，标准差为 609.98。从企业交易对象看，42.73% 的交易对象为投资人，即投资人与村集体交易后，从投资人手里转包的，25% 的交易对象为村集体（经联社和经济社），16.82% 的交易对象为村民，13.18% 的交易对象为亲戚。在合同年限上，80% 的集体建设用地交易年限小于 10 年，10.91% 的建设用地交易年限在 20~50 年之间。由于受访的企业多数是出租或者从投资人手中转包而来，88.59% 的企业没有对应的集体建设用地使用权证，只有一宗土地（0.46%）既有集体土地使用权证也有房屋所有证。

从地块环境看，大多数交易地块形状规整，97.27% 的地块形状为矩形；工业集聚度高，相邻土地用途有 80.45% 是集体经营性建设用地，10.91% 为宅基地，41.82% 的宗地附近形成产业园，尽管大多数受访企业规模比较小（41.82%），只有 21.36% 的企业规模比较大，但 49.55% 的受访者认为已形成集聚效应；66.36% 的受访者对宗地周围水电设施非常满意，30.45% 认为水电通达度一般，极少数人认为水电使用不方便，45.46% 的受访者对地块周围产业配套设施比较满意，41.82% 的受访者认为一般，少数人不满意；35.45% 的受访者对绿化程度不满意，35% 的人认为绿化一般，29.55% 的人比较满意。

3. 集体土地投入对企业生产经营的贡献

本部分主要考察企业在生产过程中的成本投入、收益产出，通过投入产出分析测算集体建设用地投入对企业生产经营的贡献，以此为据反推企业在生产过程中通过投入资本和劳动力生产后，对集体建设用地增值的贡献。

首先针对企业生产的总体收支情况进行调查，包括调查企业的主要生产产品、年总产值、纯收益、注册资本、总投入成本、建房投入成本所占比重、公司员工人口、员工工资占总产值比重、上缴税收占年产值比重。

生产投入资本方面,对固定资产投资和年度流动资金投入成本进行调查。固定资产投资项包括土地投入、工程物资、建造成本;流动资金投入包括产品成本、销售成本、销售税、管理费用、财务费用、增值税、企业所得税、个人所得税、其他费用。劳动力投入方面,按管理层、技术人员、行政人员、销售人员、生产人员五大类对劳动力的基本工资、福利、奖金、人数进行调查。

(1) 调查结果。

根据调查企业的主要产品看,受访企业和商人经营的类型可以分为生产资料和生活资料两大类。生产资料型企业主要生产制造业产品和加工业产品,包括印刷品、五金机械器材、大理石材、铝材制造、加工纸箱、钢材、陶瓷板材等生产产品;生活资料型企业主要生产服装、皮鞋、家具、百货、粮油生产等,还有部分超市、加油站、药店、饭店等商业服务型产业。除去调查中所遇到的 JM 铝业企业注册资本 100 亿元,总投入 130 亿元,其规模明显高于其他调查企业外,南海区使用集体建设用地的企业总体规模较小,平均注册资本 84.45 万元,平均总投入 285.57 万元,平均建造成本占总投入的 51.32%,平均年产值 1 271.58 万元,平均纯收益 81.79 万元,平均公司员工 70 人,平均员工工资占企业生产总值的 24.04%,上缴税收占年产值的 16.15%。生产资本投入方面,平均而言,土地投入成本 80.20 万元,工程物资投入 171.17 万元,建造成本 175.30 万元,年均产品成本 45.232 万元,年均销售成本 45.23 万元,年均管理费用 0.34 万元,年均财务费用 0.35 万元,由于收集样本中关于流动资本和各类员工的分项数据缺省值较多,因此在使用资本和劳动力数据时以流动资本小计数量和总员工数量为准进行核算。

(2) 模型构建。

柯布－道格拉斯生产函数(cobb-douglas 生产函数)是由美国数学家柯布(Charles W. Cobb) 和经济学家道格拉斯 (Paul Howard Douglas) 提出的研究经济增长中要素投入与产出关系的生产函数,简称 C－D 生产函数。C－D 生产函数能够反映要素边际产出、边际替代率、规模报酬变化等重要经济特性,具有参数固定性、可线性化、均方差估计最小、计算方便等优点,其均方差估计最小的性质是 CES 生产函数 (constant elasticity of substitution)、VES 生产函数 (variable elasticity of substitution) 超越对数生产函数所不具备的 (成邦文, 2001; 张俊峰、张安录, 2015)。目前, C－D 生产函数是运用最为广泛也最成熟的测算要素投入对经济增长贡献的生产函数,在经济学、计量学、管理学等研究与应用中具有重要地位。

传统的柯布－道格拉斯生产函数表达式为:

$$yield = Acapital^{\alpha} labor^{\beta} \quad (A \neq 0, \ \alpha > 0, \ \beta > 0) \quad (8.59)$$

式 (8.59) 中，yield 表示产出，capital 表示资本要素，labor 表示劳动力要素，α 和 β 分别表示资本和劳动力的产出弹性系数，A 反映的是广义的技术进步。

可以看出，传统的 C－D 生产函数主要考察劳动和资本两大投入要素，将除劳动和资本外的其他促进经济增长的因素统一为综合因素，即技术常数 A。但在实际生产中，土地、资本和劳动力是最重要的三大要素，本章节要考察集体建设用地在企业生产中的贡献，因此要将土地投入考虑到式 (8.59) 中，假设土地、劳动、资本都是相互独立的生产要素，则加入土地要素后函数表达式为：

$$yield = Acapital^{\alpha} labor^{\beta} land^{\gamma} \quad (A \neq 0, \alpha > 0, \beta > 0, \gamma > 0) \qquad (8.60)$$

式 (8.60) 中，land 表示土地要素，γ 表示土地要素的产出弹性系数，其他符号同式 (8.59)。为增加数据的可比性和减少异方差，对式 (8.60) 两边取自然对数，则式 (8.60) 可写成：

$$\ln yield = \delta + \alpha \ln capital + \beta \ln labor + \gamma \ln land + \varepsilon \qquad (8.61)$$

式 (8.61) 中，δ 为常数项，ε 为误差成分，其他符号同式 (8.60)。

(3) 数据处理。

总产值以企业年产值 (yield) 计算，单位为万元；资本投入 (capital) 按固定资本投入和流动资本投入的总和并扣除土地投入的资本计算，单位为万元；而土地投入 (land) 按受访企业的土地面积计算，单位为平方米；劳动力投入 (labor) 用企业总员工数量与一年的工作量的乘积表示，按每人一个月工作 22 天，一年工作 264 天计算，将计算得到的变量进行统计描述，见表 8－26。从表 8－24 可以看到受访企业规模差异较大，总产值最小值为每年 3 万元，最大值为 180 000 亿元，土地投入最小值为 10 平方米，最大值为 133 340 平方米，资本投入最小值为 1 万元，最大值为 33 800 万元，劳动力投入最小值为每人每年工作时间 264 天，最大值为 1 万人一年工作时间。

表 8－26　　　　　　　　　生产函数变量统计描述

变量	数量	均值	标准差	最小值	最大值
企业年产值	220	8 182 266	1.21×10^8	3	1.8×10^9
土地投入	220	2 087.39	9 838.497	10	133 340
资本投入	220	509.1872	2 530.269	1	33 800
劳动力投入	220	16 027.2	178 031.4	264	2 640 000

(4) 模型结果。

将生产要素的数据对数处理后，代入式 (8.61)，并对变量的膨胀因子进行检验，在 SPSS 20.0 上的运行结果见表 8－27，模型的 F 值为 209.59，P 值远小于 0.001，说明模型通过检验，调整的 R^2 为 0.7408，即超过 74.08% 的变量可以被解释，说明模型拟合度较高。根据对变量的共线性诊断，发现土地投入、资本投入和劳动力投入的膨胀因子 VIF 均小于 5，故认为变量之间不存在共线性。

表 8 - 27　　　　　　　　　生产函数模型结果

项目	非标准化系数 B	标准误差	标准系数	t	Sig.	共线性统计量 容差	VIF
截距	-2.540	0.373		-6.808	0.000		
土地投入	0.107	0.071	0.099	1.504	0.134	0.273	3.658
资本投入	0.320	0.054	0.306	5.967	0.000	0.450	2.224
劳动投入	0.738	0.083	0.538	8.895	0.000	0.324	3.088

从模型的标准系数和显著性检验看，土地投入、资本投入和劳动力投入均与企业总产值正相关，但是资本和劳动力相关性非常显著，而土地投入对产值的显著性较低。

（5）模型改进——基于岭回归的 C - D 生产函数模型。

由于变量之间不存在共线性，但是土地投入不显著，考虑到受访企业生产规模差距较大，使得部分数据解释能力较差，影响模型回归结果，高魏、张安录（2007）认为，虽然岭回归所得残差平方和比最小二乘回归要大，但它对病态数据的耐受性远远强于最小二乘法，因此本部分采用岭回归对病态数据进行改进，土地投入、资本投入和劳动力投入分别对应 X_1，X_2，X_3，通过编程在 SAS 8.0 平台上按 $K = [0, 1]$ 的范围，梯度 $K = 0.1$ 对模型绘制领迹图，见图 8 - 25。

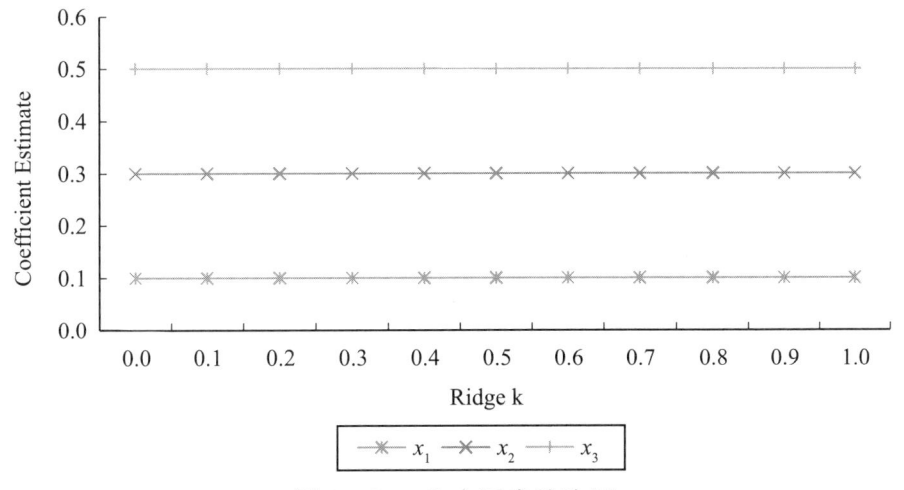

图 8 - 25　生产要素岭迹图

从岭迹图可以看出，在 $K=0.1$ 后，生产要素与总产值的关系趋于稳定（以水平线为渐近线），因此取 $K=0.1$ 时的标准化回归方程，调整拟合度 AR^2 为 0.6405，相对较高，得到结果见表 8-28。

表 8-28　　　　　　　　岭回归生产函数模型结果

项目	标准系数	标准误差	t	$Pr>\|t\|$	F 值
土地投入	0.17	0.065	2.61	0.0096	134.02，$Pr>\|t\|$ < 0.0001
资本投入	0.28	0.055	5.16	<0.0001	
劳动力投入	0.49	0.061	7.30	<0.0001	

根据表 8-28，通过调整，使得所有生产要素对总产值的贡献都是非常显著的，土地投入、资本投入和劳动力投入对边际生产力分别为 0.17、0.28 和 0.49，因此可以判定集体建设用地要素投入对企业生产经营的贡献率为 0.17，即每单位企业产值中，有 17% 来自于土地要素的贡献。根据第二章推导的企业关于集体建设用地的收益函数 $I_E(y)=\alpha p(y)\times y-(P_1+t_2)x$，可以通过企业的生产函数推导出企业对于集体建设用地土地要素的需求函数，令土地要素为 Q、资本要素为 C、劳动力为 L，平均集体建设用地每年租赁的交易价格为 576.9 元/平方米/年，将企业生产函数代入到收益函数中，则可以得到 $I_E(y)=0.17(Q^{0.17}C^{0.28}L^{0.49})-(576.9+t_2)Q$。

（三）集体组织生产经营效益及集体——村民收益分配实证分析

村问卷的受访对象为南海区调查行政村对应经济联合社的领导或管理人员，一般为社长、书记或者财务管理，问卷调查以访谈的形式进行，每份问卷耗时大概 45 分钟。根据调查情况，一份村问卷对应一个行政村，在实际获得 185 个有效村问卷中，有 19 个村样本来自桂城街道，有 4 个村样本来自罗村街道，有 24 个村样本来自大沥镇，有 44 个村样本来自狮山镇，有 19 个村样本来自丹灶镇，有 22 个村样本来自九江镇，有 23 个村样本来自里水镇，有 24 个村样本来自西樵镇。本部分村问卷调查内容涉及集体经济组织的资源禀赋，人口，集体资产经营、管理等情况，交易情况以及收益分配期望调查。

1. 集体经济组织生产基本经营情况

村集体基本情况主要包括社会经济基本情况，土地利用现状，集体经济组织经营情况，集体经济组织管理成本，村集体基础设施配套情况，收益分配情况。其中，社会经济基本情况主要关注集体经济组织人口、党员人数、领导人数、人均纯收入、集体生产总值；土地利用现状涉及集体农地和非农建设用地的分类调查，但主要关注乡镇企业用地数量；集体经济组织经营情况主要关注集体经济组织年收益（万元）、年支出（主要是生产性支出）、净收益（这里主要指所得收益扣除所有成本、股民分红后的村集体提留），主要涉及公积金、公益金、公共服务费、集体福利费；集体经济组织管理成本主要包括人力资本管理成本和资产管理成本，而人力资本管理成本包括社委会和监事会成员基本工资、绩效工资和提成，资产管理成本包括资产确权登记费用、集体资产交易上缴税收、集体资产交易上缴规费、项目招投标业务费、对外投资业务费、组织经营常规性开支，由于个中数字信息过于敏感，在实际调查中信息缺失度较高，因此该部分纳入生产性支出中；村集体基础设施配套情况包括教育配套设施（幼儿园、小学、初中、高中、大学）数量、生活配套设施（超市、菜市场、医院、银行、邮局）数量、广场数量、公园数量；收益分配情况包括股民人数，人均所得分红数量，集体和村民的收益比以及村集体领导对集体和村民之间的收益分配期望；交易情况主要包括所在集体经济组织经营性建设用地使用权平均出让、出租年限，以及具体出让、出租、入股、代建交易情况，这部分与企业问卷的宗地特征一一对应，因此，交易形式以出租为主；同时，还从村集体角度，考察了村集体经济组织对当前交易税费的期望和可承受的税费意愿。

根据调查情况，佛山市南海区每个集体经济组织其规模、经济发展、资源禀赋、经营状况等差异较大，整体来说，相对比较发达。在收回的185份有效问卷中，平均每个村集体有4 509人，平均每村党员有139人，村干部8人，人均纯收入16 665元，村集体年生产总值为94 369.60万元（包括行政区内所有企业产值），平均每村乡镇企业用地1.19平方千米，平均每村有股东人数3 641人，平均每人分红0.53万元，平均年收益3 061万元，平均每村年支出473.5万元。在受访的185个村集体中，有13个村在2015年发生了集体建设用地出让，平均出让年限为35.2年，最高出让年限为工业用地50年，商业用地40年，所有的村集体都有集体建设用地出租，出租的规模和时限大有不同，平均每村出租年限为12.5年，平均最高出租年限为工业用地21.59年，商业用地9.56年。

2. 集体经济组织生产经营绩效分析

企业对于集体建设用地的这一生产要素的需求，只能通过集体经济组织提供集体经营性建设用地或厂房以满足生产，而集体经济组织根据每个村经营性建设用地禀赋，对其投入人力、财力，对其进行经营管理，使得集体建设用地交易得以有序进行，甚至在调查过程中我们发现其中部分经联社已经改组成立集体资产集团。由此可见，集体经济组织按边际成本生产经营性建设用地或厂房等集体资产，并按照一定价格 P_1 将集体资产出租/出让给企业，企业利用集体资产作为土地生产要素，进行生产经营，形成关于集体建设用地生产、经营的产业链。

基于此，可以根据调查情况，利用公式（8.61），建立集体经济组织向市场提供集体经营性建设用地等集体资产的生产函数，以此分析集体经济组织的生产经营绩效。集体经济组织总产值以村集体年收益（yield）计算，单位为万元；资本投入（capital）按集体经联社生产经营性支出扣除集体资产流转税费的费用计算，单位为万元；而土地投入（land）按每个集体经联社所有乡镇企业用地面积计算，单位为平方米；劳动力投入（labor）即视为集体经济组织管理人员的管理成本投入，按领导人数量与一年工作量的乘积表示，按每人一个月工作22天，一年工作264天计算，将计算得到的变量进行统计描述，见表8-29。从表8-29可以看到佛山市南海区集体经联社之间年投入、产出差异较大，年收益最小值为400万元，最大值为23 438.81万元，人力投入最小值为528个工作日，最大值为16 896个工作日，资本投入最小值为2.68万元，最大值为6 019.43万元，土地投入最小值为3 500平方米，最大值为 1.2×10^7 平方米。

表8-29　　　　　　　　生产函数变量统计描述

变量	数量	均值	标准差	最小值	最大值
集体年收益	185	4 103.864	4 347.425	400	23 438.81
劳动力投入	185	1 903.654	2 156.966	528	16 896
资本投入	185	618.0401	980.6662	2.684	6 019.431
土地投入	185	1 187 989	1 247 865	3 500	1.20E+07

将表8-29中的变量作对数处理后代入公式（8.61），在SAS 8.0上的运行结果见表8-30，模型的 F 值为79.15，P 值远小于0.001，说明模型通过检验，调整的 R^2 为0.5603，即超过56.03%的变量可以被解释，说明模型拟合度较高。资本、劳动力、土地投入均在5%显著水平下与年收益正相关，常数项未通过参数检验。

表8-30　　　　　　　　村集体生产函数模型结果

项目	系数	标准误差	t	$Pr > \lvert t \rvert$	F 值
截距	0.2882	0.3663	0.79	0.4324	79.15，$Pr > \lvert t \rvert$ < 0.0001
劳动力投入	0.2226	0.092	2.41	0.0169	
资本投入	0.4726	0.037	12.68	<0.0001	
土地投入	0.2139	0.043	4.93	<0.0001	

根据表 8-30 显示的村集体生产函数模型结果，土地投入、资本投入和劳动力投入对边际生产力分别为 0.21、0.47 和 0.22。根据第二章推导的集体经济组织关于集体建设用地的收益函数 $I_N(x) = (1-t_1)P_1\psi(q) - b(q)$，将村集体生产函数 $\psi(q) = q^{0.21}C^{0.47}L^{0.22}$ 代入集体经济组织收益函数，土地要素为 q，资本要素为 C，劳动力为 L，平均集体建设用地每年租赁的交易价格为 576.9 元/平方米/年，则根据单价 = 边际收益 MR = 边际成本 MC，可以得到 $I_N(x) = (1-t_1)P_1(q^{0.21}C^{0.47}L^{0.22}) - b(x)$。

每个集体经济组织其规模、经济发展、资源禀赋、经营状况等差异较大，整体来说，相对比较发达。

3. 集体经济组织与村民收益分配关系

集体经济组织和村民收益分配方面，平均每村有股东人数 3 641 人，平均每人分红 0.53 万元，占人均纯收入的 0.32。在村问卷设计中，集体经济组织作为集体建设用地的出租（出让）方在交易中涉及上缴的税费囊括在资产管理成本里面，因而集体和村民的收益分配主要指对扣除成本后的净收益分配情况。根据调查，平均集体经济组织年净收益为 1 135 万元，可以得出，平均每年村民和村集体直接净收益的分配比为 1.7:1。每个村收益分配情况不同，在实际调查中，我们以询问集体资产交易所得收益中村集体、村民和政府的收益比和受访对象的期望收益比的方式，获得收益分配比例关系。

根据调查，185 份村问卷中，19.54% 的村集体与村民对集体工业用地的收益比为 3:7，15.68% 的村集体与村民对集体工业用地的收益比为 4:6，11.35% 的村集体与村民对工业用地收益比为 2:8，9.19% 的村集体与村民对集体工业用地的收益比为 1:9，也有 19 个村（约占 10.27%）将大部分净收益提留留作集体资产，只将少于 50% 的收益分给股民。商业用地的收益比和工业用地的收益比分布相当，20.00% 的村集体与村民对集体商业用地的收益比为 3:7，15.68% 的村集体与村民对集体商业用地的收益比为 4:6，11.35% 的村集体与村民对商业用地收益分配比为 2:8，9.19% 的村集体与村民对集体商业用地的收益比为 1:9，具体见图 8-26。

4. 基于纵向一体化的股份合作制边界分析

根据《南海区经联社工作细则（2012）》，经联社是村（居）级集体资产经营管理的主体和经济实体，代表成员集体依法行使集体资产的经营管理权，经济社集体资产收益按照规定提取公积金、公益金、公共服务费和集体福利费后，实行股份分红。同时，集体经济组织实行"政经分离"，经联社需配合村（居）党组织、村（居）民委员会工作，按财务预算计划统筹行政运作和公共服务经费，提供村（居）行政运作和公共服务所需的资金，具体由镇（街道）、

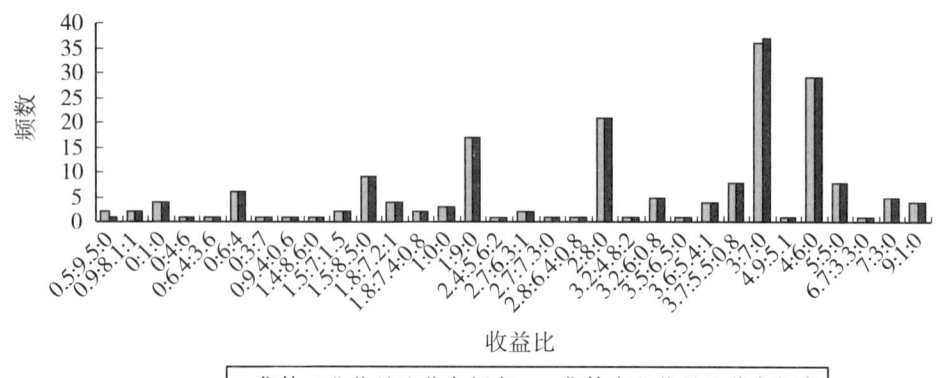

图 8-26 集体工业用途建设用地和商业用途建设用地收益比

村（居）根据本地实际确定。正是基于此，因而每个村集体经济组织在分配净收益时拥有很大的把握空间，可以根据经济组织实际经营收益和开支，提取村集体收益和分红给村集体股民，使得每个村集体经济组织在股民和集体的资产分配上差异较大，那么，二者应该分配多少呢？集体股份合作的规模应该多大呢？带着以上问题本部分从集体合作社纵向一体化视角分析集体组织和股民的收益关系。

（1）集体股份合作社纵向一体化测度。

所谓"纵向一体化"起初是指不同个体之间在市场上的交易被一个个体组织时，即实现了纵向一体化（Coase，1937），而商品是通过企业内部生产，还是通过市场交易获取，取决于市场交易的边际成本和企业内交易的边际成本的相对大小。随着后续发展与推广，延伸到将两个或两个以上的连续生产阶段，或者将生产和销售阶段结合到一个共同的所有权支配下的活动（张学会、王礼力，2014），通过企业组织管理，提升一体化整合水平，可以减少企业内部不同部门之间的交易成本，帮助企业绕开配额控制和价格限定，这一观点已得到早期经济学家的佐证（Coase，1937；Sigler，1968；Williamson，1971）。若将集体经济组织利用集体资产开展的经营活动看作是公司的运营，那么南海区的经联社和股民则是公司的两个部门，经联社作为集体所有权人代表管理、经营集体资产（即销售部门），而股民作为集体资产所有权人投入集体资产所有权参与分红（即生产部门）。在实际调研过程中，也确实发现诸多集体经联社已更名为集体资产集团，如原大沥镇的奇槎经联社已更名为"奇槎集团有限公司"，这与现实中集体经济组织向公司制改制的现实趋势吻合。近年来，农民专业合作社正向纵向合作深化，从单一功能向多种功能拓展，从传统合作向新型合作演变，出现了多种准纵向一体化、纵向一体化模型，使得农民专业合作社一体化发展成为促进合作社持续、健康快速发展的时代课题（万俊毅，2008；张学会、王礼力，2014）。

纵向一体化程度的衡量是进行相关实证研究的前提条件，但由于企业内部交易和市场交易的数据很难获得，因此，许多间接衡量指标一直存在争议（卢闯等，2013）。关于纵向一体化的测度方法众多，多从企业组织管理中借鉴而来，根据前人关于纵向一体化测度方法的总结和归纳（卢闯等，2013；潘文卿、李跟强，2014；张学会、王礼力，2014；傅颜颜、林卿，2015；肖俊极、谭诗羽，2016），大致可以分为六类：①价值增值法（VAS），最早由阿德尔曼（1955）提出，其优点在于方便计算，缺点在于产业链上各阶段敏感性不够；②主辅分离法（Gort，1962），该法虽不复杂但改法需明确定义厂商主辅活动以区分纵向产业链，且要求行业专家对其进行说明，可行性较差。③业务权重值法（Rumelt，1974），其值核算为企业在某一纵向产业链上生产产品的数量与总销售数量的比值，该算法由于核算依据为产量，因而难以区分横向一体化和纵向一体化的区别，且本书针对的集体建设用地资产根据资源稀缺性其供给数量是一定的，不适合该法；④莱昂惕夫指数（Maddigan，1981），主要通过投入产出关系衡量纵向一体化，其优点在于有系统规范性，能够精准地描绘企业纵向整合程度，但其对行业分类的精准性要求高且数据不易取得，可操作性较差；⑤戴维斯-莫里斯指数法（Davies，Morris，1995），该法测算较为科学，但同莱昂惕夫指数一样，对数据系统性要求较高，可操作性较差；⑥定性评价法（Jackie，Krafft，2003），以企业产业链中涉及的企业个数为衡量依据，信息较模糊，且不适合农村集体经济合作纵向一体化人员和部门构成。

由于本书主要关注集体经济组织和股民之间的集体资产收益关系，对集体资产增值链上各阶段的敏感性要求不高，因此本书采取可行性较高，被广为使用，且能体现集体资产增值过程的价值增值法（VAS）测算佛山市南海区由股民委托集体经济组织经营集体资产的集体经联社纵向一体化程度。VAS 值法是指用企业纵向产业链上各个环节的增加值与总销售额的比值来衡量企业的纵向一体化水平，参照傅颜颜、林卿（2015）的研究，其一般表达式为：

$$VAS = \frac{增加值 - 净利润 + 净资产 \times 平均收益率}{销售收入 - 净利润 + 净资产 \times 平均收益率} \times 100\% \qquad (8.62)$$

式（8.62）中，增加值等于销售收入减去销售成本。考虑到集体经联社只有集体经济组织和股民两大部门，且集体经济组织的主要经营项目为集体资产出租、出让，因而用正常利润代替净资产与平均收益率乘积，具体为经营收益扣除集体上缴税费和集体提取部分，销售收入为年度经营收入，净利润用股民净分红表示，增加值为总收入减去支出项，最终本书一体化测度表达式为：

$$VAS = \frac{增加值 - 股民分红收益 + 正常利润}{经营收入 - 股民分红收益 + 正常利润} \times 100\% \qquad (8.63)$$

(2) 纵向一体化影响因素。

根据威廉姆森的交易成本理论，资产专用性、不确定性、交易频率等交易特性会影响交易的纵向一体化（Williamson，1985），因为客观上存在的合约不完全性（Grossman，Hart，1986；Hart，Moore，1990）和主体理性有限性（Simon，1955）会使交易双方的利益联结不牢靠，因此本书从集体经济组织资产专有性、交易的不确定性和交易频率三个维度刻画佛山市南海区集体资产经营收益中股份合作制的纵向一体化影响因素。威廉姆森指出，资产的专用性是指在不牺牲产品价值的条件下，资产被配置给其他使用者或其他用途的程度，资产专用性越强，则再次配置的交易费用越高（Williamson，1991）。根据威廉姆森（1991），资产的专用性共有六种，分别是地点专用性、物质资产专用性、人力资产专用性、品牌资产、指定性专用性和时间上的专用性。其中，地点的专用性、物质资产专用性、人力资本的专用性易造成双边依赖性并引起更多的缔约风险，为简化起见，则假定资产专用性由地点专用性、物质专用性和人力资产专用性引起的。

具体地，资产专用性中的地点专用性用行政村到镇中心的距离（X_1）和经联社乡镇企业用地规模（X_2）表示，物质专用性用集体生产总值（X_3）、人均纯收入（X_4）和行政村面积（X_5）表示，人力资产专用性用集体经联社总人口（X_6）、经联社党员人数（X_7）、村集体领导人数（X_8）表示。交易的不确定性，主要反映在交易环境的不确定性和交易行为的不确定性（Williamson，1979，1985，1991，1996），针对交易环境的不确定性本书研究以对市场的满意度（X_9）为衡量依据，具体为受访对象认为与周围国有建设用地相比，集体建设用地价格是否偏低，即集体建设用地和周围国有建设用地是否实现了同地同价；而交易行为的不确定性，用受访经联社干部对当下集体和股民之间的收益比满意程度（X_{10}）表示，具体为期望收益比中集体所占比例是否应该提升。交易频率用平均工业用途的集体资产交易年限的倒数（X_{11}）和平均商业用途的集体资产交易年限的倒数（X_{12}）表示，具体变量说明见表 8-31。

表 8-31　　　　　　　　　　变量描述

项目		变量	变量说明与赋值
资产专用性	地点专用性	行政村到镇中心的距离（X_1）	实际测算值（千米）
		乡镇企业用地规模（X_2）	实际调查值（平方米）

续表

项目		变量	变量说明与赋值
资产专用性	物质专用性	集体生产总值（X_3）	实际调查值（万元）
		人均纯收入（X_4）	实际调查值（万元）
		行政村面积（X_5）	实际调查值（平方米）
	人力资产专用性	集体经联社总人口（X_6）	实际调查值（人）
		党员人数（X_7）	实际调查值（人）
		领导干部人数（X_8）	实际调查值（人）
交易不确定性	环境不确定性	市场的满意度（X_9）	哑变量，1=偏低，否则为0
	行为不确定性	收益比满意程度（X_{10}）	哑变量，1=满意，0=不满意
交易频率		工业用途交易频率（X_{11}）	平均交易年限的倒数
		商业用途交易频率（X_{12}）	平均交易年限的倒数

（3）纵向一体化模型构建。

将村集体相关收益数据代入式（8.63），得到佛山市南海区集体经济组织和村民经营集体建设用地过程中的一体化指数 VAS 值，其直方图见 8-27。根据 VAS 结果，其均值为 0.845，说明整体看来南海集体股份合作的一体化指数较高。为考察佛山市南海区集体组织经营中集体和股民纵向一体化影响，以测算所得的 VAS 值为被解释变量，通过以资产专用性、交易的不确定性和交易频率三个方面构建解释变量。由于测算得到的 VAS 值在 0~1 之间，且大量集中在 0.5~1 的区间，如图 8-27 中所描绘的直方图，故在 Tobit 模型中将被解释变量左边限制在 0.5。由于解释变量中变量单位不一，差距较大，对此，为提高模型精度，本书采用 Tobit 模型，对于解释变量中的连续变量取自然对数，构建的模型如下：

$$Tobit(VAS) = \partial + \beta_1 \ln x_1 + \beta_2 \ln x_2 + \beta_3 \ln x_3 + \beta_4 \ln x_4 + \beta_5 \ln x_5 + \beta_6 \ln x_6 \\ + \beta_7 \ln x_7 + \beta_8 \ln x_8 + \beta_9 x_9 + \beta_{10} x_{10} + \beta_{11} x_{11} + \beta_{12} x_{12} + \varepsilon \quad (8.64)$$

式中，∂ 和 β 分别为截距项和估计的系数，ε 为误差项。

将所有变量进行统计性描述，见表 8-32。根据表 8-32，在 185 个观测变量中，VAS 值整体来说一体化程度较高，均值达到 0.845，标准差为 0.14，但是最大值为 0.996，接近 1，而最小值为 0，仅有一个村集体 VAS 值为 0，该村由于经营不善，集体和股民均未实现收益，收支持平，仅能维持生产性投资等开支；而 VAS 值越大，越接近于 1，则集体经济组织税费和生产性支出较少，所得净收益中集体提留和股民分红收益越接近。整体来说工业集体资产交易的频率比商业资产频率低，但最大值和最小值与商业集体资产交易的频率一致，最大值为 1，

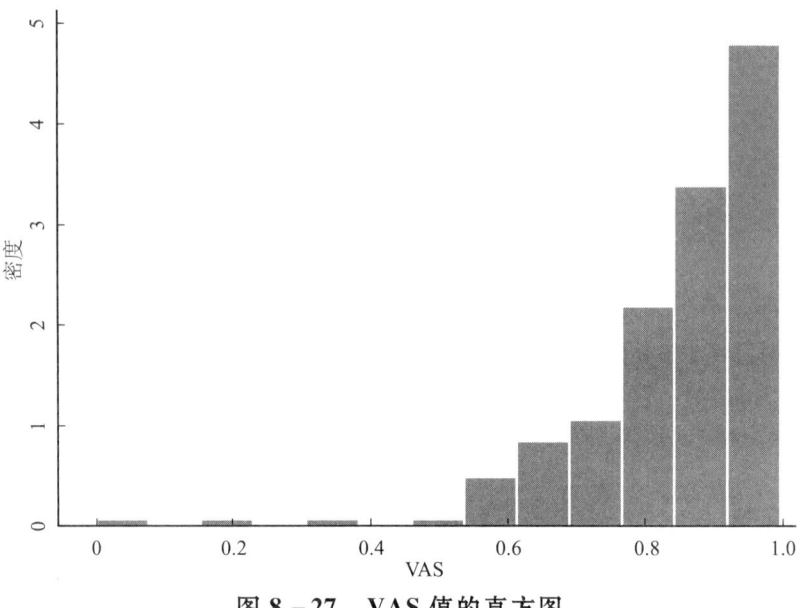

图 8-27　VAS 值的直方图

最小值为 0.02，即最高合同年限为 50 年，最低合同年限为 1 年，而商业用途的集体资产最高年限超过现有规定的 30 年，是受 20 世纪 90 年代南海乡镇企业用地的出租带来的历史遗留问题影响。

表 8-32　　　　　　　　　　变量统计性描述

Variable	Obs	Mean	Std. Dev.	Min	Max
被解释变量					
VAS	185	0.845	0.140432	0	0.996413
解释变量					
x_1	185	1.474102	0.796765	-2.30259	3.020425
x_2	185	13.55528	1.13153	8.160519	16.30042
x_3	185	10.92744	1.014548	8.283494	13.84507
x_4	185	9.618913	0.453821	8.294049	12.1321
x_5	185	14.93157	0.996242	8.070956	16.86003
x_6	185	8.209925	0.606101	6.684612	10.37349
x_7	185	4.711594	0.606856	0	6.824374
x_8	185	1.762414	0.527809	0.693147	4.158883

续表

Variable	Obs	Mean	Std. Dev.	Min	Max
x_9	185	0.740541	0.439528	0	1
x_{10}	185	0.843243	0.364558	0	1
x_{11}	185	0.141287	0.183376	0.02	1
x_{12}	185	0.338009	0.279771	0.02	1

由于变量众多，为防止变量间存在多重共线性，使得解释变量与扰动项高度相关而影响模型精度，对变量进行多重共线性诊断，检验结果见表 8 - 33。从表 8 - 33 可以看出，所有变量的膨胀因子 VIF 均小于 5，故可以认为变量之间不存在共线性。

表 8 - 33　　　　　　　　　共线性诊断结果

变量	容差	VIF	变量	容差	VIF
x_1	0.922	1.085	x_7	0.416	2.403
x_2	0.649	1.541	x_8	0.874	1.144
x_3	0.596	1.677	x_9	0.765	1.307
x_4	0.778	1.285	x_{10}	0.927	1.079
x_5	0.576	1.737	x_{11}	0.642	1.556
x_6	0.305	3.282	x_{12}	0.603	1.658

（4）集体经济组织内部纵向一体化分析。

将所有变量代入式（8.64）的 Tobit 模型中，在 Stata 12.0 上调用模块，将截尾的 Tobit 模型的左边取值限定在 0.5，得到模型结果见表 8 - 34。从表 8 - 34 可以看出，Prob > chi2 = 0.009，伪拟合度变量 < 1，模型通过秩方差检验，参数估计有效。

表 8 - 34　　　　　　　　　Tobit 模型结果

项目		变量	Coef.	Std. Err.	t
资产专用性	地点专用性	x_1	0.0186*	0.0110	1.6900
		x_2	0.0157*	0.0092	1.6900

续表

项目		变量	Coef.	Std. Err.	t
资产专用性	物质专用性	x_3	-0.0156	0.0108	-1.4500
		x_4	0.0257	0.0210	1.2200
		x_5	-0.0079	0.0112	-0.7100
	人力资产专用性	x_6	0.0676***	0.0252	2.6900
		x_7	-0.0402*	0.0215	-1.8700
		x_8	0.0182	0.0171	1.0700
交易不确定性	环境不确定性	x_9	0.0576***	0.0219	2.6200
	行为不确定性	x_{10}	-0.0018	0.0240	-0.0700
交易频率		x_{11}	-0.0202	0.0573	-0.3500
		x_{12}	0.0136	0.0388	0.3500
常数项			0.2115	0.2349	0.9000
sigma			0.1140889	0.0060436	

LRchi2（11）= 22.46，Prob > chi2 = 0.0327，PseudoR2 = -0.0947，Log likelihood = 129.8164

注：$P < 0.01$，极其显著，标注 ***；$P < 0.05$，极其显著，标注 **；$P < 0.1$，一般显著，标注 *。

Tobit 模型的计量结果表明，村集体离镇中心与纵向一体化程度在 10% 的显著水平下一般正相关，即距离越远，纵向一体化程度越高，其主要原因在于南海区集体建设用地的需求者主要是工业企业，而工业选址一般在市郊，离中心有一定距离，且离镇中心越近，其被征收为国有建设用地的可能性越高。每个村的乡镇企业用地规模与其纵向一体化程度在 10% 的显著性水平下显著正相关，即乡镇企业用地规模越大，其资产专用性越强，集体资产价值越高，为显化这部分资产价值，势必会使集体经济组织投入更多的心力经营集体资产，集体经济组织纵向一体化程度越高。村集体股民人数与纵向一体化程度在 1% 的显著性水平下非常显著正相关，股民越多，越多的人力资本锁定在集体资产的经营中，其一体化程度越高，而党员人数与一体化程度呈一般显著反比，可以表征宏观调控影响，党员越多，政策调控的成本越高，则不利于市场化集体经营。环境的不确定性在 1% 的显著性水平下与纵向一体化程度非常显著正相关，即认为同区位集体建设用地价格比国有建设用地低得越多，对市场环境不确定程度越高，则集体资产价值仍有提升空间，这不由得使经联社和股民投入建立更为稳固的委托代理关系以提升集体资产价值，从而加强集体纵向一体化。

5. 集体股份合作制组织经营的横向一体化分析

正如科斯（Coase，1937）所言，横向联合可以定义为："当最初由两名或两名以上企业家组织的交易整合成为一名企业家组织时，则出现了一种称为横向一体化的联盟。"许多企业经常采用一体化策略（横向一体化和纵向一体化）来节省交易成本，提高效率。广东的南海区，采用"政经分离"的模式，将集体经济组织的经济功能与自治功能分离。经济组织负责农村资产的处置和管理，政治组织主要负责经济组织的整体协调、公共服务和行为监督。本部分从农村经济组织和政治组织的角度分析横向一体化（或水平一体化）与交易成本的关系。

（1）理论假设。

在经济组织中，个人股东或家庭可以看作一种特殊的企业形式，假设有两个股东 i 和 j，当满足以下条件时，水平一体化就会发生（Sexton，1986）：

$$\beta(i \cup j) < \beta_i + \beta_j, \quad [\beta(i \cup j) > 0] \tag{8.65}$$

式中，β_i 和 β_j 分别代表股民 i 和股民 j 的交易成本，$\beta_i > 0$ 且 $\beta_j > 0$。

通过横向一体化，有助于集体经济组织将股民或家庭与企业之间的外部交易成本内部化，以此降低交易总成本。但是，这种股东间的横向一体化同时也会导致组织成本的增加。因此，集体经济组织的最优规模取决于股东水平一体化所节省的交易成本和由此产生的组织成本。

如果集体经济组织规模远大于最优规模，那么"懒惰"（机会主义）和"搭便车"行为就会增加，就像1957~1978年农业合作社时期一样，这将导致更高的组织谈判成本和低效的内部治理。而如果农村土地承包经营权规模小于最优规模，那么在家庭联产承包责任制下的土地地块破碎度和产权的分割会导致交易成本的增加和效率的降低。因此，本文提出以下假设。

①假设1：其他条件不变，集体经济组织的组织成本和节约的交易成本相等时，农村集体组织的横向一体化程度才会增加集体建设用地市场的交易成本。

②假设2：集体建设用地交易成本会随着集体经济组织的自治水平的增加而减少。

（2）数据和模型构建。

本部分基于2016年广东省南海地区农村集体组织的数据进行实证研究。调查对象为负责集体建设用地交易的村集体村长。为了验证上述假设，我们设计了问卷，问卷分为三个部分。第一部分是关于集体建设用地市场交易的信息，包括土地信息、周边环境和集体建设用地交易成本。第二部分包括交易过程中行为和环境的不确定性。第三部分是交易频率。村级社会经济数据来自年鉴和政府网站，共发放调查问卷380份，收回有效问卷324份。

在集体建设用地市场中，交易过程包括以下几个阶段：初步申请交易合同；

村里的民主投票；交易平台公告；投标；合同签署；合同公证。交易总成本的计算方法参考张婷等（2017）的核算公式，见式（8.66）。

$$C_{total} = \sum_{i=1}^{n}(Labor_i \times Time_i \times 68.64 + Cash_i) \quad (8.66)$$

式中，C_{total} 为总交易成本，$Labor_i$ 为阶段 i 的人数，$Time_i$ 为阶段 i 所需要的时间；68.64 为每日平均工资水平；$Cash_i$ 为阶段 i 所需花费的直接费用。

考虑到交易成本均大于零，在截断或截断自变量时应采用有限因变量模型（Tobit）。该模型不仅可以分析结果的数值变量，而且可以利用极大似然估计方法分析虚拟变量。

$$Y = \begin{cases} \beta^T X_j + \varepsilon_j, & \beta^T X_j + \varepsilon_j > 0 \\ 0, & otherwise \end{cases} \quad (8.67)$$

式中，Y 为被解释变量，X_j 为解释变量，β 为待估参数，ε_j 为随机扰动项，并且服从正态分布 $\varepsilon_j \sim N(0, \sigma^2)$。

（3）结果分析。

根据式（8.66）和相关数据，可以得出在佛山市南海区集体建设用地市场中，经济社组织的平均交易成本约为 6 405 元，最低成本为 1 579 元，最高成本为 15 375 元。经联社根据股民组成大小可以分为三种规模："1 493 ~ 3 310""3 310 ~ 5 460"" >5 460"，三组的平均交易成本分别为 16 202 元、33 907 元、52 577 元。结合威廉姆森交易成本理论，将收集的村级数据和四组不同规模分别带入式（8.67），得到四个模型结果如表 8 - 35 所示。

表 8 - 35　　　　　　　　　横向一体化模型结果

Coef.	经济社（规模）Model 1 - 1 171 - 1 479	经联社（规模）Model 2 - 1 1 493 ~ 3 310	Model 2 - 2 3 310 ~ 5 460	Model 2 - 3 >5 460
horizontal integration degree X_1	- 0.2534	- 1.2702 ***	0.4288	1.8847 *
the level of self-organization governance 1 X_2	0.3648	0.3548 *	1.4516 ***	0.6199
the level of self-organization governance 2 X_3	0.2203	0.2739	- 0.3667	0.1751
area of the land parcel traded X_4	0.3868 ***	0.5639 ***	0.5391 ***	0.4486 ***
geographical location X_5	- 0.0870	0.0884	0.0481	- 0.1167
the way to determine price X_6	- 0.1766	0.0434	- 0.4309 **	- 0.5656 **
land certificate X_7	0.1316	0.0435	- 0.0214	- 0.1618

续表

Coef.	经济社（规模）		经联社（规模）	
	Model 1-1 171-1 479	Model 2-1 1 493~3 310	Model 2-2 3 310~5 460	Model 2-3 >5 460
trading platform X_8	—	-0.2235*	-0.3278**	-0.2003
the market form X_9	0.3699**	0.2488*	-0.3154	-0.3010
contract notarization X_{10}	—	-0.1349	0.1034	0.3373
government intervention X_{11}	0.3492*	0.2491**	0.0356	0.1939
transaction frequency X_{12}	0.1134	-0.0721	-0.1668	-0.3102
constant	7.8816***	16.2303***	5.1752	-8.1995

注：$P<0.01$，极其显著，标注***；$P<0.05$，极其显著，标注**；$P<0.1$，一般显著，标注*。

从表8-35可以看出，集体横向一体化整合程度与交易成本之间存在近似的U型的关系。通过横向整合，佛山市南海区的土地承包经营权流转制度不仅可以将空间分散的地块整合成连续的、规模化的地块，还可以将个体农户分散的产权重新集中，达到降低农户或农户与企业之间的信息搜索成本和谈判成本的目的。然而，随着集体经济组织规模的扩大，组织成本也会随之增加。横向联合的程度将达到这样一个点，即节省的事权成本等于增加的组织成本。当达到最优规模时，交易成本随着横向一体化水平的提高而增加。与经济社相比，南海经联社的市场效率更高。然而，如果无限制地扩大规模，就会导致组织成本高，市场效率低。

另外，更高层次的自组织治理可以降低交易成本，提高效率。佛山市南海区村长越多，组织成本越高，机会主义行为越多（张婷等，2017）。这意味着佛山市南海区目前的集体领导人数已经超过了最优水平，导致治理水平较低。然而，领导者太少，无法监督机会主义行为。因此，合理控制村干部数量，可以提高市场的自组织水平和交易效率。

二、集体建设用地空间置换过程利益网分析

从集体建设用地空间置换过程的增值链来看，无论是"指标漂移"还是"指标腾挪"，其空间置换过程是一致的，即都经历了拆旧区土地复垦、建新区用途变化、前期投入开发、定价和交易的过程，二者区别在于参与主体的不同。指

标"漂移"是由政府主导参与土地复垦、开发，变更为国有建设用地，并以土地所有权主体代表身份出让的，而指标"腾挪"是农民和集体主导参与的，政府在整个过程中仅提供公共服务。因此，在指标"漂移"过程中，地方政府付出复垦成本，将复垦区闲置存量建设用地的发展权冻结并转移到指标落地区，进而在保证"占补平衡"的前提下以"地票"撬动土地征收，在支付落地区农民征地补偿后对变更集体土地权属为国有土地，并进行前期开发最终获得国有建设用地出让金；而在指标"腾挪"过程中，复垦地区农民和集体可以选择获得复垦土地补偿，也可以选择以"指标价值"（地票价格）入股参与到指标落地区集体建设用地资产经营中，若选择入股参与，则与对应集体和农民组成集体资产管理公司，通过出让、出租、入股的方式交易集体建设用地，参与集体资产分红。

由此可见，指标"腾挪"在复垦区农民和集体以冻结的复垦土地发展权价值投入到落地区集体资产经营过程后，其生产运作过程和集体建设用地存量市场集体资产交易和收益分配一致，因而本部分将重点放在指标"漂移"过程，并弱化集体的作用，重点关注政府和农民之间在集体建设用地空间置换过程中的收益作用关系。

（一）集体建设用地空间置换过程中参与主体利益分析

1. 针对政府：开发与投入成本绩效分析

以集体建设用地指标"漂移"过程为例，政府在复垦区投入了复垦总成本（S_0），而复垦成本包括了对宅基地的复垦整理成本（S_{01}）和对农民的补偿（S_{02}），同时，对指标落地区的农民支付农地征收补偿（C_1），并对流转的土地进行"三通一平"或"五通一平"等开发，投入开发成本（C_0）将生地变为熟地，进而通过"招、拍、挂"获得集体建设用地出让收益（R）以及相关税费（S）。得到集体建设用地空间置换过程政府收益的基本方程式为：

$$I_G = R + S - S_{01} - S_{02} - C_0 - C_1 \tag{8.68}$$

具体地，假设集体建设用地复垦面积为 q_1，复垦农户为 n，结余指标用于交易和出让的面积为 $q_2(q_1 \geq q_2)$，指标交易价格为 p_1，等指标国有建设用地出让价格为 p_2，征地农户为 m，假设政府收益越大，效用越高，可以用其收益函数表征效用函数，考虑贴现率 r 和时间 t 后，建立政府在集体建设用地空间置换过程中的效用函数如下：

$$U_G = (p_1 + p_2) \times q_2 + S - C_0 - S_{01} - \sum_{i=1}^{n} \left[PO_i + \int_0^t IE_i(t) \cdot e^{-rt} d(t) \right]$$

$$- \sum_{j=1}^{m} \left[PC_j + \int_0^t IE_j(t) \cdot e^{-rt} d(t) \right] \tag{8.69}$$

式中，PO_i 和 PC_j 分别是地方政府对参与宅基地退出的农户 i 和指标落地区失地农户 j 的一次性补偿，IE_i 和 IE_j 分别为政府对农户 i 和农户 j 的持续性补偿，这里主要指社会保险。

2. 针对农民：经济效益与福利损失

对于复垦区农户而言，农户失去了原宅基地上附着的房屋，而且由于土地一旦复垦为耕地，则将成为永久性耕地，因而农户也永久性地失去了对该地块的发展权，由此复垦区农户的效用函数如下：

$$U_{N1} = \sum_{i=1}^{n} \left[PO_i + \int_0^t IE_i(t) \cdot e^{-rt} d(t) - CV_i - DV_i \right] \quad (8.70)$$

式（8.70）中 CV_i 代表农户 i 在宅基地上建造的房屋等附着物所投资的财物，而 DV_i 代表农户 i 的宅基地的发展程度受限、冻结为农地的发展权价值。

对落地区失地农户而言，农户失去了对农地包括发展权在内的所有权，即失去了生产耕作的家庭作业成本和把该农地发展成为开发强度更高的建设用地的机会成本，由此得到落地区失地农户效应函数如下：

$$U_{N2} = \sum_{j=1}^{m} \left[PO_j + \int_0^t IE_j(t) \cdot e^{-rt} d(t) - CI_j - DV'_j \right] \quad (8.71)$$

式（8.71）中 CI_j 代表农户 j 在农地上进行生产劳动以实现农地价值的作业成本，而 DV'_j 代表农户 j 的农地用途变更为建设用地的机会成本。

（二）基于空间置换过程中参与主体意愿与收益期望实证分析

1. 政府层面的开发投入与收益期望分析

根据《上海市征地补偿标准2013》，上海区9个区县根据土地质量分成了13个等级，补偿费用的变化区间范围从第一等级的46 200元/亩到第十三等级的28 500元/亩，粗略可以认为平均土地补偿费用为37 350元/亩，青苗补偿费标准为棉粮地2 400元/亩，菜地3 600元/亩，而开发成本以基础设施配套费为主，大约为430元/平方米，若被征土地地上附着建筑物，则根据相关规定，被征居住房屋的农户可以选择货币补偿和产权调换，其中，货币补偿或产权房调换的房屋补偿金额 =（房屋建安重置结合成新单价 + 同区域新建多层商品住房每平方米建筑面积的土地使用权基价 + 价格补贴）× 房屋建筑面积；若为异地新建房屋，则补偿金额 =（房屋建安重置结合成新单价 + 价格补贴）× 房屋的建筑面积。以金山区为例，同区域新建多层商品住房每平方米建筑面积的土地使用权基价为600元，"价格补贴"为350元/平方米，用于产权调换的房屋均价为2 750元/平方米。对于复垦区，以超级增减挂钩项目为例，则需要按宅基地"双指标"120万/亩进行补贴。而福利性补偿则为镇保，即小城镇保险，受保人每人每年可得1 400元。

收益方面，上海国有建设用地基准地价为住宅用地14 422.18元/平方米，商业用地 18 321.32 元/平方米，工业用地 1 532.30 元/平方米。而复垦建设用地后结余双指标的价格按 50 年试用期为 30 万/亩，按 20 年试用期为 20 万元/亩进行政府之间的交易。

从主观角度看，在对上海土地勘测规划院 15 位工作人员进行随机抽样访谈调查后，分别有 5 位受访者表示征地成本占到国有建设用地出让价的 10%～15% 和 15%～20%，3 位受访者征地成本占到 25%～30%，仅一位受访者表示征地成本占出让价不到 5%。税费方面，根据调查结果进行上限和下限分布估计得到政府期望对耕地占用税占出让价的比例为 4.20%，对耕地开垦费占出让价的比例为 2.13%，对新菜地开发基金占出让价的比例为 3%，对契税占出让价的比例为 3%，对印花税占出让价的比例为 3.5%，对新增建设用地有偿使用费占出让价的比例为 13%，对土地使用税占出让价的比例为 12.67%。因此，合计期望税费所占出让价格的比例为 41.5%。

2. 农户层面的收益期望分析

通过对农户发放的问卷调查，在参与了增减挂钩项目的 31 份问卷中，19 位受访者认为目前的补偿标准合理，其中，有 9 位表示不合理，3 位表示非常不合理，而这 12 位认为补偿不合理的受访对象中，均表示货币补偿额度太低。而对税费期望中，尽管受访的农户不是税费的纳税方，但大多数受访者表示希望税费越低越好。根据调查结果进行上限和下限分布估计得到农户期望对耕地占用税占出让价的比例为 1.10%，对耕地开垦费占出让价的比例为 1.36%，对新菜地开发基金占出让价的比例为 1.29%，对管理服务费占出让价的比例为 1.10%，对公共配套管理费占出让价的比例为 2.57%，合计期望税费占出让价格比例为 7.42%。并且，可以算出受访者希望政府在增减挂钩过程中提取的收益占总收益比例为 4.11%。

而在 118 份参与了土地征收的问卷中，一半的农户表示应根据不同用途对被征收土地进行不同补偿，67.8% 的农户认为当前征地补偿比较合理，而另外 32.8% 的农户认为不合理的农户中有 94.74% 希望提高货币补偿额度。在土地征收和出让中涉及税费方面，118 份问卷中得到 117 份对有效税费期望数据，根据调查结果进行上限和下限分布估计得到农户期望对耕地占用税占出让价的比例为 2.31%，耕地开垦费占出让价的比例为 2.29%，新菜地开发基金占出让价的比例为 1.92%，新增建设用地使用费 5.51%，公共配套管理费 4.30%，耕地的征收管理费 1.01%，宅基地的征收管理费 1.46%，合计期望税费占出让价格比例为 17.62%。

对集体和农户之间的纯收益分配比方面，对农户进行了期望收益分配比调查得到 65 个有效样本，分别有 33.85%、52.31% 和 40% 的农户认为农地、宅基地和其他集体建设用地征收的纯收益应全部归于农户，按比例分布得到农户对农地征收净收益期望分配比例为 84.15%，宅基地净收益期望分配比例为 90.77%，其他类型净收益期望分配比例为75.53%。

三、城乡统一市场收益分配及福利效应的理论分析

斯坦福研究所于1963年首次提出了利益相关者（stake holders）的概念，广义的被认为是指参与经济活动并获得收益或承担风险的个体或群体。根据第五章集体建设用地市场不同参与主体在集体建设用地交易和空间置换过程中的收益关系，本部分在分析相关主体收益分配的基础之上，结合微观调查结果中对相关权利主体或利益相关方对收益的预期和发展权价值的估算，分析税费重构与发展权归属后的相关权利主体福利效应变化，为城乡统一土地市场价值链和利益网耦合机制分析建立理论分析框架，为实现城乡统一土地市场福利效应体系奠定基础。具体地，集体建设用地交易市场从集体建设用地供给方和需求方在政府税费对政府税费收入变化的响应，衡量供给方和需求方的福利变化；集体建设用地空间置换过程，将土地发展权转移收益考虑到农户效用函数中。

（一）城乡统一市场中相关权利主体收益分配

1. 存量交易市场中权利主体收益分配及福利效应

在集体建设用地交易中，主要涉及四大主体，集体和农户组成集体建设用地供给方，企业代表的集体建设用地需求方以及作为市场调节者的地方政府。集体建设用地交易的过程可以反映相关权利主体福利变化过程，假设交易双方地位平等，则集体建设用地交易市场中权利主体福利变化主要反映在经济收益的变化上，具体为对税费收入变化带来的收入效应，可以根据相关主体在集体建设用地交易过程中的目标、贡献、行为和收益特征进行描述，如表8-36所示。

从表8-36可以看出，集体和农户的目标在于效用的最大化，而企业的目标在于用最小的成本获得集体建设用地使用权，并以此投入生产，实现利润最大化，政府的目标则在于实现社会福利最大化。因此，税费调整将会影响政府的收入，对于集体建设用地的供给者和需求者来说，则会给二者带来补偿性变化（CV）和等价性变化（EV），进而影响二者对建设用地的供给量和需求量的变化。

表8-36　　集体建设用地交易中不同权利主体福利变化

参与主体	地方政府	企业	集体（经联社）	农户
目标	社会福利最大化	利润最大化	集体建设用地边际生产效益最大化	集体建设用地边际生产效益最大化

续表

参与主体	地方政府	企业	集体（经联社）	农户
贡献	显化集体资产，监督集体市场，促进集体建设用地有序流转	追加资本和劳动投资	投入管理成本	投入集体资产
行为	基础设施等公共投资；制定交易规则，提供集体建设用地公共服务	获得集体资产使用权	集体资产所有权人的代理人，管理集体资产	集体资产所有权人，提供集体资产
收益	相关交易税、费	企业利润	村级提留	集体分红

税费调整对整个集体建设用地市场交易而言，将影响原交易均衡向新的交易均衡变化，最终反映在集体和企业的收入效应上，见图 8-28。税收增加后，土地名义价格增加，整体均衡数量下降，对于集体而言，要维持与税收前一样的效用，则需要得到必要的货币补偿（CV），以维持原效用水平；而对于企业而言，则需要使他的境况变得和价格增加后一样好而必须减少他现在持有的货币数量（EV）。

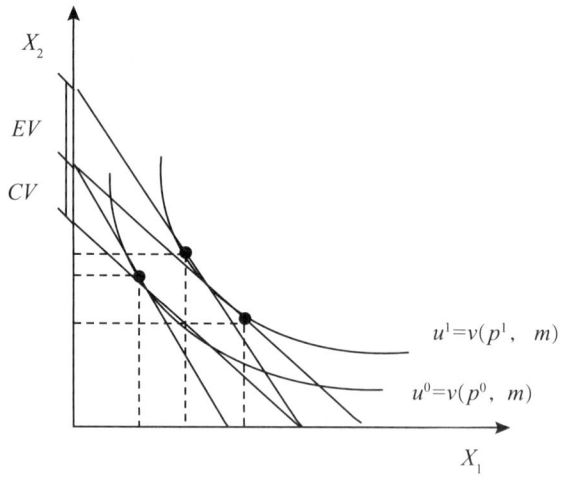

图 8-28 税收对集体和企业收入效应

2. 空间置换过程中权利主体福利变化分析

根据集体土地空间置换价值链，集体土地空间置换过程，主要涉及两项土地流转活动，一是土地复垦，二是建设用地指标落地使用。而在第二阶段建设用地指标落地使用中，按指标"漂移"和指标"腾挪"两种情况，指标"漂移"对应土地征收流转活动,指标"腾挪"对应集体土地资产盘活(出让、出租、入股)。由于指标"腾挪"后集体资产运作和盘活资产方式与集体建设用地市场交易相似,因此,在该部分重点讨论指标"漂移"情况,因而空间置换过程中主要涉及的相关权利主体是地方政府、复垦农户(指标供给区农户)和落地区农户。

地方政府全程参与集体土地空间置换中的指标"漂移"过程,不但在该过程中投入基础设施等公共投入,显化土地资产价值,还以直接或间接的方式参与土地复垦,其中,直接方式主要是指以政府为主导增减挂钩,投入复垦成本,直接获得建设用地指标并进行指标交易,而间接方式是集体自己或其他第三方进行土地复垦,获得的指标进行建设用地指标交易,将交易获得收入扣除复垦成本后返还给复垦农户。而指标使用过程中则伴随地方政府对指标落地区农户进行土地征收,在予以征地补偿后,获得集体土地包括发展权在内的所有权,将集体农用地转变为国有建设用地。因此,地方政府在该过程中不仅提供公共服务,还以土地所有权人身份参与土地增值收益,其目标既有空间置换过程中成本最小化和收益最大化,也有社会福利最大化双重目标,而复垦农户和失地农户的目标在于复垦土地和征收土地的收益最大化,相关权利主体的具体目标、贡献、行为、收益见表 8-37。

表 8-37　　　　空间置换过程中不同权利主体福利变化

参与主体	地方政府	复垦农户	失地农户
目标	土地出让收益最大化,社会福利最大化	集体建设用地边际生产效益最大化	农用地边际生产效益最大化和机会成本最大化
贡献	投入土地开发和土地征收成本	冻结土地发展权	失去集体土地所有权
行为	基础设施等公共投资; 制定用途管制规划; 直接/间接参与土地复垦,进行建设用地指标交易; 执行土地征收,获取土地所有权; 土地开发,变"生地"为"熟地"	参与土地复垦,将集体建设用地复垦为农用地	参与土地征收,失去包括农地发展权在内的土地所有权
收益	土地出让金及相关税、费	土地复垦补偿,指标交易返还收益	土地征收补偿

(二) 城乡统一市场中相关权利主体福利效应

1. 集体建设用地交易过程中相关主体收益分配及福利效应

在集体建设用地交易中,假设在集体建设用地交易市场,供需双方拥有平等的谈判能力,政府只为交易过程提供基础设施建设、交易服务等公共服务。若没有税收,则供需均衡时,供给和需求曲线交于 E 点,其对应集体建设用地价格为 P_0,交易量为 Q_0,如图 8-29 所示,此时企业的福利为消费者剩余,对应图中面积三角形 OEP_0,而集体和农户对应福利为生产者剩余,对应图中面积三角形 BEP_0。政府对集体建设用地交易征税(费)后,对于集体经济组织和企业而言,是生产者剩余和消费者剩余的减少,企业的实际支付价格为 P_1,集体经济组织实际获得的土地收益单价为 P_2,因此,政府收益为正方形 ABP_1P_2,企业消费者剩余变为 OBP_2,集体经济组织生产者剩余变为 PAP_1,社会无谓损失为面积三角形 ABE。若政府降低税费水平,交易量将会增加,从 Q_1 向 Q_0 移动,则集体经济组织和企业家对应的生产者剩余和消费者剩余增加,社会无谓损失减少,将实现帕累托改进。

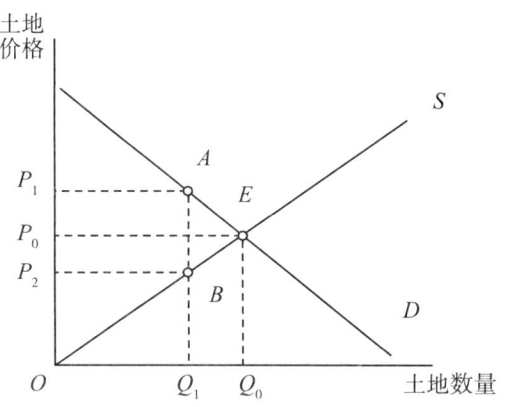

图 8-29 集体交易中福利效应

2. 空间置换过程中权利主体福利效应

彭开丽(2009)认为,中央、地方政府、集体经济组织及农民实际分配的土地收益直接反映了其福利变化的程度。土地收益分配的合理与否决定了土地资源配置的代内公平性,也通过信息反馈机制影响资源配置中市场机制的发挥和资源配置的效率。针对土地流转中的权利主体福利效应,彭开丽等(2009)在假设区域内的建设用地为均质的,国有土地市场是完全竞争市场,集体和农户合并为统一利益群体的前提下,提出了农地城市流转权利主体福利分配模型。空间置换中的指标"漂移"过程，其实质上是土地复垦过程和土地征收过程的结合，只是和单纯土地征收相比，多了土地复垦及指标交易成本，和单纯增减挂钩活动相比，又多了指标交易和指标落地，参与主体和形式更为丰富。因此，本书在彭开丽等（2009）农地城市流转福利分配模型的基础上，在考虑土地出让价格、土地征收补偿价格后，增加指标交易价格，如图8-30所示。

假设初始阶段国有建设用地需求曲线是 D，由于土地的稀缺性，建设用地供给曲线是 S，此时两曲线相交处 B 的纵坐标即建设用地市场的均衡价格为 P_0。随着对建设用地的需求量不断上升，需求曲线 D 移动到 D'，为了缓和社会对建设用地的需求，贯彻农地数量不减少的耕地保护政策，同时盘活农村土地资产，政府通过建设用地空间置换的手段，将集体建设用地指标覆盖到拟用农用地上并将其征收流转为国有建设用地，进入国有土地一级市场，使得国有建设用地的供给出现了一定供给弹性，向右偏移到 S'，此时均衡价格变为 P_1，空间置换后增加的社会福利为三角形 ABE。其中，三角形 AEk 为消费者剩余，为需求企业所得，三角形 BEk 为生产者剩余，是国有土地供给者所得福利。又因在获得新增国有建设用地时，需进行土地复垦和土地征收，继而对复垦区农户和征地区农户进行补偿。在空间置换过程中，假设土地复垦后指标交易收入全部返还到集体和农户，则考虑建设用地指标交易和复垦成本的土地价格为 P_{c1}，在考虑了土地征收成本后的国有建设用地价格为 P_{c2}，因而复垦区农户福利为三角形 Bef，征地区农户福利为四边形 $efgh$。

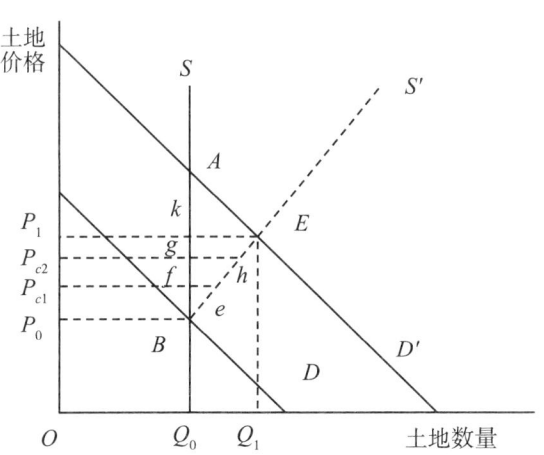

图 8-30 空间置换中权利主体收益分配

图 8-30 揭示了地方政府、复垦农户和失地农户在集体建设用地空间置换过程中的收益分配和福利效应，复垦农户的复垦补偿和指标交易返还收益，征地农户的收益为征地补偿。由于当前的征地补偿以当前土地用途价值计算，未考虑其

即将开发成建设用地的机会成本，同时指标交易的定价也根据复垦成本而定，未考虑指标落地区发展机会带来的机会成本价值。而土地发展权是可以从土地权利束中单独剥离配置的（Mills，1980），因此，可以发现复垦区农户将地块当前最佳土地用途（集体建设用地）复垦为农用地，这部分冻结的土地发展权价值未得以实现，而土地征收地区农户也失去了获得土地发展权实现价值的机会。而根据土地发展权转移一一对应的原则，冻结的这部分土地发展权价值与指标复垦地块土地发展权实现价值也是一一对应的，参照土地流转过程中土地发展权运行的福利经济学分析（柴铎、董藩，2014），可以发现若按照土地利用边际收益 MR_p 等于边际成本 MC_p，农户效用最大化下所确定的现状土地供给水平 Q_p 必然低于社会边际收益 MR_s 和边际成本 MR_s 确定的社会最优供给水平 Q_s（见图8-31），若在整个社会福利 ABE（见图8-30）中，企业和政府将一定收益从各自福利（三角形 AEk 和四边形 $Ehgk$）中让渡一部分出去作为农户土地发展权补偿，可以使复垦农户和失地农户因福利水平增加而提高其边际收益，使得社会边际收益和农户边际收益达到新的均衡，形成均衡的边际收益 MR_e，促使农户自愿维持公共利益最优的特定用途土地供给水平 Q_e，最终实现帕累托改进。

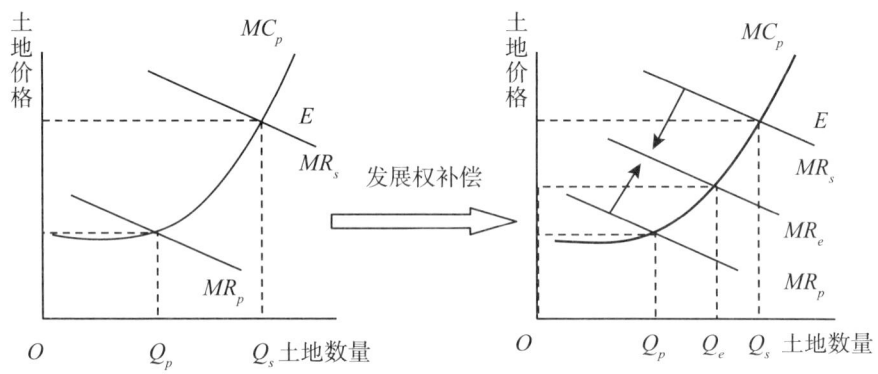

图8-31 空间置换中发展权补偿后福利效应变化

第四节 城乡统一市场高效、公平福利体系构建

在分析了集体建设用地增值机理、参与主体作用机制和利益关系后，前文针对集体建设用地交易市场运用消费者剩余、生产者剩余理论、效用函数分析集体建设用地交易市场的市场福利变化，认为可以通过调整税率和引入发展权价值，实现城乡统一建设用地帕累托改进，最终建立城乡统一建设用地市场高效、公平

的福利效应体系。因此,本部分针对测算了发展权价值和最优税率以实现高效、公平的福利体系构建。

一、集体建设用地空间置换过程中土地发展权测度与福利改进

(一) 空间置换过程中土地增值和主体收益匹配

城乡市场统一后,随着对建设用地的需求增加,将引发建设用地的集约利用,国有建设用地整体集约度较高,因而集约用地的矛头将指向闲置的宅基地或其他低效集体建设用地,势必会带来集体建设用地空间置换和整合。因此,城乡统一建设用地市场后,取而代之的是存量城乡建设用地市场和伴随建设用地空间置换过程而来的发展权交易市场。根据空间置换过程中的土地增值链,针对集体建设用地的空间置换过程主要有指标"漂移"和指标"腾挪"两种价值链,指标"腾挪"过程对应开发的集体资产所有权仍归集体所有,原复垦地块农民和集体可以与新建地块农民和集体组建集体资产管理公司,选择享受以指标入股进入集体资产开发分红的权利,因此其土地发展权价值以资产股份分红的方式在未来收益中实现,而股份的标底价即为土地发展权对应价值。而指标"漂移"过程中,指标交易后,原复垦农民和集体获得指标交易收益后并不参与后续增值,因此其冻结的发展权价值若不在土地复垦时及时补偿,将无法获得;对于失地农户,若土地产权发生变更,其失去土地的机会成本即是指标转移带来的发展权实现价值,因而这部分收益也应该在农地流转时得以实现。

从当前空间置换案例来看,尽管指标"漂移"模式中重庆、成都地票价格达到 20 万/亩,但其定价机制并非遵循发展权价格而是根据现地上附着物拆迁成本定价,而且征地区农户并未得到发展权实现价值。以上海为例,上海国有建设用地基准地价为住宅用地 14 422.18 元/平方米,商业用地 18 321.32 元/平方米,工业用地 1 532.30 元/平方米,尽管复垦建设用地后结余双指标的价格按 50 年试用期为 30 万/亩,按 20 年试用期为 20 万元/亩进行政府之间的交易,其交易价格也远远低于国有建设用地价格,收益存在不匹配。而指标腾挪中以建设用地指标入股,入股农户也是基于当前土地价值或仅仅是拆迁成本而界定入股本金,其发展权价值未在当前实现。因此,笔者认为,空间置换过程应通过界定发展权价值重新调整相关主体收益,耦合土地增值链和参与主体利益网关系。

根据前文对空间置换过程价值增值机理和相关权利主体的收益分配关系,可以发现,对于农户在集体建设用地空间置换过程中失去的土地发展权价值并未纳

入农户收益中。关于土地发展权价值核算，国际上主要从两个方面入手对土地发展权价值展开研究，第一个方面是市场法。市场法测算土地发展权的价值其重要前提是明确得知土地发展权的交易价格，或者土地开发前后价值。前者主要针对已经有明确土地发展权交易（land development right trade）市场的发达国家，比如美国。美国早在20世纪70年代便开始以政府购买农地发展权价值（purchasable development right, PDR）方式保护农地，以转移土地发展权价值（transfer of development right, TDR）方式以突破土地用途管制的限制，实现发展权的有偿交易（Costonis, 1972; Barrows, Prenguber, 1975; Barnhart, 1977; Mills, 1980; Brauw, Mueller, 2012）。但是由于发达国家土地价值核算体系完善，相应的土地发展交易市场较为活跃，土地发展权银行（transferable development right bank, TDR Bank）的存在使得土地发展权的成交数据也易于获得，因而市场法测算土地发展权价值在西方国家盛行，其测算依据为发展权定价原理：土地发展权价值 = 土地转换后的价值 - 土地转换前的价值 - 转换成本（Andrew, Douglas, 2001）。第二个方面是非市场法。在缺乏发展权交易价格数据的情况下，戴维（David, 2002）采用 Hedonic 土地价值模型，考虑农业价值影响因素，通过测算发展权实现后的价值，减去当前用途价值，构建了发展权定价模型。另一种非市场价值法，则是假想市场法，针对尚未出现土地发展权交易市场和土地开发前后价值无法评估的情况，可以通过假设情景让受访者以陈述偏好的方式对土地发展权价值进行评估，目前常用的是条件价值法（CVM）。

由于当前土地发展权的价值核算尚处于讨论阶段，加之中国尚没有完全的土地发展权交易市场，虽然重庆地票交易和上海的发展权转移，都被大量学者标榜为土地发展权交易，但由于其定价机制不完全，且政府主导作用太强，其发展权价值并未得到完全显现，并且目前也未形成完善的土地价值核算体系，故市场法相较之于市场假想法，没有后者的适用性强。再加上，条件价值法（CVM）的准确性受到问卷设计的信度、效度，以及受访者和访问者的水平等多方面因素的影响较大（Thomas, 2001; Bethany et al., 2004），而选择实验法（CE）由于科学的排列属性特征，比意愿调查法更为科学有效，但目前尚未发现使用选择实验法（CE）核算土地发展权价值的文献，故本部分将结合意愿调查法（CVM）、选择实验法（CE）等多种方法测算集体土地空间置换中的土地发展权价值。

（二）基于意愿调查法（CVM）的土地发展权定价

1. CVM 模型构建

CVM 方法通过随机选择部分家庭或个人作为样本，以问卷调查形式通过询问一系列假设问题，模拟市场来揭示缺乏市场的土地资源开发的偏好，偏好通过询问人们对于提高土地发展程度的支付意愿（willingness to pay，WTP）或退化土地发展程度的受偿意愿（willingness to accept，WTA）来表达，来确定土地发展权转移价值量。由于发展权转移（transfer of development right，TDR）必然涉及发送区和接收区的发展权限市场交易和转移，而农村集体建设用地通过复垦变成耕地，这个过程本质上是将农民对已经使用的土地发展权进行还原，并通过指标转移土地发展权价值到需役地块，使原用途受限的需役地块得以开发（文兰娇、张安录，2016），因此在集体建设用地空间转换过程中，复垦地块的发展权通过指标转移——对应和覆盖到拟开发地块，实现了发展权转移，由于转移量相当，因而复垦区地块应得发展权价值和开发区地块得以发展的发展权价值也应当是一一对应的，即冻结的发展权价值等于实现的发展权价值。故在本书中只询问受访者农地开发的发展意愿价值。

马爱慧（2011）认为，条件价值法就是为了获得某商品的效用愿意支付的费用或者希望得到多少费用能放弃该效用，分别对应最高支付意愿 WTP 与最低的受偿意愿 WTA，其基本表达式为：

$$\text{WTP} = F(P,\ Q^1,\ U^0) - F(P,\ Q^0,\ U^0) \tag{8.72}$$

式中，P 为价格向量，Q^1 和 Q^0 分别为土地开发前后开发程度，U^0 为开发土地前后的效用水平，F 为个人支出函数。WTP 对应补偿变化（CV），即消费者为获得效用增加而愿意支付的最大值，WTA 对应等价变化（EV），即消费者为获得福利增加而愿意放弃福利变化前的最低补偿值；反之，补偿变化是为使消费者的福利不变所必须补偿的最低价值（WTA），等价变化则是指消费者为避免未来福利变化所愿意支付的最高数额（WTP）（蔡银莺、张安录，2010），由此可见，最高支付意愿（WTP）和最低受偿意愿（WTA）在一定情境下可互相转换，均来自于希克斯（Hicks，1964）的消费者剩余（CS）。实践中，常用的询价方法有开放式（open-ended）出价法、封闭性（closed-ended）出价法、支付价值卡法（payment card）、准逐步竞价法（quasi bidding game）、逐步竞价法（bidding game）等。由于前两者方法过于简单，受访者缺乏评价标准和行为理论依据，因而科学性和有效性备受质疑（谢静琪、简士豪，2003；蔡银莺、张安录，2007），后面两种方法测算的准确度较高，但测算成本也很高，可行性较差，故本书采用支付卡形式进行询价。

2. 实验设计与抽样调查

本书为客观得出集体土地发展权价值，将土地发展权价值意愿调查的受访对象划分为三类，一类是农户，一类是集体，另外一类是企业家，试图通过综合不同受访对象的发展意愿，刻画出集体土地发展权价值。而农户的发展意愿来源于上海金山区和松江区农户参与集体建设用地活动的问卷，集体的发展意愿来源于对广东省佛山市南海区村集体关于集体建设用地交易的问卷，企业家的发展意愿同样来源于广东省佛山市南海区作为集体建设用地需求者的企业家对集体土地发展权实现的问卷调查。由于集体组织和企业家问卷来源于广东省佛山市，农户问卷来源于上海，因而最终测算的意愿结果需结合两地区位条件进行修正。农户问卷代表的受访群体主要参与的是集体建设用地的复垦和集体土地征收活动，而村集体和企业家主要参与的是集体建设用地直接交易，因此，在空间置换过程中土地发展权价值的实现以直接受益人农户的调查数据为主，土地交易中的发展权价值的实现以综合考虑集体和企业的调查数据为主。

由于调研地区和受访对象有所不同，调查问卷根据当地调研情况进行了适当调整。在针对农户的问卷中，涉及的意愿问题主要包括农户对土地开发影响因素的认知（规划的影响、基准地价是否合理、土地用途影响、容积率影响、开发时间影响），对农地价值的支付意愿，以及将农地分别开发成工业、商业和住宅用地的支付意愿。在针对集体和企业的问卷中，增加了取消土地权属对土地价格影响的询问，还增加了集体和企业对不同土地用途开发强度的排序，以及区位、周围地块破碎度、农地所占面积对土地开发的影响。而对支付卡的确定，起初对于农地价值的支付卡价格设定在 0~10 000 元/平方米，根据 2015 年 8 月在湖北鄂州地区做的预调研结果，超过最高值的样本所占比例超过 20%，因而将支付卡右边的临界值调整到 20 000 元/平方米。

3. 调查结果与土地发展权价值估算

（1）农户土地开发意愿结果。

农户的土地开发意愿调查又按农户土地被征收和集体建设用地复垦两种情况分别进行统计，在回收的 167 份调查问卷中，共有 118 个样本的农户土地被征收，31 个样本的农户宅基地被复垦为耕地。

①土地征收。

在 118 份土地征收农户问卷中，共有 113 个样本农户农地被征收，56 个样本农户宅基地被征收，有 50 个农户农地和宅基地同时被征收。在 118 份土地征收问卷中，有效问卷 117 份，问卷回收有效率为 99.15%。在 117 份有效问卷中，55.56% 的农户认为土地利用规划对集体建设用地的市场价值有影响，34.19% 则认为没有影响，还有 10.26% 的农户表示不确定。对于当前建设用地市场中的工业用地、商业用地和住宅用地的基准价格，分别有 22.22%、21.37% 和 23.08% 的农户认为三种建设用地价格过高；42.74%、43.59% 和 61.54% 的农户认为当前三种建设用地价格合理，仅有 16.24%、16.24% 和 7.69% 的农户认为当前三种建设用地价格过低。

关于对土地价格的影响，43.59% 的农户认为取消土地用途管制，土地价格将上升，17.95%的农户认为价格会下降，26.5%的农户认为价格不变；若取消土地容积率限制，47.01%的农户认为价格会上升，23.08%的农户认为价格会下降，18.8%的农户认为价格不变；若取消土地开发时限的限制，43.59%的农户会认为价格将上升，21.37%的农户认为价格会下降，18.8%的农户认为价格保持不变（见表8-38）。

表8-38　　　　　三种影响土地价格的重要因素分布频率

价格变化 项目	取消土地用途管制			取消容积率限制			取消土地开发时间限制		
	Freq.	Percent	Cum.	Freq.	Percent	Cum.	Freq.	Percent	Cum.
增加	51	43.59	43.59	55	47.01	47.01	51	43.59	43.59
减小	21	17.95	61.54	27	23.08	70.09	25	21.37	64.96
保持不变	31	26.5	88.03	22	18.8	88.89	22	18.8	83.76
不清楚	14	11.97	100	13	11.11	100	19	16.24	100
合计	117	100		117	100		117	100	

针对没有开发时间、容积率、用途等限制的空地价值的支付意愿，绝大多数农户选择的最高支付意愿不高于4 000元/平方米，65.81%的农户最高支付意愿区间为[0,2 000]，17.95%的农户最高支付意愿区间为[2 001,4 000]，具体分布见表8-39。

表8-39　　　　　　　空地最高支付意愿分布频率

项目	Freq.	Percent	Cum.
0~2 000	77	65.81	65.81
2 001~4 000	21	17.95	83.76
4 001~6 000	5	4.27	88.03
6 001~8 000	1	0.85	88.89
8 001~10 000	1	0.85	89.74
10 001~15 000	5	4.27	94.02
15 001~20 000	6	5.13	99.15
30 000	1	0.85	100
共计	117	100	

根据上下限逼值法，将分别估计出空地价值最高支付意愿的上限值和下限值，再取其均值得到最终农户对空地的最高支付意愿：

$$WTP = \sum_{i=1} P_i t_i \qquad (8.73)$$

其中，P 代表分布频率，t 代表对应支付卡取值，i 表示有区间个数，具体如下：

$$WTP_{upper} = 2\,000 \times 0.6581 + 4\,000 \times 0.1795 + 6\,000 \times 0.0427 + 8\,000 \times 0.0085$$
$$+ 10\,000 \times 0.0085 + 15\,000 \times 0.0427 + 20\,000 \times 0.0513$$
$$+ 30\,000 \times 0.0085 = 4\,364.9$$

$$WTP_{lower} = 0 \times 0.6581 + 2\,001 \times 0.1795 + 4\,001 \times 0.0427 + 6\,001 \times 0.0085$$
$$+ 8\,001 \times 0.0085 + 10\,001 \times 0.0427 + 15\,001 \times 0.0513$$
$$= 1\,845.63$$

$$WTP = (4\,364.90 + 1\,845.63) \div 2 = 3\,105.27$$

因此，得到最终失地农户对空地的最高支付意愿为 3 105.27 元/平方米，即假设在调研位置周边现有一块没有用途、没有容积率（在基础设施承受范围内）、没有开发时间等限制的集体土地，失地农户愿意最多按 3 105.27 元/平方米的支付意愿购买该空地。

在询问农户对土地发展权的价值中，首先询问如果政府现在给您自主处置农村土地的权利，允许您将农村土地转化为住宅用地/商业用地/工业用地，您是否愿意在空地价格基础上，额外支付一定费用，若愿意，则继续追问支付意愿，若不愿意，则不再询问。根据调查情况，在收集到的 117 份被征农户调查问卷中，有 93 位受访者表示若将农地开发成住宅用地，愿意支付额外费用；有 79 名受访者表示若将农地开发成工业用地，愿意支付额外费用；有 71 名受访者表示若将农地开发成商业用地，愿意支付额外费用。而愿意支付的农户中，大部分农户最高支付意愿不超过 1 000 元/平方米，针对农地开发成住宅用地情况，93 名愿意支付发展权价值的农户中，35.48% 的农户最高支付意愿区间为 [501, 1 000]，仅有 2 个人的最高支付意愿超过 2 500 元，最多愿意支付 4 000 元/平方米；针对农地开发成工业用地的情况，35.44% 的农户最高支付意愿区间为 [0, 500]，仅有 1 人的最高支付意愿为 3 000 元/平方米；针对农地开发成商业用地，50.70% 的农户最高支付意愿区间为 [0, 500]，仅有 1 人的最高支付意愿为 5 000 元/平方米，具体见表 8 – 37。

根据表 8 – 40 中各种情况支付意愿分布，计算得到在空地价格的基础上，若政府予以农户自主开发的权利，则农户将农地开发成住宅用地、工业用地和商业用地的最高支付意愿分别为 895.34 元/平方米、816.79 元/平方米、669.19 元/平方米。即从失地农户角度看，农地开发成住宅用地、工业用地和商业用地的土地发展权价值分别为 895.34 元/平方米、816.79 元/平方米、669.19 元/平方米。

表 8-40　　　农户对农地开发成住宅、工业和商业用地的
　　　　　　　　　支付意愿概率分布　　　　　　　单位：%

土地用途	0~500	501~1 000	1 001~1 500	1 501~2 000	2 001~2 500	>2 500
住宅用地	30.11	35.48	15.05	12.90	4.30	2.15（4 000）
工业用地	35.44	32.91	16.46	11.39	2.53	1.27（3 000）
商业用地	50.7	23.94	18.31	5.63	0.00	1.41（5 000）

②土地复垦。

在 31 份参与土地复垦的问卷中，48.39% 的农户表示土地利用规划对集体建设用地市场价值没有影响，而 45.16% 的农户表示有影响，由此可见，大多数参与复垦的农户对于集体建设用地市场价值的显化持有悲观情绪，认为集体建设用地不能交易，没有市场价值，土地利用规划对其没有影响。而对当前土地市场的基准价格，大多数农户认为当前建设用地基准价格较为合理。51.61% 的农户认为当前住宅用地的基准地价合理，29.03% 的农户表示基准地价过低，16.13% 的农户表示基准地价过高；农户对工业用途和商业用途的基准地价的认知一致，41.94% 的农户认为当前工业和商业用地的基准地价合理，而 32.26% 的农户认为基准地价过低，仅 6.45% 的农户认为价格过高。

整体而言，16.13% 的农户表示，取消土地用途限制、取消容积率限制、取消土地开发时间限制，土地本身会更加"值钱"，因而会使得土地价格上升，22.58% 的农户表示土地价格变化可能较多，无法确定。大多数农户表示，取消限制，土地价格会下降，比如，若取消土地用途限制，35.48% 的农户认为土地价格不会变化，25.81 的农户表示价格会下降，因为取消用途限制，土地所有权人可以自主选择最优用途实现收益最大化进行开发，进而减少了对土地的需求，基于同样的原因，45.16% 的农户也表示取消容积率限制，土地价格会下降，48.39% 的农户表示取消土地开发时间限制，土地价格会下降，具体见表 8-41。

表 8-41　　　三种影响土地价格的重要因素概率分布　　　　　　单位：%

价格变化	上升	下降	不变	不清楚
取消土地用途限制	16.13	25.81	35.48	22.58
取消容积率限制	16.13	45.16	16.13	22.58
取消开发时间限制	16.13	48.39	12.90	22.58

针对没有开发限制的空地的价值,80.65%的农户表示其最高支付意愿不超过 2 000 元/平方米,也有农户认为没有开发限制的农户价值至少超过 20 000 元/平方米,其具体选择支付区间概率分布见表 8-42。根据表中选择区间概率分布,计算得到复垦农户对没有开发限制的空地的最高支付意愿为 1 887.87 元/平方米。

表 8-42　　　　　　　　空地最高支付意愿分布频率

项目	Freq.	Percent	Cum.
0~2 000	25	80.65	80.65
2 001~4 000	2	6.45	87.10
4 001~6 000	2	6.45	93.55
6 001~8 000	0	0.00	93.55
8 001~10 000	0	0.00	93.55
10 001~15 000	0	0.00	93.55
15 001~20 000	1	3.23	96.77
>20 000	1	3.23	100.00
共计	31	100.0	

复垦农户对于农地开发成建设用地的发展权价值普遍支付意愿较低,绝大多数农户选择的最高支付区间不超过 500 元/平方米,具体分布见表 8-43。计算得到在空地价格的基础上,若政府予以农户自主开发的权利,则农户将农地开发成住宅用地、工业用地和商业用地的最高支付意愿分别为 492.2 元/平方米、411.54 元/平方米、298.47 元/平方米。即从复垦农户角度看,农地开发成住宅用地、工业用地和商业用地的土地发展权价值分别为 492.2 元/平方米、411.54 元/平方米、298.47 元/平方米。

表 8-43　　　农户对农地开发成住宅、工业和商业用地的
　　　　　　　支付意愿概率分布　　　　　　　　　　　　单位:%

土地用途	0~500	501~1 000	1 001~1 500	1 501~2 000	2 001~2 500	>2 500
住宅用地	64.52	25.81	6.45	3.23	0	0
工业用地	77.42	16.13	3.23	3.23	0	0
商业用地	96.77	0	0	3.23	0	0

(2) 集体开发意愿调查结果。

在收集到的 185 份村集体问卷中，增加了对集体建设用地开发认知的选项，由于受访对象为基层工作者，有多年工作经验和心得体会，对于土地价格影响因素有自身见解。87.57% 的村干部认为土地利用规划对集体土地的市场价值有影响，仅 5.41% 的村干部认为无影响。而对于土地用途管制、容积率限制和开发时间限制，大多数村干部认为取消限制土地价格将会上升（百分比分别为 63.24%、60.54%、67.57%），也有 22.16% 的村干部认为取消土地用途土地价格将会下降，20.54% 的村干部认为取消容积率限制土地价格将会下降。而对取消国有建设用地和集体建设用地权属限制，36.76% 的村干部认为土地价格将会上升，32.97% 的村干部表示不清楚，情况比较复杂，无法预测，17.84% 的村干部认为将会下降，调查中还有一位村干部表示土地价格将会先上升后下降，因为取消土地权属限制，有利于集体土地实现与国有土地的"同地、同权、同价"，短期内会使集体土地增值，随着集体土地与国有土地同权、同价，会长期地放大对国有建设用地的替代效应，土地市场的整体供给增加，最终使整体市场土地价格下降（见表 8 – 44）。

表 8 – 44　　　　四种影响土地价格的重要因素概率分布　　　　单位：%

价格变化	上升	下降	不变	不清楚
取消土地用途限制	63.24	22.16	3.24	11.35
取消容积率限制	60.54	20.54	7.03	11.89
取消开发时间限制	67.57	9.73	9.19	13.51
取消土地权属限制	36.76	17.84	11.89	32.97

改变土地用途，20.54% 的村干部认为从工业用地转变为商业用地，企业需要补差价，76.76% 的村干部认为凡是土地用途改变后造成土地价值增值的都需要补差价，2.7% 的村干部表示不区分经营性建设用地的工业或商业用途差别。而对于建设用地开发强度，37.84% 的村干部认为开发强度由强到弱的顺序为商品房、商业用地、工业用地、宅基地；22.70% 的村干部认为建设用地开发强度由强到弱的顺序为商业用地、商品房、工业用地、宅基地；有少数村干部对工业用地表示出极强的偏爱，约 6.49% 的村干部认为工业用地开发强度 > 商业用地 > 商品房 > 宅基地，究其原因，主要是认为当地区位较为偏远，不适宜开发商业用地和商业住宅用地；还有少数村干部对工业用地表示出极强的厌恶，约 5.95% 的村干部认为商业住宅用地开发强度 > 商业用地 > 宅基地 > 工业用地，这部分村干部厌恶工业用地是出于对工业污染的厌恶，所在行政村往往遭受着工业污染严重

和产业亟须升级的双重压力。

对于集体土地得以发展的影响因素的作用,大多数村干部认为土地主体功能区条件、周围地块破碎度、农地所占比例对当地土地开发程度影响非常大。57.3%的村干部认为主体功能区对土地开发的影响强度非常大,具体地,我们询问了允许开发区、有条件建设区和限制建设区对土地开发的影响程度排序,51.89%的村干部认为对土地开发的限制程度决定土地开发程度,限制建设区的影响程度 > 有条件建设区 > 允许建设区,47.03%的村干部认为对土地开发的鼓励程度决定土地开发程度,允许建设区的影响程度 > 有条件建设区 > 限制建设区;35.68%的村干部认为周围地块破碎度对土地开发的影响较大,33.51%的村干部认为周围地块破碎度对土地开发的影响非常大;32.43%的村干部认为所在地农地占集体土地面积比例对土地开发的影响程度非常大,仅5.59%认为没有影响。将影响程度由弱到强编码为0,1,2,3,4,5,得到不同影响程度的概率分布,见表8-45。

表8-45 区位、破碎度、农地比对土地开发影响程度概率分布　　单位:%

影响程度	0	1	2	3	4	5
主体功能区	0	3.24	4.86	15.14	19.46	57.30
地块破碎度	1.08	1.62	4.32	23.78	35.68	33.51
农地面积比	6.49	9.19	8.65	22.7	20.54	32.43

对于空地的价值,假设受访者所处位置周边现有一块农用地(可进一步开发),区位条件优越,周围地块破碎度大,区域农地面积所占比例 < 50%,超过一半的村干部(52.72%)最高支付意愿不超过4 000元/平方米,而超过20 000元/平方米的支付意愿中,最大值为30 000元/平方米,具体概率分布见表8-46。根据公式(8.68),计算得到村干部对有开发潜力的农地的最高支付意愿为5 083.81元/平方米。

表8-46　　村集体对空地的最高支付意愿频率分布

项目	Freq.	Percent	Cum.
0~2 000	51	27.72	27.72
2 001~4 000	46	25	52.72
4 001~6 000	34	18.48	71.2
6 001~8 000	21	11.41	82.61
8 001~10 000	13	7.07	89.68

续表

项目	Freq.	Percent	Cum.
10 001~15 000	10	5.43	95.11
15 001~20 000	5	2.72	97.83
>20 000	5	2.17	100
共计	185	100.00	

尽管在同一开发用途中，村干部的开发支付意愿主要集中在区间[0,500]，针对开发成住宅用地、商业用地和工业用地的比例分别为34.80%、37.71%和71.74%，但是对于开发成住宅用地和商业用地的最高支付意愿超过2 500元/平方米的比例在大大增加，二者的比例分别达到23.38%和24.27%，工业用地比例仅占3.80%，具体概率分布见表8-47。分别计算得到村干部对农地开发成住宅用地、商业用地和工业用地的最高支付意愿为2 315.50元/平方米、2 867.21元/平方米、539.08元/平方米，即从村干部的角度看，农地开发成住宅用地、商业用地和工业用地的发展权价值分别为2 315.50元/平方米、2 867.21元/平方米、539.08元/平方米。

表8-47 村干部对农地开发成住宅用地、工业用地和商业用地的支付意愿概率分布　　　　　　　　　　单位：%

土地用途	0~500	501~1 000	1 001~1 500	1 501~2 000	2 001~2 500	2 501~4 000	>4 000
住宅用地	34.80	14.14	18.47	7.6	0.54	7.6	15.78
土地用途	0~500	501~1 000	1 001~1 500	1 501~2 000	2 001~2 500	2 501~4 000	>4 000
商业用地	37.71	18.58	13.66	4.37	1.09	6.57	17.9
工业用地	71.74	8.15	9.23	5.43	0	2.71	1.09

（3）企业开发意愿调查结果。

在收集到的220份企业开发意愿中，受访对象为企业管理层人员，对于土地价格，尤其是建设用地的价格市场波动较为敏感。80.91%的企业家认为土地利用规划对集体土地的市场价值有影响，仅7.73%认为无影响。而对于土地用途管制、容积率限制和开发时间限制，大多数企业家认为取消限制土地价格将会上升（百分比分别为61.82%、58.64%、66.36%），也有20.00%的企业家认为取消土地用途土地价格将会下降，20.91%的企业家认为取消容积率限制土地价格将会下降，11.82%的企业家认为取消开发时间限制土地价格会下降，也有相当一部分企业家认为土地价格还要受市场条件影响，变化比较复杂，无法预测，取消土地用途限制、容积率和开发时间限制，土地价格变化趋势不确定，所占比例分别为13.64%、15.00%、15.91%。而对取消国有建设用地和集体建设用地权属限制，39.55%的企业管理者认为土地价格将会上升，32.27%的管理人员表示不清楚，情况比较复杂，无法预测，15.91%的企业家则认为土地价格将会下降，具体概率分布见表8-48。

表8-48　　　　　四种影响土地价格的重要因素概率分布　　　　　单位：%

价格变化	上升	下降	不变	不清楚
取消土地用途限制	61.82	20.00	4.55	13.64
取消容积率限制	58.64	20.91	5.45	15.00
取消开发时间限制	66.36	11.82	5.91	15.91
取消土地权属限制	39.55	15.91	12.27	32.27

改变土地用途，28.64%的企业家认为从非商服用地（包含工业用地等）改为商服用地可以接受补差价。而对于建设用地开发强度，35.46%的企业家认为开发强度由强到弱的顺序为商品房、商业用地、工业用地、宅基地；22.72%的企业家认为建设用地开发强度由强到弱的顺序为商业用地、商品房、工业用地、宅基地；由于多数受访企业家为工厂负责人，因此部分受访对象出于企业家需求，对工业用地偏好较大，约6.36%的企业家认为工业用地开发强度>商业用地>商品房>宅基地；还有少数企业家认为工业用地开发强度最低，约9.09%的企业家认为商业住宅用地开发强度>商业用地>宅基地>工业用地。

对于集体土地得以发展的影响因素的作用，大多数企业家认为土地主体功能区条件、周围地块破碎度、农地所占比例对当地土地开发程度影响非常大。54.55%的企业家认为主体功能区对土地开发的影响强度非常大，具体地，我们询问了允许开发区、有条件建设区和限制建设区对土地开发的影响程度排序，51.83%的企业家认为对土地开发的限制程度决定土地开发程度，限制建设区的影响程度>有条件建设区>允许建设区，47.25%的企业家认为对土地开发的激励程度决定土地开发程度，允许建设区的影响程度>有条件建设区>限制建设区；25%的企业家认为周围地块破碎度对土地开发的影响一般，24.09%的企业家认为周围地块破碎度对土地开发的影响较大，31.82%的企业家认为周围地块破碎度对土地开发的影响非常大；28.64%的企业家认为所在地农地占集体土地面积比例对土地开发的影响程度非常大，仅5.91%认为没有影响。将影响程度由弱到强编码为 0，1，2，3，4，5，得到不同影响程度的概率分布，见表 8-49。

表 8-49　区位、破碎度、农地比对土地开发影响程度概率分布　　单位：%

影响程度	0	1	2	3	4	5
主体功能区	3.18	0.91	6.36	15.91	19.09	54.55
地块破碎度	2.73	5.45	10.91	25	24.09	31.82
农地面积比	5.91	11.82	14.55	23.64	15.45	28.64

对于空地的价值，假设受访者所处位置周边现有一块农用地（可进一步开发），区位条件优越，周围地块破碎度大，区域农地面积所占比例<50%，大约一半的企业家（50.45%）最高支付意愿不超过 4 000 元/平方米，而超过 20 000 元/平方米的支付意愿中，最大值为 50 000 元/平方米，具体概率分布见表 8-50。根据公式（8.68），计算得到企业家对有开发潜力的农地的最高支付意愿为 6 105.36 元/平方米。

表 8-50　　　　　企业对空地的最高支付意愿频率分布

项目	Freq.	Percent	Cum.
0~2 000	63	28.64	29.55
2 001~4 000	46	20.91	50.45
4 001~6 000	52	23.64	74.09
6 001~8 000	13	5.91	80
8 001~10 000	20	9.09	89.09
10 001~15 000	7	3.18	92.27
15 001~20 000	8	3.64	95.91
>20 000	11	4.98	100
总计	220	100.00	

整体而言，企业家对于土地发展权价值的最高支付意愿高于村集体，但在同一开发用途中，与村集体问卷结果相似，企业家的开发支付意愿主要集中在区间 [0，500]，针对开发成住宅用地、商业用地和工业用地的比例分别为 30.45%、31.37% 和 69.08%，但是对于开发成住宅用地和商业用地的最高支付意愿超过 2 500 元/平方米的比例在大大增加，二者的比例分别达到 21.36% 和 20.91%，工业用地比例也达到 9.09%，具体概率分布见表 8-51。结合公

式（8.65），分别计算得到企业家对农地开发成住宅用地、商业用地和工业用地的最高支付意愿为 4 222.40 元/平方米、4 278.62 元/平方米、869.12 元/平方米，即从企业家的角度看，农地开发成住宅用地、商业用地和工业用地的发展权价值分别为 4 222.40 元/平方米、4 278.62 元/平方米、869.12 元/平方米。

表 8-51　　　　　企业家对农地开发成住宅用地、
工业用地和商业用地的支付意愿概率分布　　　　单位：%

土地用途	0~500	501~1 000	1 001~1 500	1 501~2 000	2 001~2 500	2 501~4 000	>4 000
住宅用地	30.45	17.27	24.08	18.18	0	8.64	12.72
商业用地	31.37	18.18	24.08	15.45	0	5.91	15
工业用地	69.08	10.46	8.64	5.45	0	7.73	1.36

（三）基于选择实验法（CE）的发展权定价

1. CE 模型构建

选择实验模型（choice experimental modeling）是结合随机效用理论（Manski, 1977）对价值的特征理论的应用（Lancaster, 1966），因此选择实验法（CE）通过表述偏好的数据，将随机效用方法和休憩需求模型紧密结合了起来（Bockstaell et al., 1991）。假设受访者的效用函数依赖于一系列拥有 i 个备选方案的选择集 C，那么，代表个体的效用函数形式如下：

$$U_{in} = U(Z_{in}, S_n) \tag{8.74}$$

式中，对于任何一个个体 n，都对备选方案 i 有一个既定的效用水平，若选择 i 的效用 U_i 大于选择备选项 j 的效用 U_j，那么个体会选择 i 而不会选择 j。而任一选项派生出的效用水平假设依赖于该选项所包含的属性向量 Z。不同群体的属性特征是不同的，同时其社会经济特征也会影响其效用水平，因而式（8.74）可以改写为式（8.75）。

$$\begin{aligned} U_{in} &= V_{in} + \varepsilon_{in} \\ &= V(Z_{in}, S_n) + \varepsilon_{in} \end{aligned} \tag{8.75}$$

式中，V_{in} 是间接效用函数，其在随机效用中可以系统地观测到；ε_{in} 为不可观测的随机扰动部分，个体 n 选择选项 i 而非选项 j 的概率可以表述在式（8.76）。

$$\begin{aligned} \text{Prob}(i \mid C) &= \text{Prob}\{V_{in} + \varepsilon_{in} > V_{jn} + \varepsilon_{jn}; j \neq i, j \in C\} \\ &= \text{Prob}\{V_{in} - V_{jn} > \varepsilon_{jn} - \varepsilon_{in}; j \neq i, j \in C\} \end{aligned} \tag{8.76}$$

式中，C 为所有选择集。为了估计式 (8.76) 中选择选项 i 的概率，需确定关于随机扰动项的分布的假设。最常见的是，假设随机扰动项服从极值分布，且分布是独立、相同的 (McFadden, 1974)，即 $\varepsilon_i \sim G(0, 1)$，这暗含着选择选项 i 的概率可以表述为：

$$P_i = \int_{-\infty}^{+\infty} e^{-\varepsilon_i} \cdot e^{-e^{-\varepsilon_i}} \cdot \prod_{\substack{j \in C \\ j \neq i}} e^{-e^{-(V_i - V_j + \varepsilon_i)}} \cdot d\varepsilon_i$$

$$= \int_{-\infty}^{+\infty} e^{-\varepsilon_i} \cdot e^{(-e^{-\varepsilon_i})} \cdot e^{-\left[\sum_{\substack{j \in C \\ j \neq i}} e^{-(V_i - V_j + \varepsilon_i)}\right]} \tag{8.77}$$

对 ε_i 求偏导得到最终简化的选择选项 i 的概率表达式：

$$P_{ni} = \frac{e^{V_{ni}}}{\sum_{j \in C} e^{V_{ni}}} \tag{8.78}$$

故用 Logit 模型估计得到最大似然估计的似然函数，取对数后将式 (8.78) 代入得到：

$$LL = \sum_{n=1}^{N} \sum_{i \in C} d_{in} \ln\left(\frac{e^{V_{ni}}}{\sum_{j \in C} e^{V_{nj}}}\right)$$

$$= \sum_{n=1}^{N} \sum_{i \in C} d_{in} \left(\beta' Z_{ni} - \ln \sum_{j \in C} e^{V_{nj}}\right) \tag{8.79}$$

式中，N 为随机样本中的个体总数；$i \in C$ 是个体 n 在选择集 C 中所做的选择；Z_{ni} 是个体 n 所选择的第 i 个方案的属性向量；d_{in} 是一个虚拟变量，当个体 n 选择方案 i 时，值为 1，否则，值为 0；$P(i \mid Z_{in}, \beta)$ 是给定一个样本的属性向量 Z_{ni} 和估计系数向量 β 时选择方案 i 的概率，β' 为估计系数向量的转置向量。

再假设间接效用函数 $V(x, T)$ 是线性的，关于观测到的属性向量 X 的线性函数，β 是 X 的被估参数向量，$V = \beta(X_n)$，若区分特征属性向量和货币向量，间接效用函数可以扩展为：

$$V(x, T) = \sum_p \beta_p x_p + \beta_T T \tag{8.80}$$

式中，X_p 是选择的特征属性变量，T 是货币属性变量，β_p 和 β_T 分别是属性变量和货币变量的估计系数。

根据估计函数，当效用最大化时，即 $dV = 0$ 时，每一个属性对应的价值为该属性的边际效用与货币属性的边际效用比，该价值为该属性的最高支付意愿价值，具体表达式如下：

$$MWTP_k = \frac{dT}{dx_p} = -\frac{\frac{\partial V}{\partial x_p}}{\frac{\partial V}{\partial T}} = -\frac{\beta_p}{\beta_T} \tag{8.81}$$

最终得到的效用函数模型为：

$$V_{in} = Asc + \beta_1 Z_{i1} + \beta_2 Z_{i2} + \cdots + \beta_k Z_{ik} \quad \text{（模型一）}$$

式中，Asc 为常数项，k 为属性变量个数，加入个体社会经济特征属性后，得到的扩展模型为：

$$V_{in} = Asc + \beta_1 Z_{i1} + \beta_2 Z_{i2} + \cdots + \beta_k Z_{ik} + \gamma_1 S_{n1} + \gamma_2 S_{n2} + \cdots \gamma_m S_{nm} \quad \text{（模型二）}$$

式中，S_m 为个体特征变量，m 为个体特征变量个数。

2. CE 选择实验方案设计

根据调查地区、调查对象、集体土地价值链增值机理的不同，本书将选择实验设计分为两个版本，版本一是针对农户在集体土地空间置换过程中对土地征收和土地复垦过程实现土地发展权和冻结土地发展权的价值支付意愿，版本二是针对村集体和企业对集体土地交易过程中土地发展权实现的价值支付意愿。

（1）属性特征确定。

广义上土地发展权是指将土地改为最佳利用方向的权利（汪晗、张安录，2009），其基本定价公式为：土地发展权价值 = 土地转换后的价值 - 土地转换前的价值 - 转换成本（Andrew，Douglas，2001）。具体地，又可以细分为用途转化模型（Chavooshian，Thomas，1975；John，1997；Cynthia，Lori，2001）和土地开发变动模型（Wiebe et al.，1996）。根据其定价公式，发现土地的发展权价值与土地价值紧密相关，因而影响土地价格的因素可以等同于影响土地发展权价值的因素（汤芳，2005）。土地价格的影响因素众多，主要分为自身条件、社会经济因素和政策因素三类。由于选择实验模型中方案属性不能过多，众多选项会造成回答人负担过重或者失去回答耐心，同时也会摧毁对选项的分辨能力，做出有偏选择，造成模型偏差（马爱慧，2011），因此本书仅从自身条件、社会经济因素、政策因素中选取影响土地发展权价值的部分因素进行选择实验设计。

版本一中，属性特征包括土地用途、景观破碎度、发展概率、区位条件和土地开发支付成本。区位条件反映地块的自身发展条件，位置好坏直接影响土地级差收益多少。土地用途是指拟发展用途，土地拟发展用途反映社会经济因素多重作用后对土地用途的需求。景观破碎度是指在一定单位内地块的数量，一般而言，地块破碎度越大，一定单位内地块数量越多，则越不利于地块的连片开发，该指标可以反映地块的邻里情况，通过周围地块的集中或分散情况可以推测地块被开发的可能性。发展概率是指地块被开发的可能性，土地发展的可能性主要受土地规划管制的影响，该属性可以反映政策因素对土地发展权价值的影响。土地开发的支付成本是受访者对于即将开发农地所愿意支付的最高成本价值，该属性是一个货币属性，是选择实验设计中必要的属性特征，以便测度福利水平与价值。

相较于版本一，版本二由于受访对象为村集体和企业家，调查地区为广东省佛山市南海区，调查区域较小而整体城市化和经济发展水平高，区位条件较好，因而不再适合按区位条件刻画自身发展条件特征，以地块所在行政区农地占集体土地面积比例来描述。同样的，发展概率这一属性也随着整体区位条件变优而不再具备地区发展可比性，因而在版本二中，采用土地容积率这一属性描述土地可以开发的发展程度，也用以反映政策制度对土地发展权价值的影响。

（2）属性水平确定。

版本一中，土地用途有4个水平：农用地、住宅用地、商业用地和工业用地，主要考察土地由农地发展为建设用地的情况，其中，农用地为当前水平；景观破碎度有3个水平：大、中、小，分别对应地块数量为≥2 000，500~2 000和≤500 三种情况，其中，地块破碎度大是当前地块状态；发展概率有3个水平，分别为0、0.5%和100%，即没有发展可能、有一半的开发可能性和100%的开发可能性，其中，当前状态为农地尚未被开发，其开发可能性为0；区位条件有3个属性水平，分别为城乡接合部、近郊和远郊，其中，当前状态为城乡接合部；土地开发支付成本根据预调查，有超过60%的受访者最高土地开发支付意愿不超过1 000元/平方米，因而将开发成本属性范围限定在区间［0, 1 500］，将选择区间划分为4个支付水平：0、500、1 000、1 500，其中，当前状态为0元，具体各属性水平见表8-52。

表8-52　　　　　　　　版本一属性水平设计

属性	水平1	水平2	水平3	水平4
土地用途	农用地	工业用地	商业用地	住宅用地
景观破碎度	大（≥2 000）	中（500~2 000）	小（≤500）	
发展概率	0	0.5	1	
区位条件	城乡接合部	近郊	远郊	
支付成本（元/平方米）	0	500	1 000	1 500

和版本一相比，版本二中土地用途、景观破碎度和支付成本属性水平不变，结合我国城镇土地发展规划中对不同建设用地容积限制的平均水平，将容积率变更的土地容积率这一属性分为5个水平：0、0~1、1~2、2~3、>3，当前状态为0。区域内农用地所占比例有3个水平，分别为<50%、=50%、>50%，当前状态为<50%，具体属性水平见表8-53。

表8-53　　　　　　　　　　版本二属性水平设计

属性	水平1	水平2	水平3	水平4	水平5
土地用途	农用地	工业用地	商业用地	住宅用地	
景观破碎度	大（≥2 000）	中（500~2 000）	小（≤500）		
容积率	0	0~1	1~2	2~3	>3
农地所占比例	<50%	50%	>50%		
支付成本（元/平方米）	0	500	1 000	1 500	

（3）选择集确定。

根据表8-52和表8-53中两个版本的属性水平，版本一中的3因素3水平和2因素4水平，将一共产生$4^2 \times 3^3 = 432$个选择集，即将对一位受访者进行432次试验，版本二中的1因素5水平、2因素4水平和2因素3水平，将一共产生$5 \times 4^2 \times 3^2 = 720$个选择集，即将对一位受访者进行720次实验。显然，出于问卷质量、研究成本和研究的可行性考虑，不可能将所有选择集呈现，因此在选择集的确定过程中，大多数学者都对其进行了正交实验来降低选择项的个数以保证问卷调查的可实施性（张蕾等，2008；Hoyos，2010；王尔大等，2015）。因此，通过使用SPSS 20.0软件正交程序（orthogonalization），仅保留具有代表性的正交项，最终版本一得到16个选择集（包括当前状态），版本二得到25个选择集（包括当前状态）。

若对16个选择集进行两两比较，也将产生120个问题，过多的问题不利于调查完成，因此，参照英国爱丁堡大学环境价值测算方法对选择情景进行精简，将16个选择集随机抽取两两为一个情景（institute of ecology and resource management，2001），一份问卷将产生8个选择情景/问题，每个问题均要求受访者对提供的两种土地发展方案进行选择（或都不选），其中一个情景见表8-54。

表8-54　　　　　　　　　　版本一中的一个选择集

方案属性	方案A	方案B
土地用途	集体土地	商业用地
景观破碎度	大	大
发展概率	0	100%

续表

方案属性	方案 A	方案 B
区位	城乡接合部	城乡接合部
开发支付成本（元/平方米）	0	1 000
我选择 A（　）；我选择 B（　）；我都不选（　），原因		

同理，两两选择版本二中的 25 个选择集也将产生 300 个问题，不利于调查完成，故也对其选择情景进行精简，同时，由于本书关注农地开发成住宅用地、商业用地和工业用地的土地发展权价值，因此也剔除了选择集中土地用途为农地的选择集，共得到 7 个选择集，将得到的选择集随机选取两个和当前状态做对比，则得到 3 个选择情景，其中一个选择情景见表 8 - 55。

表 8 - 55　　　　　　　　版本二中的一个选择集

属性	当前状态（SQ）	方案 A	方案 B
土地用途	农用地	住宅用地	工业用地
地块破碎度	大	大	小
可开发的容积率	0	>3	0~1
区域农地所占比例	<50%	<50%	<50%
开发支付意愿（元/平方米）	0	1 000	500
我选择 A（　）；我选择 B（　）；我都不选，默认当前状态 SQ（　），原因			

3. 调查结果与土地发展权价值估算

根据 CE 选择实验设计方案，可以确定模型中的属性变量。而关于个体特征变量的选取，参照前人调查工作（马爱慧，2012），针对农户选取性别（sex）、年龄（age）、出生地（$domicileplace$）、教育水平（$education$）、政治面貌（$party$）、是否为村干部（$status$）、家庭总人口（$totalnumber$）、抚养人口（$dependent$）、家庭总收入（$income$）评价受访个体特征；针对村集体和企业管理人员，不再考虑出生地影响，同时将是否为村干部这一个体特征替换为职务。其中，性别、出生地、政治面貌、村干部为 0~1 变量，女性 =0，男性 =1；出生地本地 =0，外地 =1；政治面貌党员 =1，非党员 =0；村干部 =1，非村干部 =0。

(1) 农户问卷调查结果分析。

①土地征收农户。

不同农户对土地发展方案的选择偏好不同，比如，在 117 份土地征收农户问卷中，选择集1中选择方案 A 的人数占 35.90%，选择方案 B 的人数占 53.85%，都不选的比例占 10.26%，8 个选择集的具体选择概率分布见表 8-56。

表 8-56　　　　　　土地征收农户的选择集选择概率分布

项目	选择集1	选择集2	选择集3	选择集4	选择集5	选择集6	选择集7	选择集8
方案 A	35.90	10.26	87.18	79.49	33.33	60.68	23.08	60.68
方案 B	53.85	76.92	5.98	11.11	41.03	27.35	58.12	16.24
都不选	10.26	12.82	6.84	9.40	25.64	11.97	18.80	23.08

本书使用 Stata 12.0 进行模型参数估计，根据模型一和模型二，将不同属性变量和个体特征变量代入模型，除了支付成本变量为连续变量，所有属性变量均是分类变量代入模型，得到两个多项 Logit 模型，结果见表 8-54。根据参数估计结果，模型一和模型二秩方差 P 值都为 0.000，均通过方程显著性检验，认为方程估计有效。模型一中，除了景观破碎度 [500, 2 000]、发展概率 100% 和近郊没有通过参数 5% 显著性检验，其余变量都非常显著地通过参数检验。模型二中的参数估计结果与模型一中的结果相似，但个体特征变量未通过检验，具体见表 8-57。

根据公式（8.76），将各属性变量的估计参数与货币变量的估计参数的比值的负数作为该属性变量的价值，由此可以计算得到各属性价值见表 8-58。由于当前属性状态水平为农地，景观破碎度大，土地开发概率为 0，区位为城乡接合部，意愿开发支付成本为 0，当前状态为模型的参照组，不同属性水平的参数估计值都是以当前状态为基准进行估计的。由此可见，当一位于城乡接合部的地块，无开发概率、景观破碎度大时，其开发成工业用地、商业用地和住宅用地的发展权价值分别为 2 162.16 元/平方米、2 106.28 元/平方米、4 421.97 元/平方米。若保持其他变量不变，当区位条件变为远郊时，将远郊变量值加入，则三类用途的土地发展权价值将降到 637.18 元/平方米、581.29 元/平方米、2 896.99 元/平方米。若保持其他属性变量不变，当发展概率为 0.5 时，开发的不确定性会导致土地发展权价值降低到 1 273.19 元/平方米、1 217.31 元/平方米、3 533.00 元/平方米。若保持其他属性变量不变，景观破碎度属性水平为小时，三种土地用途的发展权价值将增加到 2 606.08 元/平方米、2 550.19 元/平方米、4 865.89 元/平方米。

表 8-57　土地征收农户模型结果

项目	模型一				模型二			
	Coef.	Std. Err.	z	$P>\|z\|$	Coef.	Std. Err.	z	$P>\|z\|$
Asc	-1.178797	0.187952	-6.27	0.000	-1.159828	0.592861	-1.96	0.05
Industry land	1.871124	0.221579	8.44	0.000	1.868768	0.221963	8.42	0.000
Commercial land	1.821367	0.222208	8.2	0.000	1.821225	0.222252	8.19	0.000
Residential land	3.823599	0.232647	16.44	0.000	3.823760	0.232704	16.43	0.000
Fragmentation_1250	0.174314	0.211827	0.82	0.411	0.174485	0.211868	0.82	0.41
Fragmentation_500	0.383485	0.145357	2.64	0.008	0.384230	0.145434	2.64	0.008
Probability_0.5	-0.768690	0.174933	-4.39	0.000	-0.768409	0.174952	-4.39	0.000
Probability_1	0.156421	0.163801	0.95	0.34	0.156533	0.163843	0.96	0.339
Suburb	-0.375788	0.225385	-1.67	0.095	-0.374417	0.225463	-1.66	0.097
Outer suburbs	-1.318949	0.191547	-6.89	0.000	-1.318361	0.191590	-6.88	0.000
Willing to pay	-0.000865	0.000124	-6.98	0.000	-0.000865	0.000124	-6.98	0.000
sex					-0.008505	0.130878	-0.06	0.948
age					0.000028	0.007645	0.00	0.997
domicileplace					0.000353	0.191526	0.00	0.999
education					-0.010127	0.078711	-0.13	0.898
party					-0.037348	0.235925	-0.16	0.874
status					0.027309	0.294956	0.09	0.926
Total number					0.000428	0.061885	0.01	0.994

续表

项目	模型一				模型二			
	Coef.	Std. Err.	z	$P>\|z\|$	Coef.	Std. Err.	z	$P>\|z\|$
dependent					-0.003836	0.073145	-0.05	0.958
income					0.000499	0.004933	0.1	0.919
Log likelihood	-854.7516				-854.7049			
LRchi^2	500.25				500.34			
Prob > chi^2	0.0000				0.0000			
PseudoR^2	0.2264				0.2264			

表 8-58　　　　　　　土地征收农户土地发展权属性价值

Attributes	模型一（元/平方米）	模型二（元/平方米）	平均
Industry land	2 163.899618	2 160.425434	2 162.162526
Commercial land	2 106.357118	2 106.192899	2 106.275009
Residential land	4 421.879264	4 422.065456	4 421.97236
Fragmentation_500	443.4888401	444.3506418	443.919741
Probability_0.5	-888.9676188	-888.6423037	-888.8049613
Outer suburbs	-1 525.325546	-1 524.645542	-1 524.985544

②土地复垦农户。

在 31 份土地复垦农户问卷中，不同受访者对选择集中的属性水平表现出不同偏好，仅有少部分农户方案 A 和方案 B 都不选，8 个选择集的具体选择概率分布见表 8-59。

表 8-59　　　　　　　土地复垦农户的选择集选择概率分布

项目	选择集 1	选择集 2	选择集 3	选择集 4	选择集 5	选择集 6	选择集 7	选择集 8
方案 A	32.26	29.03	58.06	70.97	54.84	48.39	48.39	77.42
方案 B	61.29	64.52	32.26	22.58	35.48	45.16	45.16	12.90
都不选	6.45	6.45	9.68	6.45	9.68	6.45	6.45	9.68

同理，根据模型一和模型二，将不同水平变量代入，得到两个多项 Logit 模型结果，见表 8-60。根据参数估计结果，模型一和模型二的 LR 检验结果非常显著，认为方程估计有效。模型一和模型二中景观破碎度、50% 的开发概率和近郊没有通过 5% 显著性水平的参数 Z 检验。同样的，个体特征变量也未通过检验。

表 8-60　　　　　　　土地复垦农户模型结果

项目	模型一				模型二			
	Coef.	Std. Err.	z	$P>\|z\|$	Coef.	Std. Err.	z	$P>\|z\|$
Asc	-0.694892	0.321801	-2.16	0.031	-0.684963	1.469832	-0.47	0.641
Industry land	1.453686	0.374482	3.88	0.000	1.453245	0.374567	3.88	0.000

续表

项目	模型一				模型二			
	Coef.	Std. Err.	z	P>|z|	Coef.	Std. Err.	z	P>|z|
Commercial land	1.328908	0.383002	3.47	0.001	1.328546	0.383052	3.47	0.001
Residential land	1.689298	0.374084	4.52	0.000	1.689319	0.374087	4.52	0.000
Fragmentation_1250	-0.422011	0.357371	-1.18	0.238	-0.422271	0.357409	-1.18	0.237
Fragmentation_500	0.258861	0.247256	1.05	0.295	0.258955	0.247264	1.05	0.295
Probability_0.5	0.069033	0.292384	0.24	0.813	0.068857	0.292404	0.24	0.814
Probability_1	0.691931	0.279531	2.48	0.013	0.692252	0.279592	2.48	0.013
Suburb	-0.302891	0.374322	-0.81	0.418	-0.302974	0.374328	-0.81	0.418
Outer suburbs	-0.978986	0.303941	-3.22	0.001	-0.979160	0.303960	-3.22	0.001
Willing to pay	-0.000738	0.000205	-3.6	0.000	-0.000738	0.000205	-3.6	0.000
sex					0.000745	0.250870	0.00	0.998
age					-0.000150	0.017856	-0.01	0.993
domicileplace					-0.001167	0.275992	0.00	0.997
education					-0.005211	0.165710	-0.03	0.975
party					0.007285	0.490868	0.01	0.988
status					0.000000	(omitted)		
Total number					0.002695	0.112605	0.02	0.981
dependent					-0.002623	0.110976	-0.02	0.981
income					0.000182	0.015721	0.01	0.991
Log likelihood	-289.2058				-289.2041			
LRchi^2	56.51				56.51			
Prob > chi^2	0.0000				0.0000			
PseudoR^2	0.0890				0.0890			

利用公式，将各属性变量的估计参数与货币变量的估计参数的比值的负数作为该属性变量的价值，由此可以计算得到各属性价值，见表8-61。将模型一和模型二得到的属性价值求其均值，作为各属性水平的最终价值。根据表8-61，以当前状态为参照，则可以得出在发展概率为100%的情况下，城乡接合部的农地开发成工业用地、商业用地和住宅用地的发展权价值分别为2 612.47元/平方米、2 443.50元/平方米、2 931.86元/平方米，远郊的农地开发成工业用地、商

业用地、住宅用地的发展权价值分别为 642.53 元/平方米、473.56 元/平方米、961.92 元/平方米。

表 8-61　　　　　　土地复垦农户土地发展权属性价值

Attributes	模型一（元/平方米）	模型二（元/平方米）	平均
Industry land	1 968.697183	1 968.366518	1 968.56
Commercial land	1 799.712893	1 799.466342	1 799.59
Residential land	2 287.78169	2 288.120005	2 287.95
Probability_1	937.0682557	350.7448192	643.91
Outer suburbs	-1 325.8211	-1 326.236489	-1 326.03

（2）集体问卷调查结果分析。

在收集到的 185 份村集体问卷中，对于选择集 1，有 65.95% 的村干部选择方案 A，30.81% 的村干部选择方案 B，3.24% 的村干部选择保持现状；对于选择集 2，78.92% 的村干部选择方案 A，18.92% 的村干部选择方案 B，2.16% 的村干部选择保持现状；对于选择集 3，65.95% 的村干部选择方案 A，30.81% 的村干部选择方案 B，3.24% 的村干部选择保持现状。

根据模型一和模型二，将各属性变量代入模型，在集体和企业模型中，由于地块破碎度小、中、大对应的取值范围是 <500，[500, 2 000]，>2 000，这里为反映地块破碎度大小对土地发展权价值的作用，将其看作连续变量，并且由于在针对集体和企业的问卷中，主要关注农地开发后的不同状态对于发展权价值，剔除了出现农地的选择集，故参照组为工业用地。在删除不显著属性特征变量后，最终得到两个多项 Logit 模型结果，见表 8-62。

根据参数估计结果，模型一和模型 LR 检验结果非常显著，认为方程估计有效。模型一和模型二中农地所占比例没有通过 5% 显著性水平的参数 z 检验。同样的，个体特征变量也未通过检验。加入个体特征变量后，虽然个体特征变量没有通过检验，但是与模型一结果相比，其他属性水平的参数估计大小相当，方向一致，表现出较强的模型稳健性。为检验模型异方差影响，对模型进行了布伦斯-帕甘（Breusch-Pagan）异方差检验，其原假设为不存在异方差，结果显示秩方差 P 值为 0.6848，无法拒绝原假设，故方程不存在异方差。

表 8-62　村集体土地开发模型结果

项目	模型一				模型二			
	Coef.	Std. Err.	z	$P>\|z\|$	Coef.	Std. Err.	z	$P>\|z\|$
Asc	-0.694892	0.321801	-2.16	0.031	-0.74223	0.653841	-1.14	0.256
Commercial land	1.541571	0.231375	6.66	0.000	1.543402	0.231526	6.67	0.000
Residential land	1.038673	0.248804	4.17	0.000	1.03978	0.248928	4.18	0.000
Fragmentation	0.000671	0.000182	3.69	0.000	0.000672	0.000182	3.69	0.000
plotratio_3	-0.39237	0.163295	-2.4	0.016	-0.39286	0.163389	-2.4	0.016
Willing to pay	-0.00115	0.000197	-5.84	0.000	-0.00115	0.000197	-5.84	0.000
sex					0.056808	0.172364	0.33	0.742
age					0.000957	0.010404	0.09	0.927
edu					0.020363	0.171192	0.12	0.905
Party					0.0223	0.186525	0.12	0.905
status_2					-0.0443	0.261735	-0.17	0.866
status_3					-0.03601	0.271542	-0.13	0.895
income_2					0.149991	0.218432	0.69	0.492
income_3					0.190417	0.222252	0.86	0.392
income_4					0.184006	0.255192	0.72	0.471
Log likelihood	-649.2663				-648.50317			
LRchi^2	238.00				239.53			
Prob > chi^2	0.0000				0.0000			
PseudoR^2	0.1549				0.1559			

利用公式（8.76），将各属性变量的估计参数与货币变量的估计参数的比值的负数作为该属性变量的价值，由此可以计算得到各属性价值，见表8-63。将模型一和模型二得到的属性价值求其均值，作为各属性水平最终价值。根据表8-63，由于模型以工业用地为基准，因而模型一中的常数项与货币项的系数比可以视为工业用途的价值，计算得出不考虑容积限制的开发成工业用地的价值为604.25元/平方米。通过对选择集的处理，以开发成工业用地为参照，若不考虑容积率限制，则可以得出与工业用地相比，开发成商业用地和住宅用地的发展权价值分别比工业用地多1 342.05元/平方米、904.38元/平方米；因此，得到不考虑容积限制下，开发为工业用地、商业用地和住宅用地的价值分别为604.25元/平方米、1 946.30元/平方米、1 508.63元/平方米。若考虑容积限制，在容积率限定下2~3的情况下，工业用地开发成商业用地和住宅用地的发展权价值分别减小到1 000.02元/平方米和562.35元/平方米。

表8-63　　　　　　　　村集体土地发展权属性价值

Attributes	模型一（元/平方米）	模型二（元/平方米）	平均
Commercial land	1 341.43	1 341.505	1 341.468
Residential land	903.8227	903.7636	903.7931
Fragmentation	0.583449	0.583659	0.583554
plotratio_3	-341.425	-341.466	-341.446

（3）企业问卷调查结果分析。

企业家和村干部在对土地发展选择集属性水平偏好上呈现出一定程度的趋同性。在收集到的220份企业问卷中，对于选择集1，有68.33%的企业家选择方案A，30.11%的企业家选择方案B，1.36%的企业家选择保持现状；对于选择集2，73.75%的企业家选择方案A，24.89%的企业家选择方案B，1.36%的企业家选择保持现状；对于选择集3，56.56%的企业家选择方案A，42.99%的企业家选择方案B，0.45%的企业家选择保持现状。

在模型估计时，对数据进行分类处理。个体特征变量中，教育水平为分类变量，1=初中及以下，2=高中，3=大学，4=大学以上；职务水平为分类变量，1=董事长，2=经理，3=其他职务；家庭收入也为分类变量，1=5万元以下，2=5万~10万元，3=10万~15万元，4=15万~20万元，5=20万元以上。将处理后数据代入模型一和模型二，删除不显著的属性特征变量后，得到最终估计结果，见表8-64。

表 8-64　　　　　　　　　企业家模型结果

项目	模型一 Coef.	Std. Err.	z	P>|z|	模型二 Coef.	Std. Err.	z	P>|z|
Asc	-0.80997	0.245173	-3.30	0.001	-0.86022	0.527333	-1.63	0.103
Commercial land	0.909387	0.196227	4.48	0.000	0.909822	0.188498	4.83	0.000
Residential land	0.878815	0.000159	4.45	0.000	0.879231	0.196273	4.48	0.000
Fragmentation	0.000707	0.000172	-4.55	0.000	0.000707	0.000159	4.45	0.000
Willing to pay	-0.00078	0.18845	4.83	0.000	-0.00078	0.000172	-4.55	0.000
sex					0.025164	0.132214	0.19	0.849
age					-0.00086	0.006494	-0.13	0.895
edu_2					0.008391	0.230575	0.04	0.971
edu_3					0.035912	0.232794	0.15	0.877
edu_4					0.025189	0.270309	0.09	0.926
Party					0.019479	0.318549	0.06	0.951
status_2					-0.00032	0.185351	0.00	0.999
status_3					-0.04368	0.157858	-0.28	0.782
Total number					0.017234	0.064499	0.27	0.789
dependent					-0.00244	0.080136	-0.03	0.976
income_2					0.03132	0.222788	0.14	0.888
income_3					-0.05012	0.236683	-0.21	0.832
income_4					0.018419	0.250162	0.07	0.941
Log likelihood	-823.0790				-822.7797			
LRchi^2	183.60				184.20			
Prob > chi^2	0.0000				0.0000			
PseudoR^2	0.1003				0.1007			

根据表 8-64，可以看出两模型的 LR 检验均非常显著，似然估计有效，模型一和模型二中容积率和农地占用比例均未通过 5% 显著水平的 z 检验。土地用途中的商业用途和住宅用途均非常显著地通过参数检验，地块破碎度也非常显著地通过了参数检验，但系数较小。将各属性变量的估计参数与货币变量的估计参数的比值的负数作为该属性变量的价值，由此可以计算得到各属性价值，见表 8-65。将模型一和模型二得到的属性价值求其均值，作为各属性水平的最终价值。

表 8-65　　　　　　　企业家土地发展权属性价值

Attributes	模型一（元/平方米）	模型二（元/平方米）	平均
Commercial land	1 163.941	1 164.05	1 163.996
Residential land	1 124.811	1 124.912	1 124.862
Fragmentation	0.90439	0.904555	0.904472

根据表 8-65，通过对选择集的处理，以开发成工业用地为参照，若不考虑容积率限制，常数项与货币项系数之比可以视为不考虑容积限制下开发成工业用地的价值，为 1 038.42 元/平方米，则可以得出与工业用地相比，开发成商业用地和住宅用地的发展权价值分别比工业用地多 1 164.90 元/平方米、1 125.47 元/平方米，据此推算农地开发成工业用地、商业用地和住宅用地的价值分别为 1 038.42 元/平方米、2 203.32 元/平方米、2 163.89 元/平方米。

（四）修正的土地发展权价值

1. 基于 CVM 的土地发展权价值

由于意愿调查和选择实验都是根据主观偏好，因而为确保测算结果相对有效，不会造成结果过低或者过高，笔者将综合考虑不同群体关于发展权价值的意愿价值。根据调查汇总结果，从失地农户角度看，农地开发成住宅用地、工业用地和商业用地的土地发展权价值分别为 895.34 元/平方米、816.79 元/平方米、669.19 元/平方米。从复垦农户角度，农地开发成住宅用地、工业用地和商业用地的土地发展权价值分别为 492.2 元/平方米、411.54 元/平方米、298.47 元/平方米。从村干部的角度看，农地开发成住宅用地、商业用地和工业用地的发展权价值分别为 2 315.50 元/平方米、2 867.21 元/平方米、539.08 元/平方米。从企业家的角度看，农地开发成住宅用地、商业用地和工业用地的发展权价值分别为 4 222.40 元/平方米、4 278.62 元/平方米、869.12 元/平方米。

由于村干部意愿和企业家问卷来自佛山市南海区，而农户问卷主要来自上海市金山区和松江区，因而两个地方地价差异大也会导致评估误差较大，为缩小误差，笔者通过 2015 年地区 GDP 进行修正。2015 年佛山市南海区年度 GDP 为 2 236 亿元，上海市金山区为 867.02 亿元，上海市松江区为 995.36 亿元，以上海两区平均生产总值为基准，最终得到农地发展为住宅用地、商业用地、工业用地的发展权价值为 1 027.92 元/平方米、986.27 元/平方米、453.77 元/平方米。

2. 基于 CE 的土地发展权价值

同样作为陈述偏好的方法，选择实验法也同样具有主观色彩，多角度考察有助于减少偏差。由于不同模型结果属性有偏差，因此这里考察用途改变属性的价值。根据模型结果，从企业家角度，推算农地开发成工业用地、商业用地和住宅用地的价值分别为 1 038.42 元/平方米、2 203.32 元/平方米、2 163.89 元/平方米；从村集体角度看，农地开发为工业用地、商业用地和住宅用地的价值分别为 604.25 元/平方米、1 946.30 元/平方米、1 508.63 元/平方米；从失地农户角度看，农地开发成工业用地、商业用地和住宅用地的土地发展权价值分别为 1 968.56 元/平方米、1 799.59 元/平方米、2 287.95 元/平方米。从复垦农户角度，农地开发成工业用地、商业用地和住宅用地的土地发展权价值分别为 2 162.16 元/平方米、2 106.28 元/平方米、4 421.97 元/平方米。将不同群体偏好下的土地发展权价值汇总，得到基于 CE 的农地开发成工业用地、商业用地、住宅用地的土地发展权价值为 1 443.35 元/平方米、2 013.87 元/平方米、2 595.61 元/平方米。

将意愿调查法和选择实验法的测算结果汇总，取其均值则可以得到两地区土地发展权一般性价值，不考虑其他开发条件，农地开发成工业用地、商业用地和住宅用地的价值为 948.56 元/平方米、1 500.07 元/平方米、1 811.76 元/平方米。

（五）基于发展权价值的福利改进

根据前文对土地发展权价值的测算及修正结果，最终得到农地发展为住宅用地、商业用地、工业用地的发展权价值分别为 1 027.92 元/平方米、986.27 元/平方米、453.77 元/平方米。那么，在考虑了土地发展权价值后，空间置换过程中土地增值价值链和相关权利人收益网关系会如何变化？由此，本书仍然以上海为例，将测算的修正土地发展权价值投放到原空间置换过程中，依次修正原复垦过程收益分配、指标空间"漂移"过程收益分配关系。

原复垦过程为既没有指标交易，也无发展权价值补偿的情况，其相关收益来源于上海的调查问卷，其他项目，如前期开发成本、农地价值、重建成本、相关税费收入等与第三章数据来源一致。由于在上海现阶段指标"漂移"的空间置换过程中，复垦建设用地后结余双指标的价格按 50 年试用期为 30 万/亩，按 20 年试用期为 20 万元/亩进行政府之间的交易，则综合两种情况，取二者均值 25 万/亩（约 375 元/平方米），作为指标交易价格。最终得到原复垦情况、指标交易和土地发展权价值修正三种情况的农户和政府收益，三种情况分别对应收益 1、收益 2 和收益 3，具体见表 8-66。

表 8 – 66　土地发展权价值转移后的空间置换过程收益分配

项目	工业用地	商业用地	住宅用地	综合
基准地价	2 028	13 065	10 706	8 599.67
农地价值	109.03	109.03	109.03	109.03
土地发展权价值	453.77	986.27	1 027.92	822.65
指标交易价格	375	375	375	375
前期开发成本	430	430	430	430
复垦成本	30	30	30	30
重建成本	2 317.69	2 317.69	2 317.69	2 317.69
实际出让价格	3 284.96	14 934.55	12 890.42	10 361.44
相关税费收入	1 256.96	1 869.55	2 184.42	1 761.78
落地区农户收益 1	109.03	109.03	109.03	109.03
复垦区农户收益 1	2 317.69	2 317.69	2 317.69	2 317.69
政府收益 1	1 655.20	13 917.38	12 297.15	9 345.53
落地区农户收益 2	109.03	109.03	109.03	109.03
复垦区农户收益 2	2 692.69	2 692.69	2 692.69	2 692.69
政府收益 2	1 280.20	13 542.38	11 813.12	8 861.50
落地区农户收益 3	562.80	1 095.30	1 136.95	931.68
复垦区农户收益 3	2 771.46	3 303.96	3 345.61	3 140.34
政府收益 3	747.66	11 944.84	10 132.28	7 591.20

从表 8 – 66 可以看出，每平方米原宅基地复垦中农户分享的土地增值收益最少，落地区农户所得收益仅为当前农地价值，而复垦区农户所得补偿为置换房屋的重置成本，综合看来，落地区农户每平方米获得收益为 109.03 元/平方米，复垦区农户获得收益为 2 317.69 元/平方米，政府在集体建设用地空间置换过程获得收益为 9 345.53 元/平方米，三者收益比为 1∶21.26∶85.72；指标"漂移"情况，由于指标价格不区分区位条件，故不同开发用途对应的指标价格是一样的，由于指标交易使得政府转移了部分剩余价值到另一政府部门，假设这部分收益复垦区农户也得以分享，则可以得到综合水平下三者收益比为 1∶24.70∶81.28；发展权价值转移情况，由于落地区农户和复垦区农户可以分享部分土地用途改变、开发程度增强带来的级差收益，因而其收益明显增加，综合水平来看，三者收益比为 1∶3.37∶8.15，具体不同开发用途的收益分配比见图 8 – 32。

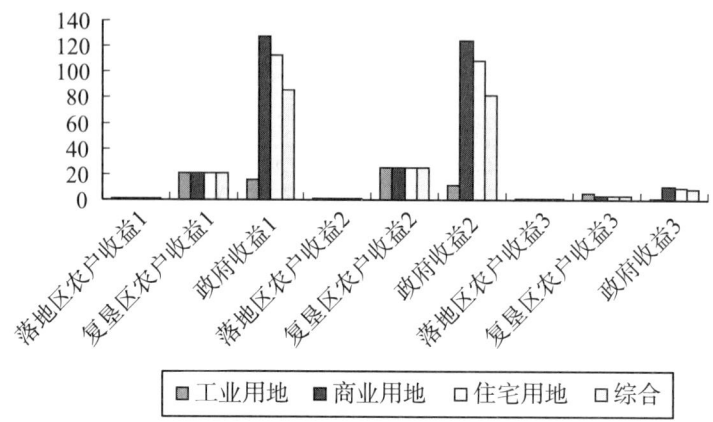

图 8-32　土地发展权价值转移后的空间置换过程收益分配比

尽管前文用夏普利值分析的空间置换过程中政府、落地区农户和复垦区农户博弈最优策略对应的分配比例为 2/3∶1∶1，政府应该分享的收益最小，但是在现实中，由于政府又参与了国有建设用地交易，因而其分享的收益更多。和夏普利值最优策略下三者分配比相比，发展权转移后的收益分配比例仍然较大，但已逐步逼近最优分配比，和原宅基地复垦相比，已较大程度实现了帕累托改进。

二、存量交易市场最优税率测算与福利改进

(一) 存量交易市场土地增值和主体收益匹配

存量交易市场根据存量交易市场中集体建设用地的增值机理，忽略市场竞争和财政收入的影响，出让市场中增加固定资本投入对价格增加的贡献在江门市仅为 14.02%，在东莞市为 14.49%；而在出租市场，固定资本投入对价格增加的贡献在佛山市南海区为 21.17%，三地价格增长率分别为 0.066、0.056 和 0.1746，综合得到固定投资对于价格增加的贡献率为 1.81%，也可以看作固定资产投资的投资回报率。而根据集体建设用地价格对于集体收入和政府收入的响应，价格增加对于集体收入增加和政府对于集体交易中收入增加的敏感程度不同，价格增加对二者收入增加的响应比为 1.79∶1，集体经济组织对于价格变化更为敏感，因此收益分配越向价格敏感的群体倾斜社会分配越公平，因而集体收益从收益分配理论和作为集体资产所有权人对地租的占有均表明集体应获得较大收益。但是在集体建设用地交易中，现有集体和政府在交易中的平均分配比为 6.45∶1，粗略从价格增值贡献和收益分享比重看，并不匹配。而用地企业在获得

集体建设用地时，也将承担一定交易成本，根据调查统计，集体建设用地交易中政府获得税费收益占总拿地成本的 13.43%，调查发现对于用地企业存在一定压力。

再者，当前税费征收依据均是参照国有建设用地的标准进行，未有统一标准。国有建设用地由于土地所有权国有，在交易过程中，政府既是市场监督者又是产权所有者，双重身份让政府既收取了出让金也收取了一定税费，由于集体建设用地交易没有统一税费标准，因而导致不少地方政府在集体建设用地交易过程中对集体建设用地相关税费征收不明，出让金、税、费名目错乱，混淆不清；并且，目前集体建设用地价格总体上仍然低于国有建设用地，集体建设用地的价格尚未完全实现，却按照完全实现的标准在征收税费，势必会侵占集体土地交易双方的剩余价值，与应征收的数额不匹配。因此，笔者认为，对于直接交易市场，土地增值链和收益网存在不匹配，需通过税费调整进行收益分配修正。

（二）最优税率测度

集体建设用地存量交易市场中，根据第二章理论分析框架和第五章主体效用函数，本书把政府在集体建设用地交易过程中征收的税费按交易和保有两个过程，对集体经济组织（供给方）和用地企业（需求方）征收的税费的税率分别记为 t_1 和 t_2。政府针对集体经济组织征收流转税 t_1，由于土地是耐用的资本品，该税收是土地要素交易后发生的预期历次累计税款的一次性转嫁，因此该税收是税负资本化的结果（胡怡建，2011），依据价值量计税，因而针对集体经济组织的流转税是从价税。而在保有环节，针对交易后用地企业征收的税费 t_2 其计税依据是获得集体建设用地面积的大小，其设定税费的目的在于督促用地企业节约用地，因而是从量税。交易价格为 P_1，则可以得到政府关于集体建设用地的总收益 $I_G = tx = (t_1 P_1 + t_2)x$。

根据第二章理论分析结果，企业关于集体经营性建设用地的利润函数为 $I_E(y) = \alpha p(y)y - (P_1 + t_2)x$，而集体经济组织的利润函数为 $I_N(x) = (1 - t_1)P_1 \psi(q) - b(q)$，在第五章中根据调研数据，分别以用地企业和集体经济组织的年收益为产出，构建了用地企业的生产函数为 $Y = p(y)y = x^{0.17} C^{0.28} L^{0.49}$，当企业利润最大化时，土地要素的边际产品产值等于要素价格，$\alpha \frac{\partial Y}{\partial x} = (P_1 + t_2)$，土地要素的贡献率 $\alpha = 0.17$，由于 $MRP_x = p(y) \cdot \frac{\partial y}{\partial x} = \alpha \frac{\partial Y}{\partial x} = (P_1 + t_2)$，以此根据霍特林引理，对企业的利润函数对价格求导数，可以得出用地企业对集体经营性建设用地的需求函数：

$$x(P_1, t_2) = -\frac{\partial I_E}{\partial(P_1 + t_2)} = \left(\frac{P_1 + t_2}{0.029C^{0.28}L^{0.49}}\right)^{0.83} \quad (8.82)$$

而集体经济组织的生产函数为 $F = (1-t_1)P_1 x = q^{0.21}C^{0.47}L^{0.22}$，由此根据霍特林引理，集体经济组织的生产函数，两端同时除以价格，可以得到集体经济组织对于集体经营性建设用地的供给函数：

$$x(P_1, t_1) = \frac{\partial I_N}{\partial P_1} = \frac{q^{0.21}C^{0.47}L^{0.22}}{(1-t_1)P_1} \quad (8.83)$$

根据集体经济组织的供给函数和用地企业的需求函数，可以分别求出集体建设用地的供给弹性 e^s 和需求弹性 e^d 分别为：

$$e^d = -\frac{dx(P_1, t_2)}{d(P_1 + t_2)} \cdot \frac{(P_1 + t_2)}{x(P_1, t_2)} = 0.83$$

$$e^s = -\frac{dx(P_1, t_1)}{d(P_1 - t_1 P_1)} \cdot \frac{(P_1 - t_1 P_1)}{x(P_1, t_1)} = 1$$

从需求弹性 e^d 和供给弹性 e^s 结果看，需求弹性 <1，集体建设用地需求缺乏弹性，而供给弹性 =1，则集体建设用地供给呈单位弹性，供给量和价格的变化率一致。根据拉姆齐法则，当每种商品的补偿需求曲线相互独立，实现帕累托效率的最优税率正比于需求与供给弹性的倒数之和（Ramsey，1927；吴俊培、张青，2003）：

$$t^* = kp_1 \cdot \left(\frac{1}{e^d} + \frac{1}{e^s}\right) \quad (8.84)$$

式中，k 为比例系数，由政府收入量决定，一般而言，可以看作税收总额和总消费额减去税收额的比值。而根据 $tx = (t_1 P_1 + t_2)x$，可得 $t = t_1 P_1 + t_2$，代入式（8.84），则有：

$$t^* = (t_1^* P_1 + t_2^*) = kP_1 \cdot \left(\frac{1}{e^d} + \frac{1}{e^s}\right) = 2.2kP_1 \quad (8.85)$$

根据佛山市南海区集体建设用地租赁中政府、企业和集体经济组织的收益，把企业和集体所得收益当作为两部门总消费额，则可以算得 $k = 0.085[I_G/(I_E + I_N - I_G)]$，将 $k = 0.085$ 代入式（8.85），则得到最优税率 $t^* = 0.187P_1$。

以佛山市南海区为例，根据前文税费描述，佛山市南海区针对集体经济组织征收的税费有增值税（营改增，5%）、城市维护建设税（营业税额的7%）、教育费附加（地方教育费和中央教育费，合计营业税额的5%）、印花税（0.05%），所得税（25%），堤围费（0.12%），总计税率30.77%，即 $t_1 = 0.3077 > 0.187$，由此说明，佛山市南海区当前针对集体经济组织的税率已高过最优税率。

(三) 基于期望税费福利改进

1. 用地企业对税费调整和收益分配的期望

通过对企业进行当前集体交易涉及税费税率的调查，我们发现印花税由于本身税额太小，企业对于该税并不敏感，36%的人认为目前比较合理，而对于带有公共服务色彩的税费，如城市维护建设税和教育费附加，27.71%和30.91%的企业家认为该税额设置合理。而针对增值税、所得税，尽管企业不是直接的纳税人，但是受访企业表示羊毛出在羊身上，税额过高将会导致集体资产交易价格增加，最终转嫁到企业身上，因此分别有27.27%、32.27%和27.27%的受访者表示希望降低到国有建设用地交易对应税率的25%以下。而针对企业直接上缴的税费而言，分别有79.55%和76.82%的企业希望下调当前集体建设用地使用中征收的土地使用税，具体见表8-63。

根据受访者对各项税费调整区间的选择概率分布，可以算出各项税费调整的上限 ($ET_{upper} = \sum_{i=1} P_{ui} t_i$) 和下限 ($ET_{lower} = \sum_{i=1} P_{li} t_i$)，再对上限值和下限值求均值得到最终各项税费期望调整值，最终得到企业对目前税费的期望调整比例，其中，企业希望将所得税和房产税下调到当前税率的53.41%和58.75%，见表8-67。

表8-67 企业问卷中跟国有建设用地市场税率相比调整比例分布 单位：%

项目	费用	<25%	25%~50%	50%~75%	75%~100%	100%~125%	>125%	期望比例
出租方	印花税	15.91	6.82	7.73	33.18	36.36	0	79.32
	增值税（营改增）	27.27	22.73	14.55	16.36	19.09	0	56.82
	城市维护建设税	21.36	14.55	13.64	23.18	27.27	0	67.61
	教育费附加	20.45	11.36	8.64	27.27	30.91	1.36	72.55
	所得税	32.27	23.64	11.36	13.64	19.09	0	53.41
承租方	印花税	17.73	6.82	7.27	33.18	35	0	77.73
	土地使用税	23.64	18.18	15.45	22.27	20.45	0	61.92
	市政配套管理费	29.09	17.27	14.09	16.36	23.18	0	59.31

根据相关税费的收取税率，结合表8-66，可以得到集体建设用地企业家希望印花税税率下调到0.04%，增值税税率下调到2.84%，城市维护建设税税率下调到4.73%，教育费附加税率下调到2.18%，所得税税率下调到13.35%，房产税税率下调到7.05%，土地使用税税率下调到1.55元（平方米/年），市政

配套管理费下调到 8.9 元/平方米。

2. 集体经济组织对税费调整和收益分配的期望

为了从主观的角度探索集体组织对集体资产经营过程中相关主体收益的边界，对受访者进行了参与主体收益期望分配比调查和对税费可承受性调查。净收益分配比方面，对于工业用途的集体资产，23.78% 的经联社管理人员期望的村集体与村民收益分配比为 3∶7，15.68% 的村集体与村民收益比为 2∶8，14.59% 的村集体与村民收益比为 4∶6，10.27% 的村集体与村民收益比为 1∶9，5.41% 的村集体与村民收益比为 1∶1。对商业用途的集体资产的收益期望与工业用途相仿，"三七分" 仍然占较大比例，24.32% 的经联社管理人员期望的村集体与村民收益分配比为 3∶7，15.68% 的受访者希望村集体与村民收益比为 2∶8，14.59% 的受访者希望村集体与村民收益比为 4∶6，10.27% 的受访者希望村集体与村民收益比为 1∶9，5.41% 的受访者希望村集体与村民收益比为 1∶1。由此可以看出集体领导对于工业和商业用途资产收益分配的区分不大，对于集体资产的用途并不敏感。

从对集体资产交易税费的角度看，大部分受访者对于税率较小的税种，如印花税和教育费附加，不管是对承租方还是出租方，都表现出对目前税率设置比较满意的倾向，以国有建设用地涉及税费额度为参照标准，认为集体建设用地占其比例应在 100%~125% 的区间的受访者分别占 44.86%、32.97% 和 48.11%。而针对税额较大，与切身利益联系紧密的税种来说，大多数受访者希望降低当前税率。24.86% 的受访者认为集体建设用地交易上缴的增值税应小于国有建设用地增值税的 25%，26.49% 的受访者认为集体建设用地交易上缴的增值税应小于国有建设用地增值税的 25%~50%，18.92% 的受访者则希望税率调整到原来的 50%~75%。而对城市维护建设费，22.16% 的受访者表示希望税率下降到小于 25%，24.32% 的受访者表示希望税率下降到国有建设用地税率的 25%~50%。而对于税额更大的财产性税收，如所得税，超过 60% 的受访者表示希望所得税税率减小到小于国有建设用地税率的一半。而对承租方应该上缴的税收，受访者的反应则更为理智，27.03% 的受访者认为承租方缴纳的土地使用税和市政配套费应与国有建设用地税率相当，占比为 100%~125%，具体各项税收税率区间调整比例分布见表 8-67。

根据受访者对各项税费调整区间的选择概率分布，可以算出各项税费调整的上限（$ET_{upper} = \sum_{i=1} P_{ui} t_i$）和下限（$ET_{lower} = \sum_{i=1} P_{li} t_i$），再对上限值和下限值求均值得到最终各项税费期望调整值，最终得到集体对目前税费的期望调整比例，其中，集体希望对所得税和房产税下调到当前税率的 51.49% 和 52.7%，见表 8-68。

根据相关税费的收取税率，结合表 8-68，可以得到集体经济组织希望印花税税率下调到 0.04%，增值税税率下调到 2.78%，城市维护建设税税率下调到 4.39%，教育费附加税税率下调到 2.16%，所得税税率下调到 12.87%，房产税税率下调到 6.32%，土地使用税税率下调到 1.68 元/平方米/年，市政配套管理费下调到 9.58 元/平方米。

表 8-68 集体经济组织期望税率跟国有建设用地市场税率相比调整比例分布   单位：%

项目	费用	<25%	25%~50%	50%~75%	75%~100%	100%~125%	>125%	期望比例
出租方	印花税	15.14	7.57	7.57	24.86	44.86	0	81.68
	增值税（营改增）	24.86	26.49	18.92	11.35	17.84	0.54	55.54
	城市维护建设税	22.16	24.32	9.73	18.38	24.86	0.54	62.70
	教育费附加	18.38	14.59	10.27	22.16	32.97	1.08	72.02
	所得税	28.65	31.35	12.97	9.73	16.76	0.54	51.49
承租方	印花税	12.43	8.11	7.57	23.78	48.11	0	84.26
	土地使用税	17.84	22.7	11.35	20	27.03	1.08	67.10
	市政配套管理费	22.7	21.62	11.89	15.68	27.03	1.08	63.86

由于存在当事人对与自己直接相关的税费期望低估和对与自己不直接相关的税费期望高估的情况，因而最终税率调整额度为用地企业和集体经济组织的期望均值，最终得到印花税税率下调到 0.04%，增值税税率下调到 2.81%，城市维护建设税税率下调到 4.56%，教育费附加税税率下调到 2.17%，所得税税率下调到 13.11%，由此得到的针对集体经济组织的期望税率为 16.15%，即 $t_1' = 0.1615$，由于 $t_1' < 0.187$，则说明 t_1 期望税率实现了帕累托改进，而土地使用税税率下调到 1.61 元/平方米/年，市政配套管理费下调到 9.24 元/平方米，$t_2 = 10.85$ 元/平方米/年，同样根据实地调研数据，取佛山市南海区集体建设用地租赁市场交易价格 576.9 元/平方米/年，则有 $t' = 0.1615 \times 576.9 + 10.85 = 104.02$ 元/平方米/年，而最优税率为 $t^* = 576.9 \times 0.187 = 107.88$ 元/平方米/年。尽管 $t' < t^*$，说明尚未达到最优税率，但是二者差值非常小，仅为 3.86 元/平方米/年，已经无限逼近最优，大大实现了帕累托改进，在无法判定集体建设用地租赁价格和国有建设用地相比，是否已完全实现同地同价的现实背景下，该调整税率具有重要借鉴意义。此时，政府对于集体建设用地交易带来的收入将减少 34.51%，而政府与集体的收入分配比将调整为 1:9。

第九章

城乡统一建设用地市场失灵与政府调控

市场机制在实现资源优化配置方面起到基础性作用，但由于存在不完全竞争性、市场行为具有外溢效应、公共物品供应不足、信息不充分及难以兼顾社会公平等问题，必然存在市场失灵及失效现象。尤其由于土地异质性、政府管控性、供给决定性及信息不充分等特殊性质，土地市场还不及其他商品市场那么有效率，这点在高度市场化的发达国家或处于经济转型期的发展中国家都得到普遍认同。因此，在探索构建城乡统一建设用地市场运行机制的同时，需要针对土地市场特性、我国城乡二元结构及土地双轨制等具体情况制定与土地市场运行机制相配套的政府调控政策体系，这是建设城乡统一建设用地市场及促进土地市场机制实现公平和效率兼顾的必然选择。

本章试图从政府针对城乡统一建设用地市场失灵的根源及相应调控实施方案存在的问题，提出建设城乡统一建设用地市场政府调控的理论基础；构建成本/效益测算方法及指标体系，预断城乡统一建设用地市场建设过程中政府调控工具及政策体系可能带来的成本约束和效益比较，为开展城乡统一建设用地市场政府调控提供决策依据；分析中央政府、地方政府、农村集体经济组织、农民、土地使用者等多元市场主体在成本约束、利益博弈和规则冲突之间如何寻求土地市场相对均衡的动态调整过程，探索城乡统一建设用地市场实现相对均衡的内在根源及基本条件；从法律法规、收益分配、产权建设、税收制度、规划管制、生态补偿等方面构建出公平、效率的政府调控原理及管控政策，以协商—博弈的方式实现相关群体间权责利的相对均衡，进而促进城乡统一建设用地市场机制的有序运行，以期为建设城乡统一建设用地市场机制和政府决策提供科学依据。

第一节　城乡统一建设用地市场失灵根源、症结及调控基础

我国从改革开放以后，引入市场机制不断加强市场经济建设，1987年深圳市第一笔国有建设用地有偿交易结束了我国土地资源配置中"无偿、无限期、无流动"的三无状态，也标志着我国建立起了建设用地的交易市场。一般而言，市场机制的运作会对社会经济运行带来正面和负面两种效应，土地市场建立后，市场机制在土地资源配置中发挥了极其重要的作用，使得土地资源的使用权、所有权等产权实现分离，配置方式从无偿划拨实现了招标、拍卖、挂牌等有偿交易方式，也使得无期限的使用变为有期限的使用、出让、出租、转让、转租等，大大优化了土地资源的配置，提高了土地利用的效率和土地效益，此时，建设用地市场配置效率得以提高，相关权利主体收益得以增加，实现了社会的帕累托改进，此时，市场机制的正面效应发挥主要作用。而随着我国经济的快速发展，城镇化和工业化进程的迅猛推进，对建设用地的需求持续增长，而由于农村集体建设用地细碎化现象严重，城乡二元框架下建设用地市场交易环节的不确定性，导致建立用地市场收益分配不公、集体建设用地闲置、国有建设用地供给不足、交易成本高昂等问题，农村建设用地市场存在缺陷，缺乏与城市建设用地衔接的桥梁、制度，市场机制的负面效应暴露出来并日益严重，即出现市场失灵。因此，市场失灵是指，当市场机制运作不再能产生有利于促进整个社会福利的结果时出现的情况，此时需要宏观调控的介入，将"有形的手"和"无形的手"结合起来。

一、农村建设用地增量失控，农地边际化问题突出

随着我国农村集体建设用地入市，农村资产逐步显化，在利益的驱动下，农村集体建设用地供给量不断上涨，缓解了城镇建设用地需求的紧张，但是短期内集体建设用地供给迅速上涨，会对城乡建设用地市场造成冲击；此外，市场对于集体建设用地的需求因地而异，盲目地进行集体建设用地入市反而会导致区域集体建设用地供给过剩，造成市场紊乱。因此，异地调整、增减挂、指标交易等空间置换模式的入市方式，解决了集体建设用地在区域间供需不平衡以及农村集体建设用地细碎化等问题，很好地统筹了区域城乡建设用地市场一体化。与此同时，通过空间置换入市的方法在试点中也突显出一系列问题。一方面，虽然以空间置换模式进行的集体建设用地入市，解决了集体建设用地细碎化的问题，但是

同时也带来了农地边际化的问题,且容易滋生建设用地虚假指标、伪劣指标。另一方面,地方政府在进行试点工作时,没有深刻理解政策,盲目追求建设用地指标,并未将出发点放于盘活农村集体建设用地,使之"取之于农而用之于农",而是利用空间置换来获取更多城镇建设用地指标,从长远来看,不利于城乡统筹发展。

首先,短期内的集体建设用地供给上涨会对城乡建设用地市场带来冲击,而许多地区对于农村集体建设用地的需求并不旺盛,甚至已经处于需求不充分市场的状况。我们通过测算发现,天津市农村集体建设用地供给远远大于集体建设用地需求,结合实地调研,天津市对农村集体建设用地的需求量并不旺盛,农村集体建设用地利用效率低,盘活工业园区内部土地,集约节约利用,足以满足需求。若在这些区域实行集体建设用地流转政策,较低的建设用地需求,易造成建设用地市场供给过剩,导致市场紊乱。

其次,各集体建设用地试点各种方式来充分利用集体建设用地,避免供给过剩,空间置换就是一种优化的集体建设用地入市方式,属于该类模式的有"地票"模式、增减挂钩模式、异地调整、指标交易等,几乎所有试点都在通过空间置换来优化集体建设用地入市。如指标交易就是通过复垦偏远地区、地块分散地区的建设用地为耕地,将耕地占用指标空间置换到城郊地区、地块集中地区,这一方式能够很好地盘活细碎化的农村集体建设用地,且在调研过程中我们发现,空间置换模式入市的比例占据不少,愈发大幅上涨。如我们在郫县的调研中发现大部分可交易和已入市的集体经营性建设用地都是由前期土地整理项目集中居住获得腾退的闲置宅基地,仅有战旗村的已经交易建设用地是原村集体所办复合肥厂、预制厂和村委会老办公楼用地。红光镇白云村现有约128亩土地已入市交易,其占郫都区总农村经营性建设用地交易总量的35.78%,其建设用地指标均为2009年开始的土地整理、农村居民搬迁安置、集中居住房建设等土地整治项目腾余出来的土地;在德清县的调研中发现,德清县共排查了1 800多宗可入市的集体建设用地,第一阶段的一百多宗集体建设用地入市多是存量集体经营性建设用地,而下一步需要进行的便是通过空间置换来进行集体建设用地入市。

最后,空间置换模式统筹了区域建设用地供需,解决了农村集体建设用地细碎化问题,但是同时也延伸出来农地边际化和拉大城乡差距的问题。指标的"漂移"亦会使得交通便利、区位因素较好的耕地不断被占用,城乡接合部、城郊地区的耕地可能会越来越少,而复垦的耕地将趋向于发生在农村偏远地区、交通不便利、区位因素较差的区域,带来农地边际化的风险。地方政府着眼于当地经济发展,异地置换中,增量来源不清楚,虚假增量等现象层出不穷,若某些地方基层没有深入了解国家政策,盲目追求建设用地指标,使得"先用地,再复垦"

"占优补劣"、指标"借而不还"的现象再次发生。这种做法是打着"集体建设用地入市"的幌子,把工作重点都放在了增加城市建设用地指标上面,轻视对农用地的保护以及农村的发展,从而真正忽视了集体建设用地通过空间置换来入市的初衷。

因此,这种做法从长远来看,不利于城乡统筹发展。在指标交易利益的驱使下,农村建设用地可能会过度流失,阻碍农村工业发展,进一步拉大城市和农村经济发展的差距,使得城镇对农村的"涓流效应"受到抑制,而城乡间的"马太效应"被放大。

二、农村建设用地增值收益分配不公,存在利益侵占现象

城乡二元结构的最大问题是农村集体建设用地土地增值过程中增值收益分配不公,弱势群体(尤其是农户)的土地增值收益极易被侵占,入市收益分配是构建城乡统一建设用地市场的重点。土地增值收益的分配应按土地所有权隶属关系进行分配,同时还要兼顾国家、集体和个人三者的利益关系。农村集体建设用地属于农村集体经济组织所有,组织成员具有使用权,同时集体建设用地受益多少与区位因素有关,城镇化较高的区域,距离中心城市越近,增值空间较大,因此,入市流转增值收益分配的主体主要有地方政府、土地所有者(集体经济组织)和土地使用者三个。三个主体可以分为两个层次,外部分配(地方政府和农村集体)和内部分配(集体组织和成员之间)。从理论上来看,集体经营性建设用地入市,因外部投资辐射增值、供应性增值、用途转换性增值转化的级差地租,应按照"谁贡献,谁受益"进行社会再分配。但在改革试点前,却均由土地所有者(集体经济组织)占有,造成了极大的社会不公平。另一方面,地方政府作为特殊的利益主体,通常以土地调节金或者税费的形式去获取属于他那一部分的土地增值收益,而经过我们对各建设用地入市的试点区调研,发现每个地区的收益分配标准都有所不同。这些潜在的收益分配不均的问题都造就了各个试点地区或多或少地出现了农户这一弱势群体的土地增值收益被侵占的现象。

(一)外部分配(地方政府和农村集体):地方政府占据

2004 年以后,中央政府出台了鼓励和规范城乡建设用地增减挂钩的相关文件,建设用地供给的渠道得到了拓宽。但无论是农地征收转用、城乡建设用地挂钩还是后来的建设用地入市试点,都需要经过相关程序且由地方政府主导实施,产生一些弊端,首先,地方政府垄断了一级建设用地供给市场,易影响其他主体的土地权益,造成社会矛盾;其次,地方政府承担了建设用地利用配置的主要工

作，不利于建立健全土地市场和行使其管理职责；再次，与国有建设用地市场交易相比较，其产生的土地增值收益主要用于国有土地开发和城市建设支出，而集体建设用地市场交易产生的土地增值收益50%~90%不等，通过分红成为农民收益，剩下的10%~50%才由集体经济组织用于集体土地开发或集体土地上的基础设施建设，国有建设用地与集体建设用地的土地增值收益分配尚未实现平衡；最后，从国家税费法律、法规的角度来看，现有税法的相关规定主要为国有建设用地量身定做，国有土地税费清晰，集体土地免费、隐性流转，税费征缴义务和责任人尚不明确。这些导致了：

第一，土地收益被"占有"，地方政府与农民间的收益矛盾。指标交易过程中，偏远地区、地块分散地区的农村集体建设用地的使用权"漂移"到城郊地区、地块集中地区，偏远地区的建设用地发展权"漂移"后农民只获得了土地复垦补偿、安置补偿等，地方政府作为指标交易的"主导者"在指标交易过程中"占有"了较多的收益。以成都市郫都区的第一宗指标交易为例，通过拆迁农村集体居住的楼房获得净增耕地263亩，这个指标作为经营性用地公开拍卖总价达到11亿元，村庄只获得1.35亿元收入，仅相当于卖地收入的12%。

第二，税费体系不完善，公共配套权责不明确。目前在集体建设用地交易，尤其是出让、转让环节，其部分税费标准还不明确，导致对集体建设用地交易主体征收的税费过低，对国有建设用地使用者造成不公平待遇，不利于"同地、同价、同权"的实现。佛山南海区隐形流转背景下，征缴的税种不一，未形成完整的税收征缴制度。如大沥镇沥西村的乡镇企业征缴营业税（代征城建税、地方教育费附加）、企业所得税、房产税（租金收入×12%）；狮山镇朗沙村征缴房产税；狮山镇七浦村，经联社大概一年固定给地税缴纳2万~3万元，房产税和土地使用费主要由企业支付等。集体建设用地一级市场涉及的契税、印花税等也并非所有集体经济组织或用地企业都有缴纳。

第三，重收益轻管理的现象较为严重，一些地方不仅乡镇政府参与收益分配，市县政府也参与了收益分配，而且分配比例还很高。农村集体非农建设用地流转市场中的管理漏洞不仅能使流转试点目标走样，而且有可能成为滋生土地腐败的另一块土壤。

对于这些情况，各个地区政府随政策环境、经济社会环境变化会产生不同的行为取向。从集体建设用地流转试点地区来看，这种行为取向的差异会导致不同的集体建设用地入市效应。其具体如下：

（1）成都郫县：从成都市郫都区的增值收益分配管理办法和试点实践来看，政府与集体经济组织间的收益分配关系比较清晰。用于工矿仓储、商服等用途的土地，应收取集体经营性建设用地增值收益调节金，收益调节金由区纳入地方国库。增值收益调节金按区位差异的思路，根据土地规划用途、入市方式和基准地价不同其金额也不同，其具体情况见表9-1、表9-2。

表9-1　　工矿仓储用地收益调节金标准表（成交价比例计提）

入市方式 \ 位于基准地价级别	一级（%）	二级（%）	三级（%）
招、拍、挂	13	13	13
协议	23	23	23

表9-2　　商服用地收益调节金标准表（成交价比例计提）

入市方式 \ 位于基准地价级别	一级（%）	二级（%）	三级（%）
招、拍、挂	30	24	15
协议	40	33	25

（2）佛山南海：佛山市南海区集体经营性建设用地流转为自下而上的自发性流转，且经过近30年的发展，农村集体已普遍形成免费流转的观念。2015年入市改革之后，开始征收出让调节金，从佛山市南海区实际出发，明确土地增值收益核算办法，按土地用途和入市方式，分类确定土地增值收益调节金收取比例，非城市更新、综合整治项目的农村集体经营性建设用地使用权出让调节金的征收比例为10%~15%，农村集体经营性建设用地使用权转让调节金的征收比例为2.5%~3.5%，这大体实现了土地征收转用与集体经营性建设用地入市取得的土地增值收益在国家和集体之间分享比例的平衡。入市试点以来，大沥镇布鲁森国际幼儿园、九江镇上东工业园等三宗以出让方式入市的项目地块均实现了土地增值收益调节金征收，其中大沥镇B幼儿园为公共管理与公共服务用途，按土地出让收入的10%，九江镇上东工业园两宗地为工矿仓储用途的城市更新项目，按土地出让收入的5%，政府向村集体收取调节金共678.01万元。

（3）江苏宜兴：宜兴市规定，集体建设用地直接流转的审批要参照国有土地使用权的审批方式，收益由集体经济组织的资产管理机构管理，而非归于集体经济组织，地方政府会获取收益中的30%。

不同试点政府基于各自的区域发展情况有着不同的参与分配模式，这三种模式主要的优缺点如表9-3所示。南海模式和宜兴模式的共同点在于两种行为取向均基于当地较好的经济环境，但南海模式更能够充分调动当地集体经济组织、农民个体的积极性，经济发展更加稳定成熟，缺点在于市场主导的经济环境削弱了地方政府在公共管理方面的影响力；相反，宜兴可以保持地方政府在当地经济发展中的主导地位，也有财力进行基础设施的建设，缺点在于打消了市场个体的积极性，同时，如果地方政府将财政收入投资于国企等非基础设施的方面，还会阻碍市场建设和培育。对于郫县模式，它为地区经济发展提供了更多的资源，效益明显。但这种做法也容易导致地区的土地财政依赖、地方债务紧张等问题。

表9-3　　　　　　政府参与收益分配的不同模式下优缺点

典型区域	优点	缺点
成都郫县	初期发展速度快，效率高	经济发展依赖政府
佛山南海	经济发展稳定成熟	难以优化土地利用空间布局
江苏宜兴	地方政府有能力进行公共管理、进一步进行基础设施建设	抑制了对市场主体的积极性，阻碍了市场培育和经济发展

（二）内部分配（集体组织和成员）：集体经济组织侵占

大量农村集体非农建设用地进行私下自发的交易，使得流转行为难以管控，大量土地收益也随之流失。据对2002年湖北省某些农村集体非农建设用地流转的调查情况显示，流转过程中尚未办理相关土地产权登记手续，未受到管理控制的宗地数占流转宗地总数的37%，面积占流转面积总量的92.41%。然而，这种非正式、欠规范的土地交易方式极大地损害了农民的利益，为集体经济组织代理人谋取私利提供了"温床"。另外，集体经济组织这一特殊角色掌握着集体经营性建设用地的经营管理权，同时还承担着为整个村集体提供公共服务与社会保障的责任和义务。按照当前的法律法规和政策，集体内部收益应通过村民代表大会或股东大会的形式由集体成员共同商讨决议来确定分配比例。但由于许多地区基层民主制度不健全，很难建立公平合理的内部收益分配制度，极易引起集体内部收益分配的纠纷产生，出现集体资金被侵占的现象，农民应得利益被集体组织侵占（张雅婷、张占录，2017）。从国家建设用地入市的试点地区调研来看，不同的地方有着不同的分配情况，也存在着一些潜在的问题。

（1）广东省佛山市南海区。

结合广东省、佛山市资产管理有关规定，建设南海区农村集体经济财务监管平台和集体经济股权（股份）管理交易平台。农村集体经济组织取得的土地增值收益，根据各村的具体情况，将土地增值收益，按照"一九""三七""四六"等比例进行分配（见表9-4），按规定比例留归集体后，再在农村集体经济组织成员之间合理分配。农村集体经济组织取得的收益纳入农村集体资产统一管理，并且制定经成员认可的土地增值收益分配办法,分配情况纳入村务公开内容,接受审计监督和政府监管,实现集体资产的公开化、透明化。

表9-4 佛山市南海区集体与个人土地增值收益分配比例典型地块

序号	地块位置	入市时间	规划用途	入市方式	村2015年集体与个人分配比例
1	大沥镇联安村	2016年1月25日	工业用地	公开租赁	出租所得,集体留30%作发展,剩余70%分给村民,分配比例为3:7
2	大沥镇水头村	2016年2月18日	商服用地	公开租赁	出租所得,集体留30%作发展,剩余70%分给村民,分配比例为3:7
3	里水镇邓岗村	2016年3月2日	商服用地	公开租赁	出租所得,居委会留60%作发展,剩余40%分给村民,分配比例为6:4
4	大沥镇曹边村	2016年6月23日	商服用地	公开租赁	(如出租所得,减除费用后,集体留50%作发展,剩余50%分给村民,分配比例为5:5)
5	大沥镇河东村	2016年7月1日	商服用地	公开租赁	出租所得,集体留10%作发展,剩余90%分给村民,分配比例为1:9
6	西樵镇崇南村	2016年10月10日	商服用地	公开租赁	出租所得,集体留20%作发展,剩余80%分给村民,分配比例为2:8
7	大沥镇东秀村	2016年11月8日	工业用地	公开租赁	2015年度总收入547万元,本年度收益502万元,提留201万元作为公益及福利开支,剩余301万元作分配用,分配比例为4:6

在佛山市南海区的实践中,存在着对谁是城市规划区公共投入主体、谁是收益主体的不明晰问题。城市规划范围内的集体土地投入除了主要市政道路等大型公共投入,其他公共投入仍然以集体经济组织为主,同时,在佛山市南海区除了极少数经济实力雄厚的集体经济组织,一般的集体经济组织都难以达到城市建设标准的公共投入水平,集体经济组织管辖范围内集体物业公共基础设施和公共服务配套往往较差,成为了城市中的农村。按照权责一致、使用者付费的原则,土地增值收益的获得主体应当是公共投入的付出主体,对于城市规划区,为了提升整体配套水平,本应当由政府主导统一开发、统一建设,并通过将集体土地征收为国有的形式获取土地增值收益,以弥补公共投入的开支,但是由于对谁是城市规划区公共投入主体、谁是收益主体的不明晰,造成了城市规划区内保留了大量集体土地,对城市规划的统一实施造成了较大的障碍。

（2）江苏省宜兴市。

集体建设用地流转收益97%归村集体所有，剩下的3%作为土地流转交易费用支付给国土相关部门。为了改善村民的生活质量，由村集体获得的土地收益中抽取一部分用于基础设施建设，其中70%用于维护基础设施建设，30%用于村集体的相关管理费用。剩余的土地租赁收益按人数平均分配给集体经济组织成员。

三、农村建设用地市场交易成本高昂

农村建设用地市场的发展对于解决城镇土地供给不足、盘活农村存量建设用地、增加农民收益具有重要意义。不少地区已进行试点探索集体建设用地交易市场，实现城乡统一建设用地市场建设。然而，农村建设用地市场发育至今，由于交易主体的层级性、有限理性，交易客体的产权分散性，加之相关法律缺失、交易规则不健全等问题的存在，这些问题将会带来较高的交易成本，降低市场发展的有效性。

（一）农村建设用地产权分散

与国有建设用地不同，我国农村建设用地市场产权分散、细碎化程度高、交易主体众多，用地需求方必须要与多个产权主体进行多次谈判、交易，产生高昂的信息搜寻、讨价还价成本。20世纪90年代初期进行土地股份制改革，农民自愿将土地使用权折合成股份上交给集体股份合作社，参与分红，集体股份合作社则将这些产权集中，统一组织。1992年，广东省佛山市南海区进行土地股份制改革，将松散的行政组织形成统一的经济组织，集中管理农村建设用地，统一与用地企业交易建设用地，并将增值收益在股民中分红，探索形成"南海模式"。这在一定程度上解决了土地产权的细碎化问题，减少了交易双方因多次交易产生的交易成本。但从试点地区来看，土地股份分红不公平现象普遍，甚至很多地区仅有所谓的股权，而实际并无分红，容易引发各种冲突，农村集体经济组织在进行建设用地交易中又要投入时间和成本进行股民冲突及利益协调，产生潜在交易成本。

（二）农村建设用地地块分散

与国有建设用地的集中连片不同，农村集体建设用地在空间上较为分散，而用地需求方（企业）一般要求地块要集中连片，在交易过程中，就会牵涉较多的供地方或因不同地块价格、利用方式不同而产生较高的谈判、协商费用。为此，在全国许多试点地区，采用空间置换的模式解决这一问题。一方面，在全国范围内实施城乡建设用地增减挂钩政策中的宅基地置换以及重庆的地票制度，就是通过建新拆旧和土地复垦和空间置换，将农村分散的宅基地和其他建设用地拆旧，在集中连片的土地上建新，加入配套的基础设施，将其出租或出让给用地方时，将大大减少交易成本。另一方面，分散的农村建设用地通过行政单元跨区域的空间置换，形成集中连片的建设用地，减少了因分散的土地而寻找不同的交易对象所产生的交易成本。但地票交易和宅基地置换过程中，竞买人须持有相应数量的用地指标才能竞买国有建设用地，"地票"与国有建设用地捆绑销售。如在成都市的第二次指标交易过程中出现了"地票"价格高达 92 万/亩，用地企业为了竞买国有建设用地将"地票"指标价格抬高，开发商的投机行为造成交易风险增加，从而产生较高的交易费用。

（三）农村集体经济组织多级管理制度

农村集体建设用地经历了从无序、隐形市场到有序、有形市场的过程，农村集体经济组织由分散的组织结构逐渐过渡到统一联合的组织结构，集体建设用地交易主要以村集体为单位，在广东省佛山市南海区集体经济组织采取政经分离的模式，2010 年设置镇（街道）、村两级交易平台，2015 年设立区级交易平台，并规定不同规模的建设用地交易在不同级别的交易平台上进行交易，从而打破行政界线，同时也有利于消除需求方（企业）在交易场所选择方面的不确定性，为集体建设用地市场交易提供安全、可靠的交易场所，降低需求方在交易过程中的交易费用。此外，近几年来，佛山市南海区不断进行行政区划调整，减少经济社数量，合并经联社，在一定程度上减少了不同行政单元之间的组织、协调成本。但农村建设用地市场牵涉到的交易主体除开发商、企业外，更多的是区、镇、农村集体经济组织，集体经济组织内部采用多层级管理制度，如在广东省佛山市南海区农村集体经济组织成立经联社和经济社，经联社内部设村委会、居委会、党支部等组织机构，内部组织结构层级较多，交易过程要经过层层商议审批，产生较高的时间成本和人力成本，且集体经济组织领导人数的增加大大加大了协调、组织成本。

（四）交易的不确定性

与国有建设用地交易主体相比，农村集体经济组织作为农村集体建设用地的有关交易成本较高。交易主体的独特之处在于，组织之间及组织内部人与人之间的关系较为亲密，虽然交易双方为熟人的情况下，可以在一定程度上建立信任和承诺，减少组织成员的机会主义行为，但在于组织外部成员交易或上下级之间容易产生寻租行为，这种私人关系就具有一定负面作用（Wang, 2007），存在交易成本高、时间消耗大的问题（Lee，Ellis，2000）。早期的农村建设用地市场大多数属于隐形、私下交易，农村集体的负责人介入、政府干预和中介参与可能会带来较高的交易费用；且早期合同签订之后少有合同公证过程，存在较大的履约风险，将带来高市场不确定性，从而产生较高的交易费用。此外，早期的集体建设用地市场交易以协议为主，较少办理《土地使用证》。2010年以来广东省佛山市南海区建立区、镇、村三级平台，市场交易采用竞标方式，使得交易环境更加公开透明，有利于市场的公开、公平、公正。《土地使用证》的办理有利于降低环境的变化，降低交易的不确定性，减少交易费用。但全国大部分地区交易流程仍不规范，牵涉环节较多，土地使用证颁发不及时等问题，增加了交易费用。

（五）农村集体建设用地交易频繁

国有建设用地一般产权稳定，交易期限较长，因此国有土地市场较为成熟、完善，而农村集体建设用地产权界定不清晰，需求方（企业）对于企业的经营状况以及盈利也存在一定的预期，再加上企业的生命周期相对于土地利用周期较短，因而集体建设用地市场的发展呈现交易周期相对较短、契约期限较短、交易频率较高的特点（张婷，2016）。由调研数据可知，2010～2015年广东省佛山市南海区农村建设用地交易以出租为主，大多数交易期限在五年以下。交易的频繁性增加了交易主体之间的谈判次数和风险，交易成本也大幅提高。

四、农村建设用地市场交易风险

（一）农村集体建设用地入市交易风险来源

由于我国有关集体建设用地的法律法规、机制存在缺陷以及受现实情况约束，在农村集体建设用地进入市场前和市场运行过程中都面临着一系列的风险。这些风险的主要具体来源有以下几个方面：

（1）产权不明晰，权属管理混乱。调研发现珠三角地区办理农村集体建设用地使用权证需要高昂的费用（大约为9万元/亩），且国土部门办理的指标有限，农村集体由于资金不足，多数村集体办证意愿较弱。《广州市集体建设用地流转土地收益分配调查和对策研究》指出，广州市农村集体建设用地物业全部未办理房地产证的村占25%，如白云区的夏茅村、长红村，番禺区的沙坑村等；其中20%～30%集体建设用地物业办理房地产证的村占50%；其中70%～80%集体建设用地物业办理房地产证的村占6.25%。产权明晰是集体建设用地交易的前提，现有的产权问题会造成交易风险。

（2）市场交易价格机制不完善，集体资产流失严重。在 20 世纪八九十年代初期，隐形的农村集体建设用地市场交易过程中，其价格的制定主要是根据每亩地生产出的粮食价钱为定价标准，大约为 4 000 元/亩·年；2000~2010 年价格在 7 000 元/亩·年左右；2010 年之后大约为 15 000 元/亩·年，交易的价格更多的是根据物价水平以及周边土地的价格制定。一些村在农村集体建设用地市场交易过程中，随意定价，有的交易案例年限太长，租金低廉，且租金标准在整个交易年限中不变，农村集体和农民应有的土地增值收益流失，对集体建设用地入市交易造成困境和带来风险。

（3）交易过程中合同签订不规范，存在违约风险。对南海区西樵镇和狮山镇用地企业的调研发现，只有 26.21% 的企业对签订的合同进行了公证。据郫都区调研，根据交易主体签署的协议，若协议允许使用权者继续使用，但众多产权主体者面对较多增值表现各异，没有法律政策约束下，不规范的协议面临被撕毁的风险。一旦出现违约，并诉诸于法律，由于缺乏上位法律，只有判交易合约无效，缔约双方俱损。

（4）交易方式偏向性明显，阻碍产业提升和集约用地。根据佛山市南海区农村集体建设用地交易数据分析，自《广东省集体建设用地使用权流转管理办法》实施以来，佛山市南海区共出让集体建设用地 88 宗，出租总宗地数达 1 464 宗，出让宗数仅占总流转宗数的 6%，其余 94% 均为出租，集体建设用地的交易方式表现出了明显的偏向性。然而，在出租交易方式下，企业不能将集体土地使用权抵押融资，集体土地所有权、使用权的价值不能得到充分体现（陈燕玉、郭旭彦，2014）。同时，出租土地使用权不能完全从土地所有权中分离出来成为独立完整的使用权能，集体建设用地如果无法转让、转租、抵押，不能像国有土地一样进入二级市场流通，同样影响其市场吸引力。

（5）交易信息不对称，产生机会主义行为。调查佛山市南海区中随机 6 个镇发现较为明显的信息不对称现象。该县被调研的 6 个镇 300 个农民中有 36.33% 的农民不清楚村集体如何获取土地流转信息，6 个镇中有 3 个镇包含村集体通过自己寻找交易信息的途径。村集体通过自己获取交易信息的方式更容易滋生寻租行为，村集体作为代理人也更容易隐藏信息。另外，300 个农民中有 142 个农民（47.33%）否认土地交易信息与之前掌握的大致相同。在大沥镇，50 个被调查农民中有 44 个农民（88%）对土地交易前后的土地交易信息均不清楚。这个数据表明了农户在土地交易信息方面是十分不对称的，产生投机行为，对集体建设用地入市造成风险。

（6）指标与国有建设用地"捆绑"销售，可能存在投机风险。中部西部非农经济不发达地区出现的"地票"交易实际上是将"地票"指标作为用地企业竞买国有建设用地的"入场券""准入证",竞买人须持有相应数量的用地指标才能竞买国有建设用地,地票与国有建设用地捆绑销售。在成都市的第二次指标交易过程中出现了地票价格高达92万元/亩,用地企业为了竞买国有建设用地将地票指标价格抬高;此外,在湖北省鄂州市的调研中发现,鄂州市刚开始试行地票时某村的大量农村集体建设用地(大部分是砖厂)一夜之间被开发商购买,开发商借此机会盈利,导致了地票交易可能存在投机风险。

(二) 农村集体建设用地入市交易风险调控

针对以上集体建设用地入市风险,在实际调研中发现,各试点在农村集体建设用地入市调控方面均有一些成功的经验。

从1990年开始佛山市南海区在全国率先开展农村土地股份制改革,通过20多年的探索,实施"确权到户、户内共享、社内流转、长久不变"模式,解决了包括外嫁女在内的13类特殊群体的土地股权争议问题。从2010年开始在各镇街相继建立农村集体资产管理交易平台,实现了国有建设用地与集体建设用地分平台交易的市场模式,交易平台土地信息公开透明,避免信息不对称带来的机会主义行为,保障农民的权益。2011年,在广东省人民政府《流转管理办法》框架下,出台了集体建设用地使用权出让出租管理办法,进一步规范集体建设用地市场,认可集体建设用地产权交易,缩减国有与集体建设用地市场的差距。2012年底完成了农村集体土地所有权确权发证工作,明确集体建设用地的产权,农村集体土地产权主体的确定,为集体建设用地使用权流转工作的顺利开展奠定了良好的基础。2013年,在广东省内率先构建集体建设用地基准地价和租金体系,形成城乡统一的土地价格体系,佛山市南海区公布的集体建设用地基准地价的范围包括现有建设用地及规划期内的集体建设用地基准地价和基准租金。针对不同级别、不同用途的集体土地制定基准地价,为集体土地交易提供价格参考(见表9-5~表9-7)。2014年,佛山市南海区在《国土资源部关于调整部分地区土地等别的通知》的基础上又进一步明确了集体建设用地使用权流转规范。2015年入市改革以来,通过"1+N"的制度体系构建,进一步完善和规范了土地市场运行机制。

表9-5 佛山市南海区集体建设用地整体地价水平

用途	商业用地	工业用地
楼面地价(元/平方米)	682	—
地面地价(元/平方米)	1 364	412

注:商业用地、住宅用地设定容积率为2.0,工业用地设定容积率为1.0。

表9-6 佛山市南海区各类集体建设用地级别地面基准地价表

土地用途 土地级别	商业		工业	
	元/平方米	万元/亩	元/平方米	万元/亩
一级	1 934	129.00	471	31.42
二级	1 324	88.31	403	26.88
三级	954	63.63	375	25.01
四级	826	55.09	350	23.35

注：商业用地、住宅用地分别为容积率2.0下的单位面积地面地价，工业为容积率1.0下的单位面积地面地价。

表9-7 佛山市南海区各镇（街）各用途集体土地地价水平表

用途 镇（街）	商业		工业	
	元/平方米	万元/亩	元/平方米	万元/亩
桂城街道	1 900	126.73	472	31.48
罗村街道	1 308	87.24	417	27.81
九江镇	1 002	66.83	374	24.95
西樵镇	1 196	79.77	379	25.28
丹灶镇	952	63.50	372	24.81
狮山镇	1 030	68.70	383	25.55
大沥镇	1 816	121.13	444	29.61
里水镇	1 120	74.70	402	26.81

注：住宅用地分别为容积率2.0下的单位面积地面地价，工业用地为容积率1.0下的单位面积地面地价。

湖州市的集体建设用地入市的成功经验之一是其流转形式趋于多样，例如：租赁、转让、作价入股等方式，其中转让和租赁为近几年最为普遍。不同的流转方式使村民选择性更多，流转更灵活，村民权益更加能够得到保障。

义乌市创新开展"集地券"试点，在确保农民宅基地权益不受损和保障户有所居的前提下，建立宅基地有偿退出机制和"人地钱"挂钩政策，通过实施"集地券"制度，将新型城镇化和农村现代化紧密联系，破解发展空间不足的难题。"集地券"实行台账式登记，把分散的、零星的土地集中管理，积少成多，建设项目需要时可在全市范围内灵活掌握、统筹使用，充分利用存量的集体建设用地，推进城乡统筹发展。

第二节 城乡统一建设用地市场政府调控成本约束及效益比较

近年来，我国在政府决策和立法领域，已经非常明确地提出"成本收益分析"的要求。除了《行政许可法》要求对行政许可事项进行成本收益分析之外，国务院颁布的《全面推进依法行政实施纲要》也明确提出"积极探索对政府项目尤其是经济立法项目的成本效益分析制度"。但是，成本收益分析的结构层次如何展开？技术方法如何实践？依然欠缺比较成熟的思路。尤其是，它的优势如何在包括司法评价在内的整个规制措施实施过程中得以发挥，也是亟待解决的问题。本书试图以成本收益分析方法运用较为娴熟的美国为借鉴蓝本，介绍其具体的分析结构和操作方法，并梳理这一方法的困境和转型可能，以期对我国的制度实践有所裨益。

成本收益分析是采用"货币基准"，对手段实施的"投入成本"与目的达成后的"产出利益"作比较，从而决定是否采取以及采取何种规制措施的方法。一般来说，如果手段实施所需要的"负面成本"已经大于"正面获益"，那么，即使政策实施有助于达成公共治理目标，也会因违背成本收益分析规则而遭到抛弃。成本收益分析原则上是按照"货币量化分析（monetization）→其他量化分析（quantification）→定性分析（qualitative）"的方式进行。其中，以货币为量化基准提供价值评估的"可共量性"，对于整个过程都发挥了重要意义。因此，有关成本收益分析如何在各类不同质的价值间获得货币量化标准，如何将其质量化转化为货币量化，如何将非量化因素转化为可量化基准的技术方法，就需要得到很高的重视。

一、建立城乡统一建设用地市场政府调控成本/效益指标体系

（一）政府调控成本构成与分析

随着国有资产管理体制改革的进一步深化，产权多元化成为实现国有资产保值增值、构建现代企业制度的重要选择。而政府的调控是有成本的，甚至存在很高的成本，因此，如何降低政府调控成本、实施有效调控，成为推动城乡土地市

场改革的重要命题。其中,最重要的调控成本为制度的运行成本和效率成本、转移成本、反腐败成本。

(1) 调控制度的运行成本。从公共政策的视角看,其可分为调控政策的制定成本和运作成本。调控政策的制定成本包括调控机构对有关信息的收集成本和分析成本以及调控政策的制定费用等。众所周知,相关信息的收集是制定调控政策的必要前提,而收集信息是要花费巨大成本的,这也往往成为反对政府调控的理由之一。调控规则的制定要经过一系列复杂的行政程序,如对建议法规的调查听证、法规的制定与颁布、新法规实施后对市场均衡的分析与评价、对现行法规修正的建议等。显然,要完成上述各环节,费时耗资之巨大是可以想象的。调控政策的运作成本又由两类成本构成:第一,调控的文件处理成本、行政裁决成本等。经验表明,在既定的调控制度下,制定、执行某项调控制度所花费的成本数额往往很惊人。以行政裁决为例,调控机构的裁决必须在相关利益人与调控者之间信息交换、讨价还价的过程中进行,往往导致调控规则和标准制定程序的拖延。可见,正式裁决是需要花费相当的时间和成本的。第二,构建与维持调控机构正常运转所耗费的成本,如调控机构的人员工资、福利开支以及办公设备费用等。应当说,政府调控机构正常运转的必要开支,不管实行何种调控政策,都必须付出。据美国霍普实验室估计,1996年美国政府为建立和管理有关调控的规章制度形成了总量高达140亿美元的支出。

(2) 效率成本、转移成本、反腐败成本。这类成本是由于政府进行调控且直接影响经济效率而产生的相关费用。具体地说,效率成本是指生产者剩余和消费者剩余的净损失,它表明了一项调控政策偏离其预期轨迹所导致的经济效率的损失;转移成本是指获益从一方转移至另一方,它反映了调控实施时获益者和受损者的情况,即社会财富在不同社会成员间的重新分配,如政府基于某种调控目标的考虑,对某些产业给予补贴,其结果将使巨额财富从消费者手中转移至一小部分生产者手中;反腐败成本则是指政府为了防止和查处调控政策法规制定与实施过程中的寻租、设租行为而付出的费用,从控制的时间先后顺序上可以分为事前的防范成本、事中的监督制约成本和事后的处理成本。各国政府每年花费在反腐败上的开支往往很惊人,尤其在腐败严重的国家,而这种费用开支是由社会公众共同承担的,是社会福利的损失。

而针对城乡建设用地市场,以目前城乡建设用地市场培育最早的广东省来说,其最主要的调控手段为土地税收,其调控成本为实施城乡土地税收的成本,主要由其税收的制定成本和运行成本构成,接下来以广东省为例,分析城乡土地税收的制定成本和运行成本。

（二）城乡建设用地市场政府调控成本指标体系构建

1. 制定成本

广东省关于集体建设用地入市后的城乡税收调控早有预案。随着广东省农村集体建设用地的资产显现，以出让、转让（含以土地使用权作价出资、入股、联营、兼并和置换等）、出租和抵押等形式自发流转农村集体建设用地使用权的行为屡有发生，在数量和规模上有不断扩大的趋势，集体建设用地隐形市场客观存在。广东省政府意识到，虽然集体建设用地自发流转与现行的农村集体建设用地管理制度之间存在一定的矛盾，但其反映了市场经济条件下对农村集体建设用地使用权流转的内在需求。因此，早在2003年，广东省就印发了《关于试行农村集体建设用地使用权流转的通知》，开启了集体建设用地入市的序幕。2005年，在对2003年下发的集体建设用地流转相关条文进行了细化的基础上，广东省率先出台了《广东省集体建设用地使用权流转管理办法》，从2005年10月1日起实施，其特征为：

（1）拥有集体建设用地使用权的主体主要是兴办各类工商企业的法人、自然人或其他组织。

（2）客体建设用地只能是工商企业用地或农村公共设施、公益事业及农村村民住宅，不得从事商品房开发等。

（3）集体建设用地使用权可以参照国有土地进行出让、出租，在征得本集体经济组织的村民会议2/3以上成员或2/3以上村民代表同意的情况下，亦可抵押。

（4）农村集体建设用地使用权出让、转让、出租和抵押的，应当依法缴纳有关税费。农村集体建设用地使用权出让、转让后有增值的，参照《中华人民共和国土地增值税暂行条例》的标准缴纳土地增值税。

为了更好地促进城乡集体建设用地有序流转和规范缴税，增加交易透明度，减少信息不对称，强化对农村集体建设用地交易的监管力度，广东省积极创造集体建设用地交易的硬件设施和软件环境，探索集体建设用地交易平台。2010年起，佛山市南海区率先在各镇（街道）先后组建成立了农村集体资产管理交易中心，要求所有农村集体资产交易（包括集体建设用地流转）都须通过此交易平台进行，并明确规定集体资产交易管理办法。农村集体资产进行交易前，应先向镇（街道）交易中心提交《农村集体资产交易意向立项申请表》，经审批后备案。所有每一笔交易都要记录在案，农村资产管理台账、合同台账的信息要与镇（街道）农村集体资产管理交易平台的信息相衔接，实现区、镇（街道）、村三级资源共享。随着农村集体建设用地入市改革的深入，截至2015年，全省几乎全面完成了集体资产交易平台的建设。由于该过程耗时耗力，难以用货币衡量，因此，这里用2015年广东省各市交易平台的数量表示其税费制定成本，认为交易平台数量越多，其投入的制定成本越大。

2. 运作成本

根据现代西方经济学的基本理论，劳动、资本、土地是生产过程中最重要的生产要素，若将某一制度或政策的产生也当作产品的生产，那么城乡税收调控制度的运作同样离不开对其进行的人力、资本和土地的投入。由于城乡建设用地市场中相关税费的承载客体是城乡建设用地，因此土地方面的投入用 2015 年广东省各市的城乡建设用地出让的宗地数和面积表示。由于全省土地管理部门和社区服务中心等相关管理部门均参与到了城乡土地交易过程，因此，人力投入用 2015 年全省 21 个市的公共管理组织单位从业人员和国有事业单位从业人员平均工资表示人力投入。资本投入方面，主要用 2015 年各市的城乡固定资本投入和对城乡社区的直接支出费用表征政府对土地市场的投入。

二、政府政策调控成本收益核算

（一）不同交易环境下政府收益来源比较

在国有土地市场垄断的情况下，土地出让金是城市公共服务与基础设施投资的重要资金来源。而在城乡建设用地市场中，随着国有建设用地供给量逐步减少，拥有更多开发潜力的集体建设用地大量入市流转的情况下，土地出让金的总额将会大幅度缩减，城市的基础建设的资金将难以为继。而集体建设用地流转市场开放后，农村集体的土地流转收益将大大提高，由于目前农村集体对于城市的大市政、大配套设施的建设尚未承担与其权利扩充所带来的收益相对应的责任，这是权责不对等的表现（见表 9-8）。从表 9-8 可以看出，城乡建设用地分割时，建设用地市场被政府支配，政府用于城市基础设施建设的主要资金来源是土地出让金、城市维护建设税、土地增值税、城市基础设施配套费；而农村土地市场是隐形交易市场，所有土地出让收益被集体和农户占有，但集体并不承担村内基础设施事权。当集体合法进入市场流转后，若不对集体建设用地交易征收相关税费，那么政府收益将越来越少甚至难以为继，集体享有了所有土地流转收益但仅承担部分村内基础设施建设和公共服务，而基础设施建设与公共服务是公共品，存在利用的外部性，需要政府参与。随着城乡一体化的不断推进，城市与农村的地域界限已越来越模糊，无论是城市还是农村的公民，都能平等地享受城市的公共服务与配套设施，政府在农村的投入也将越来越大。因此，政府通过合理征收税费筹集城市建设资金是必要的，其最终的效益也惠及全区人民。

表 9-8　　不同产权市场环境下政府与村集体所对应的公共事权与财权

市场环境	国家与地方政府		农村集体	
	主要用于城市基础建设资金来源	基础建设的事权	主要用于基础建设资金来源	基础建设的事权
国有土地市场垄断时期	土地出让金 城市维护建设税 土地增值税 城市基础设施配套费	整个城市的大市政、大配套 宗地周边基础设施建设	私下流转收益	—
城乡统一建设用地市场时期	土地出让金（缩减）	整个城市的大市政、大配套	土地流转收益（流转收益增加，政府不参与分成，暂无土地增值税）	农村内基础设施建设和公共服务
	城市维护建设税			
	土地增值税 城市基础设施配套费	宗地周边基础设施建设	—	
	村镇基础设施配套费	村镇的基础设施建设	—	

（二）政策调控收益核算

1. 城乡建设用地出让市场

城乡建设用地市场中，针对新增建设用地，获得土地的单位或个人在支付土地使用权价值时，还需要根据《新增建设用地土地有偿使用费资金使用管理办法》和《耕地占用税暂行条例实施细则》，支付对应的新增建设用地使用费和耕地占用税，广东省对应的耕地占用税税率为30元/平方米，按交易面积算。

存量城乡建设用地市场中，这也是集体进入市场后，最为主要的市场环境，其交易环节涉及的税费主要为印花税和契税。按目前广东省的做法，目前集体建设用地的出让中，受让方是不用缴纳契税的。在现行的《契税暂行条例》中，明确规定只有国有土地使用权出让、受让的时候才要缴纳契税，具体见表9-9。从国有与集体建设用地出让环节所涉及的税金对比来看，目前的集体建设用地流转中所要缴纳的税金比国有建设用地流转时的税金要少，而且在集体建设用地出让收益方面，收益全部归村集体所有，除了印花税是规定税费以外，国家与地方政府并未从土地出让收益中获得分配。

表 9-9　　　　　存量集体建设用地出让涉及税金一览表

国有土地	税种	税率（%）	计税基础
出让方	印花税	0.05	产权转移书据（合同）所载金额 《中华人民共和国印花税暂行条例》

续表

国有土地	税种	税率（%）	计税基础
受让方	印花税	0.05	产权转移书据（合同）所载金额 《中华人民共和国印花税暂行条例》
	契税	3.00	成交价格（合同）、《广东省契税实施办法》
集体土地	税种	税率（%）	计税基础
出让方	印花税	0.05	产权转移书据（合同）所载金额 《中华人民共和国印花税暂行条例》
受让方	印花税	0.05	产权转移书据（合同）所载金额 《中华人民共和国印花税暂行条例》

2. 城乡建设用地出租市场

而城乡建设用地出租市场中，其税费征收项目和标准几乎一致，其主要征得税收为营业税，税率为5%，单位和个人销售或转让其受让的土地使用权，以全部收入减去土地使用权的购置或受让原价后的余额为营业额。城市维护建设税和教育费附加主要以缴纳的营业税为依据，二者税率分别为7%和5%，教育费附加为全国教育费附加与地方教育费附加税率的总和，广东地区的地方教育费附加为2%。出租方还需缴纳房产税，承租方需缴纳土地使用税，其中房产税有两种计价方式，而土地使用税需根据《财政部、国家税务总局关于房产税城镇土地使用税有关政策的通知》按不同地区的不同税率标准计算。对于出租方和承租方，都需缴纳印花税，具体见表9-10。

表9-10　　　　　　　城乡建设用地出租涉及税金一览表

交易双方	税种	税率（%）	计税基础
出租方	增值税	5.00	（1）受让方支付给纳税人的全部货币、货物和其他经济利益为营业额，依5%税率计算缴纳营业税。 （2）单位和个人销售或转让其受让的土地使用权，以全部收入减去土地使用权的购置或受让原价后的余额为营业额。 （3）单位和个人销售或转让抵债所得的土地使用权的，以全部收入减去抵债时该项土地使用权作价后的余额为营业额

续表

交易双方	税种	税率（%）	计税基础
出租方	城市维护建设税	7.00	以实际缴纳的增值税税款为依据计算缴纳
	教育费附加	3.00	以实际缴纳的增值税税款为依据计算缴纳
	教育费附加（地方）	2.00	按实际缴纳的增值税税额的2%征收地方教育费附加
	印花税	0.05	产权转移书据（合同）所载金额
	房产税	12.00	租赁收入
		1.20	房地产原值
承租方	印花税	0.05	产权转移书据（合同）所载金额
	土地使用税	不等	《财政部、国家税务总局关于房产税城镇土地使用税有关政策的通知》

由此，根据出让市场和出租市场的相关税费，可以确定城乡税收收益为2015年各市的增值税、城市维护建设税、房产税、土地增值税、耕地占用税、契税、印花税、土地使用税、教育费附加的总和。

三、政府调控政策在城乡统一建设用地市场的运行效率

（一）城乡土地市场税收调控的收益——成本分析模型

假设城乡土地税收收益为 Y，控制成本和运行成本分别为 C_1 和 C_2，那么成本和收益之间对应的函数为 F，那么 $Y = F(C_1, C_2)$，根据成本收益原理，可以把收益 Y 看作产出，而 C_1 和 C_2 为投入要素，因此可以把 F 看作生产函数。而城乡税收调控制度的运作成本 C_2，可以用城乡建设用地出让的宗地数（$case$）和面积（$size$）表示土地方面的投入，用2015年全省21个市的公共管理组织单位从业人员（$staff$）和国有事业单位从业人员平均工资（$wage$）表示人力投入；用2015年各市的城乡固定资本（$capital$）投入和对城乡社区的直接支出费用（$expenditure$）表征政府对土地市场的资本投入。C_1 所代表的控制成本具体指标为集体建设用地交易平台的数量（$number$）表示，那么函数可以表示为：

$$Y = F(number, case, size, staff, wage, capital, expenditure, number) \quad (9.1)$$

对式（9.1）中的生产函数等式两边同时取对数，则可以考察不同要素对税收的作用和弹性，得到式（9.2）。

$$\ln Y = \alpha + \beta_1 \ln number + \beta_2 \ln case + \beta_3 \ln size + \beta_4 \ln staff$$
$$+ \beta_5 \ln wage + \beta_6 \ln capital + \beta_7 \ln expenditure + \varepsilon \qquad (9.2)$$

式中，α 为截距项，β 为系数，也表示不同变量对税收收益的弹性，ε 为误差项。将各变量进行统计整理，得到基本统计情况，见表 9-11。其中，表 9-11 显示的是变量均取对数后的统计结果，广东省共 21 个地级市，并且由于深圳市实行全域土地国有化，因此区域内没有集体土地，市域范围内也没有集体资产交易平台。所有数据来源于 2016 年《广东省统计年鉴》《中国国土资源统计年鉴》《广东农村统计年鉴》以及相关政府工作报告。

表 9-11　　　　　　　　　变量统计信息

变量	Mean	Std. Dev.	Min	Max
ln Y	1.839558	0.4904923	1.109562	3.095898
ln staff	0.6267776	0.2315997	0.1975562	1.225996
ln wage	4.83629	0.1095997	4.652459	5.068794
ln capital	3.05685	0.2829822	2.593231	3.732872
ln expenditure	1.335983	0.5408178	0.6093703	2.668056
ln case	2.380769	0.4815942	1.380211	3.313656
ln size	2.69087	0.2615458	2.075438	3.022383
ln number	2.841608	0.7131357	0	3.4524

（二）模型的结果检验与分析

在 Stata 12.0 上采用最小二乘法对变量进行对数回归后，得到模型结果见表 9-12。根据表 9-12 显示，模型拟合度高达 92.25%，且 Prob > F = 0.0000，非常显著通过 F 检验。除交易平台以外，所有变量均显著通过参数检验。从相关系数看，城乡社区支出、城乡建设用地面积与税收收入的增长成反比，即城乡社区支出减少，出让的城乡建设用地面积减少，土地税收反而会增长，说明在健康市场中，税收更易受价格弹性的影响。其他变量均与税收收益呈正相关关系。

表 9-12　　　　　　　　　回归模型结果

变量	Coef.	Std. Err.	t	P>t
ln staff	1.339792	0.397467	3.37	0.005
ln wage	2.000134	0.709251	2.82	0.014

续表

变量	Coef.	Std. Err.	t	P>t
Incapital	0.530822	0.230075	2.31	0.038
Inexpenditure	-0.59812	0.225233	-2.66	0.02
Incase	0.185811	0.075945	2.45	0.029
Insize	-0.53154	0.210299	-2.53	0.025
Innumber	0.201757	0.099695	2.02	0.064
_cons	-9.52847	3.554	-2.68	0.019

F(7, 13) = 36.1, Prob > F = 0.0000, R-squared = 0.9511, Adj R-squared = 0.9247

从参数估计的标准差看，相关管理人员的工资对土地税收的影响最大，而交易平台的数量对土地税收的影响最小。由此说明，在生产函数中，人力投入对税收调控政策的贡献最大，管理人员人数和工资对税收增长的弹性分别为 0.3975 和 0.7093；另外为资本投入，固定资产投资和城乡社区支出对税收增长的弹性分别为 0.2301 和 0.2252；城乡建设用地数量对税收增长的弹性为 0.2103，而土地的宗地数对税收影响不大。整体来看，所有变量的弹性系数之和 >1，则说明当前广东省土地税收处于规模递增状态，加大对人力、资本和土地的投入，将进一步促进土地税收的收益增加。鉴于税收政策的制定成本发挥的作用，远小于其运作成本，因而应该进一步加强运作成本投入以促进税收的市场调节作用，同时，从土地数量对土地税收的贡献相对较小可以看出，对于税收的调节，目前广东市场更偏重于城乡土地市场的价格弹性，因此应进一步开放集体土地市场，比如，逐步放开对集体建设用地的开发用途限制，从而进一步提高城乡建设用地的配置效率。

第三节 政府调控政策优化设计

通过对城乡建设用地市场失灵根源症结的探讨得出政府失灵调控点主要集中在如下四点：增量失控、利益侵占、交易成本和交易风险。本节针对以上内容，提出政府调控的政策优化设计思路。

（1）加强信息公正公开制度。政府可以采取信息管制，制定法规要求房地产卖方公开、公正、及时、全面地为消费者披露所销售的房子或服务的信息，加快住房信息系统建设。针对房市投机问题，政府要严格控制房地产利润。在市场经济下，一定程度的泡沫存在是允许的，但如果任由利益集团制造涨价预期，房市泡沫就会失去控制。

（2）推行土地出让的招标、拍卖制度，严格控制土地倒卖造成的高额低价。我国土地出让制度中长期使用的协议方式使得地方政府和开发商之间因信息不对称容易产生寻租行为。政府要严格监督地方政府的不规范行为，改善官员绩效评估机制，扩大地方政府的收入来源，不要单以 GDP 为评估标准，并加大反腐力度，将房地产纳入彻查商业贿赂的重点。

（3）调节供需结构的平衡，增加中低收入居民住房供给，使供给市场多元化。我国普遍存在新建的中小户型、中低价位普通商品住房和经济适用住房供应不足，而高端住房却供给过剩，政府要出面鼓励开发商多建设经济适用房和廉租房，多关注二手房市场和租赁市场的供给，加大保障性安居工程建设力度，发展公共租赁住房，大力发展住房公积金贷款业务。对于政策性住房建设，可以参照新加坡的政策性住房占市场住房供应总量的 50%，香港政策性住房也超过 49%，而北京目前政策性住房仅在 30% 左右，因此要加大政策性住房的供给适当向中低收入人群倾斜，提供更加优惠的低息贷款。

（4）进一步完善金融配套政策体系。我国的房地产金融市场结构单一，没有形成完整的房地产金融市场体系，房地产投资的市场风险和融资信用风险高度集中于商业银行。据估算，我国 80% 左右的土地购置和房地产开发资金都直接或间接地来自商业银行贷款。美国次贷危机对我国房地产信贷风险是一个很好的预警，银行放松贷款条件，房地产的信贷已经成为银行的支柱业务之一，然而道德风险将使银行面临大量不良债权，最终危害到国家的金融安全甚至国民经济的各个环节。因此，政府要密切关注银行的行为，加快金融改革与创新，设计和创新金融工具，建立多元化的住房融资渠道，拓展住房信贷资金的来源，降低住宅信贷风险，提供专门的房地产信贷服务。

（5）健全完善房地产市场的法律法规，运用税收手段调节房地产利益分配，抑制房地产投资和开发规模，注重政府调控的成本收益。由于房地产活动是一个统一的整体，对于房地产业出现的重大问题，要用法律加以规范。住宅问题、商品房预售的转让问题、物业管理问题，以及地产开发、交易、中介服务和服务管理的各个环节，都不同程度地存在违法违规行为的问题，地方政府及其官员在土地交易、城市拆迁、项目开发等过程中的腐败等寻租机会主义行为都需要政府采取强制的法律手段加以规范。

第十章

城乡统一建设用地市场法律、制度、政策支撑体系及改进

建立城乡统一的建设用地市场从本质上而言，必须要使其具有统一市场所具备的一般特性，即平等、统一、开放、竞争和有序，而这一目标的实现必须建立在相关法律和配套制度的变革或重新设立的基础之上。主要涉及以下三个领域：法律上明确城乡建设用地同地、同权、同价待遇，这是构建城乡统一建设用地市场的基础；实践上明确城乡统一建设用地市场运行保障制度，发挥市场在城乡建设用地资源分配中的决定性作用；施展政府的职能作用，完善城乡统一建设用地市场的配套供给政策，避免出现市场融合后的负效应。

第一节 城乡统一建设用地市场相关法律设计

改革开放以来，我国逐渐建立相对完善的劳动力、资本等要素流动市场，而由于国情的特殊性，形成了"城乡二元"的土地市场结构，依然处于城镇建设用地市场法律法规相对健全而集体建设用地市场相关法律法规始终缺位的非均衡状态。相关法律法规对农村集体建设用地缺乏支持，反而抑制农村建设用地的价值实现，其具体表现为以下方面：

一是实现城乡建设用地"同权"的法律阻碍。理想的建设用地市场，城乡建设用地应享受对等的权利。现实中，《物权法》等法律法规对城市建设用地的使

用权及流转进行了相当完善的解释和规定。与此相对应的是,除了试点区域的地方性规章对集体建设用地权的相关问题进行规定,在法律层面上呈现残缺状态。具体表现为:首先,集体建设用地使用权的主体范围受到限制,《土地管理法》《房地产管理法》将集体建设用地使用主体限制为集体经济组织及其成员,对于其他民事主体获取集体建设用地使用权的权利进行了严格限制;其次,集体建设用地的使用权能受限,《土地管理法》第四十三条对除用于兴办乡镇企业建设的开发建设予以了限制;最后,相关法律限制导致集体建设用地处分权能难以实现,《土地管理法》第六十三条规定除少数情况外,集体建设用地使用权的转让几乎无法实现。《担保法》等法律法规也对集体建设用地使用权的抵押权利进行限制,使其资产性难以充分显现。

　　二是实现城乡建设用地"同价"的法律阻碍。一方面集体建设用地的使用权的权能"先天残缺",如使用权能的限制,农村集体建设用地无法发展与农村经济吻合的商业、房地产、旅游设施,导致了难以实现与国有建设用地的"同价",除此之外,尚存一系列法律制度因素制约了集体与国有建设用地的"同价":首先,《土地管理法》《房地产管理法》中相关内容,强化了国家在城镇一级市场的垄断格局,将集体建设用地挡在正规土地市场之外。其次,征收制度以极低的成本通过行政手段获取集体建设用地使用权,相关制度的叠加效应结合,形成集体建设用地与国有土地之间巨大的价格差距。此外,由于集体建设用地的市场交易处于试点阶段,全国层面统一的流转管理办法尚未形成,信息不公开、交易费用不透明使得集体建设用地的价格信号无法在市场中精准地呈现,导致了价格扭曲。

　　近年来,各级政府都在积极探索城乡建设用地市场的融合,课题组于2015年4月～2016年1月先后赴重庆,成都,上海,广东南海、顺德等地,就比较典型的集体建设用地入市模式进行了调查访问。调查发现,目前成渝、长三角、珠三角等地区土地市场自下而上的实践创新均取得了不同程度的成效,既满足了城镇化、工业化的需求,又避免了"空心村""一户多宅"等事态的恶化。此外,为了保障土地交易的顺利实施,各地相继出台了相关地方规章和办法,如《重庆市荣昌县集体建设用地使用权流转管理试行办法》《成都市集体建设用地使用权流转管理暂行办法》《上海市松江区农村集体经营性建设用地入市管理办法》《佛山市南海区农村集体经营性建设用地入市管理试行办法》《顺德市集体所有建设用地使用权流转管理暂行办法》等,但是这些规章和办法在城乡土地市场运行中,无论是交易前、交易中还是交易后都面临风险。一旦出现违约,并诉诸于法律,由于缺乏上位法律,只有判交易合约无效,缔约双方俱损。目前,我国的《宪法》《土地管理法》《物权法》《城市房地产管理法》《民法通则》等相关法律对土地所有权、使用权及其流转的相关规定是城乡统一建设用地市场的根本制度障碍。限制了农村集体土地财产权利，抑制了农村集体建设用地市场的发育，需要尽快修改相关法律条例，扩大农村集体土地权能，规范农村集体建设用地流转程序，为城乡统一建设用地市场的建立奠定上层法律基础。

一、城乡统一建设用地市场法律制度设计目标与原则

（一）制度设计目标

第一，产权权能平等。构建城乡统一的建设用地市场的最基本原则是平等，在统一的法律制度之下对国有和集体的土地产权进行保护。赋予国有和集体建设用地无差别地位，土地权利的确立统一以规划和用途管制制度为基础，避免权利歧视现象的发生，实现城乡建设用地的"同地、同权"目标。

第二，保护农民土地权益。相关城乡建设用地的法律制度变革实际是对现有利益分配格局的重新塑造，在这个过程中需还权赋能，切实保障过往存在先天"权利弱势"的农民所应获得的权利。能否将农民的利益放在首要位置进行考量，是统一城乡建设用地法律制度改革的关键。同时要约束政府行为，政府应逐步回归监督管理者角色，实现收益分配的公平和规范。

第三，土地资源优化配置与可持续利用。土地资源作为最重要的生产要素，在当前我国土地资源稀缺、土地供需矛盾加剧的背景下，其是否能够实现优化配置，事关社会公平和社会和谐发展。城乡统一的建设用地相关法律制度建设必须以土地可持续利用为目标，实现建设用地利用效益的最大化。

（二）制度设计原则

1. 坚持社会主义公有制原则

我国作为社会主义国家，基本的土地制度为社会主义公有制。因此，城乡统一的建设用地相关法律制度的完善必须以社会主义公有制制度为依托，方能保障土地这一最基本的生活生产资料为人民群众所拥有，实现社会的发展与法律的突破相协调。

2. 兼顾公平、稳定的原则

伴随我国城镇化和工业化的快速推进，土地的资产属性日益凸显，因此带来的资产收益能否实现合理分配事关社会的公平和稳定。因此，相关的法律制度改革要兼顾多方的利益，要以保障广大人民群众基本生活、保持社会安定为原则，

用最小的成本实现法律制度的创新。

3. 坚持市场决定原则

法律是人们生产、生活的行为规范，要体现经济的基本要求。在统一的城乡建设用地市场环境下，要发挥市场的决定性作用，土地价值机制应由供需状况所决定，通过市场这只"看不见的手"实现土地资源在城乡之间自由流动。坚持市场决定原则，通过法律制度保障市场的运行效率，降低市场中的交易费用，提高土地市场的运行效率。

二、明确集体建设用地产权主体的立法完善

长期以来，农村集体土地产权主体残缺不全，表现为没有明确的土地所有权主体代表、土地产权关系模糊不清等问题（戴双星，2014）。要依据构建城乡统一建设用地市场的基本要求，建立适应产权市场化的农村集体土地产权制度。现有对农村土地所有权的法律规范，如《中华人民共和国宪法》《土地管理法》等法律法规均将集体土地所有权规定为三级制的"农民集体所有"，但是由于"农民集体"是一个无法律人格意义、抽象的集合群体，且其无法对土地行使有限的管理和监督，这自然导致了集体建设用地所有权的缺位（赵鑫鑫，2014）。与此同时，相关法律并未对集体建设用地的产权代表主体进行定义，因此导致农村土地的所有权对于集体内农民而言模糊不清，难以通过市场行使权利，造成农民合法权益受损。

传统的"三级所有"导致了农村土地纠纷的频繁发生，因此，需立法明确"农民集体"的民事主体性质，农民集体应具备三个条件：一是有确定的组织形式和组织机构；二是应当具有被法律承认的民事主体资格；三是集体成员为农业户口的农村居民（姜栋，2013）。因此，可将"农民集体"具体定义为：在一定的社区范围内由具有农业户口的社区成员组成的集合体。为了减少因"三级所有"导致的土地纠纷的发生，建议相关法律条文规定将"三级所有"修改为"一级所有"，取消"村内农民集体"及"乡镇农民集体"的所有权主体地位，将农村集体土地所有权主体统一至"村农民集体"一级。

三、完善法律规定中的集体土地使用权内容

一切稀缺资源优化配置的必要途径是使其流动或转让，但长期以来，农村集体建设用地流转受到国家严格限制，在物权法定的原则下，需要法律确认农村集体建设用地所有权及其内容，因此，建立城乡统一的土地市场，首先需要对《土

地管理法》的相关内容做出修改。具体来说，我们可以将《土地管理法》第四十三条①修改为"任何单位和个人进行建设，需要使用土地的，可依法申请使用城乡建设用地"，而将第六十三条②修改为"农民集体所有的建设用地，在符合土地利用规划的基础上，可以依法有偿转让；农民集体所有的农业用地使用权不得出让、转让或者出租用于非农业建设，但土地利用规划变更之后，依法获得许可的除外"，将第八十一条③修改为"擅自将集体建设用地使用权出让、转让等违法流转的，由县级以上人民政府土地行政主管部门责令限期改正，没收违法所得，并处罚款"。

2007年《物权法》的出台并没有全面规范集体土地的权利，"总体上说，对土地权利特别是农村土地权利问题解决得不够理想"，并未改变压抑的农民土地财产权利的现状。《物权法》对集体建设用地使用权流转的回避态度，使得农村集体建设用地进入市场后未能在基本的法律层面予以确认。因此，需尽快修改完善《物权法》，将集体建设用地使用权设于建设用地使用权同一概念之内，按照物权平等原则全面构建集体和国有土地所有权与使用权权利体系一致、权能内容相衔接的统一的土地权利体系。具体通过扩大解释的方法，集体建设用地使用权纳入《物权法》第十二章"建设用地使用权"的调整范围。具体而言，建议修改《物权法》第一百五十一条④为"建设用地使用权人依法对国家所有和集体所有的土地享受占有、使用和收益的权利，有权利用该土地建造建筑物、构筑物及附属设施"。

针对集体建设用地中宅基地这一特殊性质的建设用地，有学者认为其取得方式、权利内容与一般建设用地存在区别、主体身份受限制，需单独规定，不能并入建设用地使用权（王利明，2001）。也有学者认为宅基地使用权应与其他类型建设用地使用权一并置于"建设用地使用权"之中，不应在物权法中将其单独与建设用地使用权分开并列规定（陈小君，2004）。笔者认为，在构建统一的城乡建设用地背景下，宅基地使用权依法有序进入土地市场，并不会对现有市场产生冲击以及社会问题。2016年12月31日，中共中央办公厅、国务院办公厅联合印

---

① 《土地管理法》第四十三条："任何单位和个人进行建设，需要使用土地的，必须依法申请使用国有土地；但是，兴办乡镇企业和村民建设住宅经依法批准使用本集体经济组织农民集体所有的土地的，或者乡（镇）村公共设施和公益事业建设经依法批准使用农民集体所有的土地的除外。"

② 《土地管理法》第六十三条："农民集体所有的土地的使用权不得出让、转让或者出租用于非农业建设；但是，符合土地利用总体规划并依法取得建设用地的企业，因破产、兼并等情形致使土地使用权依法发生转移的除外。"

③ 《土地管理法》第八十一条："擅自将农民集体所有的土地的使用权出让、转让或者出租用于非农业建设的，由县级以上人民政府土地行政主管部门责令限期改正，没收非法所得，并处罚款。"

④ 《物权法》第一百五十一条："集体所有的土地作为建设用地的，应当依照土地管理法等法律规定办理。"

发《关于农村土地征收、集体经营性建设用地入市、宅基地制度改革试点工作的意见》，也明确地赋予宅基地更多平等进入市场的权利。因此，在立法体系上，建议把"第十三章宅基地使用权"的内容并入"第十二章建设用地使用权"。《物权法》《担保法》对于集体建设用地的流转与抵押的限制，是目前集体建设用地使用权抵押融资面临的最大障碍，解除上位法的限制，是建立集体建设用地使用权抵押融资机制的关键之处。目前《物权法》的宅基地使用权不具备收益权能和抵押权能，但是却属于用益物权，存在立法矛盾，在《物权法》第一百五十二条"宅基地使用权人依法对集体所有的土地享有占有和使用的权利，有权依法利用该土地建造住宅及其附属设施"的"占有和使用"后面，应加上"收益"的权利，使宅基地使用权的物权权能复归完整，删除第一百五十二条关于宅基地不得抵押的规定。修改《物权法》第八章中对集体建设用地抵押的权利规定，允许集体建设用地单独设定抵押权，充分发挥土地财产的资本属性。《中华人民共和国担保法》第三十六条规定"乡（镇）、村企业的土地使用权不得单独抵押。以乡（镇）、村企业的厂房等建筑物抵押的，其占用范围内的土地使用权同时抵押"，修改为存量农村集体建设用地中，土地利用总体规划和城乡规划确定工矿仓储、商服等经营性用途的土地，在土地使用年期内可开展使用权抵押融资。

同时需要增加农民集体收回土地使用权情形，现行《土地管理法》第六十五条后建议新增两点：

有下列情形之一的，农村集体经济组织可以收回土地使用权：

（一）为乡（镇）村公共设施和公益事业建设，需要使用土地的；

（二）不按照批准的用途使用土地的；

（三）因撤销、迁移等原因而停止使用土地的；

（四）经与原土地使用权人协商一致提前收回集体建设用地使用权的；

（五）集体经营性建设用地使用权出让等有偿使用合同约定的使用期间届满，土地使用者未申请续期或者申请续期未取得农村集体经济组织同意的。

依照前款第（一）（二）（三）项规定收回农民集体所有的土地的，须报经原批准用地的人民政府批准；依照前款第（一）（四）项规定收回农民集体所有的土地的，对土地使用权人应当给予合理补偿。

四、完善征地制度相关法律，严格界定公益和非公益性征地

征地改革事关城市化和农村现代化，不仅关系到农民土地权益保障、地方政府财政收入和国家的耕地保护及粮食安全战略，也是构建城乡统一建设用地市场的保障（祝天智，2014）。近年来国家曾推出严格审批程序、提高征地补偿标准、

限制集体组织的土地调整权等诸多改革措施,但终因这些措施只在试点范围内封闭运行,且只针对专门的区域有效,经验措施未能得以推广,改革的成效并不理想。要真正取得征地制度改革的成功,必须加强顶层设计和全局统筹,推进整体性改革。土地征收的相关规定在《中华人民共和国宪法》《物权法》和《土地管理法》中均有包含,但是我国缺乏专门针对土地征收的法律法规,相关规定散见于一些法律和地方性的法规之中。当前,有关土地征收的法律法规,虽然都针对公共利益有相关条款,但并未对公共利益的具体内涵进行明确的定义,导致了土地征收不规范、补偿不合理、失地方权利难以得到保障等一系列的问题。同时,征地与集体建设用地市场的发展空间息息相关。因此,征地制度的改革,是建立城乡统一建设用地市场的关键环节。

一方面,征地制度的改革,首先明确界定公益性用地的性质,缩减土地征收的范围。公益性用地定义模糊,仅根据经济学的抽象概念定义公益性事业用地范围太宽且模棱两可,利益集体很容易夸大其建设用地项目的公共利益,从而扩大征地的范围,以致损害农民集体利益。国外对公共利益的立法模式主要分为三种:一种是列举式,详细列举用于征收的属于公共利益的范围;另一种是概括式,即只在土地征收相关立法中规定征收应当是为了公共利益,并没有具体规定公共利益的范围;还有一种是折中式,即对公共利益做了概括性规定,又明确列举了公共利益的范围(赵鑫鑫,2014)。对三种立法模式优缺点的分析,概括式虽适用广泛但比较模糊,列举式虽明确具体但会容易有所偏漏,而折中式不仅具体列举出属于公共利益的内容,可操作性较强,而且还利用对公共利益的概括性规定使其内容更具灵活性,保障了征收范围的开放性,是比较理想的立法模式。建立独立客观的第三方仲裁机构,对社会争议较大的土地征收项目进行判定,全面公开土地征收信息,通过法定程序来认定"公益行为",实现真正的公益性征收。

另一方面,需要提高征地的补偿标准。土地征收补偿是土地征收制度的核心,需要根据土地的市场价值,科学地制定土地补偿标准。相关法律法规中并未对土地补偿原则进行具体的规定,从实践情况来看,我国针对失地者的补偿是不完全的。因此,需从宪法层面对"公平补偿原则"进行规定,应立法制定与市场相互联系的土地征收补偿机制,以保障失地者能够得到本属于其的土地增值收益。

第二节 城乡统一建设用地市场运行保障制度

当前,各地方政府在积极试点集体建设用地的入市流转工作,相对于国有建设用地市场已具备完善的规章制度，在全国层面缺乏对集体建设用地流转统一的、规范的管理措施和方法。大多数地区的集体建设用地尚处于自发、无序阶段，在一定程度上干扰了土地试产运行的正常秩序。因此，需要对制度进行完善和创新将国有和集体建设用地纳入到统一的市场之中，完善相关法律法规，规范交易的流程和行为，有益于从宏观层面对土地利用进行把控，是土地市场运行平稳有序的重要保障。

一、统筹城乡统一发展规划体系的编制

我国城乡二元结构与政府管理体制等诸多问题带来的叠加效应，使我国的城乡规划体系存在着诸多问题，目前的土地利用规划是基于城乡二元土地制度制定的，造成了城市土地利用规划与农村土地利用规划一定程度上的不协调，必然会削弱土地利用规划的执行力，导致城乡土地市场混乱。尽管在《城乡规划法》中明确了城乡一体化规划框架，但由于受到二元体制、"重城轻乡"等因素的影响，相较于城市而言，农村的规划体系存在诸多不足，针对农村的规划在规划编制类别、管理要求等方面相互冲突、矛盾，难以满足当地经济的发展需求。

科学地编制城乡发展规划是建立城乡统一的建设用地市场的基本前提。通过统筹的城乡规划，实现合理的区域人口和产业集聚，提升城镇发展的辐射带动机制，提高区域的土地利用效率，优化城乡土地利用格局。因而在土地利用总体规划的制定过程中，遵循城乡统筹发展原则，将二者视为一个整体，平衡各主体间用地需求，科学测算各类型用地需求未来增长趋势，同时要与其他专项规划相协同，保障城乡统一的建设用地市场的发展具有明确的方向性。与此同时，制定城乡一体化规划需要因地制宜，根据具体需求结合规划区内的实际情况，对城乡发展和建设的规划布局方法、各类用地的标准进行详尽的规划和编制。通过城乡建设用地的总量控制和指标调剂，盘活城乡存量用地，优化土地空间布局，实现城乡共赢的目标。

二、规范城乡统一建设用地市场交易规则的流转程序

规范城乡统一建设用地市场交易规则的流转程序：一是按照现有交易模式进行合理调整，在政策允许的范围内进一步简化流程，减少中间环节，形成全国性的建设用地交易平台，降低交易成本，提高办事效率，更好地服务于开发企业和村集体；二是对于交易流程中的每个阶段，充分细化，合理安排，加强各个阶段之间的联系，明确各阶段的工作任务；三是根据各阶段具体任务情况明确相应责

任人,严格按照现有规范中相应工作时限的要求完成各阶段任务,对于规范中不明确的,应制定更加细化的工作时限安排,加强监督,确保各项工作能在规定时限内完成。相对于国有建设用地市场,集体建设用地市场尚处于培育阶段,面对此阶段出现的种种问题,尤其应对其流通程序进行规范,通过严格的申请、报批、审核、备案的流程进行集体建设用地入市流通。规范的内容包括申请的主体、审批的主体、审批的权限、备案的主要内容、集体建设用地评估规则与程序、异议与听证的相关规定等。当前,一些村集体为争取项目投资,不经过合法的程序,降低土地价格,并以此为优惠条件,先谈好土地内部价格,绕过村级民主决议,严重损害建设用地的真实价值。只有完善集体建设用地入市流通的程序性规定,才能避免土地市场的各种不规范行为。

通过制定农村土地二级市场交易规则保障农村集体建设用地需求侧转租市场交易的安全性和有效性,并降低需求侧市场交易费用。对佛山市南海区的398份调研数据显示,360宗地通过转租的方式进行交易,而只有38宗地是首次交易。这说明佛山市南海区农村集体建设用地市场需求侧市场存在大量的转租交易方式,转租市场比较活跃。然而目前佛山市南海区实施的农村集体建设用地市场政策中没有制定集体建设用地二级市场的交易规则,绝大多数转租交易行为都是交易主体间私下通过协议的方式进行,增加了需求方(企业)交易的不确定性。因此,随着集体建设用地二级市场的发展,国家和地方相关部门应建立农村土地二级市场交易平台,制定农村土地二级市场交易规则、规范交易流程、加强交易管理,创新二级集体建设用地市场运行模式,以降低需求侧(企业)在二级市场交易中的不确定性,保障交易的安全性、有效性。

三、建立城乡统一建设用地市场的价格管理机制

一直以来,我国严格限制集体建设用地进入土地市场,抑制其作为资源的重要作用。伴随我国城镇化和工业化的快速推进,集体建设用地的资产价值日益凸显,在经济发达地区的城市郊区和乡镇,集体建设用地开始流转。但是,集体建设用地流转价格评估体系尚未建立,流转过程中出现了价格信号偏差,阻碍了集体建设用地市场的正常化运转。

随着农村集体建设用地流转的逐渐规范,农村集体建设用地市场的进一步发展,建立健全的农村集体建设用地定级估价制度和基准地价系统,对形成合理的土地价格,保障土地交易各方的利益,提高土地资产的利用率,具有十分重要的意义。首先,农村集体建设用地的定级估价和基准地价系统可以为集体土地市场的建立和发展提供地价标准和宏观导向;其次,农村集体建设用地定级估价制度

和基准地价系统是实现地产公平交易、合理征收土地税费的基础。所以，土地行政主管部门要在总结城镇土地和农用地定级估价和基准地价系统实践经验的基础上，建立和完善农村集体建设用地定级估价技术规范，加强对农村集体建设用地定级估价工作的技术指导。尽快制定和公布诸如《农村集体建设用地基准地价规定》，逐步建立与城镇地价体系相衔接的农村集体建设用地地价体系，防止借机违法占用耕地和炒买炒卖农村集体建设用地的行为。

同时，需建立集体建设用地流转的交易价格监管机制。流转价格的相对稳定将利于稳定建设用地流转规模及合理的流转速度，维护交易双方的合法权益。在市场运行的基础之上，政府要充分发挥其监督管理的职能，对土地市场价格进行适当的监督管理，使其稳定在一个相对均衡的价位。作为交易主体，由于农民集体身份的特殊性，政府应实施最低交易价格保护机制，若出现土地的异常交易现象，管理部门应启动相关响应机制，维护集体的合法权益。

四、建立城乡统一建设用地的市场交易平台与信息发布制度

当前，我国的国有建设用地交易平台已日趋完善，重点应建立相应的农村集体土地交易平台，并纳入到国有建设用地交易平台中。需要汇总农村集体建设用地拟交易地块如地块位置、用途、四至等信息，实行交易价格公开公示制度，定期发布集体建设用地基准地价、标定地价和地价指数等信息，以规范集体建设用地交易市场秩序，使交易价格更加公平、公正，以及对未来的土地价格形成合理的预期。构建统一的交易平台，农村集体建设用地与城镇国有建设用地通过同样的交易方式、流程等方面使用统一的规则，降低交易双方在交易过程中发生的信息搜寻、谈判等交易费用。为了农村集体建设用地市场平台建立的规范化和合法化，可以将村集体设为集体建设用地的交易场所，即使是转租也应该在村集体相关工作人员的监督和见证下进行交易，为集体建设用地的发展提供保障，降低市场交易的不确定性，从而达到市场发展的有效性，而农村集体经济组织可以作为集体建设用地市场交易的第三方规制，为交易信息的发布、流通提供渠道，以减少承租方信息搜寻、手续规范等过程的交易费用，提高集体建设用地市场的效率。构建城乡统一的建设用地流转交易信息网络，及时公布可流转土地的数量、价格与区位等信息资料，定期对外发布可开发利用的建设用地的信息，为建设用地供求双方提供各种咨询服务，提高城乡建设用地流转交易的质量和效率。

当前，交易平台和信息公开在一定程度上得以长足发展，但在交易平台的搭建和土地信息公开工作的过程中仍存在问题，城乡建设用地市场在这两方面依然呈现分割状态，应将集体建设用地交易、信息公开系统与国有建设用地系统相衔

接并统一运行,这是构建城乡统一建设用地市场的重要环节,整合后的交易和信息公开平台一方面可以将更多的土地供应集中起来,避免零散交易;另一方面,将能提供更为详尽的区域土地交易大数据,为市场的监督与调控提供良好的信息支撑服务。

五、完善城乡统一建设用地流转收益分配制度

土地增值收益是土地权利资本化的体现,土地权利主体应凭借其拥有的权利合理分享土地增值收益,并应使得土地增值收益在不同权利主体之间合理分配。流转收益分配是农村集体建设用地流转的一个关键问题,其中涉及政府、农民集体和农民个人,合理分配土地收益是建立城乡统一的建设用地市场的核心。目前各种分配比例相差较大的现象不仅造成了农村集体建设用地使用权流转工作开展的混乱和无序,同时也损害了所有者以及农民的利益。建设用地进入市场流转,集体建设用地与国有土地必须在土地税收、相关税费以及土地增值收益的分配上实行统一的标准,待遇上实行平等对待。集体建设用地使用权、城乡统一流转的根本目标是提高土地使用效率,充分发挥土地权能,促进农村经济发展,提高农民收入,实现共同富裕。收益分配制度是土地改革的关键,对流转主体的影响意义重大。

城乡建设用地收益分配主要是解决农村集体建设用地入市交易后的集体内部收益分配和政府的收益分配资格问题。要按照"初次分配基于产权、再次分配税收参与的原则",合理分配集体建设用地入市交易所产生的土地收益(何元斌,2011)。农村集体建设用地直接入市交易意味着在土地的初次交易中农民获得了大部分土地增值收益。第一,农民个人可以通过按股分红、一次性补偿等方式获取土地收益。第二,属于集体所有建设入市交易的收益,理应属于全体村民所有,要存入银行专户,专门用于农民社保、教育和公益事业,拿出部分集体共有的收益进行基础设施建设、创办村镇企业、吸收失地农民就业以及保护自然资源。第三,建设用地的自然增值与政府投资的基础设施密不可分,政府作为管理者、服务者和公共基础设施投资者也应该分享到一部分的土地收益。虽然政府不能从建设用地流转中直接获取收益,但可以通过征收土地增值税、契税、印花税、登记管理费等税费来参与收益的二次分配。与此同时,需要建立起代替原来"土地财政"的以税收为主的财政筹资机制,整合城镇土地使用税和房地产税,探索建立城乡统一的房地产税制,逐步将其培育成地方税收的主体税种,探索完善土地增值税制度,合理扩大征税范围,适当降低税率,增强公平性。

六、建立城乡统一的产权登记制度

土地登记的目的是保护土地权益、维护土地交易安全、提高土地市场效率，实现土地交易的效率与公平的统一，所以维护土地权利、降低交易成本即安全和效率是土地登记制度的最终价值追求。建立统一的土地登记制度是增强城乡建设用地市场的市场化程度的重要步骤，意义重大。

土地和地上物业产权明晰是市场经济条件下提高农村集体建设用地市场效率的基本条件。农村集体建设用地市场显化了农村集体建设用地的资产价值，使农民集体获得了丰厚的土地收益。然而，没有明确集体土地所有权主体以及地上物业所有权主体，土地收益就缺少了载体，容易流入非法的渠道。并且产权不清晰将增加农村集体建设用地市场交易环境的不确定性，增加市场交易费用，降低市场供需双方的交易预期。农村集体建设用地产权是存在于农村集体建设用地中的以集体建设用地所有权为核心的一系列排他性的"权利束"，主要包括集体土地所有权、使用权、租赁权、抵押权、继承权、地役权等多项权利。在村庄和集镇，土地产权多元化，权属复杂，农村集体建设用地流转中，涉及各类企事业单位、经济组织以及个人等众多利益主体，必然要求建立完善的产权登记制度。因此，在《不动产登记暂行条例》第四条规定实行不动产统一登记制度的背景下，土地权利的确认与变动不宜继续采用分散、二元的既有登记制度，而应该建立统一的土地权利登记制度，这是建立城乡统一的建设用地市场的客观要求。建立城乡统一的建设用地登记制度，具体包括统一法律依据、统一登记机关、统一登记效力、统一登记程序、统一权属证书的"五统一"。通过登记，明确土地使用者在集体建设用地流转中取得的产权性质，严格区分土地使用权与土地他项权利，明确以出让、出租方式取得的权利所对应的产权登记类别。同时，建立不动产统一登记信息动态监管查询系统，实现不动产登记信息、抵押信息与财政、金融、税收信息的共享。

七、推进集体土地的空间归并与管理、降低细碎化程度

推进集体土地空间归并与整治是提高农村集体建设用地市场交易有效性的重要措施。由于早期农村集体建设用地市场是自发形成的，农村集体建设用地市场面临一些问题：农业、工业和商住用地零散、划分不清、布局混乱；土地连片程度与区位条件较优，但产业低端、产值较低；交通路网等基础配套设施条件缺乏。农村集体建设用地市场存在的这些问题有可能会降低市场交易主体对于农村

集体建设用地的使用预期，提高市场交易的不确定性，增加市场交易费用。

由于农村集体建设用地（交易客体）在地区上是分散的、小规模的、区位较偏远的，这与需求方要求的集中连片、区位优越是矛盾的。因此，集体建设用地市场像国有建设用地市场一样交易的基本条件是把零碎的、分散的、区位偏远的集体建设用地集中起来进行交易。对当下分散的农村集体建设用地推进集体土地空间归并与整治，降低细碎化程度，提高集体建设用地市场效率。以农村集体经济组织为主体开展集体建设用地片区综合整治建立规划引导、农民自主、多方参与、政府资金补贴、过程严格监管的农村集体建设用地片区综合整治管理模式，并对片区范围内的各类用地进行土地空间归并与整治，提升农村集体建设用地集约利用程度，进而提升农村集体建设用地市场交易主体的市场交易预期和土地的发展预期。整治出来的集体经营性建设用地可由农民集体自行入市，明确国有土地与集体土地按照平等交换原则，调整和置换不同地块的土地产权。

第三节　城乡统一建设用地市场配套政策供给

构建城乡统一的建设用地市场作为农村土地制度变革的重要内容之一，产生多方面效应、涉及很多制约因素，要求有一系列相关制度予以配套，并且能够系统、稳妥地进行推进。为此，需进行配套政策改革，克服限制性因素及不利影响，建立健全相关基础配套制度，不仅是城乡统一建设用地市场体系建设的基础内容，也是建设用地流转的基本前提和推动力量。

一、构建城乡统一的建设用地用途管制机制

土地用途管制制度是国家为了实现土地资源的合理使用，通过编制土地利用规划、划定土地用途分区、确定土地使用限制条件、实行用途变更许可的一项强制性的制度。在集体建设用地入市流转的发育阶段，发生了大量的土地私下流转，未经批准转变土地用途，使得耕地资源大量流失。无疑，在比较优势的驱动下，农地非农化将带来比农地农用高得多的边际收益。但是考虑到我国是一个农业大国，且人多地少，人均耕地面积水平远低于世界平均水平，因此严格执行土地用途管制制度，对维护国家的粮食安全极为关键，用途管制不仅具有法理基础，更具有现实意义（谭文兵，2015）。构建城乡统一的建设用地用途管制，首先需增强土地利用规划的权威性，严格土地利用总体规划的制定、批准、修改的

程序和条件，避免土地利用规划的随意变更。其次，确立用途管制多元化的目标，耕地保护的重要性毋庸置疑，但是社会的进步需要各种利益相协调，因此用途管制制度应成为协调城乡土地用途需求、确保市场稳定运行的基础性制度，从而实现用途管制目标的多样化。

同时，构建城乡统一的建设用地准入、退出机制，制定城乡统一的建设用地控制标准对不同区域、不同行业的建设用地设置土地利用结构指标、土地利用强度指标和土地利用效益指标控制，通过构建城乡统一的建设用地准入、退出机制，将城乡建设用地指标向投资强度高、投入产出高、科技含量高的行业倾斜，不断提高节约集约用地水平。

二、健全社会保障等公共福利配套政策

伴随我国城镇化和工业化的发展，农村经济有了长足的发展，农村居民的社会保障问题出现了很大的改观，但农村居民的社会保障水平与城市居民相比，仍然具有较大的差距，并且伴随城乡经济差距的扩大呈现差距逐步拉大之势。相较于城市，农村社会保障制度存在社会保障覆盖面窄、社会保障水平低等问题。

构建统一的城乡建设用地市场后，在竞争激烈的市场经济环境下，农村居民可能面临着比城市居民更大的风险，受其自身知识水平、文化素质、专业技能因素的影响，农民的抗风险能力较弱，难以保障失地后的安居乐业。若不解决农民的后顾之忧，农民难以愿意在可预见的未来将自己拥有的土地投入土地市场中，农村土地资产闲置，导致土地资源的巨大浪费。这必将成为城乡统筹发展、建立城乡统一的建设用地市场的重大阻碍。因此，要形成内在合理的城乡统一的建设用地流转机制，健全相关的配套制度是必不可少的重要环节。在现行的制度下，农民的土地承担着多重属性，其不仅是生产资料，还承担着社会保障功能。因此，城乡建设用地统一流转，必须安排好失地农民，建立起相应的社会保障制度。当前的农村保障主要集中于农村低保、农村医疗等方面，整体而言，水平较低，应逐步扩大农村社会保障的覆盖面，平稳有序地与城市居民社会保障体系接轨，建立起覆盖社会保险制度、社会救助、社会福利制度、社会优抚制度等方面完整的社会保障制度，逐步提升农村社会福利水平，才能使农户安心地将土地投入市场交易，促进土地要素的流动，才能有利于城乡统一的建设用地市场的构建。

此外，还需进一步对农村公共服务设施投入资金进行建设，使农村和城市居民享受平等化的公共服务和基础设施，二者的均等化是提高农村居民生活福利水平、增加农村土地价值的一项重要举措。现实中，我国大部分农村基础设施相对

落后，公共服务也处于相对较低的水平。在城乡统一建设用地市场的构建过程中，宏观层面，政府应对农村地区给予一定的政策和资金倾斜，全面提高农村公共事业保障水平，加大对农村基础设施和民生工程的扶持力度。同时，在国有和集体的土地交易增值收益中，优先提取一部分专项资金用于农村地区的公共服务设施和基础设施的建设，只有改善了农村的生活、生产环境，才能实现乡村的振兴，推动城乡建设用地市场的统一。

三、构建集体建设用地金融支撑体系

金融体系作为社会资本形成与有效配置的一种制度安排，是现代市场经济的核心。其通过动员将相对分散的货币资本聚集起来，变为投资资金，从而为发展提供金融资本。金融产品的丰富、金融机构的发展、金融体系的完备化及系统化降低了经济活动中的交易费用，提升投资的有效性，为发展提供必要的资金支持。当前，我国尚无专门的金融支撑体系用以促进农村集体土地市场的发展，农村金融资源短缺矛盾日益显著，阻碍农村土地要素的流动和价值显化，严重抑制了农村经济的发展和农民福利的改善。

因此，金融部门所特有的融资、风险分散、信息收集和传递，以及资源配置、市场调节等功能，是支持构建城乡统一的建设用地市场过程中重要的一环（刘攀，2010）。因此构建合理与有效的建设用地金融支撑体系，是维系集体建设用地市场持续健康发展的关键。完整的集体建设用地金融支撑体系包括了金融机构（如政策性银行、商业银行、非银行金融机构、金融监管机构等）、中介服务机构（如土地信息发布机构、地价评估机构、土地融资机构、用地咨询机构、土地保险机构以及土地交易经济机构等）、金融产品（如抵押贷款、保险、信托、基金、股份化、证券化等）以及法律法规支撑体系。同时为了满足城乡统一的建设用地市场发展需求，建立更为完善的土地市场金融体系，研发适合农村土地流转特点的金融新产品和新方式。推动金融机构之间的协调运作，拓展资金支持渠道，适当对集体建设用地放宽贷款要求，满足市场交易的资金需求。推出多样化的金融产品以满足差异化的农村金融需求，同时健全风险分担机制，确保集体建设用地金融支撑体系运行的平稳高效。

四、加强农村土地股份制合作社建设

农村集体经济组织的组织化水平是提高农村集体经济组织精简化和民主化管理的重要基础。我国农村集体建设用地市场形成的一个重要前提是农村土地股份制改革过程中农民变成了股民并且建立了农村集体经济组织。农民身份的转变让每个农民都有机会参与农村集体建设用地市场交易，实现农村集体经济组织的自组织化。提高农村集体经济组织的组织化水平，一方面有效地降低了市场缔约、履约风险，避免了集体建设用地市场交易的"寻租"行为和机会主义行为，另一方面保障了市场交易过程的公开、透明，降低了市场交易行为、交易环境的不确定性，进一步降低了农村集体建设用地市场的交易费用，提高市场效率。此外，集体经济组织（供给侧）打破了我国早期农村集体以单一的行政基层治理结构，转变为行政治理和经济治理相分离的"政经分离"治理结构，农村集体经济组织主要负责农村集体资产（包括农村集体建设用地）的交易，为农村集体建设用地市场交易提供了公开、公正、公平交易的场所，有效地降低了市场缔约、履约风险，降低市场交易费用，提高交易的安全性和有效性。农村集体经济组织从早期单一的行政基层治理结构转变为兼顾经济和行政治理相协调、相统一的治理结构，将交易费用较高的农村集体建设用地市场推向安全、有效、交易费用较低的市场化模式。

农村土地股份合作社作为一种新型农村经济组织，在城乡土地市场建设中发挥着重要的组织和协调作用。应大力推进农村土地股份合作社的发展与建设，让股份合作社真正起到"充当集体土地所有权主体"代理人的作用。建立科学的土地股份合作社管理体系，不断健全和完善合作社的机构组织和规章制度。合作社应设有理事会、执行监事以及生产管理服务部、财务部等管理机构，合作社章程在土地流转、生产经营、社员吸收、企业合作等方面应做出明确规定，切实保护每个土地入股社员的权益，确保合作社的高效运行。此外，具备一定资金积累且抗风险能力较强的合作社，可成立集团公司，吸收更多外界资本以壮大自身实力，同时在适当时机引入职业经理人机制，弥补自身能力不足，促进集体企业的长久协调发展。

五、加强城乡建设用地风险管控

1. 建立第三方农村集体建设用地交易的中间机构

第三方组织在农村集体建设用地市场交易中所能发挥的作用是巨大的，如农村土地托管组织已被认为推动了农地的规范交易、形成了风险共担和利益共享的合作理念、保障了农民权益等（衡霞、程世云，2014）。成熟的农村集体建设市场交易服务中心也为维护农民合法权益、带动农村集体建设用地市场交易的发展做出了贡献。据调研统计，南海区仅有4.8%的地块在交易时是通过了中介组织的，由于在交易中心的交易流程太繁琐，很多村集体不愿意在交易中心进行集体建设用地交易。如何完善交易流程、维护农民权益、降低交易过程中的经济风险是当前农村集体建设用地市场交易风险控制中一个亟待解决的环节。通过这一中立机构，农村集体建设用地市场交易的契约风险、经营管理风险、政策风险等发生的概率和损失都能够得到有效控制，这是一种合理的风险规避手段。这一机构的设立分割了基层流转管理组织及地方政府的部分权力，并且保障了农民的权益、提高了农民的参与度。

2. 深化农村集体建设用地交易有形市场的建设

在引入农村集体建设用地市场交易中间机构的同时，不断完善农村集体建设用地流转交易中心，逐渐引入市场竞争机制，搭建起农村集体建设用地市场交易的有形与无形平台，为村集体提供了一个真正的农村集体建设用地的交易场所。通过深化农村集体建设用地有形交易市场的建设，集体建设用地市场交易将得以实现窗口化、规范化、流程化和信息化，农村集体建设用地市场交易中的信息不对称现象将大幅减少，农村集体建设用地市场交易双方的交易成本也将得到有效控制、实现公平与效率。农村集体建设用地的有形交易市场还能够推动交易的透明化，促进规范合同的订立，提升交易双方的诚信道德水平，使交易违约行为也能够得到有效约束，在一定程度上减少了契约风险的发生。成熟的有形市场还能够为农户提供农村集体建设用地市场交易相关的法律、法规、政策等与交易有关的政令实时动向，实现政令的可取性、可读性，可以有效避免政策风险的产生。

参考文献

[1] Michael Carter、姚洋：《工业化、土地市场和农业投资》，载于《经济学》2014年第3期。

[2] 包双双、何国军：《对农村集体土地问题的理解与评析——以集体建设用地隐形入市为视角》，载于《法制与社会》2009年第12期。

[3] 毕宝德：《土地经济学（第六版）》，中国人民大学出版社2011年版。

[4] 蔡银莺、陈莹、任艳胜等：《都市休闲农业中农地的非市场价值估算》，载于《资源科学》2008年第2期。

[5] 蔡银莺、李晓云、张安录：《湖北省农地资源价值研究》，载于《自然资源学报》2007年第1期。

[6] 蔡银莺、张安录：《江汉平原农地保护的外部效益研究》，载于《长江流域资源与环境》2008年第1期。

[7] 蔡银莺、张安录：《武汉市农地非市场价值评估》，载于《生态学报》2007年第2期。

[8] 蔡玉梅、吕宾、潘书坤等：《主要发达国家空间规划进展及趋势》，载于《中国国土资源经济》2008年第6期。

[9] 柴铎、董藩：《美国土地发展权制度对中国征地补偿改革的启示——基于福利经济学的研究》，载于《经济地理》2014年第2期。

[10] 常敏：《农村集体建设用地隐性流转的现状和归因分析》，载于《中国农村经济》2013年第11期。

[11] 常敏：《农村集体土地隐性市场的双重效应分析》，载于《现代经济讨论》2013年第6期。

[12] 陈柏峰：《农村宅基地限制交易的正当性》，载于《中国土地科学》2007年第8期。

[13] 陈丽娜、尹奇：《宅基地退出：兼顾效率与公平的补偿标准》，载于《中国人口·资源与环境》2013年第11期。

［14］陈利根、卢吉勇：《农村集体非农建设用地为什么会发生流转》，载于《南京农业大学学报（社会科学版）》2002 年第 3 期。

［15］陈梦娇、陈美球、刘志鹏：《基于土地收储的农村宅基地有偿退出机制思考》，载于《中国国土资源经济》2015 年第 1 期。

［16］陈明灿：《财产权保护、土地使用限制与损失补偿之探讨——兼评〈都市计划容积移转实施办法〉》，载于《台北大学法学论丛》2000 年第 47 期。

［17］陈明灿：《我国水源保护与农地使用受限损失补偿之研究》，载于《农业与经济》1998 年第 21 期。

［18］陈强：《高级计量经济学及 Stata 应用（第二版）》，高等教育出版社 2014 年版。

［19］陈瑞主、吴珮瑛：《市场机制下农地与农地外部效益财产权之界定与保障》，载于《经社法制论丛》2005 年第 10 期。

［20］陈锡文：《资源配置与中国农村发展》，载于《中国农村经济》2004 年第 1 期。

［21］陈霄：《农民宅基地退出意愿的影响因素——基于重庆市"两翼"地区 1012 户农户的实证分析》，载于《中国农村观察》2012 年第 3 期。

［22］陈晓娣：《构建建设用地统一市场的制度创新研究》，延安大学硕士学位论文，2012 年。

［23］陈晓红、曹裕、马跃如：《基于外部环境视角下的我国中小企业生命周期——以深圳等五城市为样本的实证研究》，载于《系统工程理论与实践》2009 年第 1 期。

［24］陈晓军、张孝成、郑财贵等：《重庆地票制度风险评估研究》，载于《中国人口·资源与环境》2012 年第 7 期。

［25］陈莹、张安录：《农地转用过程中农民的认知与福利变化分析——基于武汉市城乡结合部农户与村级问卷调查》，载于《中国农村观察》2007 年第 5 期。

［26］陈莹、谭术魁、张安录：《公益性、非公益性土地征收补偿的差异性研究——基于湖北省 4 市 54 村 543 户农户问卷和 83 个征收案例的实证》，载于《管理世界》2009 年第 10 期。

［27］陈振明：《市场失灵与政府失败——公共选择理论对政府与市场关系的思考及其启示》，厦门大学学报（哲学社会科学版）1996 年版。

［28］陈竹、鞠登平、张安录：《农地保护的外部效益测算——选择实验法在武汉市的应用》，载于《生态学报》2013 年第 10 期。

［29］陈竹、张安录等：《农地城市流转的外部成本测算》，载于《资源科

学》2010年第6期。

[30] 成邦文、刘树梅、吴晓梅：《C-D生产函数的一个重要性质》，载于《数量经济技术经济研究》2001年第7期。

[31] 程建华：《政府应关注土地市场失灵问题》，载于《中国土地》2005年第12期。

[32] 崔宝敏：《天津市以"宅基地换房"的农村集体建设用地流转新模式》，载于《中国土地科学》2010年第5期。

[33] 戴双兴、李建建：《建立城乡统一的建设用地市场：前提、步骤及保障》，载于《中国特色社会主义研究》2014年第5期。

[34] 戴双兴：《香港土地批租制度及其对大陆土地储备制度的启示》，载于《亚太经济》2009年第2期。

[35] 戴伟娟：《建设城乡统一的建设用地市场的模式比较——基于制度分析的视角》，载于《经济体制改革》2011年第2期。

[36] 刁其怀：《宅基地退出：模式、问题及建议——以四川省成都市为例》，载于《农村经济》2015年第12期。

[37] 丁绒、叶广宇：《地方政府的土地供应抉择研究——土地财政规模倒U型效应的博弈均衡视角》，载于《财政研究》2016年第9期。

[38] 段力、傅鸿源：《地票模式与农村集体建设用地流转制度的案例研究》，载于《公共管理学报》2011年第2期。

[39] 樊凡：《集体经营性建设用地流转收益分配问题研究》，华中师范大学，2015年。

[40] 樊杰、孙威、陈东：《"十一五"期间地域空间规划的科技创新及对"十二五"规划的政策建议》，载于《中国科学院院刊》2009年第6期。

[41] 樊杰：《我国主体功能区划的科学基础》，载于《地理学报》2007年第4期。

[42] 方创琳、马海涛：《新型城镇化背景下中国的新区建设与土地集约利用》，载于《中国土地科学》2013年第7期。

[43] 傅晨：《农地股份合作制的制度创新》，载于《经济学家》1996年第5期。

[44] 傅颜颜、林卿：《纵向一体化对企业绩效影响的实证分析——基于中粮集团4家上市公司的研究》，载于《广西经济管理干部学院学报》2015年第1期。

[45] 傅泽华：《我国集体建设用地流转的问题及对策研究》，首都经济贸易大学，2014年。

[46] 盖艺腾、程世勇：《我国市场经济条件下宅基地使用权流转问题研

究》,载于《改革与战略》2015年第7期。

[47] 高超、施建刚:《上海农村宅基地置换模式探析——以松江区佘山镇为例》,载于《中国房地产》2010年第355期。

[48] 高进云、乔荣锋、张安录:《农地城市流转前后农户福利变化的模糊评价——基于森的可行能力理论》,载于《管理世界》2007年第6期。

[49] 高进云:《农地城市流转中农民福利变化研究》,华中农业大学博士学位论文,2008年。

[50] 高圣平、刘守英:《集体建设用地进入市场:现实与法律困境》,载于《管理世界》2007年第3期。

[51] 高魏、闵捷、张安录:《基于岭回归的农地城市流转影响因素分析》,载于《中国土地科学》2007年第3期。

[52] 高魏、闵捷、张安录:《江汉平原耕地非市场价值评估》,载于《资源科学》2007年第2期。

[53] 高玉娟、周霞等:《集体建设用地流转价格研究》,载于《现代商业》2016年第6期。

[54] 顾汉龙、冯淑怡、曲福田:《重庆市两类城乡建设用地增减挂钩模式的比较》,载于《中国土地科学》2014年第9期。

[55] 顾汉龙、冯淑怡、张志林、曲福田:《我国城乡建设用地增减挂钩政策与美国土地发展权转移政策的比较研究》,载于《经济地理》2015年第6期。

[56] 顾益康、邵峰:《全面推进城乡一体化改革——新时期解决"三农"问题的根本出路》,载于《中国农村经济》2003年第1期。

[57] 顾媛媛、陈利根:《基于DEA的土地储备供应决策效率及其变化研究》,载于《资源科学》2014年第2期。

[58] 关江华、黄朝禧、胡银根:《基于Logistic回归模型的农户宅基地流转意愿研究——以微观福利为视角》,载于《经济地理》2013年第8期。

[59] 郭炜、高杰:《集体建设用地使用权流转研究——以四川省为例》,载于《农村经济》2015年第12期。

[60] 国家土地督察成都局课题组:《"连城诀"——成渝统筹城乡改革试验区土地制度创新的分析与建议》,载于《中国土地》2008年第9期。

[61] 韩俊、秦中春:《引导农民集中居住存在的问题与政策思考》,载于《调查研究报告》2006年第254期。

[62] 韩俊:《城乡一体化进程中要保护农民土地权益》,载于《农村经营管理》2011年第2期。

[63] 韩康:《宅基地制度存在三大矛盾》,载于《人民论坛》2008年第7期。

[64] 何格：《城市土地市场失灵探讨》，载于《价格月刊》2008年第4期。

[65] 何赛丽：《国有建设用地使用权出让行为法律规制研究》，辽宁大学硕士学位论文，2015年。

[66] 贺雪峰：《地权的逻辑》，东方出版社2013年版。

[67] 贺雪峰：《警惕城乡统一建设用地市场扩大化》，载于《国土资源导刊（湖南）》2013年第11期。

[68] 衡霞、程世云：《农地流转中的农民权益保障研究——以土地托管组织为例》，载于《农村经济》2014年第2期。

[69] 胡传景：《界定公共利益缩小征地范围——对建立城乡统一的建设用地市场的思考》，载于《中国房地产金融》2011年第12期。

[70] 胡方芳、蒲春玲、陈前利等：《欠发达地区农民宅基地流转意愿影响因素》，载于《中国人口·资源与环境》2014年第4期。

[71] 胡海丰：《农地使用变更外部性处理的制度分析》，载于《农业与经济》2005年第34期。

[72] 胡怡建：《税收学》，上海财经大学出版社2011年版。

[73] 黄宝连：《农地产权流转平台及机制研究——以成都为例》，浙江大学博士学位论文，2012年。

[74] 黄建水、黄鹏：《农村经营性建设用地入市的人大授权试点问题研究》，载于《河南工业大学学报》2015年第4期。

[75] 黄珂、张安录：《城乡建设用地的市场化整合机制》，载于《改革》2016年第2期。

[76] 黄利民：《农地边际化及其效应研究》，华中农业大学博士学位论文，2009年。

[77] 黄美均、诸培新：《完善重庆地票制度的思考——基于地票性质及功能的视角》，载于《中国土地科学》2013年第6期。

[78] 黄琪：《信息不对称与市场效率的关系研究》，山东大学博士学位论文，2014年。

[79] 黄少安：《从家庭承包制的土地经营权到股份合作制的准土地股权》，载于《经济研究》1995年第7期。

[80] 黄贤金、王静、濮励杰等：《区域土地用途管制的不同方式》，载于《南京大学学报（自然科学）》2003年第3期。

[81] 黄贤金：《城乡土地市场：从割裂到融合》，载于《城市》1995年第1期。

[82] 黄贻芳、钟涨宝：《不同类型农户对宅基地退出的响应——以重庆梁

平县为例》，载于《长江流域资源与环境》2013 年第 7 期。

[83] 黄宗煌：《现阶段农业保育之经济分析》，载于《农业金融论坛》1991 年第 25 期。

[84] 黄祖辉、汪晖：《非公共利益性质的征地行为与土地发展权补偿》，载于《经济研究》2002 年第 5 期。

[85] 姜栋、胡碧霞：《中国农村集体土地产权制度改革研究综述》，载于《生产力研究》2013 年第 5 期。

[86] 蒋敏：《建立城乡统一建设用地市场制度研究》，长安大学硕士学位论文，2014 年。

[87] 蒋省三、刘守英：《土地资本化与农村工业化——广东省佛山市南海经济发展调查》，载于《管理世界》2003 年第 11 期。

[88] 康元、李红波：《农村集体建设用地入市交易费用分析》，载于《安徽农业科学》2014 年第 34 期。

[89] 康贞花：《韩国土地征收补偿法律制度及其对中国的启示》，载于《延边大学学报（社会科学版）》2011 年第 3 期。

[90] 赖宗裕、胡宏昌：《建构容积移转机制之探讨——对都市计划容积移转办法草案之评论》，载于《经社法论丛》1999 年第 23 期。

[91] 赖宗裕、李家侬：《现行容积移转制度与容积可移转量评估之探讨》，载于《台湾经济年刊》2000 年第 11 期。

[92] 李伯华、刘艳、张安录等：《城市边缘区不同类型农户对宅基地流转的认知与响应——以衡阳市酃湖乡两个典型村为例》，载于《资源科学》2015 年第 4 期。

[93] 李建建、戴双兴：《加快构建城乡统一的建设用地市场》，载于《经济研究》2014 年第 23 期。

[94] 李景刚、张效军、高艳梅等：《我国城乡二元经济结构与一体化土地市场制度改革及政策建议》，载于《农业现代化研究》2011 年第 3 期。

[95] 李娟、吴群、刘红、丁松、张会：《城市土地市场成熟度及评价指标体系研究——以南京市为例》，载于《资源科学》2007 年第 4 期。

[96] 李俊丽：《城市土地出让中的地方政府经济行为研究》，西南财经大学博士学位论文，2008 年。

[97] 李孔岳：《农地专用性资产与交易的不确定性对农地流转交易费用的影响》，载于《管理世界》2009 年第 3 期。

[98] 李琨：《我国农村集体建设用地流转市场机制研究》，河北农业大学，2015 年。

[99] 李明月、韩桐魁：《论土地市场不同发展阶段的政府职能》，载于《经济体制改革》2004年第6期。

[100] 李涛：《城市土地市场运行与政策控管研究》，南京农业大学博士学位论文，2004年。

[101] 李文：《中国股票市场流动性衡量指标改进研究》，辽宁大学硕士学位论文，2013年。

[102] 李霞、李万明：《农地流转口头协议的制度经济学分析——一个交易费用分析的框架》，载于《农业经济》2011年第8期。

[103] 李晓云、张安录、高进云等：《农户农地城市流转意愿及其影响因素分析——以武汉市城乡交错区农户为例》，载于《长江流域资源与环境》2007年第4期。

[104] 李延荣：《集体建设用地流转要分清主客体》，载于《中国土地》2006年第2期。

[105] 李艳：《农村宅基地退出模式理论假说与实证检验——以成都、苏州模式为例》，载于《农村经济与科技》2016年第11期。

[106] 李毅、罗建平、牛星：《复合生态系统视角下土地流转风险管理》，载于《农村经济》2014年第1期。

[107] 李永乐、吴群：《土地市场发育与农地非农化——基于省际面板数据的估计与测算》，载于《中国土地科学》2009年第11期。

[108] 连雪君、毛雁冰、王红丽：《细碎化土地产权、交易成本与农业生产》，载于《中国人口·资源与环境》2014年第4期。

[109] 梁雪石：《哈尔滨市土地市场运行绩效评价研究》，载于《国土资源情报》2013年第12期。

[110] 廖红丰：《英、美、日本等国征地管理的做法》，载于《价格月刊》2006年第1期。

[111] 林峰：《土地征收与补偿：香港的经验》，载于《法学》2007年第8期。

[112] 林国庆：《以可移转发展权制度维护农业区之可行性分析》，载于《经社法制论丛》1992年第10期。

[113] 林圣杰：《香港土地市场张弛有度》，载于《房地产导刊》2004年第13期。

[114] 林元兴、陈铭伟：《都市计划土地使用分区弹性管制策略之研究》，载于《台湾土地金融季刊》2004年第2期。

[115] 刘芳、钱忠好、郭忠兴：《外部利润、同意一致性与昆山富民合作社制度创新——昆山富民合作社制度创新的制度经济学解析》，载于《农业经济问

题》2006 年第 12 期。

［116］刘慧、樊杰、王传胜：《欧盟空间规划研究进展及启示》，载于《地理研究》2008 年第 6 期。

［117］刘俊：《不动产统一登记：要以土地为基础》，载于《中国土地》2013 年第 6 期。

［118］刘莉君：《农村土地流转模式的绩效比较研究》，中南大学博士学位论文，2010 年。

［119］刘栋子：《土地交易管理机制的现实操作：渝川豫鲁比较》，载于《改革》2013 年第 6 期。

［120］刘守英：《集体土地资本化与农村城市化——北京市郑各庄村调查》，载于《北京大学学报（哲学社会科学版）》2008 年第 6 期。

［121］刘守英：《破解城乡二元土地制度格局》，载于《中国地产市场》2009 年第 5 期。

［122］刘守英：《政府垄断土地一级市场真的一本万利吗》，载于《中国改革》2005 年第 7 期。

［123］刘守英：《中国的二元土地权利制度与土地市场残缺——对现行政策，法律与地方创新的回顾与评论》，载于《经济研究参考》2008 年第 11 期。

［124］刘威、满燕云：《看香港土地如何出让》，载于《中国报道》2011 年第 3 期。

［125］刘永湘、杨明洪：《中国农民集体所有土地发展权的压抑与抗争》，载于《中国农村经济》2003 年第 16 期。

［126］刘愿：《打破土地市场政府垄断及双轨制建设城乡统一的建设用地市场》，载于《农村经济与科技》2011 年第 7 期。

［127］刘愿：《农民从土地股份制得到什么——以南海农村股份经济为例》，载于《管理世界》2008 年第 11 期。

［128］刘云华：《新加坡土地综合利用效率探讨》，载于《城市观察》2011 年第 1 期。

［129］龙花楼：《论土地利用转型与乡村转型发展》，载于《地理科学进展》2012 年第 2 期。

［130］卢炳克、潘莹、刘瑶：《农村集体建设用地流转模式的比较分析——以芜湖和南海为例》，载于《法制与社会》2012 年第 4 期。

［131］卢闯、张伟华、崔程皓：《市场环境、产权性质与企业纵向一体化程度》，载于《会计研究》2013 年第 7 期。

［132］卢吉勇、陈利根：《集体非农建设用地直接入市的主体与收益分配》，

载于《中国土地》2002 年第 5 期。

［133］卢艳霞、胡银根、林继红：《浙江农民宅基地退出模式调研及思考》，载于《中国土地科学》2011 年第 1 期。

［134］陆剑：《集体经营性建设用地入市中集体与成员权利配置论》，载于《领导之友》2016 年第 1 期。

［135］陆铭、陈钊：《分割市场的经济增长——为什么经济开放可能加剧地方保护？》，载于《经济研究》2009 年第 3 期。

［136］陆铭：《空间的力量：地理、政治与城市发展》，上海人民出版社 2013 年版。

［137］罗必良、李尚蒲：《农地流转的交易费用：威廉姆森分析范式及广东的证据》，载于《农业经济问题》2010 年第 12 期。

［138］罗必良：《农地保障和退出条件下的制度变革：福利功能让渡财产功能》，载于《改革》2013 年第 1 期。

［139］罗必良：《农业产业组织：一个解释模型及其实证分析》，载于《制度经济学研究》2005 年第 1 期。

［140］罗丹、严瑞珍、陈洁：《不同农村土地非农化模式的利益分配机制比较研究》，载于《管理世界》2004 年第 9 期。

［141］罗湖平：《中国土地隐形市场研究综述》，载于《经济地理》2014 年第 4 期。

［142］吕凤丽：《房地产价格与调控政策研究》，载于《农业经济与科技》2017 年第 7 期。

［143］吕萍、孙琰华：《农地转用价格确定模型与实证分析》，载于《中国农村观察》2004 年第 4 期。

［144］马爱慧、蔡银莺、张安录：《耕地生态补偿相关利益群体博弈分析与解决路径》，载于《中国人口·资源与环境》2012 年第 7 期。

［145］马爱慧：《耕地生态补偿及空间效益转移研究》，华中农业大学博士学位论文，2011 年。

［146］马凯、钱忠好：《农村集体非农建设用地直接上市：市场失灵与其政策矫正》，载于《中国土地科学》2010 年第 3 期。

［147］马贤磊、曲福田：《经济转型期土地征收增值收益形成机理及其分配》，载于《中国土地科学》2006 年第 5 期。

［148］马小映：《平等是首要原则——统一城乡建设用地市场的政策选择》，载于《中国土地》2009 年第 4 期。

［149］马智利、闫希成：《基于城乡统筹背景下土地流转后都市现代农业模

式制度设计——以重庆市为例》,载于《农业现代化研究》2013年第1期。

[150] 毛同义:《农村集体建设用地产权交易市场化之探索》,浙江工商大学硕士学位论文,2010年。

[151] 孟星:《城市土地的政府管制研究》,载于《复旦学报(社会科学版)》2006年第3期。

[152] 倪维秋:《基于城乡统筹的城乡统一建设用地市场构建》,载于《商业研究》2010年第10期。

[153] 聂鑫、汪晗、张安录:《基于公平思想的失地农民福利补偿——以江汉平原4城市为例》,载于《中国土地科学》2010年第6期。

[154] 欧海若、鲍海君:《韩国四次国土规划的变迁、评价及其启示》,载于《中国土地科学》2002年第4期。

[155] 欧胜彬、农丰收、陈利根:《建设用地差别化管理:理论解释与实证研究——以广西北部湾经济区为例》,载于《中国土地科学》2014年第1期。

[156] 潘文卿、李跟强:《垂直专业化、贸易增加值与增加值贸易核算——全球价值链背景下基于国家(地区)间投入产出模型方法综述》,载于《经济学报》2014年第4期。

[157] 彭开丽、彭可茂、席利卿:《中国各省份农地资源价值量估算——基于对农地功能和价值分类的分析》,载于《资源科学》2012年第12期。

[158] 彭开丽、张安录:《农地城市流转中土地增值收益分配不公平的度量——方法与案例》,载于《价值工程》2012年第31期。

[159] 彭开丽、张鹏、张安录:《农地城市流转中不同权利主体的福利均衡分析》,载于《中国人口资源与环境》2009年第2期。

[160] 彭开丽:《农地城市流转的社会福利效应:公平、效率与集体选择》,华中农业大学博士学位论文,2009年。

[161] 彭长生:《农民宅基地产权认知状况对其宅基地退出意愿的影响——基于安徽省6个县1413户农户问卷调查的实证分析》,载于《中国农村观察》2013年第1期。

[162] 钱秋霞:《交易成本对农户销售渠道选择的影响研究——基于浙江省长兴县葡萄种植户的调查》,南京农业大学硕士学位论文,2014年。

[163] 钱文荣:《中国城市土地资源配置中的市场失灵、政府缺陷与用地规模过度扩张》,载于《经济地理》2001年第4期。

[164] 钱忠好、马凯:《我国城乡非农建设用地市场:垄断、分割与整合》,载于《管理世界》2007年第6期。

[165] 钱忠好、牟燕:《土地市场化是否必然导致城乡居民收入差距扩大——

基于中国 23 个省（自治区、直辖市）面板数据的检验》，载于《管理世界》2013 年第 2 期。

[166] 钱忠好、车燕：《中国土地市场化改革：制度变迁及其特征分析》，载于《农业经济问题》2013 年第 5 期。

[167] 钱忠好、车燕：《中国土地市场化水平：测度及分析》，载于《管理世界》2012 年第 7 期。

[168] 钱忠好：《土地征用：均衡与非均衡——对现行中国土地征用制度的经济分析》，载于《管理世界》2004 年第 12 期。

[169] 钱忠好：《中国农村土地制度变迁和创新研究（续）》，社会科学文献出版社 2005 年版。

[170] 乔志敏：《韩国土地增值的税收政策》，载于《中外房地产导报》1998 年第 3 期。

[171] 邱继勤、邱道持：《重庆农村土地交易所地票定价机制探讨》，载于《中国土地科学》2011 年第 10 期。

[172] 瞿忠琼、濮励杰、黄贤金：《中国城市土地供给制度绩效评价指标体系的建立及其应用研究》，载于《中国人口·资源与环境》2006 年第 2 期。

[173] 曲福田、吴郁玲：《土地市场发育与土地利用集约度的理论与实证研究——以江苏省开发区为例》，载于《自然资源学报》2007 年第 3 期。

[174] 任艳胜、张安录、邹秀清：《限制发展区农地发展权补偿标准探析——以湖北省宜昌、仙桃部分地区为例》，载于《资源科学》2010 年第 4 期。

[175] 上官彩霞、冯淑怡、吕沛璐等：《易费用视角下宅基地置换模式的区域差异及其成因》，载于《中国人口·资源与环境》2014 年第 4 期。

[176] 沈飞、朱道林：《政府制度性寻租实证研究——以中国土地地征用制度为例》，载于《中国土地科学》2004 年第 18 期。

[177] 盛洪：《关于中国市场化改革的过渡过程的研究》，载于《经济研究》1996 年第 1 期。

[178] 宋苏：《山东省国有建设用地使用权出让问题研究》，山东大学硕士学位论文，2012 年。

[179] 宋伟、陈百明、姜广辉：《中国农村居民点整理潜力研究综述》，载于《经济地理》2010 年第 11 期。

[180] 孙秀林、周飞舟：《土地财政与分税制：一个实证解释》，载于《中国社会科学》2013 年第 4 期。

[181] 邰志勇、董玉哲：《打破城乡建设用地二元结构建立城乡统一建设用地市场》，载于《国土资源》2009 年第 4 期。

[182] 覃琳、邓杨琼、邱凌：《浅谈耕地占补指标交易体系建设——基于重庆地票制度》，载于《国土资源科技管理》2013 年第 3 期。

[183] 谭丹、黄贤金、陈志刚、王仕菊、胡初枝：《中国土地市场化程度及其影响因素分析》，载于《城市问题》2008 年第 1 期。

[184] 谭明智：《严控与激励并存：土地增减挂钩的政策脉络及地方实施》，载于《中国社会研究》2014 年第 7 期。

[185] 谭荣、曲福田：《中国农地非农化与农地资源保护：从两难到双赢》，载于《管理世界》2006 年第 12 期。

[186] 谭术魁、王汉花：《集体建设用地直接入市流转模式及其功能研究》，载于《国土资源》2004 年第 7 期。

[187] 谭文兵：《构建城乡统一土地市场的新制度经济学研究——以安徽省为例》，中国地质大学（北京）博士学位论文，2016 年。

[188] 汤芳：《农地发展权定价研究》，华中农业大学硕士学位论文，2005 年。

[189] 唐健、谭荣：《集体建设用地流转模式比较：土地价值释放的新思路》，载于《土地科学动态》。

[190] 唐健、谭荣：《农村集体建设用地价值"释放"的新思路——基于成都和无锡农村集体建设用地流转模式的比较》，载于《农村经济》2013 年第 3 期。

[191] 唐静武：《中国股票市场运行效率研究》，暨南大学博士学位论文，2009 年。

[192] 唐鹏、周来友、石晓平：《地方政府对土地财政依赖的影响因素研究——基于中国 1998 – 2010 年的省际面板数据分析》，载于《资源科学》2014 年第 7 期。

[193] 徒芳草：《河南省农村宅基地退出的法律及经济问题研究》，载于《当代经济》2015 年第 18 期。

[194] 万俊毅：《准纵向一体化、关系治理与合约履行——以农业产业化经营的温氏模式为例》，载于《管理世界》2008 年第 12 期。

[195] 汪晗、聂鑫、张安录：《武汉市农地发展权定价研究》，载于《中国土地科学》2011 年第 7 期。

[196] 汪晗、张安录：《基于科斯定理的农地发展权市场构建研究》，载于《理论月刊》2009 年第 7 期。

[197] 汪洪涛：《制度经济学——制度及制度变迁性质解释》，复旦大学出版社 2003 年版。

[198] 汪晖、黄祖辉：《公共利益、征地范围与公平补偿——从两个土地投机案例谈起·经济学（季刊）》2004 年第 1 期。

[199] 汪晖、陶然：《论土地发展权转移与交易的"浙江模式"——制度起源、操作模式及其重要含义》，载于《管理世界》2009 年第 8 期。

[200] 汪晓华：《构建城乡统一建设用地市场：法律困境与制度创新》，载于《江西社会科学》2016 年第 11 期。

[201] 王尔大、李莉、韦健华：《基于选择实验法的国家森林公园资源和管理属性经济价值评价》，载于《资源科学》2015 年第 1 期。

[202] 王国刚、刘彦随：《环渤海地区土地利用效益综合测度及空间分异》，载于《地理科学进展》2013 年第 4 期。

[203] 王国顺、周勇：《交易、治理与经济效益：O.E. 威廉姆森交易成本经济学》，中国经济出版社 2005 年。

[204] 王婧、方创琳、王振波：《我国当前城乡建设用地置换的实践探索及问题剖析》，载于《自然资源学报》2011 年第 9 期。

[205] 王良健、韩向华、李辉、罗宁波：《土地供应绩效评估及影响因素的实证研究》，载于《中国人口·资源与环境》2014 年第 10 期。

[206] 王青、陈志刚、叶依广、黄贤金：《中国土地市场化进程的时空特征分析》，载于《资源科学》2007 年第 1 期。

[207] 王珊、张安录、张叶生：《农地城市流转的农户福利效应测度》，载于《中国人口·资源与环境》2014 年第 3 期。

[208] 王文革：《城市土地市场失灵及其管制法律对策》，载于《国土资源》2005 年第 3 期。

[209] 王小映：《论土地征收中的同地同价补偿》，载于《新视野》2010 年第 1 期。

[210] 王小映：《平等是首要原则——统一城乡建设用地市场的政策选择》，载于《中国土地》2009 年第 4 期。

[211] 王小映：《全面保护农民的土地财产权益》，载于《中国农村经济》2003 年第 10 期。

[212] 王小映：《土地股份合作制的经济学分析》，载于《中国农村观察》2003 年第 6 期。

[213] 王小映：《土地征收公正补偿与市场开放》，载于《中国农村观察》2007 年第 5 期。

[214] 王晓霞、蒋一军：《中国农村集体建设用地使用权流转政策的梳理与展望》，载于《中国土地科学》2009 年第 4 期。

[215] 王兴稳、钟甫宁：《土地细碎化与农用地流转市场》，载于《中国农村观察》2008 年第 4 期。

[216] 王秀兰：《农村集体非农建设用地直接入市的驱动因素分析》，载于《湖北社会科学》2008 年第 2 期。

[217] 王玉波：《土地财政推动经济与城市化作用机理及实证研究》，载于《南京农业大学学报（社会科学版）》2013 年第 13 期。

[218] 王兆林、杨庆媛、范垍：《农户土地退出风险认知及规避能力的影响因素分析》，载于《经济地理》2013 年第 7 期。

[219] 王兆林、杨庆媛、张佰林等：《户籍制度改革中农户土地退出意愿及其影响因素分析》，载于《中国农村经济》2011 年第 11 期。

[220] 王祖祥：《收入不平等程度的度量方法研究》，载于《经济评论》2001 年第 5 期。

[221] 文兰娇、张安录：《地票制度创新与土地发展权市场机制及农村土地资产显化关系》，载于《中国土地科学》2016 年第 7 期。

[222] 文兰娇、张晶晶：《国土空间管制、土地非均衡发展与外部性研究：回顾与展望》，载于《中国土地科学》2015 年第 7 期。

[223] 文兰娇、张安录：《长三角地区与珠三角地区农村集体土地市场发育与运行比较研究——基于上海市松江区、金山区和广东省南海区、东莞市 4 地实证分析》，载于《中国土地科学》2016 年第 10 期。

[224] 吴彩珠、蔡佳桓：《政府介入土地市场的有效性之研究》，载于《台湾土地金融季刊》2005 年第 1 期。

[225] 吴殿廷、刘睿文、吴铮争等：《日本新国土规划考察和辽宁省新一轮国土规划的初步设计》，载于《地理研究》2009 年第 3 期。

[226] 吴冠岑：《构建城乡一体化的建设用地市场探讨》，载于《广东土地科学》2009 年第 8 期。

[227] 吴佩瑛、陈瑞主：《农地管制下对农地财产权之保障与侵害》，载于《经社法制论丛》2004 年第 10 期。

[228] 吴群、李永乐：《财政分权、地方政府竞争与土地财政》，载于《财贸经济》2010 年第 7 期。

[229] 吴晓燕、李赐平：《农地流转与基层社会治理机制：成都例证》，载于《改革》2009 年第 12 期。

[230] 吴义茂：《建设用地挂钩指标交易的困境与规划建设用地流转：以重庆"地票"交易为例》，载于《中国土地科学》2010 年第 9 期。

[231] 吴月芽：《农村集体建设用地使用权入市流转的可行性探析》，载于《经济地理》2005 年第 3 期。

[232] 夏方舟、严金明：《土地储备、入市影响与集体建设用地未来路径》，

载于《改革》2015年第3期。

[233] 夏方舟、严金明：《农村集体建设用地直接入市流转：作用、风险与建议》，载于《经济体制改革》2014年第3期。

[234] 夏慧娟：《农地入市对土地财政依赖症的影响机制》，载于《中外企业家》2014年第19期。

[235] 项树明、邹士鑫、郑畅：《对新型城镇化背景下地票交易制度风险防范的思考——以重庆市地票交易为例》，载于《经济研究导刊》2014年第23期。

[236] 肖俊极、谭诗羽：《中国乘用车行业的纵向一体化与横向共谋实证分析》，载于《经济学（季刊）》2016年第4期。

[237] 谢静琪、简士豪：《环境敏感地区之保育价值》，载于《台湾土地金融季刊》2003年第1期。

[238] 徐宝根、杨雪锋、陈佳骊：《浙江嘉兴市"两分两换"农村土地整治模式探讨》，载于《中国土地科学》2011年第1期。

[239] 徐绍史：《健全严格规范的农村土地管理制度》，载于《理论参考》2009年第1期。

[240] 徐唐奇、李雪、张安录：《农地城市流转中农民集体福利均衡分析》，载于《中国人口·资源与环境》2011年第5期。

[241] 许恒周、曲福田、郭忠兴：《市场失灵、非市场价值与农地非农化过度性损失》，载于《长江流域资源与环境》2011年第1期。

[242] 颜爱静：《不动产之课题与展望》，国立政治大学地政系暨系友会出版2013年版。

[243] 杨成林：《天津市"宅基地换房示范小城镇"建设模式的有效性和可行性》，载于《中国土地科学》2013年第2期。

[244] 杨继瑞、任啸：《农地"隐性市场化"问题、成因与对策》，载于《中国农村经济》2002年第9期。

[245] 杨萌：《行政诉讼的成本效益分析》，山东大学硕士学位论文，2007年。

[246] 杨忍、刘彦随、龙花楼：《中国环渤海地区人口—土地—产业非农化转型协同演化特征》，载于《地理研究》2015年第3期。

[247] 杨仕省：《新型城镇化的两条腿——户籍改革、土地改革联动篇名》，http://finance.sina.com.cn/china/20130105/005614186968.shtml，2013年1月5日。

[248] 杨秀琴：《农村集体建设用地公开流转势在必行——基于隐形流转与公开流转的效率差异分析》，载于《农村经济》2011年第12期。

[249] 杨玉珍：《农户闲置宅基地退出的影响因素及政策衔接——行为经济学视角》，载于《经济地理》2015年第7期。

[250] 杨重信、林益瑞：《可转让发展权市场之效率与公平性》，载于《人文及社会科学集刊》1994 年第 2 期。

[251] 姚洋：《非农就业结构与土地租佃市场的发育》，载于《中国农村观察》1999 年第 16 期。

[252] 叶剑平、蒋妍、丰雷：《中国农村土地流转市场的调查研究——基于 2005 年 17 省调查的分析和建议》，载于《中国农村观察》2006 年第 4 期。

[253] 殷园：《浅议韩国耕地保护及利用》，载于《辽宁经济职业技术学院（辽宁经济管理干部学院学报）》2008 年第 2 期。

[254] 尹珂、肖轶：《农村土地"地票"交易制度绩效分析——以重庆城乡统筹试验区为例》，载于《农村经济》2011 年第 2 期。

[255] 袁方、蔡银莺：《城市近郊被征地农民的福利变化测度——以武汉市江夏区五里界镇为实证》，载于《资源科学》2012 年第 3 期。

[256] 袁志刚、解栋栋：《统筹城乡发展：人力资本与土地资本的协调再配置》，载于《经济学家》2010 年第 8 期。

[257] 袁志刚：《土地指标交易对于新型城镇化的意义》，载于《中国人力资源社会保障》2013 年第 5 期。

[258] 张安录、杨刚桥：《美国城市化过程中农地城市流转与农地保护》，载于《中国农村经济》1998 年第 11 期。

[259] 张安录：《城乡生态经济交错区农地城市流转机制与制度创新》，载于《中国农村经济》1999 年第 7 期。

[260] 张安录：《城乡相互作用的动力学机制与城乡生态经济要素流转》，载于《生态经济》2000 年第 4 期。

[261] 张安录：《可转移发展权与农地城市流转控制》，载于《中国农村观察》2000 年第 2 期。

[262] 张安录：《外部性、市场失灵与政府土地市场管理》，载于《中国国土资源报》2011 年第 6 期。

[263] 张合林、郝寿义：《城乡统一土地市场制度创新及政策建议》，载于《中国软科学》2007 年第 2 期。

[264] 张敬梓：《城市土地市场效率及其提升路径研究——以南京市为例》，南京农业大学硕士学位论文，2014 年。

[265] 张娟锋、刘洪玉：《香港城市土地价值获取机制分析》，载于《国土资源科技管理》2009 年第 3 期。

[266] 张俊峰、张安录：《基于要素贡献率的建设用地差别化管理——以武汉城市圈为例》，载于《经济地理》2015 年第 10 期。

［267］张蕾、Jeff Bennert 等：《中国退耕还林政策成本效益分析》，经济科学出版社 2008 年版。

［268］张丽：《集体建设用地市场发展及运行框架构建——以重庆市江北区为例》，西南大学，2009 年。

［269］张鹏、张安录：《城市边界土地增值收益之经济学分析——兼论土地征收中的农民利益保护》，载于《中国人口·资源与环境》2008 年第 2 期。

［270］张鹏、刘春鑫：《基于土地发展权与制度变迁视角的城乡土地地票交易探索——重庆模式分析》，载于《经济体制改革》2010 年第 5 期。

［271］张庶、金晓斌、魏东岳等：《土地整治项目绩效评价指标设置和测度方法研究综述》，载于《中国土地科学》2014 年第 7 期。

［272］张四梅：《集体经营性建设用地流转制度建设研究》，载于《湖南师范大学社会科学学报》2014 年第 3 期。

［273］张婷、张安录、邓松林等：《交易费用三维度属性作用机理及交易方式选择意愿——南海集体建设用地市场的实证分析》，载于《中国人口·资源与环境》2017b 年第 7 期。

［274］张婷、张安录、邓松林等：《农村集体建设用地市场的发展与影响因素计量经济研究——基于广东省南海区 1872 份市场交易及 398 份调研数据需求侧的实证分析》，载于《中国土地科学》2016b 年第 11 期。

［275］张婷、张安录、邓松林：《基于威廉姆森分析范式的农村集体建设用地市场交易费用研究——南海区 1872 份市场交易数据和 372 份调研数据供给侧分析》，载于《中国土地科学》2017a 年第 2 期。

［276］张婷、张安录、邓松林：《政府收费、流转定价与农村集体建设用地流转的意愿研究》，载于《农业现代化研究》2016a 年第 6 期。

［277］张婷：《政府收费、流转定价与农村集体建设用地流转的意愿研究》，载于《农业现代化研究》2016 年第 6 期。

［278］张伟、刘毅、刘洋：《国外空间规划研究与实践的新动向及对我国的启示》，载于《地理科学进展》2005 年第 3 期。

［279］张秀智、丁锐：《经济欠发达与偏远农村地区宅基地退出机制分析：案例研究》，载于《中国农村观察》2009 年第 6 期。

［280］张学会、王礼力：《农民专业合作社纵向一体化水平测度：模型与实证分析》，载于《中国人口·资源与环境》2014 年第 6 期。

［281］张晔、邓楚雄、谢炳庚、胡倞、雷国强：《基于熵权可拓物元模型的湖南省土地市场成熟度评价》，载于《资源科学》2015 年第 1 期。

［282］张占仓：《中国农业供给侧结构性改革的若干战略思考》，载于《中

国农村经济》2017年第10期。

[283] 张占录：《征地补偿留用地模式探索——台湾市地重划与区段征收模式借鉴》，载于《经济与管理研究》2009年第9期。

[284] 张志宏、金晓斌、周寅康：《农用地转用征收环节土地税费设置分析与绩效评价研究》，南京大学出版社2013年版。

[285] 赵爱栋、马贤磊、曲福田、许实：《基于资源价值显化视角的中国工业用地市场发育水平及其影响因素》，载于《资源科学》2016年第2期。

[286] 赵珂、石晓平、曲福田：《我国土地市场发育程度测算与实证研究》，载于《经济地理》2008年第5期。

[287] 赵淑芹：《集体建设用地入市交易管理体制改革探索》，载于《当代经济管理》2015年第37期。

[288] 赵鑫鑫：《我国土地征收法律制度的协调与完善》，浙江财经大学硕士学位论文，2014年。

[289] 赵云泰、黄贤金、钟太洋、张晓玲、彭佳雯、杜官印、肖莉：《土地督察队土地市场的影响效果评估》，载于《自然资源学报》2012年第6期。

[290] 赵雲泰、黄贤金、钟太洋、彭佳雯、王小丽：《中国土地市场化测度方法与实证研究》，载于《资源科学》2012年第7期。

[291] 郑秉文：《拉丁美洲城市化：经验与教训》，当代世界出版社2011年版。

[292] 郑云峰、朱珍：《城乡建设用地的二元结构及其市场构建》，载于《重庆社会科学》2010年第2期。

[293] 中共中央办公厅、国务院办公厅：《深化农村改革综合性实施方案》，(2015-11-02) [2015-11-02]. http://www.gov.cn/zhengce/2015-11/02/content_2958781.htm.

[294] 钟头朱：《韩国土地征收补偿制度及其启示》，载于《改革与战略》2011年第9期。

[295] 周诚：《土地二元论纲》，引自《中国土地问题研究》，南京地政研究所主编，中国科学技术大学出版社1998年版。

[296] 周诚：《我国农地转非自然增值分配的"私公兼顾"论》，载于《中国发展观察》2006年第9期。

[297] 周靖祥、陆铭：《内地农村土地流转何去何从——重庆实践的启示》，载于《公共管理学报》2011年第10期。

[298] 周黎安：《中国地方官员的晋升锦标赛模式研究》，载于《经济研究》2007年第4期。

[299] 周其仁：《农地产权与征地制度——中国城市化面临的重大选择》，

载于《经济学（季刊）》2004 年第 1 期。

[300] 周小平、王情、谷晓坤等：《基于 Logistic 回归模型的农户宅基地置换效果影响因素研究——以上海市嘉定区外冈镇宅基地置换为例》，载于《资源科学》2015 年第 2 期。

[301] 朱丽娜、石晓平：《中国土地出让制度改革对地方财政收入的影响分析》，载于《中国土地科学》2010 年第 7 期。

[302] 朱新华、陈利根、付坚强：《农村宅基地制度变迁的规律及启示》，载于《中国土地科学》2012 年第 7 期。

[303] 诸培新、曲福田、孙卫东：《农村宅基地使用权流转的公平与效率分析》，载于《中国土地科学》2009 年第 5 期。

[304] 诸培新、曲福田：《从资源环境经济学角度考察下土地征用补偿价格构成》，载于《中国土地科学》2003 年第 3 期。

[305] 诸培新、任艳利、曲福田：《经济发达地区耕地非市场价值及居民支付意愿研究——以南京市为例》，载于《中国土地科学》2010 年第 6 期。

[306] 祝天智：《集体经营性建设用地入市与征地制度改革的突破口》，载于《现代经济探讨》2014 年第 4 期。

[307] 邹伟、胡礼兵、吴群：《南京市构建城乡统一建设用地市场的郊区农民意愿分析》，载于《中国土地科学》2011 年第 5 期。

[308] Abdesselam R, Bonnet J, LePape N. An Explanation of the Life Span of New French Firms [J]. *Small Business Economics*, 2004 (23): 23 - 72, 54.

[309] Alan de Brauw, Valerie Mueller. Do Limitations in Land Rights Transferability Influence Mobility Rates in Ethiopia? [J]. *Journal of African Economies*, 2012, 21 (4): 548 - 579.

[310] Alexander E. R. A Transaction-cost Theory of Land Use Planning and Development Control – Towards the Institutional Analysis of Public Planning [J]. *Town Planning Review*, 2000 (1): 43 - 75.

[311] Alexander E. R. *How Organization Act Together: Inter-organizational Coordination in Theory and Practice* [M]. Montreaux/ New York, Gordon & Breach, 1995.

[312] American Farmland Trust (AFT). Transfer of Development Rights: Fact Sheet [EB/OL]. http://www.farmlandinfo.org/sites/default/files/TDR_04 - 2008_1.

[313] Andrew J. P, Douglas J. M. Agricultural Value and Value of Rights to Future Land Development [J]. *Land Economics*, 2001, 77 (1): 56 - 67.

[314] Arrow K. J, Fisher A. C. Environmental Preservation, Uncertainty, and Irreversibility [J]. *Quarterly Journal of Economics*, 1974 (88): 312 - 319.

［315］Atkinson A. B. On the Measurement of Inequality ［J］. *Journal of Economic Theory*, 1970 (2): 244 – 263.

［316］Bai X. M, Shi P. J, Liu Y. S. Society: Realizing China's Urban Dream ［J］. *Nature*, 2014, 509 (7499): 158 – 160.

［317］Barrows R. L, Prenguber B. A. Transfer of Development Rights: An Analysis of a New Land Use Policy ［J］. *American Journal of Agricultural Economics*, 1975, 57 (3): 549 – 557.

［318］Bergstrom John C, Dillman B. L, Stoll John R. Public Environmental Amenity Benefits of Private Land: The Case of Prime Agricultural Land ［J］. *Southern Journal of Agricultural Economics*, 1985, 17 (1): 139 – 149.

［319］Bertaud A, Brueckner J. K. Analyzing Building-height Restrictions: Predicted Impacts and Welfare Costs ［J］. *Regional Science and Urban Economics*, 2005, 35 (2): 109 – 125.

［320］Bethany L, Jeffrey D, Barry B, John B. Farmland Preservation in Georgia: Three Possible Roads to Success ［R］. University of Georgia, 2004.

［321］Binswanger H, Deininger K. South African Land Policy: The Legacy of History and Current Options ［J］. *World Development*, 1993, 21 (9): 1451 – 1475.

［322］Bockstael N, McConnell K, Strand I. "Recreation", in J Braden and C Kolstad eds., *Measuring the Demand for Environmental Quality* ［M］. Amsterdam: North – Holland, 1991.

［323］Brauw A. D, Mueller V, Lee H. L, The Role of Rural-urban Migration in the Structural Transformation of Sub – Saharan Africa? ［J］. *World Development*, 2014, 63 (11): 33 – 42.

［324］Bronfenbrenner M. *Income Distribution Theory* ［M］. Newedition: Transaction Pub, 2006.

［325］Bruce J. W. Do Indigenous Tenure Systems Constrain Agricultural Development. Land in African Agrarian Systems?, 1993: 35 – 56.

［326］Carl W. H. Impact of Technological Change on Urban Market Areas, Land Values, and Land Uses ［J］. *Land Economics*, 1973, 49 (3): 351 – 356.

［327］Carr J, Smith L. B. Public Land Banking and the Price of Land ［J］. *Land Economics*, 1975, 51 (4): 317 – 330.

［328］Chau N. H, Zhang W. Harnessing the Forces of Urban Expansion: The Public Economics of Farmland Development Allowances ［J］. *Land Economics*, 2011, 87 (3): 488 – 507.

[329] Chavooshian B. B, Thomas N. Transfer of Development Rights: A New Concept in Land – Use Management [J], *The Appraisal Journal*, 1975 (6): 400 – 409.

[330] Chen M. X, Huang Y. B, Tan Z. P, et al. The Provincial Pattern of the relationship between Urbanization and Economic Development in China [J]. *Journal of Geographic Science*, 2014, 24 (1): 33 – 45.

[331] Cheung N. S. Transaction Costs, Risk Aversion, and the Choice of Contractual Arrangements [J]. *Journal of Law and Economics*, 1969 (12): 34 – 50.

[332] Chiodelli F, Moroni S. Zoning-integrative and Zoning-alternative Transferable Development Rights: Compensation, Equity, Efficiency [J]. *Land Use Policy*, 2016, 52 (3): 422 – 429.

[333] Choi K. W, Sjoquist D. L. Economic and Spatial Effects of Land Value Taxation in an Urban Area: An Urban Computable General Equilibrium Approach [J]. *Land Economics*, 2015, 91 (3): 536 – 555.

[334] Coase R. The Nature of the Firm [J]. *Economica*, 1937 (4): 386 – 405.

[335] Coase R. The Problem of Social Cost [J]. *Journal of Law and Economics*, 1960, 3 (1): 1 – 44.

[336] Cocconcelli L, Medda F. R. Boom and Bust in the Estonian Real Estate Market and the Role of Land Tax as a Buffer [J]. *Land Use Policy*, 2013, 30 (11): 392 – 400.

[337] Colin J. P. Securing Rural Land Transactions in Africa: An Ivorian perspective? [J]. *Land Use Policy*, 2013, 31 (3): 430 – 440.

[338] Commons J. R. *Institutional Economics* [M]. Madison: University of Wisconsin Press, 1934.

[339] Costonis J. J. Development Rights Transfer: An Exploratory Essay [J]. *Yale Law Journal*, 1973, 83 (75): 75 – 128.

[340] Costonis J. J. The Chicago Plan: Incentive Zoning and the Preservation of Urban Land Marks [J]. *Harvard Law Review*, 1972, 85 (3): 574 – 634.

[341] Cynthia J. N, Lori L. The Effect of Farmland Preservation Programs on Farmland Prices [J]. *American Journal of Agricultural Economics*, 2001, 83 (2): 341 – 351.

[342] Dahlman C. J. The Problem of Externality [J]. *Journal of Law and Economics*, 1979 (22): 62 – 141.

[343] David J. B, Roy L. P. The Joint Stock Share System in China's Nanhai

County?. RDI (Rural Development Institute) Reports on Foreign Aid and Development. 2000：103.

［344］David A. N. Spatial Economic Models of Land Use Change and Conservation Targeting Strategies［D］. Berkeley：University of California，2002.

［345］De Brauw A，Mueller V. Do Limitation in Land Rights Transferability Influence Mobility Rates in Ethiopia?［J］. *Journal of African Economics*，2012，21（4）：548 – 579.

［346］Deininger K. Land Markets in Developing and Transition Economies：Impact of Liberalization and Implications for Future Reform ［J］. *American Journal of Agricultural Economics*，2003，85（5）：1217 – 1222.

［347］Deininger K，Binswanger H. The Evolution of the World Bank's Land Policy：Principles，Experience and Future Challenges?［J］. *The World Bank Research Observer*，1999，14（2）：247 – 276.

［348］Deininger K，Feder G. Land Institutions and Land Markets?. The World Bank，Development Research Group Rural Development，November 1998.

［349］Deininger K. Land Markets in Developing and Transition Economies：Impact of Liberalization and Implications for Future Reform.［J］. *American Journal of Agricultural Economics*，2003，85（5）：1217 – 1222.

［350］Deininger K. Making Negotiated Land Reform Work：Initial Experience from Colombia，Brazil and South Africa?［J］. *World Development*，1999，27（4）：651 – 672.

［351］Deininger K，Castagnini R，González M. A. Comparing Land Reform and Land Markets in Colombia Impacts on Equity and Efficiency ［R］. World Bank Policy Research Working Paper，2004（April）：3258.

［352］Dennis R. C，Robert W. H. The Fundamentals of Land Prices and Urban Growth［J］. *Journal of Urban Economics*，1989，26（3）：295 – 306.

［353］Dixit A. K. *The Making of Economic Policy：A Transaction-cost Politics Perspective*［M］. Cambridge，MA，MIT Press，1996.

［354］Duffy D，Kevin T. The Effects of State Parks on County Economics of the West［J］. *Journal of Leisure Research*，1997，29（2）：201 – 224.

［355］Eisenhardt K. M，Bourgeois IIIL Jay. *On Designing Top Management Teams*［M］. Top Management Teams，1985.

［356］Farmer J. R，Meretsky V，Knapp D，et al. Why Agree to a Conservation Easement? Understanding the Decision of Conservation Easement Granting ［J］. *Landscape and Urban Planning*，2015，138（6）：11 – 19.

[357] Foldvary F. E, Minola L. A. The Taxation of Land Value as the Means towards Optimal Urban Development and the Extirpation of Excessive Economic Inequality [J]. *Land Use Policy*, 2017（69）：331 – 337.

[358] Furubotn E G, Richter R. *The New Institutional Economics*：*An Assessment* [M]. Tübingen：J. C. B. Mohr（Paul Siebeck），1991：1 – 32.

[359] Gardner B. D. The Economics of Agricultural Land Preservation [J]. *American Journal of Agricultural Economics*，1977，59（5）：1027 – 1036.

[360] Gengaje R. K. Administration of Farmland Transfer in Urban Fringes：Lessons from Maharashtra, India [J]. *Land Use Policy*，1992，9（4）：272 – 286.

[361] Goetz R, Zilberman D. The Economics of Land-use Regulation in the Presence of an Externality：A Dynamic Approach [J]. *Optimal Control Application and Method*，2007，28（1）：21 – 43.

[362] Gorton M. Agricultural Land Reforming Moldova [J]. *Land Use Policy*，2001，18（3）：269 – 279.

[363] Grandori A. An Organizational Assessment of Inter-firm Coordination Modes [J]. *Organization Studies*，1997（18）：897 – 925.

[364] Han L, Kung J. K. Fiscal Incentives and Policy Choices of Local Governments：Evidence from China [J]. *Journal of Development Economics*，2015（116）：89 – 104.

[365] Hannah L, Kim K. H, Mills E. S. The Effect of Land Use Controls and Housing Prices in Korea [J]. *Urban Studies*，1993，30（1）：147 – 156.

[366] Hans R. I, Mark D. E, Isakson H. R, Ecker M. D. An Analysis of the Influence of Location in the Market for Undeveloped Urban Fringe Land [J]. *Land Economics*，2001，77（1）：30 – 41.

[367] Hirshleifer J, Riley J. G. The Analytics of Uncertainty and Intermediation：An Expository Survey [J]. *Journal of Economic Literature*，1979（17）：1375 – 1421.

[368] Hoyos D. The State of the Art of Environmental Valuation with Discrete Choice Experiments [J]. *Ecological Economics*，2010，69（8）：1595 – 1603.

[369] James O. B. Dynamics of Land-use Change in North Alabama：Implications of New Residential Development, 2007. ageconsearch. umn. edu/bitstream/34862/1/sp07bu01. pdf.

[370] John C. D. TDRs Great Idea But Questionable Value [J]. *The Appraisal Journal*，1997（4）：133 – 142.

[371] John J. Costonis. The Chicago Plan：Incentive Zoning and the Preservation

of Urban Landmarks [J]. *Harvard Law Review*, 1972, 85 (3): 574 – 634.

[372] Kaizoji T. Scaling Behavior in Land Markets [J]. *Physical A: Statistical Mechanics and Its Applications*, 2003, 326 (1): 256 – 264.

[373] Kenneth Barnhart. Land Use – Taking, TDR, and the Tudor City Parks: Fred F. French Investing Co. v. City of New York [J]. *Harvard Law Review*, 1977, 90 (6): 637 – 647.

[374] Kim K. H, Lee H. S. Real Estate Price Bubble and Price Forecasts in Korea [J]. *Department of Economics*, Sogang University, Processed, 2000.

[375] Ki – Whan Choi, David L. S. Economic and Spatial Effects of Land Value Taxation in an Urban Area: An Urban Computable General Equilibrium Approach [J]. *Land Economics*, 2015, 91 (3): 536 – 555.

[376] Kreps D. M. *A Course in Microeconomic Theory* [M]. New York: Harvester, 1990.

[377] Lai N, Wang K. Land-supply Restrictions, Developer Strategies and Housing Policies: The Case in Hong Kong [J]. *International Real Estate Review*, 1999, 2 (1): 143 – 159.

[378] Lai Y, Peng Y, Li B, Lin Y L. Industrial Land Development in Urban Villages in China: A Property Rights Perspective [J]. *Habitat International*, 2014, 41 (2): 185 – 194.

[379] Lall S. V, Freire M, Yuen B, et al. Urban Land Markets: Improving *Land Management for Successful Urbanization* [M]. Springer Science & Business Media, 2009.

[380] Lall S. V, Freire M, Yuen B, Rajack. Urban Land Markets: Improving Land Management for Successful Urbanization?. World Bank, Washington, D. C. U. S. A Springer, 2009.

[381] Lambais G. B. R. Land Reform in Brazil: The Arrival of the Market Model [J]. *Latin American Network Information Center* Etext Collection, No. ILASSA Student Conference on Latin America, 2008, 28 (February): 1 – 28.

[382] Lancaster K. A New Approach to Consumer Theory [J]. *Journal of Political Economy*, 1966, 74 (2): 132 – 157.

[383] Lee Y. Q, Jia R. M. A Diagnoses of 1538 Losing Field Peasants in Eastern, Middle and Western Part of China [J]. *Economist*, 2006 (5): 84 – 90.

[384] Leroy J. H, Kazem S. A Spatial Model of Land Market Behavior [J]. *American Journal of Agricultural Economics*, 1979, 61 (4): 697 – 702.

[385] Li Y. H, Li Y. R, Hans W, Liu Y. S. Urban-rural Transformation in Relation to Cultivated Land Conversion in China: Implications for Optimizing Land Use and Balanced Regional Development [J]. *Land Use Policy*, 2015 (47): 218-224.

[386] Libby L. W. Rural Land Use Problems and Policy Options: Overview From a US Perspective [J]. *Journal of Property Tax Assessment and Administration*, 2008, 5 (1): 5.

[387] Liu Y. S, Fang F, Li Y, Key Issues of Land Use in China and Implications for Policy Making [J]. *Land Use Policy*, 2014, 40 (1): 6-12.

[388] Long H. L, Li Y. R, Liu S. Y, Woods M, Zou J. Accelerated Restructuring in Rural China Fueled by "Increasing vs. Decreasing Balance" Land-use Policy for Dealing with Hollowed Villages? [J]. *Land Use Policy*, 2012 (29): 11-22.

[389] Long H. L, Liu Y. S, Li X. B, Chen Y. F. Building New Countryside in China: A Geographical Perspective [J]. *Land Use Policy*, 2010, 27 (2): 457-470.

[390] Long H. L, Zou J, Liu Y. S. Differentiation of Rural Development Driven by Industrialization and Urbanization in Eastern Coastal China [J]. *Habitat International*, 2009, 33 (4): 454-462.

[391] Loomis J. B. Vertically Summing Public Good Demand Curves: An Empirical Comparison of Economic Versus Political Jurisdictions [J]. *Land Economics*, 2000, 76 (2): 312-321.

[392] Lorenzo G. B, Paolo L. Policy Impacts on Inequality Welfare based Measures of Inequality: The Atkinson Index, Policy Impacts on Inequality [R]. EASYPol, 2006. //http://www.fao.org/docs/up/easypol/451/welfare_measures_inequa_atkinson_050en.pdf.

[393] Lum S. K, Sim L. L, Malone-Lee L C. Market-led Policy Measures for Urban Redevelopment in Singapore [J]. *Land Use Policy*, 2004, 21 (1): 1-19.

[394] Lusugga J, M. Kironde. Understanding Land Markets in African Urban Areas: The Case of Dar es Salaam, Tanzania. [J]. *Land Use Policy*, 2000, 24 (2): 151-165.

[395] Macedo J. Urban Land Policy and New Land Tenure Paradigms: Legitimacy vs. Legality in Brazilian Cities. [J]. *Land Use Policy*, 2008 (25): 259-270.

[396] Manski C. The Structure of Random Utility Models [J]. *Theory and Decision*, 1977, 8 (3): 229-254.

[397] Masterson T. *Land Rental and Sales Markets in Paraguay, The Levy Eco-*

nomics Institute of Bard College?. Working Paper, 2007: 491.

［398］McFadden D. *Conditional Logit Analysis of Qualitative Choice Behaviour*, in P. Zarembka, ed., Frontiers in Econometrics, New York: Academic Press, 1974.

［399］Medonos T, Vilhelm V, Hruška M, et al. *What Determines the Czech Land Market Prices? Some Regional Findings*?. Agris On – Line Papers in Economics & Informatics, 2011, 3（4）: 42 – 53.

［400］Michael D Kaplowitz, Patricia Machemer, Rick Pruetz. Planners' Experiences in Managing Growth Using Transferable Development Rights（TDR）in the United States ［J］. *Land Use Policy*, 2008, 25（3）: 378 – 387.

［401］Mills D. E. Transferable Development Rights Markets ［J］. *Journal of Urban Economics*, 1980, 7（1）: 63 – 74.

［402］Mogas J, P Riera, J Bennett. A Comparison of Contingent Valuation and Choice Modeling with Second-order Interactions ［J］. *Journal of Forest Economics*, 2006（12）: 5 – 30.

［403］Mori H. Land Conversion at the Urban Fringe: A Comparative Study of Japan, Britain and the Netherlands ［J］. *Urban Studies*, 1998, 35（9）: 1541 – 1558.

［404］Nickerson C. J., L Lynch. The Effect of Farmland Preservation Programs on Farmland Prices ［J］. *American Journal of Agricultural Economics*, 2001（83）: 341 – 51.

［405］North D. C., Thomas R. An Economic Theory of the Growth of the West World ［J］. *The Economic Review*, 1970（23）: 1 – 17.

［406］North D. C. *Institutions, Institutional Change and Economic Performance* ［M］. Cambridge University Press, 1990.

［407］Parker D. C. Revealing "Space" in Spatial Externalities: Edge-effect Externalities and Spatial Incentives ［J］. *Journal of Environmental Economics and Management*, 2007（54）: 84 – 99.

［408］Parker D. P, Thurman, W. N. Crowding Out Open Space: The Effects of Federal Land Programs on Private Land Trust Conservation ［J］. *Land Economics*, 2011, 87（2）: 202 – 222.

［409］Peng R, Wheaton W. C. *Effects of Restrictive Land Supply on Housing in Hong Kong: An Econometric Analysis* ［M］. Joint Center for Housing Studies, Harvard University, 1993.

［410］Peng L, Thibodeau T. G. Government Interference and Efficency of Land

Market in China [J]. *Journal of Estate Finnancial Economics*, 2012, 45 (1): 919 – 938.

[411] Pinto – Correia T, Sørensen E M. *Marginalisation and Marginal Land: Processes of Change in the Countryside: Monotoring and Managing Changes in Rural Marginal Areas: A Comparative Research* [M]. Institut for Samfundsudvikling og Planlægning: Aalborg Universitetscenter, 1995.

[412] Ralph Henger, Kilian Bizer. Tradable Planning Permits for Land Use Control in Germany [J]. *Land Use Policy*, 2010, 27 (3): 843 – 852.

[413] Raymond Y. C. Housing Price, Land Supply and Revenue from Land Sales [J]. *Urban Studies*, 1998, 35 (8): 1377 – 1392.

[414] Richard J. A, James G. M. Market and Shadow Land Rents with Congestion [J]. *The American Economic Review*, 1978, 68 (4): 588 – 600.

[415] Richard L. B, Bruce A. P. Transfer of Development Rights: An Analysis of a New Land Use Policy Tool [J]. *American Journal of Agricultural Economics*, 1975, 59 (4): 761 – 762.

[416] Rose L. A. Land Values and Housing Rents in Urban Japan [J]. *Journal of Urban Economics*, 1992, 31 (2): 230 – 251.

[417] Schnier K. E, Felthoven R. G. Accounting for Spatial Heterogeneity and Autocorrelation in Spatial Discrete Choice Models: Implications for Behavioral Predictions [J]. *Land Economics*, 2011, 87 (3): 382 – 402.

[418] Shapley L. S. *Additive and Non-additive Set Function* [D]. Princeton, New Jersey: Princeton University, 1953.

[419] Sheridan T. Urban Land Prices Under Uncertainty [J]. *The American Economic Review*, 1985, 75 (3): 505 – 514.

[420] Sze M. N. M, Sovacool B. K. Of Fast Lanes, Flora, and Foreign Workers: Managing Land Use Conflicts in Singapore [J]. *Land Use Policy*, 2013, 30 (1): 167 – 176.

[421] Thomas L. D. Coordinating Opposite Approuches to Managing Urban Growth and Curbing Sprawl [J]. *American Journal of Economics and Sociology*, 2001, 60 (1): 229 – 243.

[422] United States. Dept. of Housing and Urban Development. Windfalls for Wipeouts: Land Value Capture and Compensation [R]. *Office of Policy Development and Research*, 1978.

[423] Vaillancourt, Francois, Monty, Luc. The Effect of Agricultural Zoning on

Land Prices, Quebec, 1975 – 1981 [J]. *Land Economics*, 1985, 61 (2): 36 – 42.

[424] Wang H, Wang L. L, Su F. B, et al. Rural Residential Properties in China: Land Use Patterns, Efficiency and Prospects for Reform [J]. *Habitat International*, 2012 (36): 201 – 209.

[425] Wang H, Tao R, Tong J. Trading Land Development Rights under a Planned Land Use System: The "Zhejiang Model" [J]. *China and World Economy*, 2009, 17 (1): 66 – 82.

[426] Ward P. On the Use of Tradable Development Rights for Reducing Flood Risk [J]. *Land Use Policy*, 2013, 31 (2): 576 – 583.

[427] Wen L. J, Butsic V, Stapp J. R, et al. Can China's Land Coupon Program Activate Rural Assets? An Empirical Investigation of Program Characteristics and Results of Chongqing [J]. *Habitat International*, 2017 (59): 80 – 89.

[428] Wiebe K. A, Tegene B. K. Partial Inerests in Land: Policy Tools for Resource Use and Conservation [R]. US Department of Agriculture, Economic Research Service, Agricultural Economic Report No. 744, 1996.

[429] Williamson O. E. Comparative Economic Organization: The Analysis of Discrete Structural Alternatives [J]. *Administrative Science Quarterly*, 1991, 36 (2): 269 – 296.

[430] Williamson O. E. *The Economic Institutions of Capitalism: Firms, Markets, Relational Contracting* [M]. New York and London: Free Press, 1985.

[431] Williamson O. *The Mechanisms of Governance* [M]. New York: Oxford University Press, 1996.

[432] Williamson O. Transaction – Cost Economics: The Governance of Contractual Relations [J]. *Journal of Law and Economics*, 1991 (22): 3 – 61.

[433] Williamson O. E. The Vertical Integration of Production: Market Failure Considerations [J]. *The American Economic Review*, 1971, 61 (5): 112 – 123.

[434] Williamson O. E. The New Institutional Economics: Taking Stock, Looking Ahead [J]. *Journal of Economic Literature*, 2000 (38): 595 – 613.

[435] Wu W. Sources of Migrant Housing Disadvantage in Urban China [J]. *Environment and Planning*, 2004, 36 (7): 1285 – 1304.

[436] Wu J. J, Lin H. X. The Effect of the Conservation Reserve Program on Land Values [J]. *Land Economics*, 2010, 86 (1): 1 – 21.

[437] Wu W. Sources of Migrant Housing Disadvantage in Urban Chi-

na. Environment and Planning, 2004 (36): 1285 – 1304.

[438] Xu H. Z. Theoretical and Empirical Research on Influential Factors of Rural Land Transfer: Based on the Perspective of Occupation Differentiation and Pension Security Mode [J]. *Energy Procedia*, 2011 (5): 397 – 402.

[439] Xu H. W., Yu X. The Causal Effects of Rural-to-urban Migration on Children's Well-being in China [J]. *European Sociological Review*, 2015 (9): 1 – 18.

[440] Xu J, Yeh A, Wu F. Land Commodification: New Land Development and Politics in China Since the Late 1990s [J]. *International Journal of Urban and Regional Research*, 2009, 33 (4): 890 – 913.

[441] Xu, Yeh, Wu. Land Commodification: New Land Development and Politics in China since the Late 1990s. [J]. *International Journal of Urban and Regional Research*, 2009, 33 (4): 890 – 913.

[442] Zhang W, Cynthia J. N. Housing Market Bust and Farmland Values: Identifying the Changing Influence of Proximity to Urban Centers [J]. *Land Economics*, 2015, 91 (4): 605 – 626.

[443] Zhou J. A Transitional Institution for the Emerging Land Market in China [J]. *Urban Studies*, 2005, 42 (8): 1369 – 1390.

[444] Zhou M, Cai G. Trapped in Neglected Corners of a Booming Metropolis: Residential Patterns and Marginalization of Migrant Workers in Guangzhou [J]. *Urban China in Transition*, 2008: 226 – 249.

[445] Zhou M, Cai G. Trapped in Neglected Corners of a Booming Metropolis: Residential Patterns and Marginalization of Migrant Workers in Guangzhou. In J. R. Logan (Ed.). Urban China in transition. Malden, MA: Blackwell, 2008: 226 – 249.

[446] Zhu J. A Transitional Institution for the Emerging Land Market in Urban China [J]. *Urban Studies*, 2005, 42 (8): 1369 – 1390.

后 记

如何构建公平、高效和安全的城乡统一建设用地市场，不仅是当今各级政府关注的重大现实问题，也是学术界尚待深入探索的重要课题，对于当前盘活农村资产、促进农民增收、实现乡村振兴、有序引导城镇化等，发挥着重要作用。因此，本书的问世对于突破城乡二元制度壁垒，建立城乡统一建设用地市场具有重要意义。本书紧密围绕当前城乡二元分割下产权、交易、收益等一系列问题展开研究，在梳理城乡二元结构下我国土地市场所面临的现实困境、制度变迁以及城乡分割双轨运行的路径的基础上，综合考察我国典型集体建设用地改革试点地区关于集体建设用地市场建设的运行规律、制度创新、运行绩效，通过适宜性分析和约束性分析，提炼城乡统一建设用地市场整合机理和市场运行机制。并通过对长三角、珠三角、成渝、湖北等典型试点地区进行实证考察和问卷调查，从城乡统一建设用地市场中交易成本、价格对接整合机制、增值机理和收益分配关系、市场失灵和政府调控等方面进行深入剖析，最后构建了城乡统一建设用地市场安全、有效运行的法律、制度、政策支撑体系及改进意见。在这一过程中，涌现了较多研究成果，且多数已采用学术论文等形式发表，产生了一定学术影响。为进一步扩大影响力，为完善城乡统一的建设用地市场贡献系统政策智囊，在多次课题论证和听取多方意见后，我们将相关研究成果整理成书。

全书由张安录教授全面负责项目设计、总体研究方案制定、项目研究分工和子课题协调。具体分工如下：第一章由张安录、文兰娇撰写；第二章由张安录、文兰娇、韩啸、孙宇腾、罗世聪撰写；第三章由董捷、蔡银莺、谢向向、高欣、张婷、文兰娇、谢晋撰写；第四章由张安录、文兰娇、马爱慧、陈竹、张蕾、张婷撰写；第五章由钱忠好、胡伟艳、黄珂、文兰娇、吴巍撰写；第六章由邓梅娥、谢向向、文兰娇、张安录撰写；第七章由张婷、张安录撰写；第八章由文兰娇、张安录、彭开丽、胡越撰写；第九章由蔡银莺、文兰娇、张安录、李欢撰写；第十章由文兰娇、张安录、韩啸、夏炜祁撰写；赵可、杨欣、王迎、朱琴、才振、刘炼、韩久莹参与了课题讨论和调研与书稿的修改、校对工作；最后由张安录、文兰娇汇总和统稿。

  特别感谢教育部对本课题研究予以高度重视和大力支持，感谢各位评委专家在课题开题、中期检查和结题验收中提出的宝贵意见和重要启发。感谢课题开展过程中大量老师、同学和其他研究员默默奉献以及在课题调研、成果发布过程中相关部门人员的写作和支持。感谢经济科学出版社编辑们为本书出版提供的帮助和支持。谨此再一次向他们一并表示诚挚的谢意！

  尽管我们在课题研究中力求理论和实践相结合，也在课题开展过程中几乎跑遍了所有集体建设用地入市和城乡建设用地改革试点地区，立足于充分的社会实践调查，深入分析、总结当前城乡统一建设用地市场改革中的问题和经验教训，在书稿编辑过程中也进行了反复校对和修正，但疏漏及不妥之处在所难免，恳请读者批评指正！

张安录

于武昌狮子山

教育部哲学社会科学研究重大课题攻关项目成果出版列表

序号	书　名	首席专家
1	《马克思主义基础理论若干重大问题研究》	陈先达
2	《马克思主义理论学科体系建构与建设研究》	张雷声
3	《马克思主义整体性研究》	逄锦聚
4	《改革开放以来马克思主义在中国的发展》	顾钰民
5	《新时期　新探索　新征程——当代资本主义国家共产党的理论与实践研究》	聂运麟
6	《坚持马克思主义在意识形态领域指导地位研究》	陈先达
7	《当代资本主义新变化的批判性解读》	唐正东
8	《当代中国人精神生活研究》	童世骏
9	《弘扬与培育民族精神研究》	杨叔子
10	《当代科学哲学的发展趋势》	郭贵春
11	《服务型政府建设规律研究》	朱光磊
12	《地方政府改革与深化行政管理体制改革研究》	沈荣华
13	《面向知识表示与推理的自然语言逻辑》	鞠实儿
14	《当代宗教冲突与对话研究》	张志刚
15	《马克思主义文艺理论中国化研究》	朱立元
16	《历史题材文学创作重大问题研究》	童庆炳
17	《现代中西高校公共艺术教育比较研究》	曾繁仁
18	《西方文论中国化与中国文论建设》	王一川
19	《中华民族音乐文化的国际传播与推广》	王耀华
20	《楚地出土戰國簡册［十四種］》	陈　伟
21	《近代中国的知识与制度转型》	桑　兵
22	《中国抗战在世界反法西斯战争中的历史地位》	胡德坤
23	《近代以来日本对华认识及其行动选择研究》	杨栋梁
24	《京津冀都市圈的崛起与中国经济发展》	周立群
25	《金融市场全球化下的中国监管体系研究》	曹凤岐
26	《中国市场经济发展研究》	刘　伟
27	《全球经济调整中的中国经济增长与宏观调控体系研究》	黄　达
28	《中国特大都市圈与世界制造业中心研究》	李廉水

序号	书　名	首席专家
29	《中国产业竞争力研究》	赵彦云
30	《东北老工业基地资源型城市发展可持续产业问题研究》	宋冬林
31	《转型时期消费需求升级与产业发展研究》	臧旭恒
32	《中国金融国际化中的风险防范与金融安全研究》	刘锡良
33	《全球新型金融危机与中国的外汇储备战略》	陈雨露
34	《全球金融危机与新常态下的中国产业发展》	段文斌
35	《中国民营经济制度创新与发展》	李维安
36	《中国现代服务经济理论与发展战略研究》	陈　宪
37	《中国转型期的社会风险及公共危机管理研究》	丁烈云
38	《人文社会科学研究成果评价体系研究》	刘大椿
39	《中国工业化、城镇化进程中的农村土地问题研究》	曲福田
40	《中国农村社区建设研究》	项继权
41	《东北老工业基地改造与振兴研究》	程　伟
42	《全面建设小康社会进程中的我国就业发展战略研究》	曾湘泉
43	《自主创新战略与国际竞争力研究》	吴贵生
44	《转轨经济中的反行政性垄断与促进竞争政策研究》	于良春
45	《面向公共服务的电子政务管理体系研究》	孙宝文
46	《产权理论比较与中国产权制度变革》	黄少安
47	《中国企业集团成长与重组研究》	蓝海林
48	《我国资源、环境、人口与经济承载能力研究》	邱　东
49	《"病有所医"——目标、路径与战略选择》	高建民
50	《税收对国民收入分配调控作用研究》	郭庆旺
51	《多党合作与中国共产党执政能力建设研究》	周淑真
52	《规范收入分配秩序研究》	杨灿明
53	《中国社会转型中的政府治理模式研究》	娄成武
54	《中国加入区域经济一体化研究》	黄卫平
55	《金融体制改革和货币问题研究》	王广谦
56	《人民币均衡汇率问题研究》	姜波克
57	《我国土地制度与社会经济协调发展研究》	黄祖辉
58	《南水北调工程与中部地区经济社会可持续发展研究》	杨云彦
59	《产业集聚与区域经济协调发展研究》	王　珺

序号	书　名	首席专家
60	《我国货币政策体系与传导机制研究》	刘　伟
61	《我国民法典体系问题研究》	王利明
62	《中国司法制度的基础理论问题研究》	陈光中
63	《多元化纠纷解决机制与和谐社会的构建》	范　愉
64	《中国和平发展的重大前沿国际法律问题研究》	曾令良
65	《中国法制现代化的理论与实践》	徐显明
66	《农村土地问题立法研究》	陈小君
67	《知识产权制度变革与发展研究》	吴汉东
68	《中国能源安全若干法律与政策问题研究》	黄　进
69	《城乡统筹视角下我国城乡双向商贸流通体系研究》	任保平
70	《产权强度、土地流转与农民权益保护》	罗必良
71	《我国建设用地总量控制与差别化管理政策研究》	欧名豪
72	《矿产资源有偿使用制度与生态补偿机制》	李国平
73	《巨灾风险管理制度创新研究》	卓　志
74	《国有资产法律保护机制研究》	李曙光
75	《中国与全球油气资源重点区域合作研究》	王　震
76	《可持续发展的中国新型农村社会养老保险制度研究》	邓大松
77	《农民工权益保护理论与实践研究》	刘林平
78	《大学生就业创业教育研究》	杨晓慧
79	《新能源与可再生能源法律与政策研究》	李艳芳
80	《中国海外投资的风险防范与管控体系研究》	陈菲琼
81	《生活质量的指标构建与现状评价》	周长城
82	《中国公民人文素质研究》	石亚军
83	《城市化进程中的重大社会问题及其对策研究》	李　强
84	《中国农村与农民问题前沿研究》	徐　勇
85	《西部开发中的人口流动与族际交往研究》	马　戎
86	《现代农业发展战略研究》	周应恒
87	《综合交通运输体系研究——认知与建构》	荣朝和
88	《中国独生子女问题研究》	风笑天
89	《我国粮食安全保障体系研究》	胡小平
90	《我国食品安全风险防控研究》	王　硕

序号	书　名	首席专家
91	《城市新移民问题及其对策研究》	周大鸣
92	《新农村建设与城镇化推进中农村教育布局调整研究》	史宁中
93	《农村公共产品供给与农村和谐社会建设》	王国华
94	《中国大城市户籍制度改革研究》	彭希哲
95	《国家惠农政策的成效评价与完善研究》	邓大才
96	《以民主促进和谐——和谐社会构建中的基层民主政治建设研究》	徐　勇
97	《城市文化与国家治理——当代中国城市建设理论内涵与发展模式建构》	皇甫晓涛
98	《中国边疆治理研究》	周　平
99	《边疆多民族地区构建社会主义和谐社会研究》	张先亮
100	《新疆民族文化、民族心理与社会长治久安》	高静文
101	《中国大众媒介的传播效果与公信力研究》	喻国明
102	《媒介素养：理念、认知、参与》	陆　晔
103	《创新型国家的知识信息服务体系研究》	胡昌平
104	《数字信息资源规划、管理与利用研究》	马费成
105	《新闻传媒发展与建构和谐社会关系研究》	罗以澄
106	《数字传播技术与媒体产业发展研究》	黄升民
107	《互联网等新媒体对社会舆论影响与利用研究》	谢新洲
108	《网络舆论监测与安全研究》	黄永林
109	《中国文化产业发展战略论》	胡惠林
110	《20世纪中国古代文化经典在域外的传播与影响研究》	张西平
111	《国际传播的理论、现状和发展趋势研究》	吴　飞
112	《教育投入、资源配置与人力资本收益》	闵维方
113	《创新人才与教育创新研究》	林崇德
114	《中国农村教育发展指标体系研究》	袁桂林
115	《高校思想政治理论课程建设研究》	顾海良
116	《网络思想政治教育研究》	张再兴
117	《高校招生考试制度改革研究》	刘海峰
118	《基础教育改革与中国教育学理论重建研究》	叶　澜
119	《我国研究生教育结构调整问题研究》	袁本涛 王传毅
120	《公共财政框架下公共教育财政制度研究》	王善迈

序号	书　名	首席专家
121	《农民工子女问题研究》	袁振国
122	《当代大学生诚信制度建设及加强大学生思想政治工作研究》	黄蓉生
123	《从失衡走向平衡：素质教育课程评价体系研究》	钟启泉 崔允漷
124	《构建城乡一体化的教育体制机制研究》	李　玲
125	《高校思想政治理论课教育教学质量监测体系研究》	张耀灿
126	《处境不利儿童的心理发展现状与教育对策研究》	申继亮
127	《学习过程与机制研究》	莫　雷
128	《青少年心理健康素质调查研究》	沈德立
129	《灾后中小学生心理疏导研究》	林崇德
130	《民族地区教育优先发展研究》	张诗亚
131	《WTO主要成员贸易政策体系与对策研究》	张汉林
132	《中国和平发展的国际环境分析》	叶自成
133	《冷战时期美国重大外交政策案例研究》	沈志华
134	《新时期中非合作关系研究》	刘鸿武
135	《我国的地缘政治及其战略研究》	倪世雄
136	《中国海洋发展战略研究》	徐祥民
137	《深化医药卫生体制改革研究》	孟庆跃
138	《华侨华人在中国软实力建设中的作用研究》	黄　平
139	《我国地方法制建设理论与实践研究》	葛洪义
140	《城市化理论重构与城市化战略研究》	张鸿雁
141	《境外宗教渗透论》	段德智
142	《中部崛起过程中的新型工业化研究》	陈晓红
143	《农村社会保障制度研究》	赵　曼
144	《中国艺术学学科体系建设研究》	黄会林
145	《人工耳蜗术后儿童康复教育的原理与方法》	黄昭鸣
146	《我国少数民族音乐资源的保护与开发研究》	樊祖荫
147	《中国道德文化的传统理念与现代践行研究》	李建华
148	《低碳经济转型下的中国排放权交易体系》	齐绍洲
149	《中国东北亚战略与政策研究》	刘清才
150	《促进经济发展方式转变的地方财税体制改革研究》	钟晓敏
151	《中国—东盟区域经济一体化》	范祚军

序号	书　名	首席专家
152	《非传统安全合作与中俄关系》	冯绍雷
153	《外资并购与我国产业安全研究》	李善民
154	《近代汉字术语的生成演变与中西日文化互动研究》	冯天瑜
155	《新时期加强社会组织建设研究》	李友梅
156	《民办学校分类管理政策研究》	周海涛
157	《我国城市住房制度改革研究》	高　波
158	《新媒体环境下的危机传播及舆论引导研究》	喻国明
159	《法治国家建设中的司法判例制度研究》	何家弘
160	《中国女性高层次人才发展规律及发展对策研究》	佟　新
161	《国际金融中心法制环境研究》	周仲飞
162	《居民收入占国民收入比重统计指标体系研究》	刘　扬
163	《中国历代边疆治理研究》	程妮娜
164	《性别视角下的中国文学与文化》	乔以钢
165	《我国公共财政风险评估及其防范对策研究》	吴俊培
166	《中国历代民歌史论》	陈书录
167	《大学生村官成长成才机制研究》	马抗美
168	《完善学校突发事件应急管理机制研究》	马怀德
169	《秦简牍整理与研究》	陈　伟
170	《出土简帛与古史再建》	李学勤
171	《民间借贷与非法集资风险防范的法律机制研究》	岳彩申
172	《新时期社会治安防控体系建设研究》	宫志刚
173	《加快发展我国生产服务业研究》	李江帆
174	《基本公共服务均等化研究》	张贤明
175	《职业教育质量评价体系研究》	周志刚
176	《中国大学校长管理专业化研究》	宣　勇
177	《"两型社会"建设标准及指标体系研究》	陈晓红
178	《中国与中亚地区国家关系研究》	潘志平
179	《保障我国海上通道安全研究》	吕　靖
180	《世界主要国家安全体制机制研究》	刘胜湘
181	《中国流动人口的城市逐梦》	杨菊华
182	《建设人口均衡型社会研究》	刘渝琳
183	《农产品流通体系建设的机制创新与政策体系研究》	夏春玉

序号	书 名	首席专家
184	《区域经济一体化中府际合作的法律问题研究》	石佑启
185	《城乡劳动力平等就业研究》	姚先国
186	《20世纪朱子学研究精华集成——从学术思想史的视角》	乐爱国
187	《拔尖创新人才成长规律与培养模式研究》	林崇德
188	《生态文明制度建设研究》	陈晓红
189	《我国城镇住房保障体系及运行机制研究》	虞晓芬
190	《中国战略性新兴产业国际化战略研究》	汪　涛
191	《证据科学论纲》	张保生
192	《要素成本上升背景下我国外贸中长期发展趋势研究》	黄建忠
193	《中国历代长城研究》	段清波
194	《当代技术哲学的发展趋势研究》	吴国林
195	《20世纪中国社会思潮研究》	高瑞泉
196	《中国社会保障制度整合与体系完善重大问题研究》	丁建定
197	《民族地区特殊类型贫困与反贫困研究》	李俊杰
198	《扩大消费需求的长效机制研究》	臧旭恒
199	《我国土地出让制度改革及收益共享机制研究》	石晓平
200	《高等学校分类体系及其设置标准研究》	史秋衡
201	《全面加强学校德育体系建设研究》	杜时忠
202	《生态环境公益诉讼机制研究》	颜运秋
203	《科学研究与高等教育深度融合的知识创新体系建设研究》	杜德斌
204	《女性高层次人才成长规律与发展对策研究》	罗瑾琏
205	《岳麓秦简与秦代法律制度研究》	陈松长
206	《民办教育分类管理政策实施跟踪与评估研究》	周海涛
207	《建立城乡统一的建设用地市场研究》	张安录
	……	